U0874100

新编21世纪心理学系列教材

管理心理学

第2版

孙健敏　穆桂斌　编著

Managerial Psychology

中国人民大学出版社
·北京·

图书在版编目（CIP）数据

管理心理学 / 孙健敏，穆桂斌编著. -- 2 版. -- 北京：中国人民大学出版社，2024.2
新编 21 世纪心理学系列教材
ISBN 978-7-300-32565-1

Ⅰ.①管… Ⅱ.①孙… ②穆… Ⅲ.①管理心理学-高等学校-教材 Ⅳ.①C93-051

中国国家版本馆 CIP 数据核字（2024）第 011992 号

新编 21 世纪心理学系列教材
管理心理学（第 2 版）
孙健敏　穆桂斌　编著
Guanli Xinlixue

出版发行	中国人民大学出版社		
社　　址	北京中关村大街 31 号	**邮政编码**	100080
电　　话	010－62511242（总编室）		010－62511770（质管部）
	010－82501766（邮购部）		010－62514148（门市部）
	010－62515195（发行公司）		010－62515275（盗版举报）
网　　址	http://www.crup.com.cn		
经　　销	新华书店		
印　　刷	涿州市星河印刷有限公司	**版　　次**	2017 年 8 月第 1 版
开　　本	787 mm×1092 mm　1/16		2024 年 2 月第 2 版
印　　张	26.5 插页 1	**印　　次**	2024 年 2 月第 1 次印刷
字　　数	608 000	**定　　价**	65.00 元

版权所有　侵权必究　印装差错　负责调换

内容简介

本书基于组织管理中的各种心理现象和行为，从心理学视角构建了自身的内容体系。全书面向实践需求，在呈现顺序上延续了管理心理学经典的个体、群体、组织的研究层次，并加强了组织成员的情绪与压力管理、创造力与创新、思维与决策、股权激励等更彰显心理学特征和管理需求的内容。

本次修订，体现了管理心理学的最新研究成果，更新了大量案例，对经典概念的分析和讨论更贴近现实，在吸收国内外管理心理学研究最新成果的基础上，特别突出基于中国情境的研究成果，努力把西方的研究成果与我国的优秀传统文化结合、与组织管理的现实结合。

本书适合作为高校心理学、应用心理学、人力资源管理等专业的本科和研究生教材，也可作为MBA、EMBA等专业学位教育教材，同时可供广大管理实践者和社会读者阅读参考。

作者简介

孙健敏 北京师范大学心理学博士，中国人民大学领导科学研究中心执行主任，劳动人事学院教授、博士生导师，曾任劳动人事学院副院长、理学院副院长兼心理学系创系主任。马克思主义理论研究和建设工程重点教材《组织行为学》首席专家。先后承担国家自然科学基金、社会科学基金项目等多项。发表中英文论文百余篇，出版《组织行为学》《人力资源管理》《人力资源测评理论与技术》等著（译）作多部。中国社会心理学会副会长，中国社会心理学会员工与组织援助专委会副主任委员，中国心理学会管理心理学专委会副主任委员，中国人力资源开发研究会常务理事，《中国大百科全书·心理学》“管理心理学”主编，国际应用心理学会（IAAP）、美国工业与组织心理学会（SIOP）会士。富布赖特高级访问学者，欧洲依拉摩斯基金学者。担任《人力资源管理杂志》（*Human Resource Management Journal*）、《人力资源开发季刊》（*Human Resource Development Quarterly*）副主编，《商业与心理学杂志》（*Journal of Business and Psychology*）、《管理心理学杂志》（*Journal of Managerial Psychology*）等多种英文期刊的编委。

作者简介

穆桂斌 河北大学管理学院教授、博士，组织行为与人力资源方向硕士生导师，美国泽维尔大学教育与咨询系访问学者。主要学术兼职：河北省心理学会常务理事、中国领导科学研究会理事。主要研究领域：组织行为、人才测评、股权激励、领导力开发等。主要教授课程：管理心理学、人才测评、人力资源管理。在《经济管理》《中国人力资源开发》《企业管理》《领导科学》以及《国际心理学杂志》（*International Journal of Psychology*）等期刊发表论文近20篇，任《中国大百科全书·心理学》“管理心理学”编委。

第2版序言

身处百年未有之大变局，我们身边所发生的变化令人目不暇接。新产品，新技术，新理念，新场景，简直是日新月异。

作为横跨管理学和心理学领域的交叉课程，管理心理学越来越受到大众的重视。本书第1版已经发行了6个年头。在过去的6年里，从管理实践到管理学研究，都发生了很大变化，一方面涌现出很多新的概念和方法，另一方面也使得经典的理念和逻辑更有生命力。更重要的是，中国共产党第二十次全国代表大会的召开，为我们擘画了宏伟蓝图，为今后的发展指明了方向。党的二十大报告的主题思想，对管理心理学的教学、科研和实践，都具有重大的指导意义。

在本版的修订过程中，我们认真学习和深刻领会党的二十大报告的重要思想，把这些思想作为指导本书修订的基本原则，运用马克思主义基本原理分析和解释组织管理中的心理现象和心理学问题，在学习和借鉴西方研究成果的基础上，努力在教材中体现和反映具有中国特色的研究成果，把西方的学术观点和结论与当代中国实际相结合，与中华优秀传统文化相结合。我们坚持道路自信、理论自信、制度自信、文化自信，努力把来自西方的知识体系中国化和时代化。

伟大事业需要伟大精神，伟大建党精神是中国共产党人团结带领中国人民铸造历史丰碑、创造人间奇迹的精神动力之源。百年大党一路走来，为中华民族的独立与复兴，为中国人民的解放与幸福不懈奋斗，取得了举世公认的伟大成就，而党之所以能在中华民族行将衰落之际带领人民攻坚克难，从胜利不断走向新的胜利，关键在于党有强大的精神信仰作支撑，良好的精神状态是确保我们事业成功的重要法宝。当今世界正处于百年未有之大变局，全面建设社会主义现代化国家、实现中华民族伟大复兴面临着各种风险和挑战，要实现我国经济和社会发展的战略目标，就必须自觉保持自信自强、守正创新，踔厉奋发、勇毅前行的精神状态，发扬“明知山有虎，偏向虎山行”的拼搏精神、“敢教日月换新天”的奋斗精神和“咬定青山不放松”的执着精神，以良好的精神状态推进新时代中国特色社会主义伟大事业不断取得新胜利。作为研究组织管理现象的科学，管理心理学可以从一个角度为这种精神的传承、树立和坚持提供逻辑支撑和概念解读。例如，中国管理实践中强调的物质激励和精神激励并重，就是不同于西方理论的一个重要特色，是体现马克思主义精神和物质相互作用的典型事例。物质和精神对人类的发展和进步都具有重要作用。物质的进步和发展，可以提高人类生活水平，促进经济发展和科技进步；精神的进步和发展，则可以促进人类思想、道德、文化的提高，促进人类的自我认知、自我提升和自我实现。同时，物质和精神的关系是相互依存、相互促进的。物质基础是精神发展的前提和保障，没有物质的基础，精神的发展就会受到极大限制；精神的发展不仅可以促进物质的创新和进步，而且能够推动社会的发展和进步。再例如，中国组织中鼓励各级干部做人民的公仆，坚持立党为公，执政为民，这是中国文化情境下对领导者和领导力的精准诠释，公仆型领导已经成为管理实践中普遍接受的概念。我国有句俗语：当官不为民作主，不如回家卖红薯。领导者要为群众谋福利，要与群众同甘苦、共患难，这是恒古不变的原则。党的二十大报告明确指出，坚持把实现人民对美好生活的向往作为现代化建设的出发点和落脚点，实现好、维护好、发展好最广大人民根本利益，紧紧抓住人民最关心最直接最现实的利益问题，发展成果由人民共享。从管理心理学的角度来分析，这是对领导者的角色内涵、职责界定和领导力开发应该坚持的最高原则。

本书继续保持第1版的特点，立足于组织管理中常见的现象，面向实践需求，从心理学的角度解读和诠释组织管理问题。在表达方式上坚持“读者中心”和“读者友好”的理念，通过贴近现实的案例和新颖的栏目，增强趣味性和可读性。在吸收国内外管理心理学研究最新成果的基础上，特别突出基于中国情境的研究成果，努力把西方的研究成果与我国的优秀传统文化结合、与组织管理的现实结合，提高概念和原理的针对性和实用性。

本次修订在保持章节基本不变的基础上，重点补充了近5年来国内学术期刊上发表的有关管理心理学的实证研究，平均每一章补充了大约10篇文献；更新了某些章节的案例或事例；对经典概念的分析和讨论更贴近现实。全书大约增补了30%的内容。目的是充分反映和体现我们自己的和最新的研究成果，尽力构建自主知识体系。由于时间和精力的限制，目前全书还是保持以前的结构，没有完全实现自主创新。这是我们今后要努力的方向。

全书由我提出修改设想，对收集的资料和参考文献进行筛选，在初稿的基础上进行修改、统筹和完善。参与本书修订的资料收集与分析、初稿撰写、文献核对的人员很多，他们是胡晓鹍、李静芝、热米拉、解智宇、黄博、杨梦、赵景、曹甜、王梓鉴、曾梦婷、唐紫涵、刘心怡、李家琛、侯莉玲、王铮、王佳雪、秘会博、陈昕、常晶晶等。我作为主要编著者，对书中出现的任何问题都愿意承担责任。

真诚感谢使用本书的师生，没有你们的支持，不会有本书的再版。

十分感谢中国人民大学出版社的编辑张宏学女士一如既往的支持、理解和鼓励。

敬请各位读者不吝赐教。

孙健敏

2023年冬至于中国人民大学求是楼

第1版序言

20 多年前，我面临获得博士学位找工作的问题。当时，“求职”和“招聘”这样的词还不是很普遍，大家更多使用的词是“找工作”。我基于自己对于学科的理解，认为管理就是跟人打交道，所以我以为商学院会需要心理学背景的人。在不认识任何人的前提下，我贸然前去国内一所顶级大学的经济管理学院找工作。难以忘记的是与当时系主任的对话：

系主任：你学什么专业？

我：心理学。

系主任：学心理学来我们经管学院干什么？

我：我可以教管理心理学。

系主任：我们是企业管理。你找错地方了。

……

我就这样被扫地出门了。那情景至今清晰可见。当然，这个学院在几年后接收了我同门的一个师弟，说明它需要学心理学的人了。那是后话。

我想通过这个经历与各位分享：管理心理学在国内的发展和兴盛近乎一日千里。我本人第一次看到“管理心理学”这个词，是 1985 年在山东某大学的图书馆，当时无意中发现一本台湾出版的繁体字版本的教科书，作者是汤淑贞，如获至宝。当时没有复印机，于是就用手抄。后来给本科生开选修课，就参照这个版本。再后来购买了华东师范大学俞文钊教授的《管理心理学》，对这门课有了更全面和更深入的了解。进入 20 世纪 90 年代，这样的书就多起来了。而且，随着工商管理学科的兴起，一个更流行的名称“组织行为学”在一定程度上取代了“管理心理学”。我自己编写和主持翻译的相关书籍，也都以“组织行为学”为名。以“管理心理学”为书名的，这是第一本。

很多人对这两门课的异同进行过探讨，这里就不再赘述了。简单地说，可以从表里两方面做分析。书名是表层，组织行为学流行于管理类和经济类专业，管理心理学通行于心理学和社会类的学科。内容是里子，也有些许区别。管理心理学相对专门一些，基本是从心理学的角度研究管理的问题，研究管理过程中的心理和行为现象及其规律，主要探讨组织管理的问题，基本不涉及社会管理问题。但组织行为学是一个混合体，凡是有关组织研究的知识都汇集其中了，包括政治学、心理学、社会学等的研究成果和研究思路。因为二者都关注组织管理的问题，都关注组织管理中的各种行为，因此，重合的部分非常多，很多研究课题是完全一样的。心理学是组织行为学的核心和主要组成部分，所以有时候我们看到两个书名，但内容基本一样。

为了更全面地理解管理心理学这门课或者这门学科的属性和优势，了解一些背景知识对读者可能会有帮助。

在我国，无论是管理心理学还是组织行为学，基本都是改革开放后才出现的词。就我个人的了解，我国先流行的是管理心理学的概念，然后才有组织行为学的概念，尽管二者的先后差异不过几年的时间。改革开放以后，以当时的杭州大学心理学系和中国科学院心理研究所为首的几个机构，率先从心理学的角度对企业管理问题进行系统的研究和教学，一方面开设管理心理学课程甚至专业，另一方面进行大量调查和实验研究，使管理心理学进入大众的视野。20世纪80年代末期，随着经济管理的兴起，一部分综合大学的经济、行政管理专业（当时还没有工商管理专业）出现了组织行为学这门课。

在西方，正式出现管理心理学这个词，大概要从1921年麦克米兰出版公司出版丽莲·吉尔布雷斯（Lillian M. Gilbreth）的著作《管理心理学》（*The Psychology of Management*）算起。这本书被后人评价为管理心理学的开山鼻祖。但后来的管理心理学并没有成为一个主要的心理学分支。在主要的西方国家，大学里很少有以管理心理学命名的课程或专业，相关的学科或课程，都叫组织心理学。有极少数的欧美大学提供以Psychology of Management或Managerial Psychology命名的课程或专业学位，例如麻省理工学院、诺丁汉大学和阿斯顿大学商学院。美国大学通行的名称是工业与组织心理学（Industrial & Organizational Psychology，简称为I/O心理学）。美国心理学会（APA）第14分会就是工业与组织心理学分会，每年4月初举行的年会，汇聚了来自北美以及全球其他各地的3 000名左右的专家学者。

这个学科在欧洲流行的名称是工作与组织心理学（Work & Organizational Psychology），欧洲专门有针对这个专业的学会，即欧洲工作与组织心理学会（European Association of Work & Organizational Psychology，EAWOP），每年5月举行的年会，大约有来自欧洲各地从事管理心理学研究和管理学研究的学者上千人参加。

成立于1920年的国际应用心理学会（International Association of Applied Psychology）第一分会就是工作与组织心理学分会，也是目前会员最多的分会。

目前，全球只有一本学术期刊直接带有“管理心理学”这个词，这就是由著名出版集团Emerald发行的《管理心理学杂志》（*Journal of Managerial Psychology*）。作为该期刊的编委之一，我在这里说句公道话，这本期刊的评审和发表过程采用的都是通行的国际标准，所发表的文章总体质量还不错。其2016—2017年的影响因子是1.91，尤其值得国内学者关注。另外还有几本学术期刊，所发表文章的主题也属于我们所说的管理心理学的范畴，最高水平的当属《应用心理学杂志》（*Journal of Applied Psychology*），虽然说是应用心理学，实际就是管理心理学。另外还有《欧洲工作与组织心理学杂志》（*European Journal of Work and Organizational Psychology*）、《职业与组织心理学杂志》（*Journal of Occupational and Organizational Psychology*，欧洲）、《人事心理学杂志》（*Journal of Personnel Psychology*，德国）、《商业与心理学杂志》（*Journal of Business and Psychology*，美国）、《人事心理学》（*Personnel Psychology*，美国）等。需要说明一点，管理心理学研究的很多成果，都发表在管理学或商业类的期刊上了。所以，进行管理心理学研究，不能只关注有心理学名称的出版物。

本书是完全按照心理学的思路和研究范式编写的教科书，考虑到教学时数的限制，作者根据多年的教学和研究经验，尤其是在心理学和管理学两个领域跋涉的经验，经过反复讨论，选定了目前的章节。本书的内容基本涵盖了目前常见的组织管理问题：从员工满意度、忠诚度，到决策、创新；从团队合作到人际冲突；等等。本书既反映了国外研究的最新动态，也体现了国内或本土研究的成果。同时，本书设计了“心理（管理）名家”“管理视野”“案例与应用”等栏目，在保证科学性的同时，提高了可读性，增加了实用性。概括起来，本书有以下几个特点：

第一，立足组织管理中常见的现象，面向实践需求，基于心理学原理，参照国内外有关教材，相对完整地构建了管理心理学的内容体系。

第二，吸收了国内外管理心理学研究的新成果、新理论和新动向，充分结合了国内（本土）管理心理学研究的成果，保证了内容的科学性、时代性和与中国管理实践的相关性。

第三，本书在表达方式和呈现方式上努力体现“读者中心”和“读者友好”的理念，案例和栏目新颖、有趣，把学习和应用有机融为一体。

本书是集体劳动的结晶。我和河北大学的穆桂斌教授一起，参考了国内外的许多同类出版物，设计和确定了本书的大纲，对每章的要点和难点、可以进入教科书的研究成果、可以作为案例分析的事例等做了详细的斟酌和选择，先后三次修改。先后参与本书初稿起草、文献收集和整理的有：王铮、王佳雪、秘会博、陈昕、常晶晶、王宏蕾、尹奎、张彤、徐贯英等。最后由我和穆桂斌审核、校对并定稿。

由于管理心理学在一定程度上还属于边缘学科，其逻辑体系和内容范围都没有统一的标准，加之编著者才疏学浅，尽管我们努力了，但本书难免存在一些谬误。敬请读者不吝赐教。

孙健敏

2017年4月

目录

第一章

导　论

【学习目标】

1. 熟悉管理心理学的定位与内容结构。
2. 了解管理心理学的历史沿革。
3. 了解管理心理学的相关理论。
4. 了解管理心理学的常见研究方法。

第一节　管理心理学的含义与属性

一、什么是管理心理学

无论是作为一个学科，还是一门课程，管理心理学都属于舶来品。北美的许多大学和研究机构常用的名称是工业与组织心理学（industrial and organizational psychology，IO psychology），欧洲的习惯名称是工作与组织心理学（work and organizational psychology，WOP），也有少量机构或期刊使用管理心理学。而在我国，则多采用“管理心理学”的名称。

我国管理心理学的先驱、中国科学院心理所已故前所长徐联仓教授认为，对“管理心理学”本身的含义可以有不同的理解，它在不同的国家、不同的场合有着不同的用法，如果加以排队、总结，就会成为一片“丛林”，如行为科学、组织行为学、组织心理学，再放宽一些，还可以有更多的名称，如人事心理学等。

传统的管理心理学研究聚焦于工业组织和经济活动中的心理问题，试图发现各种工作活动，如广告和谈判等的心理活动规律，以提高人们的工作效率。如今，随着理论的逐渐成熟，管理心理学一般从个体行为、群体行为、领导行为、组织效率、工作生活质量等方面研究商业组织的管理问题。近年来，管理心理学的知识越来越多地运用到各种社会组织和活动过程中，如学校、医院、商业体育、社会管理等，其研究内容也不断拓展。

综合来看，管理心理学（managerial psychology）主要研究各种组织中人的心理现象和行为规律，以调动人的积极性、充分发挥人的潜能，从而达到提高生产和工作效率、改善人际关系、增强组织功能的目的。所以，它被广泛地应用于各种管理领域。

从学科性质和地位来看，管理心理学属于心理科学中的应用范畴，是应用心理学的一个重要方面。我们也可以将管理心理学简单地理解为，将心理学的知识运用于回答和解决组织和管理中的问题。当然，需要特别指出的是，不能把管理心理学单纯理解为心理学基本原理在管理领域中的应用。管理心理学也有自己独特的研究对象和相应的原理。

二、管理心理学的研究对象与内容

（一）管理心理学的研究对象

管理心理学是以组织中的人作为特定的研究对象，重点研究组织中人的心理活动和行为规律，并运用这些规律来改进管理工作，充分调动人的积极性的一门学科。具体说来，它关注组织管理中的社会、心理现象，以及个体、群体、领导、组织中具体心理活动的规律性。

一个组织是由人和物两大因素构成的。这两大因素在组织中形成了三个关系系统：

（1）物-物关系：主要是技术管理的对象，涉及材料、设备、工艺、资金、技术、环境等方面的管理。

（2）人-物关系：即人-机关系，是一个交叉系统，主要涉及人-机系统中人的因素如何与生产环节中物的因素相配合。人与机器的配合，一是要考虑人如何适应机器，这要通过选拔、培训以使人能胜任工作；二是考虑机器的设计，应注意人的能力限度与最佳配合。此外，人-机系统的适应性，也会影响到人的情绪、精神健康与疾病的预防。这些基本都是工程心理学与劳动心理学的研究对象。

（3）人-人关系：主要是管理心理学的研究对象。

（二）管理心理学的研究内容

从西方和国内对管理心理学的内容体系划分惯例来看，大体可以分为三个层次来进行分析，即个体心理、群体心理和组织心理。一般来讲，领导心理研究大多被归入群体心理模块，也有研究者将领导心理归入组织心理来进行阐释，还有人认为领导心理所涵盖的内容过多，应将其独立出来，把管理心理学划分成四个层次。不过，这些不同的划分方式并不影响管理心理学研究内容本身。

（1）个体心理：主要研究个体心理过程和心理活动规律，如需要、动机、社会知觉、归因、性格、能力、激励等，目的是更好地调动人和激励人。

（2）群体心理：主要研究群体的类型、结构、特征、内聚力、群体意识与情绪氛围，此外还包括团队的性质、类型与建设等，目的是更好地解决人与人的协调交流、团结合作问题。

（3）领导心理：主要研究领导的本质、领导过程、经典领导理论，涉及领导的特质理论、行为理论、权变理论，以及当代领导理论的新发展。

(4) 组织心理：主要研究古典与现代的组织理论，组织结构、组织变革与组织发展，克服组织变革阻力的方法，目的是促进组织目标的实现和维护组织的生存与发展。

(三) 管理心理学的任务

管理心理学的任务是，吸收、运用各相关学科（包括心理学、管理学、社会学、社会心理学、人类学等）的理论、方法，不断探索组织中个体、群体、领导、组织的心理活动规律，指导管理活动中人际关系的调整，激励人的能动性，并通过提高领导水平、增强组织凝聚力，来协调人-人系统，以提高组织的效能。

简言之，其任务包括以下几个方面：

(1) 实现自身理论的不断发展，完善学科体系。

(2) 调动人，激励人。

(3) 开发领导力，提高领导水平。

(4) 增强团队和组织的凝聚力。

(5) 提高组织的绩效水平。

(6) 保障组织成员的工作生活质量。

美国工业与组织心理学会对工业与组织心理学的定位是科学与实践相结合的研究领域，其目的是“帮助组织制定更好的战略”，并“通过提高员工的绩效和福祉为组织的成功做出贡献”。

三、与相关学科的关系

管理心理学是一门交叉学科，许多学科都渗透其中，构成其理论体系的重要支柱。其中主要的相关学科有心理学、管理学、社会学、社会心理学、人类学、政治学、组织行为学。它们分别为管理心理学中个体、群体、组织等领域的研究提供了理论支持和贡献。

(一) 心理学

心理学是研究人的心理现象的科学，它研究的基本内容是人如何认识世界，又如何对客观环境做出反应，以及在这种认识与反应的过程中，人的意志活动、情感活动、个体心理活动的综合性特点等。

通过探究不同个人背景下的知觉特点、认知习惯、能力结构、性格特征、需要与动机等心理品质，心理学提供了诸如工作动力、态度测量、人员选拔、决策方法、工作压力与情绪管理等方面的实用知识，从而为管理心理学提供支持。

(二) 管理学

管理学是系统研究管理活动的基本规律和一般方法的科学，它本身也是一门综合性的交叉学科。西方管理科学的发展和成熟大体经历了古典管理（科学管理）、现代管理（行为科学学派和管理科学学派）、当代管理（系统理论、权变理论）三大阶段。

管理学，特别是其中的管理过程学派和管理角色学派，为管理心理学的研究提供了宏观思考框架，而以梅奥（Elton Mayo）等人为代表的行为科学学派的研究，则直接促成了管理心理学的兴起。

（三）社会学

社会学的研究对象是人在社会系统中扮演的角色与人际关系，人在相互联系、构成群体和组织时所表现出来的复杂现象。它提供了有关团体动力学、组织沟通与技术、组织文化、权力与冲突等方面的知识，构成了管理心理学的重要组成部分。

（四）社会心理学

社会心理学是另一个较重要的心理学分支领域，它主要研究一些高级心理过程和规律，包括人对社会环境的反应能力，集体活动的规律，人在组织中的行为特点，人际关系和社会交往、心理相容、团体气氛，社会认知和人对事物做出因果分析的心理活动规律，乃至社会情绪、民族心理和宗教心理、社会价值定向等问题。这些研究对生产组织和管理、集体的形成和作用等都产生了重大影响。

（五）人类学

人类学研究人类及人类的活动。不同文化与环境下人类及其活动的差异性是其重要研究内容。人类学的研究发现，在不同国家、不同组织中，人的态度、价值观、行为有着巨大甚至本质的差异。我们关于组织文化、组织环境、文化差异等方面的知识，主要来源于人类学的研究。

（六）政治学

政治学以政治环境下的个体行为和团体行为为研究对象，以冲突的结构、权力的分配、人们如何操作权力维护个人利益等为研究主题。它对我们了解组织中的行为具有不可忽视的作用。

（七）组织行为学

“管理心理学”的名称在 20 世纪 50 年代正式出现于美国，但西方研究者更多地称其为“组织心理学”或“工业与组织心理学”。从时间来看，其出现早于“组织行为学”。

整体看，管理心理学着重于研究组织管理过程中的心理因素，而组织行为学研究的综合性更强。美国管理学会（AOM）前主席卡明斯（L. L. Cummings）在论述组织行为学与组织心理学的异同时说：“两个领域都集中讨论组织中人的行为。其主要区别在于组织心理学把心理学作为纲领，组织行为学则从多种学科吸取知识。当组织心理学的范围不断扩大时，两者之间的区别可能趋于一致。”

诺贝尔奖获得者西蒙（H. Simon）教授的观点是：“在管理心理学与组织行为学之间，可能有人认为存在不同，但我没有看到有真正的差别。”

第二节 管理心理学的历史沿革

一、中国古代的管理心理智慧

中国有着悠久的历史，其管理心理思想可以追溯到遥远的古代。

秦始皇时代书同文、车同轨就是人们所乐道的管理科学化的先驱。当时还有很多措施，用今天的标准来衡量也包含一定的科学道理。比如，在西安秦始皇兵马俑坑道里发掘出来的大批陶俑，它们手中所持的武器并不是土造的而是真正的刀剑和弓箭。经学者研究发现，那些弓箭的某些部件，例如扳机，是可以互换的。这就是说，在当时已经采用了标准化的方式来生产武器。可见，我国古代的军工生产已经具有相当高的管理水平了。

另外，中国古代大型的工程建设和军事战役，都彰显了高超的管理水平。比如我国古代建造的万里长城、贯通南北的京杭大运河等，这些工程如果没有管理智慧和管理工作，相信是无法完成的；在中国历史上有许多重大战役的记载，比如黄帝战涿鹿、武王伐纣、巨鹿之战、火烧赤壁等规模宏大的军事行动，如果没有高超的管理水准，也是无法进行的。

我们无须继续列举历史上的出色的管理工作的业绩，因为这样的例子不胜枚举。值得重视的是，我们的先辈不但在实践中出色地实施了管理，而且把感性的管理经验概括为普遍的规律流传下来。这些光辉的思想至今仍具有深刻的意义，甚至比当代的很多管理理论更能发人深省。

春秋末期杰出军事家孙武所著的《孙子兵法》不仅是一部彪炳千秋的兵书，也是一部蕴含了许多精辟管理心理智慧的管理典籍。《孙子兵法》中明确提出，要想取得胜利，就要注重“道”，书中写道：“道者，令民与上同意也，可与之死，可与之生，而不畏危。”就是说，要重视领导与下属之间的意愿协调一致。这即使在今天看来，也是十分重要的管理心理学原则。

国外的很多管理学家也都认为，《孙子兵法》是世界上最早的一部论述管理问题的著作。日本企业界有一些人士专门研究《孙子兵法》，用以提高企业管理水平。一位日本企业家曾说“是《孙子兵法》指导着我们参与世界经济竞争”。原来，当他读到《孙子兵法》中“先为不可胜，以待敌之可胜”时，他就联系到管理实践：首先提高自己产品的质量，然后再在竞争中击败对手。日本在汽车、电子工业、相机工业等领域就是这样首先从提高产品质量入手，广泛采用全面质量管理（TQM），为赢得全球市场创造了有利条件。结果，在没有硝烟的市场竞争中，它打败了世界汽车王国——美国，排挤了相机制造的霸主——德国，在视听电器制造方面更是独步世界多时。

我国历史上还有另一位孙子，即战国中期著名的军事家孙膑，他也著有一部兵书——《孙膑兵法》。该书失传一千多年，直到 1972 年在山东临沂银雀山的一座西汉墓葬中被发现。这部兵书中也记载了许多重要的管理思想。书中说：“恒胜有五：得主专制，胜。知道，胜。得众，胜。左右和，胜。量敌计险，胜。”意思是说，常胜的原因有五方面：将帅得到君主信任，有指挥作战的全权，可以胜利；知道战争的规律，可以胜利；得到群众的支持，可以胜利；内部团结一致，可以胜利；对敌人的情况了解清楚，充分估计困难，可以胜利。这里，孙膑强调的正是管理学中所重视的权责明确、熟悉规律、群体动力、团队协作、数据分析支持等关键因素。另外，对于激励问题，他也十分重视，明确提出：“不信于赏，百姓弗德。不敢去不善，百姓弗畏。”也就是说，对好人好事要奖励，对坏人坏事要予以惩罚。他还强调要赏罚及时，用心理学的术语来说，叫作“及时强化”。比如他讲道：“赏不逾日，罚不还面。”大意是说，奖赏一定要及时，不要拖过当天；惩罚一定要严格，不要讨价还价、留有余地。

孙膑还特别重视士气研究，把“激气”（激发士气）、“利气”（使士兵有锐气）、“厉气”（鼓励斗志）、“断气”（使士兵果断、有决心）、“延气”（有持续作战的精神）等列为“合军聚众”、战敌制胜的要务。这几条全面分析“士气”的原则，不但对带兵打仗有用，对于生产经营、组织管理工作也是不可缺少的。

除此之外，我国古代的管理心理思想还充分反映在有关人性的争论上，比如孟子的性善论、荀子的性恶论、汉代扬雄的人性亦善亦恶论、告子的流水人性论等。这部分内容，我们将在下一节中进行详细的介绍。

中国古代的管理思想博大精深，有的研究者从思想内容的角度对其进行了概括归纳，例如深圳大学的王晓钧团队在2014年就把古代的管理心智从以下四个方面进行了高度概括。

（1）以人为本。“惟天地万物父母，惟人万物精灵。”（《尚书·周书·泰誓上》）“天地”是“万物父母”，人是万物的精灵。“民为贵，社稷次之，君为轻。”（《孟子·尽心下》）

（2）以德为本。德，人之本，政之根，国之基，“德者，得也”（《礼记·乐记》）。以德为本主要体现在以下几方面：

第一，重德精神。人无德不可立于世，德乃修身之首。“道德不厚者，不可以使民”（《战国策》）；“百行以德为首”（《世说新语》）；“才者，德之资也；德者，才之帅也”（《资治通鉴》）。

第二，以德修身。中国古代先哲特别强调修身为本，认为道德修养、修心炼己是治理人心和德治社会的前提。就“修身，齐家，治国，平天下”而言，修身属于个人伦理，私德层次；齐家属于家庭伦理，家德层次；治国属于社会伦理，公德层次；平天下属于终极理想，即达德。其中，基础是以德修身。

第三，以德化人。德具有感化他人、陶冶情操之效。德的弘扬，关键在于为政者，正人先正己。“其身正，不令而行；其身不正，虽令不从。”（《论语·子路》）

第四，以德治国。以德治国，必先以德治吏。“为政之要，惟在得人”（《贞观政要》），“置臣得贤则治，失贤则乱”（《全后魏文·卷五十五》）。官吏“德不称其任，其祸必酷；能不称其位，其殃必大”（《潜夫论·忠贵》）。

（3）中庸之道。中庸之道是孔子思想体系中最重要的部分之一。孔子曾称“中庸之为德也，其至矣乎！民鲜久矣”（《论语·雍也》）。孔子所谓“至德”，是指一种“内德”

而非“外德”，或者说是一种与“外德”相比较而存在的“德”。既然“至德”是指“内德”，则中庸作为“至德”也就是一种能够使主体的精神境界达到最高层次的“德”。

中庸思想对管理心理学的启发在于：凡事要有度；掌握灵活多变的原则；把握好矛盾的双方；保持系统中要素的协调一致。

（4）无为而治。“无为”作为一种政治原则，在春秋末期已经出现。使“无为而治”系统化而成为理论的是思想家老子。老子认为统治者的一切作为都会破坏自然秩序，扰乱天下，祸害百姓，因此统治者要无所作为，遵循自然规律，让民众自由发展。“无为而治”的理论根据是“道”，现实依据是变“乱”为“治”；“无为而治”的主要内容是“为无为”和“无为而无不为”。具体措施是劝统治者少干涉和“使民无知无欲”。

无为而治，意指决策层要有意弛缓组织行为的张力。在层次上，这种无为而治是上层无为或少为，而下层有为，这一关系不可颠倒。

近年来，人们很重视从中国古代思想家的论著中探索管理思想，以期古为今用。甚至一些外国管理研究者也把研究的兴趣投向了古老的东方中国。中国有着悠久的文化传统、丰富的典籍、完备的历史记载，因此我们在从事管理研究时，对自身的思想宝库予以重视和挖掘，是很有必要的，它不仅能为研究者提供思想火花、理论观点，也会促进管理心理学的本土化进程。

习主席在党的二十大报告中强调，全党同志要“坚定历史自信，增强历史主动，谱写新时代中国特色社会主义更加绚丽的华章”[①]。概括提出并深入阐述中国式现代化理论，是党的二十大的一个重大理论创新，是科学社会主义的最新重大成果。前进道路上，我们要实现中华民族伟大复兴的美好愿景，必须以坚定历史自信大力推进中国式现代化。

对古代文献中管理心理思想的挖掘，可以强化我们的历史自信，把西方科学的知识与我们历史的经验和成功的实践经验有机结合，更好地发挥管理心理学在提升组织管理水平和促进高质量发展中的作用。

二、西方管理心理学的产生与发展

管理心理学这门学科的产生与发展，是心理学、管理学、社会心理学、社会学等学科在管理实践中不断深化、相互结合的产物，特别是与管理科学的兴起与发展相互交织、互相促进。

（一）科学管理运动与管理心理学的酝酿

管理心理学或工业心理学作为舶来品，基本上以出现在欧洲和美国的名词为代表。尽管很难找到一个统一的标准来划分一个学科的诞生时间，但根据当今学者的追溯和考证，心理学在商业和工业中的应用，肇始于19世纪中后期，一种思路是考察早期关于应用心理学的研究、教科书和咨询活动，另一种思路是分析在代表性期刊上发表的文章。人们普遍把雨果·芒斯特伯格（Hugo Münsterberg）在1913年出版的《心理学与工业效

① 中国共产党第二十次全国代表大会文件汇编．北京：人民出版社，2022：61.

率》作为工业心理学在美国的诞生时间。最近，美国学者指出，这个判断可能掩盖了很多更早期杰出人物的贡献。其中有代表性的是沃尔特·D. 司考特（Walter D. Scott）。1900年他从莱比锡大学获得心理学博士学位，师从冯特，应该算是芒斯特伯格的师弟。回到美国后在西北大学任教，1907年任教授，开始从事心理学在工业和社会领域的应用研究，到1915年，他已经出版了6本应用心理学著作，发表了101篇论文。1920年被任命为西北大学校长，直到1939年退休，1955年去世。除了教学和研究，司考特还和几位同事一起在1919年成立了人事咨询公司，专门帮助企业选拔销售人员和广告策划，他对于人员选拔、工作分类和广告的研究，都是开创性的，属于工业心理学的早期开拓者。

实际上，与工作有关的心理学研究，在19世纪后期的欧洲，尤其是英国和德国更为先进。关于工作疲劳、工作曲线、把工作绩效区分为心理绩效和体力绩效等，都是这个时期由德国心理学家埃米尔·克莱普林（Emil Kraepelin）完成的。同一时期，在欧洲的其他几个国家乃至日本、澳大利亚等都有研究中心或研究所进行工作场所中的学习、提高工作效率等课题的研究。例如，澳大利亚的伯纳德·马希奥（Bernard Muscio）在悉尼大学担任逻辑和心理哲学讲师期间，开设了工业心理学的系列讲座，涵盖当时在美国、英国和欧洲进行的最新的实证研究，主要讨论疲劳、职业选择和工作方法等主题。他的系列讲座汇集成书，1917年以《工业心理学》的名称在悉尼正式出版，并于1919年在伦敦重印。这本书是英国最早关于工业心理学的目标、范围和价值的声明。而美国心理学在工业领域中的应用则缺乏围绕各种研究目标形成的中心。尽管一些人事研究机构对就业管理、劳资关系和工作条件进行了研究，但没有在对这些研究方向的协调上做出努力。因此，工业心理学没有被制度化，只是独立研究者的活动结果。这些研究者基本是大学的全职教师和研究人员，有几位是美国工业心理学发展的积极贡献者，包括前面提到的西北大学的司考特，卡内基理工学院（现在的卡内基梅隆大学）的沃尔特·凡戴克·宾汉姆（Walter Van Dyke Bingham），芝加哥大学的克拉伦斯·姚库姆（Clarence Yoakum）和亚瑟·康豪瑟（Arthur Kornhauser），哥伦比亚大学的阿尔伯特·庖芬伯格（Albert Poffenberger），俄亥俄州立大学的哈罗德·博特（Harold Burtt）和乔治华盛顿大学的佛莱德·莫斯（Fred Moss），当然还有哈佛大学的雨果·芒斯特伯格。从以上的介绍不难看出，工业心理学的早期探索，其内容和范围远比今天我们看到的管理心理学所包含的内容宽泛，可以说包括了广告心理学、人机工程学和人事心理学的内容。

尽管人类有着漫长的管理实践，但在相当长的历史时期内管理科学并没有形成。直到19世纪末20世纪初，随着科学管理运动的兴起，伴随着应用心理学在商业和经济领域的普及，管理才真正成为一门科学，代表人物是弗雷德里克·泰勒（Frederick W. Taylor）。

泰勒从1874年开始在一家小公司做学徒，1878年以后先后在米德瓦尔钢铁厂和伯利恒钢铁公司做工。他晋升很快，6年之中从一个技工晋升为工长、技师、工程师、车间主任、总工程师。1900年左右，他在伯利恒钢铁公司进行了著名的“搬运铁块”实验。搬运铁块是很辛苦的体力劳动，工人们拼命地干，平均日搬铁量为12.7吨。他经过观察分析，设计了一套合理的操作方法，按这套方法干活，每个工人的平均日搬铁量提高到了48.3吨。

他还进行了“铁锹”实验。他发现用大铁锹铲东西，虽然铲得多，但效率不一定高，因为工人容易疲劳，干不了多少时间，就会降低速度。如果能给铁锹找到一个最合适的尺寸，即每次铲出的东西不多也不少，正好保持最高的效率，那将是最佳方案。为此，他设计了各种尺寸的铁锹，便于从事不同的劳动。

在进行了“搬运铁块”“铁锹”实验之后，泰勒还进行了“金属切削”实验。这项实验延续了 26 年，最主要的成果是取得了有关车床、刨床、钻床及其他机床适当转速和进刀量的资料。

上述研究不仅为提高工作效率提供了科学依据，而且使泰勒进一步提出了“计件工资制”。计件工资制虽然并不是泰勒首创，但把计件工资制建立在科学分析的基础上，则应归之于泰勒。他提出的计件工资制并不保证基本日工资，而是在操作分析的基础上确定工作成绩的标准，超过标准按高工资付酬，低于标准按低工资付酬。

由泰勒所创的这一套方法，经过其他科学家的补充、修正，达到了更完备的程度。例如心理学家吉尔布雷斯（Lillian Gilbreth）着重进行了动作的分析。她把工人的操作分解为各种基本动作，然后将它们绘成图表，分析基本动作是否合理，并同时记录每一基本动作所需的时间。她还在分析动作时进行拍摄，然后根据影像记录进行详细的分析，有时还同时拍摄两个工人的同一操作，对比两人动作的优劣。

吉尔布雷斯的另一种分析技术是在工人的手上、肢体上安装闪光的小灯泡，然后要求工人进行操作，同时将操作的全过程拍摄成照片。这样，一张照片就可以反映出人的操作的轨迹，借此也就可以分析工人的动作。后人把泰勒和吉尔布雷斯等人的研究综合起来，称为“动作与时间研究”，并在西方国家中开展了“操作合理化运动”。得益于泰勒在管理方面所进行的开创性工作，那个时代的工厂管理被提高到了一个新的水平。1911 年泰勒的《科学管理原理》一书出版，该书被誉为科学管理运动的代表作，而泰勒本人也得到了“科学管理之父”的美誉。

与泰勒同时代的古典管理学派的代表人物，还有法国的亨利·法约尔（Henri Fayol）。法约尔于 1916 年出版了他的著作《一般工业原理》。在该书中，他系统阐述了自己的管理思想，其中最主要的是提出了管理的基本职能观与十四条管理原则。他认为基本的管理职能包括：计划、组织、指挥、协调和控制。十四条管理原则分别是：

（1）分工。这包括技术上的专业化和管理职能的划分。

（2）权力与责任。分析了由职位所决定的权力和由于个人品质特点而具有的权威之间的区别。

（3）纪律。主要是遵守公司各方面的规章制度，也包括领导者能否严格执行纪律，如纪律遭到破坏时，能否采取对策。

（4）统一指挥。指下级只能听一个上级的命令。

（5）统一指导。指一个组织中，为了达到一定的目的，应由一个领导者根据计划开展各种活动。

（6）个人利益服从整体利益，组织的目标比个人目标更重要。

（7）报酬。员工的报酬要能激励其更积极地工作。

（8）集权化。集权化的程度要根据各有关具体情况来定。

（9）等级系列。指上下级的联系和交往通道。

（10）秩序。除了对物质资源的安排之外，也要对人力资源进行有序的统筹安排。为了建立人力资源秩序，应明确规定每一工作岗位的性质与内容，该岗位的工作与最后产品的关系，以及与其他岗位的关系。

（11）公平。指对制定的合法的规章制度应严格执行，公平对待员工，特别是待遇公平，这样才能使他们对工作全心奉献。

（12）人员保持稳定。特别是管理人员要稳定，他提出了一些激励办法，促使员工长期为公司服务。

（13）发挥人们的主动性。必须鼓励员工认真思考并实现某些行动计划，给员工提供发挥主动性的机会。

（14）集体精神。指通过利益的一致来实现通力合作，有效的办法是实行统一的指挥。

应当指出的是，法约尔的这十四条管理原则在今天看来，仍有非常大的参考价值和指导意义。

20 世纪初的另一位古典管理学派的代表人物是德国社会学家韦伯（Max Weber）。他于 1910 年出版了《社会与经济理论》一书，在该书中，他论述了组织、权力、领导等一系列管理问题，提出了著名的"官僚结构"（bureaucracy，也称层峰结构）组织模式。韦伯认为一个理想的组织系统应当结构合理、效率高、职责明确、适应性强。随着社会生产日益复杂，管理生产的组织结构必须也相应变得严密、精确和稳定。他把组织系统分为三层：最高层的领导者是负责决定方向大计的；中层管理人员是贯彻上级意图并付诸实施的；基层的一般工作人员从事各种实际工作。

以上我们介绍了古典管理学派的三位代表人物：泰勒、法约尔和韦伯。他们三人的管理思想也分别反映了那个时代在管理理论发展中的三个重要方面，即"科学管理"理论、"计划管理"理论和"行政组织"理论。这些理论成为现代管理科学的先驱思想。三位代表人物中，泰勒的影响最大。直到今天，中国还有大量的中小民营企业的实际管理水平尚未达到泰勒所倡导的科学管理的高度。

需要指出的是，虽然泰勒所开创的科学管理体系提高了生产效率，但由于工人的劳动变得更为紧张和劳累，特别是由于效率的提高，一些工人失去了就业的机会。泰勒的这套方法由于较少考虑人的心理因素，受到了很多工人的反对。泰勒在他晚年的回忆录中也写道："尽管那时我还年轻，但我觉得自己比现在还要老些。这是不足为奇的，因为我创造的这个制度，给我招来了咒骂。"

在泰勒之后不久，在管理工作领域对人的分析开始得到重视。心理学家、管理人员、工程师开始探索以下问题：如何在工人可承受的心理范围内提高其工作效率？疲劳和倦怠是如何产生的，又该如何去克服？人与机器应该怎么配合？管理人员如何选择、如何科学地培训工人？管理人员应该具有哪些品质？这一系列问题都与心理学有密切关系。正是在这一时期芒斯特伯格开始研究工业生产中的心理学问题。芒斯特伯格在《心理学与工业效率》一书中指出了心理学应对提高工人的适应能力与工作效率做出贡献，并论述了如何用心理测验方法选拔合格工人，如何安排适合的工作条件使工人得到最大的满足并达到最高的效率，以及如何发挥一切有益于经济发展的心理因素影响。这三方面后来成为工业心理学、工程心理学、管理心理学的一些主要研究问题。芒斯特伯格就像是排球队里的二传手一样，从泰勒那里接过球并将其传给了管理心理学等后来的学科的研究者。

管理名家

雨果·芒斯特伯格

雨果·芒斯特伯格（Hugo Münsterberg，1863—1916），德裔美国心理学家，应用心理学的先驱之一，他将研究和理论扩展到工业/组织（I/O）、法律、医学、临床、教育和商业领域，被誉为工业心理学的重要创始人。

他于1883年进入莱比锡大学，在那里他听到了威廉·冯特（世界上第一个心理学实验室的创始人）的演讲，由此对心理学产生了兴趣。芒斯特伯格最终成为冯特的研究助理。1885年，22岁的他在冯特的指导下获得了生理心理学博士学位，又于1887年在海德堡大学获得了医学学位。通过考试，他获得了在弗莱堡大学担任私人讲师的资格，在那里开设了一个心理学实验室，开始发表有关许多主题的论文。1892年，当时还不会说英语的芒斯特伯格受到詹姆斯的邀请，到哈佛大学担任心理学实验室主任，为期三年。他很快学会了说英语，因此他的课程在学生中非常受欢迎，并且他开始指导研究生。后来他一直在哈佛大学任教，1916年12月病故。

芒斯特伯格是弗雷德里克·泰勒的崇拜者，他在1913年写信给泰勒："我们的目标是勾勒出一门新科学的轮廓，它介于现代实验室心理学和经济学问题之间。"工业心理学将会是一个"独立于经济观点和有争议的兴趣点"。芒斯特伯格的著作《职业与学习》（1912）和《心理学与工业效率》（1913）通常被认为是现代工业心理学的开端。他的论文《心理学与市场》（1909）提出，心理学可以应用于许多不同的工业领域，包括管理、职业决策、广告、工作绩效和员工动机。

在《心理学与工业效率》（1913）一书中，芒斯特伯格讨论了许多不同的主题，这些主题对今天的管理心理学领域非常重要。他的目标是"勾勒出一门新科学的轮廓，它介于现代实验室心理学和经济学问题之间"。心理学实验将被系统地置于商业和工业服务之上。他选择了他认为对工业心理学特别重要的三个问题进行研究：第一，我们如何找到那些心理素质使他们最适合从事他们必须从事的工作的人；第二，在什么心理条件下，我们才能确保每个人做出最伟大、最令人满意的工作成果；第三，我们如何才能最完整地对人类思维产生影响，以满足商业利益的需要。换句话说，工业心理学应该研究如何找到"最好的人，如何让人表现出他最好的自己，以及如何获得最好的效果”。

针对美国职业流动频繁的状况，他认为那种单纯依据个人倾向和兴趣来决定职业选择的做法不能决定一个职业的真正心理适应性。基于这些思想，他在波士顿地区开展了青少年职业指导工作。对于芒斯特伯格来说，为特定的职业选择最好的人，需要具有科学的方法。传统的自省技术可能带来主观性，他要努力设计能够客观测量一个人的人格、智力和其他个人倾向性特质的方法，尽量为每个人找到最合适的工作。

他在书中还探讨了雇主如何通过改变工作的空间环境和工作条件来提高工人的生产率，包括工厂的单调操作和烦琐重复任务可能对工人注意力和疲劳的影响、身体和社会因素对工人工作能力的影响。他还研究了如何提高销售效果的问题，提出了满足经济需求的方法，开发了发现广告有效性的实验，研究了买卖心理学，最后讨论了经济心理学的未来发展。

（二）现代管理流派与管理心理学的兴起

以科学管理为代表的古典学派在第二次世界大战后让位给现代学派，所谓现代学派主要有两大支柱：一是管理科学学派；二是行为科学学派。这种分类并不意味着这两个学派互补相容或互相矛盾，它们虽然各有自己的理论、概念以及模型，但在管理实践的很多问题上是相辅相成的，是互相关联而非相互排斥的。

管理科学学派的特点是应用最新的科学成就来解决生产和作业管理中的问题。而且，管理科学（management science）有不同的名称，如运筹学、数量分析、系统分析或决策科学等，但一般用“管理科学”这个名称。这个学派在一定意义上是泰勒制的继续和发展，它与泰勒制的不同之处在于运用了现代自然科学和技术的成就，并且研究的问题比泰勒制更为广泛。它注重数学和统计方法，并借助计算机的运算和模拟能力，研究的重点在于使用科学的方法达到组织的最佳决策。

管理科学学派有如下的特点：

（1）强调科学方法。

（2）强调系统地分析和解决问题。

（3）借助问题解决的数学模型。

（4）强调数理统计和软件运用。

（5）重视经济、技术因素，较少考虑心理因素。

（6）使用计算机，特别是高性能的大型计算机。

（7）强调对大数据的统计分析。

（8）基于不确定性探索最优或满意决策。

这一学派的科学方法最早在英国使用，1940 年英国首次使用运筹学方法研究雷达系统的设计问题。随后美国也在国防部门使用运筹学方法解决商船护航部署、空中精准轰炸等问题。也就是说，管理科学学派最初是运用于军事领域的，在 20 世纪 50 年代之后才在经济领域逐渐得到广泛应用，并形成了线性规划、决策论、计划评审法、博弈论等一系列新学科。这类研究广泛应用数学模型来探讨复杂的管理现象，探索事物发展规律和最优化的解决办法，它们丰富了管理学的理论内容。

与管理科学学派并行发展的另一支是行为科学学派。行为科学（behavior science）学派的主要思想是改变早期管理学说中对人的因素的忽视，强调从心理学、社会学的角度研究管理问题。行为科学学派特别强调了人与机器不同，不能像泰勒那样把人看成没有社会性的活机器，管理者不但要研究人的肌肉活动、神经活动、操作的结构、疲劳、单调工作的影响等，而且应当看到人际关系、社会因素这些更高级、更复杂的问题。这样，行为科学学派就在管理学理论中开拓了一个新的领域，这个领域从较早期的霍桑实验开始，经过人际关系学说，直接促成了管理心理学的兴起，并持续、深远地影响了管理心理学、组织行为学的发展。接下来，我们将着重介绍这一学派的关键里程碑和理论贡献。

1. 霍桑实验

霍桑实验，是指 1927—1932 年，以哈佛大学著名心理学家梅奥为首的一批学者，在美国西部电气公司所属的霍桑工厂进行的一系列实验。霍桑工厂是一个拥有 2.5 万名工人的大厂，专门生产电话和电气设备。实际上，霍桑实验是从 1924 年开始的，实验的初衷是研究如何更好地提高工作效率，在开始阶段，梅奥并没有参加。最初的研究人员所提出的假设是“工作环境与劳动生产率之间有着密切关系”，因此打算从改进工作环境（例如照明条件）入手，研究这个问题。

于是，他们开始了第一阶段的实验：要求两组女工干同样的活——装配电话继电器，但工作条件不同。一组工人作为实验组，她们干活时照明度比平时低；另一组作为对照组，干活时照明度和平时一样。如果两组工作效率不同就说明环境是有影响的。但实验结果表明，尽管照明条件很差，实验组工人的产量不但没有下降，反而有所增加。于是，实验者又改换其他的条件，如变换工作时间、改变工资计算方法、增加休息时间等。但出乎研究人员意料的是，无论条件如何变换，实验组和对照组的产量都有所增加，看不出什么差别。感到迷惑的研究人员和工程技术人员决定进一步改变条件，甚至取消了之前实验中为女工们增加的福利。他们估计，这样一来工人肯定会不满，从而导致产量下降。但结果同样出人所料，产量仍在增加，直到当车间的照明条件降低到月光水平时，产量才停止增加。这项实验从 1924 年进行到 1927 年，每个女工装配的继电器的数量从每周平均 2 400 个增加到 3 000 个。这种情况无论从一般的常识，还是从传统的心理学、物理学的角度都难以解释。所以，后来实验者不得不决定另请一位社会心理学家来主持研究，这位社会心理学家就是后来闻名于世的梅奥。

梅奥应邀参加了霍桑工厂的研究，同时参与的还有一批哈佛大学的管理专家和西部电气公司的人事管理人员。梅奥着重从社会心理因素方面考虑问题，在接下来第二阶段的研究中主导了两方面的工作：一是与工人谈话的实验；二是继电器绕线工人的群体实验。

在谈话实验中，他们花了约两年的时间，在专门的实验室中进行。把原来的监工工头调开，让工人在比较自由的条件下工作，并征求工人的意见。每次与工人的谈话从半小时到一个半小时，谈话内容不受限制，共访谈了两万余人次。访谈人员在谈话中耐心倾听并做详细记录，对工人的不满意见不反驳、不制止。霍桑工厂所发生的大规模访谈在工人们中间反响很大，甚至有工人说："这是工厂成立以来，管理方做得最正确的事情。""他们早就应该这么做了。"……工人们自由地表达了对工作环境、待遇、领导方式等各方面的意见。通过这些访谈，研究和管理人员了解了工人们对管理方的看法、不满、顾虑与建议。工人们的情绪和看法得到了关注和释放，尽管工作条件并没有发生实质性的改变，但大家普遍第一次感受到了作为人而被关注，而且是在著名研究人员所创设的自由氛围中，他们的心情前所未有地愉快，工作效率得到了大幅的提高。

另一项实验是继电器绕线工人的群体实验。这项实验的目的是要了解在群体中什么因素影响了人们的行为。实验是由 14 名男工进行的。其中 9 人是绕线工，3 人是焊接头的工人，2 人是检验质量的工人。研究者采用了计件工资制，但是以小组的总产量为基础付给每个工人工资。研究发现，这个集体在工作中有一套自己的"行为规范"，大家既不干活太卖力，也不偷懒，而是使产量保持在某个稳定的水平上。因为干活太卖力，大家会担心管理方提高定额，或裁减人员；干活偷懒，会搭大伙儿的便车，占大家的便宜。因此，在工人中有一种"自定"的行为标准，以保护他们那个团体的利益。

这个实验还发现一个有趣的现象：除在团体中正式的生产班组关系之外，某几个人关系特别密切，他们有事共同商量，能一致对外。也就是说，在正式的组织关系外，还存在着非正式组织——小团体。这种小团体也有一套规范，例如干活不要太卖力气、不能向领导告密、不管闲事等。这方面的发现在以后有了不小的发展，促使"群体动力"成为一个专门的研究领域。而对一个正式组织中小团体活动方法的测量，则被称为"社会测量"。

梅奥主导的霍桑实验为管理理论提供了很多新的结论：单靠物质刺激不能保证调动工人的积极性。工人的士气、生产积极性主要取决于社会因素、心理因素，良好的人际关系、有利的社会条件都与工作效率有直接的关系；在生产中除了正式组织之外，还有非正式组织。也就是说，在群体中有着相互影响的因素制约着个人的工作效率，在管理中必须重视人的因素。

2. 群体动力理论

著名心理学家勒温（Kurt Lewin）对管理心理学的形成做出过重大贡献。勒温的心理学理论被称为"场"理论，"场"借用的是物理学中"磁场"的概念。勒温认为，人的心理和行为取决于人的内部需要和环境的相互作用。当人的需要未得到满足时，内部场的张力，即紧张状态就会产生，而环境起着导火索的作用。人的行为动向取决于内部场和情境场（环境因素）的相互作用，而主要的决定因素是内部场的张力。根据"场"理论，勒温提出了著名的行为公式：

$$B=f(P\cdot E)$$

式中，B 代表行为，P 代表个人，E 代表环境。这个公式的含义是，人的行为是个人与环境相互作用的结果。

勒温的"场"理论最初只用于研究个体行为。1933 年他移居美国后，把"场"理论用于研究群体行为，提出了"群体动力学"（group dynamics）的概念。所谓群体动力，就是指群体活动的动向，而研究群体动力就是要研究影响群体活动动向的各种因素，包括群体内部的因素和群体所处的环境因素，因为群体活动的动向同样取决于内部场和情境场的相互作用。

群体动力理论对于管理心理学的形成和发展有很大影响，特别是对于研究群体行为做出了很大贡献。1945 年勒温在美国麻省理工学院建立了“群体动力研究中心”，开展了大量研究工作并培养了大批人才。该中心在勒温逝世（1947 年）后迁往了密歇根大学，后来成为美国管理心理学的重要研究中心。

3. 需要层次理论

需要层次理论是由美国心理学家马斯洛（A. Maslow）提出的。马斯洛是人本主义心理学的代表人物。20 世纪 40 年代，马斯洛发表了《人的动机理论》一文，论述了作为人的动机基础的需要层次理论。马斯洛认为，人的需要分为五个层级，即生理需要、安全需要、爱与归属的需要、尊重需要和自我实现需要。这些需要从低级向高级发展，形成金字塔形的层次。马斯洛的理论为洞悉人的需要和动机提供了一个很吸引人的解释框架，对后世组织管理心理学的发展有着经久不衰的影响。

总的来看，20 世纪五六十年代是管理心理学兴起并快速发展的时期。在经过梅奥等人引领的人际关系运动之后，人们对于重视管理工作中人的因素达成了普遍共识。激励问题、人性假设问题、群体与个体关系问题、目标问题、组织结构问题、领导行为问题、职业满意度问题等复杂的管理心理学问题相继受到关注和认真的研究。在此期间，一些有影响力的管理心理学相关著作也陆续出版，例如，1950 年，美国斯坦福大学心理学教授莱维特（H. J. Leavitt）出版了《管理心理学》，这也是第一本正式命名为管理心理学的著作；1959 年，马斯洛出版了他的名著《动机与人格》；1960 年，麦格雷戈（D. M. McGregor）出版了他的名著《企业中的人的方面》；1965 年，心理学家沙因（E. H. Schein）出版了他的名著《组织心理学》。对于马斯洛和麦格雷戈等人的研究，本书还会在后面章节中详细介绍。

（三）当代管理研究与管理心理学的发展

伴随着信息时代的到来和科技的迅猛发展，社会环境发生不断的变革，不确定性日益提升，大数据、人工智能、灵活用工、零工经济、平台组织等，都对管理学和管理心理学提出了新的挑战。受决策论、系统论、权变理论等的影响，管理丛林中又出现了一系列新的管理理论，如系统理论、权变理论等。

（1）系统理论。系统理论是从整体出发去研究事物的一种理论。“系统”的含义非常深广，大至整个宇宙，小到一个有机体，都可以被看作一个系统。将系统理论运用于管理，就是把企业组织看成一个开放的社会技术系统。这个社会技术系统由多个子系统构成，包括：目标价值系统、组织结构系统、心理社会系统、技术支持系统。在一个企业中，各个子系统相互联系、相互影响，构成一个整合的系统。例如，企业目标价值系统的变换会直接引起组织结构、技术支持，乃至人的心理和人际关系的变化调整。同时，企业也并不是一个封闭的系统，它还和外部的法律环境、市场环境、人力资源环境等社会系统进行着不停的交互。

（2）权变理论。与系统理论运用整合的视角看待问题类似，权变理论也持有一种考察心理与行为的综合观点。权变理论主张，组织场所中人们的心理和行为，包括个体、群体以及组织的心理和行为，都受到情境因素的影响甚至制约。

比如，同样是领导者对下属的善意工作批评，领导者如果在大庭广众之下当面训斥下属，会使下属感到尊严受损、难以接受，找理由辩解推脱，甚至会引起一些性格倔强的下属的顶撞反抗；但领导者如果讲求方式方法，将下属单独叫到办公室一对一指出错误，下属不仅更容易接受，也会因领导照顾自己颜面而心怀感激，不仅错误改正得更快，而且会对上司产生信任。

不仅个体的行为与情境具有交互影响，有的研究者还运用权变的范式研究了不同组织结构与环境之间的相互适应。在该研究中，组织被分为机械式和有机式两种。机械式结构有严格的等级和命令链条，是一架官僚机器，这种组织结构对于稳定的外部环境能够稳定地发挥作用；有机式结构是一种更为灵活、层级较少、官僚化程度较低的扁平化结构，这种结构更适合动态甚至动荡的内外部环境，因为它的层级少，组织的决策和行动机制都更为灵活。除了上述研究，权变的视角和方法还逐渐渗入管理心理学研究的诸多方面，比如权变领导、工作再设计（包括工作的丰富化和扩大化）、群体动力等。

对于个体而言，情境因素包括组织和工作环境。对于组织而言，情境因素更加复杂，范围更加广阔，从所在地区的社会经济状况到全球的政治经济形势，都是影响组织有效运行的重要因素。以美国为首的某些西方国家对我国通信企业的限制和制约，不仅影响了这些企业的经营，也在一定程度上影响了企业员工的心理和行为。管理心理学的研究应该关注这些新的趋势。

从20世纪后期到21世纪初，科技的日新月异加速了人类社会的变迁步伐。由于2020年新冠疫情的泛滥，世界格局发生了重大变化，给全球带来了新的挑战。习近平总书记明确指出，我们正面临着"百年未有之大变局"。这个大变局，是从事实上"一家独大"的单极世界向协同共治的多极世界的转变，是现代化发展路径从一元走向多元的转变，也是社会主义从遭遇严重挫折向21世纪焕发蓬勃生机的转变。百年未有之大变局是中国选择更加主动、更具活力、更加先进、更加高效的开放经济模式的良好大环境、大背景。我们要围绕发展更高层次的开放型经济，主动参与全球治理，推动共建"一带一路"、双向开放、命运共同体建设、自贸区建设以及争取更多的制度性话语权，为实现"两个一百年"奋斗目标、实现中华民族伟大复兴的中国梦营造更加良好的外部环境，这里的核心是要发展更高层次的开放型经济。

这里很自然地要涉及一个重要概念——组织变革，这是管理心理学研究的重要课题。目前我们介绍的组织变革的原则和方法，从组织变革的分析框架到变革型领导等，大多来自西方的逻辑及其所处的环境，提出这些概念和方法的人，不仅没有考虑中国组织所处的环境，更没有遇到过全球范围内的大变局。

比如，韦克（Weick）和奎恩（Quinn）发现，勒温所提出的传统阶段性变革程序（即冻结—变革—再冻结）已逐渐被连续性变革（即冻结—再平衡—解冻）取代，这种理论强调变革应是连续的、发展的、渐进的。实际上，面临着百年未有之大变局，当今的组织如何进行有效的组织变革以及能否保持连续变革，已经成为实践者和研究者不得不回答的问题。再如，激励问题始终是管理心理学研究的核心问题之一，过去曾产生了激励的内容说、过程说和强化说等相关理论，近年来认可激励已经成为很多组织所采用的有效措施。如何有效激励千禧一代员工，已经成为管理实践的急迫课题。

张志学等人同时指出，中国目前的组织心理领域研究，很大程度上追随国际潮流，但缺乏对本土重要问题的关注；研究方法过多地集中于定量的问卷调查法，缺乏对多种不同方法的应用；研究的分析层次过多地集中在个体层次上，对多层次的组织和团队管理现象关注不足。为了更好地促进组织行为学的发展，他们建议：应注重立足本土组织和管理现象来挖掘研究问题；采用多种研究方法，特别是定性研究方法；注重跨层次研究和研究的情境化。

第三节 管理心理学的相关理论

管理心理学理论中对于人性及行为的假定与推理是决定管理政策的关键。依照沙因的分类，有关人性的假设，依其先后出现的次序，可分为下列四种。

一、“经济人”假设

“经济人”全称为“理性-经济人”（rational-economic man），也有人称之为“实利人”。“经济人”假设起源于享乐主义（hedonism），再经 19 世纪理性主义的影响而形成。它认为人的一切行为在于追求自身的最大利益，工作的动机是获得经济报酬。从这种人性假设出发，在管理工作中就把人看成是天生好逸恶劳的、处处为己的。

美国工业心理学家麦格雷戈在他的《企业中的人的方面》一书中，提出了两种对立的管理理论：X 理论和 Y 理论。他本人主张 Y 理论，反对 X 理论。X 理论就是对“经济人”假设的概括，其基本观点如下：

（1）人是生来懒惰的，可能的话，会尽量逃避工作。

（2）一般人都没有什么雄心，也不喜欢负起任何责任，而宁可期望别人来领导与指挥。

（3）人生来就是自我中心的，对组织的要求与目标并不关心。

（4）人是缺乏理性的，本质上不能自律且容易受他人影响。

由此人性假定所引发出来的管理方式是：

（1）组织应以经济报酬（金钱）收买员工来效力和服从，并应以权力与控制体系来保护组织本身及引导员工。管理的特征是订立各种严格的工作规范，加强各种法规的管制，对消极怠工者采用严厉的惩罚措施。

（2）管理工作是少数人的事，员工只能听从管理者的指挥而无权参与管理，组织的目标能达至何种程度，有赖于管理人员如何控制员工。

事实上，在上述管理方式下工作的员工，对组织只能做到埃茨奥尼（A. Etzioni）所说的“精打细算”的献身方式，即抱着“领多少钱，就干多少活”的态度。

二、“社会人”假设

上一节中讲述的霍桑实验的最大意义在于，它使大家注意到社会需求的满足（即被同事接纳、喜爱），往往比经济上的报酬更能激励工人。后来的研究更发现，工人为了避免竞争失败可能带来的威胁，会联合起来共同抵抗管理方。这些人际关系学研究使梅奥发展出了一套与“经济人”大不相同的新的人性假设，那就是“社会人”（social man）假设，其主要观点如下：

（1）基本上，人是因社会需求而产生的，并且透过与同事的关系获得认同感和归属感。认为人都是追求利益的“经济人”的观点，是不正确的，人是“社会人”。

在能提高生产率的刺激要素中，金钱或经济激励只是第二位的，社会心理因素才是头等重要的。“一个人是否全心全意为一个群体服务，在很大程度上取决于他对自己的工作、自己的同事和上级的感觉如何”；金钱只能满足员工的一小部分需要，而不能满足他们进行社会交往、获得社会认同、归属于某一个群体的强烈需要。因此，在工作中处理好人际关系，比物质激励有更大的意义。

（2）员工对同事们的社会影响力，要比管理者所给予的经济激励及控制更为重要，因为员工会从与同事们的社会关系中寻求工作的意义。

（3）生产效率主要取决于员工的士气，员工心理需要的满足是生产率提高的基础。“满意的工人才是有生产率的工人”，作业方式和工作条件只具有第二位的意义。员工的工作效率会随着上司满足他们社会需要的程度而改变。

（4）在正式组织中存在着“非正式组织”，这种特殊的组织有着内部不成文的规范，该规范对其成员的工作行为有很大的影响。管理方不能只重视正式组织而忽视这些“非正式组织”，要注意二者之间的协调和平衡。

由“社会人”假设所导出的管理方式与“经济人”的管理方式可以说完全不同。

（1）强调作为一个管理者，除了应关注工作目标的达成外，更应该关注从事此工作的员工的需要，要关心人、满足人。

（2）在控制及激励员工之前，应先了解他们对团体的归属感及对同伴的连带感等社会需要的满足程度，重视员工之间的人际关系，培养他们的归属感和整体感。

（3）假如管理者无法满足员工的社会需要，员工就会疏远正式组织，而献身于非正式组织，因此实施奖励时，个体奖励制度不如团体奖励制度，要注重培养员工的集体精神。

依照“社会人”假设，工作中的主动权应从管理者逐渐转移到员工，这一思想也推动了参与管理（participative management）理论的出现。

三、“自我实现人”假设

人们除了上述社会需要外，还有一种想充分发挥自己能力、开发自己潜力的欲望。比如，马斯洛就认为人类的高级需要是最具有激励作用的，其顶峰就是自我实现的需要。

尽管马斯洛本人并未把他的理论应用于管理之中，但“自我实现人”（self-actualizing man）的人性假设就是根据马斯洛的需要层次理论提出的，它在阿吉利斯（C. Argyris）及麦格雷戈的Y理论中有着明确的表述。

阿吉利斯认为人通常都有如下的“自我实现的倾向”：

（1）从被动往主动。

（2）从依赖他人往自我独立。

（3）从行为单调限制往行为自由丰富。

（4）从短暂的关心往深远的关心。

（5）从服从往同等、优越。

（6）从自我缺失往自我意识、控制。

麦格雷戈的Y理论认为：

（1）工作与娱乐、休息一样自然，人们并非不喜欢工作，而是要看工作条件如何；并且，人们因工作而成熟与发展，其能力得到开发，人也变得更为独立。

（2）控制和惩罚不是实现组织目标的唯一方法，人们在执行自愿的任务时能够自我控制和自我指导。外在的控制很可能对员工构成一种“威胁”，进而导致不良适应。

（3）员工的自我实现倾向与组织所要求的行为之间并没有冲突。在正常情况下，人们不仅会接受责任，而且会主动寻求责任。

（4）管理的职责是改进组织条件和工作方法，以使人们能够更好地达成自己的目标，并努力去完成组织的任务。

由此假设出发的管理措施将是：

（1）管理人员的主要任务是尽量把工作安排得富有意义，对员工具有挑战性，使员工工作之后能够喜欢自己的工作，给下属他能承担的最大权限，满足其自我实现的需要。工作扩大化、工作丰富化都是受Y理论影响而产生的重要管理思想。

（2）奖惩方式的改变。麦格雷戈强调采用内在奖励，这也是Y理论的中心思想。心理学中把奖励分为外在的和内在的两大类，前者如工资、福利、良好的人际关系等；后者如工作中获得知识、增长才干、充分发挥自己的潜能等。麦格雷戈认为，管理的任务只是在于创造一种适当的环境——允许和鼓励每一个员工都能从工作中得到“内在激励”的环境。

（3）管理人员的职能主要在于为发挥人的才智创造适宜条件，减少和消除员工在发挥自己潜能时遇到的障碍，使每一个员工都能通过其从事的工作感受到“生活的意义”。组织应成为提供此机会者，员工通过自己激励自己，自然迈向组织目标的达成。这种状态可谓是个人的需要与组织的目标统合在一起的理想状态。

四、“复杂人”假设

以上所列举的三种人性假设是随着历史的发展而先后出现的。19世纪末至20世纪20年代产生了“经济人”的人性观，1930—1950年出现了“社会人”的观点，随后由于行为科学的兴起，有了“自我实现人”的假设。这三种人性假设各反映出当时的时代背景，各代表着那个时代的员工心理，也是当时为达成组织目标最适当的假设。然而，这些假设也只是从不同侧面对人性的本质进行的猜测，不大可能适应一切情况。

20世纪60年代中期，沙因在考察了这几种对人性的假设后指出，人类的最大需要不可能都是一样的，而是因人、因时、因地而异的。不可能有纯粹的“经济人”，也不可能有纯粹的“社会人”或“自我实现人”，实际存在的，只是在各种情况下采取不同反应的“复杂人”（complex man）。此后，莫尔斯（John J. Morse）和洛希（Jay W. Lorsch）在1970年发表的《超Y理论》和1974年出版的《组织及其成员：权变方式》中也提出了这种新的人性假设。他们认为，无论是“经济人”“社会人”，还是“自我实现人”的假设，都有其合理的一面，但不能适应一切情况。这是因为：一方面，人本身很复杂，有多面性；另一方面，人也是在不断变化的，同一个人在不同年龄、时间、地点、地位、人际关系、环境等因素下，会有不同的需要和表现。因此，人是“复杂人”而不单纯是某一种人。

概括地说，“复杂人”假设的要点是：

（1）人的需要是多种多样的，而且这些需要会随着人的发展和生活条件的变化而发生改变。每个人的需要各有不同，需要的层次也因人而异。

（2）人在同一时间内有各种需要和动机。它们会发生相互作用并结合为统一的整体，形成复杂的动机模式。

（3）人在组织中的工作和生活条件是不断变化的，因此会不断地产生新的需要和动机。

（4）一个人在不同组织或同一组织的不同部门工作，会产生不同需要。

（5）由于需要不同，能力各异，不同的人对于不同的管理方式会有不同的反应。因此，也不存在一套适合任何时代、任何组织和任何个人的普遍行之有效的管理方法。

因此，在此假设下，一个管理人员不但需要具备洞察员工个别差异的能力，同时还要具有能随时采取不同行动的应变能力。当下属的需要不同时，就要以不同的方法对待他们。当然，“复杂人”假设并没有否定上述三种人性假设及其管理方式。因为前三种假设对某些人在某种场合，确实是很适合的。这里所要强调的只是，我们不能把所有的人视为同一类，以某种固定的模式加以管理。理想的组织形态与管理方法，应该根据工作的性质与组织成员的需要，而做富有弹性的变化。

另外，研究发现，这种人性假设的发展顺序与马斯洛提出的需要层次理论也相吻合，即低层次的需要逐一获得满足之后，人们便会去寻求最高层次的自我实现需要的满足。人性假设、需要层次理论与历来的管理理论的比较见图1-1。

最后，需要指出的一个有趣现象是，西方有关人性的诸多假设，我们大体都可以在中国古代思想家的著述中找到类似的观点。这一方面说明中国古代管理思想的超前和博大精深；另一方面，我们也相信这不是简单的巧合，而是源于人性的一致性。

下面，我们就把东西方有关人性的相似之处进行简要比对。

我国古代思想家荀子就主张性恶论，他说：“今人之性，饥而欲饱，寒而欲暖，劳而欲休，此人之情性也。”“目好色，耳好声，口好味，心好利，骨体肤理好愉逸，是皆生于人之情性者也。”（《荀子·性恶》）这种论点与X理论认为人天生就是懒惰的，多数人没有雄心壮志，不愿负任何责任，心甘情愿受别人指挥的说法似乎不谋而合。

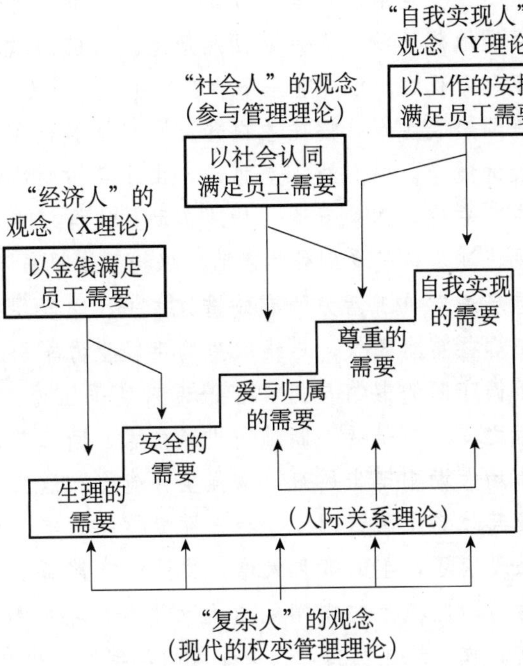

图 1-1 人性假设、需要层次理论与历来的管理理论的比较

大家都很熟悉的《三字经》中的“人之初，性本善，性相近，习相远，苟不教，性乃迁”，以及孟子讲的人皆有“恻隐之心”“羞恶之心”“辞让之心”“是非之心”等性善论的论述，就类似于“社会人”假设所主张的人是有社会需要和动机，并非生来就好逸恶劳、贪图享受的观点。

近代著名思想家梁启超主张“尽性论”，他说：“要各人自审其性之所近何如，人人发挥其个性之特长，以靖献于社会，人才经济莫过于此。”这又与 Y 理论的“自我实现人”假设非常相似。

此外，汉代扬雄的人性亦善亦恶论，以及告子的流水人性论，即“人性之无分于善不善也”，“决诸东方则东流，决诸西方则西流”（《孟子·告子上》），都在一定程度上与“复杂人”假设相符。

管理视野

鲶鱼效应

“林暗草惊风，将军夜引弓。平明寻白羽，没在石棱中。”这是唐代诗人卢纶所写的《塞下曲》，说的是飞将军李广一次夜里外出，猛见前方草丛里卧着一只“老虎”。李广大惊失色，吓出一身冷汗，随即引弓射虎。第二天早晨，当他们去寻找“死虎”时，发现卧在地上的不过是一块巨石。敢情是晚上看走眼了。再看那支箭，箭镞竟然深深地埋进石头里。李广暗暗称奇，随即再引弓射石，无论使多大的劲，箭都再也射不进石头了。这一例子说明，人在受到惊吓或精神高度紧张、亢奋时，会迸发出超常的能量。医学界认为人们受到惊吓或刺激时，肾上腺会分泌出大量的激素，使人产生前所未有的能量和生存力。人如此，动物亦如此。鲶鱼效应与李广射石异曲同工。

挪威人喜欢吃沙丁鱼，尤其是活沙丁鱼。市场上活沙丁鱼的价格要比死沙丁鱼高许多。所以渔民总是千方百计地想让沙丁鱼活着回到渔港。虽然经过种种努力，但绝大部分沙丁鱼还是在中途因窒息而死亡。但却有一条渔船总能让大部分沙丁鱼活着回到渔港。船长严格保守着秘密。直到船长去世，谜底才揭开。原来是船长在装满沙丁鱼的鱼槽里放进了一条以沙丁鱼为食的鲶鱼。鲶鱼进入鱼槽后，由于环境陌生，便四处游动。沙丁鱼见了鲶鱼十分紧张，左冲右突，四处躲避，加速游动。这样一来，一条条沙丁鱼欢蹦乱跳地回到了渔港。可见，沙丁鱼是受到外界刺激才保持了生机与活力。

鲶鱼效应是企业领导层激发员工活力的有效措施之一。它表现在两方面：一是企业要不断补充新鲜血液，把那些富有朝气、思维敏捷的年轻生力军引入职工队伍甚至管理层，给那些故步自封、因循守旧的懒惰员工和官僚带来竞争压力，从而唤起“沙丁鱼”们的生存意识和竞争求胜之心。二是要不断地引进新技术、新工艺、新设备、新管理观念，这样才能使企业在市场大潮中搏击风浪，增强生存能力和适应能力。许多人都知道草原狼的例子。澳大利亚某牧场上狼群出没，经常吞噬牧民的羊。牧民于是求助政府和军队将狼群赶尽杀绝。狼没有了，羊的数量大增，牧民们非常高兴，认为预期的设想实现了。可是，若干年以后，却发现羊的繁殖能力大大下降，羊的数量锐减且体弱多病，羊毛的质量也大不如从前。牧民这才明白，失去了天敌，羊的生存和繁殖基因也退化了。于是，牧民又请求政府再引进野狼，狼回到草原，羊的数量又开始增加。

“急中生智”“置之死地而后生”“艰难困苦，玉汝于成”，这些讲的都是生于忧患、死于安乐的道理。

第四节　管理心理学的研究方法

任何一门学科都有它自己的研究方法。“工欲善其事，必先利其器”，只有运用科学、恰当的研究方法，才有可能发现和建立科学的理论。管理心理学也不例外，并且作为一门交叉学科，管理心理学从心理学、社会学、统计学等学科中吸收了许多必要有效的概念和方法，为自身的科学、系统发展提供了基础。

一、基本术语

一些专业化的术语反映了管理心理学研究中的重要概念，掌握这些术语、概念对了解研究的方法及其科学性，是十分必要的。

（一）变量

所谓变量（variable），就是具有一个以上不同取值（如不同的范畴、不同的属性等）的概念。而那些只有一个固定不变的取值的概念，则叫作常量。根据这一定义，“性别”就是一个包含两个取值的变量。同样，“职业”是一个包括工人、农民、公务员、教师、医生等多个取值的变量。另外，能力、性格、工作压力、领导风格、态度等都是管理心理学中常见的变量。根据变量取值性质的不同，变量可以分为类别变量、顺序变量、间距变量、比率变量四种类型；根据变量作用的不同，变量又可分为自变量、因变量、协变量（如中介变量、调节变量等）。本书对变量的这些具体类型不做详细解释，感兴趣的读者可参看相关专门研究方法类书籍。

（二）命题与假设

所谓命题（proposition），指的是关于一个概念的特征或多个概念间关系的陈述。比如“工作效率很高”，就是关于“工作效率”这一概念的特征的陈述。而“工作效率的提高给人们带来工作成就感”则是关于“工作效率”和“工作成就感”两个概念之间的关系的陈述。命题具有不同的类型，比如公理、定律、假设、经验概括等。假设是管理心理学研究中常见的命题形式。

假设（hypothesis）是一种有关变量间关系的尝试性陈述，或者说是一种可用经验事实检验的命题。所谓“尝试性”，是指它的正确性仍有待证实。因此，一个好的假设并不在于它是否正确，而在于它是否具有可验证性，尽管验证的结果可能是证实，也可能是证伪。不可验证的假设没有什么价值。

（三）因果关系

因果关系（causality）是指变量之间的导引关系的方向性。如果 x 的变化引起了 y 的变化，那么 x 就是 y 的原因，它们之间就是因果关系。比如“组织认同度不同导致了不同的离职倾向”，这就是一种因果关系。而“快乐的员工也是高产的员工”，这一命题并不能反映因果关系，因为不清楚谁是原因、谁是结果。

（四）相关关系

很多时候，两类现象在发展变化的方向与大小方面存在一定的联系，但这种联系既不是因果关系，也不是共变关系。变量间相关关系的强度通常用相关系数来表示，相关系数取值从－1.0（完全负相关，量变方向完全相反）到＋1.0（完全正相关，量变方向完全相同）。相关系数为 0，表示两个变量之间没有关系。

相关只反映变量间的量变关系，不代表具有因果关系。比如，数据分析发现，美国女子裙子的长度和股市价格有很高的正相关性。这其中显然没有因果关系，纯属巧合。

（五）信度

信度（reliability）即可靠性，它指的是采取同样的方法对同一对象重复测量时，其所得结果相一致的程度。换句话说，信度是指测量结果的一致性或稳定性，即测量工具能否稳定地测量所测的事物或变量。比如，用同一台秤去称某一物体的重量，如果称了几次都得到相同的结果，则可以说这台秤的信度很高。如果几次测量的结果互不相同且差值很大，则可以说它的信度很低，或者说这个工具是不可信的。

（六）效度

效度（validity）也称作测量的有效度或准确度。它是指测量工具或测量手段能够准确测出所要测量的变量的程度，或者说能够准确、真实地度量事物属性的程度。通俗地讲，就是你所测量到的内容是否就是你原本想要测量的内容。比如，要对员工的工作能力进行考察，就要真正地测量其能力，而不是测量他在工作中的责任心或态度。

（七）普遍性

一项研究的结果能否被推论于该研究对象以外的个体或人群，必须慎重对待，严格论证。比如：对男性员工工作倦怠调查的结果能否简单地推论到女性员工身上？对青年员工的工作动机研究是否适合成年员工和老年员工？对美国职业经理人领导方式的调查结果是否同样可以解释中国工作场所中的职业经理人？这些都需要进行新的验证，并审慎对待。

二、常用研究方法

管理心理学的具体研究方法有很多，目前主要采用的研究方法有以下几种：观察法、访谈法、问卷调查法、测量法、实验法、个案研究法等。下面对这六种常用的方法逐一做简要的介绍。

（一）观察法

观察法（observation）是指通过感官或仪器，按行为发生的顺序进行系统观测、记录和分析的研究方法。根据被观察者所处的情境，观察可分为自然观察和实验室观察（又称控制观察）。自然观察是在行为发生的自然环境中进行的观察，对行为不施加任何干预。实验室观察是指在实验室内，在人为控制某些条件的情境下进行的观察。

按照观察者和被观察者之间的关系，还可以把观察法分为参与观察和非参与观察两种。观察者直接参与被观察者的活动，并在共同的活动中进行观察的方法称为参与观察；而观察者不参与被观察者的活动，以旁观者身份进行观察的方法称为非参与观察。

观察法的优点在于方便易行，可涉及相当广泛的内容，且观察材料更接近于生活现实。其缺陷在于只能反映表面现象，难以揭示现象背后的本质或因果规律，做出“为什么”的回答。因此，观察法最好能和其他方法结合使用，以取得更深入的研究效果。

（二）访谈法

研究者通过面对面的谈话，以口头信息沟通的方式，直接了解被访谈者心理状态的方法，称为访谈法。

根据访谈的结构化严谨程度，可分为结构化访谈和非结构化访谈。结构化访谈有事先备好的访谈提纲和固定的模式，访谈者根据提纲中预设的问题有顺序地提出，被访谈者根据提问有步骤地回答，整个谈话过程，被访谈者犹如做了一份口头问卷。比如在人事经理对应聘人员的第一轮访谈中，了解应聘人员的年龄、教育背景、工作经历、求职意向等就属于典型的结构化访谈。

而非结构化访谈则没有固定的访谈提纲，结构松散，因此被访谈者也会感觉相对轻松。访谈者提出的问题往往范围较大，被访谈者可以根据自己的想法，进行较为自由的回答。

运用访谈法时，对访谈者的要求通常较高，访谈者不仅要把握访谈的话题内容和方向，还要根据被访谈者的表现予以恰当反馈调整，比如合理调动不善言辞的被访谈者，或者委婉打断滔滔不绝的跑题者。另外，对被访谈者心理特征的考察，也不能完全依据被访谈者的言语信息，还要结合其他方法来获得全面的数据。

（三）问卷调查法

问卷调查法（survey）是指通过事先拟定的一系列问题，针对某些心理品质和其他相关因素，收集信息并加以分析的方法。比如，想要了解员工的业余生活的内容、员工对奖励方式的偏好、下属对上司的看法等，都可以采用问卷调查法。常用的问卷内容设计有以下四种方式：是非式、选择式、等级排列式、开放式。

1. 是非式

要求被试对问卷中的试题做出“是”或“否”的回答。比如：

你是否喜欢与他人合作工作?

你是否愿意向领导直截了当地提出批评意见?

2. 选择式

要求被试从并列的两种假设中，做出选择。比如：

A. 我有意见就直接向上司反映　B. 我在上级领导面前总感到胆怯

3. 等级排列式

要求被试对多种可供选择的选项，按照重要程度来进行排列。比如：

在上光荣榜、给予奖金、脱产学习、调休、旅游这些奖励方式中，你偏好的奖励方式是怎样的?

4. 开放式

要求被试就所提出的问题，畅所欲言地表明自己的观点。比如：

你认为公司的人力资源管理工作还存在哪些缺陷?

调查法的优点是能在短时间内收集大量数据。但所取得的数据有时质量参差不齐，并且对涉及态度的问题，回答者也未必真实作答，故而所取得的数据价值时常会打折扣。

（四）测量法

测量法（test）是指采用标准化的心理测验或精密的测量仪器，来测量被试心理品质或行为的研究方法。比如能力测验、性格测验、工作价值观测验、组织公民行为（OCB）测验等。在管理心理学研究中，测量法常常作为人员招募、晋升选拔、人岗匹配等方面的工具。

在采用测量法时，应该对所选择工具的信度和效度予以特别重视。现在很多国家已明确规定，用于人员选拔的测量工具，信度系数必须达到或超过 0.8，效度系数必须达到或超过 0.6。

（五）实验法

实验法（experiment）是指在人为控制的环境条件下，通过精确操纵自变量来考察因变量如何因其而变化或研究变量间相互关系的方法。实验有实验室实验和现场实验之分。

实验室实验（laboratory experiment）在人为制造的实验室环境中进行。其特点是精确，但也因此失去了一定的真实性和普遍性，因为现实中很少有像实验室那样的环境。

现场实验（field experiment）在真实的组织环境中进行。比如在霍桑实验中，要了解照明度对生产的影响，安排两个同样条件下的车间在不同的照明光线下生产，比较生产率的高低。现场实验常常是最有效的方法，因为它是在真实环境中进行的，所得的结论也最具有普遍性意义，只是花费的成本较高。

（六）个案研究法

个案研究法（case study）是对某一个体、某一群体或某一组织在较长的时间（几个月、几年甚至更长的时间）里连续进行调查、了解，从而研究其内部心理或行为发展变化的过程、探索其内在规律的研究方法。比如，通过系统考察一个工厂几十年的厂志来深入了解其管理方法、管理成效的研究，就是一个个案研究。再比如，研究者在某个先进班组中通过较长时间的工作生活体验，掌握了整个班组的人员状况、生产状况、能力结构、领导方式、关键事件等因素，并在此基础上进行深入分析，整理出能反映该先进班组典型特征的详细研究报告，就是一个个案研究的过程。

以上六种方法都有各自的应用价值，也都有一定的局限性。在很多情形下，进行管理心理学研究不能只采用一种方法，而是要根据研究需要和具体情境，采用多种方法，以达到取长补短的效果。而究竟采用哪种方法更好，则要根据具体的研究问题和研究所处的具体情境来定。

需要说明的是，研究者通过上述常用的方法获得相关研究数据后，还需要对所得数据进行进一步的分析处理，并根据数据处理结果，来证明自己之前的研究假设，从而得出相关研究结论。常用的数据处理方法有集中趋势（如算术平均数、中位数等）分析、离中趋势（方差、标准差等）分析、相关分析、因素分析、回归分析等。读者感兴趣的话，可自行查阅有关的数理统计著作。

需要特别指出，以上介绍的方法都是作为科学学派的管理心理学的研究方法，这些科学的方法必须在马克思主义的辩证唯物主义和历史唯物主义的方法基础上加以运用。

案例与应用

某公司选人用人专项检查自查及整改措施

根据市委组织部《关于对照选人用人专项检查发现开展自查整改工作的通知》(××号)精神，我司对照选人用人专项检查发现问题开展自查和整改工作，针对自查发现的问题，进行分类梳理，制定如下整改方案。

一、总体要求

深入贯彻落实×××系列重要讲话特别是选人用人重要思想，牢固树立“四个意识”，提高政治站位，增强政治自觉，严格落实《干部任用条例》和有关政策法规，严格实行民主推荐、公开公示、集体研究、任前谈话等项程序和要求，切实把好选人用人关，持续整治选人用人的不正之风，从严推进整改工作，确保整改工作落地见效。

二、整改任务及措施

1. 存在问题一：党支部在选人用人上领导和把关作用发挥不够。对干部队伍建设统筹谋划、长远规划不够，优秀年轻干部储备不足，部分干部长期不交流。

整改目标：落实好干部标准，遵循干部成长规律，按照拓宽来源、优化结构、改进方式、提高质量的要求，进一步创新理念、创新思路、创新模式，以大力发现培养为基础，以强化实践锻炼为重点，以确保选准用好为根本，以从严管理监督为保障，健全完善年轻干部选拔、培育、管理、使用环环相扣又统筹推进的机制，形成优秀年轻干部不断涌现的新局面。

整改措施：(1) 制定总体规划，大力培养选拔年轻干部。提出培养选拔年轻干部的原则、目标、思路、措施。明确“时间表”。强化责任，将培养选拔年轻干部作为党支部“一把手”的重要政治责任。着眼中长期培养选拔目标的实现，制定3年、5年的阶段性目标，发展党员3名，分步抓好落实，逐步配备到位。

(2) 拓宽选拔方式。加大竞争选拔力度，推进公开选拔领导干部常态化，坚持和完善竞争办法，为选拔优秀年轻干部提供“通道”。

(3) 进一步探索优秀年轻干部脱颖而出的有效途径。采取民主推荐、考试测评、组织考察等方式，选拔一批重点培养对象，进行持续跟踪培养锻炼。为实现领导班子年轻干部的配备打好基础。

责任领导：××。

责任部门：办公室。

整改时限：20××年12月前完成制定规划，并长期坚持。

2. 存在问题二：高素质专业化选人用人方向不够鲜明。对人才引进和培养工作重视不够，高素质专业化干部短缺。

整改目标：加强人才引进和注重培养专业能力、专业精神，增强干部队伍适应新时代中国特色社会主义发展要求的能力。

整改措施：(1) 加强人才引进力度，创新工作机制，拓宽引才渠道。坚持以习近平新时代中国特色社会主义思想为指导，立足实际，着眼长远发展，进一步更新观念，创新办法，坚持开发、吸引，不断创新人才工作机制，建立健全人才引进制度，采取灵活多样的形式引进人才。

(2) 培养造就高素质专业化干部队伍。把提高政治素质放在第一位，加强政治训练，突出忠诚干净担当教育。

责任领导：××。

责任部门：办公室。

整改时限：长期。

3. 存在问题三：文书档案和干部档案管理不规范。研究讨论人事议题的会议记录不规范，没有如实记录与会成员表态情况，有的以“一致同意”代替讨论和表决。

整改目标：实现文书档案和干部档案管理规范化。

整改措施：(1) 加强和规范党员干部人事档案管理工作。按照《干部人事档案工作条例》，从管理体制和职责、内容和分类、日常管理、利用和审核、纪律和监督等五个不同的方面对干部人事档案进行规范管理，落实好档案的规范整理工作。

(2) 进一步完善档案，认真对照××××年档案专项审核工作的要求，自查自纠。

责任领导：××。

责任部门：办公室。

整改时限：20××年12月前完成整改，并长期坚持。

分析思考：

1. 这些问题可以归类为管理心理学的哪些研究范畴？

2. 从管理心理学的角度分析，你认为这个组织为什么会存在这些问题？

3. 你认为该组织提出的整改措施是否符合管理心理学的基本原则？

4. 要对这些整改措施进行有效性评价，你认为自己还需要什么知识或技能？

基本概念

管理心理学	科学管理	霍桑实验	群体动力理论
人性假设	变量	信度	效度
相关关系	访谈法	问卷调查法	测量法
实验法	个案研究法		

本章要点

1. 管理心理学主要研究各种组织中人的心理现象和行为规律，以调动人的积极性、充分发挥人的潜能，从而达到提高生产和工作效率、改善人际关系、增强组织功能的目的。所以，它被广泛地应用于各种管理领域。

2. 管理心理学这门学科的产生与发展，是心理学、管理学、社会心理学、社会学等学科在管理实践中不断深化、相互结合的产物，特别是与管理科学的兴起与发展相互交织、互相促进。

3. 霍桑实验是指 1927—1932 年，以哈佛大学著名心理学家梅奥为首的一批学者，在美国西部电气公司所属的霍桑工厂进行的一系列实验。霍桑实验为管理理论提供了很多新的结论：单靠物质刺激不能保证调动工人的积极性；工人的士气、生产积极性主要取决于社会因素、心理因素，良好的人际关系、有利的社会条件都与工作效率有直接的关系；在生产中除了正式组织之外，还有非正式组织，也就是说，在群体中有着相互影响的因素制约着个人的工作效率，在管理中必须重视人的因素。

4. 管理心理学理论中对于人性及行为的假定与推理是决定管理政策的主要关键。依照沙因的分类，有关人性的假设，依其先后出现的次序，可分为下列四种："经济人"假设、"社会人"假设、"自我实现人"假设和"复杂人"假设。

复习思考题

1. 管理心理学的研究对象、内容与学科定位是什么？
2. 什么是科学管理运动？
3. 芒斯特伯格早期的思想和研究工作对今天的管理心理学研究有用吗？
4. 请对霍桑实验及其理论贡献做出阐释。
5. 经典的人性假设都有哪些？具体内容是什么？
6. 管理心理学常用的研究方法有哪些？

推荐阅读

1. 徐联仓．走出丛林的管理心理学．北京：北京师范大学出版社，2007.
2. 斯佩克特．工业与组织心理学：第 7 版．北京：机械工业出版社，2021.
3. 罗宾斯，贾奇．组织行为学：第 18 版．北京：中国人民大学出版社，2021.

第二章

认知与行为

【学习目标】

1. 理解知觉的概念、特性和影响因素。
2. 掌握社会知觉的概念及其分类。
3. 熟悉社会知觉理论在管理中的应用。
4. 熟悉社会知觉偏差对个人产生的影响。
5. 理解组织情境中的认知。

第一节 知觉与能力概述

一、知觉

（一）什么是知觉

知觉同感觉一样，也是人对作用于感觉器官的客观事物的直接反映，但不是对事物个别属性的反映，而是对事物各种属性、各个部分的整体反映。通过感觉，我们只知道事物的属性；通过知觉，我们才对事物有一个完整的映象，从而知道它的意义，知道它是什么。然而，事物又总是由它的许多属性所组成的，不知道一个事物的属性，就不可能知道这个事物是什么，对事物的属性感觉得越丰富，对事物知觉得就越完整、越正确。因此，感觉是知觉的基础，知觉是感觉的深入。在日常生活中，很少有孤立的感觉，我们总是以知觉的形式直接反映事物的，这种知觉是包括感觉并和感觉有机地融为一体的知觉。

知觉和感觉不同的另一点是，知觉不仅受感觉系统生理因素的影响，而且极大地依赖于一个人过去的知识和经验，受人的各种心理特点，如兴趣、需要、动机、情绪等的制约。

为什么知觉对于组织行为的研究十分重要？很简单，因为人们的行为是以他们对现实的知觉，而不是以现实本身为基础的。这个世界是人们知觉到的世界，而知觉对行为又十分重要。

（二）知觉的种类

根据知觉时起主导作用的感官的特性，可以把知觉分成视知觉、听知觉、触知觉、嗅知觉、味知觉等，如：对物体的形状、大小、距离和运动的知觉属于视知觉；对声音的方向、节奏、韵律的知觉属于听知觉。在这些知觉中，除了起主导作用的感官以外，还有其他感觉成分参与，如：在视觉空间定向中，常常有听觉或触觉的成分参加；在物体形状和大小的视知觉中，有触觉和动觉的成分参加；在言语听知觉中，常常有动觉成分的参与；等等。

根据人脑所认识的事物特征，可以把知觉分成空间知觉、时间知觉和运动知觉。空间知觉处理物体的大小、形状、方位和距离的信息；时间知觉处理事物的延续性和顺序性；运动知觉处理物体在空间的位移等。知觉的一种特殊形态叫错觉。人在出现错觉时，其知觉到的映象与事物的客观情况不相符合。

（三）知觉的特性

知觉有四种基本特性。

1. 知觉的整体性

知觉对象具有不同的属性，由不同的部分组成，但是人并不是把知觉对象的不同属性、不同部分看作孤立的，而是把它作为一个统一的整体来反映，这就是知觉的整体性。例如我们在看到一只铅球时，就会觉得它硬、冷、圆、光滑，这是人的多种感觉的共同作用而产生的一个整体的认识，即知觉水平的认识。

2. 知觉的选择性

知觉的选择性是指在许多知觉对象中，对其中部分对象知觉得特别清晰，其余的对象则作为背景而知觉得比较模糊。在心理学中，通常用不同形式的双关图来说明这种特性（见图 2－1）。

图 2－1　双关图示例

影响知觉选择的因素，从客观方面来看，有刺激物的变化、对比、位置、运动、大小、强度、出现频率等；从主观方面来看，有经验、情绪、动机、兴趣、需要等。

3. 知觉的理解性

在感知事物时，人总是根据以往的知识经验来对事物进行理解和补充的，即回答

“是什么”的问题，这就是知觉的理解性。如图2-2所示，在观看某些不完整图形时，正是理解帮助人们把缺少的部分补充起来。

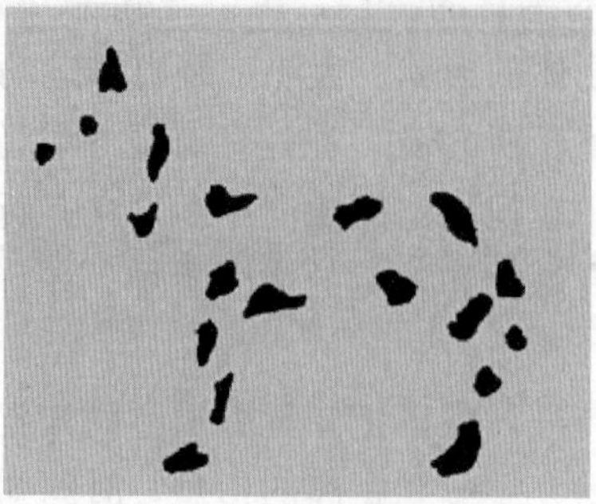

图2-2 不完整图形示例

理解在知觉中的作用是极为重要的，理解可以使知觉更为深刻、更为精确，可以使知觉的速度提高。言语在知觉的理解中起了一定的指导作用。

4. 知觉的恒常性

当知觉的条件在一定范围内变化时，知觉的映象仍然相对地保持不变（无论是形状、大小、颜色，还是亮度），这就是知觉的恒常性。例如，从不同的角度看同一扇门，视网膜上的投影形状并不相同，但人们仍然把它知觉为同一扇门，这是形状恒常性。

知觉的恒常性在一定的条件下会被破坏。例如：远在1 000米以外，形状知觉的恒常性就会被破坏；在色光和强光下，颜色的恒常性也会被破坏。

影响知觉恒常性的因素主要是经验。人由于能够不受观察条件、距离等的影响，始终根据经验按事实的本来面貌来反映事物，从而可以有效地适应环境。经验越丰富，越有助于感知对象的恒常性。

（四）影响知觉的因素

影响知觉的因素是多方面的，有客观条件、主观因素和情境特征。

1. 影响知觉的客观条件

知觉产生的先决条件是客观刺激物达到一定的阈限值，影响知觉的客观条件主要有以下几种。

（1）刺激物的强度。刺激物的强度是知觉的一个重要条件，刺激太弱或太强都不利于人的知觉。太弱的刺激在阈限值以下，不会引起感觉；太强的刺激，虽能引起人的注意，但知觉不易持久，还容易使人产生抑制并感到疲劳。

（2）刺激物的对比。两种刺激同时或相继出现时，由于彼此影响，两种刺激之间差异的知觉强度能够得到加强。刺激物的对比并没有改变刺激的绝对强度，而是相对刺激强度在起作用。例如，一片白色当中的一点黑色，一群男人中的一个女人，就特别引人注目。通过改变对象与背景之间的对比能够影响知觉的效果，这种现象在视、听、嗅、味、触等知觉中都很明显，因而在生活实践及各种职业活动中都有重要作用。

（3）刺激物的活动性。活动的对象要比静止的刺激更容易被知觉选择。如夜空中的流星、人造卫星、霓虹灯广告、活动的教具等，都易被人们知觉。

（4）刺激物的新颖性。新颖的刺激或熟悉的内容不寻常的结合容易被人知觉。例如有这样一个广告：从一个精美的苏格兰威士忌酒瓶里流出的淡黄色液体徐徐注入一只无色透明的水晶高跟鞋里。这种酒与鞋的巧妙组合极易牵住人们的视线。新颖刺激不仅能激发人的新异感，引起知觉选择，而且能减少由单调刺激引起的疲劳，维持较长的知觉。

（5）刺激物的重复。同样的刺激多次重复出现，会使知觉映象深刻而又清晰。但也可能出现知觉定势效应，妨碍知觉的选择。

在现实生活中，影响知觉的种种客观条件，往往不是孤立起作用的。刺激物的强度、刺激物的对比、刺激物的活动性等有可能同时作用于受众的感官，使之产生强烈的视听效果。

2. 影响知觉的主观因素

影响知觉的主观因素很多，这里仅就几种主要的心理原因进行分析。

（1）过去学习经验的影响。人的知觉是一种习得行为，没有知识经验，知觉很难产生。知识经验直接影响着人的知觉的选择性、整体性、恒常性、理解性等多种特性。它易使人知觉熟悉的对象，忽略不熟悉的事物。巴格贝（J. W. Bagby）做过一项实验，他采用特殊装置，让受试者同时看两张图，它们分别呈现给左眼与右眼，例如呈现给左眼的为一幅棒球比赛的照片，呈现给右眼的为一幅斗牛的照片。结果发现，美国人多看见棒球比赛，西班牙人多看到斗牛。在管理中，经验对认知也发挥着重要的作用。有研究表明，在外部资源大体类似的情况下，企业家们的经验对管理决策方案的创新性有正向的影响作用。

（2）定势效应对知觉的影响。定势是受先前经验的影响而产生的心理活动的准备状态，这种准备状态对知觉会产生不同的影响。例如："○"这个符号，当你看到一系列的数字之后，你会把它知觉为数字"0"；当它在一系列字母中出现时，你又会把它看成字母"O"。

定势对知觉的影响既可以表现为积极的促进作用，也可以表现为消极的干扰作用。积极作用在于，促使人在不变的情况下对事物知觉得更迅速、更有效。消极作用在于，在条件改变的情况下妨碍知觉的顺利进行，甚至造成对事物的歪曲反映，产生定势错觉。

（3）暗示与从众心理的影响。暗示是指在无对抗态度和情绪的情况下，用含蓄间接的方式对人的心理施加影响，使人按一定的方式知觉和行动。暗示的方法有言语的、表情的、手势的和行为的等。多数是受他人暗示，也有自我暗示。

有人曾做过如下实验：请某人对 27 名儿童做了 5 分钟演讲之后，实验者向儿童提问："演讲人哪只手里拿着帽子？"结果 24 人回答（左手或右手）拿着帽子。实际上演讲人并没有拿帽子，这就是语言暗示在起作用。

从众心理指在团体压力下，个人的知觉与行为会不知不觉地遵从多数的倾向。这种倾向有时会妨碍人的正确知觉与行为反应。例如领导在开会做决策时，如果大多数员工都不真心地发表意见，那么某些员工就算是有好主意也不会说，而是跟随大家的做法，听从领导的安排。

（4）动机与需要对知觉的影响。凡是能满足人的需要、激发人的动机的刺激都容易被人选择并纳入知觉范围。例如：在沙漠中长途跋涉的人，对绿洲、甘泉的知觉甚为敏感；待业者对招聘信息尤为关心；等等。对个人有价值的东西、个人感兴趣的活动，不仅容易被知觉选择，而且有被夸大的倾向。例如，俗语中的“爱屋及乌”及“仇人相见分外眼红”等现象就可以用价值观、情感或动机等对人的知觉的影响规律来解释。相反，价值贬低时，有被缩小的倾向。

（5）情绪因素对知觉的影响。人的情绪对知觉有多方面的影响。一般来说，对于愉快的事情、使人感兴趣的活动，人们乐意知觉，记忆效果也好；对于不愉快的事情，人们往往会有意或无意回避它。人的情绪还会影响人对时间的知觉与评估：对望眼欲穿的事情，人们恨它到来得太慢，而对想回避的事情又觉得它来得太快；当人们沉浸在欢乐与幸福之中时，往往感到时光飞逝，而处于苦难之中时又感到漫长难熬。

（6）注意对知觉的影响。注意是人选择、指向并集中于环境中部分刺激对象的心理活动。它对知觉和其他各种心理活动具有搜索选择、指引定向、集中维持以及监督调节的功能。例如，正在专心于作画的画家，对于收音机里讲述的故事内容并不知道，他将注意力集中于画作的创作上。

3. 影响知觉的情境特征

知觉是对某个特定对象的反应，对象一定存在于某个背景下，对象和背景一起构成了情境。情境通过影响人的感受性改变人们的知觉效果。所谓感受性，就是人对刺激的感觉灵敏程度。“入芝兰之室，久而不闻其香……入鲍鱼之肆，久而不闻其臭”，就描绘了情境因素对人的嗅觉感受性的影响。知觉的相互作用，人的生理因素、心理因素，某些药物的刺激，例如吸烟等不良嗜好，也可能引起人对刺激的感受性发生变化。

背景可能对知觉有极为复杂的影响，它赋予环境中的简单刺激以特殊的意义和价值。一幅随意的涂鸦之作，可能被某些人赋予深意，也可能被其他人看成是乱画。在组织中，组织文化和结构就为组织成员提供了知觉的背景。例如：在强调“个人主义”的美国文化背景下，企业要求员工在休息时间加班会被知觉为剥夺个人权利；而在强调“集体主义”的亚洲文化背景下，员工有较强的奉献精神，他们可能把加班要求知觉成应尽的义务。

与组织管理相关的认知活动还有思维、决策等非常重要的内容。我们将在第十一章专门讨论。

二、能力

（一）什么是能力

人的能力各有长短，这是不争的事实。但是，个体能力发展的不平衡未必就意味着孰优孰劣。从管理的角度出发，了解能力的个体差异，根本目的在于根据每个员工的能力特点给他们安排合适的工作，从而发挥人的潜力，扬长避短。用一句话来概括，就是平常所说的：人尽其才，才尽其力。

心理学家认为，能力指的是一种心理素质，是顺利完成某种活动的心理条件。例如：一位画家要具有色彩分辨和形象记忆能力，这些品质是保证他顺利完成绘画活动的心理条件；一名管理人员要具有语言表达能力、逻辑推理能力，这些品质是保证管理活动顺利实现的心理条件。

（二）能力的种类

人的能力是各种各样的，可以从不同角度或按照不同标准进行分类，例如，从人的活动的类别，可以把能力分为认知能力、运动能力、音乐能力等。人们通常所说的能力，大多指认知能力，即人在认知活动或大脑活动中表现出来的能力。其可以进一步分为一般能力、特殊能力和创造能力。一般能力指的是在完成不同种类的活动中都表现出来的能力，如观察力、记忆力、抽象概括能力、想象能力、计算能力等，其中抽象概括能力是一般能力的核心。平时我们所说的智力，指的就是一般能力。特殊能力指的是与某个特殊领域有关的能力，例如，音乐、绘画、运动等。创造能力指的是创造新概念、新事物、新产品的能力，是由已知的东西获得未知东西的能力。

下面，我们将对这三种能力进行详细介绍。

1. 一般能力

一般能力，即智力，有的教科书也称其为认知能力。美国心理学家加德纳提出了智力多元理论，认为智力的内涵是多元的，由 7 种相对独立的智力成分所构成，包括：言语智力、逻辑-数学智力、空间智力、音乐智力、运动智力、社交智力、自知智力。每种智力都是一个单独的功能系统，这些系统相互作用，产生外显的智力行为。英国心理学家阜南提出了智力的层次结构理论，认为智力的结构是按层次排列的。其中最高层是一般因素（G），即人的基本心理能量，是决定一个人智力高低的主要成分；第二层分为两大因素群，即言语和教育方面的因素、操作和机械方面的因素；第三层为小因素群，包括言语、数量、机械、信息、空间、用手操作等；第四层为特殊因素，即各种各样的特殊能力。

由于智力在人的生活和工作中至关重要，因此智力的衡量和评价就成为心理学研究的重要课题。一个世纪以来，很多心理学家在智力测验领域进行了不懈的探索，有代表性的是韦克斯勒智力测验和瑞文推理智力测验。韦克斯勒在智力层次结构理论的基础上，编制了著名的韦克斯勒智力量表（包括成人、儿童和幼儿量表）。其中包括言语和操作两个分量表，可以分别度量个人的言语能力和操作能力。除了韦氏智力测验，目前比较流行的智力测验还有能力性向测验（DAT），以及我国学者开发的多相能力与职业意向测验等。不过，使用智力测验进行选拔、晋升以及其他人事决策时，遇到的一个主要困境是可能会对少数民族和持有特殊信仰的群体不利。因此，一些心理学家尝试编制文化公平性测验，用以解决上述问题。这种测验的构想是，排除语言和文化可能对测验题目的影响，以图形作为智力测验的题目。瑞文推理智力测验就是其中的一个代表，其典型题目如图 2-3 所示。这种文化公平的尝试，虽然取得了一定效果，但在选题上却受到明显的限制。

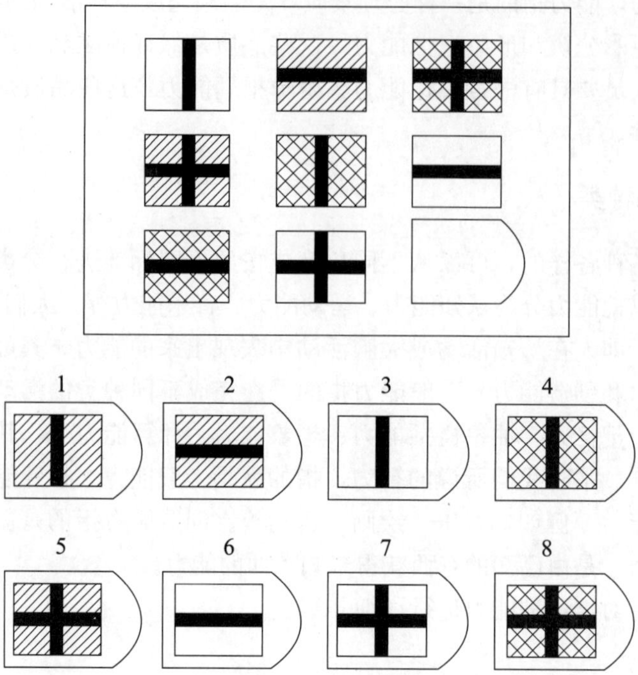

图 2-3 瑞文推理智力测验题目示例

心理名家

大卫·韦克斯勒

大卫·韦克斯勒（David Wechsler，1896—1981），美国医学心理学家，其所编多种智力量表，是当今世界最具权威的智力测验。

韦克斯勒先后编制了三个相互衔接的智力量表，分别是：韦氏成人智力量表（WAIS），适用于 16～74 岁；韦氏儿童智力量表（WISC），适用于 6～16 岁；韦氏幼儿智力量表（WPPSI），适用于 4～6.5 岁。

韦氏智力量表的得分分布是以 100 为平均值、15 为标准差的正态分布，得分为 70～130 分为智力正常，得分高于 130 分为智力超常，低于 70 分为智力缺陷。1981 年，WAIS 被修订为 WAIS-R。这个量表的 11 个分量表的内容如下：常识、填图、数字广度、图片排列、词汇、积木拼图、算术、物体拼配、理解、译码、类同（见表 2-1）。

概括来说，当工作中需要进行加工的信息很多时，较高的总体智力水平是成功完成工作的必要保证。然而，高智商并不是所有工作的前提条件。在很多工作中，员工的行为具有高度规范性，很少有机会使他们表现出差异。此时，高智商与工作绩效之间可以说相关性并不大。相反，一些非智力因素的影响更强烈，例如，对于操作人员来说，智商的影响作用远没有操作技能大。

表 2-1 WAIS-R 各分量表

名称		内容	示例
操作量表	物体拼配	处理部分与整体关系的能力	将拼图小板拼成一个物体，如人手、半身像等
	填图	视觉记忆与视觉理解能力	指出每张画中缺了什么，并说出名称
	图片排列	对社会情境的理解能力	把三张以上的图片按正确顺序排列，并叙述一个故事
	积木拼图	视觉与模式分析能力	在看一种图案之后，用小木块拼成相同的样子
	译码	学习与书写速度	学习每个数字与不同的符号的联系，然后在某个数字的空格内填上正确的符号
言语量表	常识	知识的广度	水蒸气怎样来的？
	理解	实际知识与理解能力	为什么电线常用铜制成？
	算术	推理计算能力	一辆汽车 45 分钟行驶 25 千米，20 分钟行驶了多少千米？
	类同	抽象概括能力	圆和三角形有何相似之处？
	数字广度	注意力与机械记忆能力	按次序复述以下数字：1，3，7，5，4
	词汇	词语知识	“类似”是什么意思？

2. 特殊能力

特殊能力是指在完成某种专业活动中所具备或表现出来的能力，比如音乐、绘画、空间想象、超常数学运算等。例如：画家的形象记忆力、色彩鉴别力、视觉形象力；音乐家的音质辨别力、音调记忆力以及节奏比较能力；等等。

然而，智力测验仅提供了对人们一般能力的了解，远远不能满足不同领域对人们选拔和使用的迫切需要。特殊能力测验在这种背景下应运而生，它对职业选择、人员配置都有重要意义，但这种测验发展比较晚，不少测验尚未成形，测验的标准化问题也尚未得到解决。特殊能力测验具有较强的针对性，每种测验只针对一个特定的职业或者特定的能力倾向。我们以飞行员的能力测验为例来说明，见表 2-2。

表 2-2 特殊能力测验举例

项目	测验要求
自我简历	与驾驶、领航和轰炸训练有关的经验背景、社会状况和家庭状况
一般知识	对于飞机、飞行技术、汽车驾驶、机械、体育运动的兴趣和知识
空间定向	从一张大的图片中找出内容相同的小图片
观察辨认速度	迅速辨认形状的异同及对象的细节
选择反应时间	对于不同空间位置的视觉刺激物进行选择性反应
旋转追踪和注意分配	眼手的协调活动，同时进行两项工作的注意分配
手指动作灵巧性	利用手指精确地玩弄小物件的动作速度
舵的控制	用脚调节飞机方向舵的踏板
复合协调活动	对于连续呈现的视觉刺激物在操纵杆上做出连续协调的运动反应

续表

项目	测验要求
双手追踪	通过双手协调动作把指针保持在运动的目标上
瞄准器操纵	用瞄准器追踪或瞄准一个运动目标
判断	解决实际问题的能力
协调阅读	迅速读出雷达显示器上的目标的距离和方向
阅读理解	阅读技术资料，并根据资料做出逻辑推断
仪表和表格阅读	阅读仪表及复杂性表格的速度与准确度
机械原理	日常生活中的机械常识和经验，对物体安排的表象及推理
机械了解	关于机器的构造、工作原理和修理的知识
仪表理解	根据飞机仪表来确定飞机方位
数学测验	简单运算的速度和准确性
理智活动	判断实际情况的能力

3. 创造能力

一个具有创造力的人往往能超越具体的知觉情境、思维定势、传统观念的束缚，在习以为常的事物和现象中发现新的联系。艺术家构思新作品，发明家设计出新型机器，科学家提出新的理论模型，都是创造力的具体表现。有关创造力与智力之间的关系，研究大致显示出这样一种趋势：创造力与智力之间存在某种程度的相关，但并无高相关。但是，“对重要的创造行为来说，个体必须达到某种智慧的阈限——要具备最低限度的智力水平”。

吉尔福特对创造力进行了较为系统的研究，认为可以通过思维的流畅性（指的是在单位时间内产生的反应数量，例如，在规定的时间内，写出所有偏旁为“女”的汉字，写出的越多，说明个体的思维流畅性越好）、变通性（指的是做出的反应的范围或维度，例如要求被试在5分钟内列出红砖的用途。如果被试列出的用途只局限于建筑范围内，说明被试的变通性较差；如果被试举出的例子范围很广，并有一些特别的用途，如压纸、打狗、钉钉子等，则说明被试的变通性强）和独特性（指的是对问题提出超乎寻常、角度独特的见解，不受已有观念的束缚和限制的能力）三个方面来衡量创造力的高低。

创造力测验不同于智力测验。创造力测验的内容不强调对现成知识的记忆与理解，更强调独特和超乎寻常。这种特点也导致测验的标准化问题一直未能得到有效解决。下面列举的是一些在创造力测验中出现的项目。

（1）不寻常用途。

对下列物品，把你所想到的用途尽量多地说出来。

A. 牙签　　B. 红砖　　C. 曲别针

（2）后果推测。

如果国家和地方的法律都突然被废除，请你想象一下可能发生的后果。

（3）词的联想。

请对下面的每一个词尽可能多地给出你的定义。

A. 螺丝　　B. 布袋　　C. 投掷　　D. 公平

（三）能力与管理

我们平常说的能力，往往是一种综合能力，不仅体现在认知活动中，也体现在与人交往、处理事务、自我控制等很多方面。管理中的能力，就是这种综合能力的体现。管理者不仅要能区分工作任务的轻重缓急，判断信息的真伪，还应该认清企业需要的人才类型，准确判断人的潜力，客观公正地评价员工的绩效，有效地与客户沟通等，其中，非常重要的能力是选人和用人能力。因为管理工作的核心是对人的管理，从招聘选拔到使用激励，既不浪费人才，又能保证组织的有效运作，这是每个管理者必须具备的能力。美国管理学家卡茨把管理者应该具备的能力归纳为概念分析能力、人际交往能力和业务能力。也有人把管理者应具备的能力概括为沟通能力、规划能力、决策能力、协调能力、解决问题能力等。

清代诗人顾嗣协说过："骏马能历险，力大不如牛。坚车能载重，渡河不如舟。舍长以就短，智者难以谋。生材贵适用，慎勿多苛求。"不同岗位，需要具备不同能力的员工。如果员工的工作能力与所在岗位的要求相契合，那么员工不仅可以把工作做好，还会对工作比较满意，对组织的承诺得到增强；如果一个人的能力水平超出工作所要求的范围，那么不仅浪费人才，员工自身也会觉得价值没有实现，逐渐感到压抑，积极性与绩效降低，离职率增高；如果一个人的能力低于工作所要求的范围，员工即使再努力也很难取得比较好的工作成绩，时间长了，员工同样会感到紧张和挫败，也会影响工作绩效，甚至出现离职行为。

在日常工作中，人们往往过多关注能力高低或水平的差异，而忽视了不同人在能力类型方面的差异。俗话说尺有所短，寸有所长，人无完人。一方面，我们可以强调管理者应该具备某些能力；另一方面，我们可以发现每个人的长处和短处，做到扬长避短。在这方面，大家耳熟能详的刘邦分析自己成功赢得天下时的一段话，最为经典。"夫运筹策帷帐之中，决胜于千里之外，吾不如子房。镇国家，抚百姓，给馈饷，不绝粮道，吾不如萧何。连百万之军，战必胜，攻必取，吾不如韩信。此三者，皆人杰也，吾能用之，此吾所以取天下也。"① 翻译成今天的白话，意思是：要说运筹帷幄之中，决胜千里之外，我不如张良。要说镇守国家，安抚百姓，运送军粮，我不如萧何。要论统领百万大军，战必胜，攻必克，我不如韩信。这三个人都是人中豪杰，而我却能任用他们，这才是我取得天下的根本原因。刘邦自己的才能并不突出，但能够知人善任，虚心纳谏，博采众长，所以能够在斗争中迅速发展壮大起来。知人善任的前提是他"常有大度"，平易近人，善于听取不同意见。刘邦能够正确看待自己，知道自己的缺点和不足，所以能够看到别人的长处，自觉地以他人之长，补己之短。因此，善于运筹帷幄、决胜千里的张良，

---

① 司马迁．史记：卷八 高祖本纪第八．北京：中华书局，1982：382.

能够镇守国家、保证粮草供给的萧何，攻无不克、百战胜敌的韩信，都能为他所用，充分发挥其才干，集众力为一股，从而赢得天下。在中华民族伟大复兴的征程上，习近平总书记对各级领导干部和管理者的能力要求给出了新的定义。2020 年 10 月 10 日，习近平在秋季学期中共中央党校（国家行政学院）中青年干部培训班开班式上讲话，特别强调青年干部要具备七种能力，这就是政治能力、调查研究能力、科学决策能力、改革攻坚能力、应急处突能力、群众工作能力、抓落实能力。①

所以，我们今天讲干部能力，绝不是单纯讲干部的业务能力，而是从干部整体素质的提升来讲的综合能力。习近平总书记在讲话中强调干部的七种能力，第一种就是政治能力，是对干部工作中政治方向、政治立场和政治态度的要求。而其他六个方面的能力——调查研究、科学决策、改革攻坚、应急处突、群众工作和抓落实能力，包含着对干部坚持实事求是思想路线、一切从实际出发，坚持大局意识、善于把控全局，敢于担当、敢于负责、勇于开拓创新，密切联系群众、始终与群众打成一片，居安思危、保持忧患意识，真抓实干、坚决贯彻党的决策等各个方面的要求。这七种能力，既是干部的综合能力要求和综合素质要求，也是管理能力的综合体现。增强七种能力，必须着眼于干部整体素质的提高，着眼于干部全方位的能力增强。

管理能力与领导能力几乎是同义词，我们将在第十章进行更深入的讨论。

第二节　社会知觉

一、什么是社会知觉

社会知觉这一概念早在 1934 年伍德沃斯（R. S. Woodworth）所著的《心理学》第三版中就被提出来了。1947 年美国心理学家布鲁纳（J. S. Bruner）提出知觉的新观点，把社会知觉理解为知觉会受到社会因素的制约，后来社会心理学家把人对“社会客体”的知觉过程称为社会知觉，所谓“社会客体”包括社会生活中的个人、社会团体、组织以及社会事件等。

社会知觉的过程不仅包括依据主体的社会经验对有关的信息、线索进行选择、识别的知觉活动，还包括分析、比较、归纳、概括、判断、推理等思维活动。社会知觉是人的更复杂的认知活动。

社会知觉是人们社会行为的基础。人总是生活在一定的社会环境之中的，要了解人们的社会行为，要建立良好的人际关系，首先我们必须了解人们的社会认知活动，形成正确的社会知觉。

社会知觉是现代以人为中心的管理科学及管理心理学的重要研究课题之一。现代企业和组织的管理，主要是对人、角色行为及人际关系的管理。社会知觉是协调人际关系，调动人的自觉性、主动性、积极性、创造性的重要心理成分。管理水平的提高、组织效

---

① 年轻干部要提高解决实际问题能力 想干事能干事干成事．人民日报，2020－10－11 (1).

率的发挥、团体内部凝聚力的增强，都受社会知觉的影响。认识社会，有助于学会适应生存；认识职业与角色，有助于学会创造；认识合作，有助于学会关心；认识自我，有助于学会发展；认识他人，有助于知人善任。

二、社会知觉的分类

（一）对他人的知觉

对他人的知觉主要是指通过对别人外部特征的知觉，取得对他们的动机、情感、意图等的认识。常言说，听其言、观其行而知其人。这就是说，我们认识一个人要根据他的言论和行动来推断其内心。其实，这里所说的行动，从心理学上来看，不仅是行为举止，也包括人的面部表情、身体的姿势以及眼神等。

对他人的知觉依赖于很多因素，概括地说，包括两个方面。第一是知觉对象的外部特征，包括一个人的仪表、风度、言谈和举止等。一个面貌端正、举止文明的人在初次见面时总会给人留下良好的印象；反之，一个其貌不扬、举止失当的人，初看起来，也总会给人留下不良的印象。当然，我们并不是主张“以貌取人”，但一个人的外部特征，特别是在初次与人接触时，总会影响人们的第一印象，这是一个客观存在的事实。第二是知觉的组织结构。所谓知觉的组织结构，是指一个人在知觉别人时并不像镜子似的进行反映，知觉者总是具有一定观点、态度的人，因此，知觉者的态度必然会影响他对别人的知觉。例如：有的人在看待别人时首先注意道德品质，按道德品质把这个人归入一定的类别；有的人则首先注意智力特征，按聪明还是不聪明对人进行归类。总之，对他人的知觉既受知觉对象的外部特征的影响，也受知觉者本人的知觉组织结构的影响。因此，对他人的知觉除了客观的一面以外，还可能有主观的一面。这种知觉的主观性，在一定程度上会导致人们的知觉偏离实际，导致知觉偏差，甚至形成主观偏见。

为了客观地知觉每一个员工，管理人员应当经常问自己：知觉中是否掺杂了过多主观的成分？如果未能客观地知觉每一个员工，就不可能真正地了解他们，也就谈不上有效调动他们的积极性。

（二）人际知觉

人际知觉是对人与人之间关系的知觉，人际知觉的主要特点在于明显的情感因素参与知觉过程。人们不仅相互感知，而且会对彼此形成一定的态度，在这种态度的基础上会产生各种各样的情感。例如，对某些人反感、对另一些人同情、对某些人喜爱等。对于人际知觉，我们用莫列诺的社交测验来测量，然后分析彼此间吸引或排拒的心理关系，绘成一幅社交关系图，便可一目了然。若想进一步了解人际关系，除了莫列诺的谁选择谁的客观事实外，还必须知道当事者自己“认为”自己被谁选择（或拒绝）。这种包括“你认为谁喜欢你（或不喜欢你）”等项目的主观调查，被塔基乌里（R. Tagiuri）称为关系分析。

在人际知觉过程中产生的情感取决于多种因素。例如，人们彼此之间接近的程度、交往的多少、彼此相似的程度等都会对人际知觉过程中的情感产生很大的影响。一般来说，人们越是彼此接近、交往频繁、有较多的相似之处，就越是会产生友谊、同情和好感。管理人员应当与员工进行一定的人际交往，通过友好的人际知觉，建立相应的关系和情感，这是调动员工积极性的一个重要因素。许多研究表明，具有良好人际关系的员工有更高的工作满意度。

（三）角色知觉

角色是具有一定社会地位、身份、职业的个体，依据社会规范和标准所表现出来的与环境相适应的行为方式。角色知觉是对某个人在社会活动中所扮演的角色的认知与判断，以及对有关角色行为的社会标准的认知。例如，根据某人在社会活动中的行为表现，判断他可能是企业管理者或专业技术人员，如平常所说的“理工男”，这就是对某人进行角色辨认；又如，对企业经理这一角色通常的看法是有胆有识、有冒险精神、不怕失败和打击、经营有方、有较强的预测力等，这是对企业经理这种社会角色行为规范化与标准化的认识。这两方面都属于社会角色知觉的范畴。

社会角色的知觉在管理过程中有如下重要的功能：（1）规范人的角色意识与行为；（2）协调人际关系，指导人的行为互动；（3）有利于领导者与员工的自我约束、自我表现、自我发展与自我实现。

人们对角色行为的辨认与认同往往以一定的角色标准为依据，而角色标准的建立与认知一般会来自如下几个角度。（1）情绪和情感方面的角色标准。如认为外交官应当情绪稳定、喜怒哀乐不形于色，演员则应感情丰富、喜形于色。（2）动机方面的角色标准。如认为商人应该追求利润，医生应该救死扶伤，教师应该有献身于教育的精神。（3）社会地位方面的角色标准。如把校长、厂长视为学校和工厂的首长，把父亲视为一家之主。（4）社会服务与贡献的角色标准。如政治家、社会活动家应为民谋福利，服务员应热情耐心、服务周到。（5）个性心理特征的角色标准。如美国企业界认为，领导角色的标准应当具备以下几点：合作精神、决策才能、组织能力、授权、善于应变、勇于负责、敢于求新、敢担风险、尊重他人等。

（四）因果关系的认知

在知觉的组织中，人们对外界简单刺激的认知并非只对单独的对象做无关联的个别反应，而是做有系统、有组织、有意义的反应。同样，人们对社会上所发生的事件以及人际事件，也有形成前后关系、因果关系等的倾向。

米乔特（A. Michotte）等曾用简单的正方形做了一项实验，见图 2－4。

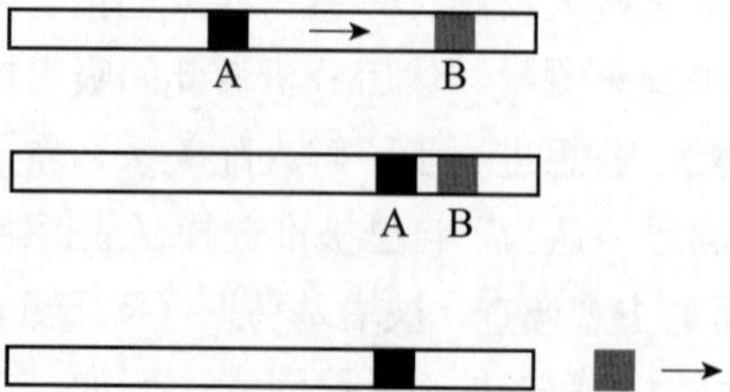

图 2－4　因果关系的认知

黑正方形 A 向静止的灰正方形 B 移动，两正方形接触后，A 停止，B 开始移动而离开 A。

受试者看了此无生命的图形移动后所做的报告具有两种倾向：

(1) 他们不仅报告现实的客观运动，同时也用因果关系名词来解释，例如称 B 的移动是受 A 的影响。

(2) 他们的描述大部分是给图形赋予一种生命的意义，例如将 A 和 B 的关系看作人际关系，并用“发怒”“恐惧”“逃避”等词来形容 A 和 B 的运动。

一般人对因果关系的认知，往往也受社会刻板印象的影响。例如，蒂博（Thibaut）和里肯（Riecken）在 1955 年做过一项实验，他们请 20 位大学生去推测一个博士与一个大一新生为何答应向红十字会献血。结果大家认为地位高的博士有自主性，他之所以会同意献血，完全是出于他发自内心的仁慈（内在原因）；而地位低的大一新生同意献血，是经别人劝告的结果（外在原因）。

三、社会知觉的影响因素

影响社会知觉的因素主要有三个。

（一）知觉者因素

知觉者作为知觉的主体，在社会知觉过程中起重要作用。具体来说，主要有以下几点：

(1) 兴趣。兴趣的个别差异决定着知觉的选择性。

(2) 需要与动机。凡是能够满足人们需要、符合人们动机的事物，往往会成为知觉的对象。

(3) 个性特征。不同气质类型的人，其知觉的深度和广度是不同的。

(4) 认知结构。个体在知觉他人时，深受知觉者个人的认知结构的影响。这包括个人的不同观点、态度以及评价标准。

（二）知觉对象因素

具体来说，主要有以下几点：

(1) 知觉对象本身的特征。例如，对于优点多的知觉对象，人们倾向于做出积极、肯定的判断。

(2) 知觉对象的知名度。例如，对于知名度高的对象，知觉者可能无形中会把他看成是有魅力的人。

(3) 知觉对象的复杂程度。例如，简单的人易知觉，复杂的人则会给知觉者带来困难。

（三）知觉偏差

由于受各种主客观条件的限制，人们对客观现实的反映，尤其是对人的认识，可能会产生种种偏差，进而影响到知觉的准确性。因此，这些知觉过程中出现的偏差也是影响社会知觉的因素。主要的知觉偏差有首因效应、近因效应、刻板印象、晕轮效应。

四、社会知觉障碍的克服

在现实生活中，由于受到主客观条件的限制，人们往往不能全面地看待问题，进而导致出现上述知觉偏差。这些知觉偏差又会对人们的社会知觉造成影响，甚至导致对他人的行为做出错误的判断。在管理情境中，了解这些常见知觉偏差并尽力去克服，对于处理好组织中人的管理问题有很强的现实意义。

（一）首因效应

首因效应是指知觉者最初得到的信息对于知觉的形成具有强烈的影响。老师第一天上课，学生们会凭老师的衣着、谈吐、对学生的态度等有限资料形成对他的第一印象。而且，第一印象一旦形成，就在人的心理上占据重要地位，它显著影响到人们以后的长期认知。虽然说不能根据一本书的封面来断定其内容，但不幸的是，在知觉的形成过程中，确实有着偏重那些最初得到的信息而忽视全面信息的倾向。

首因效应在组织管理中有重要的意义。领导者应善于利用首因效应，如“新官上任三把火”，在员工中第一次亮相、为员工办第一件事时，给员工留下良好的第一印象，以利于今后工作的开展。不过，首因效应在管理中的不良作用也是显而易见的，如“恶人先告状”，利用首因效应占得先机，领导相信了“恶人”的言论，对没有过错的员工进行惩罚，便失去了员工的信任，对今后工作的开展将产生不利的影响。

那么在实际的管理工作中我们应该怎样避免首因效应产生的不良影响呢？首先不要给人“贴标签”，应该用发展的眼光看待他人。其次，要客观全面地看待事物，不要主观臆断他人。最后，要能知错就改，正确地评价他人。

（二）近因效应

近因效应指的是在社会交往环境中时间上离知觉者最近的信息，容易给人留下深刻而强烈的印象，对认知和评价有着较大的影响。例如，一个人多年来总是全勤，只是最近两个月生病没来上班。另一个人是多年的老病号，最近半年才正式上班。但在年终评审的时候，人们更可能认为前者的出勤率低于后者。

近因效应在某些条件下是有积极作用的。例如在做报告的时候，在结尾部分再次用新的论据证明自己所阐述观点的正确性，往往能达到很好的效果。当然，近因效应的不良影响也是切实存在的。如上例中，多年的老病号只是最近半年才正式上班就被认为出勤良好，会严重打击员工的积极性。因此，我们在人际交往中应该注意克服近因效应带来的认知偏差，学会用动态的、发展的、历史的、全面的眼光看待他人，与他人建立良好的人际关系。

（三）刻板印象

刻板印象指的是我们对某一类人的固定看法。我们对人的认知，可能会依据一些明显的特性（这些特性包括性别、年龄、民族、国籍、职业、所属组织、宗教信仰等），先对某人进行归类，再以这群人已有的固定形象作为判断某人的依据。日常生活中刻板印象的例子不胜枚举，例如：大家普遍认为英国人持重守旧，美国人开放进取，德国人勤勉严谨；北方人豪爽率直，南方人灵活精明；女人以家庭为重，男人以事业为重；销售人员是积极进取、伶牙俐齿的，财务人员是严谨认真、安静稳重的；等等。

刻板印象在某些条件下有助于人们对他人做概括性的了解，其积极作用在于把现实中的人们快速地加以归类。但是，这种归类不一定符合每个人的特点，如果我们只是根据某类人的特点来认识一个人，或者只是在某类人的非本质特征基础上做出概括，偏见就会形成。而根据这种偏见去看待周围的人们，必然会做出错误的判断。

对于刻板印象的克服我们可以从以下几方面入手：首先，我们要认识到克服刻板印象的必要性。大多数情况下刻板印象不是以直接经验或者事实材料，而是以偏见或者道听途说为基础的。所以刻板印象往往是不准确的，甚至是有害的。其次，我们要时刻提醒自己不要让一时的刻板印象影响自己做出判断。在人际交往过程中，我们应该给予自己和别人更多的理解和支持、更多的时间和耐心，时刻提醒自己要理智，不要被刻板印象左右。最后，在人际交往过程中要摆脱旧有的思维习惯。每个人在生活和工作中都会形成自己的一种思维习惯。社会的高速发展、信息的瞬息万变往往会使旧的思维习惯变得陈腐。我们需要跟上时代的步伐，时刻更新自己的思维习惯，适应社会的发展和生活方式的改变，摆脱旧的思维模式。

（四）晕轮效应

晕轮效应也称光环效应，是指通过社会知觉获得个体某一特征的突出印象，进而将此扩大成为他的整体行为特征，是一种以偏概全的倾向。其中，消极的有扫帚星效应，积极的有爱屋及乌效应。俗话“一俊遮百丑”“一好百好”“一坏百坏”说的就是这个意思。例如，看到一个人风度翩翩，口若悬河，就认为这个人各方面都很能干；反之，某人很内向，有点窝囊，就认为这个人一无是处。

有意识地培养并发扬自己的优良品质，如“热情”“正直”“勤奋”等，可以给人以好感，从而弥补自己个性品质中的不足，这对于建立良好的人际关系是有利的。另外，了解和研究晕轮效应，有助于克服以偏概全的思维方式，也有助于了解其他人产生这种偏向的原因，这对知人善任、防止以貌取人有积极的意义。

克服晕轮效应的方法有：第一，要理性。不能光凭感觉与感情做事，还要听从大脑的声音，特别是进行重大决策时。就像我们在摄影的时候，如果光线太强就可以加滤色镜，而对于平时人际交往过程中的光线，我们同样可以用理智的滤色镜来进行调节。第二，消除“偏见”。苏东坡有一句诗——“横看成岭侧成峰，远近高低各不同”，对自己和他人，都要进行全面的分析。唯有在消除偏见之后，进行多角度的分析和取舍，才能够做出正确的判断。第三，要多征求或者接受别人的意见。俗话说，“当局者迷，旁观者清”。孔子曰，“三人行，必有我师”。所以，认真听取、分析他人的意见，可以帮自己从不同的角度来看待问题。同时，别人的看法也有助于自己得到正确的见解。

管理视野

扫帚星效应

当认知者对一个人的某种特征形成好或坏的印象后，他还倾向于据此推论该人其他方面的特征，这就是晕轮效应。好恶评价是印象形成中最重要的维度，在知觉他人时，人们往往根据少量的信息将人分为好或坏两种：如果认为某人是“好”的，就会被一种好的光环笼罩住，赋予其一切好的品质；如果认为某人“坏”，就会被一种坏的光环笼罩住，认为这个人所有的品质都很坏。后者是消极品质的晕轮效应，也称扫帚星效应(forked-tail effect)。人的社会知觉往往受到个人“内隐人格理论”的影响，他们常常从个人具有的一种品质去推断他的另一种品质。尤其当存在“核心”品质时，人们就更可能表现出这种推论倾向，这使得在社会知觉中人们对他人的评价往往具有很高的一致性，即认为好者十全十美，坏者一无是处。

身为领导者，要注意尽量避免受扫帚星效应的影响，不要把工作成绩不突出的下属看得一无是处，甚至贬损他们的人格。身为领导者，这也许只是你不小心所产生的偏见而已，但下属却会在不知不觉中接受你的“偏见”，可能真的会变得一蹶不振，你的推论甚至对其一生都会产生不良的影响。

事实上，人们随时随地都在身不由己地用这种方式对待自己或他人。因此，在人际交往中，要尽量做到大方、真诚，装束上应该尽量得体、端庄，以避免一不留神被套上个“坏光环”。

第三节　自我知觉

一、自我和自我知觉的含义

一个人不仅对其周围的人或物有反应，同时对自己的身体、欲望、感情与思想也有反应。人本身不但是认知外界刺激的主体，同时也是被自己认知的客体。对人的认知引导我们对别人的反应，对自我的认知更决定了我们行为的基本形态及生活的态度。

心理学家认为自我有两个层面：一是个体内部意识的自我（认知的主体、追求目标的自我），威廉·詹姆斯（W. James）称之为“主我”或“纯粹自我”，米德（G. H. Mead）称之为“I”。二是呈现于外部世界的自我（与他人相对的自我、社会化的自我），詹姆斯称之为“客我”或“经验自我”，米德称之为“me”。在人际关系中，更为重要的是后者。

詹姆斯在1890年提出：“自我是一个人之所以成为他的所有本质属性的总和。”弗洛伊德则离开人的社会性、实践性、自觉能动性来谈自我，认为自我是从本我发展来的，自我的主要任务是协调本我与现实的关系，受现实原则支配。自我不能脱离本我单独存在，其力量从本我那里来，并为本我服务。事实上，只有持有自然与社会、心理与生理、认识与实践、主体与客体统一的观点，才能理解自我的实质。因此，自我是在社会关系和社会实践活动中所形成的每个人的集活动、心理、意识及动机于一身的统一体。自我具有持续性、一贯性、整体性等特点，是人的个性的核心部分。

从广义上说，自我既包括个体的躯体、生理活动、心理活动，也包括所有与个体有关的存在物，如个人的事业、成就、名誉、地位、财产、权力等。狭义的自我，仅指个体对自己心理活动的认知与控制。

关于自我知觉，简单地说就是自己对自己的看法，即个体的自我观。临床心理学家认为一个人的行为受其自我知觉的影响，心理疾病就是自我知觉的不正确导致的。最先给自我知觉下定义的是赖马（Raimy），他认为，自我知觉就是综合现在及过去对自己所观察而获得的有关自己的知觉组织，是对自己的一种看法与想法。自我知觉犹如一幅地图，有助于我们了解自己。

库利（C. H. Cooley）认为自我知觉中含有与他人之间的关系，具有"以人为镜"（looking-glass self）的性质，即以别人对自己的反应为镜子，从中获得对自我的看法。

人贵有自知之明。自我知觉对树立与培养正确的自我观念，充分发挥主体积极性、主动性、创造性，正确实现自我有重要意义。自我知觉可以激发人的自尊心、自信心、事业心、荣誉感等，从而推动人们的学习、工作和事业。自我知觉有助于人们自觉地运用批评与自我批评的武器，转变其态度；自我知觉有助于人们自觉地认识社会、认识他人、认识人际关系；自我知觉可以增强人们的自我控制和自我调节的能力。因此，自我知觉是一个人能正确地认识自己进而有效地从事社会活动的前提。

二、自我知觉的构成要素

人的自我知觉既有整体性，又有可分性。它是由许多要素构成的，犹如一幅完整的个人自画像。关于自我知觉的构成要素，学者们有不同的看法。

苏联心理学家麦尔林认为自我意识（自我知觉）的结构要素有四部分：（1）同一意识，即主体对自己的意识是区别于主体对客体（指其他人或其他事物）单方面认知的特殊意识；（2）对活动主体的自我意识，即将自己看作具有积极从事活动的主体特征的自我意识；（3）对心理特征的自我意识，即人对自己的心理活动及其个性的认知；（4）社会与道德的自我评价，即对自己的社会地位、社会作用、社会价值以及道德上的义务、责任的自我认知。

美国心理学家威廉·詹姆斯在《心理学原理》一书中认为自我知觉涉及物质自我、社会自我和精神自我三个要素。这三个要素都伴有自我认知与评价（即对自己满意与否），以及自我追求（见表 2-3）。

表 2-3 自我知觉的结构

自我要素	自我认知与评价	自我追求
物质自我	对自己身体、衣着、仪表、家庭等的认知与评价	追求身体外表、欲望的满足

续表

自我要素	自我认知与评价	自我追求
社会自我	对自己的社会地位、名誉、财产及与他人关系的认识与评价	引人注目，讨好他人，追求名誉、爱与归属感等
精神自我	对自己的智慧、能力、道德水准及自卑与优越的认知与评价	追求智慧、宗教、道德与良心

康布（A. W. Combs）与斯尼克（D. Snygg）从知觉场（perceptual field）的角度，来确定自我概念（自我知觉）的位置（见图2-5）。

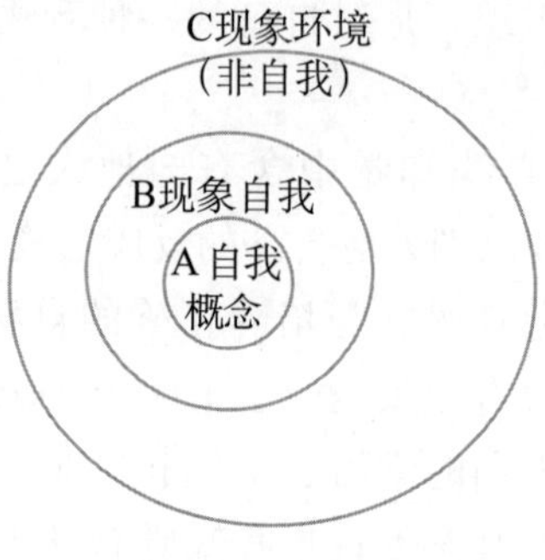

图2-5 知觉场

（1）大圆C为现象环境（即非自我），是自我知觉与对外界所有事物的知觉的总场。

（2）中间圆B为现象自我，包括一个人对自身各个方面的知觉（如自己的性别、年龄、姓名、身体、住处、父母等）。

（3）内部小圆A是真正自我概念的领域，在此只涉及自己最重要的特性。例如，认为自己是女性，是孩子们慈爱的母亲，是丈夫贤惠的妻子，等等。它比其他有关自己的认知更重要。自我概念具有持续性、一贯性、稳定性与整体性，是人格的核心。自我概念的变化意味着一个人知觉组织的变化，因此，精神分析学家认为要治疗病人不正常的行为，可以从改变其知觉组织着手，即重新组织其认知世界。

三、自我知觉的形成

自我知觉并非与生俱来的，它是在社会交往和社会实践活动中逐渐发展起来的，并经历了生理与物质的自我、社会的自我、心理的自我这三个发展阶段。在社会生活和实践中，人们往往通过以下途径来形成与认识自我。

（一）跳出“自我”圈子，“以人为镜”

社会心理学家库利在1956年提出“镜像自我”来说明自我知觉的形成。他认为，人与人之间可以互为镜子，彼此的形象都能被照出。每个人通过外显行为向别人表露自己，然后得到别人的认知评价；反过来，别人对你的看法，又会像镜子一样反馈于你。

瑞德（L. G. Reeder）等曾设计实验证明，自我知觉是在与他人的交互关系中形成的，他人的印象起着重要的作用。

在该实验中，他们将选取的美军基地技术人员 44 人分成 8 组，要求每组在同一间房子里住上数月，然后向其书面呈现如下问题：

(1) 本组中最好的领导者是谁？依次排名。

(2) 你认为他人会将你列为第几名？

此外，还有谁的头脑最好、谁的工作效率最高等问题。

根据回答可以得到 3 种变数：

其一，自己的反应（S，R）。

其二，他人的实际反应（O，G，R）。

其三，自己所估计的他人的反应（E，O，G，R）。

将实验结果进行统计比较发现：对某一种特性（如领导性）的调查，若 S，R 较高，则 O，G，R 与 E，O，G，R 亦较高；若 E，O，G，R 较高，则 O，G，R 也较高。

此实验结果表明，自我知觉不但与他人的实际反应有密切关系，而且与个人对他人反应的估计相关联。因此，对他人做出错误的评价，可能就会导致个体自我知觉的不确定。例如，如果有时你为了在社会上扮演某种角色，必须违背真正的自己，而表现出稳重、果断、乐观，则别人对你的看法与你自己对自我的评价必有差距。

在日常生活中，许多事实还说明，他人评价这面镜子并非在任何情况下都起积极、有效的作用。例如，与己关系不大的人偶然做的一次评价，就不易引起自己的关注。当他人评价不一致时，消极反应或自我认识的冲突还可能会出现。通常父母、教师、好友、恋人、领导等人的评价，比较容易对自我知觉、自我形象的形成起较大的影响。

应特别强调的是，要善于识别他人对自己评价的真伪，警惕那些主观主义、自命不凡、独断专行者的评价，以及为自身利益而有意恭维者的评价。如不警惕这种虚伪的评价，久而久之，就会陷入一种虚幻的、自我感觉良好的心境里，此时，自身的缺点反而会强化。因此，要想获得真实的“人镜”作用，就需要与品行正直的人交往，并且能从善如流，认真对待他人的意见与批评。

（二）扮演角色，以促进自我知觉的发展

角色知觉中的角色可以是客体，也可以是主体。米德认为，个体在各种角色的扮演中，与他人发生交互作用，并由此参与社会生活，了解社会上各种行为规范及习俗，逐渐使自我概念得以发展。例如，儿童在游戏中扮演各种角色，如经理、科学家、工人、解放军、教师等，便可了解该角色的行为规范。角色扮演还表现在角色观念与行为互换方面。让态度不好的护士去充当病人，让埋怨老师的学生上讲台试讲，让出了交通事故的司机去医院照顾因车祸而受伤的病人……即设身处地去体验与自己的角色相对应的另一角色的处境、心态，这对于认识自己角色的行为规范是极有益处的。

角色对自我知觉发展的影响，实际是社会要求、社会行为规范、社会文化背景对个体的影响。其影响程度既取决于社会对角色的期待，也取决于个体对角色的理解和追求，以及个体对角色的社会文化背景的认识。

（三）通过社会比较来认识并评价自己

人由于生活在社会关系中，其自我知觉和评价不可能孤立地进行，而是通过把自己和与自己相类似的人加以比较来认识、评价的。社会心理学家费斯廷格（L. Festinger）把一个人通过与他人的能力和条件的比较，实现对自己价值的认识和评价过程，称为“社会化比较过程”。一个人对自己的能力、知识的认识和评价，总是在与自己相当的人进行比较后得到的。这种比较有时是在自己和团体常模之间进行的。有比较才有鉴别，在比较中才能对自我做出恰当的评价。

（四）通过自我心理分析来实现自我知觉和自我评价

人们对自己的认知是主客观的统一，不仅可以通过以人为镜、扮演角色、社会比较等方法来认识自我，还可以用直接观察（即自我观察）自己心理活动的方式来认识和评价自我。这种自我观察也叫内省，通常有两种形式：一种是对自己正在进行的心理活动、心理状态的观察与分析；另一种是对已有的心理经验的回忆与反思。内省法虽然较主观，但与其他方法配合，也能达到正确认识自我的良好效果。

除了内省，还可以采用有意识地把自己的言行录制（用录音机）、拍摄（用录像机）下来，放给自己听（看）来认识自我。当人们以旁观者的眼光冷静地观察自己时，他们对自己的认识往往会更加清晰、全面。

运用自我分析的方法来认识自我时应注意以下几点：(1) 要严于律己，善于运用回忆与反思的方法正确分析、剖析自己。(2) 要实事求是、一分为二地认识自己的长处与短处。(3) 应在良好的情绪状态下分析评价自我。激动（或极度悲观或盲目乐观的情绪）状态往往会导致感情用事，使自我认识出现偏差。

四、自我知觉的误区、影响因素与管理

（一）自我知觉的误区

人们在自我知觉上常常会出现如下误区。(1) 过于自高自大，自命不凡：自以为在各方面比谁都行。(2) 过于自卑，缺乏自信：以为自己比谁都不行。(3) 过于消极、被动、依赖：自以为有权利依赖别人，时时刻刻都要他人呵护。(4) 过于迷信经验与宿命：自以为遗传、教养、童年或过去经验限制了自我的知觉和行为。(5) 过于相信环境与外因：自以为失败或不愉快皆是外在因素限制所致。

（二）自我知觉的影响因素

1. 客观因素

客观因素是指客观环境，不利的客观环境会使人的自我知觉失真。比如，一个人长期在一个受宠爱的环境中生存，一帆风顺，又无人提醒，遇到一些挫折和问题时，立刻有人代替其去解决，这会使人的自我知觉膨胀；相反，长期在一个受压抑的环境中生存，

挫折不断，又缺少鼓励，甚至遭受讥讽、挖苦和打击，其自我知觉必然表现出缺乏自尊并且自卑的特点。

2. 主观因素

主观因素是指主观心理。一个人如果主观上只是一味地适应环境，做环境的奴隶，或者盲目地以自我为中心，无视环境和他人，又缺少必要的文化教育和心理素质培养，就必然会形成不良的自我知觉。

总之，不良的家庭环境、社会环境以及文化教育，个人的自我修养的缺失，都会使自我知觉产生误区，出现偏差。

（三）自我知觉的管理

针对影响自我知觉的因素，自我知觉的管理可以从以下几点展开：（1）个人和社会共同努力，改造不良家庭环境和社会环境，促进自我意识发展；（2）在个人无力改变不利环境时，主动脱离不良环境，以利于自我发展；（3）通过再社会化途径，改变与完善自我，促进自我发展与自我实现；（4）加强文化教育和自我修养，把适应环境与改变环境辩证地统一起来，以利于自我免疫与健康发展；（5）从他人、社会、群体、大局、全局、未来的角度看问题，强化角色意识，超越自我，经常自觉地自我审视、自我评价等。

第四节 组织情境中的认知

一、组织政治知觉

组织政治知觉与组织政治行为是两个密不可分的概念。在界定组织政治知觉前，不可避免地要涉及对组织政治行为的理解和界定。组织政治行为是组织成员为增进、巩固、维护自身利益，直接或间接地运用本身具有的资源而从事的不被组织许可的各种自利行为。组织政治知觉是指组织成员对其工作环境中政治行为的主观知觉，它也许能真实地反映组织内客观的政治行为，也可能仅是错误的判断。我们将组织政治知觉定义为组织成员对于其他成员所从事的政治行为的主观感受。

（一）组织政治知觉的结构

一般认为包括以下五部分。

1. 一般政治行为的政治知觉

这是指对组织成员以服务自我的方式获得有价值的产出的政治行为的知觉。一般政治行为包括：（1）当组织中的规章、制度不能有效执行时所发生的政治行为；（2）在没有规则及政策可供遵循时，个人依照自我的意志，制定对其自身有利的规则，并将这些规则强加于其他人的政治行为。

2. 保持沉默、静待好处行为的政治知觉

这是指对组织成员避免参加活动，以获得有价值的产出的政治行为的知觉。这些行为包括：(1) 不揭发别人的自利行为，但分享其成果的政治行为；(2) 不参与别人的自利行为，但分享其成果的政治行为。

3. 同事及小团体行为的政治知觉

这是指对同事之间或派系之间以获得最大自我利益为目的的利益交换行为的政治知觉。这些行为包括：(1) 同事之间明争暗斗的行为；(2) 同事或派系之间为提升自我利益而进行的交往行为。

4. 上级行为的政治知觉

这是指对于领导运用权力进行资源分配过程中利己行为的政治知觉。这些行为包括：(1) 领导本身的政治行为；(2) 组织成员仿效领导的政治行为。

5. 薪酬和晋升政策行为的政治知觉

这是指对组织在薪酬与晋升的实际运作上与制度不一致行为的政治知觉。这些行为包括：(1) 不符合组织目标，但却得到组织默认的政治行为；(2) 组织成员仿效上述做法的政治行为。

费里斯（Ferris）和卡玛（Kaemar）在 1922 年的研究中又将组织政治知觉的结构合并成三个维度：(1) 上级的行为；(2) 同事与小团体行为；(3) 政策与实务的差距。李安民在研究中得到组织政治知觉的三维结构：一般政治行为、政策与实务差距行为和沟通障碍行为。

（二）影响组织政治知觉的因素

影响组织政治知觉的因素主要有以下几个。

1. 组织因素

主要包括集权化、规范化、组织层级和管理幅度。集权化是指组织内部权力分配情形。如果组织中的权力、控制力集中于组织中的高层，员工拥有很少的权力，则员工使用手段试图去影响决策的可能性会增加。组织规范化程度是指组织内部的职位、职能、沟通方式、工作流程等是否规范明晰。在规范化程度高的组织中，成员可明确了解自己在组织中的角色、权责与行为规范。这能降低工作的模糊性与不确定性，同时也能降低使用政治行为的必要性。从组织层级来看，在组织中职位较低的员工更易感受到组织政治。当管理幅度或者下属的数量增加时，上司对每个员工的关注会减少。这可能会提高组织环境的不确定性和模糊性，使组织政治行为增多。在这样的组织环境中，员工的组织政治知觉水平较高。

2. 工作环境因素

主要包括工作自主性、工作多样性、反馈以及晋升机会和同事关系。个人需要权力来执行其职责，因此较高的工作自主性、多样性及反馈代表个人在组织中被赋予较多的责任及身处重要的职位。这种职位能进一步带来个人权力的增加与对工作内容的掌控，减少工作不确定性。而缺乏工作自主性、多样性及反馈的员工则可能会感觉其工作的绩效、考绩、晋升、薪资是由政治运作而定的。这可能会影响到其工作的投入程度。

组织中有关晋升的政策及活动已被发现与组织政治知觉有关，即当个人知觉到其有较高的晋升机会时，其组织政治知觉的程度就会较低。当职业生涯中晋升机会有限时，人们会期望政治的影响力在职位争夺战中扮演关键的角色，或将自身无法获得晋升归因于其未运作组织政治的结果。

在工作环境的诸因素中，以上司及同事两者对员工组织政治知觉的影响最为重要。费里斯等人认为，当员工认为上司及同事与其交往是以机会主义进行取舍时，其组织政治知觉的程度将会增加；相反，与上司及同事保持良好的关系，可降低知觉组织政治的程度。

3. 个人因素

主要包括人口统计学变量（性别、年龄）和个性特征（马基雅维利主义：一种务实、不感情用事、为达目的不择手段的心理特征和自我监控）。费里斯研究发现，女性的组织政治知觉水平明显低于男性。维高达（Vigoda）和科恩（Cohen）的研究也表明，女性与受教育程度较低者的组织政治知觉水平均较低。康纳（Connor）和莫里森（Morrison）的研究表明，马基雅维利主义和控制点是组织政治知觉的重要影响因素。瓦尔（Valle）发现，外控与组织政治知觉呈正相关。

（三）组织政治知觉的影响

当组织成员察觉到组织内其他成员的徇私行为时，其组织政治知觉就会产生，进而会产生消极的情绪。费里斯的组织政治知觉模型认为，组织政治知觉将影响员工的工作满意度、工作焦虑及退缩行为（如离职）。大量研究也发现，组织政治知觉会造成员工的工作满意度降低。

组织政治知觉对组织成员来说是一个潜在的压力来源，会引起员工的工作焦虑，瓦尔等人的研究都证明了组织政治知觉与工作焦虑之间存在着显著的正相关。而且，组织政治知觉会让员工感觉到自己的命运为政治行为所操弄，进而产生离职倾向。兰德尔（Randall）和瓦尔等研究发现，组织政治知觉与离职倾向有显著的正相关。另外，组织政治知觉还会减少员工的组织公民行为。维高达等研究发现，组织政治知觉与组织公民行为有显著的负相关。兰德尔等研究发现，组织政治知觉与组织承诺有显著的负相关。

国内研究者也对组织政治知觉进行了相关研究。崔勋等基于 389 名国企员工样本，以印象管理动机为中介，探讨了组织政治知觉对组织公民行为的影响。结果发现：一般性政治行为知觉对参与公益活动有显著负向影响；保持沉默、静待好处知觉对尽职行为、参与组织活动、参与公益活动有显著正向影响；政治性薪酬和晋升政策知觉对助人行为、建言行为、参与组织活动、参与公益活动有显著正向影响。在政治体系以及人情社会机制的影响下，国企员工对组织政治具有相当的适应力。而国企中尚未被完全消除的官僚作风、行政化色彩、人治大于法治因素虽然会降低员工的组织公平感，但同时也为员工获取稀有资源提供了空间和条件。所以国企员工会将这一组织政治知觉视为一种机会，表现出帮助他人、积极建言献策、参与组织活动、参与公益活动等行为是为了积极争取、把握机会。张蕾等研究表明，当下属的组织政治知觉水平较高时，其往往感受不到或者不信服、不认同真实型领导（真实型领导是真变革型，即那些做正确的事、在道德方面有着高标准的领导）带来的好处，不愿意去做真实型追随者（真实型追随者是能表现出内化调节过程、信息处理平衡、关系透明以及真实行为特质的人）。而当下属的组织政治知觉水平较低时，其往往感觉在组织里不需要玩弄一些政治手段，仅仅通过努力工作等方式就可以得到应得的利益，更可能认可、认同领导的真实行为，并由此而改变行为方式，最后成为一个真实型追随者。

综上，我们了解了组织政治知觉对组织成员有巨大的影响。它会降低员工的工作满意度，增加员工的工作压力感、焦虑感以及离职率等。很多研究者致力于如何降低组织政治知觉对组织负面影响的研究。然而在实践中，很多经验丰富的管理者认为，成功的管理者，尤其是高层管理者，必须是优秀的政治家，采取政治行为是必要的。他们将组织政治行为称为“必要之恶”，认为其只要不直接对别人造成伤害就是可以接受的。由此可见，完全消除组织政治行为似乎是不可能的，作为管理者，可以对其进行有效的管理。

二、组织支持感

（一）组织支持感的含义及结构

组织支持感指员工对于组织重视自己的贡献和关注其幸福感的全面感知。这一概念有两个核心的要点：一是员工对组织是否重视其贡献的感受；二是员工对组织是否关注其幸福感的感受。人们用组织支持感来表示员工感受到的组织对自己的承诺。

组织的支持能够满足员工的社会、情感需求，西方学者多把组织支持感作为一个单维的概念来看待。艾森伯格（Eisenberger）等以社会交换理论与互惠规则为基础，认为组织支持感是员工所感受到的组织重视自己的贡献与关心自己的福利的程度，并对组织支持感的结构维度进行研究，开发了一个包含 36 个题项的单维度量表。不同行业、不同层次的组织员工样本的验证，都表明该量表的信度良好。凌文铨等在前人研究的基础上，针对中国企业文化背景提出了组织支持感的三维结构，即组织支持感是由工作支持、员工价值认同和关注员工利益三个因子组成的多维结构，并通过实证研究验证了该假设。在此研究基础上，他们将组织支持感定义为：员工知觉到的组织对他们工作的支持、对他们的利益的关心和对他们价值的认同。

（二）影响组织支持感的因素

在影响组织支持感的因素方面，有三个重要的变量——组织公平、领导支持、组织奖赏和良好的工作条件。研究表明，如果员工知觉到了组织给予其这几种形式的良好对待，员工的组织支持感就会得到增强。

1. 组织公平

组织公平是指个体或者团体对组织对待他们的公平性的知觉。组织公平可以分为两类：分配公平和程序公平。分配公平知觉是指对所得到的结果公平性的知觉；程序公平知觉是指员工对用来确定结果的程序或方法的公平性的知觉，包括员工的参与性、一致性、公正性和合理性等。肖尔（Shore）认为员工通过对组织中像工资增长、职位晋升这样政策的认识来产生对程序公平的评价，通过对程序公平的不断感受自然产生组织支持感。他认为组织公平与组织支持感具有强的正相关性，而且程序公平对于组织支持感的影响要大于分配公平。这是因为晋升、薪资报酬这类分配行为发生的概率相对偏低，而程序公平类行为则与员工联系更为紧密，会对员工产生更大的影响。

2. 领导支持

领导作为组织的代言人，通常肩负着评价员工和向员工传达组织目标和价值观的责任。因此，员工会把领导对待他们的好的或是不好的倾向看作组织支持的信号。员工会对领导在多大程度上看重他们的贡献、关心他们的利益形成一个整体的观点。另外，员工知道领导对他们的评价还会被传达给上一级的领导，这就更增强了领导支持与组织支持感的关系。艾森伯格的元分析表明，领导支持是影响员工组织支持感的因素中第二强的因素。

3. 组织奖赏和良好的工作条件

在组织奖赏和良好的工作条件方面，报酬、晋升、工作自主性等因素与组织支持感有一定的相关性。根据组织支持理论，对员工的晋升和奖赏体现了组织对员工贡献的认可，这将促进员工更加努力工作并且增强其组织支持感。肖尔研究表明，在人力资源管理实践中，组织对员工的认同与组织支持感存在正相关。工作自主性是指员工对能够独立控制自己的工作的感受，包括工作安排、工作程序和工作的多样化等。员工自己决定如何开展自己的工作，体现了组织对员工的信任。研究表明，自主性程度比较高的组织，其员工的组织支持感也较高。德克尔（Dekker）和巴林（Barling）指出，相比组织公平和领导支持，组织奖赏和良好的工作条件的作用最小，它只有在员工认为组织是自愿和有意采取行动时，才会对组织支持感起作用。

除了以上三种因素，还有研究者提出员工特性也会影响组织支持感。比如个性特征、责任心，还有一些人口统计学特征，包括年龄、性别、受教育程度和任期等。

（三）组织支持感的影响

随着组织结构的扁平化和组织对团队工作的关注，传统的命令式管理方式已受到挑战。组织越来越需要扮演一个支持和辅助的角色，给员工更大的自主性和自由度，以更好地适应激烈的市场竞争和自身变革的需要。可以说，在当前这种形势下，组织支持感在提高员工的组织情感承诺、增强员工的工作满意感、改善员工的角色内绩效和角色外绩效等方面起着越来越重要的作用。

研究发现，如果员工感受到组织愿意而且能够对他们的努力进行回报，员工就会为组织的利益付出更多的努力。组织支持感能使员工产生一种关心组织利益的义务感以及增强员工对人性化组织的感情承诺；组织支持感能通过增加员工的胜任感来增加他们的工作兴趣，使其产生更多的工作投入；组织支持感还可以使员工产生一些组织公民行为，如帮助组织避免风险、提供建设性意见、帮助同事等。

顾远东等人的研究发现，在中国情境下，组织支持感对研发人员创新行为有显著正向影响，组织支持感及其各维度对研发人员创新行为有预测力，其中主管支持的预测力最强。

但是，组织支持感对工作投入有潜在的负面影响，尤其是具有高情感承诺的员工，只有在感知到组织支持超过一定水平后才会对工作投入产生积极的影响。孙健敏等人通过对 302 名证券行业员工的问卷调查，考察了组织支持感与工作投入的曲线关系。研究发现，组织支持感与工作投入呈 U 形曲线关系。在组织支持感水平较低时，由于员工投入工作的资源和动机有限，工作投入水平并不高，却并非最低点。在中等水平的组织支持感上，虽然员工的工作资源和价值感有所增加，但是他们承担的工作外职责也相应增加。当他们将更多的资源投入工作外角色时，工作投入水平就会降低。因此，中等组织支持感的员工的工作投入是最低的。超过这个水平之后，随着组织支持感的增加，员工的心理安全、工作资源和个人资源才会逐渐增加。由于高组织支持感的员工受重视的程度高，并且工作资源充足，他们会将工作投入视为回报组织的主要方式。此时，组织支持感与工作投入变为正向关系。由于工作投入仅仅强调员工完成工作描述的内容，而员工对组织的回报也包含工作职责外的内容，因此组织支持感的增加并不一定始终对工作投入有积极影响。

三、心理契约

（一）心理契约的含义

在组织中，人们常常听到管理者强调“态度决定一切”的说法，其正确与否姑且不论，员工的态度却是不容易被管理者随意引导的，它与员工的心理契约紧密相连。心理契约原本是社会心理学中的概念，在 20 世纪 60 年代初被引入管理领域。在该概念发展至今的半个多世纪时间里，人们基本形成了广义和狭义两种理解。

广义的心理契约是指存在于组织和成员间的一系列无形、内隐、不能书面化的期望，是在组织中各层级间、各成员间任何时候都广泛存在的没有正式书面规定的心理期望。这种理解充分体现了心理契约的双边性或双向性，以及心理契约维系组织和成员间良好关系的重要性。狭义的心理契约是指员工以自己与组织的关系为前提，以承诺、信任和感知为基础，对自己和组织的责任和义务的各种信念。这种建立在个体水平上的定义简单明确，强调员工对组织的责任和自己责任的认知。狭义定义界限明确、易于操作，为实证研究带来了方便，因而被很多研究者采用。

（二）心理契约的内容

对心理契约内容的探讨最早可追溯到 20 世纪 20 年代梅奥在霍桑实验中对物质因素和非物质因素如员工报酬、组织对员工的关心、群体规范和工作保障问题的关注。1938 年巴纳德（Barnard）的“组织协作系统观”也提到组织成败的关键是组织与个人的多方面的投入、协作和奉献。然而真正对心理契约内容进行探讨，是从 20 世纪 60 年代开始的。

早期对心理契约内容的探讨着重于对员工和组织的相互要求，如组织对员工的理解、认同、工资保障和长期雇用，以及员工对工作的胜任和忠诚等的描述。鲁索（Rousseau）是第一个从实证的角度对员工心理契约内容进行研究的人。他从研究结果中提炼出7项雇主责任和8项雇员责任。其中，雇员心理契约中的雇主责任有：（1）提升；（2）高额报酬；（3）绩效奖励；（4）培训；（5）长期工作保障；（6）职业发展；（7）人事支持。雇主心理契约中的雇员责任有：（1）加班工作；（2）忠诚；（3）自愿从事职责外的工作；（4）离职前预先通知；（5）接受内部工作调整；（6）不帮助竞争对手；（7）保守公司商业秘密；（8）在公司至少工作两年。随后，鲁宾逊（Robinson）等人在此基础上，进一步做实证分析。结果表明，员工认为组织的责任主要表现在6个方面：内容丰富的工作、公平的报酬、成长和晋升的机会、充分的工具和资源、支持性的工作环境和有吸引力的福利；员工认为他们的义务主要集中在8个方面：对组织忠诚、加班工作、自愿做分外工作、接受工作调动、拒绝支持竞争对手、为组织保密、离职前提前告知以及至少在组织工作两年。这些项目的内容后来成为心理契约研究的基础。

近年来，在全球竞争和组织变革的大背景下，心理契约在内容上发生了巨大的变化。过去在心理契约中非常重要的内容，正在逐渐消失或退居次要地位。同时，一些新的内容，如灵活性、公平性、变革创新、不断尝试的要求，在心理契约中占据的权重越来越大。表2-4概括了这些变化。

表2-4 心理契约内容构成的变化

特点	过去的心理契约构成内容	当前的心理契约构成内容
关注的焦点	工作安全性、连续性、对组织忠诚	相互交换的可能性、未来雇用的可能性
形式	结构化的、可预测的、稳定的	无固定结构的、灵活的、可以广泛协商的
建构基础	传统、公平性、社会判断	市场导向、能力与技能、附加价值（增值）的可能性
雇员组织	忠诚、全勤、服从权威、令人满意的工作绩效	技术革新、创业精神、锐意变革、不断尝试、优异的工作绩效
契约关系	正规化、大多数通过工会和中介代理机构	认为双方服务的交换（内部及外部）是个人责任
职业生涯管理	组织职责，通过人事部门的输入来规划和促进职业生涯的内螺旋发展	个人职责，通过个人的再培训和再学习形成职业生涯的外螺旋发展

资料来源：陈维政，张丽华，忻榕．转型时期的中国企业文化研究．大连：大连理工大学出版社，2005：87.

（三）心理契约的结构

概括而言，心理契约可分为三种类型：交易型、关系型以及团队成员型。交易型契约强调具体、有形、基于当前利益的工具性相互交换。关系型契约强调雇佣双方相互支持和依赖、彼此沟通与交流，承担长久的开放性责任。团队成员型契约强调员工与组织在事业发展上彼此承担责任。

近年来，国内研究者在本土文化背景下，对中国企业员工的心理契约进行了理论和实证研究，提出了一些新的心理契约类型或维度。李原发现中国企业员工的心理契约由三个维度构成：规范性责任、人际型责任和发展型责任。谢发胜认为中国文化背景下经理人的心理契约结构维度，由交易型契约、发展型契约、情感型契约和管理型契约四部分构成。于珊、陈晓红通过对 130 名中国员工、101 名美国员工进行跨文化比较的实证研究表明，两种文化背景下的员工心理契约的结构均包含交易、关系、工作维度，并证实中国员工较美国员工更重视关系维度。相反，美国员工较中国员工更重视交易和工作维度。

（四）心理契约的影响

心理契约对员工的工作态度和行为会产生重大影响。员工在心理契约得到有效兑现的情况下，会表现出更高的工作满意度、留职意愿和组织信任感。王贵军基于文献研究，发现员工心理契约感知对其创新行为表现具有很好的预测作用，员工心理契约感知状况越好，其创新行为表现就越突出；组织承诺在心理契约感知与员工创新行为关系中具有中介作用。组织破坏或违背心理契约则会对员工工作态度及行为产生较大的负面影响。曹科岩和李宗波采用问卷调查法，以中国移动某分公司的 253 名员工为研究对象，发现心理契约破坏与员工建言行为呈显著负相关。

在员工和管理者之间，如果存在良好的理解，心理契约有可能比任何明晰的文件都能产生积极的影响。管理者可以通过以下的做法来加强与员工间的心理契约：（1）尽可能地确保组织和员工之间的关系是正确而合适的，即把合适的人安置在合适的岗位上；（2）确保让员工感受到当管理者接近他们时，他们感到很舒服；（3）确保在任何情况下都有适当的交流，让员工对发生的具体变化有一个明确的认识；（4）确保员工是因为好的绩效而得到认可。

通过这些措施，组织可以尽可能地避免心理契约违背的发生，及时地将导致心理契约违背发生的因素和行为控制在一定的范围内，或者将它们转换为有利于心理契约建构的行为。

四、心理授权

（一）心理授权的含义

在过去的 20 多年里，心理授权已经为众多的组织管理者所接受并被运用于他们的管理实践中，心理授权的相关研究也受到了组织行为学家的广泛关注。然而由于分析的角度或侧重点的差异，长期以来学者们对于授权的定义一直未能达成共识。康格（Conger）等认为，心理授权是一个动机过程而不是一个领导-员工关系结构，他们把心理授权定义为员工的努力、绩效期望水平的提高，即自我效能的提升。托马斯（Thomas）等在康格等的基础上进一步丰富了心理授权的概念，认为心理授权是个体体验到的心理状态或认知的综合体，包括四个方面：工作意义、自我效能、自主性和工作影响。之后，许多研究者都提出了类似的概念，该概念直到现在还广为沿用。总的来说，心理授权的本质是员工对自身工作角色的认知。当他们获得自主权，有能力胜任富有意义的工作并对工作结果有一定影响时，员工会更加努力地完成工作。

（二）心理授权的结构与测量

康格和卡农戈（Kanungo）认为心理授权是一种内在激励，是组织通过实施一系列措施提高员工自我效能感的过程。因此，他们认为授权只有一个维度——自我效能感。富尔福德（Fulford）等在研究美国服务行业的员工时提出，心理授权的结构包含工作意义、自我效能感、工作影响力。托马斯和维尔托斯（Velthouse）指出心理授权是一个多维概念，不仅包含自我效能，还包括工作意义、自主性、工作影响，它们反映了员工对工作角色的四种认知评价。施普赖策（Spreitzer）在此基础上，提出了心理授权的四维模型，开发了企业员工心理授权量表，该量表包含意义（3 个项目，例如，“我所做的工作对我来说非常有意义”）、自我效能感（3 个项目，例如，“我自信自己有干好工作上的各项事情的能力”）、自我决定（3 个项目，例如，“我自己可以决定如何着手来做我的工作”）及影响（3 个项目，例如，“我对发生在本部门的事情的影响很大”）四个维度。该量表信度和效度良好，在相关研究中得到了广泛应用。李超平等结合国内企业背景验证了施普赖策开发的心理授权量表的适用性，结果显示该量表可用于中国本土化研究。

（三）影响心理授权的因素

影响心理授权的个体变量主要包括人口学变量、人格特征和心理氛围。大量研究发现，心理授权在性别、年龄、受教育程度、任期等方面存在显著差异。个体对事件的解释风格会影响到心理授权水平：“技能确认”型风格（例如，“当我成功地完成了一件事情后，我倾向于将自己的才能视为一种重要的主导因素”）能够显著地提高个体的心理授权水平，而“缺陷焦虑”型风格（例如，“在思考未来时，我经常关注失败的潜在可能性”）则会显著降低心理授权水平。自尊和内归因方式对心理授权有正向影响。在心理氛围对心理授权的影响上，研究者认为，个体会基于自己的工作价值观，对工作环境做出认知评价（也就是心理氛围），这种评价反映了组织特征对于个体的重要程度。根据工作特征理论，工作的核心特征会给个体带来工作意义、责任感和对工作结果的认识三方面体验。因此，员工对于工作环境的评价会影响到他们对授权的感知。

研究表明，组织因素是影响心理授权水平的核心变量，主要包括团队精神、领导方式、组织文化、信息获得、角色清晰度、决策参与和上级控制范围等。团队精神对总体心理授权以及工作意义、影响力维度有显著的预测作用。李超平等认为领导支持与心理授权存在正相关，变革型领导能够对员工心理授权水平产生影响，进而对员工的工作态度产生影响。雷巧玲等认为员工导向型文化既有利于提高知识型员工心理授权的内在状态，也有利于提高其比较状态；而任务导向型文化则不利于提高知识型员工心理授权的内在状态。组织信息的获得有助于提高员工的主动性，其中组织发展的目标信息和绩效信息对个体心理授权影响最大。决策参与可以提高个体对组织的信任水平，增加他们的控制感、自我的投入以及对组织的认同，从而提高授权感。

（四）心理授权的影响

心理授权水平对组织承诺、创新行为、工作绩效、工作满意度、组织公民行为、工作投入、离职意向、心理契约等均存在不同程度的影响。在以组织承诺为结果变量的研究中，兰佳庆发现，我国护理人员心理授权与其整体组织承诺密切相关；在以创新行为作为结果变量的研究中，托马斯等发现，心理授权与个体弹性有关，它能促进创新行为；在以工作绩效为结果变量的研究中，宁晓娟发现，心理授权是影响知识型员工工作绩效的重要变量，知识型员工的自我效能感、自主性和工作影响力与其任务绩效相关显著，知识型员工所感知到的工作意义、自主性和工作影响力与其关系绩效相关显著；在以工作满意度为结果变量的研究中，李超平等发现，心理授权中工作意义和自主性维度对工作满意度有正向的影响。

五、人力资源管理实践感知

人力资源管理理念自 20 世纪传入中国，便引起了国内企业的广泛关注。国内企业大多已建立起人力资源部门，并期待人力资源部门能帮助企业提升绩效。人力资源部门也通过各种人力资源实践（也称人力资源管理实践，它是影响雇员的行为、态度和绩效的各种政策、手段、制度等的总称）改善并规范企业的管理。然而，并非所有的人力资源管理实践都起到了设想中的作用。当员工无法感受到人力资源实践时，这项实践就是失败的。从某种意义上说，人力资源实践感知比人力资源实践本身更具有研究的意义和价值。

从员工对人力资源管理实践感知的结果看，团队成员从人力资源实践感知中获得的资源程度与信心，会影响员工的工作态度和行为。俞辉的研究发现，支持性的人力资源实践感知（指的是员工可以感受到组织对员工贡献的认可、对员工人力资本的投资的支持型效用）会使员工产生更多的工作投入。张华磊的研究发现，高承诺性的人力资源实践感知能够使员工进行知识分享，创造良好和谐的工作环境。孙会和陈红的研究发现，良好的人力资源实践感知能够提高员工的敬业度，激发员工的创造力，从而更好地为组织服务。孙健敏和王宏蕾认为，对人力资源管理系统的测量必须是多层次的，包括群体层次、个体层次，这种测量强调了对人力资源管理实践感知的测量，因为员工才是人力资源实践的直接经历者，他们对人力资源政策和实践的感知直接决定了他们的态度和行为，并进一步影响组织绩效。

以往的研究大多假设组织内的人力资源实践被执行后，员工个体所获得的感知是无偏差的。换句话说，每个员工所感受到的组织人力资源实践都是一样的。但是，新近研究发现，组织中个人感知到的人力资源实践存在差异。除了不同员工可能拥有不同的人力资源系统，这些差异的产生还源于不同主管在执行人力资源实践中的差异，以及个体在获取和处理信息时的认知结构差异。因此，尽管组织在人力资源实践方面可能做了很多努力，但员工可能无法准确地感知到它的存在或程度。这无疑对组织的人力资源管理工作提出了更大的挑战。

案例与应用

习近平明确要求领导干部要提高这七种能力

2020年秋季学期中央党校（国家行政学院）中青年干部培训班10月10日在中央党校开班。习近平在开班式上发表重要讲话强调，提高解决实际问题能力是应对当前复杂形势、完成艰巨任务的迫切需要，也是年轻干部成长的必然要求。

一条重要经验

党的十八大以来，党和国家事业取得历史性成就、发生历史性变革，其中一条很重要的经验就是坚持问题导向，把解决实际问题作为打开工作局面的突破口。

提高七种能力

一、政治能力

在干部干好工作所需的各种能力中，政治能力是第一位的。

提高政治能力，首先要把握正确政治方向，坚持中国共产党领导和我国社会主义制度。在这个问题上，决不能有任何迷糊和动摇。这次抗击新冠肺炎疫情斗争的实践再次证明，中国共产党是风雨来袭时中国人民最可靠的主心骨，我国社会主义制度是抵御风险挑战的最有力制度保证。

要不断提高政治敏锐性和政治鉴别力，观察分析形势首先要把握政治因素，特别是要能够透过现象看本质，做到眼睛亮、见事早、行动快。

提高政治能力必须对党的政治纪律和政治规矩怀有敬畏之心。要自觉加强政治历练，增强政治自制力，始终做政治上的“明白人”、“老实人”。

要注重提高马克思主义理论水平，学深悟透，融会贯通，掌握辩证唯物主义和历史唯物主义，掌握贯穿其中的马克思主义立场观点方法，掌握中国化的马克思主义，做马克思主义的坚定信仰者、忠实实践者。

二、调查研究能力

调查研究是做好工作的基本功。

对调研得来的大量材料和情况，要认真研究分析，由此及彼、由表及里。对经过充分研究、比较成熟的调研成果，要及时上升为决策部署，转化为具体措施；对尚未研究透彻的调研成果，要更深入地听取意见，完善后再付诸实施；对已经形成举措、落实落地的，要及时跟踪评估，视情况调整优化。

三、科学决策能力

要深入研究、综合分析，看事情是否值得做、是否符合实际等，全面权衡，科学决断。作决策一定要开展可行性研究，多方听取意见，综合评判，科学取舍，使决策符合实际情况。

四、改革攻坚能力

要把干事热情和科学精神结合起来，使出台的各项改革举措符合客观规律、符合工作需要、符合群众利益。

要尊重群众首创精神，把加强顶层设计和坚持问计于民统一起来，从生动鲜活的基层实践中汲取智慧。

要注重增强系统性、整体性、协同性，使各项改革举措相互配合、相互促进、相得益彰。

五、应急处突能力

要努力成为所在工作领域的行家里手，不断提高应急处突的见识和胆识，对可能发生的各种风险挑战，要做到心中有数、分类施策、精准拆弹，有效掌控局势、化解危机。

要紧密结合应对风险实践，查找工作和体制机制上的漏洞，及时予以完善。

六、群众工作能力

要心中有群众，时刻把群众安危冷暖放在心上，认真落实党中央各项惠民政策，把小事当作大事来办，切实解决群众“急难愁盼”的问题。

要落实党中央关于逐步实现全体人民共同富裕的要求，带领群众艰苦奋斗、勤劳致富，在收入、就业、教育、社保、医保、医药卫生、住房等方面不断取得实实在在的成果。

要注意宣传群众、教育群众，用群众喜闻乐见、易于接受的方法开展工作，提高群众思想觉悟，让他们心热起来、行动起来。

要自觉运用法治思维和法治方式深化改革、推动发展、化解矛盾，维护社会公平正义。

七、抓落实能力

干事业就要有钉钉子精神，抓铁有痕、踏石留印，稳扎稳打向前走，过了一山再登一峰，跨过一沟再越一壑，不断通过化解难题开创工作新局面。

资料来源：年轻干部要提高解决实际问题能力 想干事能干事干成事．人民日报，2020-10-11（1）.

分析思考：

1. 举例说明领导干部的这七种能力在管理工作中的重要作用。

2. 作为学生，在学校学习期间应该如何培养自己的这七种能力？

基本概念

知觉	社会知觉	自我知觉	组织政治知觉
心理契约	心理授权	组织支持感	人力资源管理实践

本章要点

1. 知觉是对事物各种属性、各个部分的整体的反映。知觉的四种基本特性是整体性、选择性、理解性、恒常性。

2. 影响知觉的因素是多方面的，有客观条件、主观因素和情境特征。

3. 能力是指能够直接影响个体的活动效率，使活动顺利完成所必须具备的个性心理特征。它是个人顺利完成某种活动所必备的心理特征。智力，是指顺利完成各种活动所必备的基本能力，是人的认知活动中的一种具有多维结构的综合性能力。智力的核心成分是抽象概括能力。

4. 在管理实践中，针对员工的能力，要做到量才录用、合理配置、公平竞争、加强培训。

5. 社会知觉是主体对社会环境中有关个人、团体和组织特征的知觉。社会知觉分为对他人的知觉、人际知觉和角色知觉。

6. 社会知觉障碍，包括首因效应、近因效应、刻板印象、晕轮效应等，在管理实践中要注意克服。

7. 自我知觉是指一个人对自己的身体、思想、感情、需要、欲望、动机、个性等的认识。自我知觉的形成途径包括：(1) 跳出“自我”圈子，“以人为镜”；(2) 扮演角色，以促进自我知觉的发展；(3) 通过社会比较来认识并评价自己；(4) 通过自我心理分析来实现自我知觉和自我评价。

8. 组织政治知觉指组织成员对于其他成员所从事的政治行为的主观感受。组织政治知觉包括一般政治行为的政治知觉，保持沉默、静待好处行为的政治知觉，同事及小团体行为的政治知觉，上级行为的政治知觉，薪酬和晋升政策行为的政治知觉。

9. 组织支持感指员工对于组织重视自己的贡献和关注其幸福感的全面感知。影响组织支持感的因素方面有三个重要的变量——组织公平、领导支持、组织奖赏和良好的工作条件。

10. 心理契约是员工以自己与组织的关系为前提，以承诺、信任和感知为基础，对自己和组织的责任和义务的各种信念。心理契约可分为三种类型：交易型、关系型以及团队成员型。心理契约对员工的工作态度和行为会产生重大影响。

11. 心理授权的本质是员工对自身工作角色的认知，当他们获得自主权，有能力胜任富有意义的工作并对工作结果有一定影响时，员工会更加努力地完成工作。心理授权包含自我效能、工作意义、自主性、工作影响。影响心理授权的个体变量主要包括人口学变量、人格特征和心理氛围。组织因素是影响心理授权水平的核心变量，主要包括团队精神、领导方式、组织文化、信息获得、角色清晰度、决策参与和上级控制范围等。

12. 人力资源实践，也称人力资源管理实践。一般认为，人力资源实践是影响雇员的行为、态度和绩效的各种政策、手段、制度等的总称。人力资源实践感知是指员工对组织人力资源实践的全面知觉。组织中个人感知到的人力资源实践是有差异的。

复习思考题

1. 知觉有哪些特性？知觉主要受什么因素影响？
2. 社会知觉的类型与行为表现有哪些？
3. 如何克服社会知觉中的偏差？
4. 什么是心理授权？心理授权的影响因素有哪些？
5. 组织政治知觉对组织有哪些影响？
6. 影响组织支持感的因素有哪些？

推荐阅读

1. 彭聃龄．普通心理学．5 版．北京：北京师范大学出版社，2018.
2. 刘永芳．管理心理学．3 版．北京：清华大学出版社，2021.

第三章

人格与行为

【学习目标】

1. 了解人格的含义与形成。
2. 掌握常见的人格理论。
3. 了解人格的本土化研究。
4. 了解人格的黑三角理论。
5. 熟悉与组织行为关联紧密的人格理论。

第一节　人格的含义与形成

一、什么是人格

人格（personality）也称个性，这个概念源于拉丁文“persona”，原来主要是指演员在舞台上戴的面具，类似于中国京剧中的脸谱。据说在公元前 2 世纪，古罗马的一名戏剧演员为了遮掩他那不幸的斜眼，开始采用面具进行表演，然后就出现了这个词。后来心理学借用这个术语来说明：在人生的大舞台上，人也会根据社会角色的不同来换面具，这些面具就是人格的外在表现。面具后面还有一个实实在在的真我，即真实的自我，它可能和外在的面具截然不同。

人格是个体在先天生物遗传素质的基础上，通过与社会环境的相互作用形成的相对稳定而独特的心理行为模式。具体而言，它具有以下几个特点：

（1）统合性。这是说人格是由内在的心理特征与外部行为方式构成的，它不是单一的心理特征或行为方式，而是心理特征和行为方式相互联系而形成的、有着一定组织和层次结构的模式。也就是说，人格是个体心理与行为的多侧面、多层次与多因素的统一体。

（2）独特性。俗话说：“人心不同，各如其面。”这是指每个人的人格都是独特的，这种独特性不仅仅表现在某些个别的心理或行为特征上，更主要的是表现在整个模式上，从而使每个人成为独一无二的人。

（3）稳定性。偶然表现出的心理特性不能被称为人格，人格是一种相对稳定的心理行为模式。这是指一个人的人格及其特征在时间上、空间上具有一定的普遍性。例如内向者在各种场合下都表现出少言寡语的特点，这种特点随着时间的推移变化不大，这就是人们常说的“江山易改，本性难移”。然而，强调人格的稳定性并不意味着在一生中人格都是一成不变的。随着生理的成熟和环境的改变，人格也会发生或多或少的变化。

（4）功能性。人格决定了一个人的生活方式，甚至决定了一个人的命运，因而人格是人生成败的根源之一。当面对挫折困境时，坚强者能奋发图强、走出困境，而懦弱者会自怨自艾、一蹶不振。这就是人格功能性的表现。

二、影响人格形成的因素

关于人格是如何形成的，心理学界长期以来争论不休。有的人主张人格是完全由遗传因素决定的，有的人认为人格与遗传因素无关，而是完全由后天环境决定的。目前普遍认为，人格是遗传和环境两方面因素共同作用的结果，同时还受到情境条件的调节。

“龙生龙，凤生凤”，就是指人格受遗传因素的影响。遗传因素指的是那些由胚胎决定的因素。有关同卵双生子的研究发现，他们在人格特点方面有高度的相关性，这一结果为人格的遗传观点提供了支持。

另外，人格特点还受到环境的影响，包括我们成长的文化背景，早年的生活条件，家庭、朋友和社会群体的规范，等等。环境因素对于人格的塑造起着十分重要的作用。刘超等人的研究发现，儒家文化中诸多话语表达对中国人的目标导向和目标追求起重要的提示作用，进而影响中国人人格的形成。《中庸》相传为孔子之孙子思所作，代表秦汉之际的儒家思想。《中庸》开章之句为：“天命之谓性，率性之谓道。”就是说，人的本性由天所命，而天命无所不在，具有普遍之意义，受命之个体也具有普遍的存在意义，因此天命是价值之源。儒家文化对目标的设定带有明显的外部目标导向和人际目标导向的功能，使得个体更注重履行个人的义务，重视维持和谐的人际关系，强调追求内圣和外王。在儒家文化的目标导向下，中国人尽责性水平较高，开放性较低，外倾性随对情境的熟悉而提高，情绪稳定性较高。目标的完成有助于提升个体的幸福感，同时，儒家文化的目标定向影响了中国人的叙事风格。

第三项因素，情境，也在遗传和环境对人格的影响中起着一定的作用。人格虽然总体上是稳定的，但在不同的情境下根据不同需要会有所改变。例如，一个外向健谈的人在参加面试招聘和在咖啡馆里与朋友聊天时，他的谈话方式、行为特点将表现出很大的差异。

第二节　常见的人格分类

人格是体现个体心理差异的领域，有着异常复杂的心理结构。研究者如何描述人格的结构呢？下面介绍一些人格理论，最有代表性的是卡特尔的人格特质理论、艾森克的人格结构维度理论、大五人格理论和大六人格理论。

一、卡特尔的人格特质理论

特质论认为，人格是一个复杂的心理结构系统，其中包括多种持久而稳定的人格特质（personality traits)。这些特质是人类所共有的，但是特质的组合和数量因人而异，这导致了人格方面的个体差异。如果我们认识到了这些特质，就可能预测一个人的行为特点。

卡特尔（R. Cattell）受化学元素周期表的启发，用因素分析法对人格特质进行分析，提出了基于人格特质的理论模型。模型分成四层：个别特质和共同特质；表面特质和根源特质；体质特质和环境特质；动力特质、能力特质和气质特质。表面特质是指从外部行为能直接观察到的特质；根源特质是指那些相互联系而以相同原因为基础的特质。表面特质和根源特质既可能是个别特质，也可能是共同特质。它们是人格层次中最重要的一层。根源特质可以分为体质特质和环境特质两类。体质特质由先天的生物因素决定，而环境特质则由后天的环境决定。动力特质是指具有动力特征的特质，它使人趋向某一目标；能力特质是表现在知觉和运动方面的差异特质，包括流体和晶体智力；气质特质是决定一个人情绪反应速度与强度的特质。

早期的特质理论在分离特质上困难重重，曾有一项研究找出了 17 953 种特质。在预测行为时要考虑这么多的特质，显然是没有可行性的。

20 世纪 40 年代，卡特尔从奥尔波特（G. Allport）的约 18 000 个形容词中筛选出 4 504 个进行研究，通过语义区别判断，从中辨认出 100 多个名目，然后采用因素分析法，最终确定了 16 种稳定而持久的人格因素（16PF)，称之为人格的主要特质或根源特质（见表 3-1)。卡特尔在这 16 种根源特质的基础上，编制了人格测验（卡特尔 16PF 测验)，16PF 测验在组织管理领域应用十分广泛，比如人力资源管理中的人才选拔、人员安置和员工培训等方面的工作。应用的主要思路是将个体或者团体的测验结果和相应的标准进行对照或比较，筛选出在招聘中人格各个方面达到相应要求，或者具备胜任潜力的应聘者，并把他们安置到合适的岗位上。

表 3-1 卡特尔提出的 16 种人格特质

特质名称	低分者特征	高分者特征
1. 乐群性	缄默、孤独	乐群、外向
2. 聪慧性	迟钝	聪慧
3. 稳定性	情绪激动	情绪稳定
4. 好强性	顺从、谦逊	支配、好强
5. 兴奋性	严肃、审慎	乐天、兴奋
6. 有恒性	敷衍了事	负责有恒
7. 敢为性	胆怯、退缩	冒险、敢为
8. 敏感性	理智、注重实际	敏感、感情用事
9. 怀疑性	信赖、随和	怀疑、刚愎

续表

特质名称	低分者特征	高分者特征
10. 幻想性	现实	幻想
11. 世故性	直率、天真	世故、精明
12. 忧虑性	自信、沉着	忧虑、抑郁
13. 实验性	保守、传统	激进、自由
14. 独立性	随群、依赖	自立、决断
15. 控制性	不拘小节	自律严谨
16. 紧张性	心平气和	紧张困扰

二、艾森克的人格结构维度理论

艾森克（Hans J. Eysenck）从特质理论出发，反对把人格定义抽象化，他在其《人格的维度》一书中指出："人格是生命体实际表现出来的行为模式的总和。"艾森克采用因素分析和传统的实验心理学相结合的方法，长期研究人格问题，并把研究兴趣从特质转向结构维度，从而确立了自己的人格理论，提出了人格结构的四层次模型。

模型的最下层"特殊反应层"是日常观察到的反应，偶然性与随机性比较大，属于误差因子；上一层"习惯反应层"由反复出现的日常反应构成，常与某一情境相关联，属于特殊因子；再上一层是特质层，由习惯反应构成，具有比较强的概括性，属于群因子；最上层是类型层，由特质构成，影响范围很大，属于一般因子。

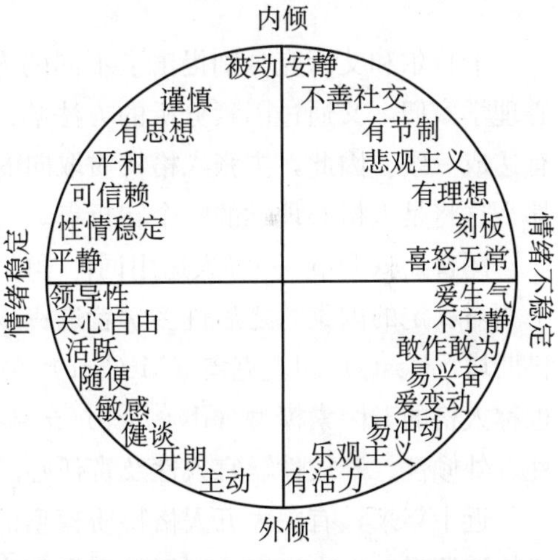

图 3-1　艾森克提出的人格结构维度

在模型建立之初，艾森克认为处于类型水平的一般因子有两个：外倾性和神经质。其中神经质表现为情绪稳定性，它可以与外倾性进行组合构成一个人格结构维度图（见图 3-1），各种人格特质可以放在这四个象限中。这样就将人格类型与人格特质整合在了一个理论中。后来艾森克又提出了第三个一般因子，即精神质，并编制了用来测量这三个因子的工具：艾森克人格问卷（Eysenck Personality Questionnaire，EPQ）。

EPQ 是一种自陈量表，有成人版（共 90 个项目）和少年版（共 81 个项目）两种形式，各包括四个分量表：外倾性（E）分量表、神经质（N）分量表、精神质（P）分量表和谎造或自身隐蔽（L）分量表（即效度量表）。由于该问卷具有较高的信度和效度，用其所测得的结果可同时得到多种实验心理学研究的印证，因此它亦是验证人格维度的理论根据。

赵晓霞等人在艾森克人格理论及个人创新绩效理论的基础之上，考察了企业员工人格特质对其个人创新绩效的影响。研究采用的岭回归统计分析方法，可以很好地消除研究中自变量即E（外倾性）、N（神经质）、P（精神质）、L（效度）之间由于存在相互影响而产生的多重共线性关系。因此，相较于采用普通多元线性回归获得的结果，该研究结果更加准确且具有更高的可信度。具体结果如下：

（1）E维度对员工个人创新绩效有显著影响，并与其呈正相关态势。这表明员工越外倾，其个人创新绩效越好。这与之前研究者对于创新人才的定性描述分析吻合，即外倾的员工在工作中喜欢关注新奇事务，乐于寻求新挑战。

（2）N维度对员工个人创新绩效有显著影响，并与其呈负相关态势。也就是说，员工情绪越稳定，其个人创新绩效越好。情绪不稳定的人表现出来的焦虑、抑郁以及较弱的自我控制能力会影响其在创新过程中的行为及表现，从而使其创新绩效较低。

（3）P维度对员工个人创新绩效有显著影响，并与其呈负相关态势。这一结果说明，倔强程度越低，其个人创新绩效越好。倔强程度较低的员工能够与其他人进行良好的沟通并且能够吸取他人的意见，同时具有良好的环境适应能力。这些特质可以提高其在创新过程中的表现，从而使其创新绩效较高。

三、大五人格理论

卡特尔和艾森克分别提出了不同的人格特质理论，在他们之后主张人格特质取向的心理学家们，又通过因素分析的方法陆续提出了一些理论，但在基本特质的分类上并没有达成一致。因此，主张人格特质取向的心理学家认为，如果能够找到人格的基本维度，那么这将是人格心理学的一个转折点。

图普斯（Tupes）等人运用词汇学的方法对卡特尔的特质变量进行再分析，发现了五个相对稳定的因素。之后许多学者进一步验证了“五种特质”的模型。20世纪80年代，科斯塔（Costa）和麦克雷（McCrae）在前人的基础上提出了大五人格（big-five）理论，也称人格的五因素模型（five-factor model，FFM）。这五个因素包括神经质或情绪稳定性、外倾性、开放性、宜人性及责任心。

近十年来，有关大五人格特质模型的研究取得了令人瞩目的进展。其稳定性在自陈式特质调查、他人评定、词汇研究和问卷测量的各种样本中，以及不同文化背景和采用不同分析方法的大量研究中均得到了验证。大五人格特质模型的人格分类方法也逐渐被广泛使用，并且被众多心理学家认为是人格特质结构的最好范式，使持不同意见的人格心理学家最终有所共识。它成了如今人格心理学领域通用的“货币”，也是目前对人的基本特质最理想的描述。

各维度定义与说明如下：

（1）神经质或情绪稳定性（neuroticism，N）。神经质反映个体情感调节过程，以及个体体验消极情绪的倾向。高神经质个体即情绪稳定性低的个体倾向于有心理压力、不现实的想法、过多的要求和冲动，更容易体验到诸如愤怒、焦虑、抑郁等消极的情绪。这一维度刻画的是个体承受压力的能力。低神经质个体即情绪稳定性高的个体是倾向于平和的、自信的和安全的。情绪稳定性低的人易和他人起冲突，直接破坏团队和谐。因此，情绪稳定性低的人在与他人相处时可能会遭到较多阻力，因情绪化行动往往无法完成手上的工作，破坏自己和其他人的人际关系。

（2）外倾性（extraversion，E）。外倾性高者喜欢与他人互动，且较为合群、活泼、乐观，并善于社交活动。这样的人易和他人产生社会性互动（social interaction），乐于参与讨论并提出自己的看法。外倾性高者通常表现出较多的正面情绪，对团队的满意度也较高。

（3）开放性（openness，O）。开放性高者多半具有创意，好奇心重，观察敏锐。和高外倾性一样，高开放性通常有助于个人的社会性互动。有此特质者往往对新奇的事物较感兴趣，且能及时将创意付诸行动。

（4）宜人性（agreeableness，A）。宜人性高者个性较温和、柔顺及善良，易信任别人且心肠软。这样的人愿意主动与别人建立友谊，并避免不必要的争执，和他人相处过程中，通常不会出现情绪性攻击行为。宜人性高者渴望和他人有社会性互动，且愿意随时给团队成员提供援助。

（5）责任心（conscientiousness，C）。责任心也称尽责性。责任心强者认真负责，组织性强，可靠并且值得他人信赖。也因为如此，责任心维度一向是个人绩效的重要指标。责任心强者对达到目标较为坚定，并希望能挑战高层次的绩效表现，工作时以成就为导向。

这五个特质的英文首字母构成了“OCEAN”一词，代表了“人格的海洋”。1989年，科斯塔和麦克雷编制了大五人格因素测定量表（NEO-PI-R）。

李启明基于人格毕生发展研究视角及中国文化背景，调查了我国从青少年到老年的3 192名被试，探究了中国人大五人格5个维度的毕生发展水平。总体上，年龄与神经质、开放性呈显著负相关，与外倾性、宜人性、尽责性呈显著正相关。在60岁以下的人群中，年龄大的个体神经质更低，而在大于60岁的人群中，年龄大的个体神经质反而更高；在50岁以下的人群中，年龄大的个体外倾性水平相对较高，但50岁之后年龄大的个体外倾性相对较低；整体上，年龄大的个体开放性水平相对较低，宜人性水平反而更高；年龄大的个体尽责性水平也相对较高，但较之40～49岁群体而言，50岁以上群体的尽责性相对较低。男性和女性的大五人格具有一定差异，男性的尽责性高于女性，女性的神经质高于男性。

韩金等人探讨了微信中个人用户的大五人格特质与其社会资本之间的关系。他们发现：外向性、经验开放性、宜人性人格特质对桥接型社会资本有显著正向影响，经验开放性与宜人性人格特质对结合型社会资本有显著正向影响；外向性、宜人性人格特质正向影响微信使用强度，微信使用强度对桥接型和结合型社会资本均有显著正向影响。唐贵瑶等人基于特质激发理论探讨了管理者人格特质和心理契约违背对实施辱虐管理的影响，并进一步分析了管理者人格特质与心理契约违背之间的交互作用对辱虐管理的影响。研究发现：管理者的亲和力对辱虐管理有显著的负向作用，而神经质则对辱虐管理有显著的正向作用；管理者心理契约违背对辱虐管理有显著的正向影响；心理契约违背不但调节了管理者亲和力与辱虐管理之间的负向联系，还调节了神经质与辱虐管理之间的正向联系。

翁清雄等人的研究运用元分析的方法，对过去 15 年关于大五人格与主观职业成功（即职业满意度）的关系进行定量评述。通过文献检索，共筛选出包含 17 331 个样本量的 16 篇有效文献。元分析结果发现：大五人格与职业满意度显著相关，其中情绪稳定性与职业满意度的相关性最高（$r=-0.339$），外倾性（$r=0.217$）和宜人性（$r=0.158$）次之，尽责性（$r=0.137$）和开放性（$r=0.125$）最低；大五人格测量方法、研究的时间跨度、区域文化以及岗位类别等对大五人格和职业满意度之间的关系具有调节作用。该研究结果表明，大五人格能够有效地预测职业满意度，且在不同地区、不同岗位大五人格和职业满意度的关系存在一定的差异。

四、大六人格理论

受跨文化心理学研究的影响和推动，早期对中国人人格的评估主要参照西方人格理论与测评工具。由于人格特质与文化之间不可割裂的关系，在测验的具体项目乃至对测评结果的理解与解释方面，文化差异的问题是显而易见的。在对西方测评工具的跨文化应用过程中，往往过多强调人格的文化普适性（etic）特征，忽略了人格的文化相关性特征或者主位（emic）的建构，故而人格特质的本土化特征不能体现出来。而这被忽略的部分往往是在特定文化背景下认识人格特征的关键。尽管人格特质的很大一部分内容是全人类共有的，但人格因素中还有相当的内容是个体或群体所在特殊社会文化环境塑造的结果。这样，就存在被引入的具有“文化共通性”的人格构念在中国文化背景中的应用价值问题，以及在中国文化背景中到底有哪些非常重要，但在引进的西方测验中未能得到关注的人格维度的问题。

对中国人人格特质的研究早在 20 多年前就已经开始起步。中华民族所处的地理位置特殊，中华文化不仅起源早，而且在整体上始终保持着一定程度的连续性，这在世界文明史上都是十分独特的。因此，中国的学者似乎有更多、更强的理由相信，中国人的心理行为乃至人格特质中存在着不同于其他文化群体的“特殊性”。随着中国国际地位的上升，本土化（或者中国特色）的理念正在被越来越多的学者接受。研究人格特质背后潜在的结构一直是人格心理学家们的一项重要工作内容，因而存在着人格的不同结构（维度）之争。张建新等人回顾总结了 20 多年来有关中国人人格的实证研究结果，提出了一个人格六因素模型（SFM），也就是在大五人格特质的基础上增加了一个人际关系性（IR）因素。这个因素包含了众多“本土化”人格构念，显示出中国人在社会上如何“做人”的行为模式及其文化内涵，如讲究往来人情、避免当面冲突、维持表面和谐、大家都有面子等。通过比较中国人和美国人样本在六因素结构中的人际关系性（IR）和开放性（O）因素上的显性或隐性表现，他们指出人格因素数量及其理论定性之争很可能仅具有方法学意义，对于真正了解人格的本质并非关键。真正找到人类共有的和某一人群特有的人格特质结构的唯一途径，只能是各种文化背景下的人格心理学家超越各自理论，彼此平等接纳，从文化乃至遗传的角度共同探索。

研究表明，虽然人格五因素模型的确能够在某种程度上被用来描述和解释中国人的行为模式，但人格六因素模型较五因素模型可能具有更全面的适用性。人际关系性因素（IR）与宜人性因素（A）之间较低的相关系数表明，在中国社会中可能存在着两种人际关系行为模式，宜人性更多地表明一个人的行为模式是否被动地受他人欢迎，而人际关系性则涉及一个人主动寻求与他人建立互动交换关系的行为模式。也就是说，前一行为模式更多地与如何“做好人”关联，而后一行为模式更多关乎在特定的文化情境中如何“做人”。相关临床研究显示，人际关系性与明尼苏达多项人格测验（MMPI）中的神经症（Hs 和 Hy）呈负相关，与精神病性（Ma，Sc 和 Pt）则呈正相关；而宜人性则与所有明尼苏达多项人格测验的临床量表呈负相关。

基于纯粹本土研究建构的人格测量工具（无论是西方还是中国的测验）可能都存在着一些“盲点”。这些盲点显然导源于研究者、被研究者共同处于某种显性的文化之中而产生的“不识庐山真面目，只缘身在此山中”的困境。

第三节　工作场所中的人格

一、自我效能感

自我效能感（self-efficacy）指的是个体对自己是否有能力完成某一行为所进行的推测与判断。自我效能感是由美国著名心理学家班杜拉（A. Bandura）提出的一个重要概念。他认为，即便人的行为没有对自己产生强化，但由于对行为结果所能带来的功效的期望，人们可能也会主动地进行相应的活动。自我效能感理论克服了传统心理学重行轻欲、重知轻情的倾向，把人的需要、认知、情感结合起来研究人的动机，具有很大的科学价值。

班杜拉在他的动机理论中指出，人的行为受行为的结果因素与先行因素的影响。行为的结果因素涉及通常所说的强化，但他对强化的看法与传统的行为主义不同。他认为，在学习中没有强化也能获得有关的信息，形成新的行为。而强化能激发和维持行为的动机以控制和调节人的行为。因此，他认为行为出现的概率是强化的函数这种观点是不确切的，行为的出现不是由于随后的强化，而是由于人认识了行为与强化之间的依赖关系后对下一步强化的期望。他的“期望”概念也不同于传统的“期望”概念。传统的期望概念指的只是对结果的期望，而他认为除了结果期望外，还有一种效能期望。结果期望指的是人对自己某种行为会导致某一结果的推测。如果人预测到某一特定行为将会导致特定的结果，那么这一行为就可能被激活和被选择。例如，学生感到上课注意听讲就会获得他所希望取得的好成绩，他就有可能认真听课。效能期望指的则是人对自己能否进行某种行为的实施能力的推测或判断，即人对自己行为能力的推测。它意味着人是否确信自己能够成功地实施带来某一结果的行为。当人确信自己有能力进行某一活动，他就会产生高度的自我效能感，并会去进行那一活动。例如，学生只有在不仅知道上课注意听讲可以带来理想的成绩，而且感到自己有能力听懂老师所讲的内容时，才会认真听讲。人们在获得了相应的知识、技能后，自我效能感就成了行为的决定因素。

班杜拉提出，自我效能感具有三个维度，即幅度（magnitude）、强度（strength）和普遍性（generality）。自我效能感在幅度上的变化，是指一个人认为自己所能完成的、指向特定目标的行为的难易程度。自我效能感在强度上的变化，是指一个人对自己实现特定目标行为的确信程度。自我效能感的普遍性，是指在某个领域内的自我效能感之强弱会在多大程度上影响到其他相近或不同领域中的自我效能感。

班杜拉认为，由于不同活动领域之间的差异性，所需要的能力、技能也千差万别。一个人在不同的领域中，其自我效能感是不同的。因此，并不存在一般的自我效能感，任何时候讨论自我效能感，都是指与特定领域相联系的自我效能感。但是，一些学者并不同意这一观点，并提出了一般自我效能感（general self-efficacy）的概念，它指的是个体应付各种不同环境的挑战或面对新事物时的一种总体性的自信心。

施瓦策尔（Schwarzer）和他的同事于1981年开始编制一般自我效能感量表（General Self-Efficacy Scale，GSES）。GSES开始时共有20个项目，后来改进为10个项目。目前GSES已被翻译成至少25种语言，在国际上广泛使用。中文版的GSES最早由张建新和施瓦策尔于1995年在我国香港的一年级大学生中使用。至今中文版GSES已被证明具有良好的信度和效度。GSES的10个项目涉及个体遇到挫折或困难时的自信心，比如："遇到困难时，我总能找到解决问题的办法。"各项目均采用4点量表评分。量表为被试自行填写，可用于个体施测及团体施测，被试必须答齐10题，否则无效。

以班杜拉为代表的西方学者认为个体所具有的自我效能感来自四种类型的经验。

（1）以往的成功经验。以往的成功经验是自我效能感形成的重要前提，它为个体提供判断与构成自我效能感的行为信息。研究表明，个体在挑战性任务中获得成功，对于自我效能感的形成与改变的影响尤其大。当个体通过坚持不懈完成艰巨的任务时，他就会获得积极的自我效能感。这种效能感在以后的任务中会为个体提供能力的保证，并且使个体在遇到失败的时候仍然保持自信。而轻易获得的成功会导致个体在以后的活动中急于求成，且遇到困难时会很快失去自信。但这并不意味着自我效能感的形成与改变是行为的直接结果。也就是说，不是行为造成自我效能感的改变，而是个体从行为中所得到的诊断信息引起自我效能感的改变，即自我效能感的改变依赖于个体对先前行为经验的加工。例如，同样是在一个充满压力的组织情境（任务难度高、资源有限与任务完成期限很紧等）中，积极、肯定和乐观地评价自己和情境因素的个体，即使取得了很小的进步，其自我效能感也有可能得到很大的提高；而以悲观、消极的方式对自己与情境因素进行评价的个体，即使取得了很大的进步，也可能依旧感觉不好，仍表现出自我效能感下降的情况。由此看来，对自我效能感的评价涉及众多的认知过程，这样个体的差异就有可能在其中起到重要的调节作用。

（2）模仿或替代。学习和社会生活中有许多的知识经验不是通过亲身实践，而是通过对别人行为的观察与模仿获得的。榜样的成就、行为向观察者展示了达到成功所需要采取的策略，为观察者提供了比较与判断自己能力的标准，并向其传递了只要努力就一定能够成功的信念。这些替代性的信息对观察者的能力和能力信念的增长会起到重要的促进作用。尤其是当榜样的情况与观察者非常相似的时候，观察者对自己完成同样任务的信念就会增强。对于那些缺乏经验的新人而言，榜样学习特别重要。

（3）言语或社会劝说。言语劝说并不能提高个体的智力与技能水平，而是通过对自我效能感的评价，使个体对自己已有的能力产生积极的信念，从而既不妄自菲薄，压抑和限制能力的发挥，也不产生不切实际的过高期望，否则自我效能感会受到打击。研究表明，当员工存在人格方面的障碍，对概括化的自我效能及自尊产生怀疑的时候，言语劝说特别有效。同时，言语劝说在员工技能发展的早期非常有用。由被员工信任，同时被认为能胜任工作的个体来进行言语劝说的工作，将会产生良好的效果。

（4）生理与情绪的状态。个体对生理、心理状态的主观知觉会对其自我效能感产生影响。焦虑、害怕或紧张容易降低个体的自我效能感，疲劳或疼痛会导致与体力劳动任务相关的自我效能感的降低。在组织情境中减少压力源以及改善物理环境被认为是促进自我效能感提高的有效途径。

在工业和组织行为学研究领域，研究者主要探讨了8种对个体自我效能感产生影响的因素：

（1）前绩效。其相当于班杜拉提出的过去行为的结果。

（2）能力观。伍德（Wood）等在模拟研究中发现，持有能力增长观的管理者具有较高的管理自我效能感，而持有能力固定观的管理自我效能感则较低。

（3）目标设置水平。高自我效能感能提高个体的目标设置水平，强化其对目标的承诺，从而提高工作绩效。

（4）反馈方式。组织中只有当对个体的积极反馈和对整个团队的积极反馈共同存在时，其自我效能感才能得到提高。

（5）所感知到的任务可控制性。这种可控制性程度越高，自我效能感越强，反之亦然。

（6）组织异质性。其对自我效能感有何影响还有待以后的研究去检验。

（7）文化因素。权力距离和性别对自我效能感有显著的影响。

（8）情绪特征。例如，紧张和焦虑会降低人的自我效能感。

由于自我效能感和行为之间的重要关系，工作场所中员工的自我效能感得到了越来越多的关注。从20世纪80年代中期开始，心理学家和管理学家们逐渐关注自我效能感在工作场所中的应用，比如自我效能感与工作绩效、工作态度及相关工作行为关系的研究。近年来，有关研究还呈现出逐年增多、范围逐渐细化的趋势。目前，世界经济结构的调整和市场竞争的日趋激烈、组织变革的频繁，以及科学技术的不断发展，都迫切要求人们不断提高工作或职业的自我效能感。

渠彩霞和王忠通过对266名企业员工的问卷调查，探讨了人格特质、一般自我效能感与适应性绩效的关系，考察了一般自我效能感在人格特质与员工适应性绩效关系中的中介效应。结果发现：责任心的成就动机维度以及情绪稳定性对适应性绩效有显著的正向预测作用；一般自我效能感对适应性绩效有显著的正向预测作用；一般自我效能感在责任心的成就动机维度和适应性绩效的关系中起部分中介作用；一般自我效能感在情绪稳定性与适应性绩效的关系中起部分中介作用。孙伟等人考察了民航飞行员自我效能感对安全绩效的影响机理。基于文献，他们把安全绩效划分为安全参与、安全服从和安全结果三个维度，在自我效能感与安全绩效之间引入安全动机作为中介变量，基于问卷调查的结构方程模型表明，自我效能感对安全参与和安全服从有直接的影响作用，而对安全结果的影响是完全通过安全动机实现的。

二、核心自我评价

核心自我评价（core self-evaluation，CSE）由贾奇（Judge）等人在 1997 年提出，是试图整合现有人格倾向研究的一个高阶人格概念，由自尊、一般自我效能感、情绪稳定和控制点这四个低阶特质组成。它是个体对自身能力和价值所持有的最基准的评价，是一种潜在的宽泛的人格结构，可以在潜意识里影响个体对自己、外在世界及他人的评价。一种特质要成为核心自我评价的组成因子，需要满足三个条件：首先，该特质必须是评价性的，而非描述性的；其次，该特质必须是根源性的，而非表面性的；最后，该特质必须是宽泛的，而非狭窄的。也就是说，人们即使在行为过程中意识不到这种影响的存在，也能通过事后的自省以自我报告的形式将其提出来。具体领域的评价，例如对工作、同事的评价都会受到核心自我评价的影响。核心自我评价这一概念一经提出，就受到众多学者的关注。

在早期的研究中，核心自我评价的测量是间接的，即先将测量四个核心特质的量表项目集中在一起，然后通过因素分析抽取一种单一的、高阶的因素再进行其他的研究。贾奇等人认为这种做法存在一些局限性：第一，间接测量的方式会使核心自我评价的概念产生混淆，无法验证它是一种潜在结构还是一种聚合结构。第二，四个分量表集合在一起造成测量项目过多（共有 38 个项目）。这可能会影响到测量的效度，在企业环境中更是如此。之后，贾奇等人编制了直接用于测量核心自我评价的工具——核心自我评价量表（CSES）。该量表共包括 12 个项目，内部一致性信度、重测信度（间隔 3 个月）良好，因素分析的结果表明 12 个项目负荷在一个单一维度的结构上。在预测效度方面，CSES 比四个核心特质的集合量表更能有效地预测工作行为（工作满意度和工作绩效）。贾奇等认为，这可能是由于 CSES 是直接测量核心自我评价结构的量表，且其项目较少。此外，对该量表的跨文化研究也得到了较为一致的结果。有研究者在西班牙和荷兰选取大学生和雇员为被试，采用西班牙和荷兰版本的 CSES 施测。结果发现量表的信度与效度指标以及验证性因素分析的结果和英文版本的量表基本一致。

核心自我评价的提出，是为了找到能够有效预测工作满意度的人格变量。研究表明，核心自我评价与工作满意度的相关系数为 0.41。那么，为什么会存在这种相关呢？个体知觉到的工作特征可以对此进行解释。贾奇等的一项实验研究发现，核心自我评价得分高的被试会选择更为复杂的任务，而且任务复杂性在核心自我评价与满意度之间存在部分中介效应。这表明，核心自我评价得分高的个体会接受具有挑战性的工作，认为自己的工作是有价值的，因而更容易体验到成就感和满意感。

核心自我评价自提出后，便备受关注。核心自我评价作为一种人格特质，一方面可能是大五人格未充分涵盖的人格领域，另一方面可能与大五人格存在部分重叠。如法默（Farmer）等人的研究表明，大五人格可以解释自尊 53%的变异。而贾奇等人则发现，核心自我评价与神经质、外倾性、开放性、责任心的相关系数分别为－0.66，－0.36，

0.32，0.34（$p<0.01$），与宜人性的相关系数为 0.23（$p<0.05$）。虽然相关研究并不能得出因果结论，但是我们可以由此推测大五人格对核心自我评价所产生的影响。例如，与外倾的人相比，内倾的人在面对负性情绪或事件时更容易产生压力和不良反应，从而进一步对个体核心自我评价产生影响。由于责任心强的人往往具有较高的成就动机，并相信自己的能力，愿意付出努力，因此，他们往往会在工作和生活中设定合适的目标，并善于坚持，进而容易实现目标，影响个体做出的核心自我评价。开放性高的人具有创造性、自主性、想象力，他们会接受具有挑战性和变化性的任务，其成功的经验也会对核心自我评价造成影响。宜人性则会影响一个人的人际关系质量，在与他人的交往和互动中，他人评价也会对核心自我评价产生影响。总之，大五人格与核心自我评价的关系是一个重要的议题，探讨这一关系可以为核心自我评价的稳定性和可塑性问题提供有效的证据。

黄杰、朱丹等采用整群抽样的方式对 407 户初中生家庭进行调查，探讨父母支持和子女基本心理需要满足在核心自我评价代际传递过程中的链式中介作用。结果表明：核心自我评价在父母与其初中生子女之间存在代际传递效应；父母支持和子女基本心理需要满足在核心自我评价的代际传递中起链式中介作用；核心自我评价的代际传递效应不存在显著的亲代性别、子代性别、亲子性别差异。研究结果有助于理解核心自我评价的代际传递过程。曾恺、段锦云等通过对 803 份样本的分析，验证了新生代农民工教育水平对其创造力的影响。在分析了核心自我评价的中介作用后，作者进一步将核心自我评价分解为能力与人格的交互作用，提出知识整合能力才是真正连接新生代农民工教育水平与创造力的中介，而创造性人格对该中介效应起到调节作用。研究为探索企业新生代农民工的创造力提供了理论支持和实践启示。

另外，核心自我评价的预测作用和调节作用可从动机、图式、能力、应对与获益和自我验证五种机制进行解释。核心自我评价的起源、核心自我评价过高是好还是坏、核心自我评价还应包括或排除哪些因素、核心自我评价是否只有高低之分、"参照框架"对核心自我评价的预测力有何影响等涉及核心自我评价性质的问题目前仍没有得到解决。未来的研究可着眼于扩大研究领域、解决与核心自我评价性质有关的问题以及对核心自我评价进行本土化研究。

三、胜任力

胜任力（也有人用胜任特征或资质来表示）这个概念最早由哈佛大学心理学家麦克利兰（David McClelland）引入管理学领域。麦克利兰主张，聘用员工应考察胜任力而不是智力，因为个体的人格特质、动机、知识、技能等因素都比智力更可能影响甚至决定一个人的绩效高低。

关于胜任力的严格定义，无论是理论研究者还是管理者都遇到了许多困难。现有的胜任力概念存在诸多分歧，不同的研究者从不同的研究角度提出了自己的定义。虽然理论研究对胜任力概念的界定差异很大，但是国内学者以及应用胜任力的管理者更多倾向于使用 1994 年斯潘塞（Spencer）夫妇给出的胜任力概念，即只有具有以下三个重要特征的胜任力才能称为管理学意义上的胜任力：（1）与工作绩效有密切的关系，甚至可以预测员工未来的工作业绩；（2）与工作情境相关联，具有动态性；（3）能够区分优秀业绩者与普通业绩者。胜任力模型（competency model）是指要做好某一特定的任务需要具备的胜任力总和。它主要包括三个要素，即胜任力的名称、胜任力的含义（指界定胜任力的关键特征）和行为指标的等级（反映胜任力行为表现的差异）。胜任力模型反映了某一既定工作岗位中影响个体成功的所有重要的行为、技能和知识，因而被当作工作场所使用的工具。基于胜任力模型的探索，建立新型的人力资源开发与管理体系，是 20 世纪 70 年代以来组织行为学和人力资源管理研究的前沿课题之一。

心理名家

戴维·麦克利兰

戴维·麦克利兰，美国社会心理学家，1987 年美国心理学会杰出科学贡献奖得主。出生于美国纽约州弗农山庄，因心力衰竭逝于美国马萨诸塞州列克星敦。1938 年获卫斯理大学心理学学士学位，1939 年获密苏里大学心理学硕士学位，1941 年获耶鲁大学心理学的哲学博士学位。曾先后任康涅狄格女子大学讲师、卫斯理大学教授及布林莫尔学院教授。1956 年开始在哈佛大学任心理学教授，1987 年后转任波士顿大学教授直到退休。

麦克利兰从 20 世纪 40 年代就开始对人的需求和动机进行研究，并得出了一系列重要的研究结论。他注重研究人的高层次需要与社会性的动机，强调采用系统的、客观的、有效的方法进行研究，提出了个体在工作情境中的三种重要需要：成就需要、权利需要和亲和需要。

胜任力这个概念最早由麦克利兰于 1973 年正式提出，是指能将某一工作中有卓越成就者与普通者区分开来的个人的深层次特征，它可以是动机、特质、自我形象、态度或价值观、某领域知识、认知或行为技能等任何可以被可靠测量或计数的且能显著区分优秀与一般绩效的个体特征。但有的学者从更广泛的角度定义胜任力，认为胜任力包括职业、行为和战略综合三个维度。职业维度是指处理具体的日常任务的技能；行为维度是指处理非具体的、任意的任务的技能；战略综合维度是指结合组织情境的管理技能。作为一位心理学大师，麦克利兰的研究对社会发展有重要启示。如何利用好个体的成就动机，不断发展成就需要，是企业乃至社会走向成功的关键。

胜任力模型的理论基础是斯潘塞夫妇提出的冰山模型和博亚特兹（Boyatzis）提出的洋葱模型。

在冰山模型中，漂浮在水面之上的冰山部分，代表的是个体的表层特征，包括知识和技能等。这些外在特征与工作所要求的资质直接相关，并且容易测量，同时也可以通过培训、锻炼等办法来予以提高。潜藏在水面之下的冰山部分，代表的是个体的深层次特征，是个体人格中隐蔽和持久的部分，主要包括个体的自我概念、角色认知、动机和价值观等，难以直接测量。但这些深层次特征是真正能够区分优秀和普通绩效表现的要素，见图 3-2。

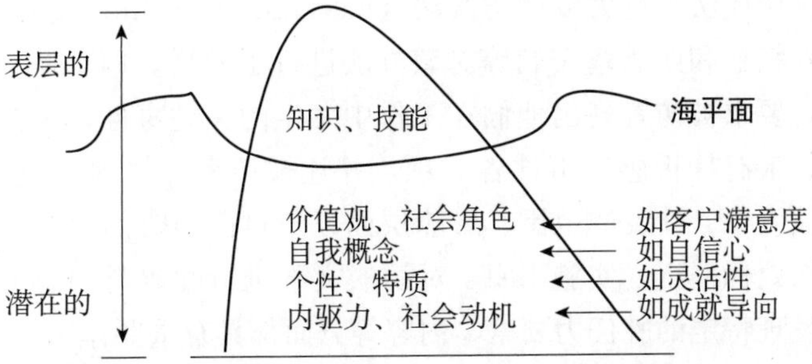

图 3-2　冰山模型

洋葱模型，顾名思义就是把胜任力由内到外概括为层层包裹的结构，最核心的内容是动机，由内到外依次为特质/动机、自我形象与态度、知识与技能。越是外层的，越容易培养和评价；越是内层的，越难以评价和习得（见图 3-3）。博亚特兹通过洋葱模型，强调了胜任力作为核心素质的作用，通过对胜任力的测评，可以预测一个人的长期绩效。

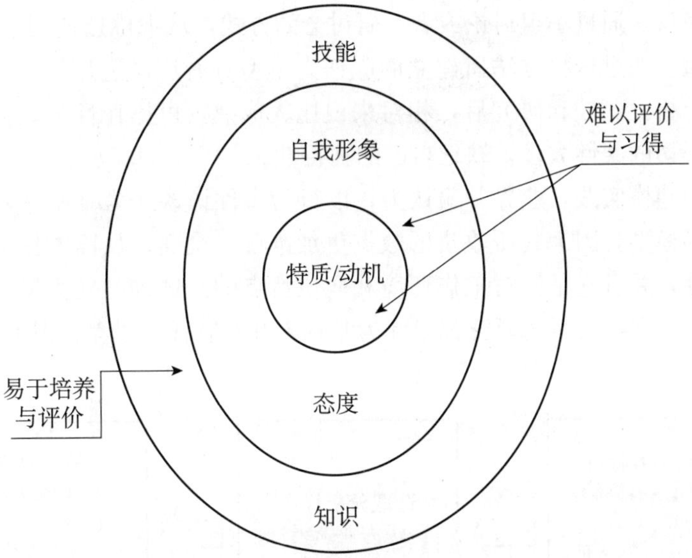

图 3-3　洋葱模型

胜任力模型的建构是基于胜任力的人力资源管理和开发的逻辑起点和基石。在很大程度上，它是人力资源管理各项职能得以有效实施的重要基础和技术前提。更为重要的是，在行为指标方面，从基本合格的等级水平到最优秀的等级水平，胜任力模型都要有详尽的描述。这样，我们就能清楚地知道，该职位表现平平者和表现优异者在行为水平上的差异究竟是什么。这就为我们选拔、培训、行为评价和反馈，以及后来的职业生涯规划提供了准确的依据。

构建胜任力模型的过程称为胜任力建模（competency modeling），胜任力建模的方法一直是胜任力研究领域的重中之重。

胜任力建模的方法源于几十年前麦克利兰的研究工作。在此基础上，胜任力建模通过大量的实证研究得到进一步发展，并衍生出了许多方法。综合前人对胜任力模型的研究，目前建模的思路主要有三种：

（1）行为事件访谈法。行为事件访谈法（behavior event interview，BEI）由麦克利兰首先提出，博亚特兹和斯潘塞夫妇等对该方法进行了发展。BEI 是一种开放式的行为回顾式探察技术，要求被访者列出他们在工作中发生的关键事件，包括最成功事件与最失败（或最棘手、最有挫折感）事件各 3 项，并让被访者详尽地描述整个事件的起因、过程、结果、相关人物、涉及的范围、影响层面以及自己当时的想法。该方法的具体步骤包括确定效标与效标群组，实施 BEI，对访谈文本进行编码与内容分析，确定胜任力模型。该方法在发现特定的胜任力要素、内容等方面都具有重要作用。

（2）战略导向法。战略导向法旨在确定与组织核心观念和价值观一致的胜任力。这种思路可以揭示冰山模型中的深层胜任力，它是基于对某一职业或专业所必需的职责和任务的分析，主要是要建立绩效标准，然后采用职业分析方法，产生一个广泛的胜任力清单。在实践中，通过该方法确定的胜任力被用于塑造与所在组织文化相适应的员工。其前提是，组织必须有经过检验的核心价值观并已形成相对稳定且鲜明的组织文化。

（3）标杆研究法。标杆研究法是指收集并分析研究其他同行或处于同一发展阶段的公司的胜任力模型，通过小组讨论或者开研讨会的方式，从中挑选适用于本公司的素质，形成胜任力模型。通过这种方法所建立的胜任力模型具有广泛适用性，可参考性高。所有的素质经过分析、比较和研究后，相对来说比较成熟，可操作性强。但所建立的胜任力模型与其他公司的共性太多，缺乏自己的独特性。

根据胜任力建模实践，业界普遍认为，以行为事件访谈法为基础开发的胜任力模型是相对较有效的模型，因为其所收集的数据更加准确、全面，从而能保证胜任力结构的有效性和合理性，并且它是针对工作环境和职位特点的。这种胜任力模型的构建方法在国内外都得到了认同，大量的研究都以此为基础来开发胜任力模型。其具体流程如图 3-4 所示。

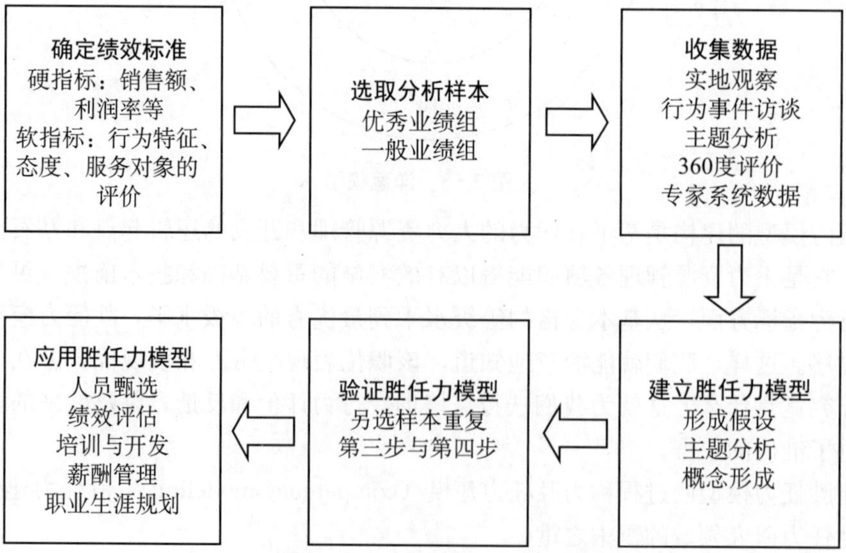

图 3-4 基于行为事件访谈法的胜任力建模流程

第一步，确定绩效标准。可以采用指标分析和专家小组讨论的办法，提炼出鉴别工作优秀的员工与工作一般的员工的绩效标准。这些指标应有硬指标，如销售额、利润率等；还必须有软指标，如行为特征、态度、服务对象的评价等。

第二步，选取分析样本。根据第一步确定的绩效标准选择适量的表现优秀的样本和表现一般的样本，并以此作为对比样本。

第三步，收集数据。一般采用观察和访谈相结合的方式。通过这样的方式，获得关于过去事件的全面报告，然后通过独立的主题分析、360 度评价或专家系统数据，对绩效优秀和绩效一般行为进行整理归类，整合各自的结果，形成区分绩优者和一般者的关键行为。

第四步，建立胜任力模型。对上述数据进行统计分析，找出两组样本的共性和差异特征，从而建立胜任力模型。

第五步，验证胜任力模型。可以选择另外两组样本重复上面的第三步和第四步，进行效度检验。也可以选择合适的效标对所得模型进行评价。

第六步，应用胜任力模型。将胜任力模型应用于人员甄选、绩效评估、培训与开发、薪酬管理、职业生涯规划等各项人力资源管理活动，并进一步在实践中验证。

例如，黄勋敬等人在国内首度对商业银行行长的胜任力模型进行了探索式研究，其结果如表 3-2 所示。

表 3-2　行长胜任力模型

优秀行长胜任特征	执行力	分析性思维	客户导向与市场意识
	资源配置意识	创新与开拓意识	组织协调和领导能力
	团队意识	公关能力	信息搜索
行长基准胜任特征	风险意识	成本意识	正直诚实
	责任心	专业知识	培养下属
	明确的发展目标	学习能力	服务意识
	成就导向	沟通技能	遵守规则
	主动性		

牛端和张敏强采取工作分析和行为事件访谈相结合的研究范式构建高校教师胜任力模型，然后通过团体焦点访谈、测验编制、评价第二个效标样本等方法，对该模型的专家效度、构想效度与同时结构效度进行验证。结果表明，高校教师的胜任特征包括 8 项：创新、批判性思维、教学策略、专注、社会服务意识、逻辑分析能力、成就欲、尊重他人。

四、职场中的人格黑三角

随着特质人格理论的发展，研究者不再仅限于关注单一人格特质的测量和分析，而是转向人格特质群的研究。人格特质群指相互关联的几种人格特质，例如，艾森克以外倾性、神经质和精神质三种人格特质来描述人格，大五人格模型以外倾性、神经质、开放性、宜人性和尽责性五种人格特质来描述人格。尽管人格特质群尚无法涵盖所有已发现的人格特质，但对人格特质群的研究有利于反映人格全貌，也便于探究不同人格特质之间的关系。近期出现的黑三角理论则代表了对亚临床（处于健康与精神病态之间的状态，与临床状态相对应）人格阴暗面的研究成果。黑暗人格由马基雅维利主义、自恋和精神病态三种人格特质构成，这三种人格特质在西方文化中均属于反社会性人格特质，即人格黑三角（见图3-5）。

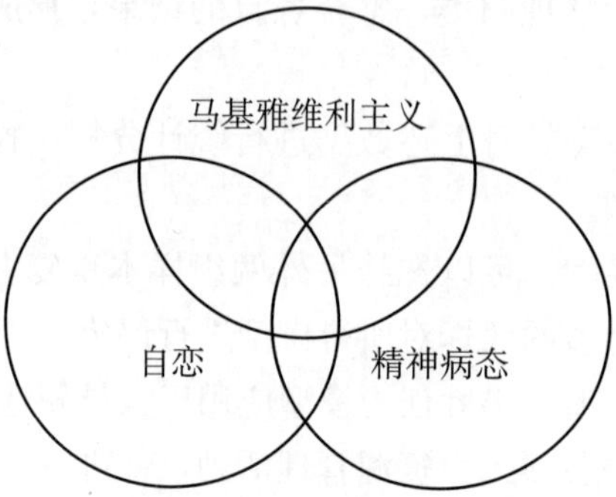

图3-5 人格黑三角

马基雅维利（Machiavelli，1469—1527）是意大利政治学家和历史学家，他因主张为达目的不择手段闻名于世，马基雅维利主义（Machiavellianism）也因此成了权术和谋略的代名词。马基雅维利主义，即个体利用他人达成个人目标的一种行为倾向。该术语有两层含义：第一层含义涉及任何适应性的社会行为。根据生物进化论，自然选择总是偏爱成功操控他人行为的个体，这种不断进化以适应社会互动的能力是不考虑互动是合作性的还是剥削性的。第二层含义涉及非合作的剥削性行为，源自管理和领导力的“黑暗面”。有关研究确认了马基雅维利主义领导者的几个主要特征：第一，在人际关系中缺乏情感成分；第二，缺乏对传统道德的关注，对他人持功利性而不是道德观点；第三，对他人持工具性而不是理性观点；第四，关注任务的完成而不是长期目标。马基雅维利主义者在心理和行为上一般表现为冷酷无情、擅长操纵、阴谋算计、实用主义、注重结果和忽视道德。郑文智等人的一项质性研究的结果表明，中国家族企业中的马基雅维利企业文化由三个维度构成：低信任、控制导向和地位导向。在这种企业文化背景下，员工的组织公平感低、心理契约违背和信任度低，因此员工表现出反生产的工作行为。

自恋（narcissism）作为日常语源于希腊神话故事，精神分析学派较早关注自恋的人格心理学意义，弗洛伊德将其视为一种人格障碍，它属于临床和变态心理学研究的领域。科胡特（H. Kohut）认为自恋是普通人人性的一部分，从而将自恋引入人格和社会心理学。亚临床阶段的自恋一般具有以下特征：自我中心、爱慕虚荣、自我吹嘘、有支配性、有优越感、傲慢无礼和自以为是。

精神病态（psychopathy）最初被定义为一种以反社会心理和行为为特征的人格障碍。它虽未被收入《美国精神疾病诊断和统计手册》（DSM），但一直被认为是反社会行为的预测指标。对精神病态的早期研究主要局限在临床和变态心理学范围内，被试主要是罪犯和精神病人。随着研究深入，黑尔（Hare）和安德鲁斯（Andrews）对上述刻板印象提出异议，在他们看来亚临床阶段的精神病态更像是一种人格特质，精神病态者并非都是病人或罪犯，正常人也有病态心理和病态行为。由此，精神病态成为人格心理学的研究对象，被试逐渐扩展到普通人群。作为人格特质，精神病态在行为上一般表现为：冲动、寻求刺激、缺乏共情、缺乏责任感、缺乏焦虑。张华威等人对 486 名高校大学生进行调查，结果表明，精神病态人格通过自我控制对预谋性攻击产生影响，影响效果受到法律犬儒主义的调节。

显然，作为独立的人格特质，马基雅维利主义、自恋和精神病态具有各自的特征和结构，似乎难以同一而论。然而，三者的行为特征也具有某些共性，如自以为是、冷酷无情、表里不一、有攻击性，这些共同特征反映了亚临床人格的阴暗面。

马基雅维利主义、自恋和精神病态之间的共性和差异性的具体表现如下：

（1）尽管马基雅维利主义与自恋的共同之处较少，但两者在缺乏共情上仍然保持一致。两者之间的差异表现在马基雅维利主义者行为低调、收敛，讲究实用，自恋者更愿意自我炫耀，展现优越性。自恋在人格黑三角中的独特性在于其特权感和优越感，自恋者自我感觉良好，他们认为自己天生有资格被人尊敬和崇拜。自恋与马基雅维利主义和精神病态的差异在于自恋者更需要来自社会的认可，因此很少表现出反社会行为。

（2）作为人格黑三角中反社会性的主要来源，马基雅维利主义与精神病态拥有较多共同因素，冷酷无情、麻木不仁、无视传统道德是其共同的标签。两者之间的差异主要表现在精神病态者更容易出现社会适应不良和病态行为，而这种现象很少出现在马基雅维利主义者身上。因此有人认为马基雅维利主义与精神病态虽然都是反社会性人格特质，但精神病态代表了反社会性人格消极和失败的一面，马基雅维利主义则代表了积极和成功的一面。

（3）自恋与精神病态的共性在于两者都与攻击性和冲动性相关，然而自恋者和精神病态者的攻击性和冲动性的来源显然并不一样。有研究发现：自恋者的攻击性来自他人对自我的威胁，而精神病态者的攻击性是对外界挑衅的反应；自恋者的冲动行为主要是为了获得优越感的冒险行为，而精神病态者表现出冲动行为则主要是因为自我控制能力差。

秦峰和许芳对人格黑三角的研究发现：（1）马基雅维利主义、自恋和精神病态是各自独立又相互交织的；（2）它们的测量工具均较为成熟；（3）人格黑三角不仅具有反社会性，也具有亲社会性；（4）人格黑三角反映个体的快速生命策略；（5）遗传和环境因素在人格黑三角的形成中发挥不同作用；（6）人格黑三角是不同于大五人格的人格特质群。

从人格心理学发展来看，弗洛伊德开创的精神分析学派以研究人性阴暗面著称，古典精神分析理论将本我形容成“沸腾的锅”，为人性涂上黑暗底色。人本主义心理学扭转了这种悲观主义人性观，其研究重点是健康人格。人格黑三角的提出可以被视作对人性阴暗面研究的一次回归，然而这次回归在一些方面并不同于古典精神分析理论。

（1）人性假设：古典精神分析理论建立在“人性本恶”假设之上，人性漆黑无亮色；人格黑三角则建立在“复杂人”假设之上，人格中有光亮部分，也有黑暗部分。

（2）研究对象：古典精神分析的研究对象主要是精神病人，后来推演到整个社会，从一个极端走向另一个极端；人格黑三角研究的主要对象是健康人。

（3）研究范畴：古典精神分析以整体人格（本我、自我和超我）为研究范畴；人格黑三角研究聚焦于健康人格和病态人格之间的灰色区域。

（4）研究方法：古典精神分析创造了自由联想、释梦等经验性研究方法；人格黑三角研究则不再计较门派之分，科学方法成为主要研究方法。

管理视野

个性化教育与管理

孔子是一位伟大的教育家，他提倡因材施教而且亲身实践。所谓因材施教，就是要根据不同对象的具体情况，采用不同的教育方法实施教育。而要做到这点，首先要了解教育对象的优势、劣势，各自性格特点。孔子的学生很多，但他依然下了不少功夫去了解学生，不仅知其长，而且知其短，所以他在教育活动中能比较好地促使学生得到全面的发展与提高。

《论语·先进》记载，孔子的两个弟子，一个叫子路，一个叫冉有，两个人在政治方面都颇有成就。有一次子路问孔子："闻斯行诸?"意思是听到了好的事情就马上实行吗?孔子回答："有父兄在，如之何其闻斯行之?"意思是要考虑家庭情况，看父兄是否同意。然而，当冉有去问同一个问题时，孔子就很肯定地回答说："闻斯行之。"即听说了就要实行!

孔子截然相反的回答使得另一个弟子公西华大惑不解，于是就去问孔子。孔子说："求（冉有）也退，故进之；由（子路）也兼人，故退之。"这是说，冉有比较懦弱，所以我就鼓励他，推他走快一点；而子路个性好胜，所以我就有意抑制他，让他缓和一些。

因材施教也启发了现代的企业管理者，如何根据员工的人格特征、工作能力使每位员工能够尽其才成了人才管理的核心。

五、人格与绩效的关系

20世纪80年代以前，人们大多认为人格和工作绩效的关系并不十分密切。人格测验在员工选拔中也遭到了一系列批评：测验对绩效的预测性低，二者关系分析不充分，人格情境效应未考虑，人格测验的实用价值和有效性不理想，等等。因而研究者得出一个结论：与工作能力相比，人格对工作绩效的预测力并不理想。但20世纪90年代以来，一系列研究表明，采用标准化量表，人格特质对工作绩效具有较好的预测力。一方面，人格能够可靠地测量；另一方面，除了知识、技能外，它是多数职业工作绩效的有效预测指标，尤其对于关系绩效和个人组织适配性。正如研究表明的那样，人格评估为工作绩效的预测提供了独特的信息，超出了认知能力测试和管理评价中心方式。

一系列元分析研究为人格能够预测工作绩效的设想提供了重要的证据。杰克逊（Jackson）等人回顾了众多人格和工作绩效的相关研究后发现，广义上而言，责任心因素在多数职业领域都与绩效存在着正相关。例外的是那些需要高度创造性的工作，如艺术创作。在这些领域中，高责任心反而对绩效有负面作用。在芒特（Mount）等人的研究中，他们选取五种职业群体的被试，对117项研究进行元分析，考察大五人格的五个维度对三类工作绩效的预测性。结果表明，责任心维度与被试工作绩效具有高相关。对于看重人际交往的工作，如管理、销售，外倾性是一个有效的预测指标。开放性和外倾性能够较好地预测被试的习得性熟练度指标。宜人性对于工作绩效的预测力不高。萨尔加多（Salgado）对欧洲的36项研究进行元分析，被试分别为专业人员、警察、管理者、销售人员、技术工人。该研究分析了大五人格和三类绩效指标间的关系，三类绩效指标分别是管理者评定、训练评定、职员资料。结果显示，对绝大多数职业人群而言，责任心和神经质能够有效地预测三类绩效指标；外倾性能够较好预测管理者和警察人群的工作绩效；开放性能够较好预测警察和技术工人的绩效；宜人性则对专业人员、技术工人、管理者人群的绩效以及习得性熟练度预测力较高。

很长时期里，研究绩效的学者主要关注的是任务绩效。近年来，工作绩效的包容范围得以扩展。博尔曼（Borman）和摩妥威德罗（Motowidlo）认为任何工作都包含两种截然不同的绩效成分：任务绩效和关系绩效（也有人翻译为周边绩效）。关系绩效正逐渐成为绩效考核实践和理论研究的重要内容。

任务绩效是指员工任务完成情况或职务履行结果，反映了员工对组织的贡献和价值。在企业中，任务绩效通常可以用质量、数量、时效、成本等指标来进行评价。关系绩效不是直接的生产和服务活动，而是构成组织的社会、心理背景的行为，包括自愿的行为、组织公民行为、亲组织行为、组织奉献行为以及与特定作业无关的绩效行为，如自愿承担额外的工作、帮助同事等。它能够促进组织内的沟通，减少紧张的情绪反应，也能够促进任务绩效，从而提高整个组织的效率。它主要受任职者的人格因素的影响。通常，越是趋于生产一线的职位，工作绩效中任务绩效所占分量越大；越是趋于管理的职位，工作绩效中关系绩效所占分量越大。在员工绩效考核过程中，单纯强调任务绩效将会忽略员工达成工作目标的过程因素、情境因素及其他影响因素。国内王二平、王辉等人关于绩效结构的研究，验证并发展了任务绩效及关系绩效的观点。孙健敏等人的研究则提出了绩效三维度，除了任务和关系以外，还有个人特质绩效。

范斯考特（Van Scotter）研究发现，与任务绩效相比，大五人格对关系绩效的预测力更好。工作取向、支配性、可靠性、适应、合作、内控等因素与关系绩效存在显著性相关，相关系数从0.11到0.36。在该研究中，仅有工作取向、可靠性能够显著性地预测任务绩效，相关系数分别为0.18和0.23。

博尔曼等人在研究人格对整体工作绩效的预测力的时候，设定了一个绩效评定准则。结果发现，人格的预测程度主要与绩效评定准则中关系绩效构成因素相关。即在很大程度上，人格与整体工作绩效的相关主要表现为人格和关系绩效的相关。摩妥威德罗等人认为，任务绩效和关系绩效由两套不同的知识、技能、习惯决定。人格特质对与关系绩效有关的知识、技能、习惯会产生大的影响，而对与任务绩效有关的知识、技能、习惯等影响不大，它们主要受个体认知能力的影响。

郝炳瑕和李敬强通过文献总结对人格特质对飞行员工作绩效的影响进行梳理。他们发现，大五人格中，外倾性与任务绩效、关系绩效均存在显著的正相关性；宜人性与关系绩效存在正相关关系，与任务绩效也有关，但总体预测效度较低；相对于其他 4 种人格特质，神经质是工作绩效最好的预测变量，神经质对关系绩效的预测效度较高。16 项人格因素中，自律性、恃强性、稳定性、乐群性以及兴奋性与任务绩效呈正相关，并且稳定性、乐群性和兴奋性也对关系绩效有很好的积极预测作用，敏感性、怀疑性、幻想性及世故性与飞行员的关系绩效呈负相关。

莱恩（Lyne）等人的研究也发现，人格测验分值不仅与关系绩效显著相关，而且在不少情境中比任务绩效关系更密切。比如，顺应、抱负、喜好、明智四个维度与关系绩效显著相关，而仅有喜好与任务绩效显著相关。凯利（Kelly）等人的研究结果显示，三个人格维度，即社交、分析、自信与关系绩效显著相关，而仅有社交、自信两个维度与任务绩效显著相关。

郭名等人将来自 11 个铁路局的 172 个高速铁路司机的问卷调查结果作为有效样本，研究发现：高速铁路司机个性特征中的外向性因素直接正向影响关系绩效；开放性因素完全通过工作满意度负向影响关系绩效；责任感要素直接正向影响任务绩效，并在正向直接影响关系绩效的同时通过工作满意度间接影响关系绩效。范斯考特等人在一项研究中将关系绩效划分为两大类别：一类是人际助长，体现为协作、互助的人际关系；另一类是工作奉献，体现为自律、主动的行为表现。结果发现，责任心是唯一与任务绩效显著相关的人格维度，但宜人性、外倾性、责任心、正向情感与人际助长显著相关，宜人性、公正性、正向情感还与工作奉献显著相关。国内学者针对中国管理人员的研究发现，与人际关系相关的一些人格特质如人际和睦、面子观能够更好地预测关系绩效的人际助长维度，而与个体相关的一些人格特质如责任道德观、对集体的忠诚度对关系绩效中的工作奉献维度具有良好预测性。

组织公民行为与关系绩效有着相似的结构构成，组织公民行为被界定为那些不会在工作中获得直接报偿但却对组织起着积极促进作用的行为表现，如利他行为、对规则的遵从等。奥根（Organ）和瑞安（Ryan）的分析发现，责任心和宜人性是预测组织公民行为最重要的两大指标。哈特鲁普（Hattrup）等人报告，与任务绩效相比，责任心在销售人员群体中与旷工情况、组织公民行为等关系绩效的相关性更大。

另外，人格特质还可以预测领导者的绩效。研究显示，人格特质在全面预测高效领导者效能方面显示出了较高的可靠性。此外，人格特质在挑选富有领导潜力的员工方面也具有较好的参照性。霍根（Hogon）等人在其研究中，也暗示人格特质是有效领导的重要组成要素。虽然单独的人格测评对于预测成功的领导力不充分，但是当其和认知能力测评、评价中心方式一起使用时，它就成为预测高效领导力的一种有效方法。有学者从领导效能的绩效需求匹配角度，探讨领导主动性人格和团队认可需求与团队承诺和后续团队绩效之间的互动关系。他们基于对来自中国的 80 名团队领导和 395 名成员收集的调查数据进行分析后发现，在高认可需要的团队中，领导者主动性人格正向预测团队承诺，进而预测团队绩效；在低认可需要的团队中，领导者主动性人格与团队承诺的关系不显著。

领导者的必备人格因素在跨文化背景下也被加以探讨。一项研究比较了美国、中国、泰国的高效和低效管理者。在三种文化中，与低效管理者相比，高效管理者在描述自己时都显得更外向、宜人、公正，更少情绪化。这个结果为采用人格测量筛选高效管理者提供了支持。另外，在神经质因素上，每位高效者的得分都较低，每位低效者的得分都较高。这说明神经质因素是五因素中对选拔领导最具预测力的因素。

姚若松等人通过问卷调查法，探讨在工作态度调节下大五人格特质与工作绩效的关联。对 1 277 名公交行业一线员工的研究结果表明：（1）人格特质与工作绩效有显著的相关性，工作态度在这一关系中起调节作用。对于工作态度较好的员工，人格特质与任务绩效联系较为紧密，工作绩效的良好预测指标是尽责性和外倾性；对于工作态度较差的员工，人格特质与关系绩效联系较为紧密，工作绩效的良好预测指标是宜人性和外倾性。（2）工作态度较好的员工更看重工作的完成；工作态度较差的员工更看重关系的协调。张珊珊等人采用跨文化（中国人）个性测量表（Cross-Cultural［Chinese］Personality Assessment Inventory，CPAI-2）对 182 名服务企业员工进行本土化人格特质测查，并同时获得其直接上级主管对其工作绩效的评定。结果表明：和谐性与工作绩效具有正向的线性关系；面子与工作绩效具有倒 U 形曲线关系；人情与工作绩效具有正 U 形曲线关系；其他本土化人格特质与工作绩效的关系均不显著。谢俊和严鸣基于压力转换理论，考察主动性人格对职场排斥与组织公民行为的调节机制，尤其是应对策略对整个调节机制的中介作用。通过对 9 家企业的 249 对上下级匹配问卷分析发现，主动性人格对职场排斥与组织公民行为关系具有调节作用，对于高主动性人格的员工而言，职场排斥与组织公民行为负向关系更弱。

总体来看，人格特质与工作绩效关系的研究在国外已取得许多进展，国内对于人格特质与工作绩效的关系也有一些综述，但对于人格特质与关系绩效关系的实证性研究仍较为缺乏。

21 世纪是充满机遇和挑战的时代，是人力资源竞争更加激烈的时代。当今社会，单靠完善制度、增添设备、更新技术来提高效益是远远不够的，人才是保持持续竞争优势最为关键的资源。人区别于其他类型的资源最根本的特征在于人有生命、有思想、有情感、有创造力，是生产力中最活跃、最宝贵的因素。人格心理学的研究成果在工作场所中的运用，可以帮助管理者更科学、高效地识人、用人、留人。在解决人力资源问题时，运用人格心理学的理论能更有效地了解自己与他人，达到人与事、人与岗、人与人的合理匹配，体现个体关怀的优势，更好地协调员工关系。德国数学家、哲学家莱布尼茨有一句名言：世界上没有两片相同的树叶。同样，世界上也不存在完全相同的两个人，即便是外表长得几乎一模一样的双胞胎，他们在人格方面也存在着差异。现代管理是以人为中心的管理，只有了解人的差异，才能选择适合岗位和企业的人才，才能有针对性地使用人才、培育人才和留住人才。

案例与应用

特质理论在组织中的预测力有限

几乎没有人否认这种观点：有些稳定的个体因素影响着我们在工作环境中的感受和反应。但是特质理论者走得比这种普遍看法远得多。他们认为个体行为的一致性是普遍存在的，并且这是人与人之间行为差异的主要原因。

运用特质概念来解释组织中的大量行为时，存在两个重要问题。首先，大量证据表明组织环境是一种强有力的情境，其对个体的态度和行为有重要影响。其次，越来越多的研究表明，个体有很强的适应能力，人格特质可以在组织情境中发生改变。让我们进一步探讨一下这两个问题。

大家都知道，在相对较弱的情境下人格特质的影响会非常强；而在相对较强的情境下人格特质的影响又会非常弱。组织情境可能要算一种强有力的情境。为什么？首先，它有正式结构——如规章制度、政策法规、奖励制度——来界定允许的行为并惩罚违规的行为；其次，它有非正式的规范来支配恰当的行为。这些正式和非正式的限制促使员工调整自己的态度与行为，与自己的组织角色保持一致，人格特质的影响也因此减弱。

特质理论者认为员工拥有稳定的特质，这使得个体的态度和行为在不同情境下保持一致性，同时也意味着，个体实际上不能适应不同的情境。但是越来越多的证据证实，个体的特质会根据其所加入的组织不同而发生变化。因此，与不随时间而改变的稳定性相反，个体的人格在他所参与的不同组织中都发生着变化。如果个体人格的变化是组织环境熏陶的结果，那么在这些环境中，个体的特质如何能产生稳定而一致的反应呢？另外，当人们在不同组织中的角色发生变化时，还会表现出适应情境的灵活性。一个人常常归属于很多组织。比如，张三白天是公司的财会人员，每周有两个晚上参加读书会的学习，有时还要做主持人，周末要当自己女儿组织的足球队的教练。大多数人与他相同，我们归属于多种组织，而且各组织中的成员也十分不同。我们都能适应这些不同的情境，我们通常能在不同的情境中调整自己的行为和态度以适应不同的要求。

所以，用个人特质来解释个人在组织中的行为，不够充分。

分析思考：

1. 你是否同意该案例的观点？请用本章所介绍的概念和原理进行解释。

2. 结合你自己的经验或观察，举例说明个人特质（特别是人格特质）是否影响甚至决定一个人在组织中的表现。

3. 组织管理实践中是否应该关注员工的个人特质？如何关注？

基本概念

人格	自我效能感	核心自我评价	胜任力
人格黑三角	人格与绩效		

本章要点

1. 人格是个体在先天生物遗传素质的基础上，通过与社会环境的相互作用形成的相对稳定而独特的心理行为模式，是个体区别于他人的稳定而统一的综合心理品质。

2. 最有代表性的人格理论有：卡特尔的人格特质理论、艾森克的人格结构维度理论、大五人格理论和大六人格理论。

3. 与组织行为密切相关的人格概念有：自我效能感、核心自我评价、胜任力、人格黑三角。

复习思考题

1. 人格形成的影响因素有哪些？
2. 概述大五人格模型中各维度与工作绩效的关系。
3. 概述人格黑三角的内涵，并对此发表自己的见解。
4. 对人格本土化研究进行讨论。

推荐阅读

1. 许燕．人格心理学导论．2版．北京：中国人民大学出版社，2023.
2. 郑日昌，孙大强．心理测量与测验．2版．北京：中国人民大学出版社，2013.
3. 黄勋敬．赢在胜任力：基于胜任力的新型人力资源管理体系．北京：北京邮电大学出版社，2007.

第四章
态　度

【学习目标】

1. 掌握态度的概念以及态度的功能。
2. 解释工作满意度的概念及影响因素。
3. 理解组织认同的概念并熟悉其影响因素。
4. 熟悉组织公民行为、离职意向及其影响因素。

第一节　态度概述

人们因其不同的生活环境与各自的经验，除了发展出各种不同的需要、不同的思考方式与解决问题的方式外，也发展出了不同的信念、意见与态度。例如，有人笃信神祇，有人却是无神论者。有人认为女人应该留在厨房，有人却在高唱女权运动。有人认为只要埋头苦干，认真工作，就能出人头地，有人却认为卖力工作者是傻瓜，懂得投机取巧，往上钻营才算有办法。无疑，这些信念与态度影响着一个人的行为，也决定了人们的生活方式，因此我们有必要对其进行深入了解。

一、态度的含义

态度，是个体对某一特定对象所持有的稳定的心理倾向，这种心理倾向蕴含着个体的主观评价以及由此产生的行为倾向性。比如人们对某物或者某人的喜欢或者不喜欢的评价性反应。

任何态度都是对特定事物的意义性或重要性进行评估后所产生的某种看法、体验或意向，如重视或轻视、肯定或否定、赞同或反对、喜爱或厌恶、趋向或回避、接受或拒绝，以及处于上述两极端之间的某一位置状态。态度是一种内在的心理历程，不管是通过直觉还是通过分步思维过程产生，它总是关于事物对自己有多大利害关系的一种价值判断或情绪评定的结果。

态度具有以下几点特性：

（1）态度不是与生俱来的，而是在后天环境中习得的。

（2）态度是针对某一对象或状况产生的，因此具有主体与客体的相对关系。态度的对象可以包罗万象，如人（他人、自己）、物、事件、群体、制度、民族、国家以及代表各类事物的观念等。这些人与事物一旦成为态度的对象，就称作态度客体，没有客体的态度是不存在的。

（3）一个人可以具有多种态度，个体的全部态度合称为态度集，这个态度集便成为我们行为的参考架构，我们的行为常受已经形成的态度集的影响。例如一个领班对甲怀有不友好的态度，则对于甲的工作表现，此领班很容易只看到其缺点，而忽略其优点（知觉的选择作用受参考架构的影响），甚至在没有具体证据之下，亦会猜疑甲怠工，或破坏公物等。

（4）态度具有一定的稳定性。它一旦形成，就将持续一段时间，不轻易改变，这叫作态度的抗变性。态度的形成具有深层的原因，即它是客体的特性和主体已有的种种需要、习惯、经验、理念交互作用并建立较稳固联系的结果。要改变一种态度就要涉及整个或部分联系系统的改造，这不是轻而易举的事。比如，喜欢某品牌衣服的人，会长时间偏好于某品牌服装的选择。

态度的心理结构主要包括三个因素，即认知因素、情感因素和意向因素。认知因素就是指个人对态度对象带有评价意义的叙述。叙述的内容包括个人对态度对象的认识、理解、相信、怀疑以及赞成或反对等。情感因素就是指个人对态度对象的情感体验，如尊敬或蔑视、同情或冷漠、喜欢或厌恶等。意向因素就是指个人对态度对象的反应倾向或行为的准备状态，也就是个体准备对态度对象做出何种反应。

二、态度的功能

态度有四种基本功能。

（一）适应功能

人的态度都是在适应环境中形成的，形成后起着更好地适应环境的作用。我们是社会性的生物，一些人和群体对我们都是很重要的，适当的态度将使我们从重要的人物（双亲、老师、雇主及朋友等）或群体那里获得认同、赞同、奖赏或与其打成一片。因此，这种适应功能也被称为工具性功能，这种功能使得人们寻求酬赏与赞许，形成那些与他人要求一致并与奖励联系在一起的态度，而避免那些与惩罚相联系的态度。如员工对上司的态度就是适应功能的表现。

（二）自我防御功能

人们常说："怀有偏见的人往往是心理不健康的。"态度有时也反映出一个人未澄清的人格问题，如不明说的侵犯和害怕丧失身份等。态度作为一种自卫机制，能让人受到贬抑时用来保护他们自己。比如一个知识分子看到商人赚很多钱并在生活中拥有许多物质享受，为了恢复被损伤的自尊，他常会显示出自命清高和鄙视"为富不仁"者的态度，以保持心理平衡。

（三）价值表现功能

在很多情况下，特有的态度常表示一个人的主要价值观和自我概念。比如你加入某种群众性运动的行列，手持某一标语牌，这表明你赞同这一运动主题，并拥有这方面的价值观。换言之，一个人对某件事情或某个人的态度，在很大程度上代表了他对是非、对错、美丑的观点。你喜欢看篮球比赛，说明运动对你很重要。不仅如此，态度还会影响我们的消费行为。日常生活中，大家总会看到有人消费仿冒产品。研究表明，人们对仿冒产品的态度和消费会进一步影响其价值观和自我评价。马永斌和董伶俐探讨了我国消费者更愿意购买什么样的仿冒轻奢侈品及其原因。他们发现，产品功能态度是产品种类及产品炫耀性与仿冒产品购买意愿之间的中介变量。其中，当产品炫耀性较小时，消费者可能会使得其他人认为这是因为自己真正喜欢或者发现该产品是有用的，增加个体自我与品牌自我的一致性，满足消费者的价值表现需求。另外，消费者购买仿冒产品是为了给他人留下深刻的印象，却不符合社会规范和伦理道德。炫耀性大的仿冒产品会增加在消费过程中被发现的可能，这会增加消费者感知到的由于违背伦理道德而产生羞愧和尴尬的可能，体验自我认同被发现而引起的负向情感、减少品牌热爱，降低个体从产品消费中得到的价值表现利益，减少消费者对仿冒轻奢侈品持有的价值表现态度和购买意愿。因此，较小的产品炫耀性增加了消费者对仿冒轻奢侈品持有的价值表现态度，从而正向影响消费者的购买意愿。组织成员对组织的态度，包括工作满意度、组织认同等，都属于管理心理学的重大课题，我们将在后面进行更详细的讨论。

我们由此可以推测，一个员工若对自己工作的组织机构有认同感、效忠心，则他的挫折忍耐力必然较高，因此不会因为一点不如意的事，就抱怨诉苦或辞职他去。

（四）认识或理解功能

一种态度能给人提供一种参照框架，因此它能引起意义感。比如在美国，有研究者发现，个体在政治争论中的态度常常会为评价政治候选人提供一种参照框架。假如这些候选人支持争论朝个体所持肯定态度的方向进行，个体就会做出更为偏袒的反应。换言之，与既存的态度相吻合的资料，容易被吸收、同化、记忆。而与个体的信念或价值观相违背的论调，则容易被压制或歪曲。

有时，个人可能对某个事物持矛盾的态度，因此使得态度与选择之间的关系更复杂。林让和杨宜苗通过 3 个实验设计冲突情境对矛盾态度进行操纵，冲突情境包括选择一所大学和就业企业，他们发现：矛盾态度对决策后自我评价存在积极影响，矛盾态度通过不确定性影响决策后自我评价的中介过程受到决策困难水平和结果效价的调节。矛盾态度和决策困难水平对不确定性产生影响，不确定性和结果效价对决策后自我评价产生影响，由于不确定性的分离效应，矛盾态度和决策困难水平对决策后自我评价产生相互冲突的双重作用结果。当获得负面结果时，相较于低决策困难水平，高决策困难水平的个体的矛盾态度通过不确定性对决策后自我评价产生积极影响；当获得正面结果时，相较于高决策困难水平，低决策困难水平的个体，其矛盾态度通过不确定性对决策后自我评价产生积极影响。

上述四种功能的前两种是为实际的需要服务的，它们能帮助我们调整或纠正自己的行为，以使我们受到奖赏而不是受到惩罚。后两种功能则与自我实现的高层次需要有关，因为我们要从表达的价值观，即表达自己所赞同的观点中获得满足。此外，我们还有了解周围世界及我们在这个世界中所处地位的需要。

三、影响态度形成的因素

态度不是与生俱有的，而是在后天的生活环境中学习形成的。那么在学习过程中，哪些因素会决定态度的发展及态度的最后模式？一般认为有下列几种。

（一）欲望的满足与否

个体对凡能满足自己欲望的对象，或能帮助自己达到目标的对象，会产生喜好的态度。反之，对阻碍其目标或引起挫折的对象，则发展出一种厌恶的态度。其发展的过程属于一种交替学习，即将欲望的满足与良好的态度相连接。态度中情感与行为倾向这两个要素的形成，多半与欲望的满足有关。

（二）知识

知识能使态度形成，也能使态度发生改变。态度的要素中包含认知的成分，个体对某些对象的态度的形成，受个体所获得的关于此对象的知识的影响。例如，一个人若阅读过一篇有关核武器可怕的破坏力的报道，其对核武器的态度就会受此知识的影响。然而，态度并非单纯只受外来新知识的影响。个体接受外来新知识时，必与原有的有关态度谋求协调。在谋求协调一致的过程中，个体或改变原有的认知系统，或创造及歪曲新知识。

（三）团体

个人的许多态度是由其所属的团体带来的。属于同一团体，如出自同一家庭、学校、社会的成员，常具有类似的态度。其原因可能有：

（1）对所属团体的认同感使个体愿意遵循团体的规范。

（2）接受相同的知识。

（3）无形中受团体压力的影响。

当一个人同时属于好几个团体时，例如，他可能同时是某一公司的职员、某一桥牌俱乐部的会员、某一社区的居民等，他对其中某些团体的认同感可能较高，对某些团体的认同感可能较低，有时对并非自己所属的团体也可能有强烈的认同感。人们对自己认同并愿意认同的团体所规定的行为规范及共同的态度，具有支持采纳的倾向。

（四）个人人格特征

同一团体的成员虽然具有类似的态度，但也有个别差异，此乃起因于个人人格的不同。马得勇和陆屹洲以中国网民为研究对象，对民众的民族主义态度的形成进行实证分析。他们发现，在信息对具体政治态度产生影响的过程中，个体的人格和一般性政治态度起到了重要的中介作用。例如，包含民族主义框架的官方宣传对于威权人格高、意识形态偏左的个体而言很可能强化了其既有的态度。

（五）其他

比如，个体的生理创伤或戏剧性经验也会影响其态度。很多态度是因经验的累积与分化而慢慢形成的，但也有些态度仅需一次戏剧性经验即可形成。例如，民间流行的“一朝被蛇咬，十年怕井绳”的说法就说明了这个道理。

四、态度的改变

态度是经过学习的过程而形成的，因此要想改变态度的强度，或以一种新的态度取代旧的态度，照理并不是不可能的事。但态度一旦形成，就会成为个体人格的一部分，进而影响其整个行为方式。因此，态度的改变并不像一般的学习那么简单。一般的学习有时只改变一个人的态度中认知的成分，而没有改变情感与行为倾向，因此时间一过态度又恢复原状。态度的改变可分为两种：一为改变原有态度的强度，方向不变，如由稍为反对（或赞成），改变为强烈反对（或赞成），此种态度改变称为一致性的改变；二为由本来反对变为赞成，或反过来，由本来喜欢变为不喜欢，此种态度改变称为不一致的改变。

（一）态度改变的理论

有关态度改变的理论很多，这里介绍四种强调认知因素的理论。

1. 认知失调理论

此理论由费斯廷格首创，他以认知元素为基本单位（认知元素乃是关于环境、个人及个人行为的任何意见及信念），将两单位间的关系分为协调、不协调和不相关三种。例如：

认知元素 A——“我在大雨中不带伞走路”。

认知元素 B1——“我的衣服湿了”。

认知元素 B2——“我的衣服没有湿”。

那么，认知元素 A 与认知元素 B1 处于协调的状态，而认知元素 A 与认知元素 B2 则处于不协调的状态。当个体发觉自己所持的两个或两个以上的认知元素互相矛盾（有时不一定是选择上的矛盾），即处于不协调状态时，其便会产生不愉快及紧张的感觉。这种感觉具有动机的作用，驱使个体去解除或减轻此不协调的状态。其方法通常有以下三种：

（1）改变某一认知元素，使其与其他元素间不协调的关系趋于协调。

例如，认知元素 A——“我喜欢抽烟”，与认知元素 B——“抽烟可能导致癌症”，是不协调的。一个人可以将认知元素A改变为“我不喜欢抽烟”，或将认知元素B改变为“抽烟导致癌症的说法是不足以采信的”。如此，不协调的状态就会得到解除。

(2) 增加新的认知元素，加强协调关系的认知系统。

例如，若上述认知元素A——“我喜欢抽烟”，无法被改变，则可增加新的认知元素C——“世界上抽烟的长寿者很多”、认知元素D——“抽烟可以减轻精神紧张，有利于心理健康”等，使不协调的强度自然减低。

(3) 强调某一认知元素的重要性。

例如，如果强调认知元素A，个体就会认为“我喜欢抽烟，抽烟可以使我快乐”才是最重要的，不能为了将来可能罹患的疾病而牺牲其目前的乐趣。如果强调认知元素B，则个体就可以如此说服自己：“癌症是可怕的疾病，为了自己的健康与家人的幸福，我虽然喜欢抽烟，但还是应该尽量少抽。”

2. 平衡理论

海德（Friz Heider）认为，我们的认知对象包括世界上各种人、事、物及概念等，这些对象有的各自分离，有的则互相联系起来构成一体被我们认知。海德将构成一体的两个对象间的关系，称为单元关系。这一关系可由类似、相近及相属而形成。我们对每个认知对象都有喜恶或赞成、反对的情感与评价，海德称此为观感。个体对单元中两个对象的态度通常是属于同一方向的。例如，喜欢甲，则对甲的穿着亦较为欣赏；不喜欢乙，则觉得乙的朋友也不是好东西。如此，其认知体系便呈现平衡的状态。当个体对单元所持的态度趋于相反方向时，不平衡的状态便会产生。例如，喜欢甲，却对甲穿的衣服款式无法赞同。与费斯廷格的论点一样，不平衡状态将引起内心的不愉快和紧张，而驱使个体解除紧张。其解除的方法有：(1) 喜欢那衣服的款式；(2) 不再喜欢甲。由此可知，解除紧张的过程，就是态度改变的过程。

海德的平衡理论原则上与认知失调理论是相同的，但海德强调一个人（P）对某一对象（X）的态度常受他人（O）对该对象之态度的影响。即海德重视人际关系对态度的影响力（见图4-1）。

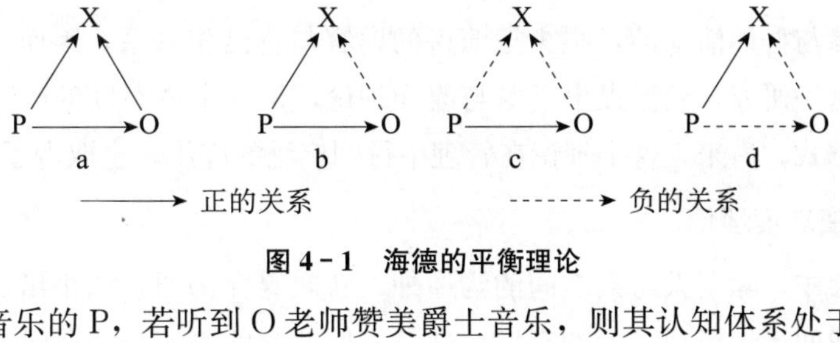

图4-1 海德的平衡理论

喜欢爵士音乐的P，若听到O老师赞美爵士音乐，则其认知体系处于平衡状态，如图4-1中的a所示。

P若听到O老师批评（不喜欢）爵士音乐，则其认知体系处于不平衡状态，如图4-1中的b所示。

P解除不平衡状态的方法有三：

(1) P告诉自己，事实上O老师是喜欢爵士音乐的。

此时，O-X的关系被擅自改为正，如图4-1中的a所示。

（2）受O老师的影响，P开始不喜欢爵士音乐。

此时，P-X的关系变为负，如图4－1中的c所示。

（3）P改变对O老师的评价，不再敬爱他。

此时，P-O的关系变为负，如图4－1中的d所示。

P-O-X的三角关系中，三者皆为正（如图4－1中的a），或二者为负一者为正（如图4－1中的c和d），为平衡状态；二者为正一者为负（如图4－1中的b），为不平衡状态。

3. 参与改变理论

德国心理学家勒温认为，个体态度的改变依赖于他参与群体活动的方式。个体在群体中的活动方式，既能决定他的态度，也会改变他的态度。

勒温在他的群体动力研究中，发现参与群体活动的人可以分为两种类型：一种是主动型的人，这种人主动参与群体活动，自觉地遵守群体的规范；另一种是被动型的人，他们只是被动地参与群体活动，服从权威和已制定的政策，遵守群体的规范。为了研究个体在群体中的活动对态度改变的影响，勒温做了如下研究：第二次世界大战期间，由于食品短缺，美国政府号召家庭主妇用动物的内脏做菜。而当时美国人一般不喜欢以动物的内脏做菜。勒温以此为题，用不同的活动方式对美国的家庭主妇进行态度改变实验，其方法是把被试分成两组，一组为控制组，一组为实验组。对控制组采取演讲的方式，亲自讲解猪、牛等内脏的营养价值、烹调方法、口味等，要求大家改变对内脏的态度，把内脏作为日常食品，并且赠送每人一份烹调内脏的食谱。对实验组则要求她们展开讨论，共同议论用内脏做菜的营养价值、烹调方法和口味等，并且分析使用内脏做菜可能遇到的困难，如丈夫不喜欢吃的问题、清洁的问题等，最后由营养学家指导每个人亲自试验烹调。结果控制组有3%的人采用内脏做菜，实验组有32%的人采用内脏做菜。

由此可见，由于实验组的被试是主动参与群体活动的，他们在讨论中自己提出某些难题，又亲自解决这些难题，因而态度的改变非常明显，速度也比较快。而控制组的被试由于是被动参与群体活动的，很少把演讲的内容与自己相联系，因而，其态度也就难以改变。基于这一研究，勒温提出了参与改变理论，认为个体态度的改变依赖于在群体中参与活动的方式。后来，这个理论在管理中得到广泛的应用，也取得了一定的成效。

4. 沟通改变态度理论

在现代社会中，除了人与人之间的沟通外，新闻媒介沟通，如报纸、杂志、电台和电视等都直接或间接地影响人们的态度，这是人所共知的事实。沟通对态度改变的影响取决于三个因素。一是沟通者。沟通者是信息的来源。古希腊哲学家亚里士多德认为，有效的沟通者必须具备优良的情感、意志、品德和知识，另外还要具有沟通的能力、艺术及社交风度、可信任性、个人的吸引力。二是沟通过程。要能根据沟通的对象和内容及客观环境设计出工作程序，一切按计划行事并注意安排好时间、地点。三是沟通对象。例如，沟通对象是否了解信息，其个性是否适合接收这些信息。

心理名家

利昂·费斯廷格

利昂·费斯廷格（Leon Festinger，1919—1989），美国社会心理学家。主要研究人的期望、抱负和决策，并用实验方法研究偏见、社会影响等社会心理学问题。他提出的认知失调理论有很大影响。1939 年他从纽约市立学院毕业后前往艾奥瓦大学，并在勒温的指导下从事研究工作。于 1942 年和 1949 年分别获硕士和博士学位。1943—1945 年在罗切斯特大学任教。1945—1948 年在麻省理工学院供职，随后转往密歇根大学团体动力学研究中心任主任。1959 年获美国心理学会颁发的杰出科学贡献奖。1965 年到斯坦福大学任心理学教授。1968 年又转任纽约社会研究新学院心理学教授。1972 年当选为国家科学院院士。

费斯廷格早年随勒温进行关于欲求水准的实验研究，并从中阐发了社会比较理论，促进了团体动力学的发展。1957 年出版《认知失调理论》一书，系统地表述了自己的心理学思想，对当时及随后心理学的发展都产生了深刻的影响。他认为，当个体面对新情境，必须表示自身的态度时，个体在心理上将出现新认知（新的理解）与旧认知（旧的信念）相互冲突的状况。为了消除此种因为不一致而带来的紧张或不适感，个体在心理上倾向于采用两种方式进行自我调适，其一为对新认知予以否认，其二为寻求更多支持新认知的信息，提升新认知的可信度，借以彻底取代旧认知，从而获得心理平衡。认知失调理论由于在性质上为解释个体内在动机的主要理论，故而被广泛用以解释个体的态度改变。认知失调理论是动力心理学的一种新的观点。

费斯廷格从 1968 年起离开社会心理学领域而专注于知觉问题的生理心理学研究，然而他的影响主要还是在于社会心理学中。他的主要著作还有《冲突、决策和失调》和《社会心理学回顾》。

费斯廷格假定，当认知间的不协调程度增加时，个人所感受到要改变这种状况的心理压力也就越来越大。如果得不到解决，就必然导致人格失常与离轨行为。导致认知不协调的原因有两个方面：一是认知体系的成分，即客观存在与主体认识是否相一致；二是思维逻辑是否正确。改变这种认知不协调的途径和方法有：

（1）增加两个认知因素中的一致成分。

（2）改变不一致成分使其相互之间不再出现矛盾，或是削弱这种不一致成分的重要作用。

（3）纠正两个对立认知的不协调的逻辑判断。

如今，以扎荣茨（Robert Zajonc）为代表的社会心理学家对这一理论又做出了新的贡献。认知失调理论受到心理学界的欢迎，并激励着人们进行更深入的研究。

（二）影响态度改变的因素

态度的改变受许多因素的影响，可分为三方面加以说明。

1. 态度本身的特性

一般认为，人幼时习得的特性较不易改变。态度越极端，则其改变的可能性越低。假如一个人的态度只依赖一个事实，即只要此事实被证明是假的，或不正确的，其态度就会改变，那么所依赖的事实越多，即越复杂，其态度越不容易改变。对于某对象前后一贯的态度，如已成为习惯性反应，则不易改变。如果一个人态度中的三种成分，即认知、情感、行为倾向趋于协调一致，没有矛盾，则态度稳定、不易改变。一种态度所满足的欲望的数量越多，力量越强，则此态度越不易改变。凡是与个人的基本价值观有密切关联的态度都较不易改变。

2. 个体人格因素

（1）智慧能力：对于较复杂的问题，智慧高者较易了解各种赞成的或反对的论点，进而根据此论点，形成或改变自己的态度，其改变是主动的。智慧低者由于缺乏判断力，容易被说服，也容易接受团体的态度，其改变是被动的。

（2）人格特征：詹宁斯（Janis）做过许多有关人格因素方面的研究，发现有些人普遍地容易接受他人的劝告。这种人的特征是缺乏判断的能力，依赖性强，容易信赖权威，其态度容易改变。研究的结果又指出，女性比男性更容易接受劝告。反之，也有些人对他人之劝告表示极端的抗拒，这种人对别人提供的资料缺乏理解力，否定权威，思想死板迟钝，不肯接受新的观念，其态度不易改变。

（3）自我防卫：自我防卫强大的人会尽力维护自己已有的态度以保持自尊。因此，这种人的态度很难改变。心理学研究发现在政治上极端保守者，都有不安与自卫的倾向。

3. 个人的团体关系

态度的形成与个体所属的团体有密切的关联，因此当一个人对其所属的团体具有认同感或忠诚心时，要他采取与团体规范不一致的态度便不容易。例如，中国人很重视家庭，其态度充分表现出家庭伦理的规范，不轻易做出违背家庭的事。反之，对自己所属的团体缺乏认同感的人，则较易受外在因素的影响而改变原有的态度。

（三）改变态度的技术

态度的改变虽可起因于内在的因素，如生理状况的变化可能引起态度的改变，但主要的还是受外在因素的影响。因此，我们若想有效地改变他人的态度，就必须研讨这方面的技术。

1. 技术一：利用传播或沟通灌输新知识

态度的形成有赖于知识，而往往接触的新知识又可能改变已形成的态度。提供新知识时，有下列几个技术性的问题。

（1）知识的来源。沟通是一种人际行为，因此听众对提供新知识的沟通者（如演讲人）越信服，其态度改变的可能性就越大。

（2）媒体。宣传的效果，不仅受宣传者本身条件的影响，同时也受宣传时所使用媒体的影响。许多研究指出，口头传递消息比印刷物传播更容易改变对方的意见。比如，面对面的街头演说竞选方式比通过大众媒介的宣传方式能更有效地影响投票者的态度。

（3）单面说明或双面说明。传播者只提出对自己有利的论点和同时提出有利与不利的论点，这两种方法何者对态度的改变更有效？根据霍夫兰（Hovland）等人的实验，对于那些与传播者具有不同意见者，双面方式较有效；而对于那些与传播者具有相同意见者，则只强调其赞同的一面较有效。此外，他们还发现受到良好教育者，其受单面方式的影响较小，而受双面方式的影响较大。

（4）诉诸情感。传播者传播知识时，有时想利用信息接收者的恐惧情绪以促使他改变态度。例如，告知对方若以错误的方式刷牙，则可能因此罹患严重的疾病。然而詹宁斯和费氏巴赫的研究发现，在传播或沟通的过程中，所引起的恐惧情绪越强，最后在态度改变上产生的效果越差。

（5）明示结论与否。传播者传递知识时，可有两种形式：只提供足以得出结论的有关资料，请接收者自己下结论；在传播过程中明示结论。何种形式对于态度的改变更有效？据霍夫兰的实验，在传播过程中，明示结论的方式较易改变对方的态度。不过严格说来，传播的知识内容（难易）、传播者的特征（可信性）及接收者的能力（能否自己下结论）亦有影响。

（6）传播者（宣传者）的企图。当受众发觉传播者企图改变自己的态度时，其往往会产生警戒心而逃避之，因此传播的效果将会降低。有研究发现，当信息接收者未感觉到传播者要有意说服自己时，他们往往较易接受其意见，而改变态度。

（7）反复提示。反复提示的效果并不在于人们较容易相信多次反复的消息，而是它会使消息扩散到较广的范围。而人们再度听到来自不同地方的同样消息时，便容易相信。

2. 技术二：利用个人与团体的关系

个人无法离开团体而独居，因此其所属团体之性质对个体的态度影响很大。许多研究都表明，个人态度的改变常起因于其加入了一个新的团体。而个人与其所属团体的关系又是决定态度改变的关键。

凯利研究发现，以下三点很重要。

（1）个人对于其身为该团体的成员是否重视。重视成员身份者不易接受批评或反对团体规范的言论。

（2）个人在团体中的地位。一个人在团体中的地位越高，越容易接受团体中的全部规范。

（3）个人对团体规范的看法。如果一个人相信团体的种种规范是合法的，则他便容易接受这些规范。

3. 技术三：利用改变人格的手段

（1）自我洞察手段。态度的形成与欲望的满足有关，人们用不同的态度，达成其不同的目标。当想改变他人态度时，协助对方了解他本身的真正动机，如种族偏见的实质为自我防卫等，往往能起到比较好的效果。

（2）强迫接触。即不管喜不喜欢，强迫个体与态度对象接触。有研究者安排学生到某黑人区，连续两周与友好的编辑、外科医生、诗人、画家、音乐家等见面，听黑人小说家的演说，参加黑人学生的茶会、黑人企业家的午餐会，等等。结果显示，46 人中有

40人对黑人显然比实验前更为友善，且一年后此态度仍持续存在。此外，许多事实证明，黑人与白人共同居住在政府所建的公寓中，或黑人与白人合组军团，彼此增加接触，种族偏见的程度就会大为减弱。

（3）角色扮演。个人所扮演的角色对其所持的态度有极大的影响。例如，一个反对其上司依赖权威来指挥工作的底层员工，一旦晋升高位，自己依赖权威的机会增多，也会慢慢赞成以权威来管理部属。因此，员工在职训练方法中，便有角色扮演法。例如，让护士扮演病人的角色，整日躺在床上，有助于他了解病人的处境，并改变其对病人的态度。

（4）改变外显行为。有人曾做过如下实验：请三位家庭主妇公开演讲有关黑人与白人混居于一个社区的好处（虽然她们本身并不赞成），而另请三人批评她们的演讲，结果发现演讲者对黑人的态度改变比批评者更大。

在心理治疗中有一种方法叫行为疗法，它直接以患者失常的行为为治疗的对象。事实上，它也可以被运用在态度的改变上，即先改变一个人的外显行为，久之该行为一旦成为一种习惯性反应，便有助于其内在态度的改变。因为外显行为与内在态度不一致会让人不适，个体终会想办法使它们趋于一致。因此，有些公司经常利用员工集会的时候，齐唱公司的主题歌，或齐喊拥护公司的口号，试图唤起员工的忠诚心。

管理视野

世界500强企业选人最看中什么

在世界500强企业招聘的核心衡量要素中，职业素养和能力是它们最为看重的。这里我们来重点关注职业素养。

（1）忠诚可靠。这是进入500强企业的第一道关口，公司宁可要一个对企业足够忠诚、哪怕能力差一点儿的员工，也不愿意要一个能力非凡但却朝三暮四的员工。员工要热爱自己的工作、自己的职业，也只有这样，公司才会给予你相应的回报。比如在一些外企，主动要求给予提升是受鼓励的，因为你要求担当一定职务，就意味着你愿意承担更大的责任，体现了你有信心和有向上追求的勇气。

（2）敬业精神。500强企业非常注重实效，注重结果，其中工作效率和工作业绩一样重要，到最后必须拿出实实在在的成果。敬业精神是不可缺少的，因为与敬业精神相比，其他素质相对容易培养。工作态度很大程度上能够决定一个人的工作成果。有良好的态度才有可能塑造一个值得信赖的形象，获得同事、上司及客户的信任。企业需要员工有工作目标和责任心，需要员工带着激情去工作，踏实地、尽职地、一丝不苟地、有效率地完成自己的本职工作。

（3）团队意识。500强企业很注重团队合作精神，将之视为公司文化价值之一。它们希望员工具备团队合作能力，能团结其他团队成员，努力使自己融入团队之中；将个人努力与实现团队目标结合起来，完成自己在团队中的任务，以实际工作支持团队的决定，成为可信任的团队成员；在团队决策时提出自己的建议及理由，并使之得到上级认同；随时告知其他成员有关团队活动、个人行动和重要的事件，共享有关的信息；认识到团队成员的不同特点，并且将之视为学习知识与获取信息的机会；营造开放、包容和互相支持的气氛，加强集体向心力；对其他团队成员的能力和贡献抱以积极的态度，用积极的口吻评价团队成员。

(4) 沟通能力。在500强的欧美企业中，大家不论职位高低，一般直呼对方的名字。在公司里，员工认同不同的思想和风格，但必须各自独立完成本职工作。同时，这些公司强调上下级之间要保持及时沟通，并直接表达自己的建议。它们认为，一个人的沟通能力不在于说话多少，而在于思路是否清晰、有逻辑性，是否善于表达、有亲和力。

(5) 个人修养。个人修养是一个人的重要内涵，是进入500强企业不可缺少的条件。企业要求员工是有礼貌的、有教养的、明白事理的，希望员工是光明正大的、实事求是的，而懒惰散漫、形象邋遢、言行粗鲁、举止不雅等，是不被接受的。

第二节 工作满意度

一、工作满意度的内涵

工作满意度是员工对其工作的感受或态度。早在泰勒的科学管理时代，人们就意识到了工作满意度的重要性。对工作满意度有明确描述的研究大致可追溯到20世纪30年代，有将工作满意度描述为“员工对工作环境的感受以及生理和心理上的满足”，或者认为工作满意度是“员工对比自己期望获得的收益与实际获得收益的时候产生的心理感受”。罗宾斯（S. P. Robbins）强调工作满意度是“个人对他所从事工作的一般态度”，并且认为高工作满意度常伴随着对工作的积极态度，低工作满意度常伴随着对工作的消极态度。工作满意度包括员工对其工作的认知评价和情感评价，工作满意度高的员工对其工作有更积极的态度和快乐的情感。

工作满意度的测量主要采用两种方法：单一整体测量法和工作要素总和评分法。单一整体测量法只要求被调查者回答对工作的总体感受，比如“总的来说，我对自己所从事的工作感到满意”。这种方法简单明了、易于操作。其缺点是只有总体得分，无法全面地测量出员工的工作满意度。工作要素总和评分法假定工作满意度由与工作相关的多个方面的满意度组成，要求用多种要素来评价工作满意度。比如早期的明尼苏达工作满意度量表将工作满意度分为四个主要方面：工作本身、工作中的人际关系、报酬、发展。工作描述指数（job descriptive index，JDI）包括工作本身、薪酬、提拔、管理者和同事等5个维度。构成工作满意度的12个重要因素有：薪酬、工作时间、交流时间、提拔机会、与同事的交流、与顾客或客户的接触、学习新技能的机会、决策权、物质需要的满足、精神需要的满足、与管理人员的联系、对工作时间的控制感。我国研究者凌文辁等人认为，工作满意度由6个因素构成：对同事的满意度、对领导的满意度、对晋升的满意度、对组织的满意度、对报酬的满意度、对工作本身的满意度。总体看，工作满意度可以归纳为两个大的方面，一是和工作自身、成长机会等相关的内在方面，二是和报酬、环境、人际关系等相关的外在方面。不论对整体工作满意度的测量，还是对工作满意度构成维度的测量，都是有效的。

二、影响工作满意度的因素

影响工作满意度的因素主要包括五个方面，即工作的挑战性、奖酬的公平性、工作环境的支持性、同事关系的融洽性以及个人特性与工作的匹配性。双因素理论认为引起人们工作动机的因素主要有两个：一是保健因素，二是激励因素。而激励因素能够给人们带来满意感。导致满意的激励因素有成就感、认可、工作本身、责任和发展；导致不满意的因素有企业制度、监督、工资、人际关系和工作条件等。

近年来国内的很多实证研究也发现了工作满意度的预测因素，以下是几个有代表性的研究结果。

（1）心理资本的作用。心理资本为个体一般的、积极的核心心理要素，包括符合积极组织行为标准的心理状态。隋杨发现，下属的心理资本与其工作绩效和满意度呈正相关；下属的心理资本能部分调节变革型领导对下属工作绩效及满意度的正向影响。研究还发现，程序公平能调节下属心理资本对变革型领导-工作绩效和满意度的中介作用，即程序公平感越高，变革型领导通过心理资本对下属的工作绩效和满意度所产生的作用就越强，反之越弱。柯江林和孙健敏的研究表明，事务型心理资本、人际心理资本和总体心理资本均有助于提高工作满意度和组织承诺。

（2）员工主动性的作用。周厚余发现，公务员的主动性对其工作满意度具有极其显著的预测作用。人-工作匹配性在主动性与工作满意度之间起调节作用；人-组织匹配性在主动性与组织公民行为之间起调节作用；人-环境匹配性的两个维度同时在主动性和工作满意度、组织公民行为之间起部分调节作用。

（3）职业延迟满足的作用。职业延迟满足是人们在职业生涯中的延迟满足，是为了更好地完成工作任务、更多地获得利益回报、达到更高的职业目标等一系列更有价值的长远结果，而甘愿放弃休息、娱乐或冲动行为等无利于当前工作的即时满足机会的自我调控能力。刘晓燕发现，职业延迟满足与组织职业生涯管理、职业承诺、工作满意度存在显著正相关，职业延迟满足在组织职业生涯管理对职业承诺、工作满意度影响过程中存在中介作用。在结构方程模型中，职业延迟满足在公平晋升、注重培训与职业承诺、工作满意度之间存在中介作用。

（4）职业生涯高原的作用。职业生涯高原是指个体在当前组织中职业生涯发展的停滞。谢宝国发现，内容高原对员工的工作满意度、组织承诺均具有显著负向影响，同时也会增加员工离开组织的意愿；中心化高原对员工的工作满意度、组织承诺均具负向影响。

（5）变革型领导。黄俊发现，CEO的变革型领导行为有助于提升中层管理者的工作绩效和工作满意度，而组织支持知觉则在其中起着部分中介的作用。同时，CEO的价值观对CEO变革型领导行为与组织支持知觉之间的关系具有调节的作用。

（6）工作场所排斥。工作场所排斥是指在工作场所中，个体主观感知到的他人对自己的忽略、排挤和拒绝。蒋奖发现，性别在工作场所排斥与心理健康、工作满意度的关系中起调节作用；相对于男性员工，女性员工遭受排斥后心理健康水平和工作满意度下降更加明显；在高排斥组中，女性员工的心理健康水平和工作满意度显著低于男性。

（7）归因和工作自主权。所谓归因，就是人们对自己或他人的所作所为进行分析，指出其性质或推论其原因的过程，也就是把人的行为过程或自己行为的原因加以解释和推测。才国伟发现，归因和工作自主权对工作满意度具有显著的影响。一个人越是倾向于父母社会地位、家庭经济收入、运气等外部归因，其工作满意度越低，但是努力、天赋、学历等方面的内部归因，对工作满意度的正向作用并不显著。工作自主权是工作给予个人在安排工作、决定工作方式上的自由、独立性和裁量权的程度，是工作的核心特征之一。一个人拥有的工作自主权越高，其工作满意度越高。

（8）互惠行为。李双燕发现，在中等水平的工作要求下，企业对员工高水平的广义互惠和平衡互惠下的工作满意度高于低水平的广义互惠和平衡互惠下的工作满意度；企业对员工高水平的负互惠下的工作满意度低于低水平的负互惠下的工作满意度。

（9）劳动关系氛围。劳动关系氛围作为员工对企业劳动关系状况的心理感知，能够将劳动关系研究从传统的制度分析领域引入组织行为的领域。崔勋基于对员工的问卷调查，探讨了劳资双赢、劳资对立和员工参与三种劳动关系氛围对员工内在和外在满意度的直接影响，以及员工组织承诺在上述关系中的调节作用。结果发现，劳资双赢氛围能显著地提升员工的内在和外在满意度，劳资对立氛围能显著地降低员工的内在和外在满意度，员工参与氛围仅能显著提升员工的内在工作满意度。同时，员工组织承诺中的情感承诺能显著增强劳资双赢氛围对内在和外在工作满意度的积极影响，但仅能显著降低劳资对立氛围对内在工作满意度的消极影响，而对员工参与氛围的影响不具有调节作用。此外，研究还发现交易承诺不存在调节效果。

（10）气质性情感。尽管我们每个人都会经历范围极广的情绪情感，但我们还是可以区分出相对稳定的情感模式，这些稳定的情感性特质被称为气质性情感。顾远东和彭纪生研究发现，在中国文化背景下，气质性情感对工作满意度有重要影响，可以解释工作满意度 21%的变异。这说明在中国文化背景之下，气质性情感可以作为工作满意度的良好预测指标。

（11）心理契约破裂。心理契约破裂是指员工对组织未履行义务的知觉。王永跃研究发现，员工心理契约破裂感知水平与工作满意度呈负相关。工作满意度在心理契约破裂与建言行为关系中起中介作用。神经质水平能调节工作满意度与建言行为的关系。神经质水平越高，工作满意度下降会导致员工更少建言。

有关研究还表明，科研人员的个人特征与工作满意度有很高的相关性。例如，收入水平与工作满意度呈抛物线形关系，收入相对高的和相对低的满意度都较低，收入中等的科研人员满意度较高；在组织中的工作年限越长，满意度也越低。当然，这些结论还有待进一步的科学验证。

三、工作满意度的影响

工作满意度是管理心理学研究的重要变量，满意度的高低会影响很多行为。这主要有：

（1）组织承诺。组织承诺正得到越来越多的学者的关注，它被定义为员工与组织之间的心理联系，这种联系使其不愿意主动地从组织辞职。徐碧琳得到以下结论：网络组织环境下，高工作满意度能促进网络组织效率和组织承诺；高组织承诺在工作满意度与网络组织效率的关系中，起部分中介作用。

（2）建言行为。王永跃发现，神经质水平能调节工作满意度与建言行为的关系。神经质水平越高，工作满意度下降会导致员工更少建言。

（3）工作绩效。韩翼发现，工作满意度越高，员工的工作绩效越好。

（4）离职意向。谭小宏发现，工作满意度与离职意向存在显著的负相关，并对二者都具有负向预测作用。

（5）怠工行为。刘玉新分析发现，自我意识对工作满意度-怠工行为的调节作用显著，无论高自我意识者的工作满意度如何，其怠工行为都保持在较低水平，但低自我意识者的怠工行为随工作满意度的上升而明显下降。

（6）工作技能。李文东调查发现，工作满意度、情感承诺和工作投入三个工作态度变量对工作技能的重要性和水平评价结果有显著影响。进一步对比发现，工作满意度对技能的重要性和水平评价结果的影响效应较大。

第三节　组织承诺

一、组织承诺的含义

组织承诺是员工对组织的一种态度，它反映了个体对组织的投入和认同，并且希望维持组织成员身份的心理状态。它可以解释员工为什么要留在组织里，因此也是检验员工对组织忠诚度的一种指标。

组织承诺这一概念最早由美国社会学家贝克尔（H. S. Becker）于1960年提出，他认为组织承诺表现为随着对组织“单方投入”的增加，员工感知到一旦离开会遭受很多损失，因而选择留在组织中。到了20世纪70年代，布坎南（B. Buchanan）和波特（L. W. Porter）提出组织承诺更多地表现为员工对组织的一种感情依赖，而非贝克尔所强调的只是“一种经济上的工具”。之后，到了20世纪八九十年代，迈耶（Meyer）和艾伦（Allen）突破了前人对组织承诺的单维度看法，陆续提出了组织承诺的二维理论和三维理论。

其中的三维理论认为，组织承诺是由如下三个维度构成的：

（1）情感承诺，指员工对组织的心理依附，员工对组织忠诚是因为他们愿意这样做。

（2）持续承诺，指由于离职会带来损失，员工对组织忠诚是因为他们不得不这样做。

（3）规范承诺，指员工有一种义务感和责任感，员工对组织忠诚是因为他们感到应该这样做。

还有研究者根据组织承诺的强度，把它划分为3个不同的层次：顺从、认同、内化。

二、影响组织承诺的因素

(一)与个体有关的因素

1. 积极心理状态

仲理峰通过实证研究探讨了心理资本及希望、乐观和坚韧性三种积极心理状态与员工的工作绩效、组织承诺和组织公民行为之间的关系。结果发现，在控制了性别和年龄两个人口统计学变量的效应后，员工的希望、乐观和坚韧性三种积极心理状态，都对他们的工作绩效、组织承诺和组织公民行为有积极影响。

2. 培训因素

凌玲发现，培训对可雇用性和组织承诺都有显著的正向影响，可雇用性在培训与组织承诺之间起中介作用。

3. 情商因素

刘益的调查结果表明：领导者高情商同时有助于交易型和变革型领导行为的实施，进而促进下属的组织承诺；下属高情商有助于员工识别交易型领导的实质，进而促进他们对组织的情感承诺。

4. 员工职业成长

翁清雄研究发现，员工职业成长对情感承诺具有正向影响，并能解释情感承诺40%的变异；职业承诺越高的员工，他们对自身的职业能力发展、晋升速度越关注，更可能会因为职业能力发展受限和晋升速度缓慢而产生高的离职倾向；随着员工感知机会的增加，职业成长对离职倾向的预测作用会逐渐增强。

(二)与组织有关的因素

1. 组织公正因素

李秀娟发现，组织公正对员工承诺有正向影响，互动公正的影响作用最强，分配公正的影响不显著；团队交易型领导方式对组织互动公正与员工承诺之间的关系具有调节作用，即团队中交易型领导越明显，组织互动公正对员工承诺的影响越大。陈松发现，分配公正和程序公正对组织承诺各个维度具有显著的预测作用。

2. 组织信任因素

刘小平的研究结果表明，组织信任在风险认知与情感承诺、规范承诺之间起中介作用，领导者的变革型领导行为对下属的风险认知、组织信任、情感承诺、规范承诺都会产生显著影响。

3. 关键行为因素

企业成功实施绩效管理的关键行为由管理支持、适度激励、员工参与、有效沟通、科学考核、相关培训以及规范操作等7个因素构成。有研究者发现，成功实施绩效管理的关键行为因素与组织承诺呈显著正相关。

三、组织承诺的影响

近些年研究发现，员工的组织承诺对员工产生的影响主要表现在以下两个方面。

（一）劳资双赢氛围方面

崔勋发现，情感承诺能够显著正向调节劳资双赢氛围对外在工作满意度的积极影响，员工情感承诺越高，劳资双赢氛围对外在工作满意度的积极影响就越强，但情感承诺不能调节劳资对立氛围对外在工作满意的消极影响。情感承诺能够显著正向调节劳资双赢氛围和劳资对立氛围对内在工作满意度的积极影响，员工情感承诺越高，劳资双赢氛围对内在工作满意度的积极影响就越强，劳资对立氛围对内在工作满意度的消极影响就越弱，但情感承诺不能调节员工参与氛围对内在工作满意度的积极影响。

（二）员工忠诚方面

姚唐发现，组织承诺会对员工态度忠诚产生显著的影响作用，而对行为忠诚的影响不显著。组织承诺的三个构成维度会不同程度地影响员工的态度忠诚，而且都达到了显著的水平，即高的归属感、道德感和退出成本会有效地影响员工偏好、推荐抵制力和价格容忍度，而对于员工在重复服务、交叉服务以及向其他人推荐该企业的意向方面影响力有限。

四、增强组织承诺的方法

实证研究发现，组织承诺比工作满意度能够更好地预测个体在组织中的行为。比如，组织承诺被证明对员工的离职率和缺勤率有着显著的预测效果，即对企业拥有较高组织承诺的员工，他们的离职率和缺勤率会明显低于其他员工。由于组织承诺对个体行为（离职、工作绩效、组织公民行为等）有着不可替代的影响，从组织长远发展的角度看，培养员工的组织承诺具有重要的价值。由于组织承诺除了受合同法规、工资福利等经济因素影响外，还受个体的价值观、道德规范、理想追求、感情因素及个人能力、人格特点等多因素的影响，组织可从这些因素着手来提升个体的组织承诺水平。具体增强组织承诺的方法有以下几种。

（一）提供支持性的工作环境

在企业组织里为了赢得员工的情感承诺，应该让员工在工作实践中体会到组织的关心和厚待。因此，管理者要从员工的需要出发，悉心设计针对员工的各项政策，营造适宜的工作环境，为员工能高度投入并努力达成组织目标创造条件。对员工的每一分付出，组织都应给予积极的肯定，并通过公平的分配和晋升系统给予回报。

（二）做好员工职业生涯管理

从企业组织层面来讲，职业生涯管理可以帮助员工确定个人在本组织的职业发展目标，并为员工提供相应的培训机会，使组织发展目标与员工职业发展目标结合起来。从员工层面来讲，员工可以借助职业生涯管理，准确认识自我，确定职业目标并采取行动实现目标。这样一方面能满足员工的理想承诺要求，另一方面又能实现组织更好更快的发展。

（三）信任管理

企业组织要想赢得员工的感情和忠诚就必须给予员工信任。管理者要通过诚实与公开的沟通，与员工建立相互信赖的关系，给予员工归属感，不是通过严厉的规则而是通过教育培训来减少组织不期望行为的发生，从而消除不稳定因素对组织承诺的消极影响。

（四）及时了解员工的组织承诺状态

企业组织可应用问卷对员工进行调查，了解员工的承诺状态和水平。当组织内员工总体承诺水平较低时，这意味着存在高度的人才流失危险。此时，管理者要有高度警觉，并调整相应的管理措施。

第四节　组织认同

一、组织认同的含义

认同（identification）一词，源于拉丁语“idem”，意为“相同的事物”，认同的英文原意即为“身份”。组织认同是个体对其特定组织成员身份的接受与认可程度。它表现为个体定义自我的一种过程和结果，当个体相信和尊崇组织的价值观、目标、使命，并且个人会因成为组织的一分子而感到光荣时，认同就发生了。

从社会认同的观点看，组织认同是个体定义自我，从而归属组织的一种过程，它是个体和组织之间的联结与心理纽带。有人对基于社会身份理论的组织认同概念进行了拓展，指出组织认同是个体与组织之间的认知性联系，而这种认知性联系的产生前提是个体感知到的组织身份与其认定的自我身份相契合。因此，组织认同实质上是组织成员用组织身份来定义其自我身份的过程和结果。如果组织成员感知的组织身份特征与其感知的自我身份特征相契合，那么个体就会认同组织。孙健敏和姜铠丰通过质化研究发现，中国员工的组织认同可以分为 9 个维度，分别是归属感、身份感知、成员相似性、个体与组织的一致性、组织吸引力、组织参与、感恩与效忠、人际关系、契约关系。其中前 6 个维度与西方的研究结果相似，后 3 个维度是中国文化背景下组织认同所特有的维度。

近些年来研究发现，组织认同会对如下变量产生影响：

（1）组织公民行为。组织公民行为是员工的一种自发性行为，这种行为尽管不为组织的正式薪酬体系所鼓励，但却对组织的运作有着积极的作用。吴隆增发现，职场排斥对员工组织公民行为的影响作用是负向的，即会导致员工组织公民行为的减少。该负向效应可从员工组织认同的角度找到解释：职场排斥破坏了员工与组织之间休戚与共的情感联系，动摇了员工对组织的认同，继而减少了其组织公民行为。同时，职场排斥对员工组织认同的影响强度因员工的集体主义倾向的强度而异，员工的集体主义倾向越强，职场排斥对员工组织认同的伤害越大。葛建华研究发现，历史、语言、价值观和目标社会化会正向影响组织认同；组织认同会正向影响组织公民行为；组织认同在语言、价值观和目标社会化与组织公民行为的关系中起完全中介作用，在历史社会化与组织公民行为的关系中起部分中介作用。

(2) 服务氛围。服务氛围是员工对于服务环境的感知和评价，它发生作用的根本机理在于员工如何去解释环境。张若勇发现，组织认同感对服务氛围与角色内/外绩效的关系均具有正向调节作用。进一步的三项交互分析还发现，当组织认同感较高时，工作压力对服务氛围与角色外服务绩效之间关系的负向调节作用较弱。

二、影响组织认同的因素

（一）变革型领导

刘益发现，交易型和变革型领导对下属的情感承诺都有明显的正向影响。相对于交易型领导而言，变革型领导与下属的情感承诺的关联更强，表明实施变革型领导更易于使下属从内心情感上产生组织认同与归属感。

（二）员工感知到的领导情绪智力

唐春勇发现，员工感知到的领导情绪智力对员工的组织认同感有积极影响，而领导感知到的自我情绪智力，也就是领导自评的情绪智力与员工组织认同感间没有显著关系；领导感知到的自我情绪智力能负向调节员工感知到的领导情绪智力对员工组织认同感的影响。领导情绪智力在员工的组织认同感和组织公民行为的关系中起完全中介作用。

（三）组织支持感

组织支持感指的是个体对于组织在多大程度上关心他对组织的贡献，以及他的生存状态的一种感知，是个体对其在组织中所处地位的主观评价。沈伊默的调查结果表明，组织支持感对组织认同和留职意愿有着直接的显著影响。同时，它通过组织认同的中介作用对个体的留职意愿、同事间利他行为、个人主动性、人际和谐和保护公司资源产生间接的影响。领导成员交换对组织认同和留职意愿没有直接的显著影响，但它对同事间利他行为、个人主动性、人际和谐和保护公司资源有着直接的显著影响。组织支持感对组织认同有着直接的显著影响，并完全通过组织认同的中介作用对两种组织公民行为（注重个体的和注重组织的组织公民行为）产生间接的影响。社会交换对组织认同也有着直接的显著影响，并完全通过组织认同的中介作用对两种组织公民行为产生间接的影响。

个体的自尊需要对组织支持感和组织认同的关系有调节作用，但对社会交换和组织认同的关系没有调节作用。

(四) 组织政治知觉

对于相同的政治行为，不同的组织成员会产生不同的组织政治知觉。钟建安发现，组织政治知觉对工作投入和组织认同有直接的消极影响；组织政治知觉通过组织认同的中介对工作投入有间接的消极影响；在组织政治知觉的三个子维度中，只有薪酬与晋升子维度对工作投入和组织认同具有显著影响。

(五) 内部流动和激励性薪酬

李燚发现，人力资源实践中的内部流动和激励性薪酬对组织认同具有显著的正向影响，人员甄选和广泛培训对组织认同具有显著的负向影响；互动公正对内部流动和激励性薪酬与组织认同的关系有调节作用，即在互动公正较低的组织中，内部流动和激励性薪酬对组织认同的影响作用较互动公正高的组织大；互动公正对内部流动和激励性薪酬与组织认同关系的调节效应以心理契约破裂为完全中介。

三、员工忠诚度

在我国文化中，忠作为一种道德规范，有广义和狭义之分。广义的忠即原初意义的忠，指的是“发自内心”或“尽心”这一抽象的道德原则。狭义的忠是指忠君思想。随着封建等级制度退出历史舞台，狭义的忠失去了对象，在人们的思想观念中迅速消失，成为历史的遗迹。而广义的忠作为一种普遍的道德原则，积淀于人们的思想观念中，对现代人的职业活动、社会生活都具有广泛的、普遍的道德指导意义。员工忠诚度，直接的解释就是员工对组织忠诚的程度，它是一个量化的概念。忠诚度即衡量忠诚的尺度，在某一时点上讲有高低之分，从趋势来讲有降低和提高之分。

满意度会影响忠诚度。姚唐发现，工作满意度对于持续承诺、态度忠诚有显著的影响作用，而对于情感承诺、规范承诺和行为忠诚不会产生显著的影响。这说明如果员工对于目前工作的企业是满意的，那么其退出成本就会很高（即如果退出就会损失收入和升职的机会，因此必须留在目前工作的企业中）。因此，员工的持续承诺会较强。

四、组织公民行为

(一) 组织公民行为的含义与内容维度

组织公民行为是指组织成员自愿做出的行为，这些行为没有得到组织正式报酬系统的明确认可，但实施这类行为从整体上有助于组织效能的提高。比如主动帮助同事和自觉节约组织资源等。组织公民行为超越了组织对其成员的正式角色内要求，因而管理者一般不易察觉员工是否实施了这类行为，也不易凭奖惩制度来促使员工实施这类行为。

组织公民行为的概念可追溯到巴纳德（Barnard）在 1938 年提出的“组织是合作力量的联合体，对组织系统而言，个体的合作意愿不可或缺”。卡茨（Steven D. Katz）于 1964 年指出，一个运作良好的组织除了确保员工做出符合角色要求的行为之外，员工还应有超越角色规范的创新和自发行为。卡茨所指的自发行为包括合作行为、保护组织系统的行为、提高组织外部形象的行为。1983 年，史密斯（Smith）和奥根（Organ）提出了组织公民行为的术语，并在他们后来的研究中将组织公民行为界定为“有利于组织的角色外行为和姿态，这些行为不在正式的合约之内，也不在正式的赏罚范围之内，由员工自行决定，这些行为在整体上有利于组织功效的发挥”。

组织公民行为的内容维度归纳起来有 7 个。（1）助人行为：自发地帮助同事解决工作中相关问题的行为，它包括利他主义、善意调解、保持和谐、礼貌助人、鼓舞士气的行为等。（2）运动员精神：工作中任劳任怨，当事情不如愿时，仍然保持积极的态度，为了团体利益甘愿牺牲一些个人兴趣和爱好，不轻易否决别人的意见。（3）组织忠诚：认可、支持和维护组织的发展目标，对外自觉树立和维护组织的良好形象，保护组织免受外来威胁的损害，在逆境中仍然忠诚于组织。（4）组织遵从：接受并认真遵守组织的规章制度，即使在没有他人在场的情况下也是如此。（5）个人主动性：自愿并主动地承担额外的工作责任，以高度的热情和努力持续工作，同时也积极激励组织中的其他人。（6）公民道德：员工作为组织中的一员应对组织的工作感兴趣，乐于参与组织的管理活动，主动节约组织资源、保护组织财产，建言献策、表达对组织发展的看法，为了组织的利益宁愿牺牲个人利益。（7）自我发展：员工主动利用业余时间，通过各种形式来开发自己的潜能，自愿接受组织提供的培训，学习相关知识和技能，以期为组织的发展做出更大贡献。

以上组织公民行为的内容维度主要是基于北美文化提出的，樊景立以华人为样本，指出在中国文化背景下，组织公民行为包含以下 10 个方面内容：积极主动、帮助同事、观点表露、参与群体活动、提升组织形象、自我培训、参与公益活动、保护和节约公司资源、保持工作场所整洁、人际和睦。

（二）影响组织公民行为的因素

组织公民行为的影响因素主要有如下两个方面。

1. 与个体有关的因素

（1）积极心理状态。仲理峰发现，员工的希望、乐观和坚韧性三种积极心理状态，都对他们的工作绩效、组织承诺和组织公民行为有积极影响；员工的希望、乐观和坚韧性三者合并而成的心理资本，对他们的工作绩效、组织承诺和组织公民行为有积极影响。

（2）核心自我评价。王震等人发现，管理者核心自我评价对下属公民行为有显著正向影响；道德式领导在管理者核心自我评价与下属公民行为关系中有中介作用；下属集体主义导向在道德式领导与公民行为关系中具有调节作用，表现为道德式领导对公民行为的正向影响对高集体主义导向的员工来说更明显。

（3）组织公正（平）感。俞彬彬发现，组织公平感与组织公民行为有显著的正相关；情绪智力与组织公民行为有显著的正相关；情绪智力对组织公平感和组织公民行为的关系起部分中介作用。周杰发现，组织公正感及其因子（分配公正、程序公正和互动公正）与组织公民行为之间呈现出显著的正相关。进一步的回归分析表明，组织公正感对组织公民行为具有积极的预测作用。

（4）心理资本。任皓发现，工作团队领导心理资本对团队成员组织公民行为存在积极影响；团队成员心理资本是领导心理资本与团队成员组织公民行为之间跨层次的中介变量；工作团队领导心理资本对团队成员心理资本与组织公民行为关系的调节效应不显著。

（5）心理授权。吴志明的调查发现，变革型领导行为通过心理授权作为中介变量对下属员工的组织公民行为具有显著的影响作用。

（6）心理契约。余琛的研究结果表明，不同心理契约履行水平下，员工的组织公民行为存在显著差异。因此，要提高员工的组织公民行为，组织应该最大限度地履行员工的心理契约。

（7）工作价值观。秦启文发现，整体工作价值观与整体组织公民行为存在着显著的相关性；工作价值观的能力发展维度对组织公民行为的公司认同、个人主动性、保护公司资源因素有显著正向影响；工作价值观的地位维度对组织公民行为的公司认同、同事间的利他行为、个人主动性因素有显著正向影响。

（8）个人获取知识能力。陈国权发现，个人获取知识能力强能够提升个人组织公民行为，而且这种影响是通过输出知识能力的完全中介作用实现的。

（9）员工感知到的领导情绪智力。唐春勇的研究表明，员工感知到的领导情绪智力对员工的组织公民行为有积极影响，而领导感知到的自我情绪智力，也就是领导自评的情绪智力与员工组织公民行为间没有显著关系；领导感知到的自我情绪智力能负向调节员工感知到的领导情绪智力对员工组织公民行为的影响。领导情绪智力在员工的组织认同感和组织公民行为的关系中起完全中介作用。

（10）组织认同。葛建华的调查发现，历史、语言、价值观和目标社会化正向影响组织认同；组织认同正向影响组织公民行为；组织认同在语言、价值观和目标社会化与组织公民行为的关系中起完全中介作用，在历史社会化与组织公民行为的关系中起部分中介作用。

（11）职场排斥。吴隆增发现，职场排斥对员工组织公民行为的影响作用是负向的，即会导致员工组织公民行为的降低。该负向效应可从员工组织认同的角度找到解释：职场排斥破坏了员工与组织之间的休戚与共的情感联系，动摇了员工对组织的认同，继而减少了其组织公民行为。

2. 与群体有关的因素

（1）群体规模与领导行为。柳士顺发现，群体规模越大，群体组织公民行为的水平越低。领导的个人品德和团队维系行为对群体组织公民行为具有显著的正向影响作用，而领导的工作绩效行为对群体组织公民行为的影响作用不显著。

（2）组织文化。王亚鹏发现，不同年龄、不同类型企业员工的组织公民行为存在显著差异，但在性别、教育水平方面没有差异。不同取向的组织文化对员工不同层面的组织公民行为具有不同的预测作用。具体而言，组织文化对社会层面组织公民行为的预测作用较强；就单一取向的组织文化来看，人本与创新取向的组织文化对组织公民行为的预测作用最强；在组织文化对员工组织公民行为的影响中，组织文化吻合度具有一定的调节作用，这种调节作用在人本与创新取向以及规范与安定取向的组织文化对组织公民行为影响中的表现更加明显。

（3）领导-部属交换。汪林分析发现，领导-部属交换与员工的组织公民行为呈显著正相关，内部人身份认知在两者间起完全中介作用。层次回归方程分析的结果也显示，中国人传统性对领导-部属交换与内部人身份认知之间的关系具有显著的调节作用，即对于低传统性员工而言，它们之间呈显著的相关关系；而对于高传统性员工而言，相关关系并不显著。李燕萍认为个人-组织匹配和领导-部属交换对员工组织公民行为均有提升作用，员工做出组织公民行为的动机应该是多样的，兼具志愿主义和功利主义两种价值取向；组织认同和对领导的满意度分别在个人-组织匹配、领导-部属交换与组织公民行为间起完全中介作用；领导-部属交换对对领导的满意度对员工组织公民行为的影响的中介效应要远远大于个人-组织匹配对组织认同对员工组织公民行为的影响的中介效应。

组织通常希望并鼓励其成员表现出更多的组织公民行为。这是因为：组织公民行为本质上是一种自愿合作行为，它能减少矛盾和冲突，润滑组织的正常运行；组织公民行为可以潜在地影响组织绩效，并有助于组织构建和谐的企业文化、良好的团队氛围，增强组织吸引和留住优秀人才的能力。员工实施组织公民行为，原因可能有多种：回报自己从组织中所获得的资源和地位，回报某个领导者的工作支持与提携，得到未来的晋升或资源，等等。另外，研究还发现，员工的工作满意度、组织公平感、领导者的信任、与领导者之间的良好关系等都和员工的组织公民行为之间有积极的正向关系。

20世纪90年代以来，随着对组织公民行为研究的深入，有研究者指出很难将组织公民行为和角色内行为截然分开，主管和下属对工作角色范围的知觉也不尽相同，主管倾向于把一些组织公民行为归结为员工的角色内行为，并根据自己的判断来对下属的绩效进行考核。另外，传统的观念认为组织公民行为是一种无私利他的奉献行为，然而研究发现，有些员工会将组织公民行为作为自己的升迁手段，有些员工则将组织公民行为作为塑造自己在别人（或组织）眼中的形象的手段。而一旦获得升迁，员工会因为目的的达到而减少组织公民行为的展现。管理者应该识别和培养健康的组织公民行为，使其能更好地发挥积极作用。

五、离职意向

离职意向是指员工所产生的离开组织的想法或者意愿。当员工出现明确的离职意向时，它代表组织正在失去对员工的吸引力。通常来讲，离职意向不会是突然形成的，在离职意向出现之前，员工往往已经历了“不满，出现离职念头，寻找工作机会，比较与评估其他工作机会”等几个步骤，离职意向是离职的最直接和有效的预测变量。

当前全球竞争加剧，组织变革日益频繁，组织与员工之间的信任和承诺下降、核心员工流动频繁等问题正困扰着组织。员工离职往往意味着企业损失：一方面，员工离职导致补充这一部分生产力需要付出高额成本；另一方面，员工离职后再次就业所从事的工作可能会对原企业形成巨大的竞争压力。

研究者提出了不同的离职模型，尝试从不同层面来解释员工离职的决定因素，并揭示员工做出离职决策的过程。莫布利（Mobley）在其离职模型中指出，员工形成离职意向，继而从组织中真正流出，主要取决于四个因素：（1）工作满意与否。（2）对在组织内部改变工作角色及收益的预期。当员工因对在组织内部流动晋升机会的预期不理想，或相比所在组织，其他组织具备更合适的工作而感到相对不满时，员工就可能会流失。（3）对在组织外部改变工作角色及收益的预期。员工会因为在外部可以找到更具吸引力的工作而选择辞职。（4）非工作价值观及偶然因素。比如对家庭的定位、对生活方式和工作地点的偏好、宗教信仰、对体育运动的要求及其他社会价值等，只有那些少数把工作看作具有人生重要价值的人，才会较少考虑这些因素。

后来有模型也探索了影响员工离职的主要变量并考察了它们在离职过程中的关系。该模型指出，员工在组织中的去留大体会沿着以下的顺序发展：（1）工作期望和工作价值影响员工对工作的态度；（2）主观态度影响离职或留下的意图，同时员工会考虑诸如配偶工作、留给家庭的时间等一系列非工作因素的影响；（3）离开组织的意图导致实际的离职行为。普赖斯（Price）和米勒（Mueller）的模型则基于期望理论假设：员工带着一定的期望和价值观进入组织，员工和组织之间存在利益交换，并且员工追寻净收益的最大化，假如员工的期望和价值观在其进入组织后能得到满足，员工就会感到满意并对组织有较强的依附感，否则将会朝相反的方向发展。熊明良等人分析了工作满意感、组织认同与离职倾向的关系，发现工作满意度和组织认同相互作用，共同影响员工的离职意向，且后者的影响作用更大。

归纳起来，离职意向的影响因素主要有：个人因素、与工作和组织相关的因素、外部环境因素。

个人因素既包括年龄、性别、婚姻状况、受教育程度、任职年限等人口学变量，也包括工作满意度和组织承诺这样的态度变量。研究发现，年轻、受教育程度高、未婚的员工更容易出现离职意向。工作倦怠和离职意向存在显著正相关，当员工在现有组织或岗位工作年限过长时，厌倦和离职意向就容易产生。态度是影响离职意向的重要因素，特别是工作满意度和组织承诺，它们对离职意向有直接、负向的影响，并且相比工作满意度而言，组织承诺反映了员工对组织更为整体和持久的评价，低组织承诺比低工作满意度更能影响离职意向。

离职意向的第二大影响因素与工作和组织相关。比如，工作压力对离职意向有正向影响，角色模糊和冲突、薪酬水平与分配公平性感知、工作的危险性、员工对工作的控制感、工作常规化程度等都会影响员工的离职意向。当员工不清楚自己的职责，或感到无法满足与兼顾自己在组织中扮演的多个角色时，员工倾向于有低的满意度，进而产生较强的离职意向。当员工缺乏对工作的控制感，或者每天工作时间过长、工作单调重复、工作环境不好时，离职意向就容易产生。另外，当个体和所在组织的价值观不匹配、与组织所倡导的文化不适应，并且组织内部的人际关系复杂，员工从组织方面所获得的资源支持有限时，个体常会有低的满意度和组织承诺，并伴有高的离职意向。

离职意向第三个方面的影响因素是外部环境。它包括社会经济发展水平、劳动力市场状况、就业形势、外部工作机会等。研究发现，外部的工作机会会降低员工对组织的承诺水平，并转而影响离职意向。当组织外部存在着较多易于获取的工作机会时，员工甚至会在还没有寻找新工作时，直接做出离职的行为。因此，有研究者指出，实际的离职行为是离职意向和觉察到的工作机会交互作用的结果。除此之外，组织的性质、交通、住房、教育水平、医疗水平、生活成本、生活质量等变量也都会对员工的离职意向产生影响。

案例与应用

东风公司靠什么留住人

东风公司自 1969 年建立以来，经历了创业、发展、战略调整三个阶段。在公司的创业阶段，在备战备荒、支援“三线”建设的历史背景之下，大批青年人从全国各地汇聚十堰，开始了东风的事业。在那个阶段，很多员工放弃了城市优越的生活来到鄂西北山区，为东风的事业做出了很大的牺牲。许多活生生的事例都证明，那时东风员工的忠诚度是非常高的。进入 20 世纪 80 年代，东风开始了战略调整，产品从单一的卡车发展到目前全系列的商用车、乘用车、零部件及汽车装备等，公司已经在十堰、襄樊（今襄阳）、武汉、广州建立了产业基地。然而，随着东风事业的拓展，组织结构层次的增多，员工的层级越来越多，待遇、收入和个人发展的差异也越来越大，东风员工的稳定性趋于下降。据统计，东风公司车身厂 2006 年的离职率为 15.2%，东风公司刃量具厂 2006 年的离职率为 21.2%。东风公司的员工稳定问题、忠诚问题日益成为公司人力资源管理部门关注的问题。员工的不忠诚也导致了企业的利润下滑，从而使企业陷入困境。

东风公司为提高企业员工的忠诚度做了一系列的努力。比如，强化企业文化建设，提炼出企业经营理念，其具体表述为：“关怀每一个人，关爱每一部车。”其中的“关怀每一个人”，就是要关心每一位员工一生的成长，使大家在协作中发挥自我创造力，共享精神追求、工作愉悦和成功体验，在工作中实现自我价值。以人为本，不断创新，重视社会责任，是东风公司企业文化的精髓，也是东风公司得以不断发展的源泉。再如，推出针对东风公司员工的优惠购车活动，实行“三年（36 期）‘0 利息 0 手续费’分期购车优惠政策”。还通过加强员工的职业培训工作，帮助员工制定切实可行的职业发展目标和计划，提升自身技能，注重员工职业发展计划的实施和反馈，以指导员工形成与企业发展战略相一致的较为现实的职业发展目标，并为这一目标的实现提供帮助和机会。

经过公司员工的共同努力，东风公司已经具有行业领先的产品研发能力与生产制造能力，这也使得东风品牌家喻户晓。

分析思考：

1. 你如何理解员工对组织的忠诚度？
2. 如果你是公司领导，你怎么看待不忠诚的员工？
3. 结合案例分析如何才能有效提升员工的忠诚度。

基本概念

态度	工作满意度	组织承诺	组织认同
员工忠诚度	组织公民行为	离职意向	

本章要点

1. 态度是一个人对某一特定对象所持有的稳定的心理倾向，是对某事或某人的一种喜欢或不喜欢的评价性反应。态度是在后天环境中习得的，具有相当的稳定性。态度的心理结构包括三个成分：认知、情感和行为意向。

2. 态度在人的学习和工作中扮演着重要角色，其基本功能包括适应、自我防御、价值表现、认知和理解。个体总是根据自己已经形成的态度来对待他人、自己以及周围的其他事物，从而对外界的影响表现为接受或拒绝。

3. 态度的形成受到很多因素的影响，包括个人的欲望和需求满足与否、知识经验、所处的团体、人格特征以及其他环境因素等。

4. 虽然态度是相对稳定的，但不是一成不变的。关于态度的改变，是态度研究的重要课题，形成了多种不同的解释逻辑，包括认知失调理论、平衡理论、参与改变理论等。了解这些理论，对于管理实践中改变人的态度具有参考价值。

5. 工作场所的态度，主要表现为工作满意度、组织承诺、组织认同、组织公民行为、离职意向等。

复习思考题

1. 详细描述态度及态度的功能。
2. 分别简述影响态度形成与态度改变的因素。
3. 解释工作满意度的概念及影响因素。
4. 简单描述员工忠诚度、组织公民行为、离职意向的定义。

推荐阅读

1. 周三多，陈传明，贾良定．管理学原理与方法．7 版．上海：复旦大学出版社，2018.
2. 章志光．社会心理学．3 版．北京：人民教育出版社，2015.

第五章
动机与激励

【学习目标】

1. 了解动机的过程、性质。
2. 熟悉动机的测量方法。
3. 掌握工作动机相关理论。
4. 熟悉工作动机理论在管理中的应用。

第一节　动机概述

动机是指引起和维持个体的活动，并使活动朝向某一目标的内部心理过程或内部动力。人们无论从事什么活动，总是受到动机的调节和支配。动机可以说是活动的原因和动力，它表明一个人“为什么”去从事某种活动。而且，人的各种活动都是在动机的指引下，指向特定目标的。

例如，当一个人饥饿的时候，他便开始去寻找食物。假如打开冰箱发现没有可吃的东西，他不会就此罢休，他可能到外面购买食物，直到填饱肚子，行为才得以停止。人类的行为大多是动机导向的，某些动机在得到满足之后可能会暂时消失，但人的动机多种多样，在某一动机暂时消失后，其他的动机还会产生，总有一些动机在支配我们的行为。而且，我们的行为既可能是由一个动机引起的，也可能是由若干个动机共同引发的。

一、基本的动机过程

要了解动机产生的基本心理过程，我们首先需要了解构成动机的三个既相互作用又相互独立的因素。

（一）需要

当个体在生理或者心理上产生不平衡时，需要就产生了。例如：当我们感到身体缺乏水的时候，饮水的需要就会产生；而当我们过于疲劳时，休息的需要就会产生；当我们缺少与他人的沟通和交流而感到孤独时，与人交往的需要就会产生。需要既可以指向个体内部维持生理功能的物质因素（如水、食物等），也可以指向与社会环境相关的心理因素（如爱情、社会赞许等）。个体在心理上的平衡点存在很多差异，例如，有些人并不需要获得很多的成功来满足自己的成就感，但有些人即使已经获得了一连串的成功，也可能仍然具有很强的成就需要。

（二）驱力

驱力是行为导向的，并且为指向目标的行为提供了原动力。在动机产生的过程中，它是处于核心地位的，在很多时候它和动机是可以互相替换使用的。例如，我们既可以说对于朋友的需要产生了交往或者亲和的驱力，也可以说对朋友的需要产生了交往或者亲和的动机。

（三）诱因

诱因是个体身外的刺激，也是动机过程的最后一个环节。任何可以减轻或者帮助减轻需要的程度、降低驱力水平的事物都可以称为诱因。换句话说，能满足个体需要的外在物就是诱因，如食物对于饥饿者来说就是诱因，还有诸如苹果手机、优厚的薪酬待遇、留学机会等，都是有相关需要的个体的诱因。

了解了组成动机的三个互相联系而又互相独立的因素，我们也就明白了基本的动机过程。我们可以用一句非常简单的话来概括基本的动机过程，即需要唤起了指向诱因的驱力（见图 5-1）。

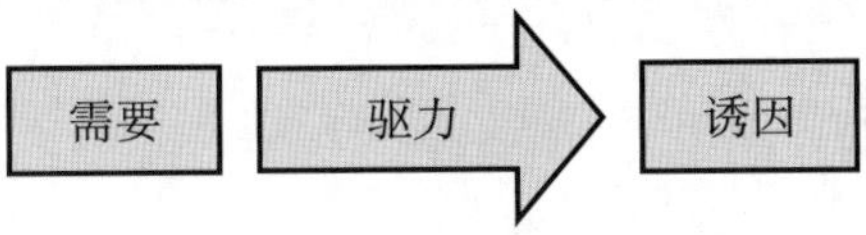

图 5-1　基本动机过程

二、动机的性质

动机具有强度和方向性。动机的强度取决于个体需要和外部诱因，描述的是个体所付出的努力程度。在动机过程部分我们已经了解到，需要和诱因是动机的来源。若外在条件一定，则对某一事物（如食物）的动机强度与身体组织缺乏的程度直接相关。而若内部条件一定，则对事物的动机强度随外部因素（如食物的色、香）而变化。实际的动机行为，经常是内外条件交互影响的结果。

动机存在于每个人身上，但不同个体的动机在方向性上有所区别。比如有的员工成就动机非常强，在周末还经常主动到单位加班，而有的员工却认为工作中的成就并没有那么重要，与家人在一起享受生活才是重要的。另外，即使是同一名员工，在做机械性的操作工作时可能会消极怠工，但在进行与社会相关的工作时则可能会精神饱满，这也是动机的方向性的一个表现。

三、动机的层次

（一）动机的分类

根据动机的性质，动机可划分为生理性动机和社会性动机。生理性动机起源于身体内部的生理平衡状态的变化，这是生物共同的需要引起的，因此又被称为原始性驱力。这些需要包括解除饥饿、渴、睡眠、性、温冷、痛苦等。社会性动机起源于心理和社会因素，是由经过学习而获得的需要引起的，因此不同的个体可能有很大的差异，又被称为衍生性动机或心理性动机。其中的需要包括爱情、亲和、归属、成就、尊重和社会赞许等。

根据动机在活动中作用的大小，心理学家把动机划分为主导性动机和辅助性动机。主导性动机是指在人进行活动的过程中占主导地位的心理过程和内部动力，通常对于行为有决定意义。辅助性动机则是指那些对个体行为没有决定意义、仅起辅助性作用的动机。例如，某刚毕业的员工在单位努力工作，他的工作动机可能包括获得成就感、争取较高的薪酬、引起领导重视等。而在所有动机中，争取较高的薪酬可能是主导性动机，因为该青年员工需要首先解决生存问题，而其他的动机则是辅助性动机。

根据动机的来源，还可以把动机划分为内部动机和外部动机。内部动机是由个体内在需要引起的动机，例如个人兴趣、爱好、荣誉感、成就感等。外部动机是在外部环境影响下产生的动机，例如想要获得奖金、避免被惩罚等。外部动机和内部动机的关系十分密切，二者相互影响，也在推动个体活动中一起发挥重要作用。

（二）动机的影响因素

1. 价值观因素

价值观是人们对客观事物（包括人、物、事）及对自己行为结果的意义、作用、效果和重要性的总体评价，是推动并指引个体行为的重要原则和标准。它反映人们的认知和需求状况，对动机有导向的作用，是人的动机和行为模式的统帅。

根据社会文化生活方式，价值观可分为经济价值观、理论价值观、审美价值观、政治价值观和宗教价值观；根据自我-他人维度，价值观可分为自我取向价值观和他人取向价值观；根据工具-目标维度，价值观可分为工具性价值观和终极性价值观。价值观的主要表现形式包括兴趣、信念和理想。

（1）兴趣。兴趣建立在需要基础上，是认识事物的一种倾向，带有积极的情绪色彩。兴趣也是人们对事物好恶的内心尺度，对个体活动有巨大的推动力。如一个人对户外运动有很强的兴趣，则可能会主动进行户外跑步、登山等运动。

（2）信念。信念是人们在一定的认知基础上确立的对某种思想或事物坚信不疑并力求加以实现的态度。信念不仅是一种认识活动，而且是知和情的升华，更是知转化为行的中介和动力。信念高度统一了知、情、意三者，能很好地指引个体的思想和行为，具有理论性的价值取向。

信念处于个性心理倾向中的上层部分，因此对个性心理倾向中的基础需要具有一定的控制和调节作用，它可以通过对个体需要的调控来影响个体的动机和行为。例如，人都有生存和安全的需要，但是，有“人民利益高于一切”的信念的人，能在危险时刻挺身而出，或与暴徒搏斗，或与洪水抗争，以保护人民生命和财产安全。这就是他自觉抑制生存需要、安全需要，而激活利他需要、奉献需要所产生的行为动机。

(3) 理想。理想是个体对未来有可能实现的奋斗目标的向往和追求。它以一定的信念为基础，是信念对象的未来形象和具体内容。因而理想比信念更为具体和丰富，也更具有情感意义上的感召力。理想总是与奋斗目标相联系，因此能够影响人的行为动力，它会激发人的活动朝着一定的方向和对象奋进，能够引发对个体巨大的激励力量。

2. 情感因素

情感是人对客观现实的态度的体验，也就是人们在实践活动中出现的喜怒哀乐。情感具有动力功能，即情感对个体行为活动具有增力或减力效能。正如马克思所说，情欲、激情是人指向着自己的对象努力追求的性能。热情就是一个人努力达到自己目标的一种积极的力量。

3. 认知因素

(1) 效价和期望评价。目标或诱因能否激起个体的行为，取决于它带给个体的价值大小以及可获得的概率，前者称为效价，后者称为期望。个体行为动力为效价与期望的乘积。

行为动机＝效价×期望

(2) 自我效能感。在个体的动机过程中，起主要作用的不是能力，而是个体对自己是否有能力胜任任务的知觉，即自我效能感。自我效能感会对个体的成就动机产生较大的影响，并和成就动机一起影响人们对目标的追逐。班杜拉等人的研究指出，自我效能感还影响人们在困难面前的态度、活动时的情绪，决定人们对活动的选择及对该活动的坚持性，影响新行为的获得和习得行为的表现。国内也有研究显示，成长经历和社会支撑等个体和社会因素可以通过自我效能感间接影响个体的动机，自我效能感也可以直接影响个体的动机。

四、动机的测量

行为的产生与维持都靠动机，但动机本身无法直接查知，管理人员要想去了解一个员工有哪些动机，员工的主导动机和优势动机是什么，就只有从员工外在的行为表现去分析。测定员工工作动机的方法通常有下列几种。

(一) 观察法

观察法是指在实际生活中，或是在控制的情境下，通过观察员工的外在行为表现，对其内在的动机进行推测。

例如，如果一个员工总是喜欢接受挑战性的任务，对自己没有完成的任务，不用领导催促就主动加班加点，总是很投入并且很享受自己的工作，在取得成绩时会表现出兴奋，则可以推断该员工具有较强的内在工作动机。如果某个员工平时很喜欢对工作发表意见，总是积极参与团队活动，对别人的事又很关心，且喜欢替别人出主意，我们大体可以揣测出其领导或支配动机的端倪。若当他有机会获得权力或晋升时，表现得兴奋、满足，反之，落选时表现为沮丧挫败，则更可确定该员工具有较强的领导动机。

根据员工的日常行为来推断员工的工作动机，必须建立在长期的观察基础之上。管理者只有多与员工接触，留意员工的日常行为，才能深入了解员工的工作动机。

（二）访谈法和自陈量表法

访谈法是指通过访谈者和受访人员面对面的交谈，管理人员根据员工的陈述加以分析，从而推断其工作动机。

自陈量表是一种要求员工自行报告，回答关于他们在各种情况下的行为或感受等的测量工具。自陈量表法采用标准化测试的形式，具有可操作性强、简单易行、容易解释、相对客观全面等优点。各种自陈量表让受测者按自己个人的情形，回答量表中所列的各种问题。常见的自陈量表有是否式、二择一式、是否折中式、文字等级式、数字等级式等。

（1）是否式：提供一个陈述句或问句，并列出“是”和“否”两种选项，要求受测者选择其中一个选项。例如：

你喜欢一个人单独工作吗？　是□　　否□

（2）二择一式：并列两种假设情况（A和B），要求受测者选择其中符合自己实际情况的一种。例如：

A. 我有什么意见就向上级主管表明。　□
B. 我在上级主管面前总感觉到胆怯。　□

（3）是否折中式：提供一个陈述句或问句，并列出“是”“否”“不一定”（或“介于是与否之间”）三种选项，要求受测者选择其中一个选项。例如：

我喜欢解决复杂的问题。
A. 是的　B. 介于A和C之间　C. 不是的

（4）文字等级式：提供一个问题，同时列出几个程度不等的选项，供受测者选择。例如：

我喜欢独立思考解决疑难问题。
非常同意　　比较同意　　不确定　　比较不同意　　非常不同意

（5）数字等级式：实际上是文字等级式的变式，只不过是将文字式选项改为数字式选项。例如：

我喜欢独立思考解决疑难问题。
非常同意　1　2　3　4　5　非常不同意

阿马比尔（Teresa Amabile）编制的工作偏好量表（work preference inventory，WPI）是目前测量工作动机较为通用的量表。

（三）投射法

这里需要先解释一下“投射”，它是指个体把自己的思想、态度、愿望、情绪或特征等，不自觉地反映于外界事物或他人的一种心理作用。这种内心深层次的反映，是人们行为的基本动力，对这种基本动力的探测常借助投射技术。投射法是指施测者向受测者提供意义比较含糊的刺激情境，让受测者自由发挥，施测者分析其反应，然后推断其人格特征的方法。利用这种方法设计的测验称为投射测验。

具体说来就是让受测者通过一定的媒介，建立起自己的想象世界，在无拘束的情境中，显露出其个性特征。这种方法绕过了受测者的心理防御机制，旨在探测受测者投射到“无规定刺激”上的真实情感、态度、动机等。测试中的媒介，可以是一些没有规则的线条，可以是一些有意义的图片，可以是一些只有头没有尾的句子，也可以是一个故事的开头，让受测者来编故事的结尾。因为这一画面是模糊的，所以一个人的说明只能是来自他的想象。通过分析不同的回答和反应，可以了解不同人的个性。归纳起来，常用的投射法包括词语联想法、句子或故事完形法、绘图法、漫画测试法、照片归类法等。

例如，在测量员工的工作动机时，可以采用不让受测者知悉测验目的的想象作业方式（imaginative production），即看图说故事。比如让员工看三张幻灯片，内容为：

（1）工作情境——两个工人在操作一架机器。

（2）人事情境——一个主管模样的人与一个部属模样的人相对而立。

（3）办公情境——一个男人坐在桌前，桌上放着一堆公文。

员工看完图片后，凭个人的想象编造一个故事。故事的内容必须涉及下列几个问题：

（1）图中所示为什么人？他或他们正在做什么事？

（2）目前的情况是如何演变而成的？

（3）他或他们的情况将来会有什么样的发展？

（4）你有什么感想？

员工在编造故事时，会不自觉地将自己的态度和动机投射进去。因此分析其故事内容，即可大概推知其工作动机。

管理视野

多动机网格技术

为了解决传统主题统觉测验（TAT，一种投射测验）费时费力的问题，索科洛夫斯基等基于20世纪70年代后期发展起来的单个动机网格技术，发展出了一种对三大动机同时进行测量的工具，即多动机网格（MMG）技术。它结合了TAT和问卷测量的特点，是一种测量内隐动机的半投射方法。类似于TAT，多动机网格技术也需要向受测者呈现一系列（14幅）模糊图片，以引起动机意象。每幅图片下面各有12项陈述，它们代表三种动机，即成就、归属和权力，以及两种动机的趋避方向，即渴望与恐惧（如表5-1所示）。这样就形成了一个矩阵，它有14×12个单元［cell，或者叫网格（grid）］。要求被试选出适合描述图片的陈述，并以此取代编写故事。如果要计算某种动机的分数，只需数出该动机相关陈述被选择的项数。这种方法进一步减少了施测、计分、数据处理的时间和精力耗费。测验通常需要30～45分钟，而且，测验可进一步缩减为72个项目（即MMG-S，需要15～20分钟）。已有的研究数据表明，MMG技术是测量内隐成就、归属和权力动机的有效方法。

表5-1 MMG技术中的陈述及其对应动机类型示例

序号	陈述	动机类型
1	交际感觉良好	HA——归属渴望
2	预感将要丢脸	FP——权力恐惧
3	对成功有信心	HS——成就渴望
4	害怕被人拒绝	FR——拒绝恐惧
5	感觉无能为力	FF——失败恐惧
6	担心被人压制	FP——权力恐惧
7	感到可以胜任	HS——成就渴望
8	害怕麻烦别人	FR——拒绝恐惧
9	打算避开难题	FF——失败恐惧
10	试图影响别人	HP——权力渴望
11	想要联系他人	HA——归属渴望
12	想获得好名声	HP——权力渴望

第二节 工作动机的内容理论

内容型动机理论重点研究激发动机的诱因。本节主要介绍其中影响力较大的三种理论：需要层次理论、双因素理论和ERG理论。

一、需要层次理论

需要层次理论由美国心理学家马斯洛于1943年提出。该理论在世界范围内广为流传，对管理理论和实践的影响十分深远。

马斯洛认为人类有五种主要的需要，它们由低级至高级呈一个金字塔形状（见图5-2）。

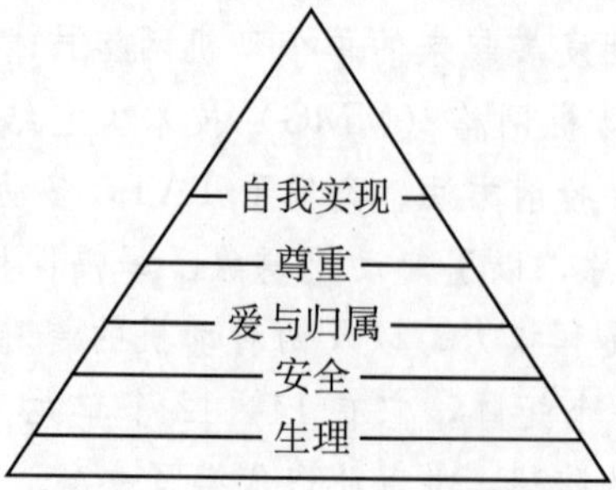

图5-2 马斯洛的需要层次理论

(1) 生理需要。生理需要（physiological needs）包括对衣、食、住、行、性等方面的需要，它们是人类维持自身生存的最基本需要，也是需要层次中最底层的需要。一个人如果不能满足最基本的温饱需要，则更高层次的需要基本会被忽略。我国古代文化中“仓廪实而知礼节”的思想也正是这个意思。

(2) 安全需要。安全需要（safety needs）是指对避免危险、威胁和剥夺的需要。一个人最基本的生理需要获得满足之后，另一个基本的需要就是安全需要。它们包括对保护、秩序、稳定的需要，表现为人身安全、工作安全、财产安全、健康保护等。

在工业部门，很多场所会要求员工必须佩戴安全帽、护目镜或采用其他防护措施，这些措施从一定程度上满足了工作人员的安全需要。完善员工的各种福利待遇，尤其是各种保险制度，也是一个企业为满足员工安全需要而应做的努力。最后，满足员工安全需要，还应该创造有秩序、可预知的工作环境。

(3) 爱与归属的需要。爱与归属的需要（love and belongingness needs）指个人归属于某一群体的需要，参加群体活动及交往的需要，对友谊、接纳和爱情的需要，等等。每个人都希望伙伴和同事之间关系融洽，希望有一种归属于一个集体的情感，希望成为其中的一员并且得到其他成员的接纳和关心。

(4) 尊重需要。尊重需要（esteem needs）可以分为两类：一类与内部尊重有关，例如自尊、自信、自主和成就感；另一类与外部尊重有关，例如地位、荣誉、认可和关注。马斯洛认为尊重需要能够得到满足的人会对自己充满信心，对社会更有热情，能够体会到自己生活在世界上的价值；而尊重需要缺失的个体，则会产生无能、自卑、软弱感，从而严重影响个体生活的基本信心。

(5) 自我实现需要。以上四种需要都获得某种程度的满足之后，人类便会追求更高层次的自我实现需要（need for self-actualization）。它是指个体能充分发挥自身的潜能，实现自己的理想和抱负，同时使自己不断获得成长和发展的需要。这种需要的满足往往是通过成就感和胜任感来实现的。追求自我实现需要的人希望能充分发挥自己的才能，做一些自己觉得有意义、有价值的事，努力去成就一番事业。

马斯洛认为，只有在低层次的需要获得基本的满足后，下一个高层次的需要才会成为主导需要。尽管马斯洛没有直接的表述，但根据马斯洛的观点我们不难推出，虽然没有一种需要会得到完全、彻底的满足，但它只要大体上获得了满足，或者说获得了大部分的满足，就很难再成为优势需要，也就失去了对行为的驱动作用。

马斯洛还把五种需要分为高和低两级。其中生理需要和安全需要属于低级需要，它们是通过外部因素使人得到满足的。例如，借助工资收入可以满足生理需要，借助法律制度可以满足安全需要。而爱与归属的需要、尊重需要和自我实现需要则属于高级需要，它们是通过内部因素使人得到满足的。低级需要是有限的，一旦得到满足就不再具有激励作用。而高级需要往往不易得到满足，更不可能得到完全满足。不过，只有在高级需要的满足过程中，更大、更稳定、更持久的力量才能产生，成为决定人们行为的关键因素。对高级需要的追求和满足代表了一种普遍性地趋于健康的趋势，一种远离心理病态的趋势，会带来对公众和社会有利的效果。

尽管每个人心理发展的状况不同，但其发展的趋势大致与年龄的增长相关。例如，婴儿时期，生理需要比其他任何需要都来得重要。但这种相关并非完全固定不变，一个人因时因地、因不同的外在环境因素的影响，其需要可能由高层次退到低层次。至于一个社会的多数人的需要，则与该社会的经济发展状况，以及教育普及的程度有关。经济落后地区的人民，其需要大多在低层次。经济越繁荣，教育普及程度越高，其需要也越往高层次发展。马斯洛的需要层次理论得到了普遍的认可，对于管理者有很大的启示。根据需要层次理论，如果你要激励某个人，首先就要了解他目前的需要处于哪个层次，然后重点满足他当前的主导需要。

特别值得指出的是，晚年的马斯洛对他的需要层次理论做了进一步的阐释，提出了审美和认知需要的概念。于是有人把他的理论归纳为六个层次，甚至七个层次。但也有学者认为他自己并没有明确把审美和认知需要作为单独的需要层次进行阐述，所以，还是五个层次。由于篇幅限制，我们在这里不做进一步的介绍。感兴趣的读者可以阅读本章推荐阅读里列出的《动机与人格》一书。

心理名家

亚伯拉罕·马斯洛

亚伯拉罕·马斯洛（1908—1970）是美国著名哲学家、社会心理学家、人格理论家和比较心理学家，人本主义心理学的主要发起者，心理学第三势力的主要领导者。主要成就包括创建了人本主义心理学，提出了需要层次理论。代表作品有《动机和人格》《存在心理学探索》《人性能达到的境界》等。

马斯洛于1908年4月1日出生在纽约市布鲁克林区一个犹太家庭。父亲酗酒，对孩子们的要求十分苛刻，母亲极度迷信，而且性格冷漠、残酷、暴躁，他上学后又是学校中少有的几个犹太人之一，这一切使马斯洛成为一个害羞、敏感并且神经质的孩子。为了寻求安慰，他把书籍当成避难所。早年经历不仅影响了儿时的马斯洛，而且使成年甚至成名后的马斯洛仍然害怕当众发言，以至于每一次演说之前他都会经历极为强烈的焦虑。

马斯洛从5岁起就是一个读书迷，他经常到街区图书馆浏览书籍。当他在低年级学习美国历史时，托马斯·杰斐逊和亚伯拉罕·林肯就成了他心中的英雄。几十年以后，当他开始发展自我实现理论时，这些人则成了他所研究的自我实现者的基本范例。马斯洛曾经痴迷于行为主义，但当他的第一个孩子出世后，他观察婴儿行为的奇妙现象，领悟到行为主义心理学家用动物研究结果来解释人类行为的做法，根本不切实际。因此他曾对人说："我敢说，凡是亲身养育过小孩的人，绝不会相信行为主义！"马斯洛在布鲁克林任教期间，正是德国纳粹迫害大批学者时期，很多欧洲著名心理学家避难美国，他因而得识格式塔心理学家魏特海默、苛勒和考夫卡及精神分析心理学家霍尼、阿德勒和弗洛姆等人。这些人的思想都对他的人本主义心理学理念产生了影响。

1967年，马斯洛任美国心理学会主席。1969年离开布兰迪斯大学，成为加利福尼亚劳格林慈善基金会第一任常驻评议员。1970年6月8日因心力衰竭逝世。在他逝世一个多月后，国际人本主义心理学会成立，并在荷兰首都阿姆斯特丹举行首届国际人本主义心理学会议；第二年，美国心理学会设置了人本主义心理学专业委员会。这两件事标志了人本主义心理学思想获得美国及国际心理学界的正式承认。遗憾的是，马斯洛本人未能亲眼看到他多年为此事鞠躬尽瘁所获的成果。

国内有研究表明，企业中不同层次的核心员工的需要是不同的，企业必须根据其需要特点制定有针对性的激励措施。对于基层核心员工来说，其需要主要为最底层的生理需要。这类员工主要为衣、食、住、行而忙碌，所以更看重现期货币收入的多少。企业对这类核心员工进行激励时，应该适当增大基本工资在整个薪酬结构中的比例，从而使他们每个月都有一笔可观的固定收入；在福利上除了基本的“五险一金”外还应增加一些在职学习和培训的机会，使他们一方面能解除后顾之忧，另一方面还可以不断得到提高，增强对企业的忠诚感和依赖感。

对于中层核心员工来说，其需要主要为中间层的安全需要、爱与归属的需要。一方面，他们仍然有追求货币收入的动机；另一方面，他们更希望自己和家人身体健康、生活稳定以及免遭痛苦、灾祸等，能够与亲人以及同事、朋友之间建立温馨和谐的人际关系。因此，企业对这类核心员工应该适当增大绩效工资在整个薪酬结构中的比例，以调动其追逐更多货币收入的积极性；在福利设计上多提供一些医疗保险和带薪假期，并提供更多的出席会议和活动的机会，从而增强其在企业中的安全感和稳定感，帮助其拓宽交际网络，实现广交朋友的愿望。

对于高层核心员工来说，其需要主要为最高层的尊重需要和自我实现需要。他们由于在企业中已经处于金字塔尖，对单纯地提高货币收入这种激励方式不再敏感，他们需要得到的是社会大众的认可、个人的良好声誉和社会地位，以及实现心中的理想。因此，对这一层次的员工应更多地采取一种“自我激励”的方式，企业所需要做的只是为他们搭建一个合适的舞台，由他们自己来完成精彩的“演出”。对他们应该采用股票、期权这类风险与收益都十分巨大的变动收入形式作为其主要薪酬来源；在对他们的福利设计上，应尽可能地采用弹性福利计划，由其自主设计和选择符合自身偏好的福利内容。这样既与其在企业中的地位相匹配，又能够最大限度地满足其特定需要，从而真正实现“自我激励”的目标。

二、双因素理论

美国心理学家赫茨伯格曾采用关键事件分析技术对员工的工作满意度进行研究。赫茨伯格向员工询问“什么时候你对工作感到特别满意?”“什么时候你对工作感到特别不满意?”“原因是什么?”等等，并请受访者一一回答。在对访谈结果进行分类后，赫茨伯格发现有两大类因素影响着人们的工作满意状况，并且这两类因素的影响效果存在着显著的不同：一些因素的缺失会导致员工显著不满，比如基本的薪酬保障、合理的工作福利、安全的工作环境等，不过具备它们之后虽然员工的不满得到消除，但满意感并没有因此而产生；另外一些因素，如工作的挑战性、上司的认可、工作中取得成就等的具备，会显著带来员工满意度的提升，即使它们缺失，员工也不会产生不满，只是没有满意而已。基于这些研究发现，赫茨伯格在1959年提出了著名的双因素理论，它也被称为激励保健（hygiene-motivational factors）理论。

赫茨伯格的双因素理论认为，“满意”与“不满意”并不是直接对立、非此即彼的。“满意”的对立面是“没有满意”，“不满意”的对立面是“没有不满意”。“没有满意”与“没有不满意”等价，同属中间状态。赫茨伯格将会导致“不满意”的因素概括为保健因素，包括基本的薪资待遇、工作条件、工作稳定性、人际关系、管理水平、公司政策等，它们的缺乏会导致员工积极性的下降；将会产生“满意”的因素概括为激励因素，包括个人的成长机会、得到认可、获得成就、责任、晋升机会等，它们能激发员工的工作动力，从而提高工作效率。

对于管理者来说，要激发员工的积极性，改善其工作条件和环境，消除其“不满意”是前提和基础；使工作本身具有挑战性，让员工从中得到成长并产生胜任感、成就感和“满意”感，则是关键所在。

不过双因素理论也受到了一些批评和质疑。有人认为，要想使赫茨伯格的理论有意义，就必须假定满意感和生产率和工作动机之间存在紧密的联系。然而到目前为止，这一假设能否成立似乎还存在着一定程度上的争议。此外，赫茨伯格的调查也只是考察了工作满意度，而没有涉及员工的工作成绩与努力程度。还有人从归因理论角度出发，认为赫茨伯格的研究方法具有局限性。他们认为赫茨伯格得出的保健因素主要是外部因素，激励因素则主要是内部因素，因为人们进行归因时容易把功劳归于自己，而把失败归因于外部环境。尽管存在一定的争议，双因素理论和马斯洛的需要层次理论一样，都为人们研究需要与激励提供了良好的理论思考框架。

三、ERG理论

ERG理论是美国耶鲁大学的克雷顿·奥尔德弗（Clayton Alderfer）在马斯洛的需要层次理论基础上，进行更接近实际的研究后，于1969年在《人类需要新理论的经验测试》一文中提出的一种新的人本主义需要理论。奥尔德弗认为，人类共存在三种核心的需要，即生存（existence）需要、关系（relatedness）需要和成长（growth）需要，因而这一理论又被称为ERG理论。

（1）生存需要。生存的需要与人们基本的物质需要有关，它包括马斯洛提出的生理和安全需要，即衣、食、住、行，安全的工作环境、稳定的经济来源，等等。

（2）关系需要。这是指发展人际关系的需要。这种需要可通过工作中或工作以外与其他人的接触和交往得到满足。它相当于马斯洛理论中的爱与归属的需要和一部分尊重需要。

（3）成长需要。这是个人自我发展和自我完善的需要。这种需要通过发展个人的潜力和才能方可得到满足。这相当于马斯洛理论中的自我实现需要和一部分尊重需要。

除此之外，ERG理论认为，在同一层次的需要中，某个需要只要得到少量满足，个体就会强烈地希望得到更多的满足。另外，低层次需要满足得越充分，高层次需要就越强烈；高层次的需要满足得越少，低层次需要就会越膨胀。

与马斯洛的需要层次理论相比，奥尔德弗的 ERG 理论除了在需要的层级上不同外，还没有假定人们必须在低层次的需要得到满足之后才会产生高层次的需要，认为多种需要可以并存。同时，ERG 理论还包括“挫折-倒退”趋势。

奥尔德弗的 ERG 理论相对于马斯洛的需要层次理论而言，得到了更多学者的认同，但同时也有一些证据表明该理论在某些组织中并不适用。不过需要肯定的是，ERG 理论在解释需要层次方面向前迈进了一步。

下面，我们对三种内容型动机理论的大致关系进行了归纳（见表 5-2）。

表 5-2　三种内容型动机理论的大致关系

<table>
<tr><th>马斯洛的需要层次理论</th><th>奥尔德弗的 ERG 理论</th><th>赫茨伯格的双因素理论</th></tr>
<tr><td>自我实现
尊重（内在部分）</td><td>成长</td><td>激励因素</td></tr>
<tr><td>尊重（外在部分）
爱与归属</td><td>关系</td><td rowspan="2">保健因素</td></tr>
<tr><td>安全
生理</td><td>生存</td></tr>
</table>

由于工作动机是非常复杂的，上述内容理论对工作动机的解释有时还不充分。尽管如此，对于那些想真正了解员工动机的管理者来说，这些理论是不能被忽略的，它们依然可以给管理者提供非常有价值的指导。比如，正是从满足员工的生理和安全需要、消除“不满意”因素出发，大多数的公司都会为员工提供一定的保险、福利和退休保障。同时，这些理论还为管理者如何更好地激励下属指出了方向。

第三节　工作动机的过程理论

内容型动机理论重点从动机的需要因素来解释员工的行为，对于动机影响员工的过程没有进行说明。过程型动机理论重点关注动机的心理机制，研究员工如何做出不同的反应，试图描述并解释工作动机发挥作用的整个过程。本节主要介绍两种影响力较大的过程理论：弗鲁姆的期望理论和波特-劳勒模型。

一、弗鲁姆的期望理论

期望理论（expectancy theory）是由美国心理和行为科学家维克托·弗鲁姆（V. H. Vroom）于 1964 年在《工作与激励》中提出来的。弗鲁姆认为，一个人在工作绩效上所愿意付出的努力，取决于他对这种行为能给自己带来某种结果的期望，以及这种结果对个人的吸引力。

了解弗鲁姆的动机期望理论，首先要理解该理论中的一些概念。

（1）期望。期望（expectancy）是指人们根据过去经验判断自己达到某种目标的可能性，即能够达到目标的概率，期望的取值范围在 0 到 1 之间。在工作场所中，它可以反映个人努力和个人绩效之间的关系。如果一个员工认为自己无论如何努力也达不到要求的绩效，那么这个员工的期望值就是 0。如果他认为自己一定可以达到要求的绩效，那么他的期望值就是 1。如果员工不确定自己经过努力能否达到绩效目标的要求，那么他的期望值则落在 0 和 1 之间。

（2）效价。效价（valence）是指个体预计的某种结果会为自己带来的满意或不满意的程度，是达到目标对于满足他个人需要的价值。在工作场所中，效价通常就是组织的奖励对个人是否有吸引力，反映的是组织奖励与个人满足之间的关系。效价的取值范围在－1 到 1 之间。例如，某员工比较圆满地完成一项任务后，公司决定给予该员工更多的机会，如果该员工认为更多的机会对自己很重要，能使自己有更多施展才华的空间，则这个奖励的效价是正的；而假如这个员工只是期望得到项目奖金，觉得更多的机会会让自己更忙碌，则组织为其提供更多机会的效价对该员工来说会很低，甚至是负的。

弗鲁姆认为，人总是渴求满足一定的需要并设法达到一定的目标。这个目标在尚未实现时，表现为一种期望，它会产生相应的激发力量。而这个激发力量的大小，取决于目标价值（效价）和期望概率（期望值）的乘积。用公式表示就是：

$$M=E\times V$$

M 表示激发力量，是指调动一个人的积极性，激发人内部潜力的强度。

V 表示目标价值（效价），效价越高，激发力量就越大。某一客体如金钱、地位、汽车等，如果个体不喜欢、不愿意获取，目标效价就低，对人的行为的激发力量就小。举个简单的例子：对于幼儿来说，糖果的目标效价就要大于金钱的目标效价。

E 是期望值，它是人们预判自己达到目标的概率，反映了人们实现需要和动机的信心强弱。如果个体相信通过努力肯定会取得优秀成绩，期望值就高。这个公式说明，假如一个人把某种目标的价值看得很大，估计能实现的概率也很高，那么这个目标激发动机的力量就会很大。

后来，弗鲁姆又提出了工具性这一概念，国内也有人将其解释成达成目标的可能性。工具性（instrumentality）是指一个人认为达到一定目标同他想要获得的积极结果之间的相关性，工具性的取值范围为－1 到 1。在工作场所中，它可以反映个人绩效和组织奖励之间的关系。如果一个员工认为只要自己取得公司要求的高绩效，就可能获得加薪，那么他的工具性就是正的；而如果一个员工认为即使自己取得了高绩效，公司也不一定给予回报，还有可能招致其他业绩平平员工的孤立，那么他的工具性就是负的。

经发展后，期望公式表示为：动机＝效价×期望值×工具性。

弗鲁姆的期望理论对于人力资源管理有许多重要的启示。

首先，弗鲁姆对期望概念的强调促使我们去思考：管理者与员工共同制定的绩效目标是否恰当？是不是员工期望达成的目标？员工通过努力能否达到该目标？如果员工跳一跳能够摘到“桃子”，这个绩效目标就会产生激励作用。否则，过高的目标会使员工看不到达成的希望，从而降低工作动机。

其次，员工绩效目标达成后，组织为其提供的绩效奖励对其是否有吸引力，也就是效价的大小非常重要。如果管理者不能很好地了解员工的需要，比如对一个员工进行了提拔，然而该员工对于晋升缺乏兴趣而只是希望加薪，那么很可能会出现组织对员工进行了奖励，但不能获得预期激励效果的情形。

最后，工具性概念启示管理者要明确个人绩效和组织奖励之间的关系，也就是要通过管理实践让员工相信，他有达成目标的可能，同时奖励和绩效结果之间有明确、必然的联系，并且这种联系是持久、稳定的。

二、波特-劳勒模型

波特-劳勒模型是基于弗鲁姆的期望理论的一种综合动机模式理论，它由美国行为科学家爱德华·劳勒和莱曼·波特在 1968 年的《管理态度和成绩》一书中提出。该模型的主体如图 5-3 所示。

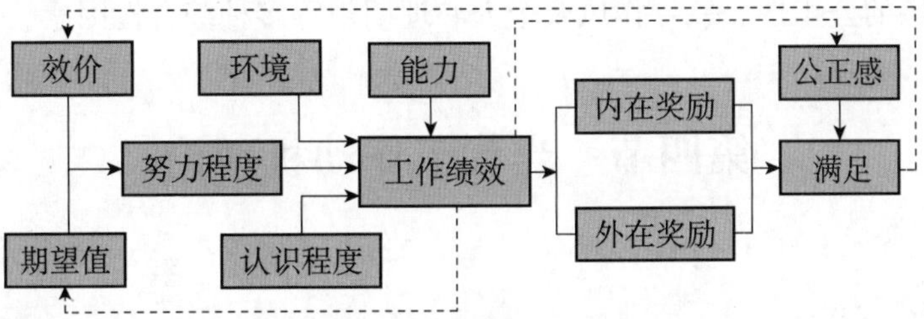

图 5-3 波特-劳勒模型的主体

在波特-劳勒模型出现之前，尽管赫茨伯格的双因素理论和弗鲁姆的期望理论都涉及了满意度的问题，但是对满意度和绩效之间的关系并未做深入探究。波特和劳勒认为，动机、绩效和满意度是三个不同的概念，并且指出，员工对紧随奖励的知觉决定了满意度，也就是绩效引起了满意，而不是满意引起了绩效。

波特和劳勒还提出，从动机到绩效的这个过程中，员工的努力并不是工作绩效的唯一影响因素，员工的能力、所处的环境、对任务的认识程度（包括自我的角色知觉）共同决定了工作绩效。这一观点对人力资源实践工作是很有启发性的。

（1）能力和素质。一个人的能力对完成任务起着巨大的作用。因此，管理者必须能慧眼识才，把人才放在最能发挥其长处的岗位上。放错了岗位，不仅浪费了人才，还会导致不良的工作效果。

（2）工作条件。选好人才后，还必须要为其发挥才干创造必要的条件，配备必要的资源。

（3）角色感知。为了让员工做出优异的绩效，管理者必须帮助员工充分了解该角色、该岗位或者该项任务对他的具体要求，也就是说，让员工充分地把握好岗位的目标和要求。

在波特-劳勒模型中，奖励分为内在奖励和外在奖励。外在奖励包括工资、地位、提升、安全感等。按照马斯洛的需要层次理论，外在奖励往往满足的是一些低层次的需要。

内在奖励即一个人由于工作业绩良好而被给予的肯定（包括自我肯定），如组织正式的认可与赞赏、自我感到对社会做出了贡献、对自我存在意义及能力的肯定等，对应的是一些高层次的需要的满足，大都与工作成就直接相关。

组织给予的内在奖励与外在奖励并不必然决定员工的满足，满足与否取决于被激励者认为获得的报偿是否公正。一个人会把自己所得到的报酬同自己认为应该得到的报酬相比较。如果他认为相符合，他就会感到满足，并促使他以后更加努力地工作。如果这个员工认为自己得到的报酬不公正，那么，即使事实上这个员工得到的报酬并不少，他也不会感到满足，还会产生失落感。此时，奖励也就很难产生激励作用，有时还会导致努力的消减。

波特-劳勒模型在 20 世纪六七十年代是非常有影响力的，在今天看来仍有相当的现实意义。它告诉我们，不要以为设置了激励目标、采取了激励手段，就一定能获得所需的行动和努力，并使员工满意。要形成“激励→努力→绩效→奖励→满足”并从满足回馈努力这样的良性循环，取决于目标设置、奖励内容、奖惩制度、组织分工、环境支持、管理水平、考核的公正性、领导作风及个人心理期望等多种综合性因素。

第四节　当代工作动机理论

一、公平理论

公平理论又称为社会比较理论，是美国行为科学家斯塔西·亚当斯在《工人关于工资不公平的内心冲突同其生产率的关系》《工资不公平对工作质量的影响》《社会交换中的不公平》等著作中提出来的一种动机理论。该理论重点研究人的动机和知觉关系，强调“公平感”在员工激励中的作用。

根据亚当斯的公平理论，个体会把自己的投入（例如教育、精力、能力、努力）和产出（例如晋升、工资待遇、领导认可）比率与其他人的投入和产出比率进行比较。员工的激励程度来源于对自己和参照对象的产出和投入比率的主观比较感觉。简而言之，当一个人做出了成绩并取得了报酬后，他不仅关心自己所得报酬的绝对量，而且关心自己所得报酬的相对量。因此，他要进行种种比较来确定自己所获报酬是否合理，比较的结果将直接影响今后工作的积极性。

人们用以做比较的对象，称为参照对象，它是决定比较结果的关键。员工既可以拿自己过去的工作经历来和现在的投入产出相比较（纵向比较），也可以和组织内部的同事或组织外部的朋友相比较（横向比较）。至于选择哪种参照对象，既受员工所掌握的有关参照对象信息的影响，也受参照对象吸引力的影响。

（一）横向比较

横向比较是将自己获得报酬和自己的投入的比值与组织内其他人进行社会比较，即将 O_P/I_P 与 O_O/I_O 进行比较。其中，O_P 是个人对自己所获报酬的感觉；I_P 是个人对自己所做投入的感觉；O_O是个人对比较对象所获报酬的感觉；I_O是个人对比较对象所做投入的感觉。

当$O_P/I_P=O_O/I_O$时，个体感觉到自己的产出投入比和比较对象相等，个体就会产生公平感觉；而当$O_P/I_P\neq O_O/I_O$时，会出现下述两种情况。

情况一：$O_P/I_P<O_O/I_O$。

如果个体感到自己的产出投入比低于比较对象，则这种不公平感就会导致愤怒。在这种情况下，他可能会采取两种办法：第一种办法是要求增加自己的报酬或者减少自己今后的努力；第二种办法是要求组织减少比较对象的报酬或者让其今后增大努力程度。此外，个体也有可能另寻他人作比较对象，以便达到心理平衡。

情况二：$O_P/I_P>O_O/I_O$。

如果个体感到自己的产出投入比高于比较对象，则这种不公平感就会导致内疚。为了减轻自己的内疚感，个体可能要求减少自己的报酬或者主动多做一些工作。时间久了，个体会重新估计自己的工作情况，从而对自己的投入和获得进行新的评定。

（二）纵向比较

除了横向比较，人们也经常做纵向比较，也就是把自己目前所得报酬与目前投入的比值，同自己过去所获得报酬与过去投入的比值进行比较，即将O_{PP}/I_{PP}与O_{CL}/I_{CL}进行比较。其中，O_{PP}是自己对现在所获报酬的感觉；I_{PP}是自己对现在所做投入的感觉；O_{CL}是自己对过去所获报酬的感觉；I_{CL}是自己对过去所做投入的感觉。同样，当这两个比值不相等时也会出现两种情况：情况一是$O_{PP}/I_{PP}<O_{CL}/I_{CL}$。此时，个体会产生不公平的感觉，进而导致其工作积极性下降。情况二是$O_{PP}/I_{PP}>O_{CL}/I_{CL}$。此时，个体不会产生不公平的感觉，但也不会觉得自己多拿了报酬从而主动多做工作。

公平理论从另一个角度阐述了报酬对动机的影响作用。它表明，对于组织内的员工来讲，动机不仅受到绝对报酬的影响，同时也受到相对报酬的影响。这对动机的理论发展来说无疑是一个推进，但同时，公平理论对一些重要的问题的解释还不够明确。比如，个体对相互矛盾的公平信息的处理办法、个体对投入和产出的量化方法等问题都值得进一步探讨。

二、公平理论和组织公平

公平理论解释了分配的结果对员工公平感的影响，是基于对分配公平的知觉建立的。随着对公平研究的不断深入，有研究者提出组织公平不但包括分配公平，还应该包括程序公平、人际公平和信息公平。

美国社会学家蒂博（John Thibaut）和法学家沃克（Lanren Walker）提出了程序公平的概念。他们首先在司法环境中研究决策过程公平性如何影响人们的认知和行为。研究结果表明，如果诉讼当事人在案件审理过程中有机会发表自己的意见，即使最后的审判结果不利于当事人，他们也会认为审理过程比较公平。二人指出，人们不仅关心决策结果公平性，也非常关心决策过程公平性。在管理心理学领域，程序公平涉及人们对用来确定报酬分配的程序是否公平的感知。有证据表明，尽管分配公平对员工满意度的影响较大，但程序公平对员工的组织承诺、离职意向和对领导的信任有更大的影响。

1980年，利文撒尔（Jerald Leventhal）等进一步发展了程序公平理论，提出了以下六个程序公平的标准：

（1）一致性，即要求分配的程序不因时间、地点和对象的变动而变动。

（2）无偏向性，即分配的过程中不应该掺有管理者个人的私利和偏见。

（3）准确性，即分配程序应该基于正确的信息。

（4）可修正性，即决定应该有可修正的机会。

（5）代表性，即分配程序能够代表和反映所有相关人员的利益。

（6）道德性，即分配程序必须符合能够接受的道德与伦理标准。

研究表明，决策者在决策过程中坚持这些标准，将有助于员工程序公平感的形成。

在程序公平的概念提出后，有研究者发现，即使在分配公平和程序公平上都使员工获得了满足，也不能确保给员工带来最终的组织公平感。比斯（Robert Bies）和莫格（Joseph Moag）于1986年开始注意分配结果实施过程中人际互动对公平感的影响，他们称之为“互动公平”。格林伯格（Jerald Greenberg）又将互动公平划分成人际公平（interpersonal justice）和信息公平（informational justice）两个维度。人际公平反映的是员工被那些与执行程序和决定结果有关的当权者以礼相待和尊重的程度；信息公平涉及组织向员工传递有关信息，对分配结果和分配程序做出解释。有研究表明，互动公平与工作满意度、绩效、组织承诺均存在正相关关系。

在组织内，上级的人格、行为，下级的人格、行为，以及上下级之间的相似性都会影响员工的互动公平感。为保证员工在组织中能够感知到较高的互动公平，在组织内进行沟通时，信息发出方应该遵循尊重、得体、辩护和坦率的原则。

互动公平是不是组织公平中一个独立的维度存在一些争议。在对互动公平进行研究的初始，研究者缺乏对其的重视，通常把互动公平视为程序公平的一部分。现在，大多数的学者同意将互动公平划分成一个单独的维度，但也有一些研究者坚持认为互动公平从属于程序公平。不管如何，互动公平都在员工感知组织公平的过程中起重要的作用。在中国，互动公平对员工的组织公平感的影响作用似乎更大。西方文化更关注个人与组织间基于公平交换原则的工具性关系，强调对资源的分配公平。而中国文化更重视和谐，鼓励集体精神，个人与组织的交换经常是基于长久稳定的社会关系和对关爱、安全感、归属感等方面的需要的满足，情感成分大于工具性成分。在注重关系、面子和人情的中国社会，互动公平在组织内部沟通中起着更为重要的作用。汪新艳的实证研究支持了上述论断，她的研究结果表明，在三类组织公平中，互动公平对员工组织公平感的影响最大，而不是西方的研究结果中所显示的分配公平或程序公平。因此，管理者不论是否将互动公平看成是组织公平的一个独立维度，都应该对其有所了解并给予充分重视。

在对组织公平的研究上，国内研究者还进行了许多相关的探索。马力发现领导者对圈内人的绩效评价容易偏高，而关系的流行会强化这种负面效应。李超平发现程序公平和分配公平对默许沉默都有显著的负影响，分配公平与人际公平对防御性和漠视性沉默都有显著的负影响，从而对组织造成不利影响。王蕾发现在学校中，组织公平感与教师工作倦怠有非常显著的负相关，教师的组织公平感越强，其工作倦怠水平越低。除此之外还有许多相关的研究，从各个方面证实了组织公平对员工工作动机、绩效、满意感有重要的影响。

程序公平的一个重要表现形式是机会公平。党的二十大报告明确提出：要完善分配制度，坚持按劳分配为主体、多种分配方式并存，坚持多劳多得，鼓励勤劳致富，促进机会公平。

之所以要强调机会公平，是因为在现有的体制政策环境下，在很多领域还存在机会不公平的问题。比如，就业机会的不公平，受教育机会的不平等。所以，党的二十大报告特别强调"消除影响平等就业的不合理限制和就业歧视，使人人都有通过勤奋劳动实现自身发展的机会"①。

机会公平是在社会主义市场经济条件下最重要的一条规则。因为只有机会公平，才能最大限度地把人民群众的创造力激发出来。平时人们常说的在同一条起跑线上，实际上表达的就是机会公平的意思。如果说机会不公平，那么大家原本的潜力就可能发挥不出来，人的创造性就会被压抑。

从市场在资源配置中发挥决定性作用这个角度来说，实现这个"决定性作用"的一个重要前提是机会公平。只有机会公平，市场在资源配置中才能充分发挥出其决定性作用；否则，市场配置资源的作用就会受到抑制，资源的配置效率和资源的使用效率都会降低。在管理心理学的范畴里，机会公平的一个非常重要的方面是人力资源的配置，现实生活中，人力资源的错配也是一个普遍现象。只有人力资源配置达到了机会公平，才有利于减少人力资源的错配现象，做到人尽其才、物尽其用；才有可能激发所有人的积极性。人力资源配置的公平性，首先体现在公平的就业环境，营造公平就业环境是中国式现代化的本质要求；"使人人都有通过勤奋劳动实现自身发展的机会"，是以人民为中心的重要体现，是高质量充分就业的重要内容。

三、控制理论

控制感是指个体知觉到的对自己的生活和工作的控制程度，它在压力应对过程中发挥着重要的作用。有研究表明，控制感较强的个体相对于控制感较弱的个体，更能够忍耐生活中不愉快的事件，能更好地应对工作中的压力。同时，控制感较强的个体在工作中往往拥有更高的工作动机和满意度、更低的缺勤率。

（一）心理控制源理论

罗特（J. Rotter）提出的心理控制源（locus of control，LOC）理论向我们展示了人们如何为结果寻找原因。他将个体划分为"外控型"和"内控型"。内控型的个体认为，活动的结果源于自己在这个过程中所付出的努力，相信结果取决于自己的劳动投入。他们相信自己是生活的创造者，成功源于自己的努力或能力，而失败则是因为努力不够或

① 中国共产党第二十次全国代表大会文件汇编．北京：人民出版社，2022：39.

者能力还有所欠缺。内控倾向者通常有较强的自我效能感，因此往往会更加积极主动地工作，追求自己的目标。

外控型的个体认为外界力量决定了自己的命运，自己从属于生活。他们很少会竭尽全力地来争取目标的实现，相信成功和失败是由运气、他人或者环境等外部因素决定的。他们还经常会出现习得性无助的状态，认为事情只要超出自己的控制，无论如何努力都注定要失败，进而变得消沉和沮丧。

（二）有限自控理论

在对控制感进行的其他研究中，有限自控理论对组织管理者也有着重要的启示。大量研究表明，人类偏好即刻价值，容易沉迷于即时诱惑的满足，放弃对长期目标的坚持，从而导致自我控制的失败。有限自控理论认为，个体的自我控制依赖于数量有限的心理能量或资源。环境刺激会使个体执行自我控制，并消耗有限的自我控制能量或资源，而能量或资源的减少会导致后续自控能力的不足，这种现象被称为“自我损耗效应”。换句话说，自我损耗即个体自我控制能量或资源的损耗，是自我控制失败的重要原因。

因此，了解可能造成个体产生自我损耗的因素对于组织管理者就很重要。这些因素主要包括以下几个。

1. 工作时间、睡眠

实证研究表明，睡眠质量与自我控制相关，较低的睡眠质量、较少的睡眠时间都可能导致个体自我控制资源难以恢复，从而降低自我控制能力，对个体的认知能力产生消极影响，导致更多的职场偏差行为和不道德行为。无规律的工作时间安排，如经常加班、出差和轮班工作，也可能损耗个体的自我控制资源。而充足的睡眠可以有效缓解自我损耗效应。

2. 工作压力、情绪

压力往往会导致情绪问题，而应对情绪失调和满足自控需要会导致更严重的自我损耗。

3. 诱惑

按照一般的认识，人们只要能够成功抵制诱惑即可。但事实并非如此，在抵制诱惑的过程中，个体必须抑制本能的或习惯性的反应，因此会消耗自控资源。有研究者通过现场实验发现，在充满诱惑的情境下，个体完成工作任务的效率和质量会下降。

4. 工作干扰

有研究表明，工作干扰（包括任务间的干扰和目标间的干扰）会不同程度地损耗个体的自我控制资源。任务越临近完成，其他工作任务的打断或干扰导致的自我损耗越严重。另外，那些被暂时“搁置”或放弃的未实现目标由于往往仍处于活跃状态，会占用个体的注意、思维、工作记忆等执行资源（自我控制资源是执行资源的一种），因而也会干扰当前正在进行的目标或任务，从而对工作者造成自我损耗。

5. 行为决策

研究表明，个体在面临多重选择时，会权衡各个选项的利弊。而这一过程需要应对和处理自我控制冲突，这会消耗自我控制资源，导致产生自我损耗。而自我损耗会造成个体依赖于快速自动的决策方式。

6. 人际互动

长期应对威胁自己社会身份的事件，如社会偏见、歧视或刻板印象等，会严重消耗个体的自控资源，进而对个体的攻击性、饮食、行为决策和注意力控制等造成不良影响。有研究发现，主管的辱虐管理行为会消耗员工的自控资源，致使员工产生自我损耗，进而导致其产生针对主管、同事或组织的偏差行为，如报复、抨击、反生产行为等。

工作中的自我损耗及其所造成的消极后果已被许多研究证实，因此管理者需要有针对性地缓解或消除员工的自我损耗。在实际中，管理者可以为员工合理安排工作时间，降低员工的工作负荷；鼓励员工进行自控训练；制定简单明确的工作目标；减少或者消除工作场所中可能成为员工诱惑的因素；适当下放权力，给予员工更多的工作自主性；创造并维持和谐的组织氛围。组织管理者的这些努力对于提高员工的心理健康水平、主观幸福感、工作动机和绩效等都具有积极的影响。

四、代理理论和管家理论

代理理论源自金融经济学的理论，在当代的经济和管理领域中都有非常大的影响力，对促进公司治理的现代化起到了重要的作用。

代理理论以“经济人”假设为出发点，认为人是以完全追求物质利益为目的而进行经济活动的主体，人都希望以尽可能少的付出，达到最大限度的收获，并会为此不择手段。该理论认为管理者的目标和委托人是不一致的，管理者总是在寻求自我利益最大化而不是在寻求组织利益最大化，管理者会牺牲委托人的利益为自己谋求私利，因而管理者是不可信的。

基于代理问题所产生的代理成本包括委托人的监督成本、代理人的守约成本和剩余损失。监督成本是指委托人为了监督管理者的过度消费或自我放松（消极怠工）而耗费的支出；守约成本是指代理人为了取得委托人信任而发生的自我约束支出（如聘请外部独立审计、定期向委托人汇报经营情况等）；剩余损失是指由于代理人和委托人的利益不一致而导致的其他损失（如代理人制定的经营决策并不能使委托人的利益最大化）。

代理理论认为要提升管理者工作动机并促使其努力为委托人工作，需要通过外在的物质性因素进行激励。因而该理论在管理心理学中的应用主要就是委托人（所有者、董事会成员）运用什么方式来为代理人（中高管、职业经理人）建立合理的奖励和激励机制，以使得代理人的利益和委托人的利益能够尽可能趋于一致。目前在企业中流行的绩效工资、股权激励等方法都可以用代理理论来解释。与其他理论相比，代理理论为我们提供了另一个角度来思考组织中的激励问题，有利于我们更好地理解企业管理者复杂的工作动机。

尽管代理理论在当代具有非常大的影响力，但是仍然有人对它提出了批评。这些批评认为，代理理论过于强调各种外源性动机（比如薪酬回报等）在塑造代理人行为中的重要性，而没有考虑内源性动机（比如责任感、成就感）对于代理人的作用。还有一些批评者指出，代理理论的基本假设是不正确的，认为人应该是“社会人”而不是“经济人”，并因此提出了基于“社会人”假设的管家理论。管家理论的人性假设与 Y 理论相符合，认为管理者的行为是倾向于集体主义和合作的，管理者是值得信赖的，管理者和委托人之间的目标是一致的，管理者会像管家一样管理好委托人的财产。对管理者的激励主要应运用内在的非物质性因素，而不是经济和物质方面的因素。基于以上假设和认识，管家理论也提出了相应的公司治理思路，其核心是通过充分授权给管理者，给予他们充分的信任和可观收益，使他们像所有者那样，为公司寻求最大的利益。

第五节　动机理论的应用——员工激励

一、激励的含义及过程

激励是指运用特定的刺激，持续地激发人的动机，使其始终保持激奋的状态，促使人朝着所期望的目标不断采取行动的过程。用通俗的话讲，就是运用特定手段，激发人们向着某个目标更加努力的过程。

通过对动机概念的分析，可以得出激励至少应具备下面三个要素：

（1）方向，指需要被激励者完成特定的工作目标。

（2）强度，指需要被激励者为达成目标而付出一定的努力。

（3）持续性，指需要被激励者一直努力直到目标实现。

在前面工作动机的内容理论中，已经介绍了人有不同种类、不同层次的需要。我们知道个体在产生某种需要后，就会出现一种紧张状态，进而产生驱力，促使个体做出相应行为，寻求需要的满足。而当需要被满足后，个体的紧张会得到消除，驱力会下降或消失，相应的行为也会终止，如图 5－4 所示。

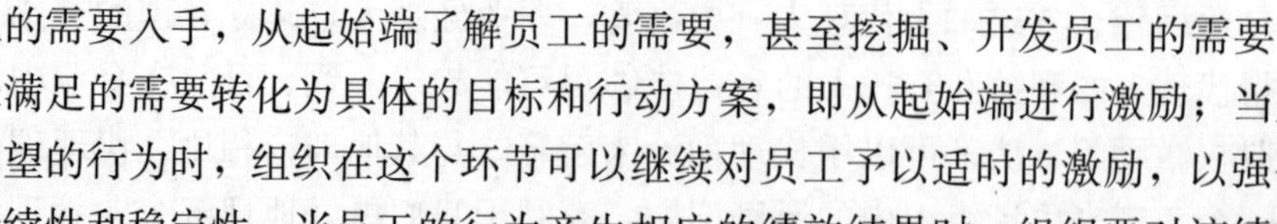

图 5－4　激励的过程

基于上述激励过程模型，在组织中对员工的激励可以沿着多个环节展开。首先要从分析员工的需要入手，从起始端了解员工的需要，甚至挖掘、开发员工的需要，帮助其共同将未满足的需要转化为具体的目标和行动方案，即从起始端进行激励；当员工出现组织所期望的行为时，组织在这个环节可以继续对员工予以适时的激励，以强化该工作行为的持续性和稳定性；当员工的行为产生相应的绩效结果时，组织要对该绩效结果给予及时的激励，从而进一步加强结果与行为之间的联系，也就是增强员工对于动机工具性的认知，增强其未来的工作动机和行为。总之，对员工的激励不是一蹴而就的，需要基于动机过程规律，从各个环节入手，并且持续、稳定、公平地进行。

二、激励的原则

了解了激励的含义及过程之后，我们还需要了解激励的原则。正确的激励应该遵循以下几个原则。

（一）目标结合原则

在激励过程中，设置目标是一个关键环节。目标设置必须同时体现组织目标和员工目标的要求。仅仅从员工的个体目标出发而不考虑组织目标对于组织来说是没有意义的，而仅考虑组织目标不考虑员工目标，则员工会缺乏努力的动力。只有将组织目标和员工的个体目标合理结合，使员工意识到个体目标的实现依赖于组织目标的达成，才能够实现良好的激励效果。

（二）按需激励原则

了解员工的需要是对员工进行激励的第一步。员工的需要因人而异、因时而异，不同的家庭经济状况、教育背景及文化下的员工，其主导需要可能存在不同。只有了解了员工当前最迫切的需要，有针对性地对员工进行激励，才会有较高的效价。员工需要的发展有一定的规律性，管理者要熟悉这些心理规律，例如当基本的需要得到满足后，员工会趋向于产生更加高级的需要。管理者要对下属的需要保持足够的了解，这样才能有针对性地实施激励。

（三）物质激励和精神激励相结合的原则

人的需要是多种多样的，既有物质的需要，也有精神的需要，因而激励方式也应该兼顾物质激励和精神激励。物质需要是人的基础需要，但也是低层次的需要，随着个体的基础需要不断获得满足，精神需要将逐渐成为个体的主导需要。激励也应该如此，在物质激励和精神激励两者结合的基础上，逐步过渡到以精神激励为主。当然，在这个问题上也应该避免走极端，仅仅对员工进行物质激励而忽略了精神激励是金钱万能主义的表现，而仅仅关注精神激励则是唯意志论的表现。事实证明，只有将物质激励和精神激励相结合，才能够起到良好的激励效果。

（四）合理性原则

激励的合理性原则有奖惩公平和赏罚适度两层含义。韩非子说："诚有功，则虽疏贱必赏；诚有过，则虽近爱必诛。"就是说要奖赏公平。在组织中，凡是有利于达成组织目标的，不论与管理者的亲疏远近，都应该给予奖赏，而且标准必须一致。不利于组织目标达成的或违反组织纪律的，则相反。赏罚适度是说要根据功劳的价值大小确定适当的激励量，既不能小功重赏，也不能大过轻罚，正所谓"赏轻则民不劝，罚轻则民亡惧。赏重则民徼幸，罚重则民无聊"。

（五）时效性原则

时效性原则是指要把握激励的时机。激励越及时，所起到的效果会越好。相反，激励拖延不仅难以起到预期的效果，还会引起被激励者的抱怨甚至厌恶。

（六）明确性原则

激励的明确性原则有两层含义：其一，明确员工需要做什么、怎么做、做到什么程度就会受到激励；其二，明确奖励的方式与数量，要做到公开、简单直观、易操作。研究发现，直观性与激励产生的心理效应呈显著正相关。

三、金钱激励

“经济人”假设认为人是好逸恶劳的、追求利益最大化的，是为了金钱而工作的。因此，要想让员工努力工作，就需要给员工更多的金钱。很显然，“经济人”假设强调了金钱激励的极端重要性。然而近代行为科学家的大量研究发现，人们工作的动机除了追求金钱之外，还有其他许多心理因素，如兴趣、价值观、工作中的成就感、责任、同事间的人际关系等，甚至在很多情形下这些内在追求似乎比金钱更为重要。

心理学家葛伦费德（L. W. Gruenfeld）曾经调查了员工对18项不同工作特征重要性的认知，依调查对象对这些工作特征重要性的回答排出等级，前10项分别是：

（1）工作充满前途和希望。

（2）有进修与自我发展的机会。

（3）可见的工作成果。

（4）高度的个人责任。

（5）较多独立自主的机会。

（6）较多领导及发展部属的机会。

（7）较高的工作安全。

（8）较多与上级主管接触的机会。

（9）高薪。

（10）在公司中享有较高的声誉。

金钱的重要性在其中仅位列第九，金钱对人们来说果真如此不重要吗？也有研究者并不认同葛伦费德的调查结果，他们分析了葛伦费德的调查后发现，其研究对象多为工程师、会计员及主管人员，这些人员的职位及受教育程度相对较高，他们的收入可能已经处于一个较高的水平，他们的基本需要可以被轻易满足，即这些调查对象的需要可能已进入马斯洛需要模型的中、高层次。

那么，金钱作为重要的激励手段，对人们到底有多重要呢？不同的人会有不同的回答。不论答案如何，金钱作为重要的激励手段，其作用是显而易见的。金钱不仅可以满足人们的衣、食、住、行等基本需要，同时也是能力、身份地位、个人价值的体现，具有更多的社会和心理意义，也就是说金钱不只是钱。人们对金钱功能作用的认知，可以使其成为员工重要的工作动机。因此，在组织中对员工进行激励时，我们在强调成就感、荣誉等内在激励的同时，是不能忽视金钱激励的。金钱激励在今天的组织当中，仍然是最主要和有效的激励手段。此外，亚当斯的公平理论告诉我们，在对员工实施金钱激励时，不仅要设计好绝对量，还要考虑到相对量和员工在获得金钱时的感受。

尽管金钱对于大多数人来说仍然是重要的激励因素，但也有足够的证据显示，金钱的作用经常被高估。在很多组织中，管理者有过分依赖金钱、激励不当的趋势。这种做法是不利的，至少存在两方面的隐患：一是在组织中容易滋生没有物质激励就不出活的依赖心理；二是会削弱精神奖励、内在激励的作用，消减人的内生工作动机，并形成过于强调物质的组织文化。另外，在金钱与工作的关系之外，金钱对人们情绪的影响也是复杂的。大多数人夸大了金钱对主观幸福感的影响，认为如果自己再富有一点就会更加快乐。大规模调查发现，高收入人群对自己的生活满意度较高，但是并不比低收入人群更快乐，而且对生活的满意感也只是暂时的。也就是说，更多的金钱并不能带来人们想象中的快乐。当然，经济拮据会对人的情绪造成负面影响，这些影响对于职场中的工作行为也是不利的。

四、精神激励

除了物质激励和金钱激励，还有很重要的一个方面是精神激励。来自西方的“经济人”假设、“社会人”假设和“自动人”假设，并不完全否认精神激励的作用。具有社会性的人，除了生物属性所必须满足的各种物质需要外，还有更高的社会属性所必须满足的各种精神需要。因此，人们渴望满足各种精神需要的心理动机，就成为调动人们积极性的精神激励力量。我国的社会制度和历史文化更加强调精神激励的作用。古语所说的“视为知己者死，女为悦己者容”，就是典型的精神激励。物质与精神是两个不同的概念，但它们之间有着密切的相互作用和关系。

首先，物质与精神是人类生存不可缺少的两个方面。物质方面包括我们所处的自然环境、物质资源、食物和水等生存所需的基本物质；而精神方面则包括思想、信仰、情感、艺术、文化、道德等。

其次，物质和精神对人类的发展和进步都具有重要的作用。物质的进步和发展，可以提高人类生活水平、促进经济发展和科技进步；而精神的进步和发展，则可以促进人类思想、道德、文化的提高，增强人类的自我认知、自我提升和自我实现。

最后，物质和精神是相互依存、相互促进的。物质基础是精神发展的前提和保障，没有物质的基础，精神的发展就会受到极大限制；而精神的发展则可以促进物质的创新和进步，推动社会的发展和进步。因此，在实践中，我们需要注重物质和精神的统一，既要关注经济建设、物质生活的改善，也要注重精神文明、道德提升和文化传承。

精神激励往往是无形的激励，可以表现为很多种形式，例如授予荣誉或称号、奖状或勋章，提供学习和发展的机会，实行参与式管理，鼓励合理化建议，进行授权，给予信任等，是满足员工高层次需要的必由之路。精神激励既是对员工个体的作用，也是传导企业文化和对员工进行教育的重要手段。精神激励可以产生强烈的优越感和自豪感，也有助于提高组织的凝聚力。

精神鼓舞奋斗。一个民族、一个国家唯有精神上站得住、站得稳，才能在历史洪流中屹立不倒、挺立潮头。这是中国共产党百余年奋斗、新中国七十余年发展，特别是新时代十年伟大变革得出的结论。

习近平总书记指出，“团结奋斗是中国共产党和中国人民最显著的精神标识”[①]，“团结就是力量，团结才能胜利”[②]。新时代十年的伟大成就，是党中央团结带领全党全军全国各族人民以奋发有为的精神状态拼出来、干出来、奋斗出来的。我们靠团结奋斗创造了辉煌历史，还要靠团结奋斗开辟美好未来。全面建设社会主义现代化国家，更要以新的伟大奋斗创造新的伟业。我们不能有喘口气、歇歇脚的想法，必须乘势而上、再接再厉，在新起点上接续奋斗。只有奋斗，才能战胜各种困难和挑战，才能继往开来推进伟大事业，不断满足人民日益增长的美好生活需要。

恩格斯指出，“一个知道自己的目的，也知道怎样达到这个目的的政党，一个真正想达到这个目的并且具有达到这个目的所必不可缺的顽强精神的政党——这样的政党将是不可战胜的”[③]。中国共产党就是这样一个政党。要保持这样一种自信自强、守正创新、奋发有为的精神状态，必须牢记并坚持“三个务必”。

务必不忘初心、牢记使命。中国共产党人的初心和使命，就是为中国人民谋幸福、为中华民族谋复兴。这个初心和使命是激励中国共产党人不断前进的根本动力。我们一定要牢记人民对美好生活的向往就是我们的奋斗目标，牢记我们党肩负的实现中华民族伟大复兴的历史使命，勇于担当负责，积极主动作为，用科学的理念、长远的眼光、务实的作风谋划事业，以永不懈怠的精神状态和一往无前的奋斗姿态，继续朝着实现中华民族伟大复兴的宏伟目标奋勇前进。

务必谦虚谨慎、艰苦奋斗。进入新时代，虽然我们已经取得举世瞩目的成就，创造了世所罕见的奇迹，综合国力大大增强，生活条件大大改善，但我们决不能忘记谦虚谨慎的品质、决不能丢掉艰苦奋斗的传家宝。全面建设社会主义现代化国家、实现中华民族伟大复兴任重道远，我们还有许多“雪山”“草地”需要跨越，还有许多“娄山关”“腊子口”需要征服，一切贪图安逸、不愿继续艰苦奋斗的想法都是要不得的，一切骄傲自满、不愿继续开拓前进的想法都是要不得的。

务必敢于斗争、善于斗争。当今世界百年未有之大变局加速演进，各种可预见和难以预见的风险挑战必将接踵而至，其复杂性严峻性更将前所未有。全面建设社会主义现代化国家必须勇于进行具有许多新的历史特点的伟大斗争，发扬斗争精神，把握斗争方向，坚定斗争意志，掌握斗争规律，增强斗争本领，以不信邪、不怕鬼、不怕压的志气、骨气、底气，以“踏平坎坷成大道，斗罢艰险又出发”的顽强意志和“明知山有虎，偏向虎山行”的勇气战胜前进道路上的一切艰难险阻，打开事业发展新天地，走向胜利，走向辉煌。

---

① 习近平．习近平谈治国理政：第 4 卷．北京：外文出版社，2022：554.

② 中国共产党第二十次全国代表大会文件汇编．北京：人民出版社，2022：58.

③ 马克思，恩格斯．马克思恩格斯全集：第 39 卷．北京：人民出版社，1974：139.

管理实践中有很多成功的精神激励的方法。感情投入和激发是重要的激励手段。任何人都有情感需求。这就要求领导者要多关心群众生活，关心群众的精神生活和心理健康，提高员工的情绪控制力和心理调节力，努力营造一种相互信任、相互关心、相互体谅、相互支持、互敬互爱、团结融洽的氛围。

领导者的榜样行为也是激励的有效手段。人们常说，榜样的力量是无穷的。绝大多数员工都是力求上进而不甘落后的。如果有了榜样，员工就会有努力的方向和赶超的目标，从榜样成功的事业中得到激励。

荣誉可以形成良好的正向激励。给予表现优秀的员工奖状、口头夸赞、表扬等，可以使员工获得心理上的满足，工作更加积极主动。

使员工感受到工作乐趣。人在工作中的重要追求之一是获得一种满足，如果能把这种满足引导到工作上来，就一定会收到惊人的效果。

宽容失误也是精神激励的一个重要方面。曾经有企业管理者强调，如果你犯了一个诚实的错误，公司可以宽恕你，并把它作为一笔学费。但如果背离了公司的核心价值观，就会受到严厉的批评甚至被解雇。宽容错误不是没有原则的纵容，而是给犯错误的人一个将功抵过的机会。这种做法有助于稳定员工的思想情绪，强化员工的心理安全感。

五、目标管理

洛克（E. A. Locke）在 1967 年提出了目标设置理论，这个理论认为，挑战性的目标就是激励的来源，目标本身就具有激励作用，特定的目标会增进绩效。因为目标能把人的需要转变为动机，使人们的行为朝着一定的方向努力。

组织管理者通过给员工设定适当的目标，可以起到激励员工的作用。目标管理（management by objectives，MBO）主要就是基于该理论发展而来的，它强调员工参与目标的设置工作，这些目标应该具有明确、可检验和可测量的特点。目标管理包括四个基本成分。

（一）具体的目标

所提出的目标不能只是笼统模糊地要求提高企业效益、增加产量、提高产品和服务质量，必须是可以测量和评价的具体目标。例如，企业利润达到 3 000 万元，产量比上个月增加 3%，将产品的返修率降低到 1%以下，客户下单后在 24 小时内送达，等等。

（二）员工参与决策

目标不能仅仅是由上级确定好之后分派给员工。目标管理应该运用共同参与决策的方式代替硬性指派。员工更愿意接受自己参与制定的目标及评价方式，这能促使员工为其付出更多的努力。

（三）明确的时间限定

不仅目标的内容要具体，达到目标的时间也要有明确的限定。

（四）反馈

反馈能帮助员工了解自己所做的和想做的之间存在多大差异。持续的反馈有助于员工控制和调整自己的行为，能够为组织带来更高的工作绩效。而且，员工自发的反馈（比如自己监控自己的工作进程）的激励作用有时会比来自外部的反馈更强。

目标管理已经成为一种十分流行的技术，在大量的组织中，我们都可以看到目标管理技术的应用。

六、参与式激励计划

参与式激励计划（attendance incentive plan）是组织为了发挥员工所有的潜能，激励员工对组织成功做出更多努力而设计的一种参与过程。研究发现，员工参与可以提高员工对工作的控制感和积极性，还会影响员工对组织的忠诚和工作满意度，从而促进组织发展。为鼓励员工对组织的发展做出更多的努力和贡献，一些组织运用了员工参与管理、对员工授权以及工作场所的民主化等方式，这些都属于参与式激励计划。

参与式激励计划受到了控制理论、马斯洛需要层次理论和赫茨伯格双因素理论的影响。目前运用最普遍的员工参与方案主要有参与管理和质量圈。

（一）参与管理

参与管理（participative management）是指让员工在不同程度上参加组织的决策过程及各级管理工作，使员工有机会与管理层共同研究和讨论组织中的一些重大问题，从而激发员工的聪明才智，改善员工的人际关系，达到提升组织效益的目的。

大多数的管理者认为员工会因为能够参与商讨与自己有关的问题而受到激励。被授予了参与管理机会的员工，也会认为自己是被领导信任和重视的，从而获得成就感、激发责任感。同时，员工参与决策，还可以提高他们对自己决策的承诺。最后，有时候领导者并不是特别熟悉下属的工作，员工同时参与管理，其结果也可以带来更完善的决策。可以说，参与管理既能对个人产生激励，又能为组织目标的实现提供保证。

然而，对员工参与管理与工作绩效的关系进行研究的结果并不一致。有人发现参与管理对于员工工作动机、工作满意度和生产率只有中等水平的影响。当然，这并不能否定员工参与管理的益处。管理者要想使员工参与管理这种做法有效，应该考虑清楚三个问题：员工参与解决的问题是否与他自己的切身利益相联系？员工是否有参与组织管理的知识和能力？参与管理的各方是否都相互信任、相互依赖？

（二）质量圈

质量圈（quality circle，又称质量研讨小组）是日本质量管理专家石川馨于 20 世纪 50 年代末期提出来的。质量圈是由一些基层管理人员及一般员工组成的，一般说来，质量圈小组成员都是自愿加入的，其目标是在自愿的基础上解决与质量有关的问题，通过共同努力提高产品质量。小组的人数比较少，一般 8～10 人，这样便于成员相互间进行自由交流。质量圈成员定期开会讨论质量问题——通常是一周一次。讨论的主题既可以是该质量圈小组自己选定要解决的问题，也可以是上级管理者建议的内容。他们承担解决质量问题的责任，对工作进行反馈并提出解决建议的方案。但管理层一般保留是否实施建议方案的权力。当然，员工也并不一定具有分析和解决质量问题的能力。因此，质量圈的思想也包含对参与的员工进行培训，向他们讲授群体沟通技巧、各种质量策略、测量和分析问题的技术等。

20 世纪 80 年代以来，欧洲、北美、亚洲等企业都大力倡导和实施了质量圈活动，鼓励员工参与企业管理，激发员工工作积极性。其中，成效最为卓著的是日本企业。日本企业通过广泛和深入的质量圈活动，生产出了低成本高质量的产品，并在与欧美企业的竞争中占尽先机。近年来，受日本和欧美企业的影响，中国企业也引入了基于全面质量管理思想的质量圈活动。事实上，组建员工自我管理式的质量小组不是一蹴而就的，它需要高层管理者和中层管理者的支持参与，需要基层员工的紧密配合。为了切实地用好质量圈，管理部门必须有变革的决心，并拿出实际行动来，予以组织上的支持。遗憾的是，很多情况下，管理部门对质量圈的支持仅仅体现在提供资金上，而缺乏高层管理者的承诺和参与。这样，质量圈方案也就很难达到预期的效果。

七、股权激励

（一）股权激励的含义

股权激励是为完善公司治理结构、激励员工特别是骨干员工，充分发挥人才潜力、实现企业绩效最大化的一种长期激励手段。它通过各种方式使员工直接或间接持有企业股权，从而实现员工与企业利益共同体的构建，完成利益共生、共享的制度设计与安排。

（二）股权激励的价值

如前所述，企业的股东和经营者之间存在一种委托代理关系。通过股权激励，经营者可逐步转变为股东，从而实现经营者与原始股东的“收益共享，风险共担”。这样不仅可以有效缓解企业经营中的代理问题、减少股东的监督成本，更为重要的是，它能激发经营者作为股东来创造价值和财富的动机。通过股权激励，部分核心骨干员工成了股东，并拥有相应的股东权益（如投票权、交易权、增值权等）后，能以股东身份参与到企业的管理决策中去，从而获得更多的控制感和成就感。另外，股权激励在实施时，往往会限定相应的入围条件，如激励对象必须在本企业服务够一定年限或达到约定的业绩，才可以逐步获得相应股权，并且在获得股权后，往往也会设置相应的锁定期和解锁条件，也就是说，激励对象不能轻易转让所持股份。这样激励对象为了自身利益就不会轻易离职，而是关注公司长远发展，从而实现股权激励的“金手铐”作用。最后，从财务的角度来看，企业通过高薪或者高额奖金的模式来吸引、留住人才，经常会给企业带来较大的资金压力。运用股权这一长期激励模式，企业则可以有效缓解现金流压力。此外，对于那些计划战略并购或上市的公司，公司的股权还可以用来融资。

（三）常见的股权激励方式

常见的股权激励方式有实股、虚股、股票期权、限制性股票、业绩股票等。实股就是人们通常所讲的注册股，它需要到工商管理部门正式注册登记。拥有实股的人员即是公司的正式股东，拥有股东的所有正式权益（投票权、分红权、增值权、处置权等）。

虚股也称干股、在职股、在岗股，它只有分红权，而没有正式股东的其他权益。因此，持有虚股的人员并不是真正的股东，只是享受正式股东的分红权而已，并且员工所持有的虚股和激励对象是否在职、在岗紧密联系。激励对象如果离职或离岗，那么原岗位上所分配的虚股即被公司无条件收回。

股票期权，是指上市公司授予激励对象在未来一定期限内以预先确定的价格和条件购买本公司一定数量股份的权利。激励对象可以行使也可以放弃这项权利，在行权后激励对象拥有实股，成为公司股东，并可以在一定时间后将所购买的股票在股市上出售，享受相应的增值收益，但股票期权本身不可转让。对于非上市公司而言，同样可参照股票期权的形式来激励核心骨干，只不过其形式就变成了股份期权。对于股份期权的授予价格和行权价格，激励双方自行约定即可。

限制性股票，是指为了增加激励工具的约束力，设置了归属限制条件的股票。一般做法是，公司直接赠予或由员工部分出资获得公司股票，但员工需要达成一定的条件才能获得股票的全部所有权。这里的条件会涉及业绩条件、工作时限条件等。

业绩股票和限制性股票的功能类似，它同样是为了增加对激励对象的约束力，对获得股票进行了限制。只不过业绩股票的条件限制在前，也就是说，激励对象只有达到了事先约定的业绩标准，才有资格获得相应股票。

公司在设计股权激励方案、对激励对象选定具体激励方式时，要综合考虑不同层次人员的主导需要、在公司的重要性及所发挥作用的差异。一般来说，对于公司的高层管理者和核心成员，由于已经建立了良好的信任关系，并且这些激励对象对正式股东身份的需要占据主导，可以不设等待期，直接采用实股来进行激励；对于公司的中层和骨干员工，他们比较看重在公司的长期收益，可以采用期权的方式来进行激励，具体操作时可以设定等待期、行权期、解锁期，并且激励双方可以商议授权价格；而对于基层管理者和优秀员工，他们比较注重短期现金，则适合用干股分红的形式来激励。在实际的操作中，还可以综合运用这些激励方式，衍生出许多不同的激励办法。

（四）股权激励的设计步骤

企业在进行股权激励时，需要遵循一定的步骤，具体见图 5－5。

1. 确立激励目的

通过对企业所有人、核心高管、关键员工、相关利益者的调研，明确实施股权激励计划的目的，如提高公司业绩、吸引并留住人才、回报/安抚老员工、减轻当期现金流压力等。

2. 确定激励模式

根据股权激励目的，分析企业性质（上市或者非上市、股份公司或者有限责任公

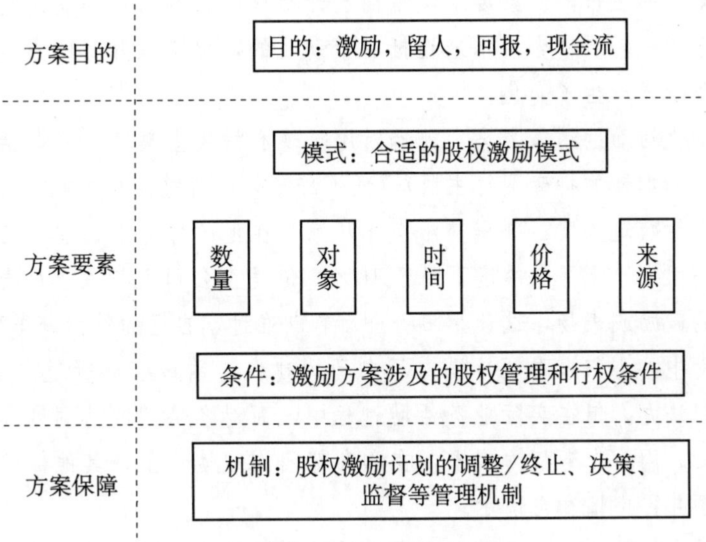

图 5－5　股权激励的步骤

司）、激励对象特征（职位、出资意愿、风险偏好等），考虑企业发展潜力、激励和约束的平衡等各方面要素，确定采用何种激励方式或组合激励方式，如实股、股票期权、限制性股票、虚股等。

3. 确立各激励要素

基于未来资本运作战略的详细测算，明确激励股份数量（股权总量和个股分配数量）、激励对象、时间安排（股权授予日、有效期、等待期、可行权日、行权期和禁售期等）、价格（行权价格和回购价格）、激励股份来源和购股款来源，明确股权授予条件和行权条件。

4. 管理机制设计

建立股权激励计划的调整、终止机制，设立相应的管理机构和决策、监督等管理机制，以保证激励方案的有效、可持续运行。

5. 配套管理体系优化

股权激励有效开展的前提是要建立比较完善的绩效考核制度和财务管理制度，并和企业人力资源的其他激励体系相融合。因此在股权激励方案设计中，设计者要考虑对其他相关管理体系的优化，以保证股权激励方案的可落地性。

案例与应用

缺少积极性的销售组长

小阳是一家汽车经销商的销售组长，作为公司的中层，在自己的岗位上一直很活跃。因为汽车服务行业竞争激烈，厂家授权的品牌经销商在一个地区不只有一家，如何让客户选择本公司，如何借助新媒体营销结合线下联动来提高客流量，这其实是作为组长的小阳一直思考和努力的方向。但是小阳这个“先锋派”却遭受了打击。

由于新版车型的上市，厂家要求经销商展开后续的预热活动，同时规定了主题，于是小阳精心策划了一场展销会。本来还挺有干劲儿的，但是从开始的策划到过程中的管理安排却让小阳心里产生了变化。

小阳尽心细化活动的销售方案。前期对比了现有的线上集客方式与活动，调配了一些新媒体资源（如本地的抖音网红主播），还不辞辛苦地打电话与在电视台工作的同学进行沟通咨询，最后敲定方案，并提交给汽车厂家。在他的努力下，这次活动得到了厂家的支持，同时费用也比上一个季度下降了10%。但是在公司主管以上的会议上，领导对此却没有任何的鼓励或表扬，这让小阳心里面有点难过，自己的付出没得到重视和尊重。

之后的活动中，小阳也跟领导提出了自己的建议，销售经理听过之后只是点点头，说先按照你的想法办。但在实际业务活动过程中，面对各部门的协同度和执行力，小阳都有些力不从心。因为自身权力有限，在和各部门沟通协作上，其他部门的配合度也不高，总是要和领导再申请和再请示。

然而，活动中的签约订单或是来店成交量效果不理想自己就会被埋怨，他为了这个活动尽心尽责一直没有休息，到头来却没有获得表扬或奖励。无论是领导的消极态度，还是不考虑员工感受没有任何鼓励的行为，都让小阳感到有些伤心，并且对以后的活动也缺少了兴趣。

资料来源：张馥丽．TG公司员工激励案例研究．大连：大连理工大学，2021.

分析思考：

1. 结合动机理论，分析小阳为什么会对后来的活动缺少兴趣。
2. 针对本案例的问题提出相应的解决方案与建议。

基本概念

动机	需要层次理论	双因素理论	ERG理论
期望理论	波特-劳勒模型	公平理论	控制理论
代理理论	参与式激励计划	参与管理	质量圈
股权激励			

本章要点

1. 动机是指引起和维持个体的活动，并使活动朝向某一目标的内部心理过程或内部动力。基本的动机过程就是需要唤起了指向诱因的驱力。动机的强度和方向性在不同的个体身上会有所区别。个体的动机模式取决于个体的抱负水平、爱好、兴趣和价值观。

2. 根据动机在活动中作用的大小，心理学家把动机划分为主导性动机和辅助性动机。主导性动机是指在人进行活动的过程中占主导地位的心理过程和内部动力，通常对于行为有决定意义。辅助性动机则是指那些对个体行为没有决定意义、仅起辅助性作用的动机。

3. 内容型动机理论注重解释人们为什么做出这样或那样的行为，主要研究激发人们行为的各种动机因素。马斯洛认为人类有五种主要的需要，它们由低至高依次是生理需要、安全需要、爱与归属的需要、尊重需要和自我实现需要。马斯洛认为，只有在低层次的需要获得基本的满足后，下一个高层次的需要才会成为主导需要。赫茨伯格认为“满意”与“不满意”并不是直接对立、非此即彼的。他把会导致“不满意”的因素概括为保健因素，将会产生“满意”的因素概括为激励因素。奥尔德弗认为，人类共存在三种核心的需要，即生存（existence）需要、关系（relatedness）需要和成长（growth）需要。ERG 理论没有假定人们必须在低级的需要得到满足之后才会产生高层次的需要，认为多种需要可以并存，而且认为还存在着“挫折-倒退”趋势。

4. 过程型工作动机理论重点关注人的心理机制，研究员工如何做出不同的反应，试图描述并解释工作动机发挥作用的整个过程。弗鲁姆的期望理论认为，一个人在工作绩效上所愿意付出的努力，取决于他对这种行为能给自己带来某种结果的期望，以及这种结果对个人的吸引力。波特-劳勒模型是基于弗鲁姆的期望理论的一种综合激励模式理论。波特和劳勒认为，是绩效引发了满意度，而不是满意度引发了绩效。波特和劳勒还提出努力并不一定能直接引起较高的绩效，员工的能力、特质、对任务的了解程度（角色知觉）共同决定了工作绩效。

5. 根据亚当斯的公平理论，个体会把自己的投入（例如教育、精力、能力、努力）和产出（例如晋升、工资待遇、领导认可）比率与其他人的产出和投入比率进行比较。个体感觉到自己的产出投入比和参照对象相等，个体就会产生公平感觉；如果不对等，则会产生不公平感。组织公平不但包括分配公平，还应该包括程序公平和互动公平。

6. 心理控制源理论将个体划分为“外控型”和“内控型”。内控型的个体认为，活动的结果源于自己在这个过程中所付出的努力，相信结果取决于自己的劳动投入。而外控型的个体认为外界力量决定了自己的命运，自己从属于生活。

7. 代理理论从“经济人”假设出发，认为管理者的目标和委托人是不一致的，要使管理者努力为委托人工作，需要通过外在的物质性因素进行激励。而管家理论则从“社会人”的人性假设出发，认为管理者行为是倾向于集体主义和合作的，管理者是值得信赖的。对管理者的激励主要应运用内在的非物质性因素，而不是经济和物质方面的因素。

8. 在激励员工时，既需要遵循相应的激励理论和原则，也需要根据实际情况灵活运用各种激励方式。

复习思考题

1. 工作动机的内容理论主要有哪几个？这些理论对于管理工作有什么启发？
2. 工作动机的过程理论主要有哪几个？这些理论对于管理工作有什么启发？
3. 简述公平理论及其引发的激励思考。
4. 参与式激励计划的内容有哪些？如何操作？
5. 什么是股权激励？股权激励的形式有哪些？各自的含义是什么？

推荐阅读

1. 马斯洛．马斯洛人本哲学．北京：九州出版社，2003.
2. 马斯洛．动机与人格：第3版．北京：中国人民大学出版社，2013.
3. 劳勒三世．组织中的激励．北京：中国人民大学出版社，2011.

第六章

情绪与压力

【学习目标】

1. 了解情绪的概念，学习如何进行情绪管理。
2. 了解压力的概念，学会识别工作和生活中的压力源。
3. 掌握压力管理策略。
4. 了解职场中常见的心理问题。
5. 了解和掌握员工援助计划。

第一节　工作场所中的情绪

情绪影响人类活动，并渗透到人类生活的方方面面。在工作环境中，员工的情绪状态与企业效率之间有着密不可分的天然的联系，组织中的情绪问题更是管理实践中的重要问题。霍桑实验发现，员工的工作效率并不是完全由工作环境决定的，而是与情感紧密联系在一起的。员工的情绪状态影响着工作投入和绩效，进而影响着组织的利益，这就要求组织中的管理者们必须对员工的情绪管理给予更多的关注。

一、情绪

（一）情绪的定义

虽然关于情绪的研究从古至今从未间断，但是由于情绪的复杂性，至今对于情绪尚没有一个统一的定义。1980 年开始，出现了一种较为一致的观点，即情绪包括认知和非认知神经系统的互动，它是与生俱来的适应性子系统的综合，源于生存需要的进化。

《心理学与生活》一书曾提到情绪是个体对与自身相关的意义事件的一种反应，它涉及一系列复杂的变化，包括生理唤醒、体验、认知过程和行为反应等。情绪心理学家斯托曼在《情绪心理学》中总结了前人的观点，认为情绪是一种人们在特定情境中产生的感受，并伴有身体上的外在反应（如表情的变化）。

我国对情绪研究也有着悠久的历史。早在南北朝时期，就出现了“情绪”两字的连用。绪是丝端的意思，用以表示感情多端如丝有绪。我国学者孟昭兰总结前人研究，认为情绪作为人们基本的心理过程之一，是心理活动的组织力量，影响着人们的决策和行为。情绪是多成分的复合过程，情绪成分包括内在体验、外显表情和生理激活三种成分。

总结前人对情绪的定义，可以将情绪定义为：人们对于客观事物是否满足自己的需要的态度体验。从这一定义中，可以归纳出情绪产生的三个重要条件分别是：需要，没有需要就产生不了情绪，但需要不是情绪，只是情绪产生的前提条件。态度，满足了需要，会产生积极的态度，无法满足需要，则产生消极的态度。体验，它是情绪产生的心理和生理基础。这是指并非每种需要和态度都能产生情绪，只有那些达到一定强度的需要和态度，才能引起相应的生理反应和心理意识，从而导致明显的体验，我们把这种体验称为情绪。

管理视野

踢猫效应

某公司董事长为了提升公司业绩及形象，规定公司员工必须按时上班，否则就要接受惩罚，并许诺自己将身体力行。一天由于某种原因董事长上班迟到了，而且在上班路上因为超速驾驶被警察开了罚单。这位董事长心情很糟，来到办公室后，没有心思做事。这时业务主管前来请示工作，董事长挑各种毛病将业务主管训斥了一番。业务主管被训斥得一头雾水，带着怨气回到自己办公室。这时秘书过来递送文件，于是业务主管将气撒在秘书身上，将秘书训斥一顿。秘书无故被人训斥，憋了一肚子气，就故意找文员的茬儿。文员被人无辜找茬儿心里很不是滋味，情绪低落地回到家里，看到儿子在沙发上跳来跳去，非常烦躁，就把儿子骂了一顿。儿子无故被骂，无处撒气，看到睡在地毯上的小猫就使劲地踢了一脚。小猫叫喊着躲到了角落里……

“踢猫效应”讲述的是一种典型的负面情绪的传递机制：人的愤怒情绪和不满情绪，往往会沿着社会关系链条由强到弱依次传递，从金字塔尖一直传递至金字塔底，而处在最底层的个体，往往由于无处发泄，成了最终的受害者。

“踢猫效应”应用在管理中主要指企业各个层级在开展工作时，将自己的负面情绪按层级依次传递下去，从而给许多不相干的人带来消极的影响，导致其工作效率降低。“踢猫效应”从发生源头来看属于领导的责任，因为领导没有调整好自己的情绪，将自己的负面情绪带到工作当中。

（二）情绪的维度

情绪的维度，是任何一个社会心理学家在构建情绪理论时都需要考虑的问题。组成情绪的各个成分就是一个维度，不同维度呈一种正交关系。于是就构成了 N 维的理论空间，每一种情绪都是该空间中的一个点。不同的研究者提出了不同的情绪维度划分方法。

情绪三维度学说认为情绪是由三对元素构成的，每一对元素都具有处于两极之间的程度变化。它们是愉快-不愉快、兴奋-平静、紧张-松弛这三个维度。每种情绪在其具体发生时，都分别处于这三维两极之间的不同位置上。后人在此基础上发展出了各种情绪维度的划分。

施洛斯伯格（Schlosberg）根据面部表情的研究提出情绪有愉快-不愉快、注意-拒绝和激活水平三个维度，并建立了一个三维模式图（见图 6－1）。其三维模式图的长轴为快乐维度，短轴为注意维度，垂直于椭圆面的轴则是激活水平维度，三个维度不同水平的整合可以得到各种情绪。普拉切克（Plutchik）于 1970 年提出，情绪具有强度、相似性和两极性三个维度，并用一个倒锥体模型说明三个维度之间的关系。该模型的特点是描述了不同情绪之间的相似性及对立性特征，这在情绪的实验研究中对于情绪的界定是很有用的。

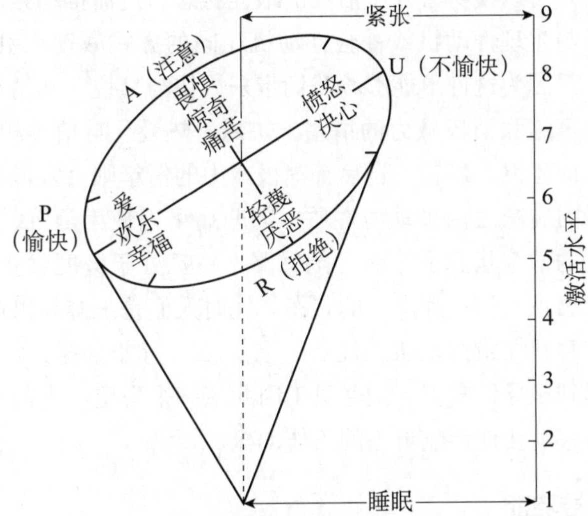

图 6－1 施洛斯伯格的情绪三维模式图

罗素（Russell）于 1980 年提出了情绪环状模式（如图 6－2 所示），认为情绪可划分为两个维度：愉快度和强度。基拓雅马（Kitayama）等人于 1995 年提出了另一个引起广泛关注的情绪维度，即社会参与性，这一维度也被称为情绪的人际维度。

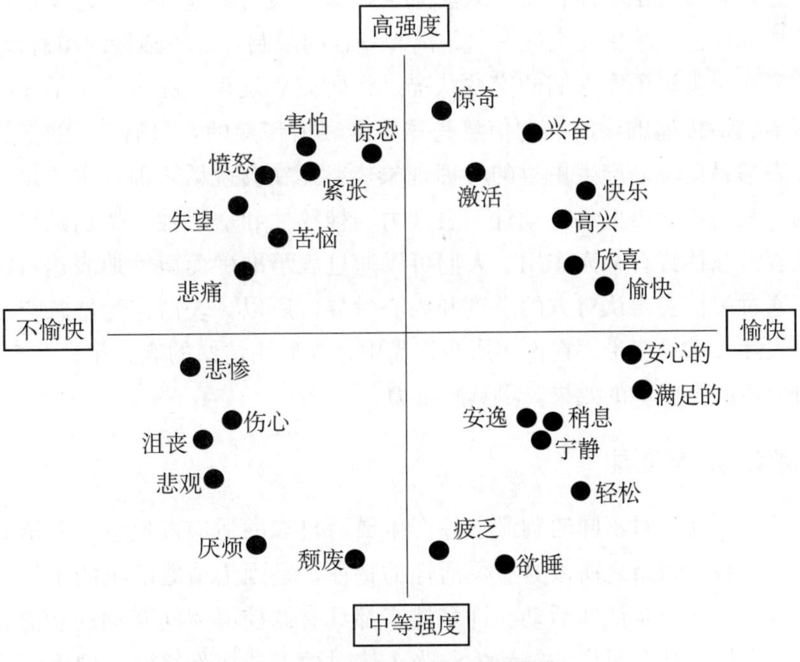

图 6－2 罗素的情绪环状模式

二、情绪的功能

（一）情绪的动机功能

情绪的动机功能又称情绪的调节功能，指情绪对人的活动起发动、促进和调控的作用。适度的情绪兴奋，可以使身心处于活动的最佳状态，进而推动人们有效地完成任务。

情绪能够以一种与生理性动机或社会性动机相同的方式激发和引导行为。有时我们会努力去做某件事，只因为这件事能够给我们带来愉快与喜悦。从情绪的动力性特征看，情绪分为积极增力的情绪和消极减力的情绪。快乐、热爱、自信等积极增力的情绪会提高人们的活动能力，而恐惧、痛苦、自卑等消极减力的情绪则会降低人们活动的积极性。有些情绪同时兼具增力和减力两种动力性质，如悲痛可以使人消沉，也可以被人转化为力量。人只有在平静的情绪状态下才能开阔思路，一旦处于极度紧张或应激状态，就会出现单向思维，甚至出现大脑一片空白的状态，此时人们是最容易出错的。

用一个小例子来解释情绪的动机功能：一名员工一直非常努力，最后却没有得到预期的成果，也没有得到领导的赏识，这名员工因此感到很失望，进而导致工作热情下降。这时消极情绪正在潜移默化地影响员工的工作动机。

（二）情绪的信号功能

在人际交往中，人们除借助言语进行交流之外，还通过情绪的流露来传递自己的思想和意图。情绪的这种功能是通过表情来实现的。人们可以凭借一定的表情来传递情绪信息和思想愿望。在社会交往的许多场合，人们的思想、愿望、态度、观点，仅靠言语无法充分表达，有时甚至不能言传，只能意会，这时表情就起到了信息交流的作用。其中，面部表情和体态表情更能突破一些距离和场合的限制，发挥独特的沟通作用。

心理学家在对英语国家人们的交往状况进行研究后发现，在日常生活中，55%的信息是靠非言语表情传递的，38%的信息是靠言语表情传递的，只有7%的信息才是靠言语传递的。表情是比言语产生更早的心理现象，婴儿在会说话之前，主要是靠表情来与他人交流的。表情比言语更具生动性、表现力、神秘性和敏感性。特别是在言语信息暧昧不清时，表情往往具有补充作用。人们可以通过表情准确而微妙地表达自己的思想感情，也可以通过表情去辨认对方的态度和内心世界。所以，表情作为情感交流的一种方式，被视为人际关系的纽带。在许多影视作品中，人们用情绪的表露来代替言语的表达，具有“此时无声胜有声”的效果，更具感染力。

（三）情绪的适应功能

情绪能够使个体针对不同的刺激事件产生灵活自如的适应性反应，并调节或保持个体与环境间的关系。情绪之所以具有灵活性的特征，是因为情绪的机能不仅具有先天的成分，而且来源于学习及认知活动。许多情绪都具有调控群体间互动的功能。譬如，羞怯感可以加强个体与社会习俗的一致性；当个体对他人造成伤害时，内疚感可激发社会公平重建。其他的情绪，诸如同情、喜欢、友爱等，也能起到构建和保持社会关系的作用。它们可以增强群体内的凝聚力，而且有提高个体的社会适应能力的作用。

耶克斯-多德森定律（Yerkes-Dodson Law）也能体现情绪的适应功能。研究者指出，情绪的唤醒水平和绩效之间存在着倒U形曲线的关系。这一曲线表明太低或者太高的生理唤醒水平都会损害绩效。如果生理唤醒水平过低，个体将无法有效组织他的行为；如果生理唤醒水平过高，情绪的非理性会压倒认知，从而影响个体及时采取有效行动。

而情绪的一个重要的功能是激励个体前进，促使个体顺利完成重要目标。在组织中，管理者可以适当采取有效措施，创造积极的情绪氛围，以提升组织的整体绩效水平。

管理视野

耶克斯-多德森定律

耶克斯-多德森定律是心理学家耶克斯（R. M. Yerkes）与多德森（J. D. Dodson）经实验研究归纳出的一种法则。该定律认为唤醒水平与工作效率之间的关系不是一种线性关系，而是倒U形曲线关系，中等强度的唤醒水平最有利于任务的完成。唤醒的最佳水平不是固定的，依据任务的不同性质会有所改变。在完成简单的任务时，唤醒水平高，工作效率也高；在完成难度适中的任务时，中等的唤醒水平下工作效率最高；在完成复杂和困难的任务时，偏低唤醒水平下工作效率最高。这一定律一方面显示了唤醒水平与绩效之间的关系，另一方面也显示了不同任务难度下最高绩效所需的最佳唤醒水平。

（四）情绪的组织功能

情绪作为脑内的一个检测系统，对其他心理活动具有组织的作用。这种作用表现为积极情绪的协调作用和消极情绪的破坏、瓦解作用。其组织作用还表现在人的行为上：处在积极、乐观的情绪状态时，人们容易注意事物的美好方面，其行为比较开放，愿意接纳外界的事物；处于消极情绪状态时，人们容易失望、悲观，放弃自己的愿望，甚至产生攻击性行为。

通过各种不同的信息加工方式，情绪对认知起着驱动和组织的作用。许多研究证明，情绪会对认知产生多方面的影响。其影响不仅在加工的速度和准确程度方面，而且可以在类别和等级层次上改变认知的功能，或在信息加工中引起阻断或干扰的质量变化。就是说，情绪不仅影响认知的质量，而且影响认知的结构。

1. 情绪与工作记忆

加工效能理论认为个体工作记忆系统的资源是有限的，消极情绪会占用一部分工作记忆资源，使得个体用于进行认知操作的工作记忆资源相对减少。所以当个体产生消极情绪时，认知操作的效率就会下降。

研究表明，焦虑被试会过多地关注自己的强制性思维、担忧或负面认知等焦虑情绪反应，而这种与当前任务无关的反应会分散个体的注意力，消耗有限的工作记忆资源，降低正确率，或是增加反应时间。但研究者随后又发现，不同程度的焦虑对工作记忆的影响程度也不同，甚至轻度的焦虑并不一定导致工作记忆损伤。

另有研究者发现，消极情绪选择性地影响了空间工作记忆的保持功能，这可能是消极情绪限制了空间工作记忆中所需的注意资源造成的。对抑郁症病人的研究结果支持这种选择性影响，有研究者通过比较重度抑郁症病人和正常人发现，抑郁症病人的空间工作记忆受损。

尽管研究者们在情绪对工作记忆的具体影响方面存在一定的分歧，但是也得出了一个共识，即情绪的波动会在一定程度上影响到人们的工作记忆。

2. 情绪与决策

早期的决策理论完全排斥情绪的影响作用，研究者们热衷于建立理性决策的数学模型；随着对情绪与认知关系研究的深入，对情绪影响决策过程的认识也逐渐变得全面与深刻。自前景理论提出后，以预期情绪为主的后悔和失望理论，以及主观预期愉悦理论被提出。前景理论表明，与获得金钱的快乐相比，人们对失去金钱的感觉更糟糕，这导致个人会尽量避免有损失风险的情况。因此，在前景理论中，情绪被视为决策的预期结果。然而，罗文斯坦（Loewenstein）等人提出，在做出决定的那一刻发生的情绪——预期情绪——也会影响决策，这就是风险即情绪（risk as feelings）模型，如图6-3所示。该模型认为决策过程中不仅存在受认知评估影响的预期情绪，还存在不受认知评估影响的即时情绪，并认为即时情绪就是即刻的内脏反应。这些情绪可以直接影响决策行为，影响认知评估。

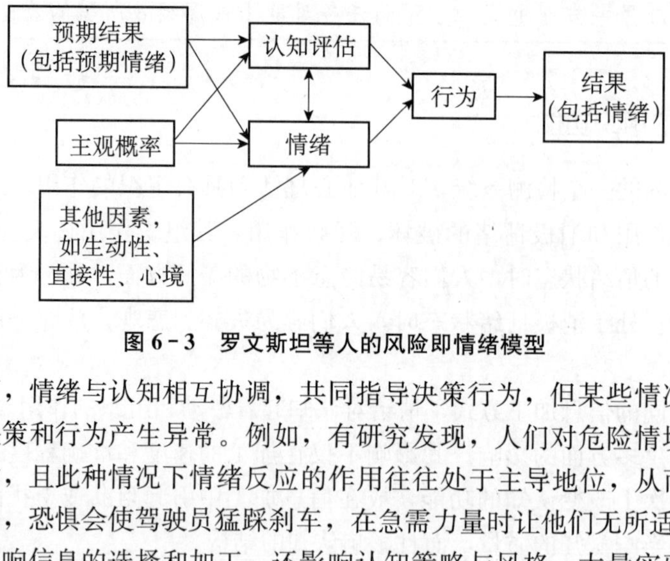

图6-3　罗文斯坦等人的风险即情绪模型

通常情况下，情绪与认知相互协调，共同指导决策行为，但某些情况下情绪却与认知相冲突，使决策和行为产生异常。例如，有研究发现，人们对危险情境的情绪反应经常偏离认知评估，且此种情况下情绪反应的作用往往处于主导地位，从而使得行为表现偏离常规。例如，恐惧会使驾驶员猛踩刹车，在急需力量时让他们无所适从。

情绪不仅影响信息的选择和加工，还影响认知策略与风格。大量实验表明，愉悦的情绪状态使个体倾向于采用启发式加工策略，即采用自上而下的加工方式，依赖已形成的知识结构，较少注意加工对象的细节以及付出较少的认知努力；而消极的情绪状态使个体倾向于采用系统加工策略，即采用自下而上的加工方式，较少依赖原有的知识结构而将注意力集中在当前刺激物的细节上。情绪对决策行为有直接的影响作用，巴洛（Barlow）指出："体验焦虑的能力和计划的能力是同一枚硬币的两面。"

3. 情绪和创造性

国内研究者指出，情绪与创造性的关系逐渐成为创造性研究的一个热点。已有研究通过比较个体在积极和消极两种情绪状态下的创造性表现来揭示两者的关系，但并未得出一致的结论，部分研究结果甚至相互矛盾。

一些研究者认为，积极情绪有利于促进创造性的产生，消极情绪则会阻碍创造性的产生。例如，国外学者研究发现，积极情绪能提高认知灵活性，借助广泛联系的情境信息，个体能够有创造性地解决问题。也有国内学者指出，积极情绪状态下，被试的思维流畅性得到了显著的提升。另外，国内学者刘小禹和刘军在2012年针对团队创造性的研究表明，对于团体组织而言，积极情绪有利于调节人际关系，促进内部信息交流，提高工作团队的创造性水平。上述研究普遍认为，处于积极情绪状态的个体通常采用自上而下的认知策略整合加工信息，善于利用已有的知识背景，倾向于采用启发式的信息加工模式进行发散性思维，此时创造性的水平较高。据此，一些研究者还提出了相关理论，对积极情绪促进创造性产生的机制进行了解释。例如，拓展-构建理论（broaden-and-build theory）认为，积极情绪（如兴奋、快乐、满意、兴趣和爱）能短暂地拓展人们的思维行动倾向，提高记忆信息的提取速度和思维的灵活性，从而促进创造性的产生。

虽然许多研究支持积极情绪促进创造性产生的结论，但是也有不少研究得出了截然相反的结论，即消极情绪促进创造性的产生，积极情绪阻碍创造性的产生。例如，马丁（Martin）等提出的“情绪投入”模型表明，负面情绪可能会促进正常人群的创造力。这个模型假设人们使用当前的情绪作为信息提示，积极情绪表示情况较好，而消极情绪则表示情况有问题。这种情绪评估意味着当人们感受到积极情绪时，他们会停止创造性的工作，但当他们感受到消极情绪时，则会继续受到激励完成创造性任务。乔治（George）和周京（Zhou）则认为情感状态提供的信息会影响个体在工作中对创造性活动的努力和坚持性。他们提出，当个体体验到积极的情感时，他们会将积极的情绪解读为他们已经实现了创造性目标，不需要额外的努力。因此，在这种情况下，积极的情感与创造力负相关。相比之下，当人们体验到负面情绪时，他们会将自己的负面情绪解读为他们必须更加努力地寻找创造性的解决方案。

此外，有学者提出双通道模型，认为积极情绪和消极情绪都会对个体的创造性认知活动起到促进作用，只是它们的作用途径存在差异。具体来说，积极情绪主要通过增强认知灵活性来提高创造性，而消极情绪则主要通过增强持续性来提高创造性。

三、情绪智力和情绪劳动

（一）情绪智力

1. 情绪智力的定义与模型

关于情绪智力（emotional intelligence），当前主要存在三种视角的定义。

一是认知视角的定义。主要以梅耶（Mayer）和萨洛维（Salovey）为代表。1990年梅耶和萨洛维最早提出了情绪智力的定义，认为情绪智力是“驾驭自己和他人的情感情绪，区分它们之间的差异，并且使用这些信息指导自己的思考和行动的能力”。后来，他们把情绪智力定义为“准确地感知、评价并表达情绪，爆发和产生促进思考的情感，理解情绪及情感知识，调控情绪以促进情感和智力发展的能力”。

二是综合视角的定义。主要以巴昂（Bar-On）为代表。他认为情绪智力是“决定我们在日常生活中如何有效地理解和表达自己、理解并能与他人处理好关系的多种相互交叉和关联的情绪和社会胜任力、技能与技巧”。

三是胜任力视角的定义。主要以戈尔曼（Goleman）与博亚特兹（Boyatzis）为代表。他们对情绪智力的定义经历了几次变化。最初，情绪智力被定义为“识别我们自己和他人的情绪，鞭策和激励自己，并驾驭我们的情绪以及把握人际关系的能力”。后来，戈尔曼提出了情绪胜任力概念，认为它是建立在情绪智力基础上，并且产生出色工作表现的实际能力。2009年，博亚特兹又把它发展为情绪-社会智力胜任力，并认为它是认识、理解和使用自己和他人的情绪信息以促使产生有效或优异绩效的能力。

从定义内容看，认知视角所涵盖的内容较窄，把传统智力没有测量到的感知、处理及有效管理情绪和情绪信息等能力组合在一起。综合视角与胜任力视角则较为宽泛，把性格特征、激励因素和相关技能都包括其中。学术界通常把前者称为狭义的情绪智力，而把后者称为广义的情绪智力。

基于不同的情绪智力定义，当前的情绪智力理论可分为能力模型和混合模型两类。能力模型的理论建立在狭义的情绪智力基础上，它所包含的内容主要聚焦于个性子系统的情绪与认知的交互作用领域。主要以梅耶、萨洛维和卡鲁索（Caruso）等提出的理论为代表。他们提出的情绪智力理论包括四个分支的能力，分别为情绪认知、情绪促进、情绪理解和情绪管理。此理论认为，以上四种能力有一个从低到高的发展过程，情绪认知是情绪智力最基本的过程，而情绪管理是情绪智力最复杂的过程。

混合模型的理论建立在广义的情绪智力基础上，它所包含的内容跨越了个性主要子系统的多个领域。主要以巴昂和戈尔曼等人提出的理论为代表。巴昂的情绪智力理论包括五个方面的内容，每个方面都包含若干成分，分别为内省能力（自我认同、自我意识、坚持性、独立性、自我实现）、人际交往能力（共情、社会责任、人际关系）、压力管理（压力容忍、冲动控制）、适应性（现实考验、灵活性、问题解决）和一般情绪状态（乐观、快乐）。戈尔曼等的理论则从目标（自我和他人）和能力（意识和管理）两个维度把情绪智力分为四族，每个族包含若干胜任力，分别为自我意识（情绪自我意识、准确的自我评价、自信）、自我管理（情绪自我调节、易被理解、适应性、成就动机、积极主动、乐观）、社会意识（共情、组织意识、服务导向）和关系管理（激励人、影响力、冲突管理、促进变革、发展别人、团队合作）。

所有的理论都寻求理解个体怎样感知、理解、利用和管理情绪以帮助预测和提高个人有效性。

2. 影响情绪智力的因素

由于情绪智力涉及个人的心理认知与体验，因此，对于不同的人、不同的情境，情绪智力的意义也必然有所不同。从以往的研究结果看，影响情绪智力的因素主要有个体因素和社会文化因素。

（1）个体因素。对于个体因素而言，研究者首先关注的是性别和年龄差异。梅耶等研究发现，在能力情绪智力测验中，成年人的得分比青少年高，女性比男性稍高，并随年龄的增长有所增高。特质情绪智力模型认为，情绪智力是一种特质，与人格有一定的相关。

有学者发现，特质情绪智力与开放性和神经质显著相关，与宜人性和尽责性也存在相关。

（2）社会文化因素。情绪智力的高低通常受社会因素的影响较大。情绪智力与社会满意度、社会工作质量有一定的关系。较高的情绪智力通常与较好的心理社会功能相联系，对情绪智力较高的个体而言，一些心理社会因素可以作为躯体疾病的缓冲器。文化影响个体的情绪体验和情绪表达，在使用情绪智力量表时，需要注意不同文化背景的差异。国外学者以加拿大的土著青少年和非土著青少年为被试发现，同一情绪智力量表适用于这两个群体，但是土著青少年在人际关系、压力管理和适应性这三个维度上的得分显著低于非土著青少年。

3. 情绪智力的作用

（1）情绪智力与工作绩效。大量实证研究已经证实，情绪智力与不同工作领域和不同工作层级的工作绩效都有密切关系，更高水平的情绪智力与更高水平的工作绩效相关。除此之外，情绪智力与一些虽然不是工作绩效的直接测量指标但对工作绩效非常重要的变量之间存在相关，这些变量有可能是情绪智力与工作绩效之间的中介变量。

情绪智力与社会关系质量存在关联。高情绪智力者具有更高的人际敏感性，能够更好地处理人际交往中的问题，从而能够保持更好的人际关系，获得更多的社会支持。高情绪智力个体在心理上更容易对团队成员产生信赖，更愿意选择他人作为自己的朋友，这一主动选择过程反过来会影响他人的行为，即会有更多人把他选作朋友，进而让他处于朋友网络中心位置，最终使他能够充分利用网络中心位置带来的优势，取得更好的工作绩效。

情绪智力与个体健康状况（包括心理健康、生理健康）密切相关。更高的情绪智力与更高的乐观水平、更高的工作生活质量、更高的心理健康水平、更低的抑郁水平、更低的社会焦虑知觉水平、更少的症状报告和心理社会压力以及更少的不良生活习惯相关。

情绪智力与个体的压力应对密切相关。在压力情境中，情绪智力的相关能力是一种重要的个人资源，高情绪智力的人有能力更好地面对压力环境，会采取主动而非逃避的应对策略，从而改善压力应对过程，减轻工作与生活压力。

情绪智力与个体的工作生活满意度密切相关，更高的情绪智力与更高的工作生活满意度相关联。

（2）情绪智力与领导力。情绪智力对于领导者非常重要，成功的领导者都是具有较高情绪智力的人。从理论上说，理解和控制自己和他人情绪的能力能促进领导有效性的提高，情绪智力有利于提高领导者解决问题、处理个人和组织面对的问题与机会的能力。大多数实证研究结果表明，具有高情绪智力的领导者有利于提高领导力效能。例如，乔治提出，具有高情绪智力的领导者能够运用积极的情绪去促进组织职能的实现，准确地评价员工的感觉，并且利用这一信息去影响员工的情绪，使他们理解和支持组织的目的和目标。另有国外学者指出情绪智力使领导倾向于变革行为，因为具有高情绪智力的领导者能够提高员工对其的信任和尊重且更加了解员工的需要。他们在 49 位管理者中检验了不同领导模式与情绪智力之间的关系，并总结出情绪智力与变革型领导的三种成分（理想化的影响、有鼓舞力的激励和个人关怀）以及有条件的报酬（交易型领导的一种成分）有着积极的关系。国内学者进行的一项元分析研究表明，领导者情绪智力与领导力效能存在正向相关关系，高层领导者的情绪智力对领导力效能的影响明显高于中层和基层领导者，非营利组织中的领导者情绪智力对领导力效能的影响比营利性组织中的影响更强，且东方文化背景下的领导者情绪智力对领导力效能的影响比西方文化背景下更强。此外，最近国内学者的一项研究从领导者情绪智力的二元评价视角揭示了领导者情绪智力对员工建言的影响机制，研究结果表明相较于领导者情绪智力他评与自评的“高-低”“低-高”“低-低”情境，在“下属高他评-领导高自评”的情绪智力一致情境下，双元领导程度最高。

（二）情绪劳动

1. 情绪劳动的内涵

以往研究表明，情绪智力与情绪劳动（emotional labor）有着显著的相关。情绪劳动主要表现在服务业等与客户或顾客有着大量接触的行业。近期研究发现，情绪劳动对员工常有一些负面影响，如高压力、职业倦怠和低工作满意度等，情绪智力可以缓解情绪劳动带来的负面影响。那么，什么是情绪劳动呢？

情绪劳动是一个监控矛盾并减少矛盾的过程，即个体将自己的情绪表达与感知到的情绪表达规则不断进行比较，如果发现两者之间存在矛盾，个体将通过情绪调节策略来减少这种矛盾，从而使得情绪表达与情绪表达规则相符。这是一个动态的心理加工过程，遵循情绪调节的控制论模型。情绪劳动涉及感知到的情绪表达规则（perceived emotional display rule）以及情绪调节策略（emotional regulation strategy），感知到的情绪表达规则涉及员工对组织要求的恰当情绪表达标准进行认知、理解和内化，并照此依据在人际交往过程中进行恰当的情绪表达。它包括正面表达规则（感知到的表达积极情绪的规则）和负面表达规则（感知到的压抑消极情绪的规则）两方面。情绪调节策略包括表层策略和深层策略。表层策略指通过调节情绪的可见方面，如手势、声音和面部表情等，使情绪行为按照组织要求的情绪表达规则表现出来，但内部情绪感受并不发生改变。深层策略指个体通过积极思考、想象和记忆等内部心理过程，使真实情绪体验与需要表现的情绪相符合，并通过行为体现出来。

1979 年，霍赫希尔德（Hochschild）首次提出了“情绪劳动”的概念。随后，她对泛美航空公司空服人员的情绪表达进行了深入研究，于 1983 年出版了《情绪管理的探索》一书，书中正式提出了“情绪劳动”的概念，指出情绪劳动是员工致力于情感管理，目的是在公众面前创造一种可以观察到的面部表情和身体动作，以此获得报酬的劳动方式。情绪劳动要求个体对情绪进行管理，适当抑制或表达情绪。在霍赫希尔德提出情绪劳动概念后，众多学者对情绪劳动进行了研究。阿什弗斯（Ashforth）和汉弗里（Humphrey）于 1993 年将情绪劳动定义为“根据职业要求的表达规则来表达适当情绪的行为”。即个体可以根据他人需求而有意识、有目的地调节行为，从而使他人对自己形成特定的社会感知及人际氛围。莫里斯（Morris）和费尔德曼（Feldman）从人际互动的角度出发，指出情绪劳动是个体为表达组织所期望的情绪所需付出的努力、计划和控制；同时可以将情绪劳动视为能够用于交换的一种商品。还有学者指出，情绪劳动本质上是个人根据组织制定的情绪行为管理目标所进行的情绪调节行为。

2. 情绪劳动的特征

（1）情绪调节的主动性。情绪劳动具有情境性，是在员工与客户面对面或声音对声音的互动过程中完成的。这种互动具有双向性：一方面员工的情绪表达会影响客户的情绪体验和反应；另一方面，客户情绪的反馈又会反作用于员工。受到不良反馈情绪影响时，员工就需要主动按照角色要求和组织期望适时调整情绪劳动的方式，使事态朝着组织期望的方向发展。

（2）目的的间接性。在情绪劳动中，员工需要通过一种情绪状态来影响客户的情绪、态度和行为，最终促进组织目标达成。客户的情绪状态会影响到其能否做出组织所期望的反应。因此，为了实现组织目标，员工就需要通过适当的情绪表达来感染客户，增进交流，从而使客户在心理上产生组织所期望的变化。

（3）要求的职业性。情绪劳动主要是发生在工作场所的一种情绪表达和管理，有别于日常生活中的情绪管理。员工在实际工作中的情绪管理方式恰当与否，取决于其所在组织的具体要求或所属行业的相关规范。不同职业或组织在情绪劳动的具体要求上存在差异。例如，推销员对待客户要热情而富有耐心，而法官则应该保持严肃正义的形象。

3. 情绪劳动的作用

（1）对组织的作用。国内学者在研究中指出，对于组织来说，员工按照组织要求表现出情绪行为，可以使工作得到更有效的执行，可以提高工作绩效和服务质量，还会促进销售。但是，如果员工没有表现出适当的情绪，则会对工作产生负面影响。

（2）对员工的作用。对于一些内容单调、缺乏挑战的工作，较高的情绪劳动要求会在某种程度上起着激励的作用，从而成为一种积极的工作特征，因为它给个体提供了自我表现的舞台，有利于个体保持良好的心理状态。此外，装扮出某种情绪表现也能够使个体在心理上远离潜在的压力源。反之，员工情绪劳动过度，长期处于情绪失调或情绪偏离状态，则容易造成情绪耗竭、工作压力大、职业倦怠等。过度的情绪劳动还会降低员工的工作满意度，表现为对工作没有热情，离职意向明显等一系列问题。

4. 情绪劳动的策略

在工作中员工如何进行情绪劳动呢？阿什弗斯和汉弗里提出了以下四种策略。

（1）自主调节。这种策略把情绪看作一种自主的体验过程，它不需要有意识地努力，某种情绪被感觉到时就会自然流露出来，从而产生相应的情绪反应。扮演理论认为，在这种情况下情绪劳动是以自动模式来完成的。比如医生看见受伤的孩子自然会表现出对孩子的同情。这种同情是很自然的反应，当事人不需要有意识地扮演。

（2）表层扮演。表层扮演是指改变个体外部可见的表情行为来表现组织规定的情绪，而其内心的真正情绪并没有发生改变。表层扮演虽然将内心真实感受与外部表情分离，但不失为一种可行的策略。员工无法违背组织对于情绪的规范时，就必须以表面的装扮来开展工作。对于一个扮演水平较高的员工来说，从表面上掩饰情绪并非难事。

（3）深层扮演。深层扮演是指为了按要求进入角色，尽量去体验必须产生的情绪。深层扮演又包括主动深层扮演和被动深层扮演。前者指通过积极思考和努力来改变自己的内部情绪体验，使情绪体验与需要表现的情绪行为相符合；后者指当个体内心感受到的情绪与组织所要求的表现一致时，个体表现出与规则相一致的情绪行为。深层扮演是发自内心的，要求员工尽可能努力激活那些能够引起某种情绪的思想、记忆等心理活动。运用这种策略时，个体内部感受和外在行为都要发生改变。

（4）失调扮演。这种策略要求员工表面上表现出职业所需要的情绪去应对各种外部刺激，但内心始终保持中性。这种扮演需要员工对情绪进行自我管理，不让表面的情绪影响自己的心情。这种内心的体验与外部的情绪表达不相符的扮演也就是所谓的“职业性公关”，这种内外失调更有利于任务的完成。如一名银行经理在为一个几百万元的贷款项目进行谈判，尽管外表有各种各样的表情，但内心始终保持中性和镇静。通过这种行为，个体满足了组织情绪表现规则的要求，表现出了适当的行为，但是员工内心情绪却保持独立，并与组织表现规则现实分离，偏离外部行为表现。

四、情绪调节

（一）积极情绪调节

综上所述，积极的团队情绪氛围对组织会有一定程度的积极影响。那么，此时团队领导者应该采取什么样的领导方式促进团队绩效呢？根据内在动机和外在动机的划分，我们将领导方式分为交易型领导和变革型领导。当团队处于积极情绪氛围中时，变革型领导方式更能促进团队创新绩效。这是因为积极的团队情绪氛围会让团队成员的情绪高涨，而为员工设定目标，采取监督、考核、指导的交易型领导方式，则会阻碍团队的创新绩效。但是，变革型领导方式不同，它利用愿景来激励下属，通过个性化的关怀满足员工的生理与社会方面的需要，下属更容易意识到自己所承担任务的重要意义，从而愿意为了组织的利益而牺牲自我利益，做出超越预定绩效的努力。此时，变革型领导对团队创新绩效的影响作用会被放大。

（二）消极情绪调节

虽然消极的团队情绪氛围会导致团队内部的合作与沟通受到影响，并且消极的情绪还会妨碍他人行为，降低团队成员的满意度，但有时它也会促进团队绩效。当团队情绪氛围比较消极时，应该采取交易型领导方式，弥补团队情绪氛围方面的不足，促进团队创新绩效。这是因为交易型领导方式会让团队成员预期自己的努力会得到领导者的赏识、奖赏及称赞，因而可能会积极进行创造性的活动，促进团队创新绩效。但变革型领导方式则会因为团队领导者赏罚不明，进一步破坏整个团队的互动和团队情绪氛围，导致团队成员间更加不信任、不合作，影响团队中的知识共享和人际沟通，不利于团队创新。

（三）情绪调节的手段

人是组织事业的基石，员工的情绪状态影响着工作投入和绩效，团队情绪氛围会影响团队有效性，因而管理者必须对组织的情绪管理给予更多的关注，以改善和促进团队有效性。

1. 关注

领导者可以提高自己对团队成员的情感需求以及团队成员之间的情绪关系的关注度，同时提高自己觉察他人情绪的能力，这样才有助于团队领导者根据团队情绪氛围的变化，灵活采取适宜的领导方式。

2. 改善

团队领导者可以通过对员工灌输积极情绪，来改善团队情绪氛围，进而提升员工工作热情、团队士气，营造团队和谐的人际关系。这是因为领导者自身的情绪状态对员工会有很大的感染力。例如，领导者表现出的轻松、坚毅和乐观会感染整个团队；而领导者的沮丧也一样会使团队情绪氛围低落。同时，团队领导者还需要在消极团队情绪氛围与积极团队情绪氛围之间保持平衡，使团队有足够的情绪刺激来促进团队有效性。

3. 奖励

当组织中情绪氛围不佳时，组织中的情绪处理者会主动采取富有建设性的技巧和手段来处理组织中的有害情绪。这些有害情绪处理者可能是团队领导者，也可能是团队成员，他们通常比较关注团队成员的情感需要以及团队成员之间的情绪交换和关系。当他们察觉到团队情绪氛围转为消极和有害时，就会采取措施来试图驱散或减轻这些有害的情绪，从而使受害的员工得到保护或营救，能够继续正常工作。因此团队领导者可以通过奖励，为组织有害情绪处理者提供支持。这能有效改善团队情绪氛围，尤其是当团队情绪氛围变得消极的时候。同时，团队也需要设计一系列干预措施来处理消极情绪氛围，帮助团队成员恢复情绪平衡，减少消极情绪氛围对团队的不利影响。例如，为团队成员提供一些可以宣泄不良情绪的“后台”，让成员的不良情绪得以释放和缓解。

第二节　工作场所中的压力

一、压力及其后果

（一）压力的概念

压力（stress）最早由汉斯·塞利（Hans Selye）等人在 20 世纪 30 年代提出并进行研究，他们认为压力就是身体为了满足需要所产生的一种非特定性反应，或者生活环境不能满足个人需要，个人学习、经验无法与现实生活的要求相互配合，所导致的生理或者心理失去平衡的一种状态。

拉扎勒斯（Lazarus）等学者认为：“压力是需求以及理性地应对这些需求之间的联系。”一个人承受压力与否与他对待压力的看法是紧密联系的，它是由人的认知系统所反映出来的，而这种反映的结果就是人对工作压力的认知评价。

麦克哥拉斯（McGrath）认为压力是“需求与个人能力之间处于一种失衡的状态下，需求得不到满足引起的后果”。他认为，人们对工作压力的应对能力不同必然导致不同的压力体验。能恰当估计自我应对能力的员工，往往会取得良好的社会适应；而过高或过低估计自我应对能力的员工则容易受挫。

从对压力定义的回顾中可以看出，不同的研究者对工作压力所做的解释是不一样的。但是，所有这些定义只是在细节上有所不同，其总体方向是一致的。因此，压力可以定义为：人在适应过程中的一种身心紧张状态。

从原因来看，压力是人在对环境与自身应对能力进行评估之后产生的不平衡感造成的。压力所产生的紧张状态会导致相关生理反应和行为表现的产生。因此，关于压力的形成，我们可以总结出以下几点：

第一，压力是个体感知和体验到的情绪反应，如焦虑、不安等及伴随而来的生理反应。压力的典型生理表现为慢性忧虑、无力放松、抽烟过度、酗酒、搁置问题、不合作态度、无力感、情绪不稳定、消化问题、高血压和神经紧张等。

第二，压力是一种个体不能很好甚至无法应对情境的反应。如果个体能够从容应对，该情境就不会给其造成压力。

第三，压力是个体对某一重要情境的反应。所谓重要情境，是指如果对此情境处理不当，则有可能给个体带来危害，或导致个体无法实现既定目标。很显然，那些对个体不甚重要的事情不会导致明显的压力，而个体所面对的事情越重要，其所体验到的压力就会越大。

为了更好地认识压力，除了了解压力的定义、压力的来源，我们还需要注意以下几点：首先，压力不等于焦虑。焦虑仅仅是情绪和心理范围的变化，而压力则会引起生理反应。其次，压力不是简单的神经紧张。有些时候压力会导致神经紧张，但有些人可以很好地对此进行“控制”，所以即使表现出压力也未必通过神经紧张表现出来。最后，压力也不一定是破坏性的、不良的或者需要极力避免的。虽然压力会产生负面的作用，使人退缩、压抑，但压力也能激发个体的主观能动性和责任感，关键在于个体在面对压力时的承受能力和应对方式。也就是说，压力是客观存在的，谁都无法避免，但压力产生的负面效果（如抑郁、苦恼等）则是可以得到有效控制的。

管理视野

工作压力小测验

根据自己的实际状况为每道题目选择相应数字：从未或不常——1；偶尔——2；经常——3；不断或几乎每次都是——4。

1. 对琐碎之事极度烦躁。
2. 早晨醒来就为工作忧心忡忡。
3. 工作要求的提高让我沮丧不安。
4. 我发觉自己变得烦躁、易怒。
5. 我会不耐烦地从一件工作跳到另一件工作。
6. 不能得心应手地处理手头工作。
7. 我无法确定何时该做何事。
8. 被委派的工作量多到我无法愉快胜任。

9. 对别人的指责无能为力。

10. 在人群中或有限的空间里惊慌不安。

11. 流言蜚语或者暗箭伤人的情形太多了。

12. 我的工作量总是不可预测地出现变化。

13. 我的工作不断重复而且单调乏味。

14. 没有任何生理原因就感到头晕恶心。

15. 我对物质条件、噪声感到厌烦。

计分与解释：

15～25 分：工作很愉快，目前没有感受到什么压力。

26～35 分：和大多数人一样，你感觉到了工作的压力。

36～45 分：你正在承受着较大的压力。

46～60 分：你的工作压得你喘不过气来。

（二）压力的后果

工作压力过大会带来一系列的危害，严重影响到人的身心健康，同时也会对人的工作效率、人际交往和生活满意度等方方面面产生一定的影响。总的来讲，过高的工作压力对个体的消极影响主要体现在三个方面：情绪、行为和身体。

工作压力对情绪的影响主要表现在工作压力会导致人们表现出焦虑、压抑、神经质、易激动、紧张、厌烦、沮丧等情绪状态。其中，最主要的影响是焦虑情绪的产生，同时焦虑也是压力产生的主要心理状态之一。处于焦虑状态时，人会出现不同的反应。首先，人们会产生消极的情绪，一个人如果在工作中遭受挫折，或经常出错，则可能会感到失望，从而对工作失去热情。其次，还有一些人会产生敌对的态度，攻击周围的人，并且不服从上级的管理，给上级出难题，在工作中制造障碍。管理人员则会因为一些小事大发雷霆，对下属吹毛求疵。再次，人们会产生悲观情绪，人们在受到较为严重的挫折而产生强烈的应激时，会变得悲观失望、情绪低落、缺乏自信和自尊、孤僻。如果这种情况不能得到缓解，则有可能出现更为严重的问题。最后，在高压之下，人们还有可能会产生厌世的情绪，工作生活中，如果出现了极其严重的事件，而一些人的承受能力又很脆弱，无法应对这些不利的情况，甚至会产生自杀轻生的倾向。在组织内部，过高的压力还可能降低员工对组织的承诺、内在满意度，以及导致出现离职意向、情感衰竭等。

工作压力对行为的影响主要表现在工作效率降低、缺勤、离职以及决策失误等方面。关于压力与工作绩效的关系，研究表明它们呈倒 U 形的关系（如图 6－4 所示）。压力太小不利于激发员工的动力，而压力过大则会导致工作绩效急剧降低，甚至会导致差错或者事故发生。可以看出，当压力超过了人的最大承受能力时，压力就会成为阻力，从而导致效

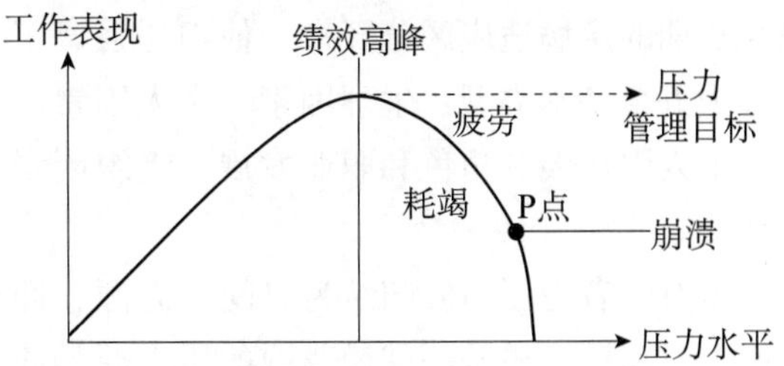

图 6－4 压力与工作绩效的关系

率降低。

关于缺勤、离职，一项研究显示，高压下的管理人员对工作本身、与同事的关系、团队的士气这三方面的满意度都很低，这种不满直接导致了缺勤率与离职率的上升。

压力还可能导致决策失误。一些观察研究表明，人们处于高压状态时，会拖延或回避做出决策，常常忽略重要的信息，而且不愿意收集有助于做出更好决策的新信息，在面临多种备选方案时犹豫不决，结果错失良机，或使决策质量受到影响，甚至产生失误。除此之外，过量吸烟、饮酒或滥用药物等也是压力影响行为的表现。

工作压力在身体上产生的消极后果则主要表现在导致各种生理上的不适，如头晕、疲劳等，且会引起多种疾病：心血管系统疾病，如原发性高血压、冠心病、心脏病等；消化系统疾病，如消化性溃疡、神经性厌食、过敏性结肠炎等；呼吸系统疾病，如支气管哮喘、神经性咳嗽等；皮肤心身疾病，如神经性皮炎、瘙痒症、多汗症等；神经系统心身疾病，如神经衰弱、失眠症、偏头痛等。研究表明，工作压力将缩短人的寿命。除了上述疾病之外，过高的工作压力甚至有可能导致癌症。

二、压力源的识别

压力源又称应激源或紧张源，是导致个体产生压力反应的刺激。刺激一旦被感知到，就一定会引起主观的评价，同时导致产生一系列相应的心理和生理变化。如果对于感知到的刺激需要付出较大努力才能进行适应性反应或这种反应超过了人所能够承受的适应能力，个体就会出现心理、生理平衡的失调，即紧张状态反应。这个使人感到紧张的内外刺激就是压力源。

（一）工作中的压力源

工作压力源可以表现为不同的形式，工作环境中的每一个方面都可能成为一些员工的压力源。关于压力源的划分和归类，国内外研究者提出了不同的见解。

有国外学者针对白领工作人员的工作压力研究发现，工作压力源主要有工作本身的因素（工作负荷、时间紧迫感、工作自由度等）、组织中的角色（不同的人之间的冲突、不同角色间的冲突、不同任务间的冲突）、工作中的关系（上级支持、与同级之间的关系、组织和社会支持等）、职业发展（工作安全、辞职与升迁、自我实现等）、组织结构和组织倾向（组织价值观、决策方式、领导风格、解决冲突的方法等）。

有学者把工作压力源分为组织内部和组织外部的压力源，把短期的生理和行为的结果与长期的疾病适应区分开来。他们还强调了个体的不同和个人对压力的感知，把压力源分为五个基本类型：生理因素、个人因素、团队因素、组织内因素和组织外因素。其中，个人因素涉及角色和职业发展，组织因素涉及组织倾向、组织结构、工作设计和任务特征。

也有学者把压力源归纳为时间压力源、冲突压力源、情境压力源和期望压力源四个方面。时间压力源是一种最普遍的压力源，冲突压力源来自人际互动，情境压力源来自人体所处的环境，期望压力源则是指还没有发生但有可能发生的不愉快的事件，包括恐惧和不愉快的期望。

另有学者将引起压力的因素分为三类：组织内部的因素、组织外部的因素和个人特征。组织内部的因素被认为是引起工作压力的直接因素，如角色冲突、角色模糊、角色超负荷、时间紧迫、较低的工作自主性、难以发挥能力、较低的参与和控制、有问题的管理监督、较差的组织气氛等。还有学者将压力源按其性质属性划分为挑战性压力源和阻碍性压力源。挑战性压力源是指对个体工作态度和行为具有积极作用的压力源，例如工作负荷、时间压力、工作责任和复杂性，它们能够激发个体实现能力提升、职业成长等；而阻碍性压力源则是指对个体工作态度和行为具有消极作用的压力源，例如角色模糊、组织政治、官僚程序、工作不稳定性，它们会抑制个体的目标达成和职业成长。

此外，有国内学者提出，工作压力源大体上可分成两类：一类是来自工作本身的，包括工作内容、工作标准等因素；另一类是来自工作活动以外的，包括工作环境、人际关系等因素。它们是两类不同的、不具有相互关联性的压力变量，对工作行为的影响也大不相同。

总体来说，各种各样引发工作压力的根源因素大体上可以分成两大类：一类是与工作组织有关的因素；另一类是和工作者个人有关的因素。当然，这些因素之间还会相互影响，构成复杂的工作压力源系统，对工作者产生不同的影响作用。比较经典的工作压力源分析框架主要涉及以下六个方面：工作负荷、工作条件、角色冲突和角色模糊、职业生涯发展、人际关系以及工作-家庭冲突。

（1）工作负荷。工作负荷量超载，工作任务过重，员工自然会觉得力不从心，压力大；但工作任务过少，员工则会感觉无聊和沮丧，或对组织有所愧疚，或感到自己在组织中无关紧要，这同样会造成压力。

（2）工作条件。不良的工作条件，如高温、拥挤、照明差、通风差、设备不安全等物理环境，或是竞争过于激烈、经常出差等工作环境，都会导致工作压力的增加。

（3）角色冲突和角色模糊。个体在工作中面对各种不同的角色期望或者要求，就会导致角色冲突，感到无所适从或虽使出浑身解数仍无法令人满意。角色模糊则是指员工不清楚自己的工作职责和权利，这种不确定性会使其产生不安与困惑。

（4）职业生涯发展。与职业生涯发展有关的主要压力源包括工作安全性、晋升、调职、发展机会等。以晋升为例，一名员工如果发现与同期进入企业的同事相比，自己没有得到晋升的机会，则会感受到压力；同样，越级晋升，也会使人感受到一定的压力。

（5）人际关系。这里的人际关系指的是与上司、同事、下属的人际关系。人际关系良好使人工作轻松愉快；人际关系紧张，与周围人相处不和谐，会带来严重的压力。

（6）工作-家庭冲突。员工的时间、精力都是有限的。如果不能很好地平衡工作与家庭的关系，两者的冲突就会出现。对于双职工家庭来说，工作与家庭的矛盾尤其突出，这更加大了工作压力。

（二）生活中的压力源

上述工作压力源大多数是来自工作中的，而人们在生活中可能会遇到各种各样的事件，这些事件因不同的严重程度也会给人们带来不同程度的压力。美国精神病学家霍姆斯（T. H. Holms）和拉赫（R. H. Rahe）列出了 43 种生活危机事件，并以生活事件单位（LCU）为指标对每一种生活危机事件评分，按其对压力产生的影响程度进行排序，制成了生活事件压力数值表（见表 6-1）。霍姆斯和拉赫发现，使用这个表格能够预测与压力有关的疾病。如果被试一年内的生活事件单位不超过 150，第二年一般健康无病；如果其生活事件单位在 150～300 之间，第二年患病的概率是 50%；如果其生活事件单位超过了 300，第二年患病的概率则达到 70%。调查表明，高生活事件单位与被试患心脏病、心肌梗死、结核病、白血病、糖尿病等的关系明显。

表 6-1　生活事件压力数值表

生活事件	LCU	生活事件	LCU
1. 配偶死亡	100	23. 子女离家	29
2. 离婚	78	24. 司法纠纷	29
3. 夫妻分居	65	25. 个人成就突出	29
4. 拘禁	63	26. 妻子工作或离职	28
5. 家庭成员死亡	63	27. 上学或转业	26
6. 外伤或生病	53	28. 生活条件变化	26
7. 结婚	50	29. 个人习惯改变	25
8. 解雇	47	30. 与上级矛盾	24
9. 复婚	45	31. 工作时间或条件变化	23
10. 退休	45	32. 搬家	20
11. 家庭成员患病	44	33. 转学	20
12. 怀孕	40	34. 娱乐改变	19
13. 性生活问题	39	35. 宗教活动改变	19
14. 家庭成员增加	39	36. 社会活动改变	18
15. 工作岗位调换	39	37. 小量贷款	17
16. 经济状况变化	38	38. 睡眠习惯改变	16
17. 好友死亡	37	39. 家庭收入变化	15
18. 工作性质改变	36	40. 饮食习惯改变	15
19. 夫妻不和	35	41. 假期	13
20. 中量借贷	31	42. 圣诞节	12
21. 归还贷款	30	43. 轻度违法	11
22. 职别改变	29		

资料来源：卢盛忠．管理心理学．杭州：浙江教育出版社，2006：408-409.

三、压力的管理策略

过高的压力水平会对人的身心健康起到破坏作用，所以面临日益增加的工作压力，学习正确的压力管理措施是十分必要的。压力管理的主要内容包括帮助人们理解压力反应、发现压力源、运用处理的技巧、减少压力的消极影响。

压力管理需要个人和组织的共同努力，个人应学会如何调节过高的压力，组织也需要采取相应的对策降低组织内员工的工作压力。只有这样，才能全面地缓解工作压力，促进员工身心健康，维护企业效益。

（一）个人压力管理

在压力管理中，个人应充分发挥主观能动性，积极缓解自身压力。处理压力的前提是，要首先学会接受并正视生活中的压力，明白生活中处处都有压力，不要给自己徒增心理负担，要保持乐观的生活态度。只有这样，当压力真正到来的时候，我们才可以用最好的心态去迎接压力并积极主动地去化解压力，不至于被压力弄得伤痕累累。接下来，我们可以运用下面列出的具体方式去处理工作中随时到来的压力。

1. 正确分析环境

员工在这一过程中，要做好个人的职业生涯规划，熟悉企业文化或内在的规则，对可能出现的压力进行评估和预测，做好心理准备。这样，当压力出现的时候不至于手足无措，感到焦虑和无助。

2. 正确评价自我

有些压力之所以产生，往往是因为个体缺乏自我评价的能力，或有着不正确的自我评价，一般表现为过高或者过低的自我评价，结果要么夜郎自大，要么妄自菲薄。这种不正确的态度和行为会导致受挫和压力。因此，正确地认识自我和评价自我是缓解压力的必要策略。而当遇到自己驾驭不了的任务，或由于条件不具备，多次努力也达不到目标时，应根据自身条件适时地停止和转移，重新设立新的目标。

3. 正确管理自己的时间和生活方式

首先要加强时间管理。工作中之所以产生压力，有时候是因为我们没有合理运用时间和分配时间，因此善于安排时间、利用时间是减轻压力的一个有效途径。时间管理的原则主要有：经常制定计划，分清主次，重要的任务必须首先安排时间完成；了解自己的生物钟，找出自己效率最高的时间段，在这一时间段内从事最主要的工作；集中处理小事，即每天留出一段固定的时间处理一些零碎的小事；把大的项目分割成小项目；等等。这样我们可以节省很多时间，时间宽松了，效率提高了，压力感也就不会那么强烈了。其次要做到生活有规律。需劳逸结合，注意保证睡眠和饮食规律，在工作之余给自己留点时间，做些感兴趣的事情，如打球、钓鱼、旅游或者只是简单地睡一个懒觉。长期处于紧张枯燥的工作状态，不但影响工作效率，还会影响身体健康。

4. 建立支持性的关系网络

每个人都需要社会支持，因此应把社会支持作为减轻压力的对策。在工作中，个人需加强与他人的合作，学会与他人共事。这样，感受到压力时就会有依靠和帮助。此外，多与周围人打交道，也有助于建立和谐的人际关系，营造互帮互助的良好工作氛围。在这样的环境中工作和生活，压力自然可以得到缓解。在生活中，个人需要建立和发展一个自己的强有力的关系网络，包括家人、朋友、同事。这些人可以是很好的倾听者，也可以提供真挚的支持和鼓励，帮助处于压力中的人树立战胜困难的信心。

5. 学会放松身心的方法

适当锻炼，如散步、跑步、游泳、打球等，可以缓解紧张的情绪。此外，适当的运动有利于增强人们的体质，体质的增强也可以为应对压力奠定基础。

放松也是克服压力的有效方法。深呼吸、调整自己的呼吸节奏、将思想集中在呼吸上等有助于在短时间内清除头脑里的杂念。放松肌肉，即从下向上或从上往下逐步放松各组肌肉，以及转动头部、举起手臂、耸耸肩等，或者只是闭目养神一小段时间，也能使压力得到短暂的缓解。

（二）组织压力管理

1. 创造良好的工作环境

糟糕的工作环境可能会成为压力源，所以为了减轻来自工作环境的压力，组织管理者应首先做好以下工作：在组织政策方面，应制定公平的绩效评估和薪酬制度；在组织结构方面，应避免权力过分集中、烦琐的形式主义和过高的专业化；在工作条件方面，应制定安全保障措施，改善照明条件，减少噪声，控制室温；等等。

2. 合理安排工作

由于存在个体差异，每个人的能力、气质、性格以及需要、动机、兴趣、爱好等都有所不同，因此不同的人适合做不同的工作。而且，工作中不同岗位和职位也有不同的要求。只有合理配置，让每个人做适合的工作，才能充分发挥每个人的积极性，使其更加有效地完成自己的工作，较少地体验到力不从心感。在组织中，通常会通过工作分析来确定员工是否能够胜任某一岗位。工作分析的作用主要是获取工作内容、任职资格和工作环境等信息，最终达到人-岗匹配。所以，为了更加合理地安排工作，充分达到人-岗匹配，组织应进一步完善工作分析系统，充分了解每个岗位需要哪种类型的人才，同时也应进一步完善对员工的了解，例如可以通过性格、智力、情商等相关心理测验，加上日常工作表现评价等各种方式加深对员工的了解。

3. 营造良好的组织氛围

良好的组织氛围有助于增强员工的归属感、整体性、安全感，促使他们遇到压力和挫折时，更多地寻求朋友的关心和支持，从而减轻压力。然而，部分大型组织由于具有过于复杂的层次结构，因而形成了一种缺乏灵活性、不关心人的组织氛围，这可能是管理人员和员工压力过高的原因之一。组织中人际关系紧张，人与人之间缺乏信任，不仅会影响到员工的工作效率，而且不利于员工的身心健康，造成严重的工作压力。因此管理者应尽力加强群体建设，创造良好的组织氛围，使大家处于一种和谐的氛围之中。管理者应该在组织中树立以人为本的管理理念，鼓励员工多沟通，形成互相理解、互相信任、互相尊重、互帮互助的良好氛围和习惯。许多跨国公司以讨论会的形式，帮助员工及其家属做好准备，以应付调到别的国家可能会受到的冲击和压力。也可以经常开展茶话会、小型聚会等，为员工之间广泛、开放的沟通提供机会，从而减轻压力。

4. 主题培训

培训是人力资源管理的一项重要职能，在开发员工潜能方面具有重要作用，也是目前公司在缓解员工压力时常用的一种手段。培训对压力缓解的作用表现为两个方面：首先，工作技能培训可以直接提高员工的工作能力。根据工作需求-控制-社会支持模型，具有较强工作技能的员工其工作压力较小。其次，心理培训可以使员工直接获得压力管理的技能，并帮助员工更新观念，适应压力工作环境，减轻压力对于员工身体和心理健康的损害。然而，也有部分企业管理者把压力看作单纯的心理问题，而没有对压力源做深入细致的分析。虽然部分压力是员工的个人因素造成的，例如能力问题、认知问题等，这些问题可以通过心理培训来解决，但很多问题确实是组织管理不善造成的，如薪酬分配不公、绩效管理系统存在巨大漏洞等，这些问题单纯通过心理培训往往不能得到根本解决，甚至会使员工产生抵触情绪。例如，某企业的压力源主要是薪酬分配不公，这个时候进行心理培训，员工会非常反感，认为他们不需要心理调适，需要调整的是公司的管理制度，甚至认为公司是用压力管理来转移大家对薪酬和考核不公平的注意力。由此可见，在培训之前必须对公司进行详细的压力源分析，从而制定正确的培训方案。

5. 职业生涯规划

组织往往只对员工过去的职业经历感兴趣，根据过去的经历把他们安排在适当的工作岗位上。但对组织成员来说，他们更关心自己在组织中的发展前途。个人由于对在组织中的职业发展缺乏明确的了解，从而产生的压力，可以概括为因前途未卜而产生的工作压力。而职业生涯规划是组织和员工为了满足各自的需要而采取的对职业行为进行有意识管理的行为。在职业生涯规划中，管理者可以帮助员工改善思维，抛弃不切实际的、期望值太高的目标，而建立现实客观的渐进式的发展目标。

6. 明确角色定位

角色冲突和角色模糊都是造成工作压力的原因之一。因此，从组织的角度来看，应为管理人员和员工设置明确的、特定的、具有挑战性的工作目标，并且为目标完成的程度提供及时的信息反馈。明确的目标不仅对管理人员和员工具有激励作用，而且可以使他们清楚了解组织的期望，消除角色冲突，从而降低工作压力。同样，及时提供目标完成程度的反馈信息，会使管理人员和员工更清楚地了解自己的实际工作绩效，这也有利于减少角色冲突，减轻工作压力。

7. 开展员工援助计划

对于个人的工作压力，管理人员还可以借助科学的心理辅导方法来缓解。有关员工援助计划的内容，我们将在下一节详细介绍。

第三节 员工心理辅导

一、常见的职场心理问题

（一）假期综合征

对于紧张劳碌了一段时间的职场人士来说，一个小长假甚至双休日都是难能可贵的休闲娱乐时光。人们可以通过假期进行休整，与长期未见的朋友叙叙旧，或是回家陪陪家人。但是部分人突然从紧张的状态到完全放松或小长假结束重新回到工作中，会出现一定的适应问题，产生假期综合征。

假期综合征又叫节后综合征，是指一系列出现在长假或节日后身体和心理的不适症状。这是职场人士极为常见的心理问题，主要表现为节日心理失调和节后抑郁或提不起精神。节日中的不适应主要是对于一些平时在高度紧张状态下工作的人而言的，对于他们来说整整几天不用上班，未必是件舒心的事，尤其是平时常要轮值夜班的基层民警、加班熬夜的领导或负责文字材料的“笔杆子”，突然闲下来无事可做，反而容易出现失落、焦躁不安、抑郁等不良情绪反应。这种心理失调其实也是一种提示信号：平日的工作及生活方式并不利于身心健康，长此以往，很可能因工作紧张、压力过大而引发各类身心疾病，甚至导致职业倦怠等不良心理反应。而与上述节日心理失调相对应的是节后抑郁，它主要出现在节后两三天。有些人会因从节日的玩乐中突然回到平静的工作环境而在节后两三天里总是感到厌倦、提不起精神，工作效率低，出现失落、烦躁不安等不良情绪，并伴有不明原因的恶心、晕眩、肠胃不适、皮肤过敏等反应。通俗地说，这是因为人们没有“收心”，无法学会自我调节以适应原有的平静状态。要预防这种现象，就要注意心理的平稳过渡，节后及时“找事干”，避免突然“急刹车”。如果条件允许，采用想象放松法也可达到较好的调适效果。

假期综合征的产生原因是多方面的，在这里我们总结出以下几方面的原因。

（1）心理原因。在高度紧张的工作状态下，作为一种应急机制，人的大脑中枢会相应建立起一套高度紧张的思维和运作模式，以使人们能够适应快节奏的工作、生活模式。如果人们一下子从上述状态中停下来无事可做的话，原来那种适应紧张节奏的心理运作便会突然失去对象，加上生理和心理的惯性作用，人们面对宽松的环境反而感到不适应。于是，有些人便会出现焦急、忧伤、失落甚至心悸、失眠等身心健康问题。

（2）生理原因。长时间逛街购物、频繁参加社交聚会和作息不规律造成的疲劳，会让人在假日后的数天内感到情绪低落、精力不济。假日里烟酒过度、暴饮暴食造成的肠胃负担过重，也会让人对紧张的工作一时间难以重新胜任。这两方面的原因都会加重人的假期综合征。

（3）经济原因。假日会给所有的人带来额外的经济负担。外出旅游、互赠礼品、聚会聚餐、购物热潮等导致的假日当中的入不敷出和假日之后的捉襟见肘也是令许多人感到烦恼和沮丧的原因之一。

除此之外，假期中出现的一些突发情况也会成为假期综合征产生的导火索。如在出游、购物时发生了事故或拥堵等一些不愉快的事情，会直接影响假期生活质量，部分人甚至把不良情绪带到了假期后的工作之中。

一般来说，假期综合征的易感人群有以下几种。

（1）工作狂。这类人日常工作生活都是快节奏的。对于他们来说，忽然放长假，就像汽车开足了马力忽然急刹车一样。放长假时，他们往往待在家中无所事事，感到焦虑烦躁，爱发脾气。

（2）恐惧上班者。这类人放假休息了很长时间，该上班的时候往往有逆反情绪。他们会以各种理由如生病、有事、倒休等想多休息几天。如果不能多休息的话，他们会在临近上班时感到焦虑不安、失眠烦躁等。

（3）不能适应工作节奏者。这类人休息了一个长假，开始工作后猛然间面对快节奏、大工作量的生活时会感到非常不适应。本来应该在休息了一段时间后更好地投入工作中，相反，他们往往不能集中精力工作，常犯一些错误，要很长时间才能恢复到放假前的工作生活中来。

（4）假期疲劳过度者。这类人往往喜欢旅游、交际应酬，在长假休息期间会外出旅游，甚至参加野外探险等活动。在本应休息的时间里，他们反而会更加疲劳。开始工作后又不能得到良好的休息，会出现身体和心理的不良反应。

（5）远离家乡者。节日往往是家人团聚的日子，很多离异、离乡的人会在长假里感到格外孤独。假日过后，带着这种不良的情绪上班会影响工作。由于工作压力而缓解不过来的人还有可能产生抑郁情绪，一旦抑郁情绪持续很长时间还有可能导致抑郁症的发病。

假期综合征其实是现代社会大多数人的一种正常状态，一般在节后一周左右可恢复。对每个人来说，要有效避免假期综合征，在放假前做出一个科学的活动安排方案或作息时间表是首要之事。在假期里，也要自觉做到劳逸结合，按时作息，千万不要随心所欲。假日的最后一天，可以有意识地做一些与工作相关的事情，比如看看书，思考与工作有关的内容，以帮助自己尽快进入工作状态。

假期结束后，要将节日期间还没有处理完的事情，用最简捷的方式尽快了结，不要拖拖拉拉，再让它们牵扯自己的精力。可写一张便笺式的备忘录，将未尽事宜和上班后头几天要办的事情罗列其上，这样可做到心里踏实，一目了然。当出现了综合征前期症状，如眼睛酸胀发涩、全身乏力等的时候，要及时休息和做适量的运动进行调节。如果出现了长时间的恶心呕吐、心动过速、血压骤升，要及时就医。

（二）工作-家庭冲突

工作和家庭是成年人生活的两个主要领域。随着劳动力结构、家庭结构和工作特点的巨大变化，越来越多的研究者开始关注工作和家庭问题，其中研究最多的是工作-家庭冲突（work-family conflict），它极大地影响着人们的工作绩效、组织承诺、工作生活质量。格林豪斯（Greenhaus）于1985年提出，工作-家庭冲突是由工作和家庭层面的角色压力引起的角色间冲突。也就是说，当工作任务或者工作需要使得个体难以尽到对家庭的责任，或是家庭负担过重而影响工作任务的完成时，工作-家庭冲突就发生了。

1. 工作-家庭冲突的种类

工作-家庭冲突有工作对家庭冲突和家庭对工作冲突两种。工作的时间、压力等对家庭相关责任的干扰是工作对家庭冲突（work-to-family conflict）；因家庭方面的需求而产生的对工作责任的干扰则是家庭对工作冲突（family-to-work conflict）。国内学者的研究表明，人们体验到的工作对家庭冲突是家庭对工作冲突的三倍。

从冲突形式来看，工作-家庭冲突具有基于时间的冲突、基于压力的冲突和基于行为的冲突三种类型。

基于时间的冲突指的是当时间被分配给一种角色需求以后，另一个角色的需求就很难得到满足而引起的冲突。主要表现为两种形式：分身乏术，参与一种角色活动使个体在客观条件上无法参加另一种活动；心不在焉，虽然客观条件允许个体参加另一种活动，但其精力全被第一种活动占据，无法集中注意力。

基于压力的冲突指的是工作或家庭角色压力使个人在生理或心理上产生各种压力症状，如不安、焦虑、疲劳、冷淡以及易怒等，阻碍其另一个领域的角色需求的满足而引起的冲突。

基于行为的冲突指的是一个角色所需要的特定行为与另一角色相关行为期望不相容而引起的冲突。比如，工作角色要求一个人富有理性、侵略性和现实性，但家庭成员则更希望他热情、感性、平易近人。

2. 工作-家庭冲突的理论

工作-家庭冲突对员工的工作表现的负向影响已经得到大量学者的论证，工作-家庭冲突的问题也越来越引起企业的重视。不同的理论对工作-家庭冲突做出了不同的解释。

（1）基于角色的冲突理论：工作角色对家庭角色。工作-家庭冲突研究大多是基于角色冲突理论的，这种理论认为工作-家庭冲突是个体的工作角色压力与家庭角色压力的不兼容导致的角色间相互冲突。工作-家庭冲突只是角色间冲突的一个例子。在角色间冲突发生时，一个群体中的成员身份带来的角色压力，会与另一群体中的成员身份带来的角色压力出现不相容的情况。简而言之，当参与一个角色时，参与另一个角色就显得极为困难，这时角色间冲突就会产生。

实际上，对工作角色和家庭角色的不同期待会引发心理和生理上的压力。而当这两种角色压力不相容，即很难同时参与到家庭角色和工作角色中时，工作-家庭冲突便会产生。例如，当男性员工晚上加班和回家陪妻子与孩子的压力不相容时，冲突就会在工作者和丈夫与父亲的角色之间产生。

（2）基于边界的冲突理论：工作域对家庭域。边界理论建立在工作和家庭有各自的域，域又有其边界的基础之上，边界的模糊造成了工作-家庭冲突问题。工作和家庭两个域的边界主要有分割、溢出和补偿三种模式。

分割模式是指工作域和家庭域是相互分离的，二者互无影响，边界无接触和交叉点。分割模式最初关注工作和家庭两个域的自然分割。然而，诸多学者对自然分割提出了质疑，他们认为工作域和家庭域是紧密相连的。最终，自然分割被认为是在工作和家庭之间主动保持边界的行为过程。这种行为上的主动分割作为解决工作-家庭冲突的方法受到关注。

溢出模式是指工作和家庭两个生活域的边界存在非对称渗透，工作域和家庭域中的价值观、情绪和行为等会相互影响。溢出分为积极溢出和消极溢出：积极溢出是指工作中的良好状态对家庭生活起到促进作用；而消极溢出则相反，工作压力引发的困扰会纠缠和耗损个体，导致其不能充分参与到家庭生活中。很多实证研究证明了工作对家庭的消极溢出相对更多。

补偿模式是指一个域的不满意可以通过另外一个域的满意来补偿。这种补偿通常可以通过两种途径来实现：一种是减少不满意域的投入并且增加潜在满意域的投入；另一种是追求满意域的回报以弥补不满意域的损失。例如，在工作中过度劳累，回到家得到放松，或者拼命工作以回避家庭矛盾。

（3）基于社会认同的冲突理论：工作者身份对家庭成员身份。基于社会认同的理论从身份凸显入手，指出是社会身份凸显对角色投资和群体承诺的促进，所导致的不同身份背后的多种价值观相似部分的减少，引发了工作-家庭冲突。

个体认知的发展以社会角色为基础，即受制于他们所在群体的身份。在群体成员相互尊重，并建立了共享的价值观和内化的信仰时，其身份凸显就会产生。身份会长时间、广泛且深入地影响个体行为，会使个体对群体产生心理承诺，从而接受群体的价值观，并将群体目标作为自己的理想，产生为群体竭尽全力的意愿。这会进一步触发角色投入，使得个体愿意在凸显他们社会身份的活动上花更多时间。如果与不同身份相关的多种价值观极为独特，以至于只能在按时间和地点严格分离的情况下扮演某一种身份，工作-家庭冲突就会在多重身份间产生。例如，工作者的身份要求个体在工作岗位上努力工作，而父亲的身份要求个体在家中参与家庭活动，两种身份具有分离的相对独特的价值观，因此工作和家庭之间的冲突就会产生。

（4）基于文化的冲突理论。文化对于性别角色的定位会引发工作-家庭冲突。非传统性别角色投入是工作-家庭冲突产生的关键问题。传统的性别角色定位是，男性主要承担对外的工作，女性主要承担家务和对家人的关怀。承担了相反性别的责任，则被称为非传统性别角色投入。例如，当女性工作者在工作域的时长增加时，工作对家庭的冲突很有可能就会产生。

个人主义和集体主义文化倾向也被用来解释工作-家庭冲突。在个人主义和集体主义两种不同文化背景下，个体对工作-家庭冲突的归因不同。过度工作在崇尚个人主义文化的美国社会被看成是为了自己的职业发展而牺牲家庭，而在崇尚集体主义文化的中国社会却被看成是为了家庭利益而牺牲自己。结果，美国人的工作-家庭冲突通常是由家庭需求引发的，而中国人的工作-家庭冲突通常是由工作需求引发的。

文化的人本导向程度通过影响社会支持来控制工作-家庭冲突。以往研究指出，人本导向程度高的文化中，个体可以获得更多的社会支持，因此工作-家庭冲突较少。个体被期望在经济上和物质上互相协助，在互相交往中有同情心，能分享有用的信息。反之，在人本导向程度低的文化中，成员更多地被自我利益和自我享受驱使，因此工作-家庭冲突较多。

（5）基于社会支持的冲突理论：组织支持对家庭支持。社会支持作为工作-家庭相关研究中降低消极压力影响的重要因素受到诸多关注。社会支持可以通过影响个体控制感，减少工作-家庭冲突。诸多研究已经证实，缺乏社会支持会导致高水平的工作-家庭冲突。工作-家庭冲突领域的社会支持主要来源于组织支持和家庭支持：如果个体感知到工作-家庭冲突，则来自组织和同事的社会支持可以减轻这种角色冲突所带来的压力；同样，虽然个体可能会有较高的家庭时间需求，但来自配偶的社会支持也可以减弱这种压力影响。

（三）职业倦怠

职业倦怠又称工作倦怠，其始自费登伯格（Freudenberger）等人于 1974 年的研究。当时的研究主要基于那些在服务业及医疗行业的人的经历，因为这些领域中的职业涉及大量情绪性工作，员工具有较多的人际压力源，他们长年精力耗损，工作热情容易消退，进而产生对人漠不关心以及对工作持负面态度的症候。后来，马斯拉奇（Maslach）等将职业倦怠定义为一种情绪耗竭、去人格化以及个人成就感低落的现象，它经常出现在从事人际工作的人员身上。

（1）情绪衰竭：没有活力，没有工作热情，感觉自己处于极度疲劳的状态。它被认为是职业倦怠的核心维度，并具有最明显的症状表现。

（2）去人格化：刻意在自身和工作对象间保持距离，对工作对象和环境采取冷漠、忽视的态度，对工作敷衍了事，进而导致个人发展停滞、行为怪僻或提出调动申请等。

（3）无力感或低个人成就感：倾向于消极地评价自己，并伴有工作能力体验和成就体验的下降，认为工作不但不能发挥自身才能，而且是枯燥无味的烦琐事物。

职业倦怠严重影响着职场人士的工作和生活质量以及身心健康水平。

首先，职业倦怠会使得工作满意度降低，导致出现离职和旷职现象。由于丧失了工作热情和兴趣，员工会在工作中表现出缺乏职业道德和敬业精神，敷衍了事，甚至另谋他职。

其次，职业倦怠会使个体在人际关系方面表现出对同事和工作对象的疏远和冷漠。出现职业倦怠后，员工往往感到同事之间有太多的竞争、太多的矛盾，客户不好合作、故意刁难，等等。这样员工就会不愿意与同事和客户交往，把自己封闭和孤立起来，导致工作效率严重下降。

除此之外，职业倦怠还会使人产生巨大的压力。如前面章节所述，虽然适度的压力能使员工处于合理的应激状态，对员工的行为表现有积极作用，但过度的职业压力如果得不到合理释放和缓解，就会引起他们心理和生理上的不适甚至疾病。

总而言之，职业倦怠因工作而起，直接影响到工作准备状态，然后又反作用于工作，导致工作状态恶化，职业倦怠进一步加深。它是一种对工作具有极强破坏力的因素。因此，如何有效地消除职业倦怠，对于稳定员工队伍、提高工作绩效有着重要的意义。

找出产生职业倦怠的原因，是减轻或解决倦怠的第一步。导致职业倦怠的因素是多方面的，既有客观因素，也有主观因素。这些因素大体可以分为职场因素和个体自身因素两大类。职场因素是指产生职业倦怠的客观因素，如工作任务过重、工作难度过大、晋升无望、工作前景不好、人际关系紧张、工作环境不利等。个体自身因素指员工在年龄、性别、动机、能力、意志等方面存在的个体差异。例如，成就动机强的员工喜欢承担有挑战性的工作，那么长期从事没有挑战性的工作会因为觉得枯燥而产生职业倦怠；意志力强的员工更看重难度大、强度大的工作，所以给其安排一些难度较大的任务会唤起员工的工作热情和积极性。除此之外，与男性员工相比，女性员工更容易因工作和家庭的冲突产生职业倦怠。

（四）工作狂

随着经济全球化以及企业环境动态性的加剧，企业间以及员工间的竞争也更加激烈。员工不得不为增加个人竞争优势而承担更高水平的工作，有些人为了工作脱离生活，有些人工作起来不分时间地点，有些人明明已经很疲倦了也不愿意放下手中的工作，这些人成了我们口中的“工作狂”。

1. 工作狂的定义

“工作狂”这个概念是美国宗教学教授韦恩·奥茨（Wayne Oates）在 1971 年提出的。他认为工作狂是“由于强迫或者无法控制而不停地工作的现象”[①]。对于工作狂来说，他们需要工作的程度已经危及他们的健康，减少了他们的快乐，恶化了他们的人际关系和社会机能。也有一些学者对工作狂做了较为中性的定义，如有学者认为工作狂是指个体实际投入和惦记工作活动的时间非常多，且具有跨时间的稳定性，不受外界需要的影响。也有学者则认为工作狂表现为在工作态度上具有高工作投入、高工作驱力和低工作乐趣。另有学者则把工作狂看作一种行为模式，它包含三个要素：把大量的自由支配的时间花在工作上；在工作时间之外思考关于工作的事情；所做工作超出了组织的要求和自身基本经济的需要。综上所述，关于工作狂的定义众说纷纭。国内学者结合各类研究，总结出以下共同点：认为在内因上，工作狂具有强烈的内部驱动性；在外部表现上，工作狂高度稳定地投入了“过量的”时间与精力在工作上。

2. 工作狂理论

关于工作狂，不同学者的分歧主要在于工作狂的工作驱力及其对外部表现的不同影

---

① “工作狂”既可以指某类人，也可以指一种现象。

响。在这些差异的基础之上，不同学者提出了不同理论。下面我们简单介绍一下成瘾模型、强化理论、特质理论和家庭系统理论。

（1）成瘾模型。奥茨把工作狂类比于 alcoholic（酗酒者），并创造出了 workholic 这个词，其后缀 holic 的意思就是“成瘾的”。工作狂成瘾模型可分为医学成瘾模型和心理成瘾模型。医学成瘾模型的假设是，长时间的工作导致个体产生了过量的肾上腺素，过量的肾上腺素会导致个体形成对由此产生的愉快的躯体感受的依赖，这种依赖又促使个体更长时间地工作以产生更多的肾上腺素及更多的愉悦的躯体感受，这样就形成了一个持久的成瘾循环。而心理成瘾模型认为，工作狂行为并不是由长时间的工作所产生的某种令人愉悦的物质驱动的，而是来自行为所带来的确定的利益（如尊重、金钱等）。个体把自己的特定行为与由此带来的利益联系成一个整体，自己的工作行为似乎就是自己的资源与功能。不如此工作，就是自己的功能没有得到充分发挥，甚至还会出现恐慌等“戒断”反应。因此，工作狂就是个体对自己的工作行为的心理依赖或成瘾。

（2）强化理论。强化理论是从行为主义的观点出发的，它似乎可以更直接地解释工作狂行为。在心理成瘾模型里的所谓“直接利益”，就是操作性条件作用中的正强化物。个体做出的“疯狂”工作行为受到同事的赞许等“直接利益”的强化，导致这种行为出现的频率增加，从而使这种行为与其积极结果之间的联结得以形成。另外，个体的“疯狂”工作行为也可能受到诸如贫穷、家庭冲突等的负强化，个体为了逃避这些负强化物而可能“疯狂”工作。这就是强化理论对工作狂行为的解释。由此可以预测，工作狂容易发生在收入、地位高的职业（正强化）及冲突较多的家庭（负强化）。还可以预测，只要给予适合个体的充分强化，人人都可以成为工作狂。

（3）特质理论。特质理论不赞成强化理论“人人都可以成为工作狂”的观点，它强调工作狂是个体的某些潜在人格特质在青春期后期被特定的环境刺激激发而形成的一种稳定的行为。这种行为具有跨时间和工作情境的稳定性，并且一旦形成，很难改变。工作狂的特质理论可分为特定特质模型和一般人格模型。特定特质模型认为，被激活的潜在特质是特定的，即与工作狂行为相关的执着性、强迫性和活力性人格特质。但有研究表明，这三种特质与工作狂只有中等程度的相关。而一般人格模型把工作狂看作某些个体具有的一种病态人格的表现。国外学者界定了三种类型的工作狂：强迫依赖型工作狂、完美主义工作狂和成就导向型工作狂。从长远来看，强迫依赖型工作狂体验到的愉快感、工作满意感和生活满意感最低，并伴随有忧虑和高压力且不愿与他人协作，因而与一般人相比会有更低的工作绩效。

（4）家庭系统理论。家庭系统理论强调整个家庭对个体行为影响的重要性，因而认为心理咨询中的咨询主体不是个人而是整个家庭。国外学者将此理论用于解释工作狂行为，将工作狂研究从个体水平扩展到家庭水平，并开展了针对工作狂与其家庭的关系以及工作狂对家庭成员健康的影响的一系列研究。研究指出，工作狂不是个体的问题，而是整个家庭的问题，是家庭成员之间不良的互动造成的。例如，一个有着高度责任感的男人，可能认为他照顾和保护家庭成员的方式就是拼命工作，其配偶也会因丈夫的工作收益而支持其工作，隐瞒自己的孤独与压力，让孩子不打扰丈夫的工作，丈夫也因此更加努力地工作。但随着时间的推移，妻子的被忽略感、被抛弃感可能会越来越强烈，转而认为丈夫不顾家人地工作可能只是为了逃避责任，并不是为了保护家人，因而鼓动和联合孩子，采用言语攻击或情感疏远等方式来反对工作狂丈夫。而工作狂丈夫为了逃避这样的家庭纷争，会投入更多的时间与精力到工作上。

二、员工援助计划

（一）员工援助计划概述

员工援助计划（employees assistance program，EAP）是由组织如企业、政府部门、军队等为其成员设置的一项系统的、长期的援助和福利计划。它通过专业人员对组织的诊断、建议和对组织成员及其家属的专业指导、培训和咨询，帮助解决组织成员及其家属的心理和行为问题，以维护组织成员的心理健康，提高工作绩效，并改善组织管理。EAP 着重于工作场所，它的作用是识别和帮助员工解决问题。

美国是 EAP 的发源地，也是 EAP 最发达的国家之一。早在 20 世纪初，一些企业就注意到，员工酗酒、吸毒等问题会直接或间接地影响到员工和企业的绩效，所以一些企业制定了旨在帮助员工的戒酒计划，这是 EAP 的早期雏形。到 20 世纪六七十年代，由于美国社会剧烈变动，工作压力、家庭暴力、离婚和各种法律纠纷等诸多个人问题越来越影响到员工情绪、工作表现和绩效，于是有的企业建立了某些项目，聘请专家帮助员工解决这些个人问题，这就是 EAP 的开始。后来，EAP 的服务领域慢慢拓展开来，在欧美一些国家中，它已经成为一项可以帮助员工面对任何问题的项目总称，由最初的以心理咨询为核心，拓展到幼儿园设立、出租车呼叫等全方位的服务。现在它已经成为一种针对工作场所中的人们所存在的广泛的、多样的问题进行干预和帮助的统合的方法。目前，西方国家中的 EAP 处理的问题不仅包括临床明确诊断的心理健康问题，如抑郁症，也包括任何可能会影响员工工作状态或者可能会导致严重心理健康问题的情形，诸如亲子关系、婚姻压力、经济或者法律方面的顾虑等。概括地说，EAP 项目的设立已经成为公司对员工全方位的人本主义的关怀。

（二）员工援助计划的内容和服务模式

完整的 EAP 包括压力评估、组织改变、宣传推广、教育培训、压力咨询等几项内容。具体地说，可以分成三个部分：第一是针对造成问题的外部压力源本身进行处理，即减少或消除不适当的管理和环境因素；第二是处理压力所造成的反应，即情绪、行为及生理等方面症状的缓解和疏导；第三是改变个体自身的弱点，即改变不合理的信念、行为模式和生活方式等。

1. EAP 的服务内容

详细点来说，EAP 可以为员工提供以下七类服务：

（1）管理员工问题，改进工作环境，提供咨询，帮助员工改进业绩，提供培训和帮助，将反馈信息传递给组织领导者，以及对员工和其家属进行有关 EAP 服务的教育。

（2）对员工问题进行保密以及提供及时的察觉和评估服务，以保证员工的个人问题不会对他们的业绩表现有负面影响。

（3）对那些有个人问题以至于影响到业绩表现的员工，运用建设性的对质、激励和短期的干涉方法，使其认识到个人问题和表现之间的关系。

（4）为员工提供医学咨询、治疗、帮助、转介和跟踪等服务。

（5）提供组织咨询，帮助员工与服务商建立和保持有效的工作关系。

（6）在组织中进行咨询，使得政策的覆盖面涉及有关不良现象或行为，并对此开展医学治疗。

（7）确认 EAP 在组织和个人表现中的有效性。

2. EAP 的服务模式

（1）内部模式。这种模式是在企业内部设置一个专门部门，由有人事管理、心理咨询等专业背景的专职人员从事 EAP 服务。它可以放在人事部门、工会，也可以独立于所有部门。这种模式的优点是，针对性强，适应性好，能全面了解员工的状况，并提供及时的服务。内部模式一般适用于比较大型的和成熟的企业。

（2）外部模式。这种模式是企业聘请外部专业的 EAP 公司向员工提供帮助，企业与专业的 EAP 公司签订合同，并有专人负责与 EAP 公司联系和协调。这种模式的优点是所有 EAP 服务都由专业人员完成，专业性强，保密性好，能够将最新的技术应用到实际服务中。

（3）组合模式。这种模式是将内部与外部模式联合起来，部分职责由内部 EAP 人员完成，其他职责由签约的外部 EAP 专业人士完成，外部随着内部变化而变化，外部人员起到顾问作用。这种模式的优点是能够充分发挥企业内部和外部的联合优势。

（4）联合模式。这种模式是若干企业联合成立一个专门的 EAP 服务机构，由专职人员为这些企业的员工提供专业的服务。这种模式的优点是可以最大限度地节省经费。

（三）员工援助计划的意义

在高强度、快节奏的工作环境中，职场工作人员的心理问题越来越严重。对员工个人来说，这会影响员工的身心健康，降低工作效率；对组织而言，这不仅影响企业绩效的提升，也不利于组织的良性发展。EAP 作为人力资源管理的一个模块，有利于员工、企业乃至社会的和谐发展。

EAP 和员工福利、安全卫生、劳动关系、员工发展等各方面息息相关，已成为国外企业人力资源管理系统中必不可少的环节。

1. EAP 有利于建立和谐的劳动关系

劳动关系是企业内部的基本关系，是关系企业发展和员工自身发展的主要因素。一些企业经营者为追求利益最大化，忽视劳动法规政策和企业的社会责任，且管理手段陈旧，把员工当作廉价劳动力，忽视员工的权利和福利待遇，加上员工个人的一些原因，很容易使得员工产生极大的工作压力和心理负担。而 EAP 的实施则可以帮助管理者推行

"以人为本"的企业文化，运用富有人情味的心理学技巧科学管理，注重员工个人发展，关注员工个人诉求，由此带来的就是企业内部整体气氛的和谐融洽，从而增强组织的凝聚力和向心力。另外，EAP通过团体心理培训项目，可以在很大程度上加强员工之间的沟通和交流，并且可以帮助员工寻求改善人际关系的方法，指导员工用适当的方法去解决员工之间的矛盾，让员工在一种人际关系良好的氛围中工作。

2. EAP有利于降低企业成本，提高生产效率

研究表明，EAP与员工离职率和缺勤率呈负相关，并且与企业绩效呈正相关。如果员工获得企业的帮助，对企业的归属感会增强，缺勤率和离职率就会下降，有利于企业减少招聘成本，减少员工培训支出；EAP中包含的一系列对员工心理上的培训、咨询和指导等活动，能帮助员工减轻心理压力，消除心理困扰，改善身体状况和精神状态，提高工作积极性，从而能够提高企业生产效率和效益。

国外做了不少关于EAP成本-收益的分析研究，发现EAP有很高的投资回报率。美国通用汽车公司的EAP每年为公司节约3 700万美元的开支。美国联合航空公司估计，在EAP上1美元的投入能够得到16.95美元的回报。美国卫生及公共服务部实施的EAP的成本-收益分析显示，EAP的回报率为29%。基思（Keith）等人对密歇根大学122名参与EAP的教职员工进行了长达5年的跟踪研究，发现这个项目可以增加留职率和减少病假率，至少为该大学节省了65 351美元。

3. EAP有利于提高员工满意度和忠诚度

残酷的竞争和新人辈出的背景下，众多员工面临着强烈的心理危机和过重的心理压力。长期处于这种状态，员工很容易失去工作热情，进而导致工作效率、工作满意度降低。EAP是企业人性化管理的一部分，它通过为员工提供心理咨询、培训及辅导，可以增强个人对组织工作压力的适应能力，增强员工处理与同事、上司的人际关系的能力，提高员工解决问题的主动性，提升员工满意度等，提高员工处理工作压力的能力。

4. EAP能够帮助员工获得职业生涯的发展

EAP能够帮助员工正确认识自己，了解自身的优势和劣势，以便在职业发展中不断自我完善，提高自身的职业能力；EAP可以促使员工对自身在企业中的定位和职业生涯有明确的预期，了解自己在企业发展晋升的机会，从而调整自己的心态和发展方向，不会因为晋升岗位而产生心理落差和心理压力；EAP能够在员工遇到发展瓶颈时给予帮助，协助员工度过困难期，帮助员工在职业方面获得成长。

（四）员工援助计划在中国的实施

随着经济和社会竞争压力不断增大，越来越多的机关、企事业单位已经开始关注员工的心理健康问题。但由于文化、观念等各方面因素与西方存在着差异，EAP在中国的实践较晚，真正意义上的EAP在中国的发展是步入21世纪之后。2001年，国内第一个完整的EAP项目——联想客户服务部的员工援助计划由北京师范大学的张西超主持完成。2004年8月，上海市徐汇区政府实施EAP项目，有6个部门的近200名公务员免费领取到了一张心理咨询卡，持卡者及家属成员半年内均可免费预约3次心理专家咨询，此外还可通过网络与心理专家进行视频心理咨询。由于EAP在中国具有巨大的潜在市场，一些专门为企业和个人提供EAP服务的机构也开始建立并运作起来，如北京易普斯企业咨询服务中心、中国EAP服务中心等。同时作为定期相互交流、推动EAP发展的EAP年会制度也初步建立，中国社会心理学会2021年专门设立了员工与组织援助（EDAP）分会。

对于员工援助计划，国内优秀企业的做法是：

(1) 进行专业的员工职业心理健康问题评估。由专业人员采用专业的心理健康评估方法评估员工心理现状及相关问题产生的原因。

(2) 搞好职业心理健康宣传。利用企业内部报刊、电视台、海报、自助卡、健康知识讲座等多种形式，树立员工对心理健康的正确认识，鼓励其遇到心理困扰问题时积极寻求帮助。

(3) 设计与改善工作环境。一方面，通过组织结构变革、领导力培训、团队建设、工作轮换、员工职业生涯规划等手段改善工作的软环境。另一方面，在企业内部建立支持性的工作环境，丰富员工的工作内容，指明员工的发展方向，消除问题的诱因。

(4) 开展员工和管理者培训。通过压力管理、挫折应对、保持积极情绪、咨询式管理等一系列培训，帮助员工掌握提高心理素质的基本方法，增强其对心理问题的抵抗力。管理者通过掌握员工心理管理的技术，能在员工出现心理困扰问题时，很快找到适当的解决方法。

(5) 组织多种形式的员工心理咨询。对于受心理问题困扰的员工，提供咨询热线、网上咨询、团体辅导、个人面询等丰富的形式，充分解决员工心理困扰问题。

随着经济的发展、社会的进步，竞争日益增加，职场人士的压力也不断加大，很多中国的企业已经渐渐开始加强对员工心理健康领域的重视。而EAP能够系统地、科学地促进员工心理健康，提高员工工作生活满意度，从而被国内企业接受和重视，部分企业已经开始积极开展EAP系统的构建。但EAP在中国的发展相对较晚，很多技术和方案也都是借鉴国外的研究成果。为此，中国企业和管理心理学家们需加强相关领域的研究和探索，开发出更加贴合中国企业实际状况的、系统的EAP方案。

案例与应用

中国石化集团公司员工援助计划

中国石化集团公司（以下简称中国石化）是中国较早一批引入EAP，并进行探索、实践的企业。公司于2012年成立了党组领导的中国石化心理健康工作委员会，在公司内部全面推广实施EAP。与传统EAP不同的是，中国石化把EAP定义为“预防、发现和解决员工心理和思想行为问题”，增加了“预防、发现”两个重要的前置环节；率先提出了消除“三个误区”的理念，即EAP不简单等同于“心理咨询”，不简单等同于“单纯服务有问题的员工”，不简单等同于“非要硬件投入”。

某天一早，公用工程部运行一班班长刘瑞刚敏锐地发现班组李师傅神色不对，便把他悄悄叫到一边询问原委。“闺女对工作不满意总想辞职，我们不同意，这不和我们‘杠’上了，联系不上了!”得知情况，刘瑞刚立即让李师傅去寻找孩子，岗位工作由班上调配。

“一线操作员的在岗状态非常重要，直接关系安全生产。像李师傅联系不上闺女，又咋能安心盯岗呢！我们就是要通过日常关注员工情绪方面的变化，寻找背后原因，提早采取干预措施，为安全生产增加一道 EAP 防线。”刘瑞刚作为公司任命的基层情绪“侦察兵”，需要及时发现员工情绪的变化，发出预警，开展心理疏导，帮助解决实际困难，确保基层员工队伍的稳定。

为了让情绪“侦察兵”具备 EAP 实操能力，中国石化组织专业机构、公司 EAP 工作室及核心志愿者进行指导，开展心理测评结果分析会、专题培训，使情绪“侦察兵”充分了解本单位员工工作状态和心理健康水平，掌握心理健康知识、情绪辨识和疏导方法。

疫情期间，中国石化推出一系列心理防控措施，如开通境内、境外两条心理热线，编辑出版《心战疫》《心理调适与重建》两本心理调适书籍，组织开展疫情期间的心理调查、线上“诗朗诵”、“说说心里话”、直播课活动等，有效编织了“心理熔喷布”，阻隔了因疫情产生的压力与不良情绪，保持了员工的心理健康。

结合新时代新目标新要求，中国石化提出以下 10 条 EAP 工作要求：

(1) 融入思想政治工作，服务公司发展大局。

(2) 开展安全心理建设，健全危机预防机制。

(3) 关注境外员工心理需求，加强境外员工心理防护。

(4) 健全心理健康工作网络，打造特色 EAP 模式。

(5) 普及心理健康知识，提升心理健康意识。

(6) 开展心理调查分析，掌握员工心理状况。

(7) 强化分层分类培训，推动 EAP 培训广覆盖。

(8) 建好 EAP 人才库，发挥专业团队作用。

(9) 打造“心福”系列品牌，开展心理健康行动。

(10) 开展 EAP 课题研究，做好效果评估。

中国石化提出计划，到 2030 年，健全“SINOPEC-EAP”体系建设，规范 EAP 服务，基本实现“全天候、全方位、全周期、全覆盖”，保障员工心理健康，维护队伍和谐稳定。

资料来源：中国石化全力建设“心理熔喷布”. 中国石油石化网，2020-12-14[2023-08-31]. http://www.chinacpc.com.cn/info/2020-12-14/news_4794.html.

分析思考：

1. 中国石化集团的 EAP 有什么特点？
2. 针对中国石化提出的 10 条 EAP 工作要求，你能否设计具体的实施措施？
3. 除上述 10 条 EAP 工作要求外，未来实施 EAP 时需要重点关注哪些方面？

《基本概念》

情绪	耶克斯-多德森定律	情绪智力	情绪劳动
压力	假期综合征	工作-家庭冲突	职业倦怠
工作狂	员工援助计划 (EAP)		

本章要点

1. 情绪是人们对客观事物是否满足自身需求而产生的态度体验。

2. 情绪的唤醒水平与绩效之间存在倒U形曲线的关系，并且情绪的最佳唤醒水平随任务难度的上升而下降。

3. 情绪智力的定义主要存在三类视角：认知视角、综合视角和胜任力视角。情绪智力理论可分为能力模型和混合模型两类。影响情绪智力的因素主要有个体因素和社会文化因素。

4. 情绪劳动的目的是在工作中表现出令组织满意的情绪状态。情绪劳动对员工常有一些负面影响，如高压力、职业倦怠和低工作满意度等，情绪智力可以缓解情绪劳动带来的负面影响。

5. 压力是人在适应过程中的一种身心紧张状态，因环境要求与自身应对能力之间的不平衡而产生。压力所产生的紧张状态会导致相关生理反应和行为表现。工作压力源和生活压力源是人们压力的两个主要来源。压力会给个人和组织造成消极影响，因此，压力管理策略包含个人管理和组织管理两个方面。

6. 员工援助计划（EAP）是由组织如企业、政府部门、军队等为其成员设置的一项系统的、长期的援助和福利计划。完整的EAP包括压力评估、组织改变、宣传推广、教育培训、压力咨询等几项内容。EAP和员工福利、安全卫生、劳动关系、员工发展等各方面息息相关，有利于员工、企业乃至社会的和谐发展。

复习思考题

1. 什么是情绪？情绪有哪些功能？
2. 什么是压力？压力源有哪些？
3. 压力会给人们的生活和工作带来哪些影响？
4. 管理者如何进行压力管理？
5. 员工援助计划的内容有哪些？它有什么意义？

推荐阅读

1. 孟昭兰．情绪心理学．北京：北京大学出版社，2005.
2. 张西超．员工帮助计划．2版．北京：中国人民大学出版社，2015.
3. 赵然．员工帮助计划：EAP咨询师手册．修订版．北京：科学出版社，2015.

第七章
沟通与冲突

【学习目标】

1. 了解沟通的含义与类型。
2. 掌握有效沟通的方法与技巧。
3. 熟悉导致组织沟通障碍的因素及克服方法。
4. 了解人际冲突的内在原因并能够予以改善。

第一节　人际沟通

一、沟通概述

（一）沟通的含义

作为一个社会人，就要拥有与人沟通的能力。这种能力往往表现为表达自己与倾听他人的能力。沟通既复杂又简单，它可以是言语交谈，也可以是一个质疑的眼神、一个温暖的微笑。那么，到底什么是沟通呢?

从词源的角度来看，“沟通”（communication）一词源于拉丁语中的 communis（共通的）与 communicate（与他人交换）。从这里我们大概可以理解其中的含义。为了进一步具体地定义沟通，不同的学者做出了不同的阐述。

贾伯霖认为：沟通是用来传递信息和一个实体对另一个实体的影响力的过程；安德森（Anderson）等人将沟通定义为正式或非正式地分享及时而有意义的信息的过程，并认为沟通就是将信息传递给他人，并且使信息以有意义的方式被人了解的过程。格里芬（Griffin）等人将沟通定义为信息在个人或群体间得以传递和理解的过程。所以，简而言之，沟通在本质上是一种信息传递的过程，是信息从一方到达另一方的活动。

沟通具有两个方面的含义。首先，沟通是为了特定目的所进行的人与人之间信息与意义传递、理解的过程，如“今天下班前要开周会”（信息）、“与人交往要以诚相待”（意义）。其次，沟通也是人与人之间情感表达和交流的过程，如我们碰到熟人常常会说一句：“你吃了没有?”但我们并不是关心对方吃饭这件事情，而是表明我愿意和你打招呼，表明我们的关系还可以（情感）。这两层含义构成了沟通的本质特征。

（二）沟通过程及沟通模式

1. 沟通过程

沟通是人与人之间信息的传递、思想情感的交流。其实，思想和情感也可以看作信息的一种类型。因此，沟通的过程可以归结为信息交流的过程。既然是一个过程，那么就会有起点、中间因素和终点。图7-1为一个简单的沟通过程模型。这个模型显示，沟通过程包括七个要素，分别是信息源、信息、通道、信息接收者、反馈、背景和噪声。

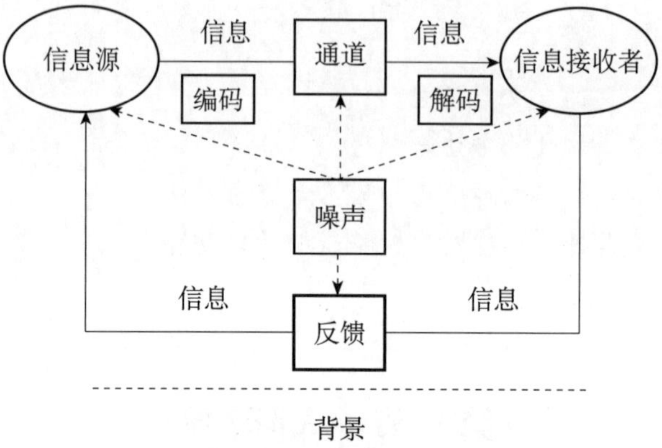

图7-1 沟通过程模型示例

资料来源：孙健敏，徐世勇．管理沟通．北京：清华大学出版社，2006：11.

（1）信息源，也可以理解成信息发送者。信息源是沟通过程的起点，是具有信息并试图进行沟通的主体。信息源引发沟通过程，决定将谁作为沟通对象，沟通目的可以是提供信息，也可以是影响，或是建立联系。没有信息源，正常沟通无法展开。当信息源是人时，其技能、态度和情绪等都会影响到沟通的效果。

（2）信息是沟通的内容。人们进行沟通，要是没有内容，沟通的必要性就不存在了。信息是沟通者试图传递给别人的音讯、消息、观念或情感。把要传递的信息转换成对方可识别的形式的过程叫作编码（coding）。信息经过编码后的呈现形式如口头语言、文字、图片、视频等，编码的过程很大程度上决定着沟通的有效性。

（3）通道是信息的载体，也可以理解为媒介。信息需要通过一定的渠道，才能到达目的地——接收者。常用的信息渠道有对话、动作、表情、影视作品、报刊书籍、电话和交流软件等。虽然沟通的媒介有很多，影响力最大的依然是面对面谈话。面对面谈话除了能传递言语信息外，还能传递沟通者心理情绪状态的信息，这些信息使得沟通者与接收者可以相互感染，因为沟通者也可以根据接收者的反馈，及时调整自己的沟通过程，使其变得更加适合信息接收者。因而，即使在科技如此发达的今天，很多重要的场合，仍然会采取当面沟通的形式，以保证沟通的有效性。

（4）信息接收者，指的是信息要传达到的个人或群体。信息为接收者所接收，这是沟通的根本目的。信息接收者在接收信息后，根据自己的经验，将信息转译成发送者试图传达的意义、观念或情感。这个过程就是解码（decoding），解码是沟通的关键点。

（5）反馈是信息发出者和接收者相互间的反应。为了保证接收者收到的意义与信息源的意图相同，需要进行及时的反馈。反馈可以减少沟通中的误会，让沟通双方知道意义和情感是否按预期的内容来分享。反馈不一定非要来自接收者，发送者也可以从自己发出的信息里获得自反馈，即当人们发现自己的表达不够明确或不易理解时，自己主动做出调整。

（6）沟通过程中的噪声，也称沟通障碍，是沟通中妨碍信息准确传递和理解的因素，它存在于整个沟通过程中。人类的沟通系统就像一个电话回路，任何一个环节出现问题，都可能对沟通形成障碍。信息源信息不充分、信息没有被有效或正确地编码、用错了沟通媒介、信息接收者误解信息等均会对沟通造成障碍。除此之外，沟通者之间缺乏共同的经验（如跨文化沟通中对不同符号的理解），沟通双方的情绪、信念、偏见等，都可能成为沟通的障碍。

（7）沟通背景，也就是沟通发生的环境。背景能影响沟通的每一个环节，从而左右着沟通的效果。在沟通过程中，许多意义是由背景提供的，甚至词语的意义也会随背景而改变。背景因素主要包括四个方面：心理背景（沟通双方的情绪状态）、物理背景（沟通的场所条件）、社会背景（沟通双方的社会角色与关系）、文化背景（沟通者的文化经验积累）等。

2. 沟通模式

关于沟通过程，不同学者提出了不同的理论，下面是几种基本的沟通模式。

（1）亚里士多德模式。亚里士多德的传播模式是最早阐述传播过程的一个模式，包括五个要素：演讲者、演讲内容、听者、场合及效果（见图 7－2），这种模式常常用于公众演说这类传播沟通过程。

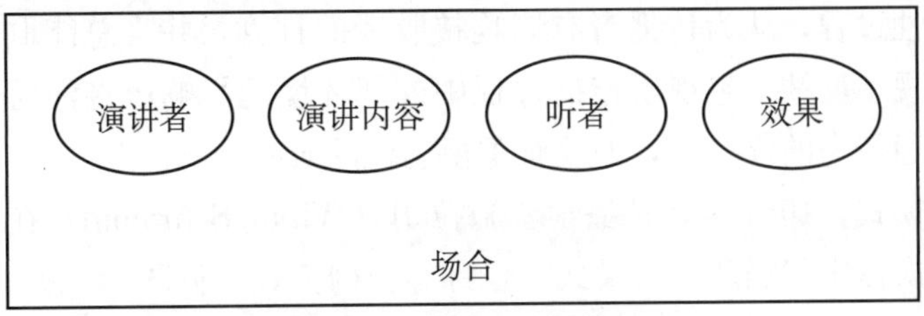

图 7－2 亚里士多德模式

（2）申农-韦弗模式。1949 年，美国贝尔电话实验室的申农（Claude Shannon）及其合作者韦弗（Warren Weaver）提出了一个通信系统的模型，后来被人们视作信息论的基本模式而得以广泛应用。

在该模型中，信息源发出的信息，经过发射器，转换为信号。信号在信道中传递的过程，会受到噪声的干扰，所以接收到的信号实际上是“信号＋噪声”。经过接收器，信号被还原成信息，进而传递给信息接收者。由于可能受到噪声的干扰，信号不是稳定不变的，这可能会导致发出的信号与接收的信号之间存在差别。也就是说，信息源发出的信息与信息接收者接收的信息两者的含义可能不同。交流失败的一个共同原因就在于发信者一方不能认识到，发出的信息与接收的信息并不总是相同的。

申农和韦弗在沟通模式中提出了一个新因素，即“噪声”，以表示信息在传递过程中可能受到的干扰因素。这说明信息系统的基本问题是要解决有效性与可靠性这两个方面的问题，即以最大速率准确无误地传递信息。“噪声”的概念也提醒人们注意研究沟通过程中的干扰与障碍的问题（见图 7－3）。

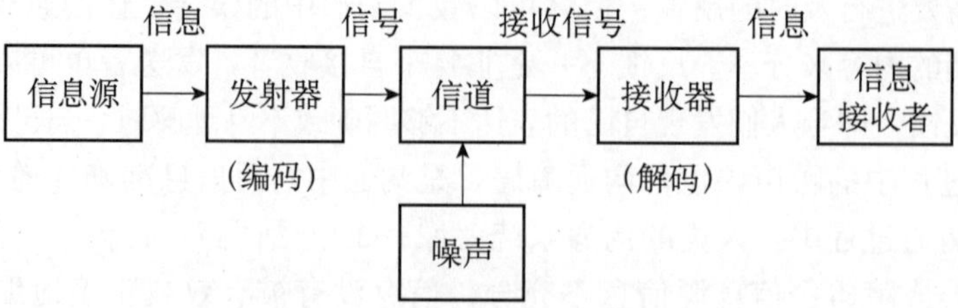

图 7－3　申农-韦弗模式

（3）拉斯韦尔的 5W 模式。拉斯韦尔认为沟通过程中存在五种基本要素，并按照一定顺序将它们排列，后来人们称之为“5W 模式”。这五个 W 分别是英语中 5 个疑问代词的第一个字母，即 who（谁）、says what（说了什么）、which channel（通过什么渠道）、to whom（向谁说）、what effect（有什么效果），拉斯韦尔的 5W 模式是线性模式，即信息的流动是直线的、单向的（见图 7－4）。5W 模式主要运用于传播学领域，表明传播过程是一个有目的的行为过程。

图 7－4　拉斯韦尔的 5W 模式

作为最早的沟通模式，拉斯韦尔的 5W 模式有着不可撼动的理论价值，它首次明确地将传播过程划分为 5 个部分或者要素，并且相对应地限定了 5 个研究领域，有效地描述和规划了传播学研究。但 5W 模式有一定的不足，对它的批评主要来自以下四个方面：将传播视作劝服性过程，认为传播者有影响接收者的打算，并且总能取得一定效果；单向传播模式，忽视了反馈；忽视了传播过程中外部环境的影响；将沟通过程划分为 5 个部分，忽视了沟通行为的复杂性，如没有重视动机的研究问题。

（4）施拉姆模式。1954 年，传播学者施拉姆（Wibur Schramm）在《沟通是如何进行的》一书中首次提出了循环沟通模式，也称施拉姆模式（见图 7－5）。该模式强调社会传播的互动性，弥补了此前直线模式的缺陷。该模式的主要贡献表现在四个方面：一是与单向沟通模式划清界限；二是强调传播者与接收者之间只有在共同经验范围之内才存在真正的沟通；三是传收双方的编码、解释、解码是相互作用和相互影响的；四是沟通是一个循环往复、持续不断的过程。施拉姆模式主要存在两方面的缺陷：一方面，该模式将沟通双方放在完全平等的关系中，这一点与现实情况不符；另一方面，该模式虽然体现了人际沟通，特别是面对面沟通的特点，但却不适合大众沟通的过程。

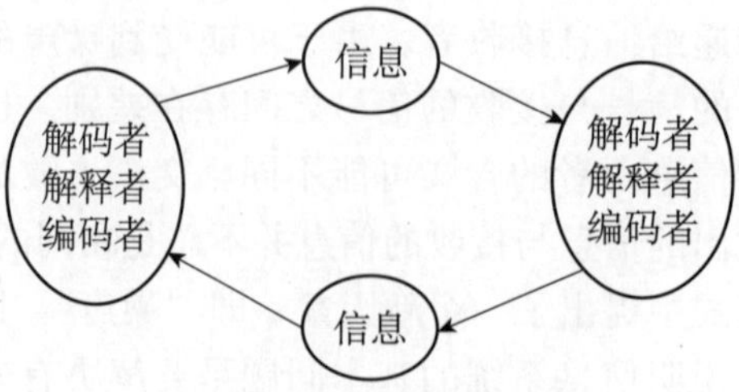

图 7－5　施拉姆的循环沟通模式

二、沟通的类型

沟通的类型非常繁多，而且几乎每一种类型的沟通都与我们的日常生活有着密切的联系。根据不同的标准对沟通有不同的分类，一般的分类有以下几种。

（一）言语沟通和非言语沟通

按照信息载体的不同，可以将沟通分为言语沟通和非言语沟通。

言语沟通指以语词符号实现的沟通。在人类的一切经验当中，共同性最大的就是语言。因此，言语沟通是最准确、最有效的沟通方式，也是运用最广泛的一种沟通方式。一个人如果缺乏语言能力，如哑巴不会说话，盲人无法识字或出国不懂外语，那么与人的沟通过程就变得十分困难，有些沟通甚至根本无法实现。

言语沟通包括口头言语沟通和书面言语沟通两种。口头言语沟通指的是借助口头言语实现的沟通，包括我们面对面的谈话、开会等。口头言语沟通是日常生活中最常见的沟通方式，也是保持整体信息最好的沟通方式。书面言语沟通是指借助书面文字材料实现的信息沟通。书面言语沟通可以修正内容，因而是一种准确性较高的沟通方式。书面言语沟通的另一个优点是具有持久性，可以将当代人的成果传给后代。借助文字媒介，一个人的思想可以穿越时空，为很多人所分享。所有这些，没有语言是无法实现的。

非言语沟通是指通过身体动作、体态、语气语调、空间距离等方式交流信息、进行沟通的过程。如果说言语沟通更擅长传递信息，那么非言语更善于传递人与人之间的思想和情感。

在沟通中，非言语沟通能传递更多言语不能传递的信息。然而，相对于言语沟通，人们往往会忽视非言语沟通的重要性，或者不能正确解读对方的非言语信息，致使沟通的效果大打折扣。通常来说，非言语沟通的实现有以下三种方式：

第一种方式是身体言语沟通，分为动态和静态两种。动态的身体言语沟通是通过动态无声性的目光、表情动作、手势和身体运动等实现的。而静态的身体言语沟通则是通过无声性的身体姿势、空间距离及衣着打扮等实现的。

第二种是副言语沟通。副语言沟通是通过非语词的声音，如重音、声调的变化，以及哭、笑、停顿来实现的。心理学家称非语词的声音信号为副言语。心理学研究发现，低音频是与愉快、烦恼、悲伤的情绪相联系的，而高音频则表示恐惧、惊奇或气愤。副言语研究者德保罗（De Paulo）发现，鉴别别人说谎的最可靠线索就是声调。不老练的说谎者说谎时会低头或躲避别人的视线。老练的说谎者则可以有意识地控制这些慌乱行为，说谎时不仅不脸红、不低头，还能以安详的表情迎接别人的目光。但是，说谎时声调提高却是不自觉的，它真实地透露了说谎者言不由衷的心态。

心理学的最新研究结果表明，副言语可以营造声音场景，对沟通的效果起着很大的作用。比如某主持人一人饰两角、以一种带有表演性的副言语变化向观众讲述了自己坐飞机时遇到的趣事，语速快、上扬语调多、感叹语气多，这些副言语的综合运用共同塑造了一个鲜活的场景和幽默的个人形象。

第三种非言语沟通的方式为物体操纵，包括环境的布置、辅助仪器与设备的使用。如总把办公物品摆放很整齐的人，是个干净利落、讲求效率的人；穿衣追求质地，不盲目追求时尚，这样的人有自己的品位和选择。

克林（Kring）等人提出，非言语行为在表达情绪方面特别有力，并且因为它不像语词那样容易控制，所传达的信息也更为真实。演员的表演是非常好的例子，他们努力的一个重要方面，就是提高控制非言语表达的能力，以传达那些在通常条件下不易表达的感情。

日常生活中，我们一般并不是只使用单一的沟通方式，而是结合多种方式，这样才能达到我们希望的效果。但需注意的是，人和人之间是有差别的，同一个动作、同一句话，在你看来是这个意思，但在别人看来可能并不是这个意思。所以，我们要谨慎地运用言语沟通与非言语沟通。

（二）正式沟通和非正式沟通

正式沟通指在正式社交情境中发生的沟通，非正式沟通指在非正式社交情境中发生的沟通，我们每个人在日常生活中都离不开这两种沟通。

正式沟通一般指在组织系统内，依据组织规章流程进行的正式信息传递与交流。例如组织之间的公函来往、组织内部的文件传达、召开会议、上下级之间的定期情报交换等。正式沟通对内建立在组织内部管理制度上，对外则依据社会主流的交往规则（法律、法规和道德等）。正式沟通的优点是沟通效果较好，约束力强，易于保密，可以使公共关系保持权威性。缺点是需要层层传递，较为呆板，缺乏灵活性，且沟通速度比较缓慢。另外，正式沟通很难做到双向沟通。一般来说正式沟通具有5种沟通网络，分别为链式、Y式、轮式、环式和全通道式。

一般认为，轮式沟通是最有利于群体问题解决的沟通网络，属控制型网络。在这种沟通中，只有一个成员是各种信息的汇集、传递者，这不利于人际交流，因而群体成员的满意度会较低。全通道式沟通是一种开放式的网络系统，能保证群体成员的人际交流，这种沟通网络下平均满意度高且差异小，士气高昂，合作气氛浓，但容易造成混乱，并且费时，影响工作效率。相对而言，这两种网络结构在实际生活中较为少见，其他三种网络的特性居于两者之间。不同网络模式的沟通适合不同性质的群体。生产式群体需尽快决策并保持有效领导，采取轮式为佳；娱乐群体以环式和全通道式为佳。

进行非正式沟通时，如同事闲谈、朋友聚会等，人们会更为放松，行为举止也更接近其本来面目，沟通者对于言语和非言语信息的使用都比正式沟通随便。非正式沟通的优点是沟通形式灵活，便捷快速，省去了过多的烦琐程序，可以捕获到正式沟通难以提供的信息，真实地反映人们的思想、态度和动机。非正式沟通有利于增进团队成员间的人际关系，减轻正式沟通渠道的负荷量，提高正式沟通的效率，并对管理决策起重要作用。

非正式沟通的缺点是难以控制，传递的信息会不准确，容易失真、被曲解。它也有可能促进小团体、小圈子的建立，影响团体的凝聚力和员工关系的稳定。研究发现，非工作时间的电子沟通会大大增强员工时间侵占行为，降低员工的绩效，甚至对员工个人产生不好的影响。可以说，非正式沟通是一把双刃剑，如果能够对企业内部非正式的沟通渠道加以引导并合理利用，管理者就可获得许多正式途径无法取得的信息，在达成理解的同时解决潜在的问题，从而最大限度地提升组织内部的凝聚力，发挥整体效应。

（三）下行沟通、上行沟通和平行沟通

在组织内部，根据沟通信息的流动方向，可以把沟通分为下行沟通、上行沟通和平行沟通。

下行沟通也称作自上而下的沟通。在这种沟通中，信息由组织层级的高处流向低处。通常下行沟通的目的是控制、指示、激励及评估，主要是上级对下级的沟通。其形式包括公文流转、任务指派、指示下达等。其目标主要是让成员了解组织动态、传递组织信息、明确职责分工、控制业务进展等。有效的下行沟通并不只是传达命令而已，应能让成员了解组织的目标、策略与相关的计划内容，并获得成员的信赖、支持。

上行沟通是指下级的意见向上级反映，即自下而上的沟通。上行沟通的目的是让管理者听取员工的意见、想法和建议，同时为员工提供参与管理的机会，减少员工因不能理解下达的信息造成的工作失误。良好的上行沟通不仅可以增进上下级之间的了解，还可以营造民主管理的组织文化，提高组织的凝聚力。尽管上行沟通有很多途径，诸如意见箱、小组会议、反馈表等，但这些途径真正发挥作用需要员工和管理者双方的共同努力，并有赖于上下级间良好的信赖关系。研究也已证明领导者的魅力沟通可以满足员工对自主性、胜任力和关联性的心理需求，最终有助于保持双方的良好关系和员工的敬业度。

此外，改善上行沟通的措施还包括：（1）提问，管理者可以通过提出一些有讨论价值的问题来鼓励上行沟通，这一措施向员工表明管理层对员工的看法感兴趣，希望得到更多的信息，重视员工的意见。那我们这里就要提到“倾听”：积极的倾听并不是简单的听，而是用心去听，好的倾听者不仅听到对方说的内容，而且了解对方的感受和情绪。有效倾听的管理者能够发出一个重要的信号——他们关心员工。（2）与员工会谈，在会议上鼓励员工发言，让他们谈论工作中的问题、自己的需要，以及自己的工作感受。（3）开放政策，对管理者来说，更有效的开放政策是走出自己的房间，与员工打成一片。（4）参加社团活动，非正式的娱乐活动可以为非计划性的上行沟通提供绝好的机会。

平行沟通也称作横向沟通，指的是组织中具有同等职级地位的人之间的沟通。因为是平级关系，所以相互之间的正式感、权威性就小，沟通双方也不用像上行沟通那样担心出错。但由于横向沟通的发生多是基于工作互助的，所以相互推诿的情况较多，有时因为沟通方式不当，会引发误会，甚至会导致冲突。

一般而言，下行沟通的渠道很多，管理者也拥有较多的说话机会。但在管理现代化的进程中，各类组织都应加强上行沟通和平行沟通，因为上行沟通不仅能增加员工的参与度，也能为高层管理人员提供决策所需要的相关信息；而平行沟通则可以打破部门壁垒，增进组织效率。

（四）单向沟通和双向沟通

按照是否进行反馈，沟通可分为单向沟通和双向沟通。

单向沟通是指信息发出者和接收者这两者之间的角色不变，信息单向传递，一方只

发送信息，另一方只接收信息，如发指令、做报告、下命令等。单向沟通的优点是快捷迅速。但是单向沟通中双方没有讨论的机会，因而会导致接收者所获得的信息不够准确，且没有反馈意见的机会，不能产生平等感和参与感，不利于增加接收者的自信心和责任心，不利于双方建立感情。

双向沟通是指信息发出者和接收者两者之间的位置不断交换，且发出者是以协商和讨论的姿态面对接收者的，信息发出以后还需及时听取反馈意见，必要时双方可进行多次重复商谈，直到双方共同明确和满意为止，如交谈、协商等。双向沟通的优点是沟通信息准确性较高，接收者有反馈意见的机会，容易产生平等感和参与感，增强自信心和责任心，有助于双方建立感情。缺点是需要时间较长，且由于与问题无关的信息较易进入沟通过程，双向沟通的“噪声”比单向沟通要大。

（五）自我沟通、人际沟通与群体沟通

根据沟通者的数量，可以将沟通分为自我沟通、人际沟通与群体沟通。自我沟通中，信息的发送和接收是由一个人完成的；人际沟通是指两个人之间的信息交流过程；群体沟通是指三个人及以上的个体之间进行的沟通。

自我沟通也称内向沟通，指的是发生在个人自身内部的沟通。自言自语是最明显的个人内部沟通。一个人在做事时经常对自己发出命令，自己再接收或拒绝命令。如孩子在拼图的时候会自言自语：“这一片放在这里，不对，应该放那儿，对，没错，就是这里。”成人也不例外。

自我沟通是人际沟通和群体沟通的基础，当人们与别人交流时，就已经经历了复杂的自我沟通过程。不过只有当对一句话进行反复斟酌或对一个行为进行反复考虑时，才能意识到这种沟通的存在。较深层次的自我沟通也可以理解成自己与自己对话，在自我沟通过程中，我们认识自我、提升自我并超越自我。自我沟通的目的在于说服自己，其核心在于自我认知。一个善于自我沟通的人，能更好地了解自己的优势和不足，不断改进自己的短板，并用自己的认知指导行为。

人际沟通则特指两个人之间的信息交流，这是一种与人们的日常生活最为密切的沟通方式。人们与朋友、家人、上级、下属和同事之间的关系建立与维持都必须经过人际沟通来实现。

群体沟通指的是组织中两个或两个以上相互作用、相互依赖的个体，为了达到群体特定目标而组成集合体，并在此集合体中进行交流的过程，如大众沟通和组织沟通。

大众沟通是通过大众媒介交流信息的过程，是群体沟通的一种主要形式。大众沟通的一个特点是以信息的传播为主导，对于信息接收者的反馈，则是通过预测将其纳入信息传播的过程之中。有时还会依据信息接收者对前一沟通过程的各种途径的反馈，来修正后一信息的传播过程。大众沟通还有一个显著特点，就是影响广泛且深远，生活在当代社会的每一个人都会受到大众沟通的影响。

组织沟通是另外一种群体沟通的方式，是在社会组织内发生的沟通。如发生在学校、公司、政府机构的沟通都是组织沟通。组织管理中典型的组织沟通包括集体谈判、商务谈判等。本章第二节将对组织沟通做进一步的介绍。

三、有效沟通

所谓有效沟通，是指以言语、文字等为载体，通过演讲、会见、对话、讨论、写信等方式，将信息或情感准确、恰当地表达出来，以促使对方接受。这个概念更偏重于导致的结果，即“有效”。

达成有效沟通须具备两个必要条件：第一，信息发送者清晰地表达信息的内涵，以便信息接收者能确切理解；第二，信息发送者重视信息接收者的反馈，并根据其反馈信息及时修正信息的传递，避免不必要的误解。有效沟通主要指组织内人员的沟通，尤其是管理者与被管理者之间的沟通。有效沟通的关键在于信息的有效性，信息的有效性决定了沟通的有效程度。

有效沟通一般有三个原则：第一，强调沟通的目标明确性。通过交流，沟通双方就某个问题可以达到共同认识的目的。第二，强调沟通的时间概念。沟通的时间要简短，频率要高，在尽量短的时间内完成沟通的目标。第三，强调人性化作用。只有心情愉快的沟通交流才能实现预期的目的。

至于有效沟通的手段，可根据实际情况采取不同的方式。如定期召开例会，使组织的各部门之间加深了解，解决信息不畅等困扰，还可在会后安排各种形式的非正式活动（比如沙龙、聚餐等），大家畅所欲言，增进感情。

第二节 组织沟通

> 未来竞争将是管理的竞争，竞争的焦点在于每个社会组织内部成员之间及其与外部组织的有效沟通。
>
> ——约翰·奈斯比特

一、组织沟通概述

在组织中，组织沟通非常重要，它也是一种管理行为，是影响企业运作的关键因素，对组织和员工的生产率、满意度及劳动关系等方面的影响已经得到了管理学界的普遍重视。以下将从概念、分类、功能三个角度介绍组织沟通到底是什么样的。

（一）组织沟通的概念

组织沟通即在组织当中，基于工作任务、工作目标以及相关组织行为的人与人、人与组织之间的互动交流。罗杰斯（Rogers）和阿加瓦拉（Agarwala）认为，组织沟通是一个广义的概念，包括组织内部沟通与对外的沟通。戈林鲍姆（Greenbaum）认为，组织沟通是指组织内部成员在其工作职位上，为达成组织目标所发生的信息传送与接收。总而言之，组织沟通可理解成组织成员基于工作需要，以组织为基础，透过组织的联络渠道，进行信息传递和意见交换，建立共识、协调行动或满足需求，进而达成组织目标的动态历程。

（二）组织沟通的分类

根据沟通对象的不同，可以将组织沟通分为组织与外部环境的沟通、组织内部的沟通。

1. 组织与外部环境的沟通

企业在发展过程中，需要不断地了解组织外部的各种信息，如政府部门、行业协会、客户、供应商以及竞争者等。这就要求企业随时与组织外部的各个部分进行适当的沟通，以及时获取正确、有价值的信息，确定组织的目标是否正确可行、是否需要调整。外部沟通对于企业发展来说十分重要，其作用主要表现为以下几点：为组织创造良好的外部环境、为组织传递有效的发展信息、构筑发展网络、拓展发展空间、维护组织形象以及为顾客提供良好的服务等。

2. 组织内部的沟通

组织内部的沟通主要是组织内部同事之间的沟通、成员与管理者之间的沟通或部门之间的沟通等。根据沟通信息传达的方向可以将组织内部沟通分成上行沟通、下行沟通和平行沟通，相关内容在前文已做详细描述。

除了组织内外部沟通外，部分学者对组织沟通的划分还做出了不同的探索。如：

（1）按照沟通内容，彭利（Penley）和霍金斯（Hawkins）将组织沟通分为任务沟通、绩效沟通、职业沟通、沟通响应和个人沟通。任务沟通是基于工作内容的沟通，绩效沟通以绩效考核内容为主，职业沟通与工作内容设计有关，而沟通响应和个人沟通都与组织内部的互动质量相关。

（2）按照管理者不同的沟通风格，杰里科（Johlke）和迪昂（Duhan）把组织沟通分为命令式沟通和非命令式沟通两种。命令式沟通指的是通过强制性的指令或运用管理者权力来改变接收者的行为，即通过权力来对接收者施加压力以完成沟通，它往往带有一定的强制性与等级色彩。非命令式沟通则积极寻求沟通双方的交流和互动，强调沟通双方平等。

（3）按照沟通策略与色彩，莫尔（Mohr）等人按照沟通策略将组织沟通划分为合作性沟通与自主性沟通，而洛夫莱斯（Lovelace）等人在2001年的团队研究中则指出，组织沟通可以划分成竞争性沟通与合作性沟通。所谓竞争性沟通，是一种带有强制色彩的沟通，沟通双方在沟通过程中，一般不存在折中或妥协的情况，一方会尽全力来说服另一方，甚至强势的那一方会以不利的后果来对另一方施加压力，这种威胁通常伴随着权力的因素，按照这种划分，命令式沟通也可以归为竞争性沟通的一种；而合作性沟通，是一种头脑风暴式的沟通，这种沟通方式在于谋求沟通中各方参与者的意见统一，是一种寻求合作的沟通、求和的沟通，经过各方统一协商、博弈、妥协或是让步后，最终达成参与者都能够接受的结果。研究表明，合作性沟通能通过作用于组织公平来影响员工对组织变革的态度及行为，同时合作性沟通能够减缓员工对于组织变革的抵制。此外，合作性沟通还有助于缓和组织成员间的矛盾。但相比竞争性沟通，合作性沟通可能会在一定程度上降低沟通效率。

（三）组织沟通的功能

在群体或组织中，沟通通常有四种功能：控制、激励、情绪表达和获取信息。首先，沟通可以控制员工的行为。员工须遵守组织中的权力等级和政策指导方针，如员工要向上级汇报工作、要按照工作程序工作、要遵守单位的政策法规等，通过沟通可以实现这种控制功能。一些非正式沟通也能控制员工的行为。其次，组织沟通具有激励功能。在沟通中明确告诉员工做什么、如何做、没有达到标准时应如何改进，可以激励员工努力工作。再次，组织沟通具有情绪表达功能。对很多员工来说，工作群体是主要的社交场所，沟通提供了一种释放情感的情绪表达机制，并满足了员工的社交需要。组织沟通的最后一个功能与决策角色有关，它为个体和群体提供决策所需要的信息，使决策者能够确定并评估各种备选方案。

二、组织沟通的重要性

组织是按一定规则和程序为实现其共同目标而组成的群体，组织目标的实现取决于组织沟通的畅通。良好的组织沟通有利于信息在组织内部的有效共享，提高工作效率，增强组织决策的合理性。另外行为科学理论告诉我们，组织成员并不是单纯的物质利益追求者，他们同时还有精神层次的需求，比如对组织的归属感、参与感以及荣誉感，而这一切也都有赖于良好的组织沟通。因为只有进行有效的组织沟通，组织成员的意见才能得到充分的重视；只有进行有效的组织沟通，组织成员的工作成绩才能得到应有的评价和认可。站在企业文化的角度来看，企业文化是企业员工所共有的核心价值观，企业文化的形成也有赖于组织成员之间的良好沟通以达成最后价值观的认同。研究表明员工感知的文化差异越大，对其创新行为的消极影响也就越大，而组织沟通可以有效减弱文化差异感知对员工创新行为的负向影响，可以说，在一定意义上，组织沟通是企业管理的灵魂。

关于组织沟通对企业的影响，研究者们从以下多个方面进行了探索。

（1）组织沟通与工作压力。工作场所的人际关系、角色认知、组织氛围和信息波动、工作职责等是工作压力的主要来源，而这些压力源都与组织沟通有着非常密切的关系。例如查尔斯（Charles）等人研究表明，组织中没有效率的沟通会造成许多问题，如因为信息不对称而产生误会甚至冲突，这些会给员工带来较大的压力。研究表明，与同事、上司、下属缺乏良好的工作关系是工作压力的重要来源，而造成人际关系压力的原因，从组织方面来看与组织沟通渠道不畅有关联，从个人层面来看与沟通风格不匹配密切相关。此外，缺乏沟通、沟通不畅还可能带来角色冲突、工作职责不清晰等其他一些工作压力源。一些来自组织沟通方面的研究也表明，直接上司的管理沟通风格、管理沟通能力、上下级关系感知的一致性、上下级沟通关系的开放性等，都会不同程度地影响上下级的人际关系质量、员工的工作满意度，它们是工作压力的直接或间接作用变量。

（2）组织沟通与工作满意度。组织沟通和工作满意度呈正相关关系。组织沟通和工作满意度关系的研究主要集中在组织沟通的几个维度，即沟通信息的特征、沟通环境和沟通网络对工作满意度的影响。从沟通信息来说，戈里斯（Goris）等发现信息超载和信息不充分都会影响信息的准确性以及沟通满意度，进而影响到员工工作绩效和工作满意度。从沟通的充分性和公平性来讲，罗伯茨（Roberts）和奥赖利（O'Reilly）指出缺少沟通的员工和充分参与沟通的员工对待工作的情感态度和行为反应是不一样的。充分参与沟通的员工对工作更为满意，对组织更为忠诚，绩效也会更高；而缺乏沟通的员工则会表现出更多的负面情感和更低的绩效。从沟通方向来看，杰里科等人发现上级与员工沟通的频率与员工的工作满意度呈正相关，通过与上级进行大量的沟通，服务类员工可能更容易对工作产生积极的情感。梅菲尔德（Mayfield）等发现领导沟通和工作满意度呈显著正相关，无论该员工的工作为全职还是兼职，领导有意地运用激励语言都会增强员工积极的工作态度。

除此之外还有研究表明，工具型沟通（任务相关型沟通和目标相关型沟通）和社交型沟通对组织绩效都具有积极的正向影响。

总而言之，良好通畅的组织沟通对一个组织来说至关重要。根据组织沟通的功能，我们可以对组织沟通的重要性进行以下归纳。

（1）沟通能使决策更加科学、合理。在管理过程中，经常有或大或小的各种决策需要定夺，而沟通有助于改进决策。领导者可以从组织内部的沟通中获取大量的信息来提升判断力，然后进行决策。下属人员也可以主动与上级管理人员沟通，提出自己的建议，供领导者做出决策时参考。组织内部的沟通使决策更加正确、科学。

（2）沟通促使组织成员协调有效地工作。良好的组织沟通是解决组织内部矛盾、促使组织正常运行的润滑剂。在日常工作中，很多个体同存于一个组织中，必然会产生很多矛盾和摩擦。对于工作目标、工作进程、工作方式方法、工作要求上的一些分歧，只有通过各方良好的沟通才能有效达成共识，缓解矛盾和分歧，才能使工作有效及时地完成。没有适当的沟通，上下级之间、各部门之间的了解就不会充分，甚至可能出现错误的理解，使工作任务不能圆满完成。

（3）沟通有利于领导者激励员工。可以说，良好的组织沟通是领导者激励员工、实现领导职能的基本途径。领导者作为一个组织的核心，有责任去激励下属努力工作，带领组织走向新未来，在这一过程中，沟通起到了尤为重要的作用。在实际生活和工作中，每个员工都有得到他人尊重和自我价值实现的需要，都会要求对自己的工作能力有一个恰当的评价。如果领导的表扬、认可或者满意能够通过各种渠道及时传递给员工，就会对员工产生激励作用，激发他们的工作热情和潜力，从而充分发挥其智慧与积极性、创造性，更加勤奋地工作。

（4）通过与外界的沟通交流，塑造良好外部形象。对任何组织来讲，与外界交流都是必不可少的，只顾做好组织内部工作远远不够，还需要不断加大外部沟通力度，使组织在社会上不断取得声誉。组织应密切联系社会，加大与有业务关联的各种外部组织，如政府部门、媒体单位、同类合作组织甚至竞争型组织的沟通交流，从而塑造良好的外部形象，建立有利于自身发展的外部环境。

三、组织沟通的障碍和改善

前文已经提到组织沟通很重要，它是人力资源管理中最为基础和核心的环节，它关系到组织目标的实现和组织文化的塑造。但在实际中，国内很多企业目前在组织沟通领域依旧存在着大量的问题，比如信息失真、上下级关系不和谐、同事之间相互猜忌、上层决策得不到充分执行等不良情况，以下将关注组织沟通存在哪些障碍以及应该如何改善。

（一）组织沟通的障碍

1. 组织因素

在管理中，合理的组织结构有利于信息沟通。如果组织结构过于庞大，中间层次太多，那么，信息从最高决策层传递到下属单位不仅容易产生信息的失真，而且会浪费大量时间，影响信息的及时性。有学者统计，如果一个信息在高层管理者那里的正确性是100%，到了信息的接收者可能只剩下20%的正确性。这是因为存在信息“漏斗”，在进行信息沟通时，各级主管部门都会花时间对接收到的信息进行甄别，一层一层过滤，然后有可能将断章取义的信息下达，员工接收信息的这一环节也有可能再次出现“信息曲解”。

2. 组织成员个人因素

组织沟通在很大程度上受个人心理因素的制约。个体的性格、态度、情绪、见解等差别，都会成为信息沟通的障碍：一是知识、经验水平的差距所导致的障碍。在信息沟通中，如果双方经验水平和知识水平差距过大，就会产生沟通障碍。个体经验差异对信息沟通也有影响。在现实生活中，人们往往会凭经验办事，如对待同样的信息沟通，一个经验丰富的人往往会对信息沟通做通盘考虑，谨慎细心，而一个初出茅庐者往往会不知所措。信息沟通的双方往往依据经验上的大体理解去处理信息，使彼此理解的差距拉大，形成沟通的障碍。二是利益因素。在团体中，不同的成员对信息有不同的看法，所选择的侧重点也不相同。很多员工只关心与他们的物质利益有关的信息，而不关心组织目标、管理决策等方面的信息，这也会成为信息沟通的障碍。三是相互不信任所产生的障碍。有效的信息沟通要以相互信任为前提，这样，才能使向上反映的情况得到重视，向下传达的决策迅速实施。管理者在进行信息沟通时，应该不带成见地听取意见，鼓励下级充分阐明自己的见解并且宽容地对待员工的错误，实证研究也证明，团队的宽容氛围有利于提升团队绩效。只有这样才能做到思想和感情上的真正沟通，才能接收到全面可靠的情报，进而做出明智的判断与决策。

除了上述因素之外，沟通者的畏惧感以及个人心理品质也会造成沟通障碍。在管理实践中，信息沟通的成败主要取决于上级与上级、领导与员工之间的全面有效的合作。管理人员过分威严或者缺乏必要的同情心，也有很多情况是因下属的恐惧心理、个人心理品质而形成的障碍。

（二）组织沟通的改善途径

1. 建立沟通标准

任何沟通只有在有了标准的情况下才有意义，那么企业内部的沟通标准何在？作为营利性组织，企业的存在要以经营业绩为导向。衡量任何沟通活动的意义，最终都会追溯到业绩目标。领导的话可以被下属揣摩，但这种揣摩的导向应该是为了达成经营目标，而不是领导的好恶。从这个方面来说，企业组织必须首先构建自身的业绩管理体系，设置明确、科学的业绩目标，用以指导企业行为，包括沟通行为。

2. 改善沟通环境

沟通场所大小、亮度、温度要适宜，备有各种必要的设备且无噪声及干扰物。沟通人员的座位要安排适当，重视精神环境而慎选时机。这些看起来虽然很容易做到，但是实际中经常被忽视，其实良好的外在环境会给沟通双方不一样的甚至是全新的感觉。

3. 强化内部培训

强化培训是为了在组织的内部构建一种统一的沟通风格和行为模式，减少因沟通形式不一而造成的摩擦。通过培训可以将一些共识性的东西固定下来，形成大家一说出口就能被理解的本组织话语，对企业文化的形成也有利，可以说是一举多得。通用电气公司（GE）的内训在全球领先，它的克劳顿管理学院有着明确的使命，那就是：创造、确定、传播公司的学识，以促进 GE 的发展，提高 GE 在全球的竞争能力。克劳顿管理学院的课程分三类：第一类是专业知识类，如财务、人事管理、信息技术等，其目的是使 GE 员工在某一技术领域更专业、更深入。第二类是针对员工某一事业发展阶段而设计的课程，如新经理发展课程、高级经理课程、高层管理人员发展课程等。第三类是为推广全公司范围的举措而设置的课程，如六西格玛培训、变革加速进程等。通过这些培训，一方面让 GE 的管理人员学习必要的管理技能、业务技能、沟通技能等，另一方面也统一了大家的意识和管理理念，为企业内部的有效沟通与执行奠定了良好基础。

4. 转换领导意识

中国企业经过前期的快速发展已经变得越来越复杂，管理的难度也在不断增加。这对于企业的创始人来说既是挑战，也是必须走过的历程。关键是企业的高层要转变过去的思维模式、行为模式，不能让所有的员工都围着自己的想法转，须让企业各级管理者都能根据企业总体战略目标的要求担负起责任，员工各司其职，都清晰地知道自己该向谁负责、对什么负责。

总而言之，良好的沟通不仅能够给企业带来信息的顺畅流动，更能为组织的决策与执行力提供基本的保障。努力提升执行力的中国企业的领导者们应充分意识到沟通这个工具的重要意义，尽快打通企业内部沟通的渠道，努力达成良好的沟通氛围，最大限度地调动组织成员的积极性。

第三节　个人内部的冲突

一、目标冲突

目标冲突是指个人或群体同时要达到两个相反的目标，由于两个目标是背道而驰的，不可能同时达到而引起的冲突。

对个人而言，冲突来源常常同时兼有积极的和消极的目标特征。对此，库尔特·勒温在 20 世纪 30 年代，按照趋向和回避两种目标倾向的不同结合方式，将个体的心理冲突分成四种典型的类型。

（1）双趋冲突：鱼与熊掌不可兼得。即趋向-趋向冲突，这是指两个目标都有吸引力，或趋近动机同样强烈，但由于时间、精力有限，或者是条件不允许，二者不可兼得，难以抉择，从而产生的内部冲突。如大学生既想要考研究生，又想找一份稳定的工作，但两个目标无法在同一时间内完成，此时必然产生明显的双趋冲突。

（2）双避冲突：左右为难。即回避-回避冲突，这是指两个目标都有排斥力，个体都力求避免，但却只能避开一个，必须择取其一，难以决定，而产生的内部冲突。如病人既不愿吃药，又不愿开刀，迫于形势，两难之中必须接受其一时，就会产生双避冲突。日常生活中，我们不难发现，这种冲突的当事者常常会有贪图安逸、逃避责任的思维方式，而结局往往是两个想回避的目标一个也没有避开。这种冲突也可能涉及两个以上目标，称为多重回避冲突。

（3）趋避冲突：进退两难。这是指对含有吸引与排斥两种力量的同一目标予以选择时所产生的心理冲突，如嗜酒者可能受到强烈吸引而趋向戒酒，但又害怕经历戒除过程的痛苦并回到一种寂寞无聊的生活，一方面好而趋之，另一方面又恶而避之，从而使个人的情感与理智产生矛盾，形成精神痛苦。

（4）多重趋避冲突。这可能是双避冲突与双趋冲突的复合形式，也可能是趋避冲突的复合形式。面对这种情况，当事人往往陷入左右为难的痛苦取舍中。如单身有自由之乐，但也有寂寞之苦，而结婚有家庭之乐，但也有家庭琐事之累。如若几个目标的吸引力和排斥力相距较大，解决这个冲突还比较容易，如若相近那就比较难了。

上述冲突均会在组织中出现，但组织中的目标更加复杂，所以与组织行为关联更大的多是趋避冲突或者是更加复杂的多重趋避冲突。

在组织中，个体目标和群体目标基本上是相容的，但也会有个体目标和群体目标相冲突的时候，其主要有以下几种表现：目标冲突的确存在，必须加以考虑；目标冲突能转变为能量，这种能量对个体和他们的行为产生深远的影响；目标冲突既可以产生好的结果又可以产生坏的结果，并且在一定的条件下可以相互转换。

二、角色冲突

角色动态理论认为，相互矛盾的期望会导致个体的角色冲突，即当一个人扮演一个角色或同时扮演几个不同的角色时，由于不能胜任而造成的冲突。工作场所中的工作-家庭冲突就是一种典型的角色冲突。由于一个人在工作和家庭里分别扮演不同的角色，其角色行为和角色规范有时可能发生冲突，例如在同一个时间点上，工作要求我们加班，但家庭期望我们回家陪伴家人。角色冲突大体可以分为两类：角色间冲突和角色内冲突。但这两种冲突并不是孤立的，角色间冲突也往往会转化为角色内冲突。

角色间冲突是指一个人所担任的不同角色之间发生的冲突。主要表现为两种情形：

一种是空间、时间上的冲突。简单来讲，就是一个人在不同阶段或不同场合需要扮演不同的角色、担负不同的任务，如同样的一个孩子作为一个学生，肩负着学习的任务，作为父母的儿子，他还承担着孝敬长辈的义务，作为朋友，他又需要去维系友谊。这样难免会在时间和空间上产生矛盾。另一种是行为模式内容上的冲突。如一个人改变了之前的角色，担任了新的角色，并且新角色与旧角色有性质区别时，就会产生新旧角色间的冲突。如大学新生结束高中紧张的学习生活，升入大学后不适应新角色所产生的冲突。

角色内冲突是指对于同一个角色，由于人们对其期望与要求不一致，或者角色承担者对这个角色的理解不一致，角色承担者内心产生的一种冲突。角色内冲突往往是由角色自身所包含的矛盾造成的。如当一个人处在犯罪的边缘时，角色冲突则表现为思想上的激烈斗争。这时，两种对立性质的规范、要求在行为者内心中较量，当然我们都应该极力地抵制犯罪的发生。一般来说，角色内冲突可以分为以下三种：发送者内冲突，即由同一发送者对角色承担者发出不一致或相互矛盾的角色期待而引起的冲突；发送者之间的冲突，即由不同的发送者对角色承担者发出不一致或者相互矛盾的角色期待而引起的冲突；个人-角色冲突，即由个人对所担任角色的定位和他人对该角色期望的不一致而引起的冲突。

研究发现，角色冲突是工作压力的来源之一。角色冲突是阻碍性压力源的内容之一，而阻碍性压力源与员工的工作投入呈显著负相关。组织内的角色冲突还会使员工的利他行为减少，导致与工作相关的高度紧张和较低的工作满意度。在这种情况下，员工会减少工作投入和组织公民行为。角色冲突阻碍了员工个人发展目标和工作成果的实现，使员工对能力和自我发展的需要无法得到满足，导致员工缺乏内在动机。

角色冲突与一般的冲突一样，既有负面效应也有正面效应。角色冲突的正面效应主要表现为可以促使变革的发生。在角色聚集的过程中，如果行为主体长期选择同一种角色或者几种角色，或者角色联盟过于稳定，那么这些角色的载体或者角色联盟的载体就会在价值观、知觉方式等方面逐渐趋于一致，形成一种固定模式，这种固定模式带来的直接后果就是缺乏创新。此时角色冲突的产生，一方面会促使角色或角色联盟的载体重新评价自己的目标，迫使其在多个角色间进行选择；另一方面会促使角色联盟分解和重组，使整体性得到提升。

综上所述，角色冲突有着一定积极的作用，因而管理者一方面要加强积极的人际互动，从而协调角色冲突、疏导不满、减轻压力，营造良好组织环境，提高组织绩效；另一方面也应适时激发角色冲突，提高组织的创造力，保持组织的活力。

三、挫折

挫折是心理冲突的副产品，换句话说，心理冲突是挫折形成的原因之一。在日常生活中，个体可能面对几种同样向往的情况，也可能面对几种同样厌恶的情况，这要求个体必须在其中做出选择，由此冲突的心理状态就会产生。心理冲突常常会使欲望不能很好地得到满足，同时也就使欲望驱使下的目标不能得到实现。当趋向既定目标的进程受阻或被延搁时，挫折便会出现。所以，冲突和挫折是相联系的。

（一）挫折的含义

挫折指人们在有目的的活动中，遇到无法克服或自以为无法克服的障碍时，其需要不能得到满足而产生的消极反应。从定义可以看出，挫折有三方面的含义。

1. 挫折情境

指需要不能获得满足的内外障碍或干扰等情境因素。如考试不及格、比赛未获得名次、受到同学的讽刺或打击等。

2. 挫折反应

即自己的需要不能得到满足时产生的情绪和行为反应。常见的有焦虑、紧张、愤怒、攻击或躲避等。

3. 挫折认知

即对挫折情境的知觉、认识和评价。

以上三方面的含义中挫折认知是最重要的。对于同样的挫折情境，不同的认知会导致不同的反应、体验。即便没有挫折情境或事件存在，而仅仅由于挫折认知的作用，挫折反应也可能产生。

（二）挫折的种类

有研究者把挫折分为以下三种。

1. 缺乏挫折

缺乏挫折主要是指当人们无法拥有自认为非常重要的东西时所体验到的一种挫折感受。一般说来，在缺乏挫折的范畴下，可有物质、能力、生理条件的缺乏，经验的缺乏和感情缺乏，等等。

2. 损失挫折

损失挫折主要指失去了原来所拥有的东西而引起的心理挫折。失恋、离异、亲人死亡等都属于严重的损失挫折。

3. 阻碍挫折

阻碍挫折主要是那些在人们的需求和目标之间出现的阻碍或障碍给人们带来的心理挫折。这种阻碍可能是物质的，也可能是观念的、社会的。

（三）挫折来源与应对

由前文所知，实现目标的进程受阻会导致挫折。那么，形形色色的阻碍不论是外部的还是内部的，都可能影响一个人趋向某一目标的努力。挫折的来源主要有客观来源和主观来源两种。客观来源主要包括自然灾害、交通阻塞、生活环境不顺心等；主观来源主要包括个人的生理、心理因素等带来的阻碍和限制等，如女生因为自己长得不漂亮而烦恼。

应对挫折问题既可从外部着手，也可从内部着手。从有利于个体成长的角度来看，内部问题的解决比外部问题的解决更重要，应该在解决外部问题的同时着重解决好内部问题。引发挫折的内部问题解决了，以后即使面临同样的情境，出现挫折的概率也会降低。拿失恋举例，虽然它可以归因于环境，因而失恋者可以换个小环境，避开对方，或者换一个恋人重新开始，但如果仅此而已，不分析自己的主观原因，恐怕日后也难免重蹈覆辙。相反，如果借此机会，深刻反省自己在处理亲密关系方面存在的一些认识上的偏差、情感表达和行为方式上的不足等，并着力调整和改变，那么，便可以从失恋的挫折中得以成长。

四、心理契约破裂

（一）心理契约破裂的含义及影响

心理契约破裂是指个体对组织未能按照与个体贡献相等的方式履行个体心理契约承诺中的一项或多项义务的主观感知，是员工关于契约实现的“认知评价”。而这种认知评价是个体对其实际收获的东西和许诺得到的东西进行心理运算的结果。当员工感知到他并没有得到组织曾承诺给予他的东西时，心理契约破裂就发生了。

早期学者们将员工对组织未履行义务的感知统称为心理契约破裂或违背。但随着研究的深入，特恩利（Turnley）和费尔德曼（Feldman）认为心理契约破裂与违背是不同的概念，破裂是员工对组织未履行义务的知觉，而违背则指知觉到破裂后的情感体验。然而，很多学者依然习惯使用违背的概念，但实际就是指破裂。

心理契约破裂对员工的工作态度与行为都有重要影响。工作态度方面，心理契约破裂会导致工作满意度降低。工作行为方面，国外学者特恩利、我国学者李燚和魏峰均通过研究发现心理契约破裂会引致员工非伦理行为、离职行为，与组织公民行为、忠诚行为呈负相关。总之，现有研究基本上都发现了心理契约破裂的消极后果，比如员工积极的工作态度与行为会受到抑制。

（二）心理契约破裂的原因

心理契约破裂的原因是多方面的，其中有三个主要的方面。

1. 组织和员工对期望或承诺的理解不一致

心理契约是个体的主观认知和信念。由于个体的经历不同，其在头脑中形成的有关心理契约内容的认知存在差异。如果员工在被雇用前，与组织之间没有进行充分的交流与沟通，他们与组织代理人在对契约中承诺或责任的理解上就很可能存在分歧。这种分歧越大，心理契约破裂发生的可能性也相应越大。

2. 组织没有能力满足个体的期望

有时在无法预料的因素（如经营发生困难）影响下，组织不得不采取降薪、裁员等措施来维持其生存发展。虽然组织代理人清楚地知道组织破坏心理契约可能带来的消极影响，但组织的确无力兑现当初对员工的承诺。此时，心理契约破裂也有可能发生。

3. 组织有能力但是不愿意满足个体的期望

雇佣关系中，有时由于个体和组织权力的不对称性等因素，组织高层管理者会从功利的角度权衡利弊，进而可能会故意破坏与员工间的心理契约。如组织在经营状况良好的情况下有意拖欠或削减员工的工资。这种情况下，当员工知觉到组织具有兑现承诺的能力却不愿履行承诺时，心理契约破裂最有可能发生。

在心理契约破裂的发生过程中，警惕性和显著性也起着重要的作用。如果员工的警惕性不高，即使组织的承诺未履行，员工也可能注意不到；相反，对于警惕较高的员工，即使是对心理契约不起眼的破坏，他们也会高度警觉和重视。

员工和组织在心理契约破裂的理解和归因方面也存在差异：员工常将心理契约破裂更多地归因于组织，而组织则更多地将其归因于超出自身能力范围的环境因素。

（三）防范心理契约破裂的措施

既然我们已经了解了心理契约破裂的原因，那就来看看如何有效防范心理契约破裂，本书提供以下五个措施以供参考。

1. 建立有效的沟通机制

员工和组织代理人之间进行充分有效的沟通协商，增强相互之间的积极互动、彼此依赖关系，在消极结果发生时双方以友好的方式进行解释，以及建立有效的申诉渠道，这些都将有利于双方对契约内容的理解更为接近，进而达成一致的心理契约。同时，这些也是心理契约得以良性调整的条件和基础。

2. 以个性化的方式对待员工

员工的心理契约不仅具有动态性，而且具有差异性。研究表明，薪酬水平、绩效工资、福利、工作安全感、培训与发展、晋升机会及工作本身是员工与管理者较为认同的心理契约构成要件。然而，这些要件对于不同员工的价值却不尽相同。以工作稳定性来说，它对于年纪较大的员工而言可能会更加重要一些，而年轻人往往比较关注工作挑战性和晋升机会，而较少关心工作稳定性。另外，不同经济状况、不同文化程度、不同地区、不同行业、不同岗位的员工其心理契约的内容也各不相同，他们对组织的期望相应存在差异。这就要求组织在管理决策上，必须明确不同群体员工在心理契约上的差异，减少缺乏针对性的盲目对策。

3. 提高员工的组织公平感

组织公平可以分为两类，即分配公平和程序公平，前者是指对所得到的结果公平性的知觉，后者是员工对用来确定结果的程序和方法的公平性的知觉。研究表明，程序公平对心理契约的维护起着更为重要的作用。当员工认为消极的结果产生于不公平的决策机制时，他们就会倾向于产生负面态度和采取负面工作行为。因此，对于组织来说，应积极采取措施完善员工参与制度，如让员工了解或参与组织的发展战略、分配制度和考评制度的制定和实施等。

4. 构建员工与组织之间的信任关系

组织中信任和心理契约之间存在着一种螺旋关系：员工信任组织，则可以降低员工对心理契约破裂的知觉，并倾向于把组织未履行契约的行为归结为外界不可控的因素所致，能够较多地理解和同情企业；相反，对组织的信任度较低，则有可能增加员工对心理契约破裂的知觉，这又会导致其对组织的信任水平剧烈下降。因此，为了形成和维护良好的心理契约，组织必须建立与员工之间高水平的信任关系。具体的方法包括增加工作方式的灵活性、向员工充分授权、创设宽松和谐的工作氛围、保证程序及分配的公平性、提高员工的组织支持知觉、构建充满信任和尊重的人际关系文化等。

5. 加强归因干预

当由于不可控的因素心理契约破裂难以避免时，组织的归因干预对心理契约破裂之后员工的态度及行为反应具有调节作用。因此，组织管理者要善于观察和了解员工的归因倾向，并采取相应的措施有意识地对员工的归因加以引导。

第四节　人际冲突

一、人际冲突概述

由于组织生存过程中个体的相互依赖性，组织内部人际冲突的发生是不可避免的。冲突问题对于相互间紧密联系的团体而言尤为关键，研究表明，在联合作业的团体内部，人际冲突对团体凝聚力的影响非常直接和显著，它往往直接影响着个体和团体的行为和绩效。人际冲突对组织作用的研究由来已久，早期研究认为人际冲突对组织发展存在阻碍作用，组织应当极力避免人际冲突的发生，而近来越来越多的研究表明在一些特定情境下，人际冲突对组织是有益的。团队作为一种重要的团体组织形式，往往能带来组织的高效运转和及时响应，容易激发知识和创意的产生，增进内部成员对于观点的理解和接受。也正是由于团队内部成员间紧密的联系和背景的差异，成员间的冲突问题不容忽视。团队高效运转的挑战之一就是如何处理好内部冲突问题。

（一）人际冲突的内涵

什么是人际冲突？组织中人际冲突的具体内涵是什么？目前学术界对组织中人际冲突内涵的解读主要分为两大类型：认知论与过程论。

1. 认知论

当做一件事的时候，我们往往是从自己的出发点来评价的。认知论把冲突视作认知差异的结果，将组织中的人际冲突定义为：组织成员为达到各自的目的而采取一系列反对其他共事者的行为，从而导致的一种形势或处境，或是发生在各自相异的背景、情境或个人条件下的一种行为现象，组织成员将自己的意愿强加于其他共事者，并通过这些反常的行为对对方造成一定意义上的伤害，或是在日常生活中好心办坏事，而和朋友起冲突，这时我们常常会感到委屈甚至愤怒，这就是因为我们会拿自己的认知为自己辩护，认为自己是出于好心，对方不理解的话就伤了自己的心。认知论明确了环境、背景等差异的前提性作用，着眼于个体看待问题的不同视角与立场，强调组织中人际冲突的状态性与不兼容性。在组织内部，个体所处位置不同，不同的利益选择势必会使组织成员之间产生人际冲突。它会影响组织成员的理性判断，造成组织内耗，从而导致组织绩效下降。当然，一定程度上的认知分歧也能促进组织成员之间的交流互动，不同意见的交流借鉴有利于提高决策质量、推动决策实施。

2. 过程论

不同于认知论单一聚焦于认知差异，将组织中的人际冲突视作一种既定结果，过程论的重点在于组织中人际冲突变化发展的动态性，认为人际冲突涉及关系双方在分歧、负面情绪与干扰行为上的相互影响与作用，同时伴随着双方在认知、情感与行为上的一系列反应。过程论突出了组织成员之间负面情绪的体验与作用过程，强调了形成过程中互动双方的情绪变化及其对人际冲突的负面影响。

巴尔基（Barki）和哈特威克（Hartwick）证实了人际冲突的三维性，并进一步从组织任务和人际关系出发，通过规范性研究提出了组织中人际冲突的三种成分，即分歧、负面情绪和干扰（如图 7－6 所示）。

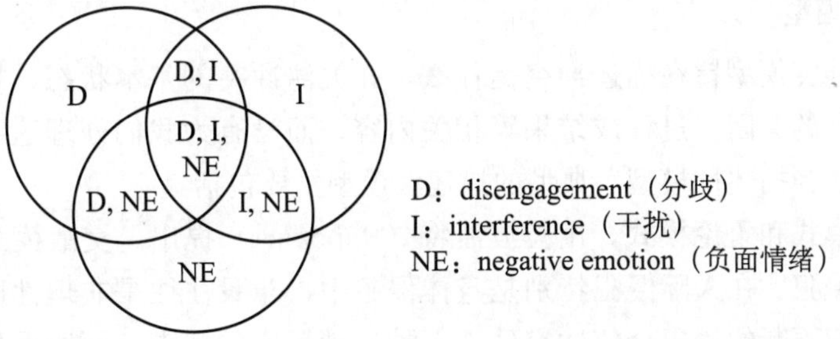

图 7－6　人际冲突成分图

分歧是指组织中人际冲突的互动双方感知到的彼此间价值观、需求、利益、意见或目标的差异。组织中以分歧为特征的人际冲突主要表现在认知、任务和过程三方面，通常是基于对于如何完成指定工作而产生的认识差异。对于组织中人际冲突的定义和测量，实质上都集中于组织成员间已感知到的分歧，并以此为描述特征或者测量程度的标准。

情绪是组织中人际冲突的一个关键要素，以负面情绪为主要特征的人际冲突，表现为工作场所中组织成员之间的不和或敌对状态。负面情绪不仅会影响个人在人际冲突中的行为表现，而且会在一定程度上阻碍组织中成员的良好合作以及任务的有效完成。

干扰是指组织中人际互动的一方感知到自己的利益被其他参与方反对或者受到了消极的影响。

从图 7－6 可以看出，这些成分一共可有七种组合方式。巴尔基等人认为只有当完全包含“D，I，NE”这三种成分（即图 7－6 中最中间的那个组合）时，人际冲突才存在，仅包含一种成分或包含任意两种成分的组合，都不能被称为人际冲突。他们还认为，因为学者们各自的研究对象不同，他们往往把其中的一种成分或任意两种成分的组合当作人际冲突，这也正是以往很多研究成果不一致且难以相互比较的原因所在。随后巴尔基等人根据其研究成果提出了一个较为清晰完整的人际冲突概念——发生在相互依赖的个体和群体间，互相知觉到各自目标不一致、出现了干涉行为，同时伴有消极情绪体验的动态过程。

（二）人际冲突理论模型

1. 潘迪的主导范式

潘迪（Pondy）对冲突的研究具有里程碑式的意义，并且影响深远，许多后续研究都是基于他的理论框架。

在组织层面上，潘迪将冲突的影响因素（组织结构、人格特质等）、冲突进程以及冲突结果等各个方面归入冲突发生的过程，提出了冲突发生的五步骤观点：（1）冲突前条件；（2）潜在的冲突可能性；（3）意识到了冲突无法避免；（4）发生冲突；（5）产生冲突结果。潘迪的最大贡献在于他对冲突前条件的分析，这些前条件包括：对稀有资源的竞争、个体自由与组织权力控制的斗争、个体差异和目标差异。每一个前条件都已成为相关组织冲突模型中讨论的核心内容。另外根据这些前条件，潘迪进一步把人际冲突分为三类：资源冲突、权力冲突以及人际关系冲突。

2. 描述性模型

一些人际冲突模型旨在描述冲突是什么，并关注冲突的基本状态，目的是了解或解释人际冲突发生的原因、过程或结果等相关内容，而没有为我们处理这些相关事件提供建议，我们称之为描述性模型。典型的描述性模型主要包括：

（1）交战模式和争论模式，由拉波波特（Rapoport）提出。交战模式对人际冲突的解释基于人际侵犯。在人际侵犯特别是身体侵犯中，斗殴往往是非理性以及非常情绪化的，而相互连续不断的侵犯会使冲突处于一种连锁反应的状态，即所谓的“冲突螺旋”。尽管这种模式经常被用来解释国际社会中的战争现象，但它同样也适用于组织冲突、团体纷争甚至夫妻关系冲突。而争论模式则与交战模式相反，认为冲突的实质是双方在事物是什么和事物应该是什么上的观点不一致。按照这种模式，冲突来源于不同的主张、观点、政策以及意识形态。

（2）冲突过程模式，由托马斯提出。这一模式认为冲突要经过五个关键阶段，它们分别是：受挫，即一方认识到另一方将会挫败自己关心的事；概念化，即意识到了冲突的产生；行动，即用不同的方式来解决冲突；交互作用，即使冲突升级或化解；结果，包括短期的或长期的。

（3）冲突结构模式。冲突过程模式关注的是进程中纵向的特定连锁事件，而冲突结构模式却着眼于整体的冲突状态。它主要分为四部分：冲突中每一个团体的自我倾向，它反映了由人格决定的处理问题的方式；冲突中各自面对的社会压力；激励结构和利益冲突；规则制度的限制。

3. 规范性模型

规范性模型致力于为冲突化解或解决提供建议，并为冲突过程中各个环节事态的处理提供操作规范。最早的规范性模型可以追溯到布莱克（Blake）和穆顿（Mouton）提出的模型，在他们的冲突网状的坐标系中，纵坐标和横坐标分别代表关注生产和关注人两个维度，并且每个坐标轴上有 9 个单位刻度（见图 7-7）。布莱克等人根据不同刻度的组合划分出了 5 种冲突管理模式：强迫模式，高度关注生产，很少关注人（9.1）；安抚模式，很少关注生产，高度关注人（1.9）；退避模式，很少关注生产，也很少关注人（1.1）；妥协模式，中度关注生产，中度关注人（5.5）；问题解决模式，高度关注生产，高度关注人（9.9）。布莱克和穆顿认为最后一种模式能够使冲突在最大限度上得以解决，是最有效和最值得推荐的组织冲突管理模式。

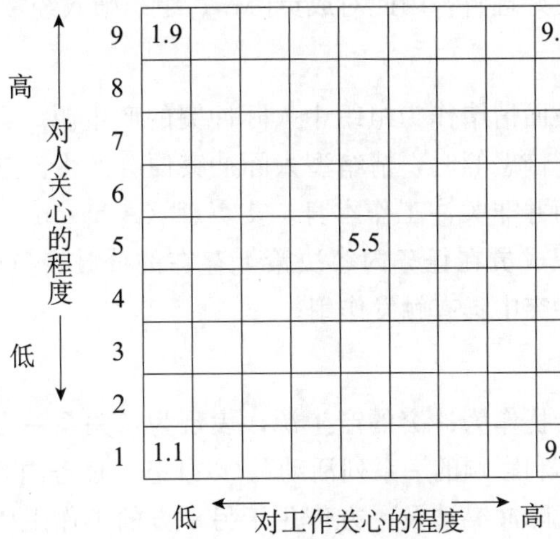

图 7-7　规范性模型图

后来布莱克等人又提出了面对面冲突解决模式，这是一个解决组织内经常共事的不同团体间冲突的新模式。这个过程主要需要六步：(1) 每一方独立地提出一个具有结合效果的模式；(2) 各方聚集在一起，制定一个兼顾各方的模式；(3) 每一方描述当前与其他合作方之间的关系状态，并找出问题所在；(4) 各方再次聚在一起，对现行连接状态下的多方工作关系加以改善；(5) 每一方提出需要做出改变的地方，并将它们制成一个清单；(6) 每一方制定具体的可行性方案并着手改变。

二、人际冲突的类型

在这里，我们主要依据巴尔基和哈特威克的理论将人际冲突进行简单的归类。如前文所述，巴尔基等认为人际冲突具有分歧、负面情绪和干扰三大成分（见图 7-6）。他们将人际冲突这三个成分作为纵轴，将人际冲突所涉及的对象，即工作任务与人际关系作为横轴，从而把组织中的人际冲突概念化为一个二维系统。在这个系统中，人际冲突被划分成单特征型与多特征型两大类。

（一）单特征型冲突

组织中的单特征型人际冲突主要包括分歧型、情绪型以及干扰型三类。

1. 分歧型人际冲突

分歧型人际冲突将认知分歧作为组织中人际冲突的产生源。当组织成员对工作任务的解读产生分歧，对资源的分配、工作流程的制定等意见不一时，分歧型人际冲突便会产生。依据关注点的不同，分歧型人际冲突可细分为以下几种类型：（1）以关系本身为关注点的分歧型人际冲突。它直接产生于组织成员之间，表现为个体间质疑彼此能力，甚至人身攻击等负面行为。（2）以任务为关注点的分歧型人际冲突。它强调组织成员对任务的理解存在异议，比如对任务的内容、执行过程、解决方案等存在分歧。研究表明，这种基于任务的人际冲突并不总是消极的，它在一定程度上能增进组织的建设性讨论，促进组织成员对任务的更好理解，因此对成员协作、组织绩效经常具有积极作用。

2. 情绪型人际冲突

情绪型人际冲突将负面情绪作为组织中人际冲突的产生源。当组织成员之间存在负面情绪，如厌恶、憎恨、恼怒等时，情绪型人际冲突便会产生。这种类型的人际冲突强调组织中的人际关系，而并非关注工作本身。艾莫森（Amason）于1996年进行了情境模拟实验，通过测试组织成员在任务内容决策上存在的分歧、负面情绪和冲突感知度，验证了负面情绪在人际冲突中具有触发作用。

3. 干扰型人际冲突

干扰型人际冲突将干扰作为冲突的产生源，表现为“关系一方通过扰乱、妨碍或者其他形式对另一方产生不利影响的一系列活动”。以任务（任务内容或任务过程）为作用对象，组织中的干扰型人际冲突涉及一方作用于另一方的工作阻碍性行为；以关系为作用对象，则主要涉及工作场所中人际互动方面的阻碍性行为，如背后说其他成员坏话等。阿尔珀（Alper）等学者通过问卷调查，也证实了干扰行为对组织中人际冲突的触发作用。

（二）多特征型冲突

根据三种成分的不同组合方式，组织中的多特征型人际冲突又可分为以下四类。

1. 情绪-分歧混合型人际冲突

执行任务过程中，当组织成员自身存在紧张等负面情绪，同时对任务内容或目标存在不同意见，并感知到与他人产生摩擦或不协调时，情绪-分歧混合型人际冲突便会产生。这种类型的人际冲突往往是任务冲突、过程冲突和情绪冲突的组合，它贯穿任务执行的始终，并随着关系双方在任务方面的分歧不断扩大而导致负面情绪外显，造成组织成员对团队或工作的不满加剧，人际关系紧张甚至破裂。有学者通过调查发现，当组织成员在任务方面存在较小分歧时，随着双方信息掌握得越来越充分，负面情绪可以得到有效抑制，甚至向积极情绪转变。

2. 分歧-干扰混合型人际冲突

当组织成员感知到自己与他人在目标达成等方面存在矛盾，并且在执行任务过程中被对方有意或无意地妨碍时，分歧-干扰混合型人际冲突便会产生。这种类型的人际冲突将组织成员间的不和谐状态视为一种理性表现，它仅源于认知分歧和相互间的干扰行为，并未有负面情绪的介入。

3. 情绪-干扰混合型人际冲突

情绪-干扰混合型人际冲突是组织成员将愤怒等一系列负面情绪作用于他人，相互间进行工作妨碍时所产生的人际冲突，往往“以高度的情绪性与个性为特点”。情绪-干扰混合型人际冲突通常情况下并非产生自工作问题，而是主要来自私人情感、个体间性格差异或以往的矛盾积累。在这种人际冲突中，双方形成了一种负面情绪的状态氛围，通过干扰行为将内心的负面情绪表达出来。

4. 情绪-分歧-干扰混合型人际冲突

这种类型的人际冲突是冲突产生前提、个体间认知、确切的情绪状态、明显的表现形式和以往矛盾等因素共同作用的结果。巴尔基和哈特威克研究发现，组织中的人际冲突产生于相互依赖的参与方之间，关系双方感知到彼此之间存在分歧，相互进行妨碍，同时体验到一系列负面情绪。此类人际冲突包含三个组成部分：态度（包括认知与情绪）、行为（包括显性或隐性、敌对或攻击性行为）和矛盾（关系双方在价值观、利益等方面的差异）。

三、人际冲突的管理

人际冲突是一种复杂的社会现象，其情境性非常强。在很多情况下，即使是同一类型的冲突事件，个体往往也会因时间、地点、对象的不同，而表现出截然不同的行为反应，选择风格迥异的冲突处理方式。那么一般来说，管理者应该如何管理组织内部的人际冲突呢？

（一）双边治理

1. 一维的冲突管理模型

学者们最早认为冲突是一维的，在这种维度上两端的冲突类型分别为竞争性冲突和合作性冲突，或者是任务冲突和关系冲突。在此基础上，也有人将冲突处理方法划分为竞争和合作两大类。

2. 二维的冲突管理模型

如前文所述，布莱克和穆顿打破了这种传统的单维思考方式，提出冲突处理模式的概念，并将其划分为“关注人”和“关注生产”两个维度。在二维分析方法下，冲突处理模式通常可以划分为五类，即竞争（含支配、强迫）、协作（含整合、解决问题）、迁就、回避、折中。采用竞争模式的个体只关注自己的利益而不惜牺牲他人，其根本目的在于实现己方利益的最大化。可以看出，竞争模式假设冲突各方的利益是零和的。采用协作模式，则表示既关心自己利益，同时也对他方利益予以关注。此种模式下的人们乐于脚踏实地，与冲突对方交换信息，探讨对策，致力于达成双方都满意的结果。可以看出，协作模式假设利益是双赢的。迁就模式则意味着对他人利益及双方关系的重视程度高于对自己利益的重视程度，采用这种模式的个体宁愿牺牲自己的利益也要帮助对方实现目标。回避模式往往意味着忽视冲突的双方，对利益漠不关心。采用这一策略的人们通常表现为保留自己的意见，消极回避对抗，从而搁置争议。折中模式一般处于最中间的位置，它是一个讲和的过程，以一方之让利获得另一方之所予。

3. 三维或多维的冲突管理模型

后来有学者突破以往两个维度的思维定势，将冲突管理模型的研究扩大到多个维度。尼科泰拉（Nicotera）提出的三维模型认为关注自己的观点（attention to one's own viewpoint）、关注他人的观点（attention to the other's viewpoint）和理性的破坏（rational disruption）是冲突管理中三个重要的维度。前两个维度反映了从相反的角度看待或讨论问题的程度，第三个维度则描述了在看待或讨论问题过程中的个人情绪因素。进一步来说，三维模型考虑了情绪因素的作用，从而将问题和情绪区分开来。从这一点来看，三维模型具有一定的进步意义。

（二）第三方治理

穆尔（Moore）认为，冲突中出现以下几种情况时，适合第三方介入化解人际冲突：双方出现了紧张的情绪，阻碍了问题的解决；存在沟通不畅或误解、成见；不断重复出现否定行为（如生气、谩骂、责备等），双方之间形成了障碍；有关问题的重要性、数据的收集或评估方面严重不一致；双方之间存在实质上的或可察觉的不相容的利益，而且不可调解；不必要的价值差异使得双方产生隔阂。第三方在冲突管理当中扮演的角色，多为调解人（mediator）或仲裁人（arbitrator）。与之对应的是，第三方主要采取调解（mediation）和仲裁（arbitration）两类方式解决冲突。前者要求双方在都不失颜面的条件下做出一定让步，然后促成双方迅速找到有效的冲突处理方法。后者则要求当事人为解决纠纷，自愿将所发生的纠纷交予第三方，第三方根据事实和法律，做出对双方都具有法律约束力的裁决。

调解的处理方式可以改善冲突双方的互动品质，促进沟通、减轻压力，还经常能够给冲突双方提供一些可行的建议。冲突双方通常也愿意接受调解的方式，因为它们重新对局面有了控制。调解的成本相对划算，且关注冲突各方的利益，它提供了一个情感宣泄的机会，从而为化解冲突提供了可能。一般来看，冲突双方对调解结果的满意度和依从度也较高。

当调解无法奏效时，仲裁是冲突解决的一个重要方式。它又可细分为传统仲裁、最终提供型仲裁、中期仲裁和无约束力型仲裁四种。传统仲裁是指仲裁者可选择任何其所使用的技术做出裁决，成本较高，并且它还会导致“寒意效应”（chilling effect）。最终提供型仲裁是指仲裁人选择某一方最后提出来的方案作为解决冲突的方法，它与传统仲裁相比，冲突双方能更多地进行谈判讲和、相互让步，最终使冲突的解决方案被双方接受。中期仲裁，第一步是进行调解，然后才是仲裁裁决。这种方法更易于被冲突双方接受，一方面，比起调解，它更容易使双方达成一致协议；另一方面，与传统仲裁相比，它也更能产生合作性的讨价还价过程。而对于无约束力型仲裁来说，它有点像调解，在此情况下，仲裁者提出的解决方案只是建议性的，冲突双方并不一定需要接受。

管理视野

寒意效应

寒意效应，也称寒蝉效应，是一个法律用语，特别在讨论言论自由或集会自由时，它是指人民由于害怕因言论遭到国家的刑罚，或是必须面对高额的赔偿，而不敢发表言论，如同蝉在寒冷天气中噤声一般。寒蝉效应会导致公共事务乏人关心，被视为过度压制言论或集会自由的不好后果。冲突处理时，当第三方处理人际冲突的方式不灵活，从而使得冲突双方不能愉快或平和地解决冲突时，寒蝉效应也常会出现。

除了调解和仲裁之外，安抚（conciliation）和咨询（consultation）也是冲突解决中第三方常采用的方式。这两者比起调解和仲裁显得非正式一些，第三方所具有的控制权也较小。不过，这两种方式能给冲突双方提供一种非正式的沟通渠道，可以促进双方关系的改善，从而帮助解决冲突。但是，这两种方式的约束力较弱，比起调解来，效率较低，且花费时间较多。

第三方的干涉也会带来一些弊端。首先，第三方的加入可能会打断本来已经启动的冲突解决过程；其次，第三方往往会在冲突处理当中加入自己的兴趣、利益、判断等；最后，引入第三方可能会使本来已经冷却的冲突又重新燃起。因此，不管第三方是什么样的人或团体，首先应该对冲突问题充分了解，与冲突双方建立起一定的工作联系，慢慢给冲突双方注入一种合作的、解决问题的态度，而不是一进入就追求处理冲突的速度。

（三）如何激发冲突

当冲突过多时，应采取措施，降低其发生频率，但在冲突发生频率过低的情况下，则要想办法激发冲突，因为适当的建设性冲突对组织是有利的。那么，如何激发冲突呢？一般来说，有以下几种做法：

（1）突出团队成员间的利害关系，制定绩效管理制度和激励制度，激发员工的竞争积极性。

（2）使用带有威胁性的或模棱两可的说辞，提高员工间的分歧水平，采用沟通的方式激发冲突。

（3）在团队中增加新人，这些人需要具备不同的价值观和背景，并有着不同的管理能力和风格，以激活团队的气氛。

（4）调整组织的架构，让利益关系明确化或者采用变革的手段，激发团队成员相互竞争。

需要注意的是，人际冲突的激发必须把握合适的时间、场合。过多或不当地激发人际冲突可能会导致冲突无法收场，从而造成不必要的损失。

案例与应用

杨瑞该怎么做？

杨瑞是一个典型的北方姑娘，为人热情直率。她喜欢坦诚，有什么说什么，总是愿意把自己的想法说出来和大家一起讨论。正是因为这个特点，她在上学期间很受老师和同学的欢迎。今年，杨瑞从西安某大学的人力资源管理专业毕业，她认为，经过四年的学习，自己不但掌握了扎实的人力资源管理专业知识，而且具备了较强的人际沟通技能，因此她对自己的未来期望很高。为了实现自己的梦想，她毅然只身去广州求职。经过将近一个月的反复投简历和面试，在权衡了多种因素的情况下，杨瑞最终选定了东莞市的一家研究生产食品添加剂的公司。她之所以选择这家公司，是因为该公司规模适中、发展速度很快，最重要的是该公司的人力资源管理工作还处于尝试阶段，如果杨瑞加入，她将是人力资源部的第一个人，因此她认为自己施展能力的空间很大。但是到公司实习一个星期后，杨瑞就陷入了困境。

该公司是一个典型的小型家族企业，企业中的关键职位基本上都由老板的亲属担任，其中充满了各种裙带关系。尤其是老板给杨瑞安排了他的大儿子做杨瑞的临时上级，而这个人主要负责公司研发工作，根本没有管理理念，更不用说人力资源管理理念。在他的眼里，只有技术最重要，公司只要能赚钱，其他的一切都无所谓。但是杨瑞认为越是这样就越有自己发挥能力的空间，因此在到公司的第五天杨瑞拿着自己的建议书走向了直接上级的办公室。

“王经理，我到公司已经快一个星期了，我有一些想法想和您谈谈，您有时间吗？”杨瑞走到经理办公桌前说。

“来来来，小杨，本来早就应该和你谈谈了，只是最近一直扎在实验室里就把这件事忘了。”

“王经理，对于一个企业尤其是处于上升阶段的企业来说，要持续发展必须在管理上狠下功夫。我来公司已经快一个星期了，据我目前对公司的了解，我认为公司主要的问题在于：职责界定不清；员工的自主权力太小致使员工觉得公司对他们缺乏信任；员工薪酬结构和水平的制定随意性较强，缺乏科学合理的基础，因此薪酬的公平性和激励性都较低。”杨瑞按照自己事先所列的提纲开始逐条向王经理叙述。

王经理微微皱了一下眉头说：“你说的这些问题我们公司确实存在，但是你必须承认一个事实——我们公司在盈利，这就说明我们公司目前实行的体制有它的合理性。”

“可是，眼前的发展并不等于将来也可以发展，许多家族企业都是败在管理上。”

“好了，那你有具体方案吗？”

“目前还没有，这些还只是我的一点想法而已，但是如果得到了您的支持，我想方案只是时间问题。”

“那你先回去做方案，把你的材料放这儿，我先看看，然后给你答复。”说完王经理的注意力又回到了研究报告上。

杨瑞此时真切地感受到了不被认可的失落，她似乎已经预测到了自己第一次提建议的结局。果然，杨瑞的建议书石沉大海，王经理好像完全不记得建议书的事。杨瑞陷入了困惑之中，她不知道自己是应该继续和上级沟通还是干脆放弃这份工作，另找一个发展空间。

分析思考：

1. 杨瑞和王经理之间的沟通有哪些问题？
2. 如果你是杨瑞，此时你该怎么办？

基本概念

5W模式　　申农-韦弗模式　　施拉姆模式

下行沟通	上行沟通	平行沟通
心理契约破裂	双趋冲突	双避冲突
趋避冲突		

本章要点

1. 沟通过程包括七个要素，分别是信息源、信息、通道、信息接收者、反馈、背景和噪声。

2. 下行沟通也称作自上而下的沟通。在这种沟通中，信息由组织层次的高处流向低处。通常下行沟通的目的是控制、指示、激励及评估，主要是上级对下级的沟通。上行沟通是指下级的意见向上级反映，即自下而上的沟通。平行沟通也称作横向沟通，指的是组织中具有同等职权地位的人之间的沟通。

3. 达成有效沟通须具备两个必要条件：首先，信息发送者清晰地表达信息的内涵，以便信息接收者能确切理解；其次，信息发送者重视信息接收者的反馈，并根据其反馈信息及时修正信息的传递，避免不必要的误解。

4. 组织沟通是指基于工作任务、工作目标和相关组织行为的人与人、人与组织之间的互动交流。

5. 组织沟通的改善可以从建立沟通标准、强化内部培训和转换领导意识三方面入手。

6. 勒温将个体的心理冲突分成双趋冲突、双避冲突、趋避冲突和多重趋避冲突四类。角色冲突是指当一个人扮演一个角色或同时扮演几个不同的角色时，由于不能胜任而造成的冲突，它分为角色间冲突和角色内冲突。

7. 心理契约破裂是指个体对组织未能按照与个体贡献相等的方式履行个体心理契约承诺中的一项或多项义务的主观感知，是员工关于契约实现的“认知评价”。

8. 人际冲突对组织有利有弊，所以对于组织内部的人际冲突管理，可采取调节和激发双管齐下的措施。

复习思考题

1. 请举例说明沟通过程中的各个要素，并说明各个环节容易出现哪些影响沟通的障碍。

2. 分析你自身的沟通方式有哪些优缺点。

3. 当组织内部出现人际冲突的时候，管理者应该采取什么样的策略？

4. 谈谈人际冲突的影响。

推荐阅读

1. 孙健敏，徐世勇．管理沟通．北京：清华大学出版社，2006.

2. 海因斯．管理沟通：策略与应用：第 6 版．北京：中国人民大学出版社，2020.

第八章

群体与团队

【学习目标】

1. 了解群体的含义和类型。
2. 掌握关于群体形成和发展的相关理论。
3. 掌握群体互动的作用。
4. 熟悉团队的含义和类型。
5. 学会如何提升团队士气，建设高绩效团队。

第一节 群体概述

一、群体的界定

群体泛指通过一定的社会关系结合起来进行共同活动的集体。例如，以血缘关系结合起来的集体是氏族、家族群体，以地缘关系结合起来的集体是邻里群体，以业缘关系结合起来的则是各种职业群体。

关于群体有几种不同观点。第一种观点认为，群体是一个广义的概念，包括家庭、乡村、城市、政党、国家乃至人类各种不同类型的社会结合。第二种观点认为群体仅仅是指人际关系亲密的初级集体或小集体，如家庭、邻里、朋友群体等。第三种观点比较折中，认为群体是人们通过一定的社会关系结合起来进行共同活动的集体，是人们社会生活的具体单位。

在管理心理学中，我们可以把群体简单地定义为：为了实现某个特定的目标，两个或两个以上相互作用、相互依赖的个体组合。

二、群体动力学

群体动力学（group dynamics）也称为团队动力学，通过对群体现象的动态分析，研究群体的性质、群体发展的规律、群体活动的过程、群体行为的动力、群体和个体的关系等。群体动力学假设在群体中，只要有别人在场，一个人的思想行为就同单独一个人时有所不同，会受到其他人的影响。

群体动力学作为一个独立的研究领域形成于20世纪30年代后期的美国，最早在文献中使用群体动力学这一术语的，是其创始人勒温。他认为个体的行为是个体本身和所在场相互作用的结果。勒温称个体在某时间所处的空间为场，场借用的是物理学上力场的概念，其基本要义是，在同一场内的各部分元素彼此影响，当某部分元素变动时，其他部分的元素都会受到影响。勒温采用格式塔心理学观点，应用场论（field theory）研究群体，将个体行为变化视为在某一时间与空间内，受内外两种因素交互作用的结果，并用以下公式表示个体与其环境的交互关系：$B=f(P, E)$，其中B（behavior）是行为，P（person）是个人，E（environment）是环境。此公式的含义是，个体的一切行为是随其本身及所处环境条件的变化而改变的。由场论可知，个体的行为取决于自身和客观环境的相互作用，其中环境很大部分上就是我们所在的群体，个体会受到群体的性质、行为、活动过程等动力因素的影响。

群体动力学的特征是：注重实验和调查等实证的方法；重视群体生活的动力性和相互关联性；与其他一切社会科学有着广泛的联系性；重视研究成果在社会生活中应用的可能性。

群体成员的互动会产生群体动力，构成群体动力的有五个要素，这些要素分别扮演着不同的角色：

（1）领导者。领导者是群体的核心及最有力量的人，他的想法影响重大，不论群体成员还是整个气氛都会因他而改变。能力强的领导者能够协助保持群体的内外关系，促进成员的互动，以达到群体目标。他具有“计划、组织、协调、沟通、指导、激励、团结、考核”等多项功能。

（2）群体目标。任何群体都有其存在和发展的目标，明确的目标能使群体成员明白群体的发展方向，使成员共同投入时间和精力。反之，目标不明确会使成员灰心，从而离开群体，甚至破坏群体。

（3）成员个别化。特质群体必须由个别的成员组成，个别成员皆具备不同的背景、生活环境、人格特质、价值观。只有促进群体中成员之间的互动，才能使群体的生命力源源不绝。

（4）环境。群体所处的物理环境、社会环境和心理环境都会对群体产生影响。物理环境主要指空间大小，心理环境主要是安全感，而社会环境则是群体中的次文化或小群体以及群体外的城乡风土人情。这些因素或多或少都会影响群体成员及群体的发展。

（5）群体结构。群体的结构可由大小、规范和吸引力三个维度组成。群体越大，成员的意见越容易出现分歧，群体规范也就越重要；相反，群体越小，成员间的联系就越紧密，互动就越多，群体气氛也比较容易营造。规范是在群体或社会情境中共同认为适当的期待、想法或行为，也就是领导者及成员必须共同遵守的行为准则。吸引力，又称为群体凝聚力，包括四个因素：亲和、安全需求；群体的资源及诱因，如群体目标；群体对成员有益及重要结果的期待；比较此群体与其他群体，明确此群体的优势。

心理名家

库尔特·勒温

库尔特·勒温（Kurt Lewin，1890—1947），德裔美国心理学家，拓扑心理学的创始人，实验社会心理学的先驱，格式塔心理学的后期代表人物，传播学的奠基人之一。

勒温生于德国波森省的莫吉尔诺（今属波兰），15 岁时搬到柏林。先后受教于弗赖堡大学、慕尼黑大学及柏林大学，曾与苛勒、考夫卡同学，在斯图姆夫的指导下，1914 年在柏林大学获得哲学博士学位。服四年军役后，回柏林大学任苛勒领导的心理学研究所助理，1922 年任讲师，1926 年任教授。1932 年赴美任斯坦福大学客座教授。翌年，因反对纳粹迫害而移居美国，先在康奈尔大学任教两年，后任艾奥瓦大学儿童福利研究所儿童心理学教授。1945 年到麻省理工学院任群体动力学研究中心主任，兼任加利福尼亚大学伯克利分校和哈佛大学客座教授。他和他的同事们进行了关于群体气氛和领导风格的研究，试图用群体动力学的理论来解决社会实际问题，这一理论对以后的社会心理学发展有很大的影响。

三、群体的类型

群体的类型多种多样，依照不同的标准，可以把群体划分为不同的类型：按照群体内的人际关系可分为初级群体和次级群体；按照群体的规模可分为大型群体和小型群体；按照群体成员个人归属感可分为内群体和外群体；按照其他特征还可以分为主要和次要群体，联盟制、会员制和参照群体，正式和非正式群体，命令型、任务型、利益型和友谊型群体；等等。这里我们主要介绍几种在组织研究中常用的群体类型。

（一）正式群体与非正式群体

正式群体是指组织结构确定、职务分配很明确的群体。在正式群体中，一个人的行为由组织目标规定，并且指向组织目标。比如现代组织中财务、市场、生产和人力资源等各种职能部门，还有企业中流行的跨职能团队都是这一类型的群体。

非正式群体是那些既没有正式结构，也不是由组织确定的联盟。它可能是出于政治、友谊或共同兴趣的原因而形成的。比如几个来自不同部门的员工因经常在一起吃午餐，并在周末一起打羽毛球而形成的群体。

非正式群体对于组织有积极和消极两方面的作用。它的积极作用包括：使组织成为更有效的完整系统；减少管理者的工作量；弥补管理者的能力缺陷；为雇员的情绪提供一个安全的释放通道；促进沟通；等等。它的消极作用包括：与正式群体目标存在冲突；限制群体成员的产出；导致从众行为；阻碍进取；抵制变革；等等。

由于非正式群体总是不可避免地存在，而且非正式社会网络具有巨大的影响力，有时会超过正式组织等级的影响力，所以它的作用应该被开发出来以促进组织目标的实现。

（二）命令型、任务型、利益型、友谊型群体

命令型群体是指组织结构规定的、由直接向某个主管人员报告工作的下属组成的群体。如一个市场营销部经理和他的 10 名下属组成一个命令型群体。

任务型群体是指为完成一项任务而在一起工作的人组成的群体，一般也是由组织结构决定的。任务型群体不仅仅局限于直接的上下级关系，还可能跨越直接的命令关系。比如，为解决地铁设计施工过程中的一个难题而建立的专家小组就是一个任务型群体。应该指出，所有的命令型群体都是任务型群体，但任务型群体不一定是命令型群体。

利益型群体是指为了某个共同关心的特定目标而走到一起的人组成的群体。比如，公司中的一些员工为了与管理方协商工资办法的修改方案而结合在一起组成的群体。

友谊型群体是指基于成员共同特点而形成的群体，这些共同特点可能是年龄相近、性格相似、同一所学校毕业、有同样的业余爱好等。这种群体往往是在工作情境之外形成的。

这四种群体中，前两种多见于正式组织中，而后两种则是非正式联盟。

四、群体的功能

群体之所以形成、存在和发展，主要在于它有一定的特殊功能。概括地说，群体具有两大功能：一是群体对组织的功能；二是群体对个人的功能。

（一）群体对组织的功能

完成组织任务、实现组织的目标，这是群体对组织而言的功能。作为一个群体，只能在活动中生存，它的活动，就是完成组织的任务。群体是一个由若干人组织起来的有机组合体，它具有单个人进行活动时所没有的优越性，成员之间为了共同的奋斗目标，互相协作，互发所长，互补不足，使群体产生巨大的动力，促使活动顺利进行，从而圆满地完成任务。俗话说，“众人拾柴火焰高”，群体的力量是巨大的。

（二）群体对个人的功能

满足群体成员的多种需要，群体的这一功能是针对群体中的个体而言的。群体形成后，其成员的各种需要，会以其为依托而得以满足。比如使成员获得安全感，作为一个个体，只有当他属于群体时，才能免于孤独的恐惧感，获得心理上的安全。

满足成员亲和与认同的需要。群体是一个社会的构成物，在群体中，人们的社会需要可以得到满足。群体给个体提供了相互交往的机会，交往可以促进人际信任和合作，

并使个体从中获得友谊、关怀、支持和帮助。

满足成就感和自尊的需要。在群体中，随着群体活动的增多，成员的成就感也得到了相应的满足，并从成就感中勃发出新的动力。与成就感相伴随的，人们还有自尊的需要。在群体中，各人有各人的位置，处于各种不同位置的人，都会彼此尊重。所以说，每个人在群体中的自身活动，都是满足自尊的一种最好的形式。

在满足需要的基础上产生自信心和力量感。这是群体活动的动力来源。群体的两大功能之所以能得到充分发挥，和群体有强大的动力源泉分不开。作为一个群体，一方面，它表现出自己的能量；另一方面，也积蓄着供自己活动的动力。只有这样，群体才是一个健康的群体。在日常生活中，有些群体之所以由盛转衰，很大程度上是因为群体自己不再拥有“造血”的功能。

第二节 群体心理与行为

一、群体心理气氛

气氛是人与环境相互作用的结果，受有关人和情境的影响。心理气氛是勒温提出的一个概念，是指在群体中占优势的、比较稳定的对人、对工作和对周围事件的态度、情绪和情感的综合表现。它是属于群体或集体中心理现象的情绪评价与社会评价性质的心理学概念，是群体或集体中占优势的比较稳定的情绪状态，其中包括人们的心境、精神体验、情绪波动、彼此间的关系、对待工作的态度以及对周围事物的态度等。

群体心理气氛也可以称为心理气氛，是指制约群体内人们共同活动和个性发展顺利与否的全部心理条件，是群体内人际关系的一个重要方面。西方社会心理学着重研究的组织气氛和苏联群体心理学着重研究的集体社会心理气氛，都是群体心理气氛的表现形式。西方社会心理学家认为，组织气氛是组织成员对组织特点的看法的总合，是一个主观概念，并不一定与组织的实际特点相符。

苏联社会心理学家安德烈耶娃提出，关于群体心理气氛，需要考虑以下三点：

（1）群体成员间的垂直关系。主要涉及领导者的作风，包括领导者的工作优缺点与个人品质之间的相互关系、领导者对下属的态度以及领导者与被领导者之间产生的冲突及其性质。

（2）群体成员间的水平关系。主要涉及群体成员间的工作关系和人际关系，包括相互要求的严格程度、组织共同活动的形式与方法、肯定和否定的情感联系系统、成员的地位及成员的评价和自我评价、成员的相容性等。

（3）对劳动的态度。在工业企业的心理气氛研究方面，对劳动的态度是在两个层次上进行研究的：一是对劳动的总的满意度；二是继续在本企业工作的愿望。对劳动的态度反映了人对自己活动的满意度，所以它是心理气氛的最重要的特征。从集体理论观点来看，重要的是揭示集体中的人际关系在多大程度上以该集体的活动关系为中介，特别是以对劳动的满意度为中介。

根据上述三个方面的具体材料，可以对某一群体的心理气氛做出总的评价。为此，苏联社会心理学家提出了心理气氛类型的概念。但是，由于心理气氛表现纷繁多样，具体的分类并不一致。有人把它分为两类：健康的和不健康的。有人把它分为三类：良好的、不好的和一般的。还有人把它分为四类：良好的、充满矛盾的、不太好的和不好的。

研究表明，群体心理气氛的性质主要依赖于群体的发展水平，高度发展的群体一般都具有良好的心理气氛。良好的心理气氛的重要标志是：群体成员间相互信任、相互帮助和相互尊重；群体成员明确地理解和接受群体的主要目标和任务，具有强烈的责任感和解决问题的灵活性；群体成员对于有争论的问题能开展实事求是的批评与自我批评，不存在个人间不友好的表现；群体成员在讨论涉及群体的事务时能自由表达自己的意见；领导者不压制被领导者并接受群体成员做出的一致的决策；全面地和完全地发挥各个成员的技能与知识，无冲突地分配各种职责；群体成员对群体中所发生的情况信息灵通；群体成员对群体满意。

二、群体凝聚力

群体凝聚力有时也称为群体内聚力，指的是群体成员之间的相互吸引力及对群体本身的认同程度。那些内部冲突较多、群体成员之间缺乏合作精神的群体，其凝聚力较低，在完成工作任务时，不如那些群体成员协调一致、相互信任的群体有效。

群体凝聚力主要受下列因素的影响。

（一）群体成员的交往

凝聚力是在交往中产生的，一些从来不在一起交往的人很难相互吸引。人们在一起的时间长短，会影响人们之间的凝聚力。如果人们在一起的时间比较多，他们在一起会更加友好，会自然而然地相互交谈，并进行其他的交往活动。而这些活动通常又会让他们发现共同兴趣，增强相互之间的吸引力。也就是说，群体的凝聚力会沿着“交往—活动—情感”的路径呈螺旋式上升。

群体成员在一起的机会部分取决于他们的物理距离。比如，与距离较远的群体成员相比，距离较近的群体成员之间关系更密切。研究发现，同一组织的文秘人员中，任何两人直接相互交往的多少完全取决于他们办公桌之间的距离。

另外，群体成员在一起的信息沟通也影响群体凝聚力。信息越畅通，群体凝聚力越大；而身处肃静沉闷的大办公室、分散在一条长装配线上工作的小组、噪声大的工厂，由于信息不易沟通会降低群体凝聚力。

研究表明，集体仪式会促进群体凝聚力，不同类型的集体仪式会产生不同类型的凝聚力。意象模式的集体仪式是因果关系不透明的常规动作与高水平焦虑唤醒的结合，以恐怖仪式为代表，意象模式的参与会使个体产生身份融合，并将对群体的威胁知觉为对自己的威胁，从而激发为小规模群体战斗和牺牲的极端利他行为；教条模式的集体仪式涉及频繁重复因果关系不透明的常规动作以及低水平的焦虑唤醒，以常规化仪式为代表，常规化教条模式的参与产生群体认同，群体认同不会使个体产生心理亲属感，因此无法产生极端利他行为。

（二）加入群体的难度

我们也许有过这样的体验：如果费了很大功夫加入一个群体，我们就会更珍惜我们的成员身份，更喜欢这个群体。加入一个群体越困难，这个群体的凝聚力可能就越强。要进入一所一流的学府，就要经过激烈的竞争，申请人会具有一些共同的经历：申请、书面考试、面试、等待最后的结果。正是这些竞争和共同经历增强了他们之间的凝聚力。

（三）群体规模

如果说群体成员在一起相处的时间越长，群体凝聚力越强，那么群体规模越大，群体凝聚力就应越小，因为随着群体规模变大，群体成员之间相互沟通的机会就越少。各种研究也证实了这一点，随着群体规模增大，群体成员之间的互动变得更困难，群体保持共同目标的能力也相应减弱。毫不奇怪，随着群体规模的增大，群体内部产生小集团的可能性相应增大，这些小集团通常会降低群体的整体凝聚力。

（四）群体成员的性别构成

研究发现，女性的凝聚力高于男性。例如，在一项研究中，全部六个成员都是女性的群体和男女混合的群体，比六个成员都是男性的群体凝聚力强。一项针对篮球运动员的研究发现，女性篮球队的群体凝聚力强于男性篮球队。为什么会出现这种情况尚不完全清楚，但是，一个比较合理的假设是，与男性相比，女性与自己的朋友、同事、伙伴竞争较少，而合作较多，这样就有助于增强女性群体的凝聚力。

（五）外部威胁

如果群体受到外部威胁，群体凝聚力会增强，很多研究证明了这个结论。球场上比赛最激烈时，双方的啦啦队和队员都会显示出最强的凝聚力。

虽然在受到外部威胁时群体凝聚力通常会变得更强，但这种现象并不是无条件的。如果群体成员认为他们的群体无力应付外部威胁，群体作为安全之源的重要性就会下降，群体凝聚力就很难提高。另外，如果群体成员认为外部威胁仅仅是因群体的存在而引起的，只要群体放弃或解体就能终止外部威胁，那么群体凝聚力反而可能降低。

（六）以前的成功经验

如果群体一贯有成功的表现，它就容易建立起群体合作精神来吸引和团结群体成员。一般来说，成功的企业与不成功的企业相比，更容易吸引和招聘到新员工。对于成功的研究小组、知名大学和常胜运动团队，也同样如此。另外由过去的成功带来的群体的地位，也影响群体凝聚力。比如有光荣称号，或有较高技术水平，或富于挑战性工作，或有较多经济报酬，或有较多晋升机会，或有较多自由而不受严格监督的群体，其凝聚力一般较强。成功的经验能让群体成员更热爱自己的群体，对未来的成功有更强的信心。

三、群体间的竞争与冲突

所谓群体竞争，就是指群体充分发挥自身潜能，力争按优胜标准使自己成绩超过对手的竞争。群体竞争是群体的各方力求胜过对方的对抗性行为，因此，其积极作用是能使人奋发进取，促进社会进步，提高劳动生产率。其消极作用是挫伤双方积极性，使有限的资源难以发挥最佳效益，造成群体间的不团结，不利于人际关系的建立与发展。

从 20 世纪 40 年代开始，社会心理学家对合作与竞争问题进行了大量研究。许多研究发现，尽管合作是最好的策略，但许多人宁可选择竞争也不愿意合作。多伊奇（Deutsch）的“卡车竞赛实验”就很好地反映了这个现象。实验要求被试两人一组，分别充当甲、乙两运输公司的经理。两人的任务都是使自己的车辆以最快的速度从起点驶向终点，速度越快赚钱越多，要求他们尽可能多地赚钱。每人都有两条路线可选：一条个人专用的但是较远的通道；一条近道，是两人共用的，但路很窄，每次只能通行一辆车。很明显，为了多赚钱双方应该选择合作，轮流走近路。轮流走近路比走远路少费时间，只有合作才是上策。然而，实验的结果表明双方都力图抢先通过，结果狭路相逢，谁也不肯让步。

那么什么是群体间的冲突呢？群体间的冲突是指两个或两个以上的群体，在目标上互不相容，互相排斥，从而产生的心理或行为上的矛盾。群体间的冲突主要分为两种类型：建设性冲突和破坏性冲突。建设性冲突是指目标一致，仅方法不同，为了能达成一致而形成的冲突。建设性冲突有利于提升凝聚力，达成共同目标。破坏性冲突对群体和个人均有不利影响，表现为目标不一致，彼此不愿深入了解，成员只关心自己而打压别人。

过高或过低的冲突水平都会阻碍群体的有效性，使群体成员的满意度降低、流动率和缺勤率提高，最终导致绩效下降。但是，当冲突达到最佳水平时，群体中的自满和冷漠则会减少。

艾娟认为，长期冲突的群体双方都致力于建构自己的最大受害者角色，他们都认为自己比对方遭受了更多、更不公平、更不合理的伤害，这种现象被称为群际受害者竞争。群体通过强调冲突给自身造成的伤害后果的严重性与不公平性、伤害的处理方式等，努力声称内群体比对方遭受了更多的伤害。集体受害感、冲突责任归因、记忆的选择性、消除威胁的内在需要以及其他心理特点是群际受害者竞争的心理基础。通过构建“共同的受害者-侵犯者”认同以及增加群际接触等可以降低群际受害者竞争的水平，促进群际关系的和谐。

群体冲突可能会引起群际替代性报复，即群体内成员受到外群体成员的伤害后，内群体的其他成员对外群体的其他成员进行报复，这种基于群体水平的替代性报复很大程度上已经超越了原本的侵犯者和受害者，而涉及群体双方更大范围的其他人。

四、群体和谐

和谐理论的基本问题是如何在各个子系统中形成一种和谐状态，从而达到整体和谐的目的。和谐管理是组织为了达到其目标，在变动的环境中，围绕和谐主题，以优化和不确定性消减为手段提供问题解决方案的实践活动。其中和谐主题是指："在特定的环境中，在人与物要素的互动过程中所产生的核心组织问题。"

和谐理论的主要假设为：(1）环境（自然、社会、文化、政治、技术）因素是一切管理理论的约束条件；(2）人是管理活动中不确定性的终极源泉（在管理的意义上，物的要素的不确定性是可以认知和适度控制的)；(3）非人管理要素的目标实现方式可在人的认知范围内被无限优化。和谐理论基于上述前提，放弃了"计划、组织、领导和控制"的基本框架，而成为紧密依赖于环境的"围绕和谐主题的问题解决学"。它是基于"此时、此地、此行业下的和谐主题"的辨析和应对。按"人"与"物"的划分，以及管理活动常常面临的"人的不确定性""物要素的匹配、互动和组合优化性""环境的复杂多变性"，可相应地分化出"和"与"和则"、"谐"与"谐则"等两类概念。其中，"和"被定义为人及人群的观念、行为在组织中的"合意"的"嵌入"，主要关注人的主观性、主动性；由"和"的概念直接派生出的"和则"，是应对组织中"人的永恒的不确定性"所显现的规律，其目的是协调人际共处、人与组织的共处，乃至组织间、组织与环境间的共处，诸如制度、规则、契约、文化、舆论、社会观念等均是"和则"所考察的内容。"谐"是指一切物的要素在组织中的"合理"的"投入"，是一种客观、"被动"的状态；"谐则"作为"谐"的派生概念，强调任何可以被最终要素化的管理问题，是可以通过数学或量化处理模式得以解决的。它可以是质量技术标准，也可以是结构；可以是静态的，也可以是动态的。因此，和谐理论的终极目标是：对复杂多变环境下的充满不确定性的一系列管理问题提出一种较为全面的解决方法。它能对已发生、正在发生以及将发生的管理现象有广泛且良好的解释力与预见力，同时具有紧贴管理实践的精确性。

第三节　群体情境下的个体反应

一、社会助长和社会干扰

社会助长是指个体在与别人一起活动或有他人在场时，个体的行为效率提高的现象。社会心理学家特里普利特（Triplett）早在1987年，就通过实验证实了社会助长现象的存在，他的研究也被认为是社会心理学的经典研究之一。他发现，个体在单独骑单车的情况下，时速是24英里（1英里约合1.6千米），在旁边有人跑步伴随的情况下，时速是31英里，而在与他人骑单车竞赛的情况下，时速是32.5英里。因此特里普利特认为，如果个体在进行作业操作时有他人在场，或是与他人一起从事一项行为操作，那么个体的行为效率就会提高，这个现象就是社会助长。很多研究证实了社会助长现象的存在，但也有一些研究得出了相反的结果：他人在场不但不能促进行为效率的提高，反而会影响我们的正常工作，使我们的工作效率下降。比如在考场中，考生就特别害怕监考老师走到他们跟前，有的人甚至在老师站在他旁边时一个字都写不出来。这种他人在场或与他人一起从事某项工作时个体行为效率下降的现象被称为社会干扰。

那么，为什么会出现社会助长或社会干扰呢？心理学家扎荣茨指出，他人在场增加了个体的活动驱力或动机，这种驱力或动机的增加对作业成绩的影响依作业的性质而定。当作业所需要的反应是已经长久练习的或天生即会时，动机的增强将对个体的作业起促进作用。但是，当作业所需要的反应是尚未完全学会的行为时，动机的增强反而会破坏个体表现。可能的原因是他人的存在会分散个体的注意力，当简单的工作不需要个体投入全部的注意力时，人们可以通过更加努力来弥补自己的分心，但当进行复杂的工作而分心时，这种努力就无法弥补分心所造成的损失。

二、规范遵从和角色模糊

霍桑实验是心理学史上最著名的事件之一，其中一个阶段的实验引发了研究者对群体规范的思考。在我们熟悉的照明实验之后，研究者又开始进行绕线实验。绕线工人被安置在独立的实验室里，但和照明实验不同，绕线实验没有加入任何实验性变化，而只安排了一位观察员和一位访谈员在实验室收集实验数据。还有一个不同的条件，也是后来引发研究者兴趣的地方：研究者在绕线车间里安排一位车间的常规主管，他的主要作用是维持秩序，这和他的日常职责一样。

绕线实验的结果基本上与照明实验相反，即结果并没有像照明实验那样出现产量的持续上升。实验发现，产量实际是被绕线工人们自己严格限定着的。根据科学管理的动作分析，工人们每天完成 7 312 个绕线任务，这可以完成 2.5 套设备的组装。而工人们却认为一天最合适的工作量是 2 套设备。这样，2.5 套代表了管理层的产量标准，而 2 套则是非正式群体的标准和实际的产量。研究人员认为，实际上，并不是工人达不到 2.5 套设备的产量，而是非正式群体对每天完成 2 套的规范限定了工人们的产量。而且，没有人愿意提高自己的产量去打破这个规范。

群体动力学对这个问题的解释是，社会压力使成员都服从群体规范。在前面的实验中，因为产量最高的工人不必面临被解雇的危险，还能得到较高的工资，工人们按道理应该愿意努力工作。可是群体成员根据经验发现这样下去会导致大家的恶性竞争，他们的付出越来越多，得到的回报不一定上升。所以工人们一致地限制自己的产量，而且对不服从这个不成文规定的成员施加“惩罚”，这些“惩罚”可能是社会排斥、嘲笑、诅咒，甚至是殴打。群体压力对于促使人们服从非正式的群体规范非常有效，甚至比工资和奖励维持的正式组织的管理规范更有效。

所谓规范，就是指人们共同遵守的一些行为准则。广义的规范包括社会制度、法律、纪律、道德、风俗和信仰等。群体通过规范让群体成员知道自己在相应的环境条件下，应该做什么，不该做什么。对于每位成员来说，群体规范就是在某种情境下群体对他的行为方式的期望。群体规范一旦被群体成员认可并接受以后，就成为一种影响群体成员行为的手段了。

群体中有正式规范和非正式规范。其中，正式规范是写入组织守则和规章制度的，规定着员工应遵循的规则和程序。还有一些规范是非正式的，比如，不需要明文规定，员工就知道，应该保持办公室的整洁，不能无休止地和同事闲聊，不能衣冠不整地来上班。再比如，某个单位的领导有逢年过节接受下属礼品的习惯，本来这在组织里是个很不好的现象，但如果领导认同了这种做法，并且对送了礼品的下属表示出特殊关照，以后就很有可能在组织里形成一个非正式的群体规范——过节时应该给领导送礼。

角色（role）这个词最初来自戏剧，演员按照剧本中对某个人物的描述进行表演，包括人物的行为、语言和一些细节表现等都要在舞台上反映出来，这时，我们说这位演员在扮演一个角色。莎士比亚说："世界是一个大舞台，所有男人和女人不过是舞台上的演员。"意思是说，生活和工作也是由一个个场景和情境组成的，每个人都是演员，在每个场景中扮演着一种角色。扮演一个角色，首先需要一些布景和道具，再通过衣着、仪表、言谈举止等表现出来。

当我们在工作群体中使用"角色"这个词时，是指人们对社会单位中处于某个职位的人所应该做出的行为模式的期待。如果我们每个人都只选择一种角色，并可以长期一致地扮演这种角色，那我们的行为只需要按一种角色表现就可以了。但是，我们每天的工作生活都要不停地变换情境，我们需要按不同的角色要求来改变自己的行为。如我们在本书的第六章曾经提到，角色冲突是解释工作-家庭冲突的一个有代表性的角度。与角色冲突不同，如果个体对一个给定的角色的期望或规定缺乏明确的理解和认识就会产生角色模糊，也就是个人不知道该如何行动，不确定别人对自己的期望是什么。研究表明，角色模糊是阻碍性为主的压力源，对工作满意感有显著的负向影响。

三、群体思维和从众行为

你有过这样的经历吗？在会议室上、课堂里或朋友聚会的讨论中，你很想说出自己的看法，但最终还是放弃了。当然，这可能是因为害羞，但还有一个可能就是受到了群体思维的影响。

群体思维（group-think）是群体决策研究过程中的一个非常重要的概念。贾尼斯（Janis）在对一些小群体行为进行研究时最早提出了群体思维的概念，并在后来完善了对群体思维模型的构建。1982年贾尼斯提出了群体思维的最初定义，他认为在一个小决策群体中当群体成员对于寻求一致的倾向超过解决问题本身的倾向时就会产生群体思维，随之而来的是思维能力、分辨能力以及判断能力的下降。贾尼斯的定义为群体思维理论模型奠定了基础。常见的群体思维还比如，在考察决策过程中出现的所有备选方案之前，群体成员就急于寻求一致性的表现。有的研究者因此为群体思维设计了一个操作性的定义，认为群体思维会导致错误的决策程序，而错误的决策程序必然会带来错误的决策结果。另外，一些研究认为群体思维存在于群体决策的整个过程之中，所以应当从过程的角度出发深入研究群体思维。

贾尼斯提出的理论框架指出了群体思维产生的八个前提条件，分别是：群体凝聚力；群体与外界的隔绝；命令式的领导方式；缺乏有条理的决策方法程序；群体成员背景和价值观的相似性；外部压力；现有的方案被有影响力的领导接受，使群体没有信心去寻找更好的方案；刚刚经历的失败使得群体处于一种很低的自尊水平。其中，得到最多研究的就是群体凝聚力在群体思维发生过程中的作用，贾尼斯认为群体凝聚力是群体思维产生的最关键的条件，一个群体的凝聚力越高，做出错误的群体决策的可能性也就越大。但同时也有研究者认为，群体凝聚力对于群体思维的产生以及群体决策的结果影响并不大，只有当其他的前提条件，比如“命令式的领导方式”与群体凝聚力相互作用时，群体思维才会产生。

席西民研究了在群体发展的不同阶段，群体凝聚力、领导风格以及群体决策的方式、程序与群体思维之间的关系，指出这三个前提条件对群体决策过程的影响都处于较高的水平。陈茂群等人探讨了高层管理团队的凝聚力、领导风格、与外界的隔绝、同质性与异质性、外部压力等前提条件与群体思维之间的关系，指出群体思维产生的前提条件是复杂的，要根据不同情况进行具体分析。

当我们作为群体成员时，总是希望自己能被群体接受和认同，你是否会因此而赞成群体内大多数人的意见呢？如果是这样，就表示你已经在从众了。从众（conformity）是指在真实的或想象的群体压力下，群体成员行为或信念及其伴随的行为方式上的改变。这个定义的实质是群体压力使得个体改变其行为，并以某种方式来行动，这种行为方式与没有群体压力时相比是不同的。群体的压力可能是明确的，也可能是含糊的，也就是定义中所说的“真实的”或“想象的”。明确的压力是指如果个体不从众，群体会采取威胁或惩罚等进一步的措施；含糊的或想象的群体压力指的是个体认为如果他不从众的话，群体可能会惩罚他，即使群体实际上并没有威胁或惩罚他。从众在生活中可以表现为对特定或临时情境中的优势观念和行为方式的采纳，如跟随潮流、人云亦云等，也可以表现为对长期性的占优势地位的观念和行为方式的接受，如顺应传统风俗和习惯等。大量事实表明，群体能够给予其成员巨大压力，使他们改变自己的态度和行为，与群体目标保持一致。

那么，个体是不是接受所有他们所在的群体给予的从众压力呢？很明显，答案是否定的，因为人们通常参加多个群体，而这些群体的规范是不同的。在有些情况下，这些规范还可能互相矛盾。那么，个体该怎么办呢？答案是，他们遵从自己认为重要的群体的规范，这些群体可能是他们现在已经参与的，也可能是他们希望以后能够参与的。

从众行为从心理上可以分为两种不同的形式，一种为表面上顺从，另一种为内心真正接受。前者只是行为上的顺从，并非发自内心，甚至在心里还会反对自己的从众行为，因此是一种假从众。后者是指在信念和行动上都发生了改变，个体完全放弃了自己原有的态度或行为方式，自愿地接受了大多数人的主张，因此是一种真正的从众。从众有时对群体具有积极意义，有利于群体正常运转和大家齐心协力实现目标。同时，从众也会对群体产生消极的影响，例如人们为了避免受到伤害而与大多数人保持一致，往往放弃自己原来的正确主张，甚至顺从了错误的行为方式，变得人云亦云，没有自己的独立人格，这是不利于个体健康发展的。

社会心理学家阿施（Asch）曾进行了有关从众的经典研究，他在实验室中考察了影响从众的各种因素。阿施在大学招募志愿者参与实验，实验为七人一组。七名被试中只有一名是真被试，其余六人均为实验助手即假被试。被试们围桌而坐，他们的任务是依次比较判断 A，B，C 三条线段中的哪一条线段与标准线段 X 一样长。实验材料为 18 套卡片，每套两张（如图 8－1 所示）。在实验中，要求被试大声说出他所选择的线段，真被试总是被安排在最后一二位回答。18套卡片共呈现18次，前几次呈现大家做出正确判断，从第七次开始，实验者安排那些假被试故意做出错误且一致的判断。在这个过程中，实验者真正的目的是观察真被试在群体压力下的选择是独立的还是从众的。在这种情境下，真被试实际上面临一个两难问题，即相信自己的眼睛，还是依从于大多数人所造成的压力做出错误判断。结果发现，在整个实验过程中大约35%的被试出现了从众行为，选择了与群体中其他成员的回答保持一致，也就是说，他们自己知道自己的答案是错误的，但这个错误答案与群体其他成员是一致的。

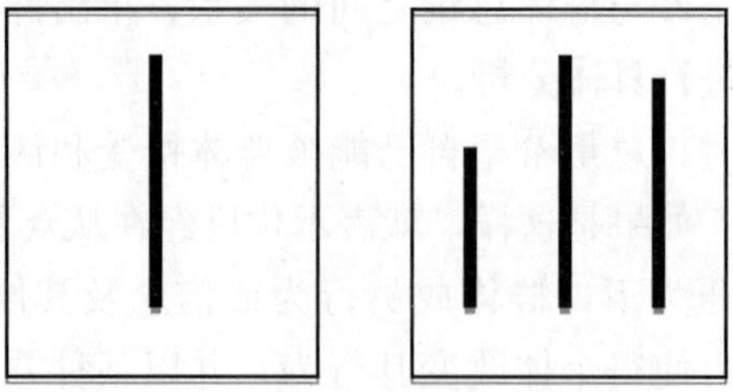

图8-1 阿施的从众实验材料示例

阿施的实验结果表明，群体规范能够给群体成员形成压力，迫使他们的反应趋向一致。我们可以把这个结论进一步展开：如果个体对某件事情的看法与群体中其他人的看法很不一致，他就会感到很大的压力，这驱使他与其他人保持一致。

进一步研究发现，个体在下列情境中比较容易产生从众现象：任务的难度较大或所呈现的刺激模糊不清；群体极具吸引力并有高度的凝聚力；个体感受到群体成员各个能干，自己却无法胜任；个人的反应将会被群体大众知道；群体至少具有三个成员，并且他们的反应一致；个体处于鼓励遵从社会准则的文化背景中。可见，影响从众的因素主要有群体的一致性、群体的规模、群体的权威性、个体的人格、自我卷入水平以及文化差异与个体差异。

对于个体从众的原因，研究者主要从四个方面来分析：（1）行为参照。群体中他人的行为或者观点，可以作为自己行为或意见的参照，特别当个体对情境缺乏把握的情况下，就更需要参照他人的表现。（2）个体对他人的信任和群体对个体的吸引力。如果一个群体具有高凝聚力，或者成员之间高度信任，那么，个体就会与这个群体保持较高的一致性。（3）害怕与众不同的心理状态。当个体表现与众不同时，他就会面临强大的压力乃至于制裁，他会感受到自己缺乏社会支持，处于孤立状态，所以，人们一般都会避免这样的情境。（4）情绪不稳定、有悲观情绪或是过于依赖他人的成员，由于对群体抵抗力差或是缺乏自信，更容易从众。

四、风险转移

假设超市购物后有这样的促销活动：可以给你减免30元，或者你可以选择参加抽奖，奖励是减免60元，但是你只有70%的机会会抽到这个奖励，而30%的机会不会获得任何减免。你会做出怎样的选择呢？如果这时你和你的家人在一起，你们又会如何选择呢？

近些年来，作为管理活动的一项重要内容，群体决策受到许多科学研究的关注。相对于个体而言，群体不仅可以综合多个个体的资源，提供更全面、更完整的信息，而且能够给决策过程带来异质性。群体讨论时提供的多种方法、方案，也为决策提供了更多的选择空间。

虽然群体能接收到更全面完整的信息，但群体决策并非总比个体决策客观，群体进行决策时也会产生很多副产品。其副产品之一就是群体极化（group polarization），它是指群体在讨论备选方案，进行决策的过程中，容易增强群体成员达成一致的倾向。在某些情况下，谨慎的态度占了上风，使群体决策更趋于保守，但是在更多的时候，群体更容易向冒险偏移，使群体决策更趋于冒险。斯托纳（Stoner）首先指出这一现象，并将其命名为风险转移（risk-shift）。在他的研究之后，很多研究对此现象进行了探索，研究的结果都相当一致——群体讨论通常都会使人们更加提倡冒险行为。

那么为什么会出现群体决策中的风险转移现象呢？

克罗特（Crott）认为，造成风险转移的原因主要有以下几个方面：第一，群体使个人的责任得到分散。一般情况下，个人能够对自己的行为有足够监控的时候，会对自己的行为有强烈的责任意识。但是当个体处于群体中时，会受到群体的影响，就不能对自己的行为进行监控，从而使个人行为的责任意识下降。责任意识下降的结果，就是鼓励人们的冒险行为。第二，群体内的信息交流使个体倾向于认为自己掌握了足够多的信息。在群体情境中，通过交流，成员彼此的信息得到了互换，这会使得成员们认为自己掌握了大量的信息，对于做出决策具备了足够的证据，因此，会对自己的判断格外自信，使得自己的态度或意见倾向于冒险。第三，群体领导者的冒险倾向促进了整个群体的冒险性。一个有较高凝聚力的群体，其领导者是有威望的，他对于群体成员的影响力也是巨大的。因此，如果一个群体的领导者倾向于冒险的话，群体的讨论结果也就会偏向于冒险。第四，社会比较的机制使群体成员之间互相影响。每个成员都把别人的意见或态度作为自己表达意见或态度的参照点，于是，个人的判断总是依赖于别人的判断，结果就在不知不觉中造成了群体决策倾向于冒险。第五，竞争性的群体气氛鼓励冒险。群体的气氛通常是热烈的，情绪是高涨的，这样的群体气氛容易使得成员热血沸腾，倾向于冒险。另外，文化价值也倾向于对高冒险性有较高评价，高冒险性通常与英雄气概联系在一起，这样的文化氛围也使得人们倾向于冒险。

五、社会性懈怠

社会性懈怠是他人对个体行为所造成的另一种影响。所谓社会性懈怠，是指个人与群体其他成员一起完成某项任务时，或个人活动时有他人在场，个人所付出的努力往往比单独完成任务时少，个人的活动积极性与效率下降的现象，也称社会惰化。例如，法国人林格曼（Ringelman）做了一个拔河比赛的实验，他要求被试分别在单独的与群体的情境下拔河，同时用仪器来测量他们的拉力。结果发现，随着被试人数的增加，被试平均使出的力会逐渐减小。这种共同完成一项任务时，群体人数越多个人出力越少的现象，后来在其他人的实验中也得到证实。这种现象不仅在实验室里发生，在日常生活中也很普遍。俗语“一个和尚挑水吃，两个和尚抬水吃，三个和尚没水吃”正是这种社会心理现象的具体形象化。

社会心理学家拉坦纳（Latane）认为，出现社会性懈怠的原因可能有三个：第一，社会评价的作用。在群体情境下，个体的工作是不记名的，他们为工作付出的努力是不被测量的，因为衡量的是整个群体的工作成绩，所以个体为工作付出努力的动机也就减弱了。第二，社会认知的作用。群体中的个体会与其他成员比较为工作所付出的努力，当个体认为其他成员没有像自己同样努力或没有尽到应尽的责任时，自己也就开始偷懒懈怠，以求得心理上的公平感。第三，群体责任的扩散作用。在群体作业的情况下，每一个成员都是群体的一员，需要与其他成员一起承担群体责任，成员们会认为群体的责任应该由大家来承担，当群体成员增多时，自己所负担的责任就减少了，因而个体所付出的努力就减少了。

工作群体中的这种社会性懈怠对于管理实践来说，意义是重大的。如果管理人员想借助群体的力量，来强化士气和工作团队，他们就必须提供衡量个人努力程度的方法。事实上，这种结论与个人主义文化是并行不悖的，像美国和加拿大这样的国家是主张个人主义的，社会性懈怠现象可能会比较突出。在个人主要受群体激励的集体主义社会里，这种结论就不一定适用了。

社会性懈怠在很多情况下都会降低群体的工作效率。为了减少社会性懈怠，我们可以采取这样一些方法：不仅公布整个群体的工作绩效，而且公布每个成员的工作成绩，使大家都感到自己的工作是被监控的，是可评价的；帮助群体成员认识他人的工作成绩，使他们了解不仅自己是努力工作的，他人也是努力工作的；群体的规模不要太大，如果是一个大群体，就可以将它分为几个小规模的群体，使得更多的成员能够受到外力的影响。

第四节　团队和团队建设

一、团队的界定与类型

我们已经知道群体是两个或两个以上相互作用和相互依赖的个体，为了实现某个特定目标而结合在一起的集体。团队是一种特殊的工作群体，它通过其成员的共同努力产生积极协同作用，团队成员努力的结果使团队的绩效远大于个体成员绩效的总和。团队工作强调集体的绩效、共同的责任、积极的合作和技能的相互补充。

根据团队的存在目的，组织中的团队一般可以分为三种常见类型：问题解决型团队、自我管理型团队、多功能团队。

（一）问题解决型团队

问题解决型团队（problem-solving team）是最早被采用的团队形式。那时的团队一般由来自同一个部门的 5～12 个工人组成，他们定期见面，一起讨论如何提高产品质量、生产效率和改善工作环境。在问题解决型团队里，成员就如何改进工作程序和工作方法互相交换看法或提供建议。但是，这些意见一般是提供给管理者的，这些团队几乎没有权力根据团队建议单方面采取行动。

20 世纪 80 年代，一种被称为“质量圈”的问题解决型团队在企业中非常流行，这种工作团队由职责范围部分重叠的 8～10 名员工及主管人员组成，他们定期讨论面临的质量问题，分析原因，并提出可行的解决方法。

（二）自我管理型团队

最初的问题解决型团队虽然在问题解决上有明显作用，但在调动员工参与决策的积极性方面还不够。于是，管理者们又建立了一种新型的团队形式，与原来的问题解决型团队相比，新型的团队不仅注意问题解决，而且执行解决问题的方案，并对工作结果承担全部责任，这样的团队被称为自我管理型团队（self-manager work team）。它通常由 10～15 人组成，他们承担的责任包括控制工作节奏、决定工作任务的分配、安排工作时间等。完全自我管理型团队甚至可以挑选自己的成员，并让成员相互进行绩效评估。自我管理型团队的主要特征是：第一，团队成员自我管理，没有固定领导者。领导者位于团队外部，只是从战略上进行指导，不具体指挥、控制和监督，而是由团队成员根据组织目标，集体决策，包括制定计划、执行任务、相互监督、实施控制和考核评价，团队的自我管理功能得到充分发挥。第二，团队成员技能多样，综合职业素养高。在自我管理型团队中，团队成员不但具有完成任务必备的专业技术和能力，而且具有良好的综合职业素养。他们具有良好的沟通谈判能力，团队成员容易达成一致，彼此高度信任；他们具有强大的学习能力，每个成员都善于学习、自我提高。第三，团队成员参与性强，具有高度自主性。自我管理型团队强调团队成员的充分参与和主观能动作用。在完全授权下，团队成员在工作中自己发现问题、分析问题和解决问题，进行自我效果检查和评估总结，将个人目标融入团队目标，为实现团队目标全力以赴。

我们可以在很多知名大公司找到自我管理型团队成功的例子。但我们仍要注意，有些组织采用自我管理型团队的效果并不理想。一些研究也表明，实行这种团队形式并不一定总能带来积极的效果。比如，与传统的工作组织形式相比，自我管理型团队成员的缺勤率和流动率偏高。有学者解释，这可能是由自我管理型团队长时间缺乏统一控制，脱离组织的标准和要求造成的。

（三）多功能团队

多功能团队（cross-functional team）也是应用很广泛的一种团队类型。它由来自同一等级、不同工作领域的员工组成，他们为了完成一项共同任务组织到一起。

许多组织在完成一项新任务时会采用这样的团队形式。例如，在 20 世纪 60 年代，IBM（国际商业机器公司）为了开发卓有成效的 System/360，组织了一个大型的任务攻坚队。攻坚队成员来自公司的多个部门。到 20 世纪 80 年代末，几乎所有主要的汽车制造公司，包括丰田、日产、本田、宝马、通用、福特、克莱斯勒等在完成复杂的项目时都采用了多功能团队形式。

多功能团队是一种有效的方式，它能使组织内（甚至组织间）不同领域员工交换信息，相互激发新的观点，解决面临的问题，协调复杂的项目。当然，管理多功能团队不是管理野餐会，在其形成的早期阶段往往要消耗大量的时间，因为团队成员需要学会处理复杂多样的工作任务。在成员之间，尤其是那些背景不同、经历和观点不同的成员之间，建立起信任并能真正地合作也需要一定的时间。

我们处在百年未有之大变局的时代，社会巨变和技术的快速发展为新的工作方式提供了可能，人们不必面对面地在一起工作，也能实现很好的合作，虚拟团队和远程团队成为普遍现象。虚拟团队主要是指运用电子技术，跨越时间、空间、部门和组织边界的交叉职能团队。远程团队是与远程办公（也叫异地办公）同时出现的概念。由于网络和数字技术的快速普及，使得很多工作的完成不必到工作现场，员工可以通过网络在任何一个地方，包括在家，完成工作任务。远程办公是指一种涵盖了多种工作活动的灵活的工作方式，使得员工在相当一部分工作时间中，以远离雇主或传统办公地点的方式工作。与此对应的远程团队也成为一种普遍采用的工作方式，那就是团队成员分别在不同的地方甚至不同的时间，通过各种方式共同完成团队的任务。除了普通团队的各种特征以外，虚拟团队和远程还有很多自己独有的特征。这是目前管理心理学研究的热点课题。

二、团队角色

团队角色是指成员在团队中某一职位上应该有的行为模式。目前研究所提到的团队角色理论主要有两个，一个是马杰里森（Margerison）和麦卡恩（McCann）的团队角色理论，另一个是贝尔宾（Belbin）的团队角色理论。

马杰里森和麦卡恩认为，在成功的团队中应当有八种角色，有些团队成员会扮演两种以上的角色（见表8-1）。

表8-1 团队角色及其定位

团队角色	角色的定位
建议者（advisor）	鼓励别人去寻找更多信息的人
联络者（linker）	倡导和拥护所产生的新思想的人
创造者（creator）	产生创新思想的人
评估者（promoter）	深入分析各种可行方案的人
组织者（organizer）	建立机构的人
生产者（producer）	落实构想的人
控制者（controller）	注意细节及规章制度的人
维持者（maintainer）	处理各种外部冲突和矛盾的人

贝尔宾认为，团队角色一共有九种。其理论的基本思想是：没有完美的个人，只有完美的团队。人无完人，但团队却可以是完美的团队，只要适当地拥有如下各种角色。

（1）智多星（plant，PL）。智多星创造力强，充当创新者和发明者的角色。他们为团队的发展和完善出谋划策。通常他们更倾向于与其他团队成员保持距离，运用自己的想象力独立完成任务，标新立异。他们对于外界的批判和赞扬反应强烈，持保守态度。他们的想法总是很激进，并且可能会忽略实施的可能性。

他们是独立的、聪明的、充满原创思想的，但是他们可能不善于与那些气场不同的人交流。

（2）外交家（resource investigator，RI）。外交家是热情的、行动力强的、外向的人。无论公司内外，他们都善于和人打交道。他们与生俱来是谈判的高手，并且善于挖掘新的机遇、发展人际关系。虽然他们并没有很多原创想法，但是在听取和发展别人想法的时候，外交家效率极高。就像他们的名字一样，他们善于发掘那些可以获得并利用的资源。他们由于性格开朗外向，无论到哪里都会受到热烈欢迎。

外交家为人随和，好奇心强，乐于在任何新事物中寻找潜在的可能性。然而，如果没有他人的持续激励，他们的热情会很快消退。

（3）审议员（monitor evaluator，ME）。审议员是态度严肃的、谨慎理智的人，他们有着对过度热情的免疫力。他们倾向于三思而后行，做决定较慢。通常他们非常具有批判性思维。他们善于在考虑周全之后做出明智的决定。具有审议员特征的人在做决定时，犯错误的概率通常较小。

（4）协调者（coordinator，CO）。协调者最突出的特征就是他们能够凝聚团队的力量向共同的目标努力。成熟、值得信赖并且自信，都是他们的特征。在人际交往中，他们能够很快识别对方的长处所在，并且通过知人善任来达成团队目标。虽然协调者并不一定是团队中最聪明的成员，但是他们拥有远见卓识，并且能够获得团队成员的尊重。

（5）鞭策者（shaper，SH）。鞭策者是充满干劲的、精力充沛的、渴望成就的人。通常，他们非常有进取心，性格外向，拥有强大驱动力。他们勇于挑战他人，并且关心最终是否胜利。他们喜欢领导并激励他人采取行动。在行动中如遇困难，他们会积极找出解决办法。他们是顽强又自信的，在面对任何失败和挫折时，他们倾向于显示出强烈的情绪反应。

鞭策者对人际不敏感，好争辩，可能缺少对人际交往的理解。这些特征决定了他们是团队中最具竞争性的角色。

（6）凝聚者（team worker，TW）。凝聚者是在团队中能给予最大支持的成员。他们性格温和，擅长人际交往并关心他人。他们灵活性强，适应不同环境和人的能力非常强。凝聚者观察力强，善于交际。作为最佳倾听者的他们通常在团队中很受欢迎。他们在工作上非常敏感，但是在面对危机时，他们往往优柔寡断。

（7）执行者（implementer，IMP）。执行者是实用主义者，有强烈的自我控制力及纪律意识。他们偏好努力工作，并系统化地解决问题。广而言之，执行者是典型的将自身利益与忠诚团队紧密关联、较少关注个人诉求的角色。然而，执行者或许会因缺乏主动性而显得一板一眼。

（8）完成者（completer finisher，CF）。完成者是坚持不懈的、注重细节的人。他们不太会去做他们认为完成不了的任何事。他们由内部焦虑所激励，但表面看起来很从容。一般来说，大多数完成者都性格内向，并不太需要外部的激励或推动。他们无法容忍那些态度随意的人。完成者并不喜欢委派他人，而是更偏好自己来完成所有的任务。

(9) 专业师（specialist，SP）。专业师是专注的，他们会为自己获得专业技能和知识而感到骄傲。他们首要专注于维持自己的专业度以及对专业知识的不断探究。然而，由于专业师们将绝大多数注意力都集中在自己的领域，因此他们对其他领域所知甚少。最终，他们成了只对某一领域有贡献的专家。

尽管可以把贝尔宾提出的团队角色和管理团队剖面放在一起进行比较，但我们必须意识到，贝尔宾提出的团队角色主要涉及对任务和活动实施自我管理所表现出的个人行为特征，而非个性类型或思维类型。尽管有各种测试帮助你确定自身适合的理想团队角色，但这并不代表在实践中你不能够担当其他角色。在大型项目中团队活动往往被归于团队工作流程。贝尔宾自己也承认，如果团队构成中有一位塑造者和一批好好先生，这个团队的绩效往往较高，尤其是当众人对团队的期望值较高的时候。在项目执行的实际过程中，团队活动是不断变化的，在实践中也许需要多于一位的塑造者，为团队带来更多的主张和见解。该模型没有将人际等级关系纳入考虑范畴。团队中很可能存在互不喜欢、互不买账的团队成员。对于他们来说，很难和睦相处，协同工作。

管理视野

从《西游记》的取经团队看团队建设

《西游记》家喻户晓，主要讲述唐僧师徒四人历经九九八十一难，去西天取得真经的故事。这个团队可谓是一个优秀的团队，在团队的建设方面是值得我们学习和借鉴的。

唐僧的优点是目标坚定，有梦想愿景；品德高尚，令人尊敬。缺点是无降妖技能，唯一的本领是用来对付孙悟空的紧箍咒。唐僧是一个优秀的团队领袖，有追求，对目标执着，有较强的个人影响力，使团队成员愿意追随他。

孙悟空的优点是个人能力很强、敬业、重感情，遇到困难不屈服，勇于挑战；缺点是不遵守制度，自我约束力不强，天性顽皮，爱显功劳，不够谦让。孙悟空是一个优秀的职业经理人，执行力强，能为团队发现问题、解决问题，是团队中不可缺少的优秀人才。

猪八戒的优点是在大是大非上立场比较坚定，不争不抢，容易满足，积极乐观，尊敬领导，维护尊严，有一定的沟通、协调和管理能力；缺点是目标不够坚定，爱打小报告，好吃懒做，粗心大意。猪八戒是团队中的智者，是团队氛围的调和者，他能辅佐领导管理团队，起到团队领导无法起到的作用。

沙和尚的优点是任劳任怨，忠心耿耿，细心周全；缺点是技能有限，不善沟通，死板。沙和尚是团队中的好后勤，没人干的事他干，没人管的事他管，是团队中不可或缺的后勤保障。

团队中首先必须要有一个能定目标、有愿景、能发号施令，像唐僧这样的团队领袖；团队中也要有技能强、执行力强、能解决问题的孙悟空；团队中还要有沟通协调、辅佐管理的猪八戒；最后，团队中还必须要有任劳任怨的沙和尚。这样一些成员，虽各有优缺点，但组合起来，却是一支能战斗的高绩效团队。

三、团队士气

（一）团队士气概述

“士气”一词本来用在军队中，表示作战时的集体精神，现在在企业组织中多用来表示团队的工作精神或服务精神。依据心理学家史密斯（Smith）与韦斯顿（Western）的解释，士气高昂意味着对某一团队或组织感到满足，乐意成为此团队的一员，并协助达成团队目标的态度。

克雷希（Krech）与克拉奇菲尔德（Crutchfield）认为，一个士气高昂的团队具有下列七种特征：

（1）团队的团结，来自内部的凝聚力，而非起因于外部的压力。

（2）团队内的团队成员，没有分裂为相互敌对之小团队的倾向。

（3）团队本身具有适应外部变化的能力，以及处理内部冲突的能力。

（4）团队成员间具有强烈的认同感与归属感。

（5）每个团队成员都明确地了解团队的目标。

（6）团队成员对团队的目标及领导者，持肯定支持的态度。

（7）团队成员承认团队的存在价值，并具有维护团队继续存在的意向。

组织所盼望的是，员工不但具有高昂的士气，同时也保持高生产力（productivity），但这种理想的状态很难实现。因为高士气只是高生产力的必要条件之一，而不是充分条件。要提高生产力，除了提高士气外，还需具备许多其他条件，诸如机械设备、原料供给等物质条件，员工素质、调配等人力条件。过去有许多管理人员认为高昂的士气必能提高组织的生产力，但这其实是不正确的。戴维斯（Davis）对士气与生产力的关系进行了描述，见图8-2。

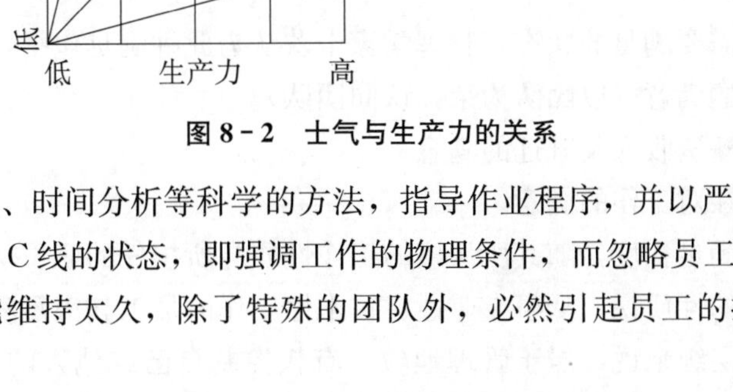

图8-2 士气与生产力的关系

根据动作分析、时间分析等科学的方法，指导作业程序，并以严格控制的方法管理员工时，可能产生C线的状态，即强调工作的物理条件，而忽略员工的心理需要。这种高生产力将不可能维持太久，除了特殊的团队外，必然引起员工的抵触，从而降低生产力。

反之，只关心员工的满足感，而不顾及其与组织目标之关联的管理方式，则将产生

A线的状态。这就是某些管理人员感叹“我已尽力使员工能在快乐的气氛中工作，但工作效率却丝毫不见提高”的原因。在这种情况下，高士气团队的目标若与组织生产的目标相抵触，则很可能阻碍或限制生产。

因此要想达到B线的状态，必须使组织目标与员工需求趋于协调一致，使高士气的团队接受组织生产的目标，也就是正式组织与非正式组织的利益相调和，这就要靠杰出的管理人员协调两者的关系。管理学家麦格雷戈认为：“管理的主要责任，在于如何安排组织的条件及其执行的方法，指导个人从实践组织的目标中，同时达到自我的目的。”管理人员不仅要满足员工的个人需求，同时也要提示组织的目标，使员工的满足感来自组织的构成，因而愿意为组织卖力。

士气是团队的工作精神，也是团队成员对组织的集体态度。高昂的士气虽不一定能保证提高组织的生产力，但要想提高生产力，高士气却是必不可缺的条件。也就是说，如果员工的士气低，即使其他条件，诸如机械设备、原料供给等物质条件及员工素质等人力条件齐全，生产力也会无法真正提高，因此管理人员应当关心如何提高士气的问题。

（二）影响团队士气的因素

1. 对组织目标的赞同

团队意识是士气的首要基础，团队必须关注其成员的团队意识，即社会心理学家所称的“我群意识”（we-group consciousness）。它代表一种个人成败与团队成就休戚相关的心理，这种心理只有在个人的目标与团队的目标协调一致时，亦即个人赞同组织目标时才可能产生。在此情况下，组织成为个体的关联团队，个体对组织有强烈的认同感，愿意为达成组织的目标而努力。

2. 合理的经济报酬

金钱虽然不是人们追求的唯一目标，但可以满足个人的许多需要。不仅生理上、安全上的需要可以用金钱来解决，同时金钱也代表一个人在组织中的成就与贡献，以及他在社会中的地位。因此，经济报酬仍然是一般员工所共同关心的问题。

薪资给付的标准，不但必须达到足以维持个人起码的生活，而且要做到同工同酬，或以工计酬，公平合理。这样才能提高员工的工作士气，反之，不合理的薪资制度，将引起员工的不满，从而降低士气。

3. 对工作的满足感

士气代表个人需要满足的状态，管理学家卡茨认为此种满足包括：

第一，对团队的满意（以团队为荣，认同团队）。

第二，个人对薪资收入及升迁的满意。

第三，个人内在对工作的满意。

员工对工作的满足程度，随其所从事的工作性质与所担任的职位层级而有所差别：

第一，从工作的性质说，从事专业性、技术性工作的员工其满足程度较高。

第二，从职位层级来说，居于管理地位，有权控制自己或他人的工作者，其对工作的满足感较高。

因此，从上述几方面入手，不断提升员工对工作的满足感，有助于提高员工的士气。

4. 优秀的领导者

一个主管的管理作风对其下级工作精神的影响很大。常听说某一个工作单位，在甲主管的领导下，大家心情愉快，工作卖力，成绩显著，但换了乙主管，则怨声载道，情绪低落，工作受阻。根据社会心理学家的研究，凡是士气高昂的团队，其领导者往往都比较民主，乐于接纳别人的意见，善于体谅下级。此外，管理学家李克特还发现，一个优秀的管理人员，不只是宽厚待人，而且具有影响其上司的实力，能为下级争取加薪、升迁等机会，这样的主管更能获得下级的信赖，鼓舞员工的士气。

5. 同事间的和谐

一个士气高昂的团队，其团队成员间的凝聚力很强，彼此间少有冲突、敌对的现象，且具有强烈的认同感。形成这种团队成员关系的原因主要有：

其一，各团队成员具有同样的价值观、态度及兴趣，能促进形成稳定而持久的团队。

其二，心理学家研究的结果指出，合作的、效力的、体谅别人的人格特征，有助于发展出有效的团队。相反，如富有攻击性、自负、独裁等人格特征，则有减少凝聚力及友谊的倾向。

此外有关管理的措施，如对员工的奖励方式，若采取个体奖励制度，依个人的成绩表现，分等嘉奖计酬，则容易导致产生竞争式的团队，引起同事间的冲突，反之，若采取团队奖励制度，以全体的成绩计酬分享，则自然促进大家的合作，提高团队的工作士气。

6. 平等的沟通方式

人与人的交互，不但靠信息的沟通产生，同时也受信息沟通过程的影响。主管与部下、下级与上司或同事之间的意见沟通，如果受阻（例如向下的意见被歪曲传达或向上的意见无法传达，或同事间没有自由沟通的机会）则会引起员工的不满，从而造成士气的低落。

莱维特做过有关沟通方式与员工士气之关系的实验，指出单向沟通中的意见接收者（通常为员工），因无机会核对其所接收的消息是否正确，而容易陷入不安的情绪状态。意见沟通如果只是上级命令下级，而没有给员工反映意见的机会，则日久容易导致员工产生抗拒心理，降低士气。改善上下之间的沟通关系，多让员工有参与决策或团队讨论的机会，必然可以提高员工的工作士气。

不同的沟通网亦对员工的士气有显著的影响。有研究发现，轮形沟通网中的团队成员，除了居于中间位置的一人外，其他团队成员的士气皆低，而圆形沟通网中的团队成员则士气较高。

此外，一个主管的个性亦影响沟通与士气。凡是乐意接纳别人的意见、关心下属、倾听下属怨言的主管，必能鼓励员工向上的沟通。李克特也指出，一个士气旺盛、高效率的团队，其团队成员若有不平，首先向其主管报告的百分比要比士气低、低效率的团队高得多。

7. 身体与心理的健康

有了健康的身体与良好的心情，员工的士气才能提高。不良的工作环境容易使员工产生生理上、心理上的疲劳或甚至引起某些慢性疾病，从而降低士气。近代工业心理学家对照明、音量、通风、湿度、温度、休息时间等进行了诸多研究，目的就在于了解和改善员工工作的物理环境，使员工在工作时，身心都感到舒服，从而提高其工作满意度和士气。

与此同时，人际关系专家则致力于建立良好的工作心理环境，使员工能在较少焦虑不安、较少心理挫折且充满自信与自尊的社会关系中愉快地工作。

四、高绩效团队

高绩效团队是指一种能自动变革、高效率朝着目标运转的团队。如前文所述，团队的主要功能为执行组织的任务与满足个人的需求，任何一个团队若能同时达成这两种目标，便是高效率的团队。一个团队的有效性可以从两方面加以测定，一是根据该团队的生产力或创造的成果加以衡量，二是根据该团队对成员需要满足的多寡加以评估。

（一）高绩效团队的特征

一个高绩效的正式团队通常具有以下各种特征：

（1）成员与上级主管、下属及同事间有良好的沟通联系。

（2）成员间有高度的交互作用与影响力，不只是主管影响部下，下级也影响上司，同事之间更是交互影响，彼此的关系易于调整。

（3）团队的许多决策过程在较低的层级进行，使多数的成员感到有较大的自由控制自己的工作。

（4）成员乐意接受组织的目标。

（5）成员有较强烈的工作动机。

（6）成员保有良好的精神状态，较少不安、焦虑与挫折，充满自信心与自尊心。

（7）团队有较高的生产力。

（二）如何塑造高绩效团队

目前，组织的发展与内部团队的形态和运作紧密关联，建立一个高绩效的团队，为组织发展谋福祉，已经成为众多企业经营者和管理者的主要工作目标。许多成功的企业提供了很好的经验，我们可以从以下几方面入手。

1. 明确目标

没有目标的团队不可能成为一个高绩效团队。高绩效团队首先要解决的问题是：要到哪里去？科维（Covey）的研究发现，高绩效团队应在 5 个普遍层面具有明确的目标。这 5 个层面分别是社会、管理、组织、人际关系、个人。如果一个团队能在这 5 个层面成功实现目标，那它一定是一个有效的工作团队。而且，高绩效团队的目标应该是包括管理者的所有团队成员共同承诺的目标，个体成员都应认同团队目标，他们的个人目标也应该与团队目标相关联。

2. 建立信任

相互信任是高绩效团队的核心基础。没有信任，就没有成员的互助协作，也就不可能有团队的高绩效。要想在团队中建立起相互信任的氛围，这个团队一定要推崇真诚与真实；要用人不疑、疑人不用；赏罚一定要公正；还要尽量淡化和消除等级差别；要鼓励团队成员的不同意见和创新思维，做到对事不对人，并给团队成员充分的试错空间。

3. 分享信息

在高绩效团队中，信息的分享十分重要，透明、通畅的信息交流可以有效降低小道消息的滋生和传播，提升团队凝聚力。通常可以使用以下方法来增进团队成员的信息分享：经常见面与沟通；通过休闲活动进行沟通；定期正式沟通；与外界保持信息沟通渠道畅通；只要不涉密，可以允许团队成员拥有所有信息。

4. 共同参与

共同参与是团队达到高绩效的一条重要途径，可以采取以下方法来达到共同参与的效果：团队成员被充分授权；鼓励成员自己设定工作任务；允许成员对团队的决策自由发表意见；经常询问团队成员对团队管理的反馈意见；互相帮助；保护成员的隐私权。

5. 团队奖酬

以个人绩效为基础的奖酬系统，会影响团队的合作精神。现在很多组织都转向了以团队为基础的奖酬系统，这样的系统在分配报酬时，在很大程度上要和团队绩效的完成情况挂钩，以此来引导和激励团队成员加强合作、关注团队绩效目标的达成。

案例与应用

小米浪潮背后的雷军团队

小米科技，全称小米科技有限责任公司，于2010年4月6日正式成立，是一家专注于高端智能手机自主研发的移动互联网公司。小米科技的三大核心产品是手机应用软件米聊、智能手机系统MIUI和小米手机。小米手机自正式发布开始，就开创了手机销售的“狂潮”。我国手机市场竞争日益激烈，智能手机也逐渐发展成为主流，小米科技在如此短的时间内，在企业人员规模、产品销量、融资规模等方面获得惊人的成长速度，离不开创办该公司的优秀创业团队。如此强大的小米团队究竟有着怎样神通广大的成员呢?

小米科技的创业团队由雷军带头组建，共有7名成员，分别是董事长兼CEO雷军，总裁林斌，副总裁黎万强、周光平、黄江吉、刘德以及洪峰。这支创业团队的成员来自谷歌、微软、金山等公司，被誉为“超豪华”的创业团队，对小米科技的创业过程起到了巨大的推动作用。以下为团队成员的基本资料。

雷军：投资凡客、多玩、优视科技、乐讯、优视等创新企业，现任小米科技董事长兼CEO，金山软件公司董事长。他有一个梦想，就是做一家国际一流的公司。雷军很勤劳，他在北京的IT圈子里有一个外号叫“中关村劳模”。

林斌：微软工程院前工程总监，谷歌中国工程研究院前副院长、工程总监、科技总监，现任小米科技总裁。

周光平：之前在摩托罗拉美国总部工作，后来回到国内直接创办了摩托罗拉的RND研发中心，担任高级总监，也是摩托罗拉亚太质量委员会的副主席。在手机工程人员当中，他具有很高的声望。2011年10月，他被雷军拉到公司，负责小米科技的手机硬件开发工作，现任小米科技硬件及BSP团队负责人。

黎万强：曾任金山软件人机交互设计总监、设计中央总监、金山词霸事业部经理，现任小米科技副总裁、手机营销以及MIUI项目负责人。黎万强又被称为"阿黎"，雷军在创办小米前也找到了他，当时他正要向雷军提出离开金山，有自己创业的打算，而雷军用一句"跟我混吧"就将黎万强招入麾下。

黄江吉：微软中国工程院前开发总监，微软工程院前首席工程师，现任小米科技副总裁、科技工程技术负责人，也被称为公司"最帅"高管。

刘德：世界顶级设计院校艺术设计中心学院（ACCD）毕业的工业设计师。这个学院是美国在工业设计领域排名第一的设计学院，迄今为止只有20多个中国毕业生，每个毕业生在离校之前都已经被各大公司招揽，年薪从20万美元起跳。回国后他曾创办北京科技大学工业设计系，现在负责公司的IT设计，手机的外观设计就是由他带领团队负责的。最近小米科技又组成了一个新的团队叫生态链，他主要负责开发一些智能家居产品。

洪峰：曾任美国谷歌高级工程师、谷歌中国高级产品经理，现任小米科技副总裁、米聊产品负责人。

小米科技为何如此成功呢？创始人雷军在微博中表示，小米团队是小米成功的核心原因，当初他在决定组建超强的团队时，前半年花了至少80%的时间找人，为了挖到聪明人可以不惜一切代价。如果一个同事不够优秀，很可能不但不能有效帮助整个团队，反而有可能影响到整个团队的工作效率。到小米来的人，都是真正干活的人，他想做成一件事情，所以非常有热情。来到小米工作的人聪明、技术一流、有战斗力、有热情，这样的员工做出来的产品注定是一流的。这是一种真刀实枪的行动和执行。

小米科技团队的成功使得许多创业公司争相模仿，很多管理学家也开始从各个维度对小米科技的创业团队进行分析。如果把小米模式比作一座完整的冰山，我们看到和感受到的疯狂的粉丝、爆款产品、口碑等，只是浮出水面的那一小部分。而小米科技团队核心的经营能力、整合能力则隐藏在冰面之下，不被一般用户感知。

分析思考：

1. 请结合案例材料，运用贝尔宾的团队角色理论来分析小米科技创业团队各成员在团队中发挥的作用。

2. 请分析小米科技创业团队为何能带领小米科技走向成功。一个高绩效的团队应该具备哪些特征？

《基本概念》

群体　　群体动力学　　团队　　团队士气　　高绩效团队

本章要点

1. 群体泛指通过一定的社会关系结合起来进行共同活动的集体。在管理心理学中，我们可以把群体简单地定义为：为了实现某个特定的目标，两个或两个以上相互作用、相互依赖的个体的组合。组织研究中常用的群体类型有正式群体、非正式群体和命令型群体、任务型群体、利益型群体、友谊型群体。

2. 团队是一种特殊的工作群体，它通过其成员的共同努力产生积极协同作用，团队成员努力的结果使团队的绩效远大于个体成员绩效的总和。团队工作强调集体的绩效、共同责任、积极的合作和技能的相互补充。团队有不同的类型，根据团队的存在目的，组织中的团队一般可以分为三种常见类型：问题解决型团队、自我管理型团队、多功能团队。

复习思考题

1. 如何区分群体与团队？
2. 什么是自我管理团队？它有什么优点和不足？
3. 如何理解群体动力学？
4. 对于建设高绩效团队，你有哪些建议？

推荐阅读

1. 黄囇莉．华人人际和谐与冲突：本土化的理论与研究．重庆：重庆大学出版社，2007.
2. 管延军．个人-文化匹配、群体态度与组织行为．北京：社会科学文献出版社，2013.

第九章
创造力与创新

【学习目标】

1. 了解创造力的影响因素及模型。
2. 熟悉创造力的测量及开发。
3. 了解创新者的素质及创新行为的培养。
4. 熟悉创业过程及模式。

第一节　创造力概述

一、创造力的含义

如果想要挑选一个优秀的作家、艺术家或企业家，那么一定要挑选一个具有创造力的人。事实上，创造力对一个人、一个民族，乃至一个国家都有着举足轻重的作用。在人类社会中，新的东西才更有生命力，新的产品才更有市场。人有了创造力才会有进步，但凡成就突出的人，他的一生一定充满着创造力。

创造力是一种提出或产出具有新颖性（即独创性和新异性）和适切性（即有用的、适合特定需要）的工作成果的能力。创造力是一个范围广泛的话题，对个人和社会都十分重要。对于个体来说，创造力在解决个人工作和日常生活的问题中能够发挥一定的作用；对于社会来说，创造力可以产生新的科学发现、新的艺术革命和新的社会规划。同时，创造力带来的新产品和新的服务方式能够创造更多的就业机会，对于社会经济的重要性是显而易见的。因此，为了保持必要的竞争力来适应环境变化的需要，无论是个体、组织还是社会都需要创造力。

自 20 世纪 50 年代以来，人们（尤其是心理学家）对创造力的研究产生了巨大的热情，心理学家们对创造力进行了卓有成效的研究，并取得了丰硕的研究成果。例如，吉尔福特认为："创造力是普通人都具有的一种能力，几乎所有的人都会有创造性行动，不管这种创造性行动是多么微妙或多么罕见……被公认为具有创造性的人，只是比我们其他人拥有的更多一些而已。"他通过假设论证和因素分析的方法，提出了智力的三维结构模型，认为创造力是智力的一个成分，相对于聚合思维而言，发散思维是具有创造性的思维。

托兰斯（Torrance）于1962年提出："创造力是这样一个过程，即对问题、对不足、对知识上的缺陷、对基本元素的丢失和不协调及不一致等现象变得敏感，并找出困难，寻求解决途径，做出猜想或形成假设，对假设进行检验和再检验，也许是修改和再检验，从而达到最终结果。"1983年，哈佛大学的阿莫贝尔（T. Amabile）指出："要理解创造力，必须要回答的两个基本问题是，创造性作业与普通作业有何不同？创造性作业最为适宜的条件——能力、特征和社会环境是什么？"这些关于创造力的研究，不仅将创造力研究推到了一个前所未有的高度，而且为当代创造力研究的继续深入奠定了良好的基础。但是，由于创造力本身的复杂性和人类认知水平以及研究手段的局限，人们对创造力仍未尽知。正如美国心理学家艾肯（Aiken）所讲："心理学文献中再没有比'创造力'这个课题被人研究得更多而被人理解得更少的了。"

创造力的含义在现代心理学研究中较为模糊，因而，正确评价心理学家所使用的创造力一词的含义，考察这一术语流行用法的一般形式，将有助于理解不同形式的定义中什么是正确的或部分正确的，以及为什么心理学家给予创造力一个这样的定义。创造力有着许多流行的含义，以下八种是较常见的说法，这足以反映目前人们对创造力研究的热衷。

第一种，创造力最流行的含义之一，将创造力看成一种过程——这种过程产生了某些新的东西，即具有新形式或新结构的一种观念或事物。这个概念的中心在于强调创造的行为，而不是这种行为产生的结果。因为创造力并不是总能导致可以被观察和评判的结果，例如，白日梦中，人可以创造出新的、与众不同的东西，但只有他本人才知道那是什么。

创造力的第二种流行的含义是在意外的机会中偶然地创造了一些新的、有独到之处的东西。就像一个艺术家在调色的时候，偶然的机会调出了一种与通常所使用的颜色不同浓度的红色或绿色，这个艺术家就由于"创新"而受到称赞。

创造力的第三种流行的概念认为，创造出来的东西是新的、独特的，与已经存在的东西不同。但是，充分的证据表明这个概念是不正确的或只有一部分是正确的，即将原有观念或结果综合成一种新的形式，但是那些旧的东西仍然是构成新东西的基础，正如一位想调出新的红色的画家需要利用原有的颜色作为调色的基础一样。

创造力的第四种流行观点认为，创造力是一种独特的心智过程——这种过程需要的仅仅是创造出一些新的、与众不同的、有创见的事物。换句话说，创造力涵盖被吉尔福特称作"发散思维"的一种特殊的思维。根据吉尔福特的说法，发散思维使人们打破常规去寻找变化多样性，它超出表面现象，考虑一个问题的几个可能的答案，而不仅仅是一个正确的结论，这同"聚合思维"正好相反。富于创造精神的人喜欢在心中思考问题来检验众多的可能性，即使这些可能性是错误的。有创造力的人的思维更为灵活和流畅，他们不为手中所掌握的材料所限制，开阔了解决问题的奇特而具有创造性的思路。

第五种，创造力常被看作高智力的同义词。即具有很高智商的人都被称为"天才"——那些外行把天才这个词语同创造力等同起来。但是很少有证据表明高智力和高创造力总是相关的，创造力仅仅是智力的一个方面，就像记忆或推理一样。

第六种流行的观点认为创造力是个人与生俱来的，与学习和环境没有关系。这种观点认为具有创造性的人是一种载体，他们以及他们自身的经验对创造行为不产生什么作用。事实证明，如果人们要成为有创造力的人，就必须在应用一种新的、有独创性的方式之前获得必需的知识。

第七种观点把创造力看成想象和幻想的同义词。如高尔顿所说，创造力是“大脑为了得到一个全新的结果而进行的一种有组织的、综合的、想象力丰富的活动”。因此，创造力是创新，而不是再生。

创造力的第八种流行的观点是把人粗略地分成两个主要群体：遵从者和创造者。遵从者希望做那些不打破旧的习惯或不给别人带来麻烦的事情。相比之下，创造者提出全新的思想、不同的观点或者解决问题的新方法。他们不因循守旧，有时在社会团体中是不安定的因素。

由于创造力如此复杂，易于误解，因此我们把创造力的要素汇集在一起，并在表9-1中列出。

表9-1 创造力的特有要素

1. 创造力是一个过程，不是一个结果。
2. 创造过程是有明确目标的，或是为了个人利益，或是为了社会群体的利益。
3. 创造力还可以促进新的、前所未有的独特事物的产生。无论这些事物是言语的还是非言语的，具体的还是抽象的。
4. 创造力涉及发散思维，而日常生活中问题的解决则涉及聚合思维。
5. 创造力是一种思维的方法。它与智力不同，创造力除了包括思维以外，还包括其他的心理能力。
6. 创造力依赖于人们对知识的获得。
7. 创造力表现为一种可控制的、能产生某些成果的想象，无论是在绘画、积木游戏，还是在白日梦中。

资料来源：Hurlock，E. B.（2001）. *Child development*. 6th ed. New York：McGraw-Hill，319.

二、创造力的影响因素

关于创造力的影响因素，乔治·J. 费斯特认为，创造性个体的行为在时间上和空间上都是稳定的，人格因素通常可以预测艺术和科学领域的创造性成就。玛丽·安·柯林斯等认为，动机对在任何专业取得高水平的创造力都是关键性的。米哈里在《系统观对创造力研究的含义》一文中，建立了一个创造力的系统模型，认为专业、文化和社会影响个人的创造力。斯腾伯格（Robert J. Sternberg）和奥哈拉在《创造力与智力》一文中，考察了创造力与智力的关系，分析了五种可能的关系，形成的结论是：创造力与智力是部分重叠的集合，创造力中包含智力的以下方面，即综合能力、分析能力、实践能力。综合意味着产生想法，分析是对这些想法评估权衡，而实践是指建立一种方式，能有效地与他人交流这些想法，并说服他人接受它们的价值。那么影响创造力的因素究竟还有哪些？在回答这个问题之前，我们先来看一下创造力的层次。

创造力可以分为两个层次，即潜在创造力和现实创造力。潜在创造力不仅体现在个体的能力倾向、专业素质和个人特征上，还体现在后天的成长因素上，比如与同事的交流、组织能力等。因为潜在创造力虽然产生于个体机制内，但却是内部与外部、个人与集体、局部与整体的合力。现实创造力是在潜在创造力发展的基础上形成的、在取得阶段性成果之后表现出来的积极的心理特质。因此，现实创造力更有灵性，其结果可以是新的文学艺术、新的产品实物、新的技巧方法、新的理论研究等。创新者需要潜在创造力和现实创造力两者的结合，具体影响创造力的因素如图 9－1 所示。

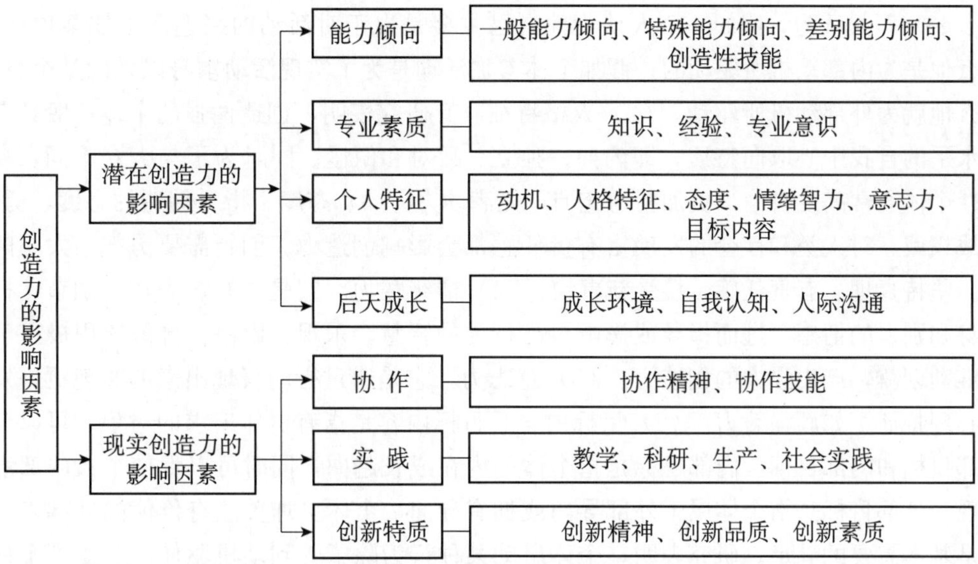

图 9－1　创造力的影响因素

（一）潜在创造力的影响因素

影响潜在创造力的因素主要包括能力倾向、专业素质、个人特征和后天成长。

1. 能力倾向

能力倾向包括一般能力倾向、特殊能力倾向、差别能力倾向和创造性技能。一般能力倾向是指个体基于遗传天赋、培养后可以做出有效行为的一般反应能力，主要是指智力，包括观察力、记忆力、想象力、操作力、思维力等。特殊能力倾向是指从事某种特殊事业或活动的专门技能或天赋。差别能力倾向既可依赖于天赋，也可通过培养获得。创造性技能包括创造性思维，即在多数情况下表现出的一种非逻辑的、非程序化的思维，包括判断、推理、想象、直觉、顿悟、灵感等。这些能力倾向对潜在创造力转变为现实创造力有很大影响。

2. 专业素质

对于创造力来说，专业素质是其基础，在某一专业领域要有所创造是需要扎实的专业素质的。具体包括：（1）知识。知识是人们在社会实践活动中，对自然界、人类社会的认识、感知、学习等的总结，创新者大多要求具有较扎实的知识。（2）经验。经验是个体从实践中获得的宝贵的知识和技巧，是连接个体与实践活动的纽带。通过经验可以产生新概念，生成创造力。许多成功的创新者注重经验的积累。（3）专业意识。专业意识是对专业的发展成果、应用领域、地位作用、研究方法等的认识水平、思维和兴趣。

3. 个人特征

个人特征对创造力也具有影响，个人特征包括：（1）动机。它是创造力发展的动力，包括内部动机和外部动机。内部动机是对于工作、学习等实践的内在兴趣和试图驾驭问题的态度。外部动机表现为奖赏或是惩罚的一种激励约束作用。利珀（Leeper）和格林（Green）等人认为，假如一个人认为他自己主要是出于对活动的兴趣而参加某项活动，那么他是为内部动机所驱动的；假如个体参加活动是为了实现活动本身以外的某个目标，那么他就为外部动机所驱动。（2）人格特征。有研究表明，创造性强的个体一般具有较高水平的自我中心取向特质，即内向、独立、敌对和傲慢。同时为了与大众不同，高创造性个体通常高度自信，更加精力充沛，充满动力。（3）态度。指对创造的态度，勇气、挑战权威、对人类和社会的发展富有责任感都会影响创造力。创新需要勇气、大胆的挑战、坚持真理、有责任感、接受新事物。（4）情绪智力。它是感知、表达、调节、控制自身和别人的情感，进而指导或影响自己行为的智慧。乐观、愉快、自信的积极态度能够推动创新，产生强大的创造力。（5）意志力。它是通过行动表现出来的实现更好发展的心理特征，如顽强毅力。（6）目标内容。目标内容是指有机体追求的对象，可以分为外部目标和内部目标。内部目标是指个体的内在成长趋向，同时可以促使个人内部潜力实现；外部目标是指个体属于外部导向或拥有导向，个体更加关注有价值的外部表现而不是基本需要的满足。研究表明，个体启动某种行为除了受到动机驱使，还受到个体追求的目标内容驱使，员工的内部目标和外部目标追求与突破性创造力和渐进性创造力都有一定关联。张莹和张剑等（2020）基于不同企业的上下级匹配数据研究了员工的目标追求与创造力的关系，结果表明，外部目标促进员工的渐进性创造力，内部目标促进员工的突破性创造力；相比新生代员工，外部目标对老一代员工的渐进性创造力影响更大，内部目标对老一代员工的突破性创造力影响更大。

4. 后天成长

后天成长包含成长环境、自我认知和人际沟通。（1）成长环境是指个人成长的社会背景、文化因素、家庭因素。环境对个人的发展影响很大，如大家所熟知的“孟母三迁”的典故，就很好地诠释了环境对个人成长的作用。在组织中，个人的成长环境即工作环境，包括领导方式、组织氛围等多方面的因素，都会对员工的创造力产生影响。不同类型的幽默型领导对员工创造力的影响效果不同，其中，亲和幽默型领导显著正向影响员工创造力，攻击幽默型领导显著负向影响员工创造力；领导者的辱虐管理行为会通过心理契约破坏的中介作用对员工创造力产生间接的消极影响。真实型领导、谦逊型领导等与员工创造力具有正相关关系。挑战性压力源对员工二元创造力具有显著的正向影响，阻碍性压力源则产生负向影响；同时，工作压力源对突破性创造力的影响作用相较于渐进性创造力而言更显著。即员工在面临挑战性压力时能够通过工作重塑促进二元创造力的产生，而面临阻碍性压力时，员工不愿进行工作重塑从而不利于增强二元创造力。领导者自己的创造力高低通过影响员工的角色宽度自我效能感来影响员工的创造力。（2）自我认知是指个体对自己及周围关系的认识，如认识自己的兴趣究竟在哪里。(3) 人际沟通是指个人与他人的沟通状况。交流对创新具有重要的作用，许多创新人才都是在与别人的交流中突发灵感、受到启示的，头脑风暴法就是沟通交流的有效方法。吕洁和张钢(2015) 从互动认知的视角出发，认为团队成员的知识异质性可以为他们提供更多的想法、知识和观点，激发他们思考和结合所接触的不同观点和看法，进而促成新颖的想法。因此，知识异质性有助于提高团队成员的个体创造力。

（二）现实创造力的影响因素

影响现实创造力的因素主要包括协作、实践、创新特质。关于协作，从潜在创造力到现实创造力的发展，只有个体因素是不够的，人与人之间的协作关系也会激发创造力。协作包括协作的精神与协作的技能，具体途径有专业互补、资本互补、年龄互补等。就实践而言，主要包括教学实践、科研实践、生产实践、社会实践等。实践可以检验自身判断事物的思维、解决问题的能力、初步形成的理论、研究成果等。只有从更丰富的实践中，才容易发现鲜为人知和自己尚未发现、处理的问题和弊端，从而开创新的领域。创新特质主要包括创新精神、创新品质、创新素质等。这些因素对个体创造力的发挥起到外在的推动作用。

三、创造力模型

目前，研究者认识到创造力是复杂的心理现象，应将创造力看作一种认知、人格和社会多层面因素的集合体。在员工创造力的研究领域，阿莫贝尔于 1987 年提出了创造力的三成分模型，认为创造力是工作动机、相关领域的技能、相关创造力的技能相互作用的结果。阿莫贝尔强调，有必要建立一些完整的、综合性的创造力模型，从个体内部机制与组织外部机制的角度共同探索员工创造力的动因。基于此，创造力的研究者提出了一些创造力的经典模型。

（一）创造力相互作用模型

伍德曼（Woodman）等认为，员工创造力取决于个体特征、组织因素和社会因素等三个方面的综合影响。其中，员工的认知能力、个性特征、专业知识和内在动机是创造力发生的基础，而组织因素和社会因素都是创造力的重要催化剂。模型还指出，组织因素和社会因素能促进，但也能阻碍创造力的发生，其中，组织因素对员工创造力起着更为重要的作用。

（二）员工创造力影响因素模型

斯考特（Scott）的这一模型关注组织氛围，即员工对组织环境的感知，这与伍德曼早期模型所强调的组织客观环境有重要区别。心理氛围理论认为组织环境投射在个体心理上，所形成的个体对环境的感知，会影响个体做出行为判断和实际行为的发生。受这一观点启发，斯考特认为创新氛围才是员工创新行为的直接影响因素，并进一步提出组织创新氛围可能会受到领导成员交换关系、领导对员工的期望、团队成员交换关系，以及员工认知模式等因素的共同影响。

（三）创造力组织情景模型

阿莫贝尔认同斯考特关于心理环境影响创造力的观点，于 1996 年提出创造力组织情景模型，致力于探索组织氛围的内涵及其与创造力的关系，并开发出 KEYS 量表进行组织氛围测评，认为组织氛围既包含促进创造力的因素（如组织鼓励、工作自主性、充足的资源和具有挑战性的工作），又包含抑制性的因素（如工作压力和组织限制性措施）。此后涌现的大量实证研究，不仅验证了 KEYS 量表的信度和效度，更证明了组织氛围对员工创造力的重要影响。总之，创造力是个体以及环境因素相互作用的结果，在企业实践中，管理者不仅需要选拔和培养具有创造性的员工，也需要培育良好的组织氛围，促进员工创造力的发挥，进而为组织发展提供动力。

阿莫贝尔同时提出了创造力组成理论，认为创造力的影响因素包括问题解决者个人本身的三个基本因素（某领域的相关技能、创造力相关过程和内在工作动机）以及个体所处的工作环境。与领域相关的技能包括知识、专长、智力、技术能力和在特定领域的天赋。与创造力相关的过程包括认知风格和富有独立、冒险、新视角的性格特征，能够提出有创意的训练有素的工作风格和技能。内在工作动机是指从事一项任务或解决一个问题时，因为任务或问题本身是有意思的、令人投入的或令人满意的，而不是因为奖励、监督、竞争、评估或做事的特定要求等产生的外在动机。

外部的成分是工作环境，或者说是更一般的社会环境。这包括所有的外在动机（如预期的评估），这些外在动机已被认为是破坏内在动机的。另外，环境中的许多其他因素，被认为会阻碍或促进内在动机与创造力的发挥。研究显示工作环境中的很多因素是阻碍创造力的，如关注现状、高层管理人员的保守与低风险的态度、苛刻地批评新的观念、组织中的政治问题和高度的时间压力等。其他能够促进创造力的因素包括：完成工作的自由、工作中积极挑战的感觉、相互合作并拥有多种技能和关注创意的工作小组以及鼓励开发新创意的主管等。

其他的创造力研究者，例如斯腾伯格在其“智力三元理论”的基础上，提出了包括智力、智力风格、人格三位一体的“三侧面模型”。斯腾伯格的智力三元理论认为，智力包括三个方面：与个体内部世界的联系、与经验的联系和与个体外部世界的联系。而经验是个体内、外世界发生关系的中介，智力成分可以在不同的经验水平上用于问题的解决，从问题和情景完全不同到十分相同。无论是从新的角度来看待一个旧问题，还是以旧的方式来看待新问题，都可以表现出创造性。智力有背景因素，创造力也是如此。他认为，日常生活中的智力可以有三种背景功能：适应现存的环境、改造现存的环境和选择新的环境。其中，创造力与改造现存的环境联系最多，选择新的环境次之，与适应现存的环境联系最少。

智力风格是指个体对自己智力的指导方式，它是连接智力与人格的桥梁。对于创造力来说，一定的智力水平是必要的前提。但这不是一个充分条件，因为在创造活动中，智力风格与智力水平一样，都起着决定作用。下面所谈到的智力风格，是基于斯腾伯格

1986年提出的智能自我管理理论。斯腾伯格把智能自我管理分为功能、形式、水平、范围和倾向等五个方面，并且用社会的行政管理的功能和形式来类比智能的自我管理。例如，创造力与智能的自我管理形式的联系弱于与自我管理功能的联系。但其中的无政府式更有可能表现出创造的潜能。因为无政府式管理者有能力摆脱拘束，以新的角度、新的方式观察和解决问题。当然，并非所有人都如此。有的人缺乏创造所需要的智力，有的人缺乏必要的立场风格，另外一些人则有可能走上反社会的道路。

某些人格特征总是与创造性的表现相联系。例如，容忍悬而未决的情境、克服困难的意志、成长的意愿、内在动机、中等程度的冒险精神、渴望得到认可、愿意为得到认可而努力工作等。这些并未穷尽创造性个体的所有人格特征，同时创造性个体也无须具备所有这些特征。但是，至少我们可以说，在创造性个体身上更容易发现这些特征。

具有创造性的个体实际上是智力、风格和人格三者的完美结合体。由于在结合体中，三者的权重是可以变化的，所以创造力的表现形式才显得丰富多彩。但创造力的表现形式的不同，不仅是因为三者的权重不同，也由于三者中各要素的组合变化。我们既要理解三者之间的相互关系，又要弄清它们各自内部各个要素间的关系。作为完整的创造力模型，在考虑人的变量对创造力的影响时，也应考虑环境因素。总而言之，创造力是一个多侧面的现象。其中，智力、智力风格和人格是三个最重要的侧面。斯腾伯格的创造力"三侧面模型"描述了这些侧面及其在个体的创造性思维、创造性活动中的运用。

第二节　创造力的测量及开发

一、创造力的研究方法

创造力对于社会经济发展意义重大，所以关于创造力的研究很早就受到关注。创造力的研究总的来说是沿着两条路线进行的：横断研究和纵向研究。横断研究的思路是阐述创造者的个体差异；纵向研究则将注意力集中于创造力的毕生发展和变化方面。而与研究思路密切联系的则是研究方法问题，不同的研究思路会运用不同的研究方法。创造力研究中经典的研究方法是传记法、实验法和心理测量法，较新的研究方法有创造力的计算机模拟研究和跨文化研究等。

（一）创造力的传记研究

创造力的传记研究确定无疑是对有创造力的人进行的研究，是人们进行创造力研究最早使用的方法。关于创造性人才与创造力的传记研究可以追溯到1869年高尔顿的研究。此后，传记研究沿着两条路线前进：一条聚焦于创造性成果产生的研究历程，着重考察创造性人才和创造性观点的产生；另一条对历史人物的传记资料进行定量分析，以检视创造性人才的成长规律。前一种方法以1999年格鲁伯（Gruber）和他的同事首创的系统进化方法为代表，致力于在深层次上揭示出创造者在创造过程中是如何工作的。后一种方法以2003年西蒙顿（Simonton）首创的历史测量法为典型，主要是定量化地研究创造者的经历与环境对其创造性表现的影响，从而揭示创造的一般规律。

（二）创造力的实验研究

创造力的实验研究主要指的是对个体行为与环境条件进行人为操纵，以期查明哪些因素影响创造力的表现水平。它包括实验室研究和准实验研究两种具体方法。前者的研究主要包括个体的皮层唤醒与注意水平、去抑制性与反应性等，亦称为生物学研究法；后者包括在问题解决中个体的内部动机、情绪等因素对创造力的影响。对创造力实验室研究的争议主要存在于这种研究的预测效度与实证效度方面，人们无法确定在实验室情形下所表现的创造力在多大程度上代表了真实情境中的创造力。

（三）创造力的心理测量研究

吉尔福特首先开发了创造力的发散思维测验，自此，创造力测量以及创造力研究才开始真正受到人们的重视。后来的创造力测验朝着两个方向发展：基于认知的技能测验和人格特质测验，或者称为创造性思维测验与创造性人格测验。而且，大部分横断研究都是用测量法进行的。创造力的测量标准多种多样。但是由于种种原因，许多量表的预测效度和实证效度并不理想。从思维技能上说，同一个人在不同的领域会有不同水平的创造性表现；从创造性人格测量的角度看，这种评分方法凸显了个人的主观意识对自己创造力得分的影响。这种研究方法存在的主要问题是：是否所列举的创造性人格特征具备得越多越好？创造力是某些人格特征的组合吗？一般态度测验量表能够在多大程度上反映人们对待特定问题，特别是创造性问题的态度？

（四）创造力的计算机模拟研究

用计算机模拟的方式来研究人类的创造力是对创造力研究的一种发展和补充。运用这一方法的研究者试图找到一些能够模拟创造力的算法规则，或者通过使用特殊的程序指导对问题的探索，从而模拟创造力。例如，有一种叫作 BACON 的计算机模型，它备有各种行星运行的数据，包括行星与太阳的距离及其进化时期的数据，以及三种关于行星运行规则的启发式算法，计算机“研究”已有数据，并最终“发现”了开普勒行星运行第三定律。后来，用于辅助音乐创作、建筑设计和诗歌创作的程序也陆续问世。尽管还没有人声称计算机具有像人一样的创造力，但是计算机提供了另一种了解创造过程的途径，至少它使人们看到，思维的逻辑与规则、信息储备与搜索在创造过程中起着重要作用。

（五）创造力的跨文化研究

创造力的跨文化研究是近年来才开始的，因为人们越来越明确地意识到，即使创造力不完全是文化的，它也大部分是文化的。创造力的文化差异首先表现在人们对创造进取心的价值判断上。其次表现在文化对个体心理结构的塑造上，这种差异主要表现在社会化过程的自我建构方面：西方个人主义文化中的成员以独立的方式建构自我，他们认为自己是社会群体中的一个独立个体，愿意用直接的方式表达个人的情感和观点；生活在东方集体主义文化中的成员则以一种互相依赖的方式建构自我，将自己看成是社会群体的一部分，服从群体规则。最后，不同文化对创造力本质的理解也不同。例如，西方文化强调产品导向、独创导向，而东方文化更多的是将创造力看成个体成长或自我实现的过程。创造力的跨文化研究关注不同文化环境中成长起来的创造性人才的特点，有助于从文化的角度了解创造力的共性与文化特殊性。

随着科学研究的不断深入，创造力研究者们意识到已有的研究方法存在一定的缺陷，进而他们在自己的研究中注意克服缺陷，同时他们也提出了一些新的研究方法与研究思路。例如，出于对实验研究与心理测量研究的反思，一些研究者提出，注重对真实的创造过程的研究，重视研究的生态化以及实证效度。这种研究思路是在传记法的基础上发展起来的，但又不同于传记法。他们不是研究故去的创造性人才的创造力，而是研究健康生存着的人的创造力，通过创造性人才对自己成长历程的反思，透视其特点与成长环境，注重获得创造性人才的第一手材料。除此之外，一些关注综合的、特殊领域的创造力研究方法，以及脑成像等新方法的运用，为创造力的研究提供了坚实的基础。

二、创造力的测量

创造力测量领域相较于创造力其他研究领域发展更为滞后。作为心理测量领域和创造力研究领域的交集，创造力测验的一些关键测量指标饱受争议。既然如此，那么如何更准确地测量创造力？为了回答这个问题，研究者从未停止努力的脚步，他们围绕创造力测量的热点问题进行研究，提出了多种改进方案。例如，创新测验方法，丰富计分手段，完善统计措施，评估测验合理性，等等。这些创造力测量技术的新进展，大大推进了创造力测量的客观性与实用性。

下面将介绍四类主流的创造力测量技术。

（一）发散思维测验

发散思维测验一般以开放性问题的形式呈现，要求被试尽可能多地根据题目要求罗列答案。发散思维测验的基本理论假设是：创造力水平高的个体相较于普通人，最显著的特点在于他们能够从多角度思考并解决问题，因此，通过开放性问题评定个体发散思维水平，就能够预测个体创造力潜能。发散思维测验有多种分类方法，例如：从测验形式角度将其分为语言测验、图形测验以及动作测验；或从测验内容角度将其分为灵活使用任务或多用途任务（给普通物品设计多种新颖用法）、举例任务（在普通种类中列举新颖物品）以及结果任务（设想某种虚拟条件下可能产生的新颖结果）；又或从领域一般性及特殊性角度将其区分为领域一般性发散思维测验和领域特殊性发散思维测验。发散思维测验适用于个体或团体施测，且普及各个年龄段，是应用最为广泛的创造力测验形式。使用频率较高的发散思维测验是吉尔福特于1967年提出的智力结构测验（Structure of the Intellect，SOI）和托兰斯于1972年提出的创造思维测验（Torrance Tests of Creative Thinking，TTCT）等。

发散思维测验通常包括对被试答案流畅性、变通性以及独特性或新颖性的计分。其中，由于发散思维测验中多将独特性维度和新颖性维度视为等同，因此本章统一采用“独特性”表征该维度。学术界对流畅性和变通性的计分较为统一，前者即清点被试答案的个数，后者即计算被试答案囊括的不同种类。而发散思维测验独特性维度的计分方法一直存有争议。较早的经典计分方法为：研究者将所有答案汇总，如果某个答案是特殊的，那么该答案计 1 分，其他答案计 0 分。该计分方法直观明了，较好地反映了创造力“独特性”的含义，得到了一定程度上的运用。

也有研究者指出，可以借助主观计分法解决传统独特性计分方法的问题，他们要求被试在限时发散思维任务中给出有创意的答案，并要求评定者依照不寻常、远距离以及聪明三个指标，对被试给出的答案在 5 点量表上打分。采取主观计分法的优点在于：第一，流畅性和独特性指标间不再混淆。多项研究表明采用主观计分法后流畅性和独特性相关程度显著减小。第二，独特性水平直接由评定者判定，因此独特性分数不再受到样本量的干扰。第三，一些明显不符合创造力的古怪答案在主观计分中可以进行更为准确的判断并予以剔除。

发散思维测验的主观计分方法主要包括：平均得分法和最优项法。平均得分法即对被试某一道题目多个答案的得分进行平均，得到其创造力的整体评价，用商数代替求和可以较好地规避流畅性和独特性计分的混淆问题。最优项法即要求被试在回答完每道问题后自行圈出其认为最有创造力的几个答案（答案的数量由实验者确定，贝内德克（Benedek）等人 2013 年的研究表明，选择 3～6 个最优答案测验效度最佳），评定者只对这几个答案进行评价，评价后求平均数以表征其创造力。总而言之，尽管发散思维测验在信度、效度问题上承受了很大责难，但是学术界对发散思维测验的革新远未停止。可以说，迄今为止，发散思维测验仍然是测量创造力的第一选择。

（二）顿悟类测验

发散思维是由意识引导，解决界定清晰问题的创造性思维过程，执行功能对发散思维起到关键作用。与之相反，创造性思维还具备通过无意识自动联想，解决界定模糊任务的能力。我们将这一类测验和问题概述为顿悟类测验，顿悟类测验的基本理论假设是：高创造性个体能够凭借诸如远距离联想、思维重组、原型启发等认知加工过程整合并处理与目标有关的信息，从而更好地解决顿悟问题，并产生顿悟体验。该假设与创造性思维的两大核心特质——新颖性与适宜性能够较好地结合起来。其中应用最广的是米德尼克（Mednick）于 1962 年提出的远距离联想测验（Remote Associates Test，RAT）。米德尼克认为，创造性思维的本质是联想，他提出创造力包含“将关联的要素结合以满足某种特定需求或使之有用”的过程，且个体间创造力的差异往往表现在操作联想思维过程上的不同，因此，米德尼克假设个体有联想等级的差异。具体表现为：创造力高的个体能够连接距离更遥远的要素。

除了远距离联想测验，其他顿悟类测验还有经典的邓克尔蜡烛问题、九点连线问题、“脑筋急转弯式”顿悟问题，以及我国研究者设计的三字谜顿悟、原型启发顿悟等。但通过仔细分析可以发现，一些广泛使用的联想顿悟问题实际上最早属于问题解决范畴，主要用于探讨定势对解决问题的作用，虽然打破定势是创造性思维的重要环节，但其并不是创造力水平可靠的评定标准。虽然有研究表明，联想顿悟水平与发散思维有中等程度相关，但顿悟类测验能否成为创造力水平的合理评估手段，仍然有待于更多研究予以验证。

（三）创造力成就测验

创造力成就是个体在其一生中所创造出的新颖且有价值的产品的集合。创造力成就测验的理论假设最为直观明了：如果有什么能够预测未来的创造力潜能，那么最有可能的是已经存在的创造力成就。创造力成就的测量方式主要为：可证实的成就或荣誉的数量；业已存在的创造性产品所获得的评价以及自述创造力成就清单。自述创造力成就清单是创造力成就测验的主流，经常使用的测验包括：霍塞瓦（Hocevar）于 1979 提出的创造力行为清单（CBI）；路德维格（Ludwig）于 1992 年提出的创造力成就量表（CAS）；卡森（Carson）等人于 2005 年提出的创造力成就问卷（CAQ）；贝蒂（Batey）和弗恩海姆（Furnham）于 2008 年提出的创造力行为传记清单（BICB）等。西尔维娅（Silvia）等人对广泛使用的创造力成就问卷、创造力行为清单等创造力成就测验的可信度进行分析，他们采用经典测验理论和项目反应理论系统考察了其项目水平和测验水平，结果发现不仅这些成就自评量表在测量指标上表现较好，而且几种量表之间还维持了很好的共变关系。另根据国内学者 2014 年对现有自述创造力成就清单应用情况的调查报告，卡森等人提出的创造力成就问卷由于囊括了艺术和科学领域十个大类的成就自评而得到了最为广泛的应用。

（四）同感评估技术

同感评估技术（consensual assessment technique）是当前创造力测量领域最主要的评分技术。其基本理论假设是：某领域的专家对该领域创造力评估存在一种共识。因此，当评价某产品的创造力水平时，只需要借助该领域专家业已形成的标准对产品进行评定即可。与创造力成就测验大多采用自评不同，同感评估技术本质上为专家评价法。与该技术对应的基本要求为：第一，测验评定者需为该领域专家；第二，评定者依靠其对创造力的内隐态度对产品进行评判；第三，评定者应独立对产品进行评估。同感评估技术不仅适用于实验室环境中的即时创造性产品，同时也适用于业已存在的准实验产品。由于适用于多种创造性产品的评价且具备良好的信度、效度指标，同感评估技术得到了广泛应用。例如，在西方创造力主流学术期刊中，约 1/4 的创造力测量方法采取了同感评估技术或类似的专家评价方法，我国也不乏介绍并应用该技术的研究。

管理视野

创造力测验

吉尔福特认为，发散思维在某种程度上能代表个人的创造能力，故发散思维的测量实质上就是创造能力的测量。他与同事创编了一套测验量表，共有 13 个部分。这套量表的年龄适用范围主要是初中以上水平的青少年及成人。其主要内容如下：

（1）词语流畅性测验：要求被试迅速写出含有某一特定字母的单词，例如“a”，答案可能有 about，act……

（2）观念流畅性测验：要求被试迅速写出属于某种特殊类别的事物，如“半圆结构的物体”。答案可能有拱形桥、降落伞、泳帽……

（3）联想流畅性测验：要求被试列举某一词的近义词，例如“承担”。答案可能有担负、承受、承当……

（4）表达流畅性测验：要求被试写出具有4个词的一句话，这4个词的词头都指定某一个字母。如“k-u-y-i”，答案可能有 keep up your interest；kill useless yellow insects……

（5）非常用途测验：要求被试列举出某种物体通常用途之外的非常用途，例如“砖头”。答案可能有当作板凳、打狗、磨镰刀、写字……

（6）比喻解释测验：要求被试填充意义相似的句子，如“这个妇女的美貌已是秋天，她……”答案可能有“……已经度过了最动人的时光”。再如解释“沧海一粟”“一箭双雕”等。

（7）用途测验：要求被试尽可能多地列举出某一件东西的用途，如“空罐头瓶”。答案可能有做花瓶、切圆饼、养蚯蚓等。

（8）故事命题测验：要求被试写出一个短故事情节的所有合适的标题。例如：“冬天到了，一个百货商店的新售货员忙着销售手套，但他忘记了手套应该配对出售，结果商店最后剩下100只左手手套。”答案可能有“新售货员”“100只左手手套”“左撇子的福音”等。

（9）后果推断测验：要求被试列举某种假设事件的所有不同的结果。例如：“如果每周再多休息一天，那么会发生什么结果？”答案可能有旅游的人更多、胖子更多……

（10）职业象征测验：要求被试根据某一个称呼列举出它代表或象征的所有可能的工作。如“灯泡”，答案可能有电气工程师、灯泡制造工、电工……

（11）绘图测验：要求被试把某一个简单图形复杂化，组成尽可能多的可辨认的物体。

（12）装饰测验：要求被试在普通物体的轮廓上尽可能多地设计出不同的装饰方案。

（13）加工物体测验：要求被试利用一套简单的图案，如圆形、三角形、长方形、梯形等，画出指定的事物。在画物体时，可以重复使用任何一个图形，也可以改变其大小，但不能添加其他图形或线条。

三、如何开发创造力

斯腾伯格指出，创造力是一种突破现有做法并提出新的可行创意或方案的能力，包括改良式的创造和突破式的创造。在创新创业导向的时代背景下，创造力在各行各业中的价值得到了前所未有的凸显。在IBM 2010年的全球性研究项目中，来自60个国家和地区的1 541位首席执行官中有60%的人认为，创造力是领导者的重要能力。随着中国经济的发展，劳动力的成本优势在下降，因此，创造力不仅是企业高管的重要能力，也是员工的重要能力。商业模式的创新、新产品与服务的开发、经营与管理工作的改良，均需要运用创新思维与创造力。创造力需要打破现状的勇气、创造新事物的热情和敢冒风险的意识，同时也需要创新思维与推广创意和执行方案的能力。那么如何在工作场所激发潜在的创造力，促进企业创新能力的提升，已经成为企业人力资源管理的一项重要工作。

理论界认为创造力包含不同的侧面，主要包括创造性个体特征、创造性过程、创造性产出和创造性环境等。对于创造力理解的不同侧重，导致了创造力培训及开发策略的多样化。

创造力开发可归纳为以下四条途径：

第一，提升有助于创造力的动机，包括提升内部动机，强化个体终极人生意义与创造性活动的内在联系，引发个人投入创造性活动的内在动机，其代表人物是斯坦福大学的麦克尔·雷（Michael L. Ray）教授。

第二，用冥想、禅修与瑜伽等进行心理调适，激发创造力。受训者的亲身体验，带来了精神面貌的改善，降低了个人压力感，有助于注意力的提升和对自我思维的感知。近年来，通过冥想等方式影响人脑的机能并提升个体的创造性认知已经得到了不少研究的证实，有不少社会机构都在推广这类培训。

第三，传授实用的创造方法与工具，包括头脑风暴、水平思考、脑图、综摄法、图片法、特征组合、联想、特征列表、想象力、审核表等。总体来讲，这些方法有两个目标，一是促进个体的发散思维或群体的创造性思考；二是培育收敛思维，做出更好的选择。此外，更加系统的认知激发技术，比如伯迪泰尔（Birdietal）于 2012 年提出的 TRIZ，在工程研发领域已经形成了自成一体的工作原则与方法，近年来还开发出相应的软件。创造性问题解决对于问题解决步骤进行了详细的分解，开发出每一步骤的思维发散性与收敛性工具，可以用于解决各类创造性问题。这类培训往往在产品开发成熟后由专业的培训机构来运作。

第四，对组织管理与创造性组织氛围开展评价与培训，包括领导技能、团队工作技能、知识管理系统建设。已有研究表明，创造性组织氛围从组织激励、管理者鼓励、团队支持、充足的资源保障、挑战性工作、赋予自主性、减少组织延迟、进行员工压力感管理八个方面促进组织创造力。持续从事组织创造力研究的华人学者周京提出从反馈、授权、情商等角度提升领导的创造力。侯宇和胡蓓（2019）的研究表明，高绩效人力资源实践能够促进员工个体创造力的提升。高绩效人力资源实践对个体创造力的影响可以通过员工甄选、培训、岗位轮换、绩效评价与反馈、激励性薪酬、授权等具体实践来实现。石冠峰和姚波兰（2019）认为工作场所的乐趣使得员工愿意分享、主动尝试、拓展思维、促进学习，能够提高员工的创造力。罗萍和施俊琦等（2020）发现个性化工作协议增强了员工基本心理需要满足，促进了创造力。

中华民族是富有创新历史的民族，创新创业也是当下的一大兴国战略。组织创造力的提升是我国国力强盛的一条必经之路。因此，组织创造力开发在这样的大形势下，可以大有作为。在开展与推进组织创造力开发方面，我们提出以下几条建议：

第一，有条件的组织，尤其是知识密集型的组织，比如研发机构、广告与产品设计机构，应当开展广泛的创新思维训练，用以弥补我国传统的教育体制对个体创造性思维和动机的长期忽略，释放个体创造潜能。创新思维的训练要作为能力来锻炼，不是作为知识来传授。通过持续不断的练习，突破思维定势，培育出员工时时处处寻找有待改进的工作问题的习惯。

第二，为高层以及中高层管理者开展创造性领导力培训。领导者的创新思维对于组织创新有决定性的意义。相关的培训可以采用小型讨论班的形式，用行为学与认知心理学技术，帮助领导者发现自己的思维特点和领导行为的特点，设计相关的决策活动，以行动学习方法，从理念与行为两个层面开展创造性领导力辅导。

第三，开展团队创造性工作技能的培训。当前，不少组织都已经接受了以户外拓展或室内活动为途径的团队合作培训。团队创造性工作技能不仅涉及个体间的信任、合作与凝聚，还要促成创造性的群体智能，侧重于基于团队互动风格、沟通渠道、解决问题的流程等方面，减少团队工作中从众现象，提升整体创造力。

第四，综合运用多种方法，将组织创造力培训与人力资源中的其他培训课题进行结合。比如，在员工压力管理的冥想训练、美学讲座中强调创造性思维提升；在专业课程讲授中加入各类业务创新研讨。

员工的创造力是企业活力的源泉，组织创造力培训有巨大的应用价值。创造力的诊断与开发，对专业知识与技能有较高的要求。科学设计高质量的组织创造力培训项目，需要教育、商业、心理等领域的学者与各类组织开展紧密合作。成功的创造力开发项目需要根植于深厚的产业与组织土壤，结合各类工作的内在创造性特点，应用现代的技术手段，从个体、团队、组织各个层面共同推进。

心理名家

罗伯特·斯腾伯格

罗伯特·斯腾伯格（Robert J. Sternberg）1949 年出生于美国，他自小学起常因智力测验得低分感到困惑，故而进入耶鲁大学后矢志研究智力测验。1972 年获该校心理学学士学位后进入斯坦福大学，1975 年获心理学的哲学博士学位，1982 年开始任教于耶鲁大学，1986 年晋升教授。他是耶鲁大学心理学和教育学的教授，美国科学与艺术学院、美国科学促进协会、美国心理学会会员，并同时担任美国心理学会普通心理学和教育心理学分会会员和主席。他的工作曾获得美国心理学会的早期职业（Early Career）和麦克肯德丽思（McCandless）奖，美国教育研究协会的研究评论、优秀著作和西尔维亚·思克拉伯纳（Sylvia Scribner）奖。

他的研究领域包括爱情和人际关系、人类智慧和创造性等。他是当今研究创造力的权威，在国际学术界享有盛名，还致力于人类的创造性、思维方式和学习方式等领域的研究，提出了大量富有创造性的理论。他是智力三元理论的建构者，也是首倡人类爱情三元论的心理学家。他的著作有《丘比特之箭：透过实践和思维方式看爱的历程》和《智力、遗传和环境》（与埃琳娜·格里戈连科（Elena Grigorenko）合编）等。

第三节 创新者与创新行为

一、创新的含义

党的二十大报告提出，必须坚持“创新是第一动力”，“坚持创新在我国现代化建设全局中的核心地位”。[①] 把握发展的时与势，有效应对前进道路上的重大挑战，提高发展的安全性，都需要把发展基点放在创新上。只有坚持创新是第一动力，才能推动我国实现高质量发展，塑造我国国际合作和竞争新优势。为此，要让创新贯穿党和国家一切工作，让全面创新真正成为加快社会主义现代化建设、实现中华民族伟大复兴的强大动力。

创新是一个国家、一个民族发展进步的不竭动力，是推动人类社会进步的重要力量。世界经济发展史表明，一个国家率先成为世界科学中心和创新高地，就能快速实现现代化，跻身于世界强国之林。而一些传统强国衰落，与其失去或缺乏创新精神和创新能力密切相关。21 世纪以来，全球科技创新进入空前密集活跃期，新一轮科技革命和产业变革突飞猛进，全球经济结构正在重塑，各主要国家纷纷把科技创新作为国际战略博弈的主战场。在激烈的国际竞争中，惟创新者进，惟创新者强，惟创新者胜。抓创新就是抓发展，谋创新就是谋未来。党的二十大报告对完善科技创新体系、加快实施创新驱动发展战略进行具体部署，体现了我们党对历史发展规律和当今国际竞争形势的深刻把握，展现了我们党赢得优势、赢得主动、赢得未来的信心和决心。

创新是多方面的，包括理论创新、制度创新、科技创新、文化创新等。坚持创新在我国现代化建设全局中的核心地位，既要重视科技创新，也要重视与生产关系有关的制度创新，还要重视理论创新、文化创新等，全面发挥创新的第一动力作用。

自主创新是我们攀登世界科技高峰的必由之路。基础研究、原始创新和关键核心技术攻关是艰苦复杂的创造性劳动。要增强创新自信，坚定不移走中国特色自主创新道路，发扬敢于斗争、敢于胜利的精神，增强自主创新的志气和骨气。要把握大势、抢占先机，直面问题、迎难而上，瞄准世界科技前沿和国家重大需求，敢于走前人没走过的路，努力突破“卡脖子”关键核心技术，着力解决一批影响和制约国家发展全局和长远利益的重大科技问题，更多实现原始性引领性创新，在实现高水平科技自立自强上不断取得新的进展。

创新是一个古老而宽泛的概念，早在 15 世纪，人们就开始运用这一术语，其原意是引入新东西和新概念。而创新作为一个规范性的学术概念，是由经济学家约瑟夫·熊彼特率先提出来的。在其 1934 年出版的名著《经济发展理论》中，他把创新界定为：“建立一种新的生产函数，在经济活动中引入新的思想、方法以实现生产要素的重新组合。”他在书中列出了创新的五种表现形式：（1）生产一种新产品，也就是消费者还不熟悉的产品，或是已有产品的一种新用途和新特性。（2）采用一种新的生产方法，也就是在有

① 中国共产党第二十次全国代表大会文件汇编．北京：人民出版社，2022：28，29.

关的制造部门未曾采用过的方法。(3) 开辟一个新的市场，就是使产品进入以前不曾进入的市场，不管这个市场是否存在过。(4) 获得一种新材料或半成品的新的来源。(5) 实现一种新的企业组织形式，例如建立一种垄断地位或打破一种垄断地位。

熊彼特认为，创新是新技术、新发明在生产中的应用，必须把发明创造与创新明确区别开来。在他看来，发明创造是一种科技行为，而创新则是经济行为。发明创造只是一种概念、新设想或最多是实验品，即使是一项很伟大的发明创造也不例外；而创新是把发明创造的成果引入实际生产，并产生重要的经济与社会价值，只有这种发明创造的市场价值的实现过程才能称为创新。熊彼特对创新与发明创造的区分具有重要意义，这种区分明确了科技成果与科技成果转化为生产力的不同。

随着创新实践的不断发展和创新范围的不断扩大，技术创新、制度创新、管理创新等的广泛开展，人们对创新的认识逐渐深化，创新的外延也在不断拓展。创新已不再囿于经济学范畴之内，开始进入政治学、社会学、教育学乃至哲学的视野。创新具有多方面含义和内容，涉及社会生活的各个方面，从而形成了从广义和狭义两个角度理解创新含义的两种基本认识。

从狭义角度理解创新的含义，实际上是从经济学视角出发理解的创新，是指在一定的环境中把一种创造首次引入企业生产经营体系或社会经济系统以获得综合效益的活动。其中，"创造"是指创立前所未有的事物；"首次"是把创新与创新扩散区分开来；"环境"是明确创新是在特定的时间、空间和条件下发生的。这种对创新的狭义理解并不能概括人们对创新的所有认识，比如，"知识创新"是一个十分流行的提法，但是却不能为这种创新含义所涵盖，因为知识创新是指创造新的知识或知识的生产，而科学技术知识的生产属于精神生产领域，其产品属于知识形态，并不直接影响经济活动和过程，只有当它被引入经济系统并实现其商业价值时，才能被赋予这种创新的含义。

从广义角度理解创新的含义，是指对现存对象进行改变或者超越、创造。这种对创新的理解包含范围极广：不仅人类改造世界（包括技术创新、制度创新）的所有成果是创新，而且认识世界（包括思维创新、理论创新等）的所有成果也是创新；不仅原始性创新、集成创新的所有成果是创新，而且引进消化吸收、再创新的所有成果也是创新。因此，创新突破了经济学范畴，获得了哲学范畴所具有的根本性与普遍性。

由此可见，创新概念所包含的范围很广，涉及许多方面。同时，创新并不一定是全新的东西，旧的东西以新的形式或方式出现也是创新。20世纪80年代末，斯特德(Stead) 首次提出企业管理创新问题，指出企业发展的真正瓶颈并非技术创新而是管理创新。林奇 (Lynch) 等从提高员工工作效率的角度给管理创新下了定义，认为管理创新就是员工培训、倾听员工心声、工作设计和报酬共享。伯金肖 (Birkinshaw) 等将管理创新定义为：发明和实施一种全新的管理实践、过程、结构或技能，以更好地实现组织目标的过程。

伯金肖等提出了在定义管理创新之前要明确的三个基本问题：(1) 明确管理创新的目的。管理创新的目的是持续更好地完成组织目标，这正是组织愿意承担成本和风险进行管理创新的根本原因所在。(2) 明确创新内容。管理创新的内容有抽象性和操作性两个层面。从抽象性层面来看，管理创新表现为管理理念；从操作性层面来看，管理创新表现在管理实践、管理过程和管理技能等组织工作得以顺利开展的规则和秩序。由于抽象性层面的管理理念创新不易于观察，我们偏重操作性层面的管理创新，即关注新的管理方法、过程或结构等。（3）明确创新的新颖性或独特性。主要包括两种观点：第一，全新创新，提出在任何领域都未曾出现过的全新的思想或方法；第二，引进创新，将已有的方法引进新的组织或领域。由于全新创新的现有知识有限，与组织具体情景适应度更高，结果的不确定性也更高，因此更有研究价值。

二、创新者的素质

创新是每一个正常人都具备的一种潜在能力。这种潜在能力能否被挖掘、开发出来，从而使一个普通人跃升为一个创新者，关键取决于其是否具有一个创新者应该具备的素质。那么，创新者应具备什么样的素质呢？

（一）创新者的精神素质

1. 无私奉献的精神

崇高的理想信念、高尚的道德品质，不仅是每个人所应该具备的，更是创新者必备的一种精神素质。

2. 敢于质疑与超越的精神与气魄

对现有事物敢于怀疑、敢于超越、敢于发展，是创新者应具有的基本胆识。人的认识无止境，包括人体在内的整个宇宙未被认识和发现的东西还有很多，人类需要发明创造的事物还有更多。

3. 高度的自信心和强烈的创造欲望

自信是人们求生存、图发展的一种基本精神和心理状态。一个创新者尤为需要这种状态，没有或缺乏自信心的人，不要说创新，就是一般意义上的生存也难以维持。

4. 坚忍不拔的意志和坚苦卓绝的勤奋精神

创新是一种新事物的产生或者是从大量现象中提取出不为人所知的法则、规律。因此，它是一种非常艰辛的脑力劳动（或伴有体力劳动），不是一朝一夕就能够完成的，必须要有坚忍不拔、锲而不舍、“咬定青山不放松”的精神和顽强拼搏的意志。

5. 团结协作的精神

创新者在绝大多数情况下从事的是“各自为战”的辛苦劳作，有的课题或项目需要几个单位、几个部门甚至一国或数国的科研者的联合协作。在攻关中，某几个人或某部门有时担当主角，甚至担当“人梯”式的无名英雄。在这种情况下，创新者的团结协作、互相配合、无私奉献的集体主义精神非常重要。

（二）创新者的能力素质

1. 广博的知识面

创新是以坚实的知识功底为后盾的，厚积而薄发，丰富的知识积累是创新者和发明者必须具备的素质。现在已进入知识爆炸的时期，科技发展日新月异、一日千里，知识更新的周期越来越短，创新者随时都要更新旧观念，学习新知识，掌握新信息，创造新知识、新学科。

2. 精深的专业知识

专业知识是创新者取得突破性创见的根基。常常为科研而废寝忘食的居里夫人、牛顿、门捷列夫和爱因斯坦等，他们无一不具备较强的理论基础和精深的专业知识。如果不具备这种素质，即使志向再远大，发明和创造也只能是空想而已。

3. 较强的实践操作能力

在科技成果的发明过程中，往往需要大量的试验，这就需要创新者具有较强的实践操作能力。科技成果向现实生产力的转化，是推动生产快速发展的首要因素，同时，也是实现科技成果产生现实价值的必不可少的途径。因此，我们不仅需要科技成果的创造者，而且需要能够实现其转化的运作者、创新者。

（三）创新者的态度要求

1. 尊重客观规律

对于一个有志于创新的人来说，科学的态度是至关重要的。因为只有尊重事实、尊重规律，一切从实际出发，实事求是，才有可能使创新成为现实，为人类贡献新的理论和发明新的科学技术。否则，违背客观规律，或者是仅凭良好的主观愿望在那里冥思苦想、闭门造车，是绝对不可能有创新和创新的成果的。

2. 求真务实的科学态度

所谓科学的态度，就是一种实事求是的态度，是尊重规律、尊重科学的态度，把追求真理看得高于一切，以务实的态度讲究辩证法，能用联系的观点和发展的观点看问题，能透过现象看本质，不回避矛盾，也不自欺欺人。我们只有具备了这样的科学态度和科学精神，才有可能正确反映客观事物的本来面目，洞见事物内部的规律性，创造出新的理论和技术而造福于人类。在大力推崇科普知识和倡导科技创新的今天，关于创新，技术的层面讲得比较多，而对观念和态度是否科学化这个更深层次的东西，则强调得很不够。

（四）创新者的思维品质

1. 发现问题的眼光

所谓发现问题的眼光，就是问题意识，就是要有探求事物奥秘的好奇心和追问“为什么”而坚持求解的思维品质，这也是一个创造发明者必备的素质。

2. 多元的思维方法

具有良好的思维习惯，经常用多元思维方法，是创新者需要具备的素质。所谓多元思维，就是创造性思维和发散性思维，它是多角度、宽视野地思考问题，它是除了常规思维之外，还经常逆常规思维而动的思维习惯。所谓创新，无非是要做前人没有做过的事情，洞见前人所未洞见的东西。而要超越前人，有所创造，就必须在思维方法上打破常规、敢于标新立异，使创新成为可能。因此，有识之士指出：观念创新和思维创新，是科技创新和制度创新的先决条件，没有观念创新和思维创新，就不会真正有科技创新和制度创新。

3. 丰富的想象力

没有丰富的想象力、不能对事物产生丰富联想的人就不能产生创新和发明。事实上，几乎所有的发明创新都闪耀着热情的火焰和想象的光芒，都是大胆想象之后的求证结果。在这个意义上，我们甚至可以说，没有想象就没有发明和创新。

总之，创新既是一种勇者的精神，也是一种优秀的素质。创新的关键在于：坚定的意志，强烈的创造愿望，深厚的理论基础和广博的知识面，良好的分析能力和实践技能，正确的思维方法，健全的体魄和坚强的心理承受能力。

三、创新行为的制约因素

国家的创新依托于企业的创新，企业家的创新行为则对企业创新起着至关重要的作用，很多时候，企业创新行为主要表现为企业家的创新行为。因此，要提高企业创新管理水平，增强企业创新能力，当务之急是提高企业家的创新能力和创新管理水平。只有系统研究制约企业家创新行为的各种因素，并克服这些因素，才能切实提高企业家的创新能力和创新管理水平。从我国企业家的创新行为来看，分析其制约因素比分析其成功因素更具现实意义。除社会的科学技术环境以外，制约企业家创新行为的因素主要有以下几个。

（一）观念因素

观念因素主要是指企业家所特有的那些制约自身创新行为的想法。比如“小富即安”“现在家大业大了，再轻易创新冒险划不来”“你这边辛辛苦苦创新，很快就被别人山寨了”……这些观念大体通过四个方面来影响企业家的创新行为：对人们的感知过程和方式产生影响；对人们的能力和知识发展产生影响；对人们的价值观产生影响；对人们的信仰和信念产生影响。

这种观念的制约集中表现为不能有效激活企业家的创新思维，使得企业家在创新过程中缺乏系统的观念指导，并有可能使创新行为中断，在创新取得成功以后，使后续创新不能有效开展。

（二）制度因素

制度对企业家创新行为的制约是直接而现实的。恰当的制度安排是企业家创新行为实现的基础，也是企业家创新行为的动力机制。制度对企业家创新行为的影响主要有三方面：对创新不确定性的控制、对创新过程交易费用的控制和对创新行为的激励。其中，制度对企业家创新行为的激励尤为重要。企业家创新行为的制度激励有三方面：

第一，合理的制度安排可以最大限度地保护企业家的创新收益，提供企业家创新行为的利益驱动机制。反之，则挫伤企业家创新的积极性，降低企业家创新的主观要求。

第二，恰当的制度安排能有效地将企业家的创新能力配置于创新活动中，这有利于锻炼和提高企业家的创新能力，培育企业家精神和企业家群体。反之会导致企业家创新能力的萎缩。

第三，恰当的制度安排可以赋予企业家创新行为的自由空间，给予企业家充分体现自我和实现自我的行为空间，刺激企业家现有能力和潜在能力的充分发挥。反之，会压抑和扼杀企业家的创新能力。社会制度既可以成为企业家创新行为的激励因素，也可以成为企业家创新行为的阻碍因素。有人研究了企业外部的制度环境与企业家创新的关系，以企业法人代表为主的企业经营者群体为调查对象，参考我国经济结构，按行业进行分层随机抽样。调查结果表明，积极推动以简政放权为核心的政府管理体制改革、当地政府支持创新的具体政策措施以及提振企业家对宏观环境的信心，可以有效提升企业创新投入和未来创新意愿（李兰等，2015）。

（三）社会的人力资源环境

企业的各种创新活动的开展需要有各方面人才的支撑。中国企业家的创新是在中国特有的人力资源状况下进行的，社会的人力资源状况在某种程度上决定了企业家创新行为的可能性和可行性。我国人力资源状况对企业家创新行为的直接制约主要表现为：人力资源平均受教育程度低、人力资源流动质量低、地区分布不合理、中高级人力资源比例过低、人力资源的市场化配置程度低等。这一方面导致了企业家创新行为过程中遭遇人才短缺的困境，另一方面也增加了企业获取高素质人才的成本，从而在客观上制约了企业家创新行为的开展。

（四）社会的资金环境

资金的供给对企业家创新行为具有十分重要的意义：资金条件是企业家实施创新计划的关键环节，是企业家把握创新机会的前提条件，是企业家取得创新成功和进一步创新的基本保障。我国目前的融资环境对企业经营者，特别是民营企业的创新并不十分有利。这一方面是由于银行的体制、观念及利益，民营企业自身的信用与抗风险能力等因素，使得民营企业在融资方面面临许多实际困难；另一方面则是由于我国资本市场的发展还不能满足企业创新发展的需要，尤其是扶持企业技术创新的风险投资体系、资金规模管理体制等，还满足不了企业创新发展的需要。

（五）企业家角色的扮演

企业家创新行为的方向、所采取的路径及其创新活动的范围与企业家对自身工作的理解密切相关。从企业家创新行为过程分析，企业家对创新管理过程特点的认识，对自身职务性质的了解，以及对自身所扮演的角色的把握，必然影响企业家创新行为过程及其效率，甚至影响创新过程的成败。企业家在其角色扮演过程中，面临着多种角色的冲突和错位，而角色冲突与错位问题解决的程度，直接影响企业家的行为方向与行为规范。基于全国民营企业抽样调查数据库的分析发现，民营企业家地位感会影响企业创新投入，当个体企业家感知地位高于群体地位的平均水平时，企业家更偏好创新（马骏，罗衡军，肖霄，2019）。

（六）企业家的个性特征

个性因素是影响企业家创新行为的主观因素，从认识过程到情感过程再到意志过程，这些因素始终影响着企业家的行为方向。企业家个性心理因素，特别是个性倾向性直接影响着企业家对事物的评价，进而影响企业家的决策行为。在企业家的个性心理因素中，最直接影响企业家创新行为的因素是个性心理特征，即能力、性格和气质因素。一定的能力是企业家开展创新活动的前提条件。取得创新成功的企业家所依靠的绝不仅仅是某一方面的能力，而失败的企业家也绝不仅仅是由于缺乏某一方面的能力。性格对企业家创新行为的影响主要表现在管理活动中人际关系的协调、创新行为的效率及创新活动的领导方式等方面。气质对企业家创新行为虽不能起决定作用，但对其活动效率却具有明显的影响作用。

（七）企业家的成功综合征

企业家在取得短期创新成功以后反而形成抑制创新的惰性，这一现象被称为成功综合征。成功综合征是企业家长期创新的组织文化方面的障碍，在短期创新行为过程中，成功综合征并不存在。从创新流的角度分析，企业创新过程存在着渐进性创新和突变性创新两个部分。具有创新成功综合征的企业家通常专注于渐进性创新而忽视突变性创新，以至于当突变性创新来临时，企业无法应对创新所带来的挑战，最终陷入困境。对企业长期发展而言，突变性创新虽然具有很大的风险，但却是企业持续发展的重要条件。因此，如果企业家不能建立适应创新流的组织文化和组织结构，企业持续健康的发展将从根本上受到制约。

（八）企业家创新主体障碍

企业家是企业创新的最重要的主体，但这只是一种价值判断。实际上，许多企业家并不能真正扮演企业创新主体这一角色。影响企业家成为创新主体的因素主要有企业家开展创新活动的自主程度、企业家是否具有进行创新的基本能力、企业家能否承担创新活动的责任与风险、企业家所代表的利益群体等。这些因素会导致企业家创新行为的主体角色障碍，即创新主体角色错位、创新主体角色缺位及创新主体角色之间分工不合理。此外，企业家的心智模式和学习意识也是影响企业家创新主体的重要因素。

企业家创新主体障碍对企业家创新行为的影响主要有两方面：一是企业家自身的创新活动的扩散；二是对企业创新活动的推动和管理。企业家自身的主观因素是制约企业家创新行为有效开展的根本因素。基于中国民营上市公司的数据，研究者发现消极反馈与企业家创新精神存在一种倒U形的关系，即在可修复水平与期望水平的落差区间企业家会随着落差程度的增加而增强其冒险创新的动力，但在生存水平与可修复水平的落差区间企业家则随着落差程度的增加而降低其冒险创新的动力；企业所处的制度环境和企业拥有的冗余资源具有显著的调节作用，即相对不完善的制度环境降低了决策者的可感知能力，进而降低了他们冒险创新的程度，较高的冗余资源提高了决策者的修复能力，进而增强了他们冒险创新的程度（贺小刚等，2016）。因此，提高企业家的综合素质和职业技能是提高企业管理水平和创新能力的基本方向。

四、创新行为的培养

创新行为不是与生俱来的，它需要人们持续不断地学习并加以培养。培养个体的创新行为要从家庭、学校、个人、社会四个方面入手。

（一）家庭

家庭是培养个体创新行为最基础的环境，也可以这么说，家庭是培养个体创新行为的摇篮。从家庭方面来看：一要加强智力开发，重点开发个体的观察力、记忆力、想象力、操作力、思维力、质疑力等；二要从小培养个体的专门技能或特殊才能，如艺术家的培养、发明家的培养等。

（二）学校

学校能够带给个体更多创新知识和创新技能，帮助个体更好地成长，产生更多的创新行为。学校是培养个体创新行为的关键场所，充分发挥学校的作用，能够对个体创新产生更强的推动力。就学校方面而言：第一，要加大对人才基础知识、专业知识和交叉知识的培养，使之具有较扎实的知识基础；第二，加强科学经验的积累，使我们了解优势、弥补不足，更好地通过经验产生新概念，生成创造力，产生创新行为；第三，培养专业意识，通过专业意识的教育和培养，使之对某一专业或某种事物产生兴趣，进而深入该领域之中进行研究；第四，培养创造性思维，如非逻辑的、非程序化的思维，包括判断、推理、想象、直觉、顿悟、灵感等，使思维具有敏锐性、独创性和多向性；第五，提高认知能力，如观察能力、联想能力、分析能力等；第六，掌握创造学理论和技巧，如智力激励法、组合法、类比法、联想法、列举法等。

（三）个人

1. 适度的创新动机

阿马比尔（Amabile）认为，对创造力或创新而言，内在的动机比外在的动机更有效。卢伯特和斯腾伯格于 1995 年提出，动机对创造力的影响遵循耶克斯-多德森原则，按照该原则，中等程度的动机比很高或很低程度的动机效果要好，即高水平的动机使个体更多地关注目标而不能有效地集中于创造性工作本身。简而言之，一个有适度创新愿望的人更有可能做出创造性行为，缺少一定的创新动机，个体的创造性潜能将得不到很好的发挥。

2. 自信乐观的态度

胆怯无助于创新，害怕失败、害怕暴露自己的局限、害怕遭人讥笑，对创新行为而言是一个很大的障碍。因此创新人才必须具有乐观、愉快、自信的积极态度。

3. 较强的自我管理能力

自我管理指个体成为自我认知资源的一个积极的管理者。关注自己的思想过程并对自己的思维承担责任，它包括了解自己作为一个创新者的长处和短处，并想办法取长补短。这意味着创新者要主动地努力去寻找能促进自己创造性工作的条件。

4. 坚强的意志力

成功是创新行为的推动因素，而失败会使人失去动力。但这并不意味着，创新者绝不允许有失败的经历，他应当将由于真正努力而导致的失败看作学习的机会，要拥有从挫折中站立起来的韧劲和执着。

5. 具备创新精神和勇气

创新者要养成实事求是、开放乐观的精神，要有敢于创新、挑战权威、坚持真理、接受新事物的勇气。

（四）社会

社会需要形成有利于创新的社会背景和文化，形成创新的氛围。特别是对于那些过去很少有成功经历的人来说，需要一种激励和奖励创新性努力的环境。即使没有非常成功，努力本身也应该得到奖励。很多研究者都强调了激励性环境对创造性思维有十分重要的影响。研究者通过对两个不同行业、不同上下级配对方式的样本进行检验，发现挑战性压力源、领导-成员交换和辱虐管理对员工创新行为有显著的三维交互作用，即领导-成员交换水平高、辱虐管理水平低时，挑战性压力源与员工创新行为正相关，在其他条件下，挑战性压力源与创新行为不相关或者负相关（孙健敏，陈乐妮，尹奎，2018）。

1. 加强协作与交流

人与人之间的协作能够激发创造力，应鼓励创新者之间相互交流，从而获得灵感、受到启示。创新者在绝大多数情况下从事的都是独立钻研的工作，但有的课题或项目可能会需要几个单位、几个部门，甚至数国的科研者的联合协作。在这种情况下，创新者的团结协作、互相配合、无私地奉献个人的研究成果（属于国家机密的研究成果除外）的集体主义精神就显得非常重要。

2. 注重实践

在发明创新成果的过程中，往往需要大量的试验，同时创新成果向现实生产力转化，也需要创新者具有较强的实践能力，这种能力是实现创新成果产生现实价值的必要途径。

五、组织创新

对于组织创新的含义，学者们做出了不同的描述，大致有以下几类：(1) 组织创新是组织结构的调整和优化；（2）组织创新依附于技术创新而存在，是技术创新的特殊资源，是技术创新的基础和保障；（3）组织创新是组织成员责、权、利关系的重新构建。

对于组织创新中的“创新”，应视为一个活动过程。它既是组织中的管理者及其他组织成员对新的组织系统的开发过程，也是开发出的新成果的采用、改进和完善的过程。因此，组织创新的完整概念可以表述为：组织创新是组织中的管理者和其他成员为使组织系统适应外部环境的变化或满足自身内在成长的需要，对内部各系统及其与外部环境相互作用机制的调整、开发和完善过程。这一定义有以下几方面的含义：（1）组织创新活动的主体既包括组织中的管理者，也包括组织中的其他成员，组织创新的成果是组织所有成员集体智慧的结晶；（2）组织创新的对象是组织中的各个子系统及其相互作用机制，以及与组织系统外部环境的相互作用机制；（3）组织创新的诱因既可能是外部环境的变化，也可能是组织自身成长的内在需要；（4）组织创新是一种创造性的活动，而不是对其他组织的创新成果的简单移植。

（一）组织创新的内容

组织创新包括组织结构与职权分配的创新，组织目标、任务与流程的创新，组织中人员、观念与文化的创新等。企业组织创新具体包括以下内容。

1. 管理体制创新

管理体制创新就是以集权和分权为中心，全面处理企业纵向各层级之间关系的责权利体系。

2. 组织结构创新

组织结构创新就是要正确解决企业纵向组织结构问题，同时考虑横向每个层级应设置哪些部门，部门内部应设置哪些职务和岗位，以及怎样处理好它们之间的关系，以保证彼此间的协调配合。

3. 横向协调创新

横向协调创新就是要采取适当的组织形式和办法，使各个部门之间既有分工又密切配合，同时保证组织结构顺畅、高效运行。

4. 管理流程创新

管理流程创新就是把各个管理环节按照管理工作的程序联结起来，形成管理工作网络，对管理流程进行设计与优化，建立健全以业务流程为核心的一整套管理制度。

5. 运行机制创新

运行机制创新就是建立同市场经济相适应的、有利于充分发挥各个环节和全体员工积极性的、具有企业特色的动力机制与约束机制。

6. 组织文化创新

组织文化反映了企业组织的战略愿景和经营理念，是现代企业发展的精神向导，因而进行组织文化创新是成功实施可持续发展战略的关键。

（二）增强组织创新能力的具体措施

1. 增强组织创新的主动性

企业应通过自身的努力，建立更为规范的现代管理制度、更加完善的激励与约束机制，逐步建立并完善一整套企业可持续成长的动力机制，进而提高企业组织创新行为的主动性。

2. 建立科学的职能结构

企业组织创新要集中资源强化企业核心业务与核心能力，加强知识管理，突出关键职能，建立富有组织特色的职能结构。

3. 构建学习型组织

企业要建立一个能够保持企业持久创新能力的学习型组织，在学习型组织内部建立起完善的“学习机制”，将成员与工作有效结合起来，使组织在个人、工作团队以及整个系统、各个层次上得到共同发展。研究表明，战略学习的两个核心维度——组织学习和知识管理通过动态能力的中介作用对组织创新有显著的正向影响；也有研究发现组织学习通过促进员工的组织承诺提升了组织创新绩效。

本书第十三章对组织学习和学习型组织有更深入的介绍。

4. 加强信息与知识共享合作

企业应重视在组织中嵌入信息与知识共享平台，建立共享知识和不断学习的组织文化，使组织变成终身学习和知识创新的基地。提供配套的激励机制，使组织中所有人乐于共享自己的知识，从而促进组织创新能力的提升。

5. 构建创新的组织文化与组织气氛

企业只有树立创新的理念，才能够最大限度地克服组织创新的阻力，为组织创新提供最佳的环境。组织创新管理必须致力于营造创新型文化和组织学习氛围，并在此情境中建立起知识共享和转移的激励机制和分散化决策机制。国内有研究者提出并检验了创新导向的人力资源管理实践系统并分析其作用机制，发现创新导向的人力资源管理实践对组织创新有显著的正向作用，创新氛围在其中发挥了中介作用，但在正式化和集权化的决策体系下这种关系会变弱。

6. 重视组织结构的创新

为了便于组织知识的共享、创新以及组织决策效率的提高，组织结构的创新要综合考虑组织的各种要素，构建柔性化、扁平化、网络化的知识体系。

7. 树立以人为本的管理思想

企业要为员工建立宽松的工作环境和充满协作的文化氛围，建立良好的人才培养制度，形成人才导向机制，鼓励员工施展抱负，不断开发其潜能，进而实现企业与个人共同发展的良性格局。

8. 重视组织创新整合

企业在组织创新活动中要重视各项活动的协同配套推进，技术创新和组织创新结合，结构、文化和战略结合，重视组织创新的各项活动之间的整合。

9. 加强横向协作

企业在组织创新的过程中，对于组织的外部关系，应将竞争和协作并重，既竞争又合作，同时为了弥补自身资源的不足，可以考虑借助外部资源推动组织创新的进程。

管理视野

华为的创新

在过去的30年时间里，大多数中国民营科技企业总是逃脱不了“各领风骚三五年”的宿命，我们也听到和看到太多关于中国民营企业崛起、衰落、倒闭的悲伤故事。但是华为从2万元起家，从名不见经传的民营科技企业，发展成为世界500强之一和全球最大的通信设备制造商，创造了中国乃至世界企业发展史上的奇迹。这其中有什么奥秘呢？

一、华为的创新精神

“不创新才是华为最大的风险”，华为总裁任正非的这句话道出了华为骨子里的创新精神。“回顾华为20多年的发展历程，我们体会到，没有创新，要在高科技行业中生存下去几乎是不可能的。在这个领域，没有喘气的机会，哪怕只落后一点点，就意味着逐渐死亡。”正是这种强烈的紧迫感驱使着华为持续创新。

华为的创新体现在企业的方方面面。华为不是为创新而创新，它打造的是以客户需求、市场趋势为导向，紧紧沿着技术市场化路线行进的创新。这是一种可以不断自我完善与超越的创新力，这样的创新力才是企业可持续发展的基石。

二、自主创新发展之路

（一）小灵通与3G

华为对技术投资一直具有长远战略眼光。如在“小灵通”火热时期，许多企业抓住机会，赚了不少真金白银。相比之下，华为却把巨资投入到当时还看不到“钱景”的3G技术研发上，华为也因此被外界扣上“战略失误”的帽子。但任正非认为，3G才是代表未来主流技术的发展趋势。事实证明，任正非的判断是正确的。华为从1996年开始在海外布局，在国内市场遭遇3G建设瓶颈的时候，华为在海外市场开始有所斩获，如今华为已成为全球主流电信运营商的最佳合作伙伴。

现在，华为的产品和解决方案已经应用于150多个国家和地区，服务全球1/3的人口。在全球50强电信运营商中，有45家使用华为的产品和服务，其海外市场销售额占公司销售总额近70%。2010年华为跻身“全球最佳技术创新公司”前5名，成为“中国创造”的标杆。

（二）技术引进、吸收与再创新

华为的技术创新，更多表现在技术引进、吸收与再创新层面，主要是在国际企业的技术成果上进行一些功能、特性的改进和集成能力的提升。对于所缺少的核心技术，华为通过购买或支付专利许可费的方式，实现产品的国际市场准入，再根据市场需求进行创新和融合，从而实现知识产权价值最大化。

任正非说：“科技创新不能急功近利，需要长达二三十年的积累。”中国企业要走出国门，融入世界，做大做强，就必须摒弃赚“快钱”的心态，舍得在技术升级和管理创新上花钱，转型和升级才可能实现。华为不赚“快钱”赚“长钱”的思想值得很多企业学习借鉴。

（三）先进的企业内部管理体系

在国际化进程中，华为认识到先进的企业内部管理体系的基础作用。华为不惜花数十亿元资金，引入先进的管理理念和方法，对集成产品开发、业务流程、组织、品质控制、人力资源、财务管理、客户满意度等方面进行了系统变革，把公司业务管理体系聚焦到创造客户价值这个核心上。在产品研发上，华为“以客户需求为导向”，以客户需求驱动研发流程，围绕提升客户价值进行技术、产品、解决方案及业务管理的持续创新，快速响应客户需求。同时，华为还坚持“开放式创新”，先后在德国、美国、瑞典、英国、法国等地设立了23个研究所，与世界领先的运营商成立了34个联合创新中心，从而实现了全球同步研发。

第四节 创 业

一、创业者的素质

简单地说，创业就是创造一个新事业。德鲁克（Drucker）于1985年指出，创业就是将资源从生产力较低的地方转移到较高的地方。由于创业研究是一个多学科交叉的领域，来自不同领域的学者皆从不同角度对其进行阐释，导致创业的定义至今仍相当模糊。对于创业，经济学家强调的是创新、风险和信息；心理学家强调的是创业者的个性心理和认知特性；管理学家强调的是资源组织和价值创造。

从创业的内涵来看，沙恩（Shane）和文卡塔拉曼（Venkataraman）于2002年指出将创业研究聚焦于机会来源，发现、评估、利用机会的过程，以及发现、评估、利用机会的个人。还有学者从创业特征的角度定义，如多林格斯（Dollingers）于2003年提出创业的三个主要特征：创造力与创新、资源整合与经济组织的成立、在风险与不确定环境下的成长机会与能力。他将创业定义为在风险与不确定环境下创造出一个新经济组织。关于创业者，熊彼特认为创业者就是实践创新组合的人。有学者则认为创业者就是新企业的创始人。还有研究者认为，创业者是发现和利用机会，负责创造新价值（一项创新或一个新组织）的个体。

素质是人们完成一定活动与任务所需具备的基本条件，一般包括心理特质、品格特征、经验特征和能力特征等几个方面。肖鸣政、马克·库克在《人员素质测评》一书中指出，任何一个人的事业成就与发展，都离不开其优良的素质。创业者素质是指创业者为实现成功创业所需具有的独特品质和能力。它是随着创业活动的深入而不断提高和逐步完善的，在一定程度上决定了创业的成败。它具体表现为创业者的基本素质和能力素质。

（一）创业者的基本素质

1. 身体素质

身体素质指创业者应该具有健康的体魄和充沛的精力，能够适应新创企业外部协调和内部管理的繁重工作。

2. 思想素质

思想素质指创业者应该具有的强烈的社会责任感、事业心和敬业精神，这些内在动力能够驱使他们拼命工作。

3. 心理素质

心理素质指创业者个人的心理条件，由创业者的自我意识、气质、性格、情感、价值观等心理要素构成。由于创业活动的特殊性，往往要求创业者具有与常人不同的心理条件。这种心理素质主要体现在敢于冒险、不惧怕创业失败、对自己高度自信、吃苦耐劳、有强烈的成功欲望。

4. 知识素质

知识素质指创业者所应具有的较为丰富的专业知识和管理知识，如新创企业所涉及的技术、工艺知识，管理企业所需具备的人力资源、营销、财务等方面的知识。创业者的知识素质对企业经营活动发挥着重大的作用，创业者所具有的良好知识素质有助于他胜任创业管理活动。

5. 经验素质

经验素质指创业者在创业前与创业过程中实践锻炼和经验的积累。具备一定的经验，可以使创业者及时规避不必要的风险、增加创业成功的概率。

（二）创业者的能力素质

创业者的能力素质指创业者解决创业及创业企业成长过程中遇到的各种复杂问题的本领，是创业者基本素质的外在表现。它也是创业者整体素质体系中的核心要素。从实践的角度看，表现为创业者把知识和经验有机结合起来并运用于创业管理的过程。它具体包括以下几项。

1. 机会识别能力

机会总是降临在善于捕捉机遇的人身上。在稍纵即逝的机会面前，能敏捷捕捉、明智决断，是创业者的基本能力。只有具备这种能力的人，才能不失时机地进行创业，成为合格的创业者。

2. 风险决策能力

创业者的风险决策能力集中体现在创业者的战略决策上，具体表现为创业者在确定战略发展目标、选择商业模式和制定经营策略等方面的能力。

3. 战略管理能力

创业是一种可以管理，也需要管理的系统工作，而绝不能坐等灵感的降临。因此，创业者必须在创业过程中始终保持着常态的管理意识。只有通过常态的管理机制，才能更多更好地捕捉各种各样的发明创造。

4. 开拓创新能力

创业者必须具备创新能力，这是由经营管理活动的竞争性所决定的。只有不断地用新的思想、新的产品、新的技术、新的制度和新的工作方法来替代原来的做法，才能使企业在竞争中立于不败之地。

5. 创业网络构建能力

创业者必须善于建立本行业的广泛社会网络。密集的行业网络沟通有助于创业者从中获取高回报的创业信息，促使创业者在巨型网络提供的信息中，吸取经验教训、培养创业精神，既勇于冒险又坦然接受失败。

6. 组织管理能力

创业者具有把各项生产要素有机组合起来，形成系统整体合力的杰出才能。创业者就是研究、开发、生产、销售等各个环节的协调者、组织者和领导者。

成功的创业者，其思想和行为常常与众不同，他们善于创造商机、发现商机并抓住商机，他们所具备的技能和相关经验是创业企业能够获得长期持续发展并最终获得成功的关键因素。一般来说，成功的创业者都具有某种相似的处事态度和行为方式，他们大多工作努力，自信心强，具有成功的坚定信念；他们大多具有强烈的社会责任感，为人诚实、正直；他们大多具有坚忍不拔的毅力和良好的心理素质、强烈的危机意识和严谨的工作作风；他们大多具有很强的竞争意识，敢于超越，善于寻找并把握创业机会。成功的创业者不仅拥有创造的本领，同时也具备良好的管理技巧、商业技能以及关系网络。他们拥有的经验和专业技术在成功创建一个新企业的过程中扮演着重要角色。

二、创业过程

创业过程（creation process）是创业研究的焦点之一，了解创业的过程，可以充分揭示新创企业发展的整个脉络，为创业研究奠定充分的理论基础，同时对创业者以及创业投资者的行为策略选择也有重要的指导意义。

广义的创业过程通常包括一项有市场价值的商业机会从最初的构思到形成新创企业，以及新创企业的成长管理过程。狭义的创业过程往往只是指新企业的创建。早期研究主要从活动角度描述创业过程，如加特纳（Gartner）在 1985 年指出，创业过程是新组织的创建过程；加特纳和雷诺兹（Reynolds）在 1996 年提出，创业过程包括商业计划成为现实企业组织过程中的所有事件。近期的研究尝试从过程角度概括创业过程，如蒂蒙斯（Timmons）于 1999 年提出，创业是一种思考、推理和行为过程，这种行为过程是机会驱动、注重方法和与领导相平衡的；沙恩和文卡塔拉曼 2000 年提出，创业过程是围绕机会识别、开发与利用的一系列过程。这些对创业过程的概括，其本质在于试图从特定角度描述创业过程的动态性与复杂性内涵，即创业过程确实蕴含一系列活动及隐含在这些活动背后的关键要素（复杂性），并且这些活动与关键要素遵循一定的逻辑顺序与平衡关系。然而，这些活动的逻辑顺序及关键要素的平衡关系并不拘泥于固定的模式（动态性），最终呈现为微观层面千差万别的创业过程。

创业过程的动态性与复杂性决定了创业过程研究的独特性，是创业研究成为独立学术领域的基础。创业过程研究遵循从创业过程的动态性与复杂性出发，挖掘创业过程中的理性成分，归纳创业行为一般规律的思路，具体表现为对创业过程动态性与复杂性特征的不同侧重点，大致遵循由侧重复杂性的理论模型到注重动态性的理论模型，最后强调动态性与复杂性相融合的理论模型的内在逻辑。

（一）侧重复杂性的理论模型

早期的创业过程研究侧重从复杂性特征出发解释创业行为过程，着重识别创业过程的构成要素及其相互作用关系，这类研究在一定程度上带有强调创业者特殊人格特征的烙印。其代表是加特纳于1985年在其论文《描述新企业创立现象的理论框架》中构建的创业过程理论模型。加特纳认为创业者与新创企业之间的差异并不比创业者与非创业者之间、新创企业与非新创企业之间的差异小，因此创业过程的理论模型应该是多维度的，需要分析多个关键变量及其互动关系。其理论模型主要由四个要素构成，并强调这四个要素之间的相互作用：个人，即创立新企业的个人；环境，围绕并影响组织的情势；组织，即所创立的新企业；创立过程，个人所采取的创立新企业的行动（见图9-2）。

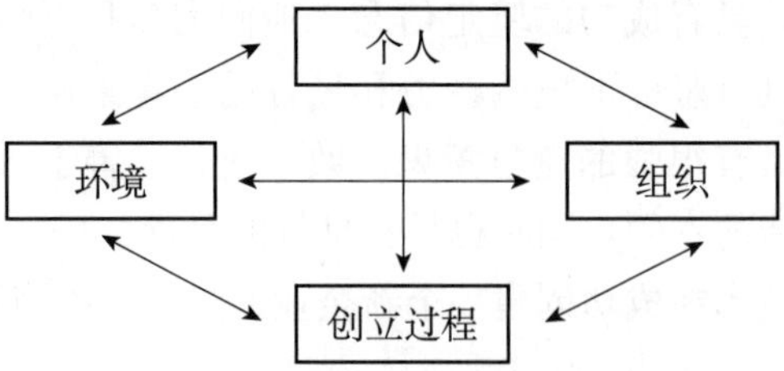

图9-2　加特纳的创业过程理论模型

加特纳提出了创业过程理论模型，率先从创业过程复杂性出发解释创业过程，比较全面地概括了创业过程的构成要素，为后续的创业过程理论模型提供了雏形。然而，侧重创业过程复杂性的加特纳模型的主要不足在于，其只对一系列的构成要素进行集合，使模型显得非常复杂，未能清晰阐释各要素之间的相互作用关系；更为重要的是，加特纳的模型缺乏针对性，如果将“个人”理解为企业管理者，将“创立过程”理解为管理过程，那么该模型对描述一般企业管理活动仍然有效。这主要缘于加特纳的模型对创业过程动态性的忽视，而动态性恰是创业活动与存在可参考程序的一般企业管理活动的本质区别。

（二）侧重动态性的理论模型

20世纪90年代前期，创业实践的繁荣引发了对创业技能与理论的高度需求。顺应这一趋势，理论界构建了大量侧重动态性的创业过程理论模型，试图以时间为标准，结合企业生命周期理论来探讨创业过程相关活动的逻辑顺序，为创业实践提供方向性指导。具有代表性的理论模型是霍尔特（Holt）与奥利芙（Olive）构建的理论模型。

1992年，霍尔特从企业生命周期出发，认为创业过程会经历四个阶段——创业前阶段、创业阶段、早期成长阶段及晚期成长阶段，并指出各阶段不同的活动内容与重点。在创业前阶段，创业者应做好创业计划及前期工作，包括筹集资金与创建企业；在创业阶段，创业者需要确认企业的市场定位，并为确保新企业存活而进行适当的调整；在早期成长阶段，创业者须应对市场、资金与资源使用方面的变化；在晚期成长阶段，创业者应构建专业管理体系，以提高新企业的活动效果与效率。

2001年，奥利芙从个人事业发展角度，将创业过程区分为八个阶段，它们分别是：决定成为创业者；精选创业机会；进行初步分析；组建管理团队；制定创业计划；拟定行动计划；早期的运营和成长；取得个人与公司的成功。

霍尔特和奥利芙的理论模型较直观地勾勒出动态的创业过程，从一定程度上弥补了复杂性模型罗列构成要素的缺陷，揭示了创业过程一系列活动的逻辑顺序，体现出对创业过程的独特针对性。然而，注重动态性的理论模型往往根据线性模式来考察创业的动态性特征，着眼于识别创业过程的各种活动，然后借鉴相关理论将这些活动归入模型的某个阶段，这样的处理可能会造成因概念类似而将两个发生时间相差较远的事件划入同一阶段。

（三）动态性与复杂性相融合的理论模型

20世纪末，理论界逐渐认识到创业过程的动态性与复杂性特征是创业研究不同于一般管理研究的根本所在，并进一步以创业过程的动态性与复杂性融合为基础，借鉴经济学、战略管理、行为科学、市场营销学等多学科领域的成熟理论，提出了一些融动态性与复杂性于一体的创业过程理论模型。其中，最具影响力的理论模型当属蒂蒙斯模型与克里斯蒂安（Christian）模型。

1999年，蒂蒙斯在《新企业创立：21世纪的创业学》一书中提出了一个影响深远的创业过程理论模型（见图9-3）。蒂蒙斯认为，创业过程是创业机会、创业团队和资源之间适当配置的高度动态平衡过程，创业机会、资源与创业团队是创业过程的关键构成要素，其中创业机会是创业过程的核心要素，创业过程实质上是发现与开发创业机会的过程；资源是创业过程的必要支持，是开发机会谋求收益的基础；创业团队是在创业过程中发现和开发机会、整合资源的主体，是新创企业的关键构成要素。

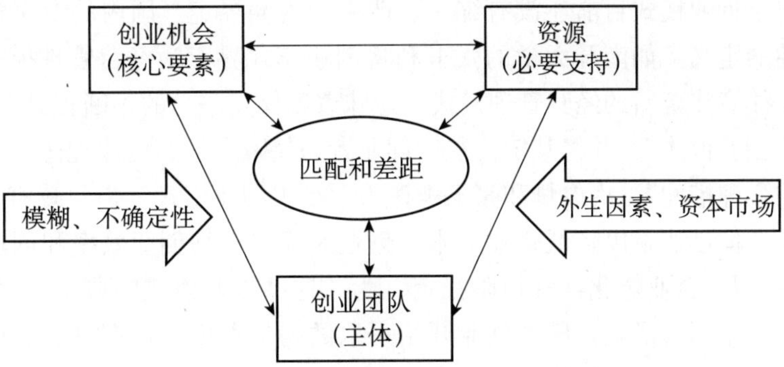

图9-3　蒂蒙斯的创业过程理论模型

蒂蒙斯的模型运用创业机会、资源与创业团队三要素来概括创业过程的复杂性，采用三要素的动态平衡过程来总结创业过程的动态性，揭示了创业过程的动态性与复杂性特征。蒂蒙斯认为，随着时空变迁、机会模糊性、市场不确定性、资本市场风险及外在环境等因素对创业活动的冲击，创业过程充满风险与不确定性，创业机会、创业团队和资源三要素也会因相对地位的变化可能产生失衡现象。如创业初期机会挖掘与选择是关键，创业团队的决策重心在于迅速整合资源以抓住创业机会；随着新企业的创立与成长，资源的日渐丰富，企业面临更为复杂的环境，创业团队的决策重心转向合理配置资源以提高资源使用效率等活动。

借鉴蒂蒙斯模型的思路，克里斯蒂安于 2000 年提出了基于创业者和新企业互动的创业过程理论模型（见图 9－4），认为创业者与新企业是创业过程的关键构成要素，创业过程实质上是在外部环境作用下的创业者与新企业的紧密互动过程，将新企业创立、随着时间变化的创业流程管理、协调与平衡外部环境网络之间的关系等视为创业者在创业过程中的主要活动内容，是创业过程研究的核心问题。

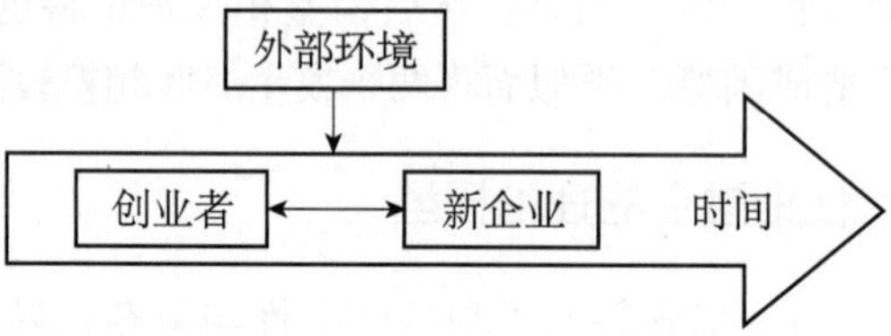

图 9－4　克里斯蒂安的创业过程理论模型

创业过程的动态性与复杂性决定了创业研究的独特性，融合动态性与复杂性的蒂蒙斯模型与克里斯蒂安模型为创业实践与创业研究提供了令人耳目一新的框架，奠定了创业管理理论的基础。虽然两个模型均未深入研究基于创业机会、资源与创业团队互动的创业过程管理，未能在三个关键要素之间如何匹配、如何应对外部不确定性等问题上得出实质性的结论，但毋庸置疑，它们仍是目前最贴近创业过程特征的理论模型，为探索创业过程的研究指出了方向。

三、创业模式

理论界对于创业模式目前还没有统一、严格的内涵界定。国内的专家学者只是给出了一些描述性的定义，如南开大学的张玉利将创业模式界定为经营管理模式，认为“新的创业模式往往意味着新的经营管理模式，意味着整体竞争力的不断提升”。刘源远等提出了“优秀的创业模式”，并将其定位在“创业者为保障自身的创业理想与权益，而对各种创业要素的合理搭配”。卢俊卿和张永谦认为“组织创业模式”是“政府、企业和其他相关组织帮助个体创业，以降低企业成本、创业风险，提高创业效率和创业成功率的一种创业模式”；视“企业孵化器和风险投资”为“这种创业模式的典型代表”。在不同阶段，创业模式有不同的形式，比如创业开始采取的初创期模式，在发展过程中形成的成长期模式，以及企业发展成熟稳定后的定型期模式。创业模式在一定时期内保持相对稳定，但也具有明显的时代特征，随着技术发展和社会变迁，在某一时期成熟、稳定的创业模式还会被淘汰，或进行改造和更新，最终为新的模式所取代。

（一）创业模式的分类

按照创业主体的不同，可以将创业模式划分为个人独立创业和公司附属创业；以创业的起点分为创建新企业和公司再创业；根据创业的时代特征，创业模式可以分为新兴创业模式和传统创业模式。传统创业模式是基于对人力、物质等资源的最大化占有，在所有权控制的基础上形成规模效应而获取最大利润；而新兴的创业模式（如电子商务、网络游戏）是构筑在经营策略、专利等智力资源的基础上，以非所有权控制为特征，以满足顾客需求为至上宗旨的创业模式。

按照创业中生产要素类型的不同，即是否主要依靠技术创新获取价值增值和竞争优势的标准，创业模式还可分为以技术创新为主的创业和以非技术创新为主的创业。前者的特点在于对技术的独占，通过对新技术进行商业化开发，将技术专利转变为商业用途来赚钱；后者则是运用现有的资源（包括现成的技术、方法等），通过新奇的创意成功创业，如“分期付款制改变了经济”。以非技术创新为主的新兴创业模式正成为人们研究的重点。

（二）创业模式的影响因素

1. 创业者的创业动机

创业动机是创业者由于个体内在或者外在的需要而在创业时表现出来的目标或愿景，它在创业过程中驱动创业者的行为并影响创业绩效。创业是创业者在满足自身内在需要的基础上做出的决定。这些需要包括经济需要、社会需要（渴望成为集体中的一部分、融入集体并得到集体的承认以及在集体中受到尊重）、发展需要（渴望实现个人目标以及在智力或精神方面不断获得发展的需要）。高日光、孙健敏等研究者在 2009 年通过实证研究发现，我国大学生创业动机具有四个维度：自我实现、追名求富、社会支持和家庭影响。显然，这四个因素与国外的研究结果并不一致，其原因值得深入探讨。人们的创业动机还会受到以下因素的影响：创业者个人资源禀赋，如家庭背景、年龄、教育、工作经历等；有关创业方面的知识；成功创业的可能性，即必要的资源——启动资金、人力资源、社会网络关系以及创业者必须具备的经验和技能；面临的风险，包括经济风险、社会风险和心理风险；对选择的期望值。

2. 创业者的机会识别与开发能力

创业者识别创业机会的过程就是收集、处理信息的过程，始于对具体市场或工作问题的反应。他们感知到的创业机会往往以特定创业与工作背景为依托，以往对相关市场、技术知识的积累有助于提升创业者正确判断信息价值的能力，即使没有调查，他们处理信息并识别潜在创业机会的能力亦高出其他人，因而决定着创业者的机会感知力。创业者中相当部分是在工作的产业内发现创业机会并实施创业活动的，这表明所感知的机会与创业者以前的工作或者市场经验高度相关。影响创业机会识别的因素主要有创业者的经验知识、技能。

3. 创业者的资源整合能力

创业是在资源匮乏的前提下，创造新颖的产品或者服务并实现其潜在价值的过程。

除了创业者资源禀赋与创业机会以外，创业者往往一无所有。创业需要的庞大资源和新创企业实际控制的有限资源之间存在着“资源差距”。创业过程中，资源差距可能持续存在，并以不同的形式出现，为新创企业制造一种“建设性的压力”，激励新创企业不断创新发展。创业初期，嵌入创业环境的创业者的资源禀赋是其创业行为的基础，而其资源禀赋构成的异质性决定了微观层面创业行为的随机性与多样性，外化为某些创业者的新创企业绩效天然优于其他创业者的新创企业绩效。在这一阶段，创业者要整合资源，开办、经营企业，需要具备分析决策、组织管理、社会网络构建等能力。

4. 创业者的经营能力

创业者的经营能力具体包括战略相关能力、开拓创新能力以及承诺相关能力。战略相关能力，指的是创业者根据战略导向来应对不同职能领域的事务和外部环境不确定性的能力，需要通过长期的实践和学习才能获得，通常在创业企业进入成长期和成熟期发挥重要作用；开拓创新能力，是创业企业必须具备的创新能力，这是由经济活动的竞争性决定的，而提高竞争力的关键在于发挥创业企业的创新能力；承诺相关能力，即驱使创业者个人永续经营的能力。成功的创业者被描述成坚忍不拔的智者，这些人往往在承担责任、奉献以及预先采取行动等方面具备卓越的能力，具有完成新创企业从诞生到结束整个过程的强大动力。有研究基于调节焦点理论，分析了企业家创业意图的形成机理，发现促进焦点的人具有更强的商业创业意图，防御焦点强的人的社会创业意图明显；高市场化程度强化促进焦点个体的商业创业意图，低市场化程度强化防御焦点个体的社会创业意图；强社会网络推动促进焦点个体产生更强烈的商业创业意图，推动防御焦点个体产生更强烈的社会创业意图。有研究从逆境与挫折、外部机会视角阐明了创业坚持的内涵，从创业者、企业和外部环境三个层面梳理了创业坚持是影响创业成功的关键因素，但也是一把双刃剑，在提高创业者的工作满意度和财富收入，以及促进企业创建、成长和企业绩效的同时，也可能引发遗憾和工作-家庭冲突。

案例与应用

腾讯公司的创新理念

腾讯公司成立于1998年11月，是中国创立最早、最成功的互联网企业之一。1998年11月12日，马化腾与张志东共同筹资注册成立深圳市腾讯计算机系统有限公司，推出无线互联网寻呼解决方案。2004年6月16日，在香港联合交易所主板公开上市，2008年6月10日起，腾讯控股（00700. HK）入选恒生指数成分股，腾讯成为首个入选香港重要成分股指的中国互联网企业。2009年，腾讯营收总额达到人民币124亿元，净利润52亿元，市值超过400亿美元。经过多年的高速发展，腾讯公司成为目前中国最大的互联网综合服务提供商之一，以及中国服务用户最多的互联网企业之一。腾讯业务横跨即时通信、网络游戏、社交网络、互联网增值服务等领域，收入来源多样，各项业务稳健快速增长。

在腾讯公司看来，没有创新就没有腾讯，创新对于公司和个人都非常重要。腾讯公司的创新战略经历了模仿、引进、学习、创新的过程，走过了学习型创新、整合创新和战略创新三个阶段，并持之以恒地坚持下来，逐渐融入公司的文化之中，成为腾讯公司快速向前发展的不竭动力。

模仿是企业提高技术能力的重要学习过程。与大多数成功的国内互联网公司类似，腾讯公司的成功也从模仿开始，但其成功之处也许是能够在模仿中进行有效的创新。腾讯公司的核心产品QQ即是这种模仿创新的典型案例，当初，QQ是作为ICQ的一个模仿者出现在中国用户面前的。此外，腾讯公司目前众多的产品中几乎都能找到这种模仿式创新的影子：网络游戏、电子商务（拍拍网）、无线增值以及门户网站（www.qq.com）等。不仅是在产品层面，而且在创新机制的建立上，腾讯公司也并不回避模仿。2006年10月，腾讯公司宣布投资上亿元人民币设立腾讯研究院，以吸引中国科学家和技术人员加盟，这无疑同谷歌和微软等跨国公司的研发创新机制有相似之处。

在成功的模仿过程中，腾讯公司将引进和学习很好地结合在一起，在引进、学习的基础上进行创新。腾讯公司认为创新和学习是相辅相成的关系，没有学习做基础的创新，会陷入凭空捏造；反之，如果只学习而没有创新，那么学到的也只是一些死的知识，不能真正转化为现实的生产力。1998—2004年是腾讯公司创新发展的第一个阶段，这个阶段也被称为“学习型创新阶段”，当时典型的产品就是QQ。除QQ外，学习型创新理念还渗透到QQ的许多产品，比如离线消息、QQ群、魔法表情、移动QQ、炫铃等。

后来，腾讯公司于2011年1月21日推出了一个为智能终端提供即时通信服务的免费应用程序，也就是现在大家非常熟悉的微信。

“创新和引入并不矛盾。例如日本和韩国的汽车，都是从引入做起然后才开始去创新。我们所提倡的是聪明的引进，并不断地在此基础上进行创新。”腾讯公司董事会主席马化腾这样解释公司的创新策略。腾讯公司联席首席技术官（CTO）熊明华更是清晰地说明了引进、学习和创新的关系：“需要强调的是，‘引进’这个词听起来，没有任何创新的成分，但我们在引进的时候，要抱着学习的心态，在引入时要看其成功和失败的经验是什么，核心技术到底是什么，而不是一个界面UI，或是一个功能，我们所提倡的是聪明的引进，在引进中学习，并不断地在此基础上进行创新。”腾讯公司鼓励员工在工作中持续学习，并给员工提供丰富的学习渠道，比如亲身到韩国的游戏公司学习、观摩等，只有更多地接触到新的知识才能更多地发现机遇和触发创新。腾讯公司通过一系列的制度安排使学习与企业的工作及活动各层面相结合，实现企业创新发展。

随着腾讯公司创新机制的建立，自主创新已经融入公司文化。公司提倡创新文化，尽量为每一位员工提供创新的机会和氛围，让员工在繁忙的工作中也能保持活跃的思维，从而使每个人都能保持工作的激情。腾讯公司所提倡的创新概念已融入日常的工作中，任何人在任何时候都可以进行创新。目前，腾讯公司已经将创新从技术、产品层面，逐渐扩展到商业模式、用户体验等层面，公司内部掀起新一轮的战略创新，为竞争者设置更高的进入壁垒。

分析思考：

1. 腾讯公司的创新战略是怎样的？经历了哪几个阶段？
2. 你如何看待腾讯公司的创新理念？

基本概念

创造力	传记研究	实验研究	创造力测量
发散思维测验	顿悟类测验	同感评估技术	创新
创新者	创新行为	组织创新	创业
创业过程	创业模式		

本章要点

1. 创造力是一种提出或产出具有新颖性（即独创性和新异性等）和适切性（即有用的、适合特定需要）的工作成果的能力。创造力可能是想象活动或者是思维的综合，但结果并不是单纯的累积，它可能包括新模式的形成，从过去经验中得到的信息的综合，将已有的联系迁移到新情境中，也可能包括新关系的产生。

2. 创造力可以分为两个层次，即潜在创造力和现实创造力。影响潜在创造力的因素主要包括能力倾向、专业素质、个人特征和后天成长，影响现实创造力的因素主要包括协作、实践、创新特质。创造力研究中经典的研究方法是传记法、实验法和心理测量法，较新的研究方法有创造力的计算机模拟研究和跨文化研究等。创造力测量领域中的四类主流测量技术包括：发散思维测验、顿悟类测验、创造力成就测验和同感评估技术。

3. 创新者的素质表现在创新者应具备无私奉献、敢于质疑与超越、坚忍不拔、团结协作的精神以及高度的自信心；具备广博的知识面、精深的专业知识和较强的实践操作能力；尊重客观规律、求真务实；同时还需要有发现问题的眼光、多元的思维方法和丰富的想象力等思维品质。要想成为一名成功的创新者，必须能够正确地面对创新行为的制约因素。创新行为需要人们持续不断地学习并加以培养，培养个体的创新行为要从家庭、学校、个人、社会四个方面入手。

4. 创业研究是一个多学科交叉的领域，不同领域的学者皆从不同角度对其进行阐释。经济学家强调的是创新、风险和信息；心理学家强调的是创业者的个性心理和认知特性；管理学家强调的是资源组织和价值创造。任何一个人的事业成就与发展，都离不开其优良的素质。创业者素质是指创业者实现成功创业所具有的独特品质和能力。创业者的基本素质包括身体、思想、心理、知识和经验素质；创业者的能力素质是创业者基本素质的外在表现，具体包括机会识别能力、风险决策能力、战略管理能力、开拓创新能力等。

复习思考题

1. 创造力的影响因素有哪些？如何开发创造力？
2. 简述创新者应具备的素质。
3. 简述如何培养创新行为。

4. 创业者应该具备哪些素质?

5. 简述创业过程及创业模式。

推荐阅读

1. 斯滕博格. 创造力手册. 北京: 北京理工大学出版社, 2005.

2. 希斯赞特米哈伊. 创造力: 心流与创新心理学. 杭州: 浙江人民出版社, 2005.

3. 索耶. 创造性: 人类创新的科学: 第2版. 上海: 华东师范大学出版社, 2013.

第十章 组织中的领导

【学习目标】

1. 掌握领导的概念，了解领导的价值。
2. 熟悉领导的特质理论、行为理论、权变理论。
3. 了解新近的几种领导理论。
4. 了解中国背景下的领导理论。

第一节 领导概述

“领导”这个词，想必大家都不陌生。但你真的清楚领导的含义吗？接下来就让我们打破刻板印象，重新认识“领导”这一词。

一、领导的含义

领导是一种重要的管理职能，也是人类社会活动的重要形式。任何一个组织，都离不开领导和领导者。过去，人们更多地把领导和拥有某种职务联系在一起，认为领导就是统治和指挥别人。现代的领导观念认为：领导的实质是影响别人，领导是一种影响过程。其中的差异主要集中在两个方面：（1）领导是否应该是非强制性的（即向下属施加影响时不采用权威、奖励和惩罚方式）；（2）领导与管理之间是否有区别。第二个方面尤其成为近年来的热点话题，研究者们在这方面有着不同的看法。

哈佛商学院的亚伯拉罕·扎莱兹尼克早在1986年就指出，管理者和领导者是两类完全不同的人，他们在动机、个人历史及想问题、做事情的方式上存在差异。他认为，管理者即使说不是以一种消极的态度，也是以一种非个人化的态度面对目标的，而领导者则以一种以人为本的、积极的态度面对目标。管理者倾向于把工作视为可以达到的过程，这种过程包括人与观念，两者相互作用就会产生策略和决策。领导者的工作则具有高度的冒险性，他们常常主动寻求冒险，尤其当机遇和奖励很高时。管理者喜欢与人打交道的工作，他们回避单独行为，因为这会引起他们的焦虑不安，他们根据自己在事件和决策过程中所扮演的角色与他人发生联系。而领导者则关心观点，以一种更为直觉和移情的方式与他人发生联系。

同在哈佛商学院的约翰·科特（John Kotter）却从另一角度指出了管理与领导的差异。他认为，管理主要处理的是复杂的问题。优秀的管理者通过制定正式的计划、设计规范的组织结构以及监督计划实施的结果达到有序而一致的状态。相反，领导者主要处理变化的问题，领导者通过开发未来前景来确定前进的方向，然后，他们把这种前景与组织成员进行交流，激励组织成员克服障碍达到这一目标。科特认为领导和管理是两个互不相同但又互为补充的行为体系，要达到组织的最佳效果，领导和管理具有同等的重要性，两者不可或缺。

我们使用的是广义的领导概念，它包含了目前有关这一主题的所有观点，我们把领导定义为一种影响他人的过程，这种影响可能来自一个人，也可能来自一个群体或组织。所谓的领导力，就是对别人施加影响的能力。本书所讲的领导，特指组织中的领导，是影响组织成员为实现组织目标而努力的过程。实施这个过程的人，就是领导者。这种影响的来源可能是正式的，如来源于组织中的管理职位，也可以是非正式的，由于管理职位总与一定的正式权威有关，我们可能会认为领导角色仅仅来自组织所赋予的职位。但是，并非所有的领导者都是管理者，也不是所有的管理者都是领导者。仅仅由组织提供给管理者某些正式权力并不能保证他们实施有效的领导。我们发现那些非正式任命的领导者，即影响力来自组织的正式结构之外的领导者，他们的影响力与正式影响力同等重要，甚至更为重要。换句话说，一个群体的领导者可以通过正式任命的方式出现，也可以从群体中自发产生。

二、领导者的作用

领导者的作用，既取决于领导者自己的定位、价值观和在组织中所扮演的角色，同时也与上级主管部门的期望和要求有关。习近平在2021年春季学期中央党校中青年干部培训班开班式上强调，领导干部“要牢记我们党为人民谋幸福、为民族谋复兴的初心使命，始终坚守党全心全意为人民服务的根本宗旨，用心用情用力解决好群众‘急难愁盼’问题，让群众有更多、更直接、更实在的获得感、幸福感、安全感”[①]。“干事担事，是干部的职责所在，也是价值所在。”[②]

敢于担当是中国共产党人的鲜明政治品格。党的百年历史就是一部前赴后继、不怕牺牲的担当奋斗史，一代代共产党人用自己的生命生动诠释了不同历史时期的担当，并深深镌刻在中国共产党的精神基因之中。正因为我们党在各个历史时期都能自觉把使命放在心上、把责任扛在肩上，所以能够赢得人民的尊重和爱戴。

“党把干部放在各个岗位上是要大家担当干事，而不是做官享福。”[③] 干部干部，干是当头的，既要想干、愿干、积极干，又要能干、会干、善于干。党员干部特别是领导干

① 立志做党光荣传统和优良作风的忠实传人 在新时代新征程中奋勇争先建功立业．人民日报，2021－03－02(1).

②③ 信念坚定对党忠诚实事求是担当作为 努力成为可堪大用能担重任的栋梁之才．人民日报，2021－09－02(1).

部带头冲在前、干在先，是我们党走向成功的关键。革命战争年代，喊一声“跟我上”和吼一声“给我上”，一字之差、天壤之别，其领导效果大相径庭。今天，领导干部作为“关键少数”，干事担事是其职责所在、价值所在。不论在哪个岗位、担任什么职务，都要勇于担当、攻坚克难，既当指挥员、又当战斗员，培养和保持顽强的斗争精神、坚韧的斗争意志、高超的斗争本领。

需要说明的是，干部吃苦在前、享受在后，是一般原则，并不意味着领导者一定要通过身先士卒发挥作用。实际上，领导者的作用可以从不同的角度来理解。《孟子·尽心下》里指出，民为贵，社稷次之，君为轻。显然，当年的君在意义上等同于现在我们说的领导者。《道德经·十七章》则把领导者的作用论述到另一个境界了：“太上，不知有之；其次，亲而誉之；其次，畏之；其次，侮之。信不足焉，有不信焉。悠兮，其言贵。功成事遂，百姓皆谓‘我自然’。”意思是说最好的统治者，人民并不会感觉到他的存在；其次的统治者，人民亲近他并且称赞他；再次的统治者，人民畏惧他；更次的统治者，人民轻蔑他。最好的统治者悠闲自得，很少发号施令。事情办成功了，老百姓说“这是我们自己做成的”。显然，这是道家“无为”思想的典型写照，但确实表达了一个思想：领导者的价值和作用，不在于展示自己的能力或功绩，而在于让下属获得成就。实际上，道家的“无为”并不是“不作为”或“无所作为”，而是“为之于未有，治之于未乱”（《道德经·六十四章》），意思是，做事，要在尚未发生时就着手；治理国政，要在祸乱产生以前，就早做准备。未雨绸缪，防患于未然，表达的是一个意思，都是要求领导者从长计议、居安思危。同时，要通过制度建设，淡化个人的作用，强化组织能力。《基业长青》的作者柯林斯把领导者分为两种，一种是报时的人，另一种是造钟的人。报时的领导者自己亲力亲为，亲自指挥，群众听领导的。相反，造钟的领导者侧重于制度建设，自己则隐身幕后，通过制度和规则实施领导，群众不用听领导的，只要看“钟表”就知道该干什么和怎么干。

于是，从组织管理的角度来分析，领导者的作用可以区分为显性和隐性。显性作用大家看得见，容易引起别人的关注，能够为领导者直接赢得声誉。当然，如果是不好的结果，那也是自取其咎。隐性作用一般不容易看到，领导者不是通过个人的举止或观点直接影响下属，而是把自己的观点和主张通过建立规则和制度体现出来，引导组织按照制度和规则运作，而不是听从领导者的指示。当然，领导者是追求显性作用还是隐性作用，在很大程度上取决于领导者个人的价值观和所处环境的特点。

三、领导者的能力

“为政之要，惟在得人”，即治国理政，关键在人。党的十八大以来，习近平总书记高度重视干部能力的培养，明确要求提高干部特别是年轻干部的政治能力、调查研究能力、科学决策能力、改革攻坚能力、应急处突能力、群众工作能力、抓落实能力[①]，为领导干部干事创业提供了行动指南。

① 年轻干部要提高解决实际问题能力 想干事能干事干成事．人民日报，2020-10-11（1）.

(1) 政治能力。在领导干部的所有能力中，政治能力是第一位的。必须做到观察分析形势要把握政治因素，筹划推动工作要落实政治要求，处理解决问题要防范政治风险。

(2) 调查研究能力。调查研究要注重实效，使调研的过程成为加深对党的创新理论领悟的过程，成为保持同人民群众血肉联系的过程，成为推动事业发展的过程。

(3) 科学决策能力。领导干部想问题、作决策，一定要对国之大者心中有数，多打大算盘、算大账，少打小算盘、算小账，善于把地区和部门的工作融入党和国家事业大棋局，做到既为一域争光、更为全局添彩。要深入研究、综合分析，看事情是否值得做、是否符合实际等，全面权衡，科学决断。作决策一定要开展可行性研究，多方听取意见，综合评判，科学取舍，使决策符合实际情况。

(4) 改革攻坚能力。改革攻坚要有正确方法，坚持创新思维，跟着问题走、奔着问题去，准确识变、科学应变、主动求变，在把握规律的基础上实现变革创新。要尊重群众首创精神，把加强顶层设计和坚持问计于民统一起来，从生动鲜活的基层实践中汲取智慧，要注重增强系统性、整体性、协同性，使各项改革举措相互配合、相互促进、相得益彰。

(5) 应急处突能力。要增强风险意识，下好先手棋、打好主动仗，做好随时应对各种风险挑战的准备。要努力成为所在工作领域的行家里手，不断提高应急处突的见识和胆识，对可能发生的各种风险挑战，要做到心中有数、分类施策、精准拆弹，有效掌控局势、化解危机。要紧密结合应对风险实践，查找工作和体制机制上的漏洞，及时予以完善。

(6) 群众工作能力。干部要怀着强烈的爱民、忧民、为民、惠民之心，心里要始终装着父老乡亲，想问题、作决策、办事情都要想一想是不是站在人民的立场上，是不是有助于解决群众的难题，是不是有利于增进人民福祉，不断增强人民群众获得感、幸福感、安全感。

(7) 抓落实能力。干事业不能做样子，必须脚踏实地，抓工作落实要以上率下、真抓实干。特别是主要领导干部，既要带领大家一起定好盘子、理清路子、开对方子，又要做到重要任务亲自部署、关键环节亲自把关、落实情况亲自督查，不能高高在上、凌空蹈虚，不能只挂帅不出征。

李克特在其“管理的新模式”(new pattern of management) 中比较详细地列举了领导者的各种能力和行为特征，也有一定的参考价值。

(1) 优秀的领导者虽对团队负全责，但并不单独做出所有的决策，他加入团体，促进团体内的意见沟通，由此获取有助于决策的适当情报资料、技术性知识及各种事实与经验。

(2) 优秀的领导者有时必须迅速做出某种决策而无法等待团队的讨论过程，他能预测此种紧急状态，从而获得团体的支持，迅速采取行动。

(3) 优秀的领导者以建立团体中合作支持的气氛为第一要务，平时就鼓励成员分享他的责任，倾听成员的意见、想法。

(4) 优秀的领导者担负起组织派给他的角色任务的责任，但对于其下属部分的影响则尽可能减少，即不利用其正式领导的地位与权威来影响下属，而想通过自己的为人与指导方法来影响下属。

(5) 优秀的领导者具有与组织中其他团体联系的功能，他会将自己团体的见解、目标、价值观及决策反映给别的团体，以收到影响的效果，同时也会将别的团体的各种见解、目标等告知自己的团体，促使双方的意见沟通与交互影响。

(6) 优秀的领导者具有处理团体所面临的技术问题的充分能力，且随时将专门的知识提供给团体，必要时可请技术专家或其他专家来协助。

(7) 优秀的领导者是一位以团体为中心的管理者，他激发团体旺盛的士气，以达成团体的目标，并努力促使团队成员对较大的组织也产生责任感与连带感。

(8) 优秀的领导者具有敏锐的感受性，能洞察问题的所在及成员的需要与感情，并随时伸出支援之手。

(9) 优秀的领导者要能适应外部环境的变化，引导团体在环境中生存与发展。

一个组织中的正式领导者（管理人）需要具备的能力，可以从很多角度进行分析。以下的三类能力是大家普遍接受的分类。

(1) 技术或业务能力：修理机器、制造商品的能力；指导工作、解决工作上问题的能力。

(2) 概念分析能力：能够透过现象看本质，去粗取精，去伪存真，由此及彼，由表及里，善于抓住关键矛盾，善于抽象和归纳。

(3) 人际关系能力：与人相处的能力，促进工作气氛愉悦的能力；了解、体会下属的能力；倾听下属意见、采纳其建设性意见的能力。

我们在下一节具体介绍这个模型。

四、有效的领导者与成功的领导者

美国组织行为学研究者鲁森斯（Luthans）等人最早对管理活动的效能进行了区分，并提出了有效领导者与成功领导者的概念。鲁森斯从领导者的管理绩效和下属的满意度出发，将那些“认真做事、本职工作做得好，下属和同事评价高，但提升速度相对较慢”的领导者界定为有效的领导者，把那些“有选择做事、上级评价高、下属和同事评价一般、提升速度快”的领导者界定为成功的领导者，并把那些“几乎平均分配时间、上级和下属评价均一般”的领导者界定为一般的领导者。

鲁森斯等人通过对不同领导者在不同管理活动中的时间分配，发现了成功领导者与有效领导者的差异。一般说来，领导者所从事的活动可以分为四大类：传统的管理（包括决策、计划和控制）、沟通活动（交换日常信息并处理资料）、人力资源管理（激励和训练下属、管理冲突、配置资源）、网络联系（社交活动、与组织外部交往）。鲁森斯等人发现，有效的管理者在时间分配上耗时最多的是沟通活动，其次是人力资源管理活动，再次是传统的管理活动（平均耗时32%），在网络联系方面投入的时间和精力最少。而成功的管理者则把大部分的时间和精力（大约为47%）用在网络联系上，其次是沟通活动，再次是传统的管理活动，而用在下属身上的管理活动时间和精力最少。这个发现很值得我们深思，需要特别指出，这是在美国组织中观察到的现象，不见得完全符合中国组织的情况。更重要的是，在不同活动中投入的时间和精力的多少，与所在的位置和承担的职责有很大关系。最后，该研究所发现的这种关系，最多是相关关系，而不能解释为因果关系。

领导是领导者的一种行为，但其效果不能由领导者一个人决定，因为领导是通过与团体成员的交互作用去完成某一特定目标的行为，因此领导成功与否依赖于：（1）领导者（leader）本身的条件，包括个人的能力及其在团体中的地位与权力；（2）被领导者，即跟随者（follower）的条件，例如与领导者的相对地位及人际关系；（3）所要达成的目标，即工作（task）的性质。三因素交互作用决定了领导是否成功，可以用 $L=f(l\cdot f\cdot t)$ 来表示。式中 L 代表 leadership，l 为 leader，f 为 follower，t 为 task。但并不意味着只有这三个因素会影响领导的成功，还有其他因素，比如时机（time）也是影响领导效果的重要因素。

由上面的分析我们了解了有效领导或成功领导的标准及影响领导行为的种种因素。我们无法提出一个适合任何情况的具体明确答案来回答如何才能做到有效或成功，但如果我们针对能够掌握的因素，逐一加以分析探究，则能得到局部性的解答。

管理名家

约翰·科特

取得成功的方法是75%～80%靠领导，其余20%～25%靠管理，而不能反过来。

——约翰·科特

约翰·科特（John P. Kotter），美国领导力专家，世界顶级企业领导与变革领域最权威的代言人，他的核心思想是领导与变革。2008年，《哈佛商业评论》中文网将科特教授评为对中国当代商业思想和实践有着广泛影响的六位哈佛思想领袖之一。1947年他出生于美国圣迭戈，早年先后就读于麻省理工学院及哈佛大学，1972年开始执教于哈佛大学商学院，1980年，年仅33岁的科特成为哈佛大学商学院的终身教授，他和“竞争战略之父”迈克尔·波特是哈佛历史上最年轻的终身教授。

曾服务过的客户包括：高级微型设备公司（AMD）、美国运通、美国大西洋里奇菲尔德公司（ARCO）、雅芳、通用电气、IBM、摩托罗拉、壳牌石油、索尼等。出版的著作有《领导究竟应该做什么》《领导变革》《松下领导学》《新规则》《企业文化与经营业绩》《变革的力量：领导与管理的差异》《现代企业的领导艺术》《总经理》《权力与影响》《组织动态学》《企业成功转型8步骤》《废墟中站起的巨人》等。他因改革哈佛大学商学院研究生课程设计而获得埃克森奖；因提出企业领导的新观点而获JSK奖；因撰写最佳《哈佛商业评论》文章而两次获麦肯锡奖；因著作《松下领导学》而获《财经时代》的全球商务书籍奖。

约翰·科特还是蜚声全球的演讲家，他曾经为数十家企业提供过演讲和咨询服务，其中包括花旗集团、百事可乐、通用电气等世界顶级公司。进入21世纪，科特也将他广受欢迎的讲座开到了中国。科特的演讲声情并茂，极富感染力，他的目标是激发听众的积极性，所以在个人演讲之外鼓励以互动的方式参与讨论。录像、幻灯片、案例研究，当然还有幽默和戏剧化的效果，组成了科特式演讲的成功因素。

第二节　领导的传统理论与思想

一、中国古代领导（管理）思想

中国是世界上最古老的文明国家之一，在漫长的发展历程中，华夏儿女不仅创造了自己灿烂的文化、科学和技术，也创造了管理的历史。中国古代管理心理思想的渊源、发展轨迹是什么？它是怎样不断地丰富、提高和系统化的？这些问题对于我们科学地剖析中国古代管理心理思想的理论体系，把握它的实质，提升它对现代管理的借鉴意义具有很大的价值。朱永新教授在2005年梳理了中国古代管理心理思想的发展过程，从管理心理学的角度审视中国传统管理文化，概括出“以人为本、以德为先、以和为贵、中庸之道、无为而治”五个特点，并且对从殷周到明清时期管理心理学思想的发展历史进行了深入细致的整理，还用现代心理学的研究方法，对华夏管理文化如何与现代管理相融合进行了有价值的探索。

（一）中国古代管理心理思想的起源

中国古代管理心理思想的萌芽要追溯到夏商周时期，它的起源和中国农业社会的发展密切相关。随着以农业为基础的社会分工的出现，管理活动随之产生。而管理心理思想的起源更多地从原始社会关系所发生的变化中反映出来。一方面，原始社会关系主要体现为家族血缘关系。中国古代管理的人际组合和关系，本质上构成了以家庭血缘关系为纽带的有尊卑、上下等级关系的宗法制度。古代重视“天地君亲师”，核心在于“亲”，这必然导致华夏文化中对家族血缘联结的强烈的伦理意识，这与后来成为中国古代管理心理思想主流的儒家思想中“仁”的观念、“修己安人”的思想以及宗法观念的人际关系原则有着历史的必然联系。

另一方面，农耕社会的发展必须借助天和自然的力量，更必须以广大百姓的辛勤劳作为基础，这使得人们在敬畏天神的同时也意识到了人自身的力量。《尚书·秦誓》言：“天视自我民视，天听自我民听。”这是说上天的视听是以人民的视听为依据的。说明上天的地位在人们眼里发生了动摇，而人民的地位得到了提高。随着夏、商兴亡的历史，统治阶级从观察和分析社会矛盾中，也看到了民心向背和统治者个人作为所起的作用，意识到“有命在天”最终是靠不住的，而君子戒惧警惕、忠于职守，做好敬德保民工作才是治理国家的根本。《尚书·洪范》提出领导者不能只做孤家寡人，要与外界多接触，要“谋及卿士，谋及庶人”，还要“敬用五事”，在“貌”“言”“视”“听”“思”等方面多加修养。《尚书·皋陶谟》还对领导者应具备的“九德”提出了要求，即所谓“宽而栗，柔而立，愿而恭，乱而敬，扰而毅，直而温，简而廉，刚而塞，强而义”。上述观念成为中国古代管理心理思想中人本主义、民本主义、重德思想的重要来源。

中国古代管理心理思想的萌芽还可从一部儒学经典《周易》中反映出来。《周易》原为占卜的书，但其中包含着比较丰富的管理辩证法思想。它反映了人们对自然和社会发展规律的把握，体现在乾坤八卦、阴阳五行中的朴素辩证法思想，反映了对人和道（规律）的重视，尤其是揭示了关于矛盾转化和人的主观能动性的联系，说明人的努力与事情的成败有着很大的联系。如《谦·六四》爻辞提出“谦”和“豫”两种卦象，“谦”就是态度谦逊，不傲名（“鸣谦”）、不居功（“劳谦”），不以救世主自居（“撝谦”）。这种“谦谦君子”，可以“用涉大川”，渡过险阻，最终达到“无不利”。相反，“豫”是神态厌倦，意志骄盈（“鸣豫”），游乐无度（“由豫”），从早到晚都是毫无振作（“盱豫”），故“届于石，不终日”，即使有坚如磐石的江山，也无自保，终于“迟有悔”。

总之，以农业社会为基础的宗法制，孕育了古代管理心理思想的萌芽，使得它在以后的发展中产生了很多有别于其他国家和民族的特征，形成了自己独特的风格。

（二）中国古代管理心理思想的形成

先秦时期是中国封建社会的开端，也是中国古代管理心理思想产生和奠基的时期；春秋战国时期是个大变革的时期，社会形态由宗族奴隶制向封建制过渡。过去的管理思想和制度已成为时代发展的桎梏。在各种矛盾和冲突的推动下，经济上，土地私有制开始出现；政治上，王室衰微，诸侯争霸；文化上，由政治、经济的变动造成文化下移，出现私学，形成了“士”阶层；思想上，经过从西周初到春秋末几百年的积累，人们在摆脱天命思想的过程中，思想已有很大发展。在这些因素的共同作用下，百家争鸣应运而生。诸子百家在政治、经济、军事、文化等方面提出了不同的管理主张，传统管理心理思想由此发轫。

百家争鸣中形成的对后世产生影响的大小学派有十家左右，主要有儒、道、法、墨、兵、农、名、杂、阴阳、纵横等家，其管理心理思想主要在《论语》《孟子》《道德经》《庄子》《吕氏春秋》《荀子》《韩非子》《墨子》《孙子兵法》等著作中反映出来。诸子百家对经世治国的主张进行了充分的论辩，分别涉及人性与需要思想、用人心理、激励心理、领导心理、组织心理等不同的方面。正如《史记·太史公自序》所评述的那样：“天下一致而百虑，同归而殊途。”诸子百家中，具有系统性而又对后代产生较大影响的主要有儒、道、法三家，其中儒家可以说是最完整地吸收了华夏文化的精髓。儒家所倡导的人本主义、明德、中庸、修己立人等思想不仅在中国以后几千年的历史中成为左右人们思想的主导价值观，而且远播东南亚及欧美各国，对人类思想和文化的发展起了极大的推动作用。

与儒家重德的管理心理思想有所不同，法家主张以法治国，讲究法、术、势相结合，在管理的制度、技巧、权威等方面提出了不少见解。道家管理心理思想的主要精神是以“道”为中心，讲“无为而治”，偏重于对管理的规律、方式和艺术的探求。道家所主张的“无为”并不是真的要求管理者无所作为，而是所谓“治大国若烹小鲜”，“无为”是为了更好地“有为”。兵家全胜而非战的战略思想、知己知彼的信息和决策思想、注重人才心理素质的测评和培训的用人思想及赏罚分明的激励思想，不仅是中国古代管理思想中的精粹，而且为海外的管理学者和企业家推崇备至，并在管理实际中加以应用。墨家则主张国富民治，在人际关系上提倡兼相爱，交相利，在用人上主张尚贤，并重视领导者修身亲士，培养“厚乎德行”的德、“辩乎言行”的才、既述且作的实干精神、“摩顶放踵”的工作态度和“非乐节用”的生活作风。

中国是人类历史上最古老的文明国家之一，积累了丰厚的管理经验，因此，在此基础上产生的管理心理思想极其丰富，实践性较强。各家学说在争鸣中互相吸取，互相融合，不断丰富，不断深入。因此，这一时期管理心理学的发展空前繁荣，可以说是中华管理智慧的极高体现。先秦管理心理思想为中国后世管理心理思想的发展提供了广阔且深厚的基础，是中国传统管理心理思想的发端与渊源。尽管其中不乏对现今管理带来消极影响的方面，但它仍然是对现代管理具有极大借鉴和指导作用的瑰宝。

（三）中国古代管理心理思想的发展

秦汉相继统一，标志着封建经济制度和封建集权制在全国范围内的确立巩固，后又历经三国、两晋、南北朝，直到隋唐，这段时期构成了封建社会发展的前期。这一时期内，历史经历了“合久必分，分久必合”的民族大动荡和大变迁，社会经济、政治、文化的发展，都不可避免地形成某种阶段性的特征，管理心理思想的发展正体现了这一规律。这段时期居于支配地位的学术思潮，经历了两汉神学、魏晋玄学、南北朝隋唐佛学等发展阶段，但贯穿其中的管理心理思想论争，主要围绕“天人关系”依次展开。实际上，天人问题是中国古代管理心理思想发展中的一个基本问题，它源于上古时代，在先秦的百家争鸣中就已经显现出来，这时重新提出，却具有了新的时代内容和表现方式。秦至汉初，地主阶级内部的不同集团，对于怎样巩固封建集权统治，怎样创立新的法度和理论基础，产生了很多的分歧和争论。秦统治者坚持“以法为教，以吏为师”，黜道坑儒所带来的失败教训，引起了汉初统治者的深刻反思，促使他们在文化学术思想上采取开放的政策。汉初的统治者暂时采取了黄老之学的新道家作为“治国安民”的指导思想，创造了“文景之治”，而在思想领域，事实上在道法互黜、儒道互黜的矛盾中，各有中心，思想上各有继承，逐步形成了几种具有新的时代特征的主要思潮。例如，陆贾、贾谊等人从不同的角度提出的一些治理国家的思想具有很大的影响。然而，秦至汉初的几种思潮在体系上尚不够成熟，在神权和皇权之间，还缺乏系统的理论说明，这一点是当时的统治者迫切要解决的问题。当董仲舒提出“天人三策”的思想时，汉武帝欣然接受，于是，封建统治者开始找到了巩固政权的理论体系。掀开董仲舒思想体系的神学面纱，我们看到的是其丰富的适应当时社会政治形势和百姓心理的领导心理思想，其关于领导者自身修养，领导者如何发挥影响力，领导者如何用人、激励人的论述将神权和皇权的力量巧妙地融合在一起，他因此成为秦汉之际新儒家思想的集大成者及两汉中央集权专制统治理论的奠基人。

从汉到唐，支配社会生活的思想意识几经演变，由汉代的神学到魏晋的玄学，再演变为南北朝的佛教，其表现形式各不相同，而思想实质则一脉相通，其论争的核心论题主要涉及的是“天人之际”的问题，实质上试图把心灵、社会和宇宙作为一个整体来诠释人性和心灵的追求。与上述神权化或神秘主义理论相对立，另一条无神论的思想路线则力图对“天人关系”做出更合理的回答，对当时的宗教异化和政治异化对人们心灵的误导表示一定的抗议，王充、范缜、柳宗元、刘禹锡等人堪称杰出代表。

在学术观点的论争中，很多思想家及其著作中提出了一些对当时的社会发展和现代管理都有借鉴意义的管理心理思想。例如，王充的《论衡》、刘劭的《人物志》等代表人物和著作中涉及大量关于如何知人、用人、励人、育人以及领导者的品质、领导策略等方面的思想。而三国时期的曹操、诸葛亮的理论则继承并发展了先秦兵家的诸多思想观点。

至于唐代的韩愈，他的天命观，屈于刘禹锡、柳宗元，而他的道统论以及同刘禹锡、柳宗元合力推进的古文运动，则预告了宋明道学的兴起，由此推进了中国古代管理心理思想的完善。

（四）中国古代管理心理思想的完善

唐宋之际，中国封建社会在经济关系、阶级结构和社会矛盾等方面，发生了重大的转折。土地私有制和封建工商业都得到很大发展，商品货币削弱了农民的依附关系，统治阶级的利益和地位发生了动摇。自唐“安史之乱”后近200年的分裂割据局面使得社会长期处于恶性循环之中，道德风气日趋下降。宋初的开国者因此采取厉行集权和重整纲常的方针政策。自宋到明中叶占主要学术地位的理学就是在这样的条件下孕育、产生的。严格地说，理学是儒学发展阶段上产生的新的理论形态。一方面，它以儒家的纲常伦理为核心，吸取佛学本体论思辨模式和道家“道生万物”的宇宙观，建立起兼有精致的思辨形态和现实纲常内容的儒学新体系，从而超越了佛、道哲学。另一方面，这一儒学新体系将注重阐述儒家经典的经学和根据儒学原理阐述及发挥自己学术观点的子学有机结合在一起，从而结束了先秦诸子学之后经学和子学分立的局面，使得孔子开创的儒家学派在理论上达到了更高层次的统一，具有强烈入世精神的儒学的统一，因而也标志着中国古代管理心理思想的发展进入理论完善阶段。

这一时期管理心理思想的论争主要围绕“内圣外王”这一主题展开。“内圣外王”之词最初来源于道家文献，其实评价的是孔子修己安人的思想，孔子这种内有圣人之德，外施王者之政的管理理念为后世儒家所标榜，成为儒家一贯奉行的人格理想和实施王道政治的经世路向。孔子之后，内圣的仁学和外王的礼学开始发生离异，孟子侧重发展了孔子学说中“内圣”的一面，成为儒家理想派的代表，荀子侧重发展了“外王”的一面，成为现实派的代表，孟荀之后，儒家“内圣外王”的经世传统，沿着“内圣”与“外王”两大路向，历经汉唐宋元明数朝，此起彼伏，相辅相成。韩愈、程颢、程颐、朱熹、陆九渊、王守仁等理想派继承并发展了思孟学派的“内圣”之学，而王通、陈亮、叶适、黄宗羲、顾炎武等事功派继承和发展了荀子的“外王”之道。由于宋明理学在封建社会后期的正统地位和巨大影响，思孟学派的“内圣外王”之学遂成为儒家道统的正脉。

宋明管理心理思想的“内圣外王”之道，其理论重心在“内圣”一面，即以“内圣”启“外王”，主要强调以自我管理来实现外部世界的管理，所谓“正心诚意”于内，方可“修齐治平”于外，只要做到了“格致诚正”的内圣修养，自然就会有“家齐、国治、天下平”的外王局面。过分强调“内圣”，以至于以心性修养代替一切，实际上是把现实社会、三纲五常、政治的伦理原则异化为天理，又将天理赋予人，体现为人性和人心，这样就把人的内在本质和本性归结为道德本性，以此论证三纲五常等封建道德的合理化。而尽性的根本途径就是要“存天理灭人欲”，此时，宋明的管理心理思想已背离了经世致用的儒家管理心理思想的传统。宋明的管理心理思想在理论上深化了以往的管理理念，构筑了以人性为基础、以道德为目标、以自我管理为核心的中国古代管理心理思想体系，在实践上强化了人们按社会政治伦理准则行事的自觉性。这一思想体系对维护中央集权的君主专制社会后期的稳定产生了很大的作用，但由于它扼杀了人们的感性欲望，空谈心性，束缚了人们主体性的发挥，使管理僵滞化，对社会的进步产生了消极的影响。

（五）中国古代管理心理思想发展的新趋向

明清之际，漫长的封建社会发展已完全烂熟而进入它的末期，新的资本主义经济关系开始萌芽，但腐朽的封建生产关系及强固的上层建筑，却阻碍着新生产力的生长，各种社会矛盾空前激化。为顺应时代发展的潮流，一大批有识之士鉴于明代学术空疏误国的教训，对主张居敬主静、明心见性的宋明性理之学深恶痛绝，转而提倡匡时济世、经世济用的实学，代表人物有顾炎武、黄宗羲、王夫之及主张会通中西学术的徐光启和倡导习行之学的颜元等人。中国古代管理心理思想的发展因此呈现出新的动向，展现出务实求真的特征。例如，颜元倡导经世致用之学，反对空谈“性理”的宋明理学。认为读书人最主要的任务是经世济民，治理国家，而不是埋首书本之中。如何经世济民？颜元提出了“富天下”“强天下”“安天下”的治国方略：“如天不废予，将以七字富天下：垦荒，均田，兴水利；以六字强天下：人皆兵，官皆将；以九字安天下：举人才，正大经，兴礼乐。”这里，颜元把国家富裕列为第一位，他认为理学家对人心性修养的要求，一般人极难做到，即使是理学家自身也不能以身作则，而深受其害的是广大的劳动人民。这样的观点抨击了“存天理灭人欲”的宋明理学观点，对人的合理需要进行了充分的肯定。明清之际的一位思想家王夫之摆脱了神学史观，对中国传统文化，特别是儒家思想进行了全面而深刻的反思，对前人的思想成果予以系统的总结，几乎涉及管理心理学的所有重要问题，堪称这一时期思想领域的集大成者。

值得注意的是，这个时期的管理心理思想的发展开始呈现通俗化、大众化的趋向。在文学领域，《水浒传》《红楼梦》等文学名著揭露和批判了封建制度对人的心灵和性情的禁锢，极力倡导突破封建礼教的桎梏，反映了新兴市民意识的觉醒。《容斋随笔》《菜根谭》等著作都体现了娴熟的管理智能和老练的生存艺术。

明清之际管理心理思想发展出现的新趋向，是我国封建社会走向末期的历史必然，尽管仍不可避免地存在阶级和时代的局限性，但其表现出的实事求是的科学态度和历史主义的批判精神，极大地推动了以自然科学为基础的近代中国社会政治、经济、文化的发展。

二、领导的特质理论

既然领导者的权力取决于位置和个人两个方面，哪些个人因素有助于提高领导者的影响力呢？或者哪些个人因素能使一个人成为好的领导者？成为一个卓越的领导者必须具备什么样的特质？怎么分离这些特质？

大家一提起毛泽东、周恩来等老一辈无产阶级革命家以及我国改革开放的总设计师邓小平等，都会把一些描述领导人个人特征的词汇用在他们身上，例如远见卓识、雄才大略等。平时人们在谈到一些著名的企业家时，例如先后担任中粮集团和中化集团总裁的宁高宁、带出两个全球500强企业的宋志平、福耀玻璃创始人曹德旺、华为技术有限公司任正非等，往往也会使用诸如自信、果断、有追求等术语。“有魅力”“有远见”“勇气”“自信”等词汇常被人们用来描述领导者。这种观点可谓源远流长。我国古代的思想家几乎都从这个角度分析领导者，例如大家熟知的“为政以德，譬如北辰，居其所而众星拱之”“将者，智信仁勇严也”。

从20世纪初到20世纪40年代，主流的领导理论为领导特质理论。最早的特质理论研究始于19世纪末期，其创始人是戈登·奥尔波特。顾名思义，特质理论的着眼点是领导者优于或区别于其他人的个人特点和素质。该理论的一个基本假设是，一个人之所以能成为领导者，一定是因为其具备做领导者所需要的特质。当时一些领导行为的研究者们希望通过对领导特质的研究，找出做一名领导者所必须具备的规律性特征。为了找出领导特质的规律性，研究者们关注的内容非常广泛，性格、个性、智商、情商、知识、技能甚至是身高、外貌、生活经历都成为研究对象。

传统的特质理论认为：有效的领导者拥有一系列区别于无效的领导者和下属的独特的个性特征，这些特质是人与生俱来的，只有先天具备这些特质的人才可能成为领导者。受这种观点的影响，早期的心理学家们从特质研究着手，希望发现领导者与非领导者在个性、社会性、生理或智力因素方面的差异。

早期研究领导的代表人物吉赛利（Ghiselli）在1963年提出了有效的领导者应具有的8种个性品质：语言才能、首创精神、督导能力、较高的自我评价、与员工关系密切、决断能力、兼备男性或女性优势、高度成熟等。另一个代表人物斯托格蒂尔（Stogdill）则在1974年进一步扩大了特质的范围，认为领导者应该具有以下16种特质：有良心、可靠、责任感强、有胆略、对目标热情且持之以恒、勇于冒险并有创新精神、勇于实践、自信、率真、有理想、善于处理人际紧张并忍受挫折、风度优雅、身体强壮、智力过人、有组织能力、有判断力等。

约翰·科特在1976—1981年，对美国9个不同集团的15位总经理进行了深层次的观察，研究发现：总经理们主要表现出以下几个维度的特征（见表10-1）。

表 10-1　总经理们的共同个性特征

基本个性特征	基本个性特征
需求/动机 ● 相同的权力 ● 相似的成就 ● 抱负较高	性格特征 ● 情绪平稳坚定 ● 性情乐观开朗
认知倾向 ● 高于平均智力（并非高明） ● 适度的强硬 ● 有分析能力	人生观 ● 风度翩翩，善于与他人交往 ● 异乎寻常的兴趣爱好，使他们易于广泛与经营专家们交往
信息资料 ● 在涉及的产业中知识面广 ● 在企业组织中知识面广	人际关系沉淀 ● 在企业界有着十分广泛的合作关系 ● 在从事的实业中也有着十分广泛的合作关系

在《现代企业的领导艺术》一书中，科特在研究了企业高层管理工作实践之后，提出了成功领导者的一些素质要素，见表 10-2。

表 10-2　成功领导者的素质要素

1. 行业和企业知识 ● 有广泛的行业知识 ● 广泛了解公司情况
2. 在公司和行业中的人际关系 ● 在公司和行业中建立了一整套广泛而稳固的人际关系
3. 信誉和工作记录 ● 在公司主要活动中，有很高的声望和出色的工作记录
4. 能力和技能 ● 思维敏捷（非常强的分析能力，良好的判断力，以及能从战略上、全局上考虑问题的能力等） ● 很强的人际交往能力（能迅速建立起良好的工作关系，感情投入，有说服力，注重对人及人性的了解）
5. 个人价值观 ● 十分正直（能公正地评价所有人和组织）
6. 进取精神 ● 有充沛的精力 ● 很强的领导动机（它是建立在自信心基础上的对权力和成就的追求）

然而，众多分离领导特质的研究努力均以失败告终。比如，一份研究综述概括了 20 篇研究报告，共列出了近 80 项领导特质，其中被 4 篇及以上研究报告同时认可的因素仅有 5 项，也就是说，人们并未找到一些特质因素来鲜明地区分领导者与下属以及有效领导者与无效领导者。不过，大多数人仍然相信所有成功的领导者都具备一系列一致且独特的个性特点，在确定与领导关系密切的特质方面的研究中也发现，领导者拥有不同于非领导者的 6 项特质，即进取心、领导和影响他人的愿望、正直和诚实、自信、智慧、与工作有关的知识和技能。然而，这些特质仅仅是领导应具备的前提条件，并不能保证领导者的必然成功。

美国学者近几年的研究认为，领导者的智能结构可分为技术层面、人际层面、思维层面，这三个层面实际上反映了对领导者要求的三项标准：（1）技术成分，指从事具体的操作性工作的能力；（2）人际成分，指人际交往与协调能力；（3）思维成分，指概念性、分析性、战略性的成分。根据美国《财富》杂志对美国500家大公司领导者群体的调查，对领导者的素质要求的智能结构为：思维成分占47%，人际成分占35%，技术成分占18%。同时，根据国外学者的研究分析，上述三种成分各自所占的比重，会随着管理层级的变化而变化，如图10－1所示。

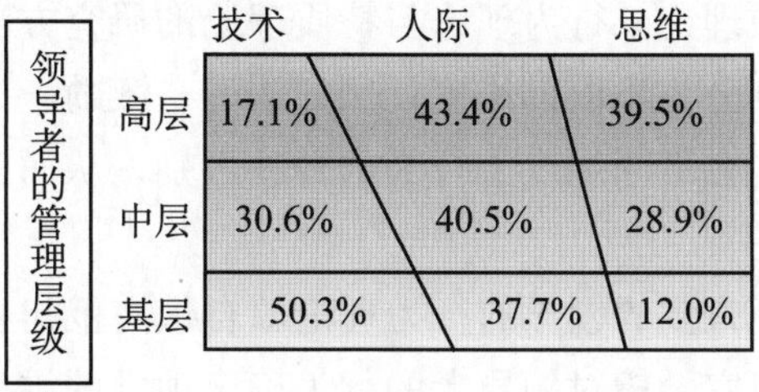

图10－1　领导者管理层级与智能结构

从图10－1中不难看出两个明显的变化规律：一是随着管理层级的提高，领导者智能构成中所要求的技术成分比重锐减（图中左区域），而思维成分明显增加（图中右区域）；二是其中的人际成分（图中中间区域）的比重则随管理层级的提高，变化不是十分显著。在领导者的智能结构中，需要具备的能力素质依次为人际、思维和技术。

另外，最近的研究表明，个体是不是高自我监控者（在调节自己行为以适应不同环境方面具有很高的灵活性）也是一项重要因素，高自我监控者比低自我监控者更易于成为群体中的领导者。传统领导特质理论认为领导的特性是先天的，某些人生下来就具有当领导的天赋。但现代领导理论认为，领导是一个动态的过程，是一种发展变化的过程。领导者的特性和品质并非与生俱来的，而是在具体实践中逐渐形成的，是可以训练和培养造就的。较具代表的现代领导特质理论包括：十条件论、二十种能理论、六类特质论、五种能力论、三种技能论等。国内近年来也开始进行对企业家特质进行研究，认为在诸多的企业家特质中，社会适应性是起重要作用的特质。在我国，一大批成功的企业家，不是因为其具有高学历或高技术，而是因为其具有较好的社会适应性，包括较好的社会洞察力、善处人际关系、对专业知识和管理知识有较好的理解能力、在顺境和逆境中都能有较高的抱负、意志力和确立奋斗目标时表现出的较好的变通性等。总之，半个多世纪以来的大量研究使我们得出这样的结论：具备某些特质确实能提高领导者成功的可能性，但没有任何一种特质是成功的保证。

特质论之所以在解释领导行为方面不成功，我们认为至少有四个原因：第一，它忽视了下属的需要；第二，它没有指明各种特质之间的相对重要性；第三，它没有对因与果进行区分（如到底是领导者的自信导致了成功，还是领导者的成功建立了自信）；第四，它忽视了情境因素。这些方面的欠缺使得研究者的注意力转向其他方向。虽然在过去的十年中研究者对特质论表现出复苏的兴趣，但从20世纪40年代开始，特质论在领导学研究中就已不再占据主导地位了。20世纪40年代末至60年代中期，有关领导的研究转向了对领导者偏爱的行为风格的考察。

三、领导的行为理论

出于对特质理论的质疑，20 世纪 50 年代后期开始，学者们将着眼点从领导的特质转移到了领导行为上，部分人开始认为领导者的所作所为才是影响领导有效性的关键因素，这样领导的行为理论（behavioral theories of leadership）便出现了。很多人认为领导的行为理论要优于特质理论。行为理论与特质理论的研究方法较为相似，首先是将领导行为分类，或者说是划分为不同的维度，例如沟通、激励、计划和授权等，再来比较有效领导者和普通领导者在不同维度上行为的种种区别，从而测量出哪一种维度或者行为会对领导产生有效影响。

最全面而且得到验证最多的领导的行为理论源自俄亥俄州立大学在 20 世纪 40 年代末所进行的研究。这些研究希望对领导者的行为确定独立的维度。研究者们最初收集了 1 000 多个维度，但最终缩减为两个维度。这两个维度充分体现了员工们所描述的绝大多数领导行为。研究者们把这两个维度命名为结构维度和关怀维度。

结构维度（initiating structure）指的是领导者为了实现组织目标而对自己与下属的角色规范和工作职责进行严格的界定，包括对工作、工作关系和工作目标进行组织，建立工作流程，追求工作效率和任务的完成，通过制度进行管理。结构维度得分高的领导者会“为本群体的成员安排特定的工作任务”，“期望成员达到具体的绩效标准”，并且“强调在最后期限之前完成任务”。

关怀维度（consideration）指的是领导者与其下属的工作关系以相互信任、领导者尊重下属意见和重视下属情感、维护与下属的关系为特征的程度。关怀维度得分高的领导者会帮助自己的下属解决个人问题；是友善且平易近人的；对所有下属都一视同仁；欣赏和支持自己的下属。这样的领导者不关注工作本身，而是通过对下属的关心和与下属良好关系的维持来保证工作任务的顺利完成。值得特别指出的是，尽管这是很多年前的研究，但进入 21 世纪后的很多管理实践证明，领导者对下属的欣赏是最有效的激励因素。

密歇根大学的调查研究中心在几乎相同的时间进行的领导研究得出了与此类似的结论，其研究团队也获得了两个行为维度：员工导向的领导者（employee-oriented leader），强调人际关系，关心员工的需求，并且认可员工之间的个体差异；生产导向的领导者（production-oriented leader），强调工作的技术和任务层面，重点关注完成本群体的工作任务。这两个维度与俄亥俄州立大学发现的行为维度密切相关。员工导向的领导与关怀维度相似，而生产导向的领导与结构维度相似。事实上，这个领域的大多数研究者将这几个术语当作同义词使用。

后来，罗伯特·布莱克（Robert R. Blake）和简·莫顿（Jane Mouton）两位学者整合了俄亥俄州立大学和密歇根大学的研究，提出了著名的管理方格理论（managerial grid theory），把领导者的风格划分为两个维度——以人为中心（以纵坐标表示）和以工作为中心（以横坐标表示），每个维度又分为 9 个等级，1 表示不关心，9 表示非常关心，这样就构成了 81 种领导风格。作者自己重点分析了五种典型的领导风格。1.1 型是贫乏型，对人的关心程度和对工作的关心程度都很低，也叫放任型；1.9 型是任务型领导，只关注工作，不关心人；9.1 型属于俱乐部型领导，关心人但不关心工作任务的完成；5.5 型是中间型，对人和工作都是中等程度的关心；9.9 型是团队型领导，既关心工作也关注下属。管理方格理论在实践领域产生了巨大影响，直到今天还有专业公司运用这个理论进行领导力开发和培训。

日本大阪大学的学者三隅二不二于 20 世纪 60 年代在吸取前人研究成果的基础上，提出了著名的领导行为（performance & maintain，PM）理论。该理论依据功能将领导行为划分为两个维度，即绩效和维持。绩效是指领导者为完成团体目标所做的努力，表现为工作规划、成果等；维持指的是领导者维持及强化团队关系所做的努力，主要表现为对下属的关心、激励等。中国科学院心理研究所的徐联仓和凌文铨等人将 PM 理论引入中国，并针对中国国情对其进行了修订。

可以说，相比特质理论，行为理论的研究角度更加多元，测量手段也更加丰富。但是，不同的学者采用不同的研究方法，也得到了不同的结果。在一些研究中，建立的结构与领导的有效性间具有正向关系，而在另外某些研究中，结果恰恰相反。原因很简单，领导行为也会受到其他情境因素的作用，产生不同的效果。最近一篇针对 160 项研究的文献综述发现，如果领导者在关怀维度上得分高，其下属会有更高的工作满意度和积极性，并且更加尊重该领导者。结构维度与更高水平的群体生产率和组织生产率以及更积极的绩效评估存在更加显著的相关关系。

四、领导的权变理论

尽管行为理论把领导研究向前推进了一步，但其仅就领导者来研究领导者的做法也受到了很多批评。研究者们越来越发现，脱离领导者所在的情境而单一关注领导者的特质或行为的研究都是不完全的。人们应该考虑领导者实施不同领导行为时所处的情境，比如任务的难度、时间的紧迫性、下属的能力、下属的工作意愿、领导者自身的权力强弱、领导者与下属的关系等。而且研究者开始感兴趣的是，是否在不同的情境下有着与之相匹配的领导行为风格？领导者在面对不同下属时其领导风格是否稳定不变？沿着对这些问题的探索，人们更加关注领导过程中的权变因素的影响，于是领导的权变理论出现了，而且逐渐取代行为理论成为领导研究的主流。

对影响领导效果的情境因素进行分离的研究很多，在权变理论的发展过程中，人们更多关注的情境因素有工作的结构化程度、领导-成员关系的质量、领导者的职位权力、下属角色的清晰度、群体规范、信息的可靠性、下属对领导决策的认可度、下属的工作士气等。我们主要介绍其中的四种：费德勒模型、赫塞-布兰查德的情境领导理论模型、领导者-成员交换理论和领导者-参与模型。

（一）费德勒模型

第一个综合的领导权变模型是由弗莱德·费德勒（Fred Fiedler）在1964年提出的。费德勒的权变模型指出，有效的群体绩效取决于以下两个因素的合理匹配：与下属相互作用的领导风格、情境对领导者的控制和影响程度。费德勒开发了一种工具，叫作最难共事者问卷（LPC），用以测量个体是任务取向型还是关系取向型。另外，他还分离出三项情境因素：领导者-成员关系、任务结构和职位权力。他相信通过操作这三项因素能与领导者的行为取向进行恰当匹配。尽管LPC问卷只是一份简单的心理测验，但是费德勒走得比忽视情境的特质论和行为论远得多，他将个性评估与情境分类联系在一起，并将领导效果作为两者的函数进行预测。

1. 确定领导风格

费德勒相信影响领导成功的关键因素之一是个体的基础领导风格，因此他首先试图发现这种基础风格是什么，并通过LPC问卷来测量。问卷由16组对照形容词构成（如快乐-不快乐、高效-低效、开放-保守）。费德勒让作答者回想一下自己共事过的所有同事，并找出一个最难共事者，在16组形容词中按1～8等级对他进行评估。费德勒相信，在LPC问卷的回答基础上，可以判断出人们最基本的领导风格。如果以相对积极的词汇描述最难共事者（LPC得分高），则回答者很乐于与同事形成友好的人际关系，也就是说，如果作答者把最难共事的同事描述得比较积极，那么他就是关系取向型的。相反，如果作答者对最难共事的同事看法比较消极（LPC得分低），那么他可能主要感兴趣的是生产，因而属于任务取向型的。另外，有大约16%的回答者分数处于中间水平，很难被划入任务取向型或关系取向型中进行预测。

费德勒认为一个人的领导风格是固定不变的，这意味着如果情境要求任务取向的领导者，而在此领导岗位上的却是关系取向型领导者，要想达到最佳效果，则要么改变情境，要么替换领导者。费德勒认为领导风格是与生俱来的，个人不可能改变自己的风格去适应变化的情境。

2. 确定情境

用LPC问卷对个体的基础领导风格进行评估之后，需要再对情境进行评估，并将领导者与情境进行匹配。费德勒对情境提出了三个维度，他认为这是确定领导有效性的关键要素。这三个维度是领导者-成员关系、任务结构和职位权力，具体定义如下：

（1）领导者-成员关系：领导者对下属信任、信赖和尊重的程度。

（2）任务结构：工作任务的程序化程度。程序化程度高的任务难度通常较小，被称为高结构任务；而程序化程度低的任务往往没有固定的解决方法，难度较大。

（3）职位权力：领导者拥有的权力（如聘用、解雇、训导、晋升、加薪）的影响程度。

费德勒模型的下一步是根据这三项权变变量——领导者-成员关系或好或差，任务结构或高或低，职位权力或强或弱来评估情境。他指出，领导者-成员关系越好，任务的结构化程度越高，职位权力越强，则领导者拥有的控制和影响力也越高。比如，一个非常有利的情境（即领导者的控制力很高）可能包括：下属对在职管理者十分尊重和信任（领导者-成员关系好）；所从事的工作内容（如薪金计算、报表填写）具体明确（工作结构化高）；工作给他提供了充分的自由来奖励或惩罚下属（职位权力强）。相反，如果成员们不喜欢他们的领导者，则为不够有利的情境，此时，领导者的控制力小。总之，三项权变变量结合起来，便得到八种不同的情境或类型，每个领导者都可以从中找到自己的位置。

3. 领导者和情境匹配

费德勒模型指出，在了解了个体的 LPC 分数并评估了三项权变因素之后，当两者相互匹配时，会达到最佳的领导效果。费德勒研究了 1 200 个工作群体，对八种情境均对比了关系取向和任务取向两种领导风格，他得出结论：任务取向的领导者在非常有利的情境和非常不利的情境下工作更有利（见图 10－2）。也就是说，当面对Ⅰ，Ⅱ，Ⅲ，Ⅶ，Ⅷ类型的情境时，任务取向的领导者干得更好，而关系取向的领导者则在中等有利的情境，即Ⅳ，Ⅴ，Ⅵ型的情境中干得更好。

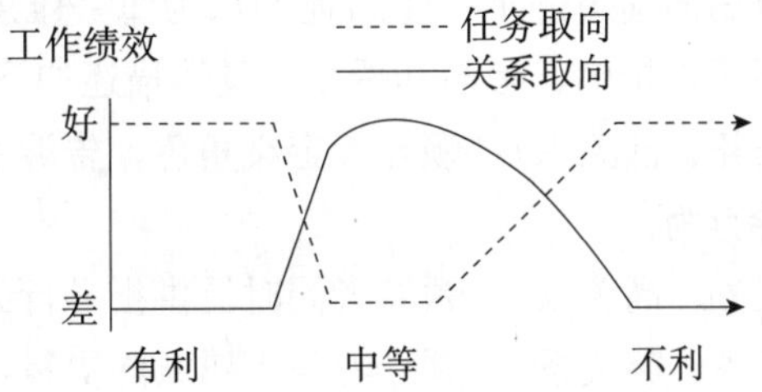

	Ⅰ	Ⅱ	Ⅲ	Ⅳ	Ⅴ	Ⅵ	Ⅶ	Ⅷ
领导者-成员关系	好	好	好	好	差	差	差	差
任务结构	高	高	低	低	高	高	低	低
职位权力	强	弱	强	弱	强	弱	强	弱

图 10－2　费德勒的权变模型

如何将费德勒的观点应用于实践？我们可以寻求领导者与情境之间的匹配。个体的 LPC 分数决定了他最适合何种情境类型。而情境类型则通过对三项情境变量（领导者-成员关系、任务结构、职位权力）的评估来确定。但按照费德勒的观点，个体的领导风格是稳定不变的，因此提高领导者的有效性实际上只有两条途径：第一，替换领导者以适应情境。如果群体所处的情境被评估为十分不利，而目前又是一个关系取向的管理者进行领导，那么替换成一个任务取向的管理者则能提高群体绩效。第二，改变情境以适应领导者。通过重新建构任务或提高/降低领导者可控制的权力因素（如加薪、晋职和训导活动），可以做到这一点。假设任务取向的领导者处于第Ⅳ类型的情境中，如果该领导者能够显著增加他的职权，即在第Ⅲ类型的情境中活动，则该领导者与情境的匹配就更恰当，从而会提高群体绩效。

（二）赫塞-布兰查德的情境领导理论模型

保罗·赫塞（Paul Hersey）和肯尼斯·布兰查德（Kenneth Blanchard）在1977年开发的领导模型称为情境领导理论模型（situational leadership theory，SLT），它为广大的管理专家们所推崇，并常常作为主要的培训手段应用。如《财富》500强企业中的美国银行、卡特彼勒公司、IBM公司、埃克森美孚公司、施乐公司等都采用此理论模型。此外，它还为所有的军队服务系统所承认。

情境领导理论是一种重视下属的权变理论。选择正确的领导风格可以获得领导的成功，在这一点上，赫塞和布兰查德认为下属的成熟度是一个权变变量。在进一步讨论之前，我们要澄清两个问题：为什么要重视下属？成熟度这个术语是什么意思？

在领导效果方面对下属的重视反映了这样一个事实：是下属们接纳或拒绝领导者。无论领导者做什么，其效果都取决于下属的活动。然而，这一重要维度却被众多的领导理论忽视了。对于成熟度，赫塞和布兰查德将其定义为：个体完成某一具体任务的能力和意愿的程度。

1. 领导风格

情境领导理论使用的两个领导维度与费德勒的划分相同：任务行为和关系行为。但是，赫塞和布兰查德向前迈进了一步，他们认为每一维度有低有高，从而组合成四种具体的领导风格：指示、推销、参与和授权。具体描述如下：

- 指示（高任务、低关系）：领导者定义角色，告诉下属干什么、怎么干以及何时何地去干，强调指导行为。
- 推销（高任务、高关系）：领导者同时提供指导行为与支持行为。
- 参与（低任务、高关系）：领导者与下属共同决策，领导者的主要角色是提供便利条件与沟通。
- 授权（低任务、低关系）：领导者提供极少的指导或支持。

2. 下属的成熟度

赫塞-布兰查德理论关注下属，认为成功的领导是通过选择与下属的成熟度相一致的恰当领导风格实现的，所以在最后部分定义了下属成熟度的四种状态：

A1：下属对执行某任务既无能力又不情愿。

A2：下属缺乏能力，但却愿意从事必要的工作任务。

A3：下属有能力却不愿意做领导者希望他们做的工作。

A4：下属既有能力又愿意做让他们所做的工作。

当下属的成熟度较高时，领导者不但可以减少对活动的控制，还可以减少关系行为。在第一阶段，下属需要得到明确而具体的指导。在第二阶段，领导者需要采取高任务和高关系行为。高任务行为能够弥补下属能力的欠缺，高关系行为则试图使下属在心理上“领会”领导者的意图。在第三阶段出现的激励问题运用支持性、非指导性的参与风格可获得最佳解决方案。在第四阶段，领导者不需要做太多事情，因为下属既愿意又有能力承担责任（见图10-3）。

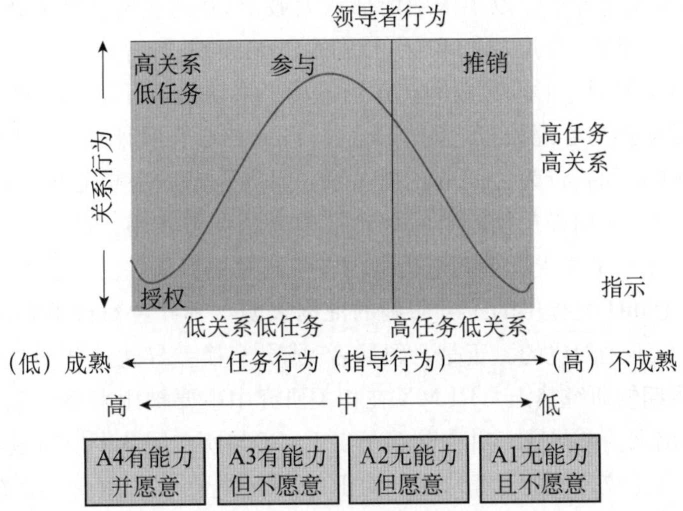

图 10-3　情境领导理论模型

最后，我们再回到一个重要的问题上来：是否有证据支持情境领导理论？就目前的研究资料来看，对来自这一理论的结论应该比较谨慎。一些研究者认为有证据部分地支持这一理论，另一些人却指出检验该理论采用的研究方法存在问题，并且没有发现这一假设的支持证据。因此，在这种时候任何过度的认可都应十分慎重。

（三）领导者-成员交换理论

我们在此介绍的大多数领导理论都基于这样一个假设：领导者以同样方式对待所有下属。但在日常工作中，你是否注意到领导者对待不同下属的方式常常有所不同？领导者是否对自己的圈内（in-group）人士更为关照？如果你回答“是”，那么就会认可乔治·格瑞恩（George Graen）和其助手们在 1995 年的发现，这就是领导者-成员交换（leader-member exchange，LMX）理论。

领导者-成员交换理论指出，由于时间压力，领导者与下属中的少部分人建立了特殊关系。这些个体成为圈内人士，他们受到信任，得到领导者更多的关照，也更可能享有特权；而其他下属则成为圈外人士，他们占用领导者的时间较少，获得满意的奖励机会也较少，他们的领导者-成员关系是在正式的权力系统基础上形成的。

该理论指出，在领导者与某一下属进行相互作用的初期，领导者就暗自将其划入圈内或圈外，并且这种关系是相对稳定不变的。领导者到底如何将某人划入圈内或圈外尚不清楚，但有证据表明领导者倾向于将具有下面这些特点的人员选入圈内：个人特点（如年龄、性别、态度）与领导者相似，有能力，具有外向的个性特点。领导者-成员交换理论预测，圈内地位高的下属得到的绩效评估等级更高，离职率更低，对主管更满意。

对领导者-成员交换理论进行的考察总体上提供了支持性证据。国内也有大量研究检验或扩展了这个理论。

徐本华、邓传军等人基于自我决定理论，探讨了领导者-成员交换对员工主动创新行为的作用机制，引入心理授权作为中介，考察核心自我评价的调节作用及其被中介的调节作用。采用问卷调查方法，以中国中西部六大城市 30 家企业 333 套领导者-员工配对问卷为样本，采用 SPSS 分层回归和插件程序 Process 进行分析检验。研究结果表明：（1）领导者-成员交换通过心理授权间接作用于员工主动创新行为；（2）核心自我评价增强了领导者-成员交换与心理授权之间的关系；（3）核心自我评价进一步强化了领导者-成员交换与员工主动创新行为之间的正向关系，且该调节效应被心理授权部分中介，证实心理授权具有中介作用以及核心自我评价被中介的调节作用。该研究结果丰富了关于领导者-成员交换驱动员工主动创新行为的内在机制及边界条件。

这方面的理论和研究提供的十分明确的证据表明，领导者对待下属的方式是有差异的，而且这种差异不是随机的。于是，领导者-成员交换差异化或相对领导者-成员交换（RLMX）成为后期的研究热点。RLMX 在相关研究中主要被用来表示 LMX 关系质量在个体层面所表现出来的差异化，并量化为员工 LMX 与所在团队中所有成员 LMX 平均水平的差值。从社会比较理论的视角来看，对 RLMX 进行研究的重要意义在于：员工不仅会衡量自己与领导者之间一对一的交换关系质量，还会考虑和比较其他同事与领导者之间的关系质量，而这种与他人比较后的差异化的结果将会对员工的工作态度和行为产生影响。鉴于此，RLMX 可以用来解释员工通过社会比较后所产生的复杂的态度和行为。需要指出的是，在中国集体主义文化的工作情境中，中国员工更倾向于进行彼此之间的比较，对于 RLMX 的差异更加敏感。目前，有很多研究都验证了 RLMX 对个体创造力、心理契约履行、工作满意度等员工的工作态度和行为产生的积极影响。

领导者-成员交换关系差异化对创造力的影响是近年来的一个研究热点。领导者-成员交换关系差异化文献和社会比较理论表明，领导者与不同下属交换质量的差异对团队及个人创造力的发挥具有重要意义。潘静洲、王震等采用社会比较的理论视角，同时从个体和团队两个层面考察领导者-成员交换关系差异化对团队和个体创造力的影响，并进一步分析团队层面的差异化对个体层面效应的调节作用。通过对中国 80 个知识型团队的 367 名个体的问卷调查，结果发现：在个体层面，相对领导者-成员交换关系对个体创造力有显著正向影响，团队自主支持感在这两者关系中起着中介作用；在团队层面，领导者-成员交换关系差异化和团队创造力之间呈 U 形关系，领导者-成员交换关系差异化对个体创造力有消极影响，但团队层面的关系差异化对 RLMX 和个体创造力关系的调节效应不显著。总体来看，该研究发现 LMX 差异化对个体层面和团队层面的影响是不一致的。

潘亮和杨东涛分析相对的领导者-成员交换关系对员工建言（促进性建言、抑制性建言）的影响，并探讨了代际差异在其影响中的调节作用。研究结果表明：RLMX 与促进性建言、抑制性建言均存在显著的正相关关系；代际差异在 RLMX 对员工建言的影响中存在调节效应，其中，RLMX 对非新生代员工促进性建言的影响显著高于新生代员工，而对新生代员工抑制性建言的影响则显著高于非新生代员工。

（四）领导者-参与模型

领导者-参与模型这种权变理论认为，领导者的决策方式与决策内容同等重要。维克托·弗鲁姆（Victor Vroom）和菲利普·耶顿（Phillip Yetton）提出的领导者-参与模型

(leader-participation model) 将领导行为与决策参与联系到一起。该理论认为领导者的行为必须加以调整以适应任务结构。弗鲁姆和耶顿的模型十分规范化，它提供了一种包含7个权变因素（可通过“是”或“否”选项进行判定）和5种领导风格的决策树，用来决定决策参与的形式和程度。

弗鲁姆和亚瑟·杰戈（Arthur Jago）在1995年对该模型进行了修订。新模型包括与过去相同的5种可供选择的领导风格，但将权变因素扩展为12个，其中10项按5级量表评定。表10-3列出了这12项变量。

表 10-3 修订的领导者-参与模型的权变变量

弗鲁姆等人提出的12项权变因素如下：
1. 质量要求：这一决策的技术质量有多重要。
2. 承诺要求：下属对这一决策的承诺有多重要。
3. 领导者的信息：你是否拥有充分的信息做出高质量的决策。
4. 问题结构：问题是否结构清晰。
5. 承诺的可能性：如果是你自己做决策，下属是否一定会对该决策做出承诺。
6. 目标一致性：解决问题所达成的目标是否一定会对该决策做出承诺。
7. 下属的冲突：下属之间对于优选的决策是否会发生冲突。
8. 下属的信息：下属是否拥有充分的信息进行高质量的决策。
9. 时间限制：是否有相当紧张的时间约束限制了下属的能力。
10. 下属的分布范围：把分散在各地的下属召集在一起的代价是否太大。
11. 动机-时间：在最短的时间内做出决策对你来说有多重要。
12. 动机-发展：为下属的发展提供最大的机会对你来说有多重要。

该模型认为对于某种情境而言，5种领导行为中的任何一种都是可行的。它们是独裁Ⅰ（AⅠ）、独裁Ⅱ（AⅡ）、磋商Ⅰ（CⅠ）、磋商Ⅱ（CⅡ）和群体决策Ⅱ（GⅡ），具体描述如下：

独裁Ⅰ（AⅠ）：你使用自己手头现有的资料独立解决问题或做出决策。

独裁Ⅱ（AⅡ）：你从下属那里获得必要的信息，然后独自做出决策。在从下属那里获得信息时，你可以告诉或不告诉他们你的问题。在决策中下属的任务是向你提供必要信息，而不是提出或评估可行性解决方案。

磋商Ⅰ（CⅠ）：你与有关的下属进行个别讨论，获得他们的意见和建议。你所做出的决策可能受到或不受下属的影响。

磋商Ⅱ（CⅡ）：你与下属们集体讨论有关问题，收集他们的意见和建议。你所做出的决策可能受到或不受到他们的影响。

群体决策Ⅱ（GⅡ）：你与下属们集体讨论问题，你们一起提出和评估可行性方案，并试图获得一致的解决办法。

修订过的模型通过实验也被证明更为切合管理实际。不过，模型在复杂化、完善化的同时，也加大了管理者实际应用的难度。为了解决这一矛盾，弗鲁姆和杰戈利用计算机程序化运行，简化了实际操作过程。

对最初版本的领导者-参与模型进行考察得到的结果十分积极，由于修订过的模型出现较晚，其效度还有待于进一步评估。不过新模型是初版的直接扩充，它与我们对该模型价值的认识应是一致的。所以，在此我们有充分的理由相信修订后的模型对于帮助管理者在不同情境下选择最恰当的领导风格提供了非常有效的指导。

在这里需要提醒大家注意两点。首先，修订后的领导者-参与模型十分复杂、烦琐；其次，领导者-参与模型进一步证实领导研究应指向情境而非个体，也许称为专制和参与的情境要比称为专制和参与的领导更讲得通。弗鲁姆、耶顿和杰戈都反对把领导者的行为看作固定不变的，他们认为，领导者可以根据不同的情境调整他的风格。

在领导领域中，如果我们认为个体领导风格的范围很窄，如费德勒的观点，那么为了领导成功，就必须把他设置在恰当的情境中。但还有另一种可能性：如果弗鲁姆等人是对的，则个体领导者首先评估情境的可行性，再相应调整自己的风格。到底我们应该调整情境以适应个体，还是应该调整个体以适应情境？答案可能取决于领导者本身，尤其是领导者的自我监控程度。我们知道，个体在行为的灵活性上存在差异。一些人很容易调整自己的行为以适应外部情境；另一些人则不管情境如何均表现出行为的高度一致性。高自我监控者一般可以调整自己的领导风格以适应变化的情境。

第三节　领导理论的新进展

一、魅力型领导理论

魅力型领导（charismatic leadership）理论是归因理论的扩展。它指的是当下属观察到某些行为时，会把它们归因为伟人式的或杰出的领导能力，包括愿景及陈述、承担个人风险、敏感体察下属的需要以及做出不平凡的行为等。大部分魅力型领导研究的是：确定具有领袖气质的领导者与无领袖气质的领导者之间的行为和个性差异，以解释优秀领导者的与众不同。西方学术界和公众普遍认为富兰克林·罗斯福、约翰·肯尼迪、马丁·路德·金、沃尔特·迪士尼、泰德·特纳等人是具有领袖魅力的领导者。

实际上，魅力型领导理论的来源是欧洲大陆而不是北美。早在 20 世纪初，德国著名社会学家韦伯就提出了魅力型领导，并试图用“魅力权威”这个概念来解释社会中的权威分类问题。韦伯被认为是第一个使用“魅力”这个概念来表述社会中的权威的理论家。他的概念对今天的魅力型领导理论具有重大影响。韦伯把社会中的权威分为三种类型：魅力型、传统型、法理型。他认为魅力型领导的权威，不是来自角色、身份或头衔，而是来自个人出众的品行。这些出众的品行使他们与普通人不一样，从而形成了他们的权威。

韦伯的思想在 20 世纪 40 年代末翻译成英文后才开始在美国广泛传播，并对学术界的研究产生了影响。但人们仍然存有疑问：魅力型领导的焦点在哪里？是在领导者个人出类拔萃的特性中，还是在更广泛的社会背景里，抑或在与追随者的关系中？后来，领导理论家们借鉴了社会学家和政治学家的有关研究结果，对这个问题有了新的认识，从而形成了比较系统的魅力型领导理论。

一些研究者试图确认具有领袖魅力的领导者的个性特点。豪斯（House）在 1977 年确定了三项因素：极高的自信、支配力以及对自己信仰的坚定信念。本尼斯（Bennis）在1985年研究了90位美国最杰出和最成功的领导者，发现他们有四种共同的能力：有令人折服的远见和目标意识；能清晰地表述这一目标，使下属明确理解；对这一目标的追求表现出一致性和全身心的投入；了解自己的实力并以此作为资本。不过，在此方面最新、最全面的分析是由麦吉尔大学的康格（Conger）和卡农戈（Kanungo）进行的。他们的结论是，魅力型领导者具有如下特点：他们有一个希望达到的理想目标；为此目标能够全身心地投入和奉献；反传统；非常固执且自信；是激进变革的代言人而不是传统现状的卫道士。表10-4总结了魅力型领导者的关键特点。

表10-4 魅力型领导者的关键特点

1. 自信：魅力型领导对他们的判断和能力充满信心。
2. 远见：他们有理想的目标，认为未来定会比现状更美好，理想目标与现状相差越大，下属越有可能认为领导者有远见卓识。
3. 清楚表述目标的能力：他们能够明确地陈述目标，使其他人都能明白。这种清晰的表达表明了对下属需要的了解，而且它可以成为一种激励的力量。
4. 对目标的坚定信念：他们被认为具有强烈的奉献精神，愿意从事高冒险性的工作，承受高代价。为了实现目标能够自我牺牲。
5. 不循规蹈矩的行为：他们的行为被认为是新颖、反传统、反规范的。当获得成功时，这些行为令下属们惊诧而崇敬。
6. 作为变革的代言人出现：他们被认为是激进变革的代言人而不是传统现状的卫道士。
7. 环境敏感性：他们能够对需要进行变革的环境限制和资源进行切实可行的评估。

近期的研究试图确定魅力型领导者对下属造成了哪些实质性影响。这一过程的第一步是领导者清晰地描述宏伟前景。这一前景将组织的现状与更美好的未来联系在一起，使下属有一种连续的认识。而后，领导者向下属传达高绩效期望，并对下属达到这些期望表现出充分的信心。这样做提高了下属的自尊和自信水平。接下来，领导者通过言语和活动传达一种新的价值观体系，并以自己的行为为下属设立效仿的榜样。最后，魅力型领导者可以做出自我牺牲和反传统的行为来表明他们的勇气和对未来前景的坚定信念。

魅力型领导者对下属有什么影响呢？有关这方面越来越多的研究表明，魅力型领导者与下属的高绩效和高满意度之间有着显著的相关性。为魅力型领导者工作的员工受到激励而付出更多的工作努力，而且，由于他们喜爱自己的领导者，对其也表现出更高的满意度。另外，研究还表明，魅力型领导者的两面性——公权与私权领导者会对下属产生不同的影响。公权魅力型领导者能够促进下属的内部动机，而私权魅力型领导者削弱了下属的内部动机。

既然魅力型领导者如此理想，人们是否可以学做魅力型领导者呢？不是说魅力型领导者天生具有这些气质？尽管仍有少数人强调领袖魅力不可能被习得，但大多数研究者认为个体可以经过培训而展现出领袖魅力的行为，并因而享受到魅力型领导者所自然得到的效益。比如，一群研究者指出一个人可以通过以下三个阶段的学习变成魅力型领导者。首先，个体要保持乐观的态度，使用激情作为催化剂激发他人的热情，运用整个身体而不仅仅是言语进行沟通。通过这些方面可以开发魅力的光环。其次，个体通过与他人建立联系而激发他人跟随自己。最后，个体通过调动跟随者的情绪而开发他们的潜能。研究者利用这种方法使商业专业的在校大学生成功地“扮演”了魅力型的角色。他们指导学生清晰地表述一个极高的目标，向下属传达高绩效的期望，对下属达到这些目标所具备的能力表现出充分的信心，重视下属的需要。学生们练习表现出有力、自信和动态的形象，并使用富有魅力的迷人语调。为了进一步捕捉领袖魅力的动态和生动特征，研究者还训练这些学生使用领袖魅力的非言语特点，他们或者坐在自己的办公桌上，或者在桌边漫步，身体向前倾向下属，保持直接的目光接触，呈现放松的姿态和生动的面部表情。研究者发现，这些学生学会了如何展现领袖魅力，并且这些领导者的下属表现出更高的工作绩效、对工作任务的适应性，以及对领导和群体的适应性。

有关这一主题的最后一点是：魅力型领导者对于员工的高绩效水平来说并不总是必需的。当下属的任务中包含观念性要素时，它最为恰当。这可以解释为什么魅力型领导者更多出现于政治、宗教以及战争期间，或在一个引入重要新产品或面临生存危机的企业中出现，因为在这些情况下十分注重观念。富兰克林·罗斯福在经济大萧条中给美国人指出了光明的前景；斯蒂夫·乔布斯（Steve Jobs）在20世纪70年代末提出了个人电脑必将极大改变人们的日常生活的前景，从而在苹果公司赢得了技术员工坚定的忠诚和承诺。然而，当危机和剧烈变革的需要减退时，魅力型领导者事实上可能会成为组织的负担。为什么？因为魅力型领导者过分的自信常常导致许多问题。他们不能聆听他人所言，受到有进取心的下属挑战时会十分不快，并总对所有问题坚持自己的正确性。他们利用权力将公司塑造成自己的个人风格，甚至将自己的私人利益和目标凌驾于组织目标之上。比如，菲利普·凯恩（Phillipe Kahn）就是一位具有领袖魅力风格的领导者，在宝兰全球软件公司（Borland International）最初的创业时期，他立下了汗马功劳。然而，在公司的成熟时期，这位CEO却成为企业的负担，他独断的风格、自负而鲁莽的决策使公司的未来前景陷入危机之中。

二、变革型领导与交易型领导理论

当前，变革型领导（transformational leadership）与交易型领导（transactional leadership）是学者们热衷研究的主题。由于变革型领导也具有领袖魅力，因此这一主题与前面对魅力型领导的讨论有一定重叠。

本章中介绍的大多数领导理论，都讲的是交易型领导者。这些领导者通过明确角色和任务要求来指导或激励下属向着既定的目标活动。但是还有另外一种领导类型，他们鼓励下属为了组织的利益而超越自身利益，并能对下属产生深远而不同寻常的影响。他们是变革型领导者，这其中包括有限零售连锁店的莱斯利·韦克斯纳（Leslie Wexner）和通用电气公司的杰克·韦尔奇（Jack Welch）。他们关怀每一个下属的日常生活和发展需要；他们帮助下属以新观念看待老问题从而改变了下属对问题的看法；他们能够激励、唤醒和鼓舞下属为达到群体目标而付出更大的努力。表10－5概括了两种类型的领导者的不同特点。

表 10-5　变革型领导者与交易型领导者的特点

● 交易型领导者
权变奖励：努力与奖励相互交换原则，良好绩效是奖励的前提，承认成就。
通过例外管理（主动）：监督、发现不符合规范与标准的行为，把它们改正为正确行为。
通过例外管理（被动）：只有在没达到标准时才进行干预。
自由放任：放弃责任，回避决策。
● 变革型领导者
领袖魅力：提供远见和使命感，逐步灌输荣誉感，赢得尊重与信任。
感召力：传达高期望，使用各种方式强调努力，以简单明了的方式表达重要意图。
智力刺激：鼓励智力、理性活动和周到细致的问题解决活动。
个别化关怀：关注每个人，针对每个人的不同情况给予培训、指导和建议。

我们不应认为交易型领导与变革型领导是采取截然对立的方法处理问题。变革型领导是在交易型领导的基础上形成的，它导致的下属努力水平和绩效水平比单纯的交易观点好得多。此外变革型领导也更具领袖魅力。单纯魅力型领导者仅仅是想让下属适应领袖魅力的世界就足够了，而变革型领导者则试图逐步培养下属的能力，使他们不但能解决那些由观念产生的问题，而且完全能解决那些由领导者提出的问题。

有相当多的证据支持变革型领导优于交易型领导。比如，对美国、加拿大和德国的军队官员进行的大量研究发现，在每个水平上，变革型领导者的评估成绩都比交易型领导者更好。在联邦快递公司中，那些被下属评估为更具变革性的管理者，被他们的直接上级主管评估为有更高成就的人和更应晋职的人。总之，大量证据表明，变革型领导与低离职率、高生产率和高员工满意度之间有着更高的相关性。

三、真实领导理论

真实性根源于古希腊哲学（“to thine own self be true”，让你自己变得真实），与之相关的描述包括：真诚、可靠、值得信任、真实和名副其实的。积极心理学家认为真实性包括两个方面：一是个体的个人体验、思想、情绪或信念，“内在的真实自我”；二是与真实自我一致的行为，关于你真实想法和信念的外在行为和表达。

什么是真实领导？美国百货运营商彭尼公司的 CEO 迈克·厄尔曼（Mike Ullman）认为领导者必须无私和诚实，并且善于倾听。美国金宝汤公司的 CEO 道格拉斯·R. 科南特（Douglas R. Conant）果断地认同了这一观点。当被要求对金宝汤公司的强劲表现做出评论时，他表示：“我们只是（比同行们）领先半个身位。”他经常承认自己的失误，并把“我能做得更好”挂在嘴边。厄尔曼和科南特似乎是真实领导的优秀代表。真实领导者（authentic leaders）清楚地知道自己是谁，知道自己的信念和价值观，能够坦率、公开地按照自己的信念和价值观行事。他们的下属会认为他们是有道德的人，真实领导者的主要品质就是富有信任感。真实领导者会与下属分享信息，鼓励开诚布公地沟通，并坚持自己的理想。结果就是：人们逐渐对真实领导者产生信任。

真实领导是从积极心理能力以及高度发达的组织环境中抽离出的一种过程，这种过程会促使领导和下属产生更高的自我意识和更多的自我调整的积极行为，并且促进积极自我的发展。真实领导者是自信的、充满希望的、乐观的、有韧性的、坦诚透明的、具有道德/伦理的和未来取向或注重长远发展的，并且优先考虑把下属培养成领导，这能激发领导和下属强烈的自我意识和积极的自我调控行为，从而促进双方共同的自我开发与成长。实证研究也证明，真实领导对员工主观幸福感、员工敬业度、员工知识共享行为、员工创新行为等具有显著的正向预测作用。

真实领导的概念是一个连续体，而非两极性概念。虽然我们认为真实的领导者取决于其遗传天赋和生活经历，但是与积极组织行为（POB）能力以及心理资本相类似的是，真实领导被认为是状态性的，并且可发展和改变。历史上重要的领导者，如甘地、埃莉诺·罗斯福以及纳尔逊·曼德拉，都可以根据我们的定义，被称为真实领导者；而那些在不同类型的组织以及组织中不同层级的日常管理者和领导者，只要他们能够了解自己和他人，真实地对待自己和他人，做正确的事情，在自己的职责、部门甚至整个组织范围内获得可持续的有效绩效，也都可以被称为真实领导者。

有研究者则从行为视角界定了真实领导，认为它是“领导者表现出来的一系列行为，这些行为能够创造并利用自身积极的心理能力与积极的道德氛围来促进领导者的自我意识、内化的道德观、信息平衡加工处理和透明关系的产生，从而促进自身和下属的自我发展”。

真实领导这个术语被应用于大量实践导向的文献中，该理论首次将领导视为一个关于真实性的发展过程和成果。图10-4描述了这种真实领导发展的过程和成果。如图所示，真实领导过程包括引发积极自我发展的前提性的积极心理能力和正性组织环境，以及真实领导的产物。换言之，这种领导的发展取向重视对自身积极面（人格和环境两方面）的了解和规范。真实领导过程的产物是：积极心理资本（自信、希望、乐观、韧性）和透明，富有道德/伦理的行为，注重长远发展，以及培养下属。

图10-4 真实领导发展模型

四、道德型领导与伦理型领导理论

最近一些伦理学家和领导研究者对领导中的道德问题给予了更多的关注。为什么这个问题现在才引起人们的关注？原因之一可能是整个管理领域对道德问题产生了日益浓厚的兴趣。原因之二可能是，根据传记作者的发现，许多以往的卓越领导者，如马丁·路德·金、约翰·肯尼迪和托马斯·杰斐逊都在道德方面有所欠缺。一些公司，比如波音公司，将高层领导者的薪酬与道德行为挂钩，从而强化这样一种意识，用公司CEO吉姆·麦克纳尼的话来说就是："在以正确方式做事与绩效之间没有妥协。"

道德和领导存在许多交叉点。例如，当变革型领导者试图改变下属的行为和态度时，他们被描述为培养美德的权威。超凡魅力本身也包含着道德成分。不道德的领导者更可能使用他们的魅力来增加其对下属的权力，进而达到为其个人利益服务的目的。有道德的领导者会以一种对社会有建设性作用的方式来利用自己的魅力，并服务于他人。那些公正对待其下属的领导者，尤其是通过经常提供诚实、准确的信息来做到这一点的领导者，被认为是更有效的领导者。因为高层管理者能够为本组织确定道德基调，所以他们需要树立高水平的道德标准并以身作则，鼓励和奖赏他人的正直行为，避免滥用权力，例如在裁掉资深员工以削减成本的同时却给自己提供大幅的加薪和丰厚的奖金。

（一）道德型领导

什么是道德型领导？道德型领导（moral leadership）是指管理者在与下属交往过程中展现出符合伦理规范的个人行为，并通过沟通、决策制定等管理过程在企业内促进符合道德规范的行为。早在两千多年前，孔子就提出治理国家最有用的方式是以身作则，用道德来引导下属、作为下属的榜样，通过潜移默化的方式进行管理。《论语》中曾记载："其身正，不令而行；其身不正，虽令不从。""道之以德，齐之以礼，有耻且格。"在西方管理思想史中，巴纳德也较早地强调了道德型领导的重要性。在《经理人员的职能》一书中，他认为高尚的道德品德与高超的领导技能（如构建组织架构、有效沟通等）是一名高效管理者必须具备的两项素质。中西方的研究发现道德型领导能够提升员工积极的工作态度，促进组织公民行为，抑制各种反生产行为。

道德型领导是一种新型领导形态，突出强调伦理道德的重要性。道德型领导诚实正直、尊重下属，会设立高道德标准并通过双向沟通、奖惩、强制等方式要求下属员工执行和表现符合道德的行为。道德型领导对下属认知、态度和行为的积极影响已得到了普遍证实。比如，实证检验的结果表明，道德型领导对员工创新绩效有正向影响作用。

（二）伦理型领导

恩德勒（Enderle）在1987年最早提出了伦理型领导（ethical leadership）的概念，并将之界定为一种思维方式，旨在明确描述管理决策中的伦理问题，并对决策过程所参照的伦理原则加以规范。恩德勒在对伦理型领导的注释中指出，伦理型领导应当包括个体层面领导（影响他人）与组织层面领导（影响组织）两个层面的内涵。一些学者借鉴这一观点具体指出，伦理型领导研究关注的焦点是领导者在制定决策、采取行动以及影响下属等过程中，如何运用其所拥有的社会权力。

什么是伦理型领导？伦理型领导是指具有某些伦理特质的领导者，在组织中设置伦理规范和愿景，通过双向沟通和示范使其内化于员工，进而影响员工的伦理行为和组织决策，以有效达成组织的目标。与之相似的概念，如道德型领导，是指领导者具有高尚的道德品行和操守，体现了伦理型领导"道德人"的一面。不同的是，伦理型领导还体现道德"管理者"的一面，强调采用合乎道德规范的策略和手段来影响组织道德观与行为。此外，由于伦理型领导兼具多种类型领导的特征，同时又响应了时代的要求，因此近年来颇受关注。

特雷维诺（Trevino）等人对伦理型领导者的特征进行了归纳，他们认为伦理型领导者有两个特征：一是合乎伦理的个人（ethical person），即具备诚信等个体特征，并执行合乎伦理的决策；二是合乎伦理的管理者（ethical manager），即采取的影响组织道德观与行为的策略合乎伦理。后有学者分析以往的相关理论和实证研究，对伦理型领导者的特征再次进行归纳总结，认为伦理型领导者具有以下四个特征：

首先，伦理型领导者是品格高尚和正直的。正直是伦理型领导者特征中的基本元素，指导着伦理型领导者的信仰、决策和行动。无论存在什么外部压力，正直为领导者下决定和做出道德上正确的行为提供了个人品质的基础。

其次，伦理型领导者具有伦理意识。伦理意识是指在做出对其他人有重大影响的决策时，感知那些值得考虑的相关道德问题的能力。伦理意识贯穿于伦理型领导者行动或者决策的结果和过程之中。伦理型领导者通过关心以下事情展示他们的伦理意识：（1）集体的利益；（2）手段和结果的影响；（3）长期的而不是短期的绩效；（4）多元化股东的观点和利益。

再次，伦理型领导者以人/社区为本。伦理型领导者聚焦于更大的善，这就导致他们以人为本，并能够意识到他们的行为是如何影响他人的，从而使用他们所具有的社会性权力去服务集体利益，而不是领导者的自我利益。

最后，伦理型领导者善于鼓舞和赋权，这有助于追随者获得独立的个人特质。伦理型领导者的利他意识使得他们认同并尊敬追随者，他们把赋权作为战略来塑造追随者的自信和独立。伦理的赋权战略是追随者对领导者意图所感知的重要前因，追随者知道领导者的意图是要他们追求集体的最大利益。研究结果表明，在中国组织情境中，伦理型领导者和员工的组织公民行为显著正相关，伦理型领导者可以通过营造利他道德氛围，并塑造员工道德认同，促进其参与帮助行为。

五、共享领导理论

当人类社会进入信息社会、知识经济的时候，学者们才意识到领导还是“一个分享过程，这个过程提高了人们的个人与集体能力，从而有效地完成任务”，这种领导思想称为共享领导（shared leadership）。

研究发现共享领导在各种团队（如研发团队、新创高管团队和咨询团队）中都是有效的领导方式。团队的所有成员充分参与团队的领导，为最大限度地发挥团队的潜力而毫不犹豫地进行指导和影响团队其他成员，就实现了共享领导。团队成员之间技能互补可以增强团队凝聚力，挖掘团队潜能，提高成员工作满意度和团队效能等，激发员工的创造性，增加产出。因此，共享领导日益受到人们的关注。

（一）共享领导的含义

共享领导是指由领导者和下属组成的管理团队来共同承担领导责任的领导风格。共享领导界定为“一个动态的、交互的群体影响过程，在这一过程中将根据任务特点由具有相应专长的团队成员履行领导职能，并根据情境变化动态更替领导角色以实现团队或组织的目标”。其概念包含以下五个方面：

第一，领导职能可以由多个团队成员或全体团队成员共同承担和履行，这种领导职能的分散化提高了领导网络的集中度和密度，有利于放大领导绩效。

第二，担任领导角色的团队成员具有与任务内容相匹配的知识、能力、技能等专长，这种领导角色与团队知识的匹配有利于促进团队学习，使团队知识更加丰富化和分布化。

第三，领导角色随着任务情境的变化而变化，即任务情境与团队成员的专长相匹配时，领导权力就会转移到该团队成员，这种领导职能情境化决定了团队成员在某个时点可能是领导者，在另一个时点可能是下属。

第四，领导影响的方式可能是横向的（即同事之间的），也可能是纵向的（即上行或下行的），还可能是纵横交错的（即全通道式的），这些领导力发生机制不会危及团队成员中的权力差别，因为全体团队成员都平等地处在权力网络的中心。

第五，领导的目的在于有效实现团队和组织的共同目标。

（二）共享领导的特征

共享领导具有以下四个特征：

第一，领导权力的共享性。不难发现，“分权”或“授权”已经成为当代领导理论的一个基本特征。共享领导实质上就是一种分权领导或授权领导，它所关注的不是是否要进行权力分配的问题，而是如何实施权力分配的问题。权力的科学配置需要基于一个共享的团队心智模型，因为它是实现共享领导的心理机制；权力的科学配置需要实施权力共享、责任共担制度，因为它是实现共享领导的制度保障；权力的科学配置需要建立任务情境与权力转移的耦合机制，因为它是实现共享领导的方法保证。

第二，领导行为的互依性。互依性是指团队成员在团队作业中相互依赖和相互合作的程度。互依性是团队的重要特征之一，也是共享领导的一项重要内容。作业互依性体现了共享领导的相互协作维度的本质内涵，产出互依性则反映了共享领导的绩效期望维度的内在联系。共享领导的“共同行为”特征，被认为是相互作用结果的累积性动力。所以，不管它是基于作业互依性还是产出互依性，都能够通过相互间的交互作用激发出彼此潜在的首创精神和专业特长，并创造出远远高于个人行为所能创造的结果。

第三，领导行动的情境性。从共享领导的角度来说，情境不是其外部因素，而是其内部构成要素。共享领导的情境就是由一项项任务或任务的不同阶段所构成的情境。团队作业就是团队成员在相互依赖的行动中以某种方式构建领导者和被领导者的交互行动。在这些行动中，作业与知识、知识与权力、权力与角色、角色与责任等都是情境配置问题，这些情境配置需要科学设计和管理，所以情境的效率和效果是可以改进的。

第四，领导边界的开放性。共享领导就是领导者和被领导者随时间的变化而进行角色更替以适应特定情境的过程。在这个过程中，领导角色的不断更替意味着领导边界的不断变动。这就意味着共享领导正在消解领导者与被领导者之间不可逾越的界线。由此可见，领导边界的开放性是共享领导的一个必备条件。需要注意的是，共享领导并没有排斥领导者存在的必要性，而是强调领导者的责任由决定前进的方向转变为建立一支强而有力的团队。

（三）共享领导的结构

共享领导内容结构的研究可以分为二因素论、四因素论和五因素论。在此介绍四因素论。

共享领导是一个由四维度构成的理论模型。伍德（Wood）的共享领导四维度是：共同完成任务（joint completion of tasks）、相互技能开发（mutual skill development）、员工间分权化互动（decentralized interaction among personnel）和情感支持（emotional support）。刘博逸的共享领导四维度是：绩效期望（performance expectation）、团队学习（team learning）、相互协作（mutual cooperation）和权责共享（power and responsibility sharing）。

六、破坏型领导理论

相对于那些极为少数的卓越的、优秀的领导者，那些“坏”的、无效的、失败的领导者却为数不少。破坏型领导研究最早起源于豪斯和豪厄尔（Howell）于 1992 年对魅力型领导阴暗面和光明面的分析。豪斯和豪厄尔将魅力型领导划分为社会化领导和个人化领导两类。他们认为，破坏性行为，如暴力以及其他攻击行为，源自个人化领导。其他有关魅力型领导阴暗面的研究也得出了类似的结论。

（一）破坏型领导的含义

破坏型领导是指领导者持续表现出来的侵害组织的正当利益的系统化行为，这些行为既包括侵害组织目标、妨碍组织任务达成、损害组织资源、降低组织效能的行为，也包括破坏下属的工作动机、降低下属的工作满意度和幸福感的行为。关于这一概念，有几点需要说明：

第一，破坏型领导包括两方面的行为，即指向组织的破坏性行为和指向下属的破坏性行为。

第二，破坏型领导行为是系统性和反复性的，对于非典型的破坏型领导行为，如偶尔情绪失控，应该被排除在定义之外。

第三，破坏型领导行为并非一定包含意图成分，对于那些未有明显意图的行为，只要对下属造成伤害也应纳入破坏型领导行为的内容之中。

第四，破坏型领导行为的甄选标准，是看行为是否侵犯了组织的正当利益，是否在服务于组织及其雇主过程中破坏了对组织的财务资源、物质资源和人力资源的最佳应用。

第五，破坏型领导行为被感知到具有破坏性，还与特定时间、特定背景密切相关，即破坏型领导行为的内容与当时的法律、历史和文化背景紧密关联。

（二）破坏型领导理论的两个模型

1. 破坏型领导的管理方格模型

布莱克和莫顿在1985年提出了管理方格理论。该理论基于关心生产和关心员工两个维度，提出有效领导和无效领导的概念，但没有提出破坏型领导行为。埃纳斯（Einarse）等人通过扩展这两个维度，提出一个涵盖破坏型领导和建设型领导的理论模型（见图10-5）。

如图10-5所示，这个模型有两维：指向下属和指向组织。指向下属维度描述了从利下属行为（提升下属的工作动机、幸福感和工作满意度的行为，例如聆听下属的建议、尊重下属等）到侵害下属行为（蓄意破坏下属的工作动机、幸福感或工作满意度，例如欺凌下属、性骚扰等行为）。指向组织的维度是从侵害组织行为（违反组织的正当利益，例如偷窃财产、使得工作目标背离组织目标、蓄意破坏组织目标的达成，以及其他各种形式的腐败行为等）到利组织行为（为实现组织目标而工作的行为，包括设定清晰的目标、制定和支持战略决策、推行组织变革等）。据此通过两条直线，将模型分为四种领导类型，其中三种是破坏型领导，即暴君型领导（利组织而侵害下属）、出轨型领导（既侵害组织也侵害下属）、护犊型领导（利下属，侵害组织）。

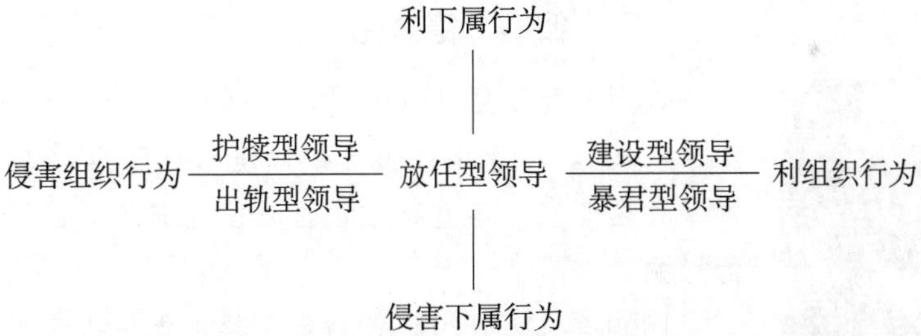

图10-5　破坏型领导的管理方格模型

破坏型领导除了包括直接、主动的破坏性行为之外，还应包括间接、被动的破坏性行为，继而提出第四种破坏型领导行为，即放任型破坏型领导（既不谋其政，也不干预和激励下属）。放任型领导与“无领导”有本质区别，放任型领导会违反组织的正当利益，例如，侵占时间，并且由于不能满足下属的期望而间接破坏下属的工作动机、幸福感和工作满意度。

2. 破坏型领导的毒三角模型

帕迪利亚（Padilla）在2007年基于破坏型领导的系统观，提出破坏型领导的毒三角模型，即任何一项领导者的特质、追随者的情况或者情境因素都不可能单独产生破坏型领导，破坏型领导是领导者、追随者和情境因素交互作用的结果（见图10-6）。

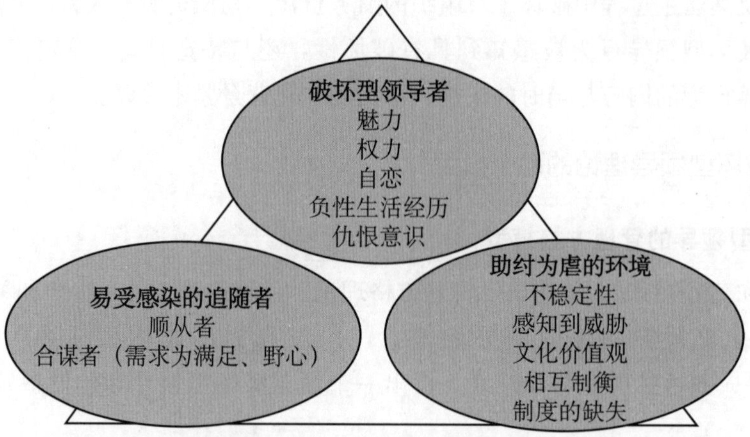

图10-6 破坏型领导的毒三角模型

如图10-6所示，破坏型领导的产生有三个重要条件。(1) 破坏型领导者：有五种关键的领导者特征会促使破坏型领导产生，分别是魅力、权力、自恋、负性生活经历和仇恨意识。(2) 易受感染的追随者：有两类追随者，即顺从者和合谋者。顺从者出于害怕而屈从于破坏型领导者，而合谋者则主动参与到领导者的破坏性活动中，两者均受自我利益驱使（顺从者的目的在于将损失最小化，合谋者的目的在于借助破坏型领导者获取更多的利益)。(3) 助纣为虐的环境：不稳定性、感知到威胁、文化价值观和相互制衡及制度的缺失等五种环境因素容易引发破坏型领导行为。

管理名家

彼得·德鲁克

彼得·德鲁克（Peter F. Drucker，1909—2005)，“现代管理学之父”，其著作影响了数代追求创新以及最佳管理实践的学者和企业家，各类商业管理课程也都深受彼得·德鲁克思想的影响。

1909年11月19日，彼得·德鲁克出生于奥匈帝国统治下的维也纳，祖籍荷兰，后移居美国。其家族在17世纪就从事书籍出版工作。父亲是奥匈帝国负责文化事务的官员，曾创办萨尔茨堡音乐节；母亲是奥匈帝国率先学习医科的妇女之一。德鲁克从小生长在富裕的文化环境之中，其1979年所著的自传体小说《旁观者》对其成长历程做了详细而生动的描述。

德鲁克先后在奥地利和德国受教育，1929年后在伦敦任新闻记者和国际银行的经济学家。1931年获法兰克福大学法学博士。1937年移民美国，曾在一些银行、保险公司和跨国公司任管理顾问，1943年加入美国籍。德鲁克曾在贝宁顿学院任哲学教授和政治学教授，并在纽约大学研究生院担任了20多年的管理学教授。尽管被称为“现代管理学之父”，但德鲁克一直认为自己首先是一名作家和教师。1942年，他受聘为当时世界最大企业——通用汽车公司的顾问，对公司的内部管理结构进行研究。

德鲁克出版了超过30本书籍，这些书籍被翻译成30多种文字，传播至130多个国家。其中最受推崇的是他的原则概念及发明，包括：将管理学开创成为一门学科，目标管理与自我控制是管理哲学，组织的目的是创造和满足顾客，企业的基本功能是行销与创新，高层管理者在企业策略中的角色、成效比效率更重要，分权化，民营化，知识工作者的兴起，以知识和资讯为基础的社会。至2004年，德鲁克还有新书问世。

2002年6月20日，美国总统乔治·W.布什宣布彼得·德鲁克成为当年的“总统自由勋章”的获得者，这是美国公民所能获得的最高荣誉。无论是英特尔公司创始人安迪·格鲁夫、微软董事长比尔·盖茨，还是通用电气公司前CEO杰克·韦尔奇，他们在管理思想和管理实践方面都受到了德鲁克的启发和影响。“假如世界上果真有所谓大师中的大师，那个人的名字，必定是彼得·德鲁克。”这是著名财经杂志《经济学人》对彼得·德鲁克的评价。

2005年11月11日，德鲁克在美国加利福尼亚州克莱蒙特的家中逝世，享年96岁。

第四节　中国背景下的领导概念

一、家长式领导理论

随着中国经济的快速发展，学术界和实务界也越来越需要中国文化背景下的管理研究。目前家长式领导（paternalistic leadership）作为本土心理学研究的一项重要成果，得到了国内外学者的密切关注。

（一）家长式领导理论的发展历程

西尔金于20世纪60年代在中国台湾进行了为期一年的个案研究，研究对象为一家私营独资大型企业。通过与这家企业的老板、经理人及员工上百小时的面谈，西尔金指出该企业的老板与经理人的领导作风具有与西方迥然不同且清晰可辨的特色，并总结为教诲式领导、德行领导、中央集权、上下保持距离、领导意图及控制。

在这种领导的状况下，下属要如何做才能符合领导者的期待？根据西尔金的观察，下属必须完全服从、依赖、信任领导者。领导者是不会犯错误的，员工不能公开提出不同的意见，否则就表示对领导者的不信任；由于上下间的权力距离很大，下属必须用适度畏惧的方式对领导者表示尊敬。

西尔金指出华人社会组织领导的确具有与西方不同的特质，虽然他并没有明确地称之为“家长式领导”，却促使了家长式领导概念的兴起，并为后来的家长式领导概念的提出奠定了基础。

瑞定（John Redding）受20世纪七八十年代中国香港、新加坡、中国台湾及印度尼西亚等华人家族企业成功的启发，开始探讨华人家族企业独特的经营与管理方式。他采用深度访谈的方式，研究了72位华人企业主管，指出华人的经济文化具有异于西方的特质，他将其称为中国式资本主义（Chinese capitalism），其中父权家族主义（paternalism）是一个重要的特征。

瑞定指出家长式领导应具备以下特征：在心态上，下属必须依赖领导者；偏私性的忠诚，使得下属愿意服从；领导者会明察下属的观点，据以修正自己的专断；当权威被大家认定时，不能视而不见或置之不理；层级分明，社会权力距离大；没有清晰的权威或严格的制度，领导者的意图不明确表达出来；领导者是楷模与良师。

瑞定的研究纵贯20年，研究的样本包括中国香港、台湾及东南亚的华人家族企业。因此，瑞定的结论使我们有理由相信，家长式领导的确普遍存在于华人家族企业中。与西尔金相似，瑞定也强调了权威领导与道德领导，但也有不同之处。瑞定特别提出仁慈领导的概念，认为仁慈是指“像父亲一样照顾或体谅下属”与“对下属的观点敏感”，而这种仁慈是以一种施恩的方式进行的。同时，瑞定注意到华人社会有很强的“人治主义”倾向，即允许个人因素影响组织决策，这使得领导者的仁慈并非雨露均沾、一视同仁地分散到所有的下属身上，而是因人而异。

韦斯特伍德针对华人家族企业提出了一个家长式首脑模式（model of paternalistic headship）。他认为领导的概念是欧美研究者建构出来的，并不适用于文化背景截然不同的华人家族企业，所以他采用了家长式首脑而非家长式领导的概念。韦斯特伍德认为，家长式首脑的基础是一般组织结构特征（如集权中央、制度化程度不高、不复杂）、一般关系特征（如重视和谐、关系维系、德行领导）及人治主义，并指出家长式首脑具有9种特定的领导作风：（1）教诲式领导；（2）领导意图不明；（3）重视声誉；（4）维持支配权；（5）讲究权术；（6）个别照顾与徇私；（7）削弱冲突；（8）社会权力距离大；（9）对谈理想。

韦斯特伍德的理论中有两个新观点，即冲突削弱与对谈理想。首先，华人企业领导者受其文化中保持社会和谐观念的影响，会通过组织首脑地位以及对组织内资源的掌握与分配，去预防、化解组织成员的公开冲突，即冲突削弱；其次，上下间的对谈理想指的是企业领导者通过非正式沟通的方式与部属交换意见，维护部属的尊严，并对部属个人表示关怀，维系上下间的人际和谐。

凌文辁等人于1987年在将日本学者三隅二不二的PM量表标准化的过程中，发现除了P（performance，绩效）和M（maintenance，维持）两因素外，中国人对领导的期望还包括一个重要的方面——德，即个人品质，将其定义为对待公与私的态度或如何处理公与私的关系，并据此提出了CPM理论。

在有关华人的领导研究中，目前最为深入和被广泛接受的是台湾大学郑伯壎等人提出的家长式领导三元理论。

（二）家长式领导三元理论

郑伯壎的研究始于20世纪80年代，采用个案研究为切入点，通过长期深入的观察、访谈，探讨了中国台湾私营企业主的领导模式与管理方式，结论与西尔金和瑞定很相似；

1993—1994 年，又通过访谈 18 位台湾家族企业主和 24 位一级主管，证明了家长式领导的普遍性。

郑伯壎在 1995 年提出了家长式领导二元理论，即家长式领导包含两方面的行为类型：立威与施恩。在立威方面，家长式领导表现出 4 种典型行为，包括专权作风、贬损下属能力、形象整饰与教诲行为，相对应地，下属会表现出顺从行为、服从行为、敬畏行为与羞愧行为；在施恩方面，家长式领导会表现出个别照顾与维护面子，下属相应表现出感恩与图报行为。

郑伯壎、庄仲仁在研究军队基层领导行为效能时发现，品德是领导的一个重要方面。凌文辁等人提出的 CPM 理论中也强调了德行是华人领导的必备特质。据此，郑伯壎等人在 2000 年提出，家长式领导除了立威与施恩两个维度外，还应该包括德行这样一个维度，即家长式领导的三元理论。

什么是家长式领导？郑伯壎等人认为，家长式领导可定义为：在一种人治的氛围下，显现出严明的纪律与权威、父亲般的仁慈及道德的廉洁性的领导方式。可以看出，家长式领导包含 3 个维度，即威权领导、仁慈领导、德行领导，威权领导与仁慈领导和二元理论中的立威、施恩基本一致，德行领导则是一个新的维度。

第一，威权领导。“家”是中华文化的核心概念之一。在传统儒家文化之下，家是社会的最基本也是最主要的建制单元；在儒家的五伦当中，父子关系仅次于君臣关系，其重要性远大于夫妻、兄弟以及朋友关系。父亲的权威远远大于家庭其他成员，父亲是家庭的核心，拥有绝对的权利，正所谓“君要臣死，臣不得不死；父要子亡，子不得不亡”。父亲在中国家庭的权威来源于儒家所强调的父子关系，本质即“孝”，所谓“孝”就是屈从于父亲的意志，并将其视作神圣的职责。另外，法家思想的推波助澜，更将家长的威权与儿子的孝顺角色化。这种上下之间的关系是不对等的，并且权力距离大。

华人组织里也有家的概念。杨国枢将中国人由家庭中学得的经验类化到其他组织的过程称为泛家族主义（pan-familism）或者类化的家族主义。个人常经由泛家族化的历程，将家族生活所形成的类似的心理与行为，经由刺激内化的历程推广到家族以外的团体生活，而在非家族组织中表现出许多类似家族中的心理与行为。用泛家族主义来考察华人组织，组织领导扮演着类似于父亲的角色，部属则扮演类似儿子的角色，领导必须有父亲般的威严，而部属必须有儿子一般的忠诚、服从。

第二，仁慈领导。社会关系都有相对性（mutuality），儒家对理想社会的人际关系的设想是：君仁臣忠，父慈子孝，兄友弟恭，夫义妻柔，姑慈妇听。上下级之间存在一种道德文化的责任，即上对下的仁慈，以及下对上的报答、顺从，这是仁慈领导的重要来源。

第三，德行领导。作为中华文化主流与基石的儒家文化极为强调个人的道德修养，正所谓修身、齐家、治国、平天下，对自身道德的修炼是对中国人最基本的要求。事实上，中国传统上是一个人治社会，缺乏法制的约束，这就必然提高对官员的道德期望，靠他们自身的道德修养来约束他们的行为。这样的思想反映在华人企业组织中就表现为领导必须保持一定的道德品行与操守，否则就不能为下级所真正服从。

家长式领导受到学者们的广泛关注。例如，实证研究表明，仁慈、德行领导都能对员工利他行为产生显著正向影响；仁慈领导和德行领导方式对宜人性和尽责性高的员工与组织之间的类亲情交换关系的培育发挥重要的促进作用，而威权领导方式总体上对下属的影响是消极的。这也在一定程度上对家长式领导的三元模式提出了挑战：如果家长式领导的三种成分对下属的影响方面不一致，那么一个领导在三种成分或三个维度上分别达到什么水平，或三种成分的什么组合，才能称为家长式领导？因此，后来的研究往往把三种成分分别作为三种独立的领导风格，探究德行领导、仁慈领导和威权领导对下属的影响及其作用机制。

家长式领导具有浓厚的人治色彩，并不是对所有部属都一视同仁的，而是按照差序格局区分为自己人和外人，分类标准有 3 条：(1) 关系，即是否与领导有社会连带关系，比如亲戚、同乡、同学等；(2) 忠诚，部属服从甚至愿意为领导牺牲个人利益的程度；(3) 才能，员工完成组织或领导所指示的目标的胜任能力与动机。根据这 3 条标准可以把员工细分为 8 种类型，员工一旦被归于某一类就不易改变。领导者对自己人较少威权领导而较多仁慈领导，对外人则相反。郑伯壎认为，忠诚是分类的核心，其次是才能，最后是关系，关系仅仅是分类的基础而已，这得到了后来研究的支持。

家长式领导表现出威权领导、仁慈领导、德行领导行为，相对应的是部属表现出的敬畏顺从、感恩图报以及认同效法。这种对应关系体现了一个基本的假设，即家长式领导的效能是建立在领导者、下属对自己角色的认同，以及下属的追随（followership）之上的，否则将导致管理效能降低、人际和谐关系破坏，甚至公开的冲突。具体的领导行为与下属反应如表 10－6 所示。

表 10－6　领导行为与下属反应

领导行为	下属反应
威权领导 ● 专权作风 不愿授权 下行沟通 独享信息 严密控制 ● 贬抑下属能力 漠视建议 贬抑贡献 ● 形象整饰 维护尊严 表现信心 操控消息 ● 教诲行为 要求高绩效 斥责低绩效 提供指导	**敬畏顺从** ● 顺从行为 公开附和 不公开冲突 不唱反调 ● 服从行为 无条件接受指派 忠于领导者 信任领导者 ● 敬畏行为 表现尊敬 表现敬畏 ● 羞愧行为 勇于认错 聆听教训 改过迁善

续表

领导行为	下属反应
仁慈领导 ● 个别照顾 视为家人 保障工作 急难帮助 整体照顾 鼓励辅导 ● 维护面子 避免羞辱 预留余地	**感恩图报** ● 感恩 缅怀恩情 感念领导者 ● 图报 牺牲小我 表现敬业 符合期望 勤奋工作
德行领导 ● 公私分明 一视同仁 牺牲私利 ● 以身作则 作为表率	**认同效法** ● 认同 认同价值与目标 内化价值与目标 ● 效法 模仿领导者行为

郑伯壎特别强调了家长式领导与西方领导理论本质的区别。西方的领导理论建立在上司与部属间地位平等的基础上，再找出彼此间权利与义务的工作关系；华人社会一开始就建立在清楚的上下关系与角色套路中，家长式领导与成员的互动遵循贬低原则、干涉原则以及申辩原则，是不平等的上下关系。同时，家长式领导的施恩与西方领导理论中的体恤不同，施恩并不是仅限于工作上的宽大为怀，也会扩及部属的私人问题，并且是长期取向的。领导者之所以会贬抑下属贡献则是因为：（1）公开表扬会造成下属自大，不利于领导权威；（2）公开表扬会破坏群体和谐，甚至演变成下属间的竞争与冲突；（3）公开斥责则可以杀一儆百，确立领导者的地位。

关于家长式领导，还有一个相对独立的研究学派，以土耳其的跨文化心理学家阿让（Zeynep Aycan）为代表。她在马克斯·韦伯的家族主义的基础上，基于土耳其的文化背景，也提出了家长式领导的概念，并开发了测量工具。这个概念最初包含五个维度，可以合成为一个二阶的概念。后来的研究进一步发展了这个概念，形成了三个维度的定义，并构建了十个题目的测量工具。其中期待下属忠诚和服从这个维度，在三元模式中没有体现。研究者在中国、土耳其、巴基斯坦和美国、德国、荷兰六个代表不同民族文化的国家选择样本，不仅验证了三维结构的合理性，而且发现了不同文化下家长式领导的固有模式，并进一步证明，家长式领导不是儒家文化社会所特有的领导方式，在西方国家的组织管理中也或多或少地可以看到这种风格。

家长式领导模型是基于特定的社会、文化和组织环境的，其对下属的影响并不是一成不变的。家长式领导的效能建立在领导者、下属对自己角色的认同以及下属的追随之上。此外，员工的传统性、下属的依赖性、领导者本身的特点、领导与下属不同的性别角色配对、组织环境等都是影响家长式领导效能的一些条件。

二、公仆型领导理论

“公仆型领导”（servant leadership）一词最早出现在格林利夫（Greenleaf）于1970年发表的文章《扮演公仆角色的领导者》（*The Servant as Leader*）中。该思想结晶于1960年，来源于格林利夫教授阅读的赫尔曼·黑塞（Herman Hesse）的小说《东游记》（*Journey to the East*）。故事中的一群人致力于精神上的追求，踏上了神秘之旅。故事的解说者发现之前被认为是仆人的利奥，实际是伟大而高贵的领袖，他作为所谓的“宗教秩序”之首维持了这段旅程。格林利夫通过这个故事，得出伟大的领导首先应是其他人的仆人的结论，这些开创性思想也给那些关心领导、管理、服务及精神成长的人们留下了深远的影响。

格林利夫提出“公仆型领导”概念，指出公仆型领导是把员工利益放在首位，试图使员工变得“更健康、更明智、更自由、更自主，也更可能成为仆人”的领导方式，其主要动机是服务而非领导。领导者为了组织中成员的利益、组织整体利益以及顾客利益而分享权力，这种领导方式的立场和服务动机与以前的以组织为导向的领导方式（如变革型领导、家长式领导）的立场和领导动机形成了鲜明的对比，对领导行为提供了一种全新的解释，激发人们对领导理论进行根本性的反思。目前，公仆型领导理念在美国多个领域的管理实践中得以应用，并且效果显著，例如Synovus金融公司、西南航空公司、TD工业公司等。

西方学者主要从四个方面阐释这一概念：第一，领导动机。公仆型领导“假设自己是员工的仆人”，其行为的产生受“关注他人需要”动机的影响，而非源自自我兴趣。第二，领导目标。公仆型领导强调促进员工发展和参与社区建设，以及以员工利益为先，并为员工、整个组织以及所有组织服务对象的共同利益而分享权力和地位，而非仅仅实现领导者自身或组织的目标。第三，领导过程的关注点。公仆型领导是将注意力从自身转移到其追随者身上的领导活动，即公仆型领导首先关注为员工服务。第四，领导者的特征。高尚的道德品质是公仆型领导者的重要构成元素。同时，要最大限度地开发下属的潜能，恩慈、谦卑、尊重、无私、宽恕、守信等，也是有效的公仆型领导者所必须具备的品质。

（一）中国背景下的公仆型领导

在中国，“公仆型领导”一词对人们来说并不陌生，不论是把“公仆型领导”思想的倡导当作一种管理或治国的手段，还是对下属或者民众施恩的一种方式，从行为要求或行为表现的角度来看，我国古代的管理思想以及我国执政党的管理实践，一直在倡导“公仆型领导”的理念。

中国传统文化中的以人为本有着深厚的底蕴。《管子》作为先秦时期各学派的言论汇编，在我国的古典文献中，第一个提出“以人为本”和“以民为本”这两个很有科学价值的概念。孟子坚持“民为贵，社稷次之，君为轻”。另外，孔子在“仁爱”基础上，进一步指出“仁之所至，义所当然”，“千乘之国，敬事而信，节用而爱人，使民以时”（《论语·学而》)，这些文化赋予了中国领导者特定的责任和义务。所谓“水能载舟，亦能覆舟”，领导者必须尊重民情民意，执政为民。公仆型领导理论倾向于将员工的利益置前，强调个人诚信并关注和员工形成长期的关系。不难看出，中国文化根源的“仁”“爱”“义”“信”等和公仆型领导的特征，如“关爱”“帮助下属成长和成功”“信任”“把员工利益放在首位”“遵守道德准则”等紧密相关。

孙健敏、王碧英在2010年把公仆型领导定义为一种超越领导者个人利益的领导行为或领导方式，公仆型领导由利他主义、情绪抚慰、智慧、说服引导和社会责任五个维度构成。这种领导尊重追随者个体的尊严和价值，并把服务他人作为第一要务，以满足追随者的生理、心理和情感需要。

中国是崇尚集体主义的社会，员工对组织有一种感情依赖，这和归属需要关联。在这种情形下，员工依赖领导来获取组织资源，而公仆型领导可以帮助满足员工的这些人际需要，比如公仆型领导的人际接受的特征，它包括移情，能专注于采用别人的心理视角，即使在受到别人冒犯、争论时也对他人表现出温暖、同情和宽恕。由此，员工和管理者间易构建融洽、亲密的关系。在这种社会中，个人从属于社会，必须考虑他人利益，领导也能在组织中塑造一种相对和谐、公平的氛围。对于公仆型领导来说，创造一种信任的氛围，使得人们觉得被接受、可以犯错误且不会被排斥是很重要的，成员对组织也就会形成一种精神上的义务和忠诚。互惠是公仆型领导影响下属的主要方式，他们通过服务和下属保持着互惠的关系，让下属心理上产生感恩而回报这种恩惠。所有这些也都利于公仆型领导的社区建设和团队建设的落实。

(二)公仆型领导与其他领导方式的区别

作为一种新型的领导方式，公仆型领导能否与以往相关的概念，如变革型领导、家长式领导等区分开来？这不仅关系到公仆型领导的独特性，而且涉及公仆型领导能否作为一种新的领导方式存在。

1. 与变革型领导的区别

第一，领导动机不同。公仆型领导以利他主义为主要动机，更关注追随者的情感幸福；而变革型领导以组织成功动机为先导，以实现组织目标为主要动因。

第二，领导目的不同。公仆型领导首先看重员工利益，其次是组织利益，而把自身利益放在最后。公仆型领导的终极目标是“让员工也成为服务者”，使整个组织转化成公仆型共同体，每个个体在其中都能发挥最大潜能；而变革型领导是通过激励组织中的个体，最终实现组织目标的最大化。

第三，关注点和影响过程不同。公仆型领导关注谦逊、真诚、人际接受等，通过服务行为来引导员工，而变革型领导则通过魅力属性来影响员工。

第四，构建的组织文化不同。公仆型领导构建的组织文化更强调满足追随者的需要；而变革型领导的组织文化更强调组织目标实现和组织绩效最优。

第五，适用条件不同。公仆型领导在稳定的环境中更有效，而变革型领导在动态的环境中更能发挥作用。

2. 与家长式领导的区别

公仆型领导与家长式领导从概念内涵以及测量维度来看，都是有差异的。两种理论虽均强调领导者的德行，例如，西方学者提出，公仆型领导者要表现出诚信、谦逊、正直、展现真我、负责任、行为符合道德规范、平等对待员工等，这类似于家长式领导所强调的正直尽责、不占便宜、无私示范等；另外，家长式领导所强调的个别照顾、体谅宽容等在公仆型领导的关心下属的特征中也有部分体现。然而，公仆型领导所强调的利他主义、管家精神、概念技能、授权、把下属利益放在首位、帮助下属成长和成功等则是家长式领导没有包含的；同样，家长式领导所强调的威服、专权、隐匿、严峻、教诲等行为也是与公仆型领导行为背道而驰的。不过，目前并没有充分的证据证明公仆型领导比家长式领导对中国企业员工更有效。

三、领导者的可信性

在我国传统文化中，“信”是五常之一，是一种极为重要的道德标准，也是儒家思想的核心价值观之一。它倡导做人要诚实可信、值得信赖。这种观念几千年来一直为华人所尊崇，一个典型例证就是以“忠信”著称的“武圣”关公的庙宇在中国随处可见，近世以来，关公甚至逐渐演化为商界的“保护神”。这折射出中国社会中，人们对于诚义、可信的高度倚重与渴求。这种倚重与渴求，在古今中国的领导和下属之间反复上演，比如刘备和诸葛亮之间、李世民与魏征之间，当代商界的柳传志与杨元庆之间。可信性高的领导，不仅易于推行变革和决策，而且易于赢得下属的信任和追随。事实上，这种对可信领导的追随在西方也普遍存在，比如麦克阿瑟和艾森豪威尔，通用电气公司的 CEO 韦尔奇和伊梅尔特。而且，这种追随不仅出现在高层领导者身上，普通工作场所中的上下级间也是大量存在，这说明值得信赖的领导对于下属和组织而言，无疑都是非常重要的。

穆桂斌、孙健敏采用扎根研究和因素分析的方法，运用访谈和问卷调查了 459 位本土企业领导（中层及以上），系统探索了中国文化背景下企业领导者可信性（leader trustworthiness）的结构，结果发现了四维度的稳定结构，这四个维度分别是：能力、人品、关怀下属、知人善任。这四个维度分别在“关系协调、修身自省、关怀下属生活、伯乐与千里马情结”等具体内容上，凸显了本土文化的特色以及与西方相应要素的显著差异。他们在研究中还指出，虽然中西方的研究都发现了能力与品德是决定领导者可信性的两大关键要素，但事实上，由于文化与社会传统的差异，在对这两大关键要素的重要性的认知与具体内容界定上，都存在较大差异。第一个差异是，西方大多数主流研究者都将能力排在首位，他们认为，领导者是否受到下属信任，主要的影响因素是领导者自身能力的大小及其做出的决策所产生的功效。而本土研究发现，中国下属在判断上司值得信任与否时，首要考量的是领导的品德，对于那些德行不好的上司，即使再有能力，下属也难以信任他们。事实上，这一发现也与中国传统的选才标准一致。司马光在《资治通鉴》中指出：“才者，德之资也；德者，才之帅也。”中国共产党在论及用人标准时，也始终强调“德才兼备、以德为先”。第二个差异反映在对品德与能力的内容要求上，西方在论及品德时，主要强调领导者要正直、诚实、言行一致，而在权力距离较大的中国，下属还要求上司要谦虚谨慎、雅量容人、率先垂范、修身自省。在论及能力时，西方主要关注领导者是否掌握了完成本职工作所需的知识和技能，而中国下属则不仅要求上司胜任工作，还需要具有良好的领导技能，特别是能妥善协调各方面的关系。

第三个差异反映在对“关怀下属”的理解上。西方研究者提出了可信的领导要仁慈，要关心下属的需要和福利、关心下属的工作困难。穆桂斌、孙健敏提出的“关怀下属维度”中也存在相似的内容，但更进一步的是，中国的下属对领导有更高的要求，他们认为领导者还需对下属的生活困难予以关心（比如去医院探望生病的员工甚至其家属、出席下属家中的婚丧嫁娶、在下属经济困难时予以资助等），并能够站在下属的角度考虑问题，照顾下属的面子，不当众批评下属，并在外人面前维护自己的下属，这样的领导才更值得信任。这种工作与生活认知交叉的现象，再次体现了中西方文化的差异。一方面，中国社会和企业中充满了“家文化”，下属视领导为“家长”，既然是“家长”，那自然要关心“家庭成员”的生活困难，否则，这样的“家长”不值得信任；另一方面，中国员工具有更强烈的依赖倾向，遇到困难时，更希望得到“家长”富有人情味的关怀，并常会过早寻求“家长”的帮助。事实上，中国员工的这种文化心理现象使得华人工作场所中的信任建立更具挑战性。

正如唐骏在其自传中所指出的：“我在中国 10 年的管理经验告诉我，在中国做管理需要让员工感受到领导的关爱，最好是让员工有点感动，一旦员工被感动了，他会为你赴汤蹈火，这是中国人的性格。在美国做管理，你不需要感动员工。这是人情的神秘力量。”

最后，需要特别指出的是，本土研究还提出一个新维度——知人善任。该维度的内容包括领导者要善于识人用人，经常对下属委以重任，并让下属放手去做，同时还要充分信任下属，并善于采纳下属意见。尽管威特那在可信行为量表中曾提出授权维度，但仅仅授权还远不能体现中国领导文化中“知”与“任”的丰富内涵。在中国的领导与下属关系中，更讲求的是一种“伯乐和千里马”的情结，即领导者不光要人品正直、能力出众，关键是还要有伯乐的眼光和精神，这样的领导者，即使自身能力并不突出，也能赢得下属的信任与感恩。中国历史上有不少这样的例子，如“刘备三顾茅庐”“萧何月下追韩信”“宗泽慧眼识岳飞”等。从下属的角度来看，员工都希望自己被发现、提携，而不希望怀才不遇。得到领导的赏识和重用，能促进下属对领导的信任，并回报上司以忠诚和业绩。因此，知人善任与西方的授权存在较大差异，因为中国的下属要的不光是责任和权力，他们需要的是“识我、懂我”，同时希望自己能够被领导者纳入他们的“圈子”中去，成为领导者的“圈内人”。

案例与应用

华为的领导之路

华为于 1987 年在深圳成立，43 岁的任正非与他人以两万多元资金创办了华为公司。20 年后，这个公司成了中国企业界竞相学习的榜样。

来自美国的灵感

1997年圣诞节前夕，任正非先后访问了美国休斯公司、IBM公司、贝尔实验室和惠普公司。在IBM，任正非整整听了一天管理介绍，详细了解了IBM项目从预研到寿命终结的投资评审、综合管理、结构性项目开发、决策模型……那天，任正非听得津津有味，认真地做笔记，如同一个谦虚的小学生。考察结束后，他发现，朗讯也是这么管理的，这些先进的管理方法都源自美国哈佛大学等著名大学的一些管理著述。返回华为后，任正非在高层进行了长达两天的传达与研讨，印发了一百多页简报，在华为内部激起了新的改革火花。他说："我们只有认真地向这些大公司学习，才会使自己少走弯路，少交学费。IBM付出数十亿美元的直接代价总结出这些经验，他们经历的痛苦是人类的宝贵财富。"

1998年，华为斥资千万美元请IBM进行流程再造。任正非告诫华为人，只有经过几死几生还继续活着的企业才算是真正的成功，而华为的发展还是太顺利了，还不能说是真正的成功。

永远在思想上艰苦奋斗

2001年春天，任正非抱着"学习度过冬天的经验"的目的，到日本考察。战后日本的经济于2000年10月达到峰顶，随后陷入新一轮经济衰退期，多项重要经济指标均创战后最坏纪录。但到了日本后，他惊讶地发现，在战后最严重的经济衰退中挣扎的日本人民没有被困难压倒。虽然绝大多数企业已经连续八年没有增加过工资，但社会依旧平静、祥和、清洁、富裕与舒适，人们依旧兢兢业业地工作。对此，任正非不禁想到了华为，他问自己，华为若连续遭遇两个冬天，不知道华为人是否还会平静、沉着应对。

华为一度以高薪著称。任正非并不反对物质享受，他甚至提倡并鼓励华为人尽情享受自己创造的物质财富，华为已经有这个能力为员工提供优厚的生活待遇。但是，任正非担心这种优厚的生活会磨灭华为人艰苦奋斗的精神。任正非要求华为员工永远保持一颗积极向上的心，尤其应该向日本人学习，即使在经济不景气的时候，也不怨天尤人，而是信心百倍地以高度热情投入到工作中去。

力挽狂澜，摆脱困境

2000年左右，华为处于内外交困时期。起因是华为的得力干将李一男离开华为独立创业，而华为内部许多人也仿效李一男出去"创业"，部分华为人甚至偷窃华为的技术及商业秘密，推动华为公司分裂。任正非并没有把责任完全推到李一男身上。他认为，真正的始作俑者是西方的一些基金公司，这些基金公司在美国的IT泡沫破灭中惨败后，转向中国，以窃取中国企业积累的无形财富来摆脱其困境。

面对严峻的形势，华为迅速采取措施，加强信息安全、交付件的管理，逐步使研发稳定下来；加强市场体系的干部教育与管理，市场崩溃之风止住了。任正非亲自主持召开干部大会，稳定组织，调整士气，终于把华为从崩溃的边缘拉了回来。

在风险投资的操纵下，李一男创立的港湾网络准备于2004年9月在香港或纳斯达克上市。港湾网络筹备上市前夕，华为向港湾网络发出了律师函，警告港湾网络侵犯了华为的知识产权，导致港湾网络上市计划流产。风险投资想通过上市退出的路子被堵死了，之后，华为收购了港湾网络。任正非曾说："如果这些基金这样做在中国获得全面胜利，那么对中国的高科技是一场灾难，它波及的就不只有华为一家了。因此，放任，对我们这种管理不善的公司是一个悲剧，我们没有退路，只有坚决和它们做斗争。”

分析思考：

1. 你认为任正非的领导风格属于哪种类型？
2. 你认为任正非的过人之处在哪些方面？他是如何保证他本人和华为取得成功的？

基本概念

领导的特质理论	领导的行为理论	领导的权变理论	魅力型领导
变革型领导	交易型领导	家长式领导	公仆型领导

本章要点

1. 我们把领导定义为一种影响一个群体实现目标的过程和能力。这种影响的来源可能是正式的，如来源于组织中的管理职位，也可能是非正式的，如来源于个人的见多识广。

2. 领导具有显性价值和隐性价值。领导的显性价值主要是指领导活动的社会效益，它具有明显的外向特征，是短期可见的；领导的隐性价值内含于领导现象或领导过程之中，具有明显的内向特征，在短期内往往不可见。

3. 敢于担当，牢记我们党为人民谋幸福、为民族谋复兴的初心使命，是干部的职责所在，也是价值所在。

4. 为政之要，惟在得人；治国理政，关键在人。领导者的基本素养，是知人善任。

5. 特质理论认为，有效的领导者拥有一系列区别于无效的领导者和下属的独特个性特征，这些特质是人与生俱来的，只有先天具备这些特质的人才可能成为领导者。受这种观点的影响，早期的心理学家们从特质研究着手，希望发现领导者与非领导者在个性、社会性、生理或智力因素方面的差异。

6. 领导行为理论认为，我们可以把人们培训成领导者。领导行为分为两个维度：结构维度和关怀维度。结构维度指的是领导者为了实现组织目标而对自己与下属的角色进行界定和建构的程度。关怀维度指的是领导者与其下属的工作关系以相互信任、尊重下属意见和重视下属情感为特征的程度。

7. 领导权变理论是对影响领导效果的主要情境进行分离的研究。在权变理论的发展过程中，人们更多关注的情境因素有工作的结构化程度、领导-成员关系的质量、领导者的职位权力、下属角色的清晰度、群体规范、信息的可靠性、下属对领导决策的认可度、下属的工作士气等。我们主要介绍其中的四种：费德勒模型、赫塞和布兰查德的情境领导理论模型、领导者-成员交换理论和领导者-参与模型。

8. 新世纪以来，领导学研究诞生了一些相对较新的理论，包括魅力型领导理论、变革型领导与交易型领导理论、真实领导理论、道德型领导与伦理型领导理论、共享领导理论、破坏型领导理论等。

9. 中国古代和当代都有很丰富的领导思想。在众多中华典籍中，关于领导者的个人修养、知人、用人、育人、利人等都有非常精深的论述，值得我们学习继承并发扬光大。中国背景下的家长式领导、公仆型领导及领导的可信性等理论，体现了当今时代中西组织中领导者的差异，值得我们进一步研究和发展。

复习思考题

1. 请回答管理和领导的区别与联系。
2. 简述领导特质理论和领导行为理论。
3. 请阐述你对领导者-成员交换理论的理解。
4. 简单描述变革型领导和交易型领导的区别。

推荐阅读

1. 朱永新．管理心智：中国古代管理心理思想及其现代价值．2版．北京：经济管理出版社．2012.
2. 雷恩，贝德安．西方管理思想史：第7版．北京：中国人民大学出版社，2023.
3. 德鲁克．卓有成效的管理者．北京：机械工业出版社．2009.

第十一章

思维与决策

【学习目标】

1. 了解思维的含义。
2. 理解思维的过程与形成。
3. 了解影响问题解决的因素。
4. 掌握问题解决的模型。
5. 熟悉群体决策及决策偏差。

第一节 思维概述

一、思维的含义

（一）思维的定义

思维（thinking）是借助语言、表象或动作实现的对客观事物的概括和间接的认识，是认识的高级形式。它能揭示事物的本质特征和内部联系，并主要表现在概念形成和问题解决的活动中。在日常生活中，我们每时每刻都离不开思维。我们用它学习知识，解决问题；用它来辨别真伪，识别美丑；用它来探索新知，创造未来。思维是主体对信息进行的能动操作，如采集、传递、存储、提取、删除、对比、筛选、判别、排列、分类、变相、转形、整合、表达等。思维主体主要指人，思维客体指主体思维的对象，包括人自己。自然界的动物如狗、猫等，也具备思维能力，但还不够高级；人工智能产品如机器人、电脑等，目前尚不具备自主的思维能力。

（二）思维的特征

思维具有以下一些特征。

1. 概括性

思维的概括性是指在大量感性材料的基础上，把一类事物共同的特征和规律抽取出来并加以概括。例如，我们认为“凡正常运行的计算机都有中央处理器”这一思维结果就概括了正常运行的计算机这一事物的共同特征。概括在人们的思维活动中有着重要的作用，它使人们的认识活动摆脱了具体事物的局限性和对事物的直接依赖关系，这不仅扩大了人们认识的范围，也加深了人们对事物的了解。所以概括水平在一定程度上表现了思维的水平。另外，概括是人们形成概念的前提，也是思维活动能迅速迁移的基础。概括是随人们认识水平的提高而不断发展的。人们的认识水平越高，对事物的概括水平也就越高。比如从把不同形状的枣树都叫作枣树，到把枣树、杨柳、海棠等都叫作树，再到把树和花、草等一并叫作植物，这是不同水平的概括。概括的水平越高，对事物的本质特征的反映就越深。

在深入概括的过程中，人的反映经常涉及对象的作用、价值和人对它的动作。例如，对于“椅子”这类对象的进一步概括中，除了椅子有四条腿、有座和靠背等这些外部特征以外，还包括“人可以坐”这一属性。这样，对象的内部特征及其与其他对象的联系，也就获得了反映。思维的概括性不只表现在它反映客观事物的本质特征上，也表现在它反映事物之间本质的联系和规律上。例如，船浮在水上，通过感知，人只能反映船和水在空间上的关系；而像船放在水里能浮这类事物内部的联系，则是通过思维活动才能获得的，是人经过实践活动，通过概括、判断、推理，才能获得的反映。由于对象的这些特征并不表露在外部，而是蕴藏在事物的内部，随着对这些联系的认识，人的反映也就从直接的感性的反映，转向间接的非感性的反映。

2. 间接性

思维的间接性是指人们借助一定的媒介和知识经验对客观事物进行间接的认识。例如，早上起来，推开窗户，看见屋顶潮湿，便推想到夜里下过雨。在这里，夜里下过雨的认识是通过屋顶潮湿推断出来的。再如，人类还没有真正搞清宇宙形成的奥秘，但可以根据宇宙中存在的种种现象以及相关的知识经验来推演它的形成。同样，人们不知道某些疾病与遗传基因的关系，但人们可以根据实验来认识它们之间的关系。正是由于思维的间接的性质，通过思维，人就可以认识那些没有直接作用于人的种种事物及其属性，也可以预见事物的发展变化进程。由此可见，由于思维的间接性，人们才可能超越感知觉提供的信息，认识那些没有直接作用于人的感官的事物及其属性，从而揭示事物的本质和规律。从这个意义上讲，思维认识的领域要比感知觉认识的领域更深、更广阔。

3. 思维是对经验的改组

思维是一种探索和发现新事物的心理过程。它常常指向事物的新特征和新关系，这就需要人们对头脑中已有的知识经验不断进行更新和改组。例如，人们过去认为世界上最小的物质是原子，后来发现原子还可以分为质子、中子等。在从事科学研究、探索世界的奥秘时，人们需要对已有的知识经验进行重建、改组和更新。思维活动常常是由特定的问题情境引起的，并试图解决这些问题。例如，人们在设计新的计算机程序时，不是简单地把头脑中有关的原理和经验全部呈现出来，而是根据设计的要求、课题的性质、材料的特点等重新组织已有的知识，提出种种可行的方案，然后进行检验，逐步形成一种新的可行方案。所以思维不是简单地再现经验，而是对已有的知识经验进行改组、建构的过程。

（三）思维方式

思维方式是人们用来处理信息和感知周围世界的一种思维习惯，它是人们在长期的历史发展中形成的一种较为固定的元认知模式。从某种意义上讲，思维方式体现着一个民族的文化特征，是一个民族文化的核心部分。从东西方文化的不同起源来看，不同历史传统和地域文化的东西方人具有不同的思维方式。东方人的思维方式是整体性的，这种思维强调事物之间的联系，强调主体和环境之间的和谐以及环境的影响，强调承认矛盾以及学会用矛盾论的观点看世界。而西方人的思维方式是分析性的，它强调事物本身的特性，强调用逻辑的、非矛盾的观点看待和分析问题。国内的文化学者认为，儒家思想中的“中庸”观念和道家思想中“阴阳观”是中国人思维方式最直接的体现。

二、思维的种类

我们可以从不同的角度对思维进行分类。

（一）直观动作思维、形象思维和逻辑思维

1. 直观动作思维

直观动作思维又称实践思维，它们面临的思维任务具有直观的形式，解决问题的方式依赖于实际的动作。例如，自行车出了毛病，不能正常骑了，问题出在哪里？人们只有通过检查自行车的相应部件，才能确定是车胎没气了还是轴承坏了，找出故障进行修理，才能排除故障。这种通过实际操作解决直观而具体的问题的思维活动，就是直观动作思维。

2. 形象思维

形象思维是指人们利用头脑中的具体形象（表象）来解决问题。例如，去城市的某个地方参观，我们事先会在头脑中想出可能到达的道路，经过分析与比较，最后选择一条短而方便的路。这样的思维就是形象思维。形象思维在问题解决中有重要的意义。艺术家、作家、导演、设计师等会更多地运用形象思维。

3. 逻辑思维

人们面对理论性质的任务，并要运用概念、理论知识来解决问题时所运用的思维称为逻辑思维。例如，学生学习各种科学知识，科学工作者进行某种推理、判断，都要运用这种思维。逻辑思维是人类思维的典型形式。

（二）经验思维和理论思维

1. 经验思维

人们凭借日常生活经验进行的思维活动叫作经验思维。例如，学前儿童根据经验，认为“果实是能吃的”“鸟是会飞的动物”，这些都属于经验思维的结果。由于知识经验的不足，这种思维易产生片面性的甚至错误或曲解的结论。

2. 理论思维

理论思维是根据科学的概念和论断，判断某一事物，解决某个问题。例如，我们所说的“心理是客观现实在人脑中的主观映象”，就是理论思维的结果。这种思维活动往往能抓住事物的本质，使问题得到正确的解决。

（三）直觉思维和分析思维

1. 直觉思维

直觉思维是人们在面临新的问题、事物和现象时，能迅速理解并做出判断的思维活动。这是一种直接的领悟性的思维活动。例如，警察在嘈杂的人群中，能迅速辨别出罪犯；科学家对某些偶然出现的现象，能提出猜想或假说；等等。

2. 分析思维

分析思维也就是逻辑思维，它遵循严密的逻辑规律，逐步推导，最后得出合乎逻辑的正确答案或做出合理的结论。

（四）辐合思维和发散思维

1. 辐合思维

辐合思维（convergent thinking）是指人们根据已知的信息，利用熟悉的规则解决问题，也就是从给予的信息中产生逻辑的结论。它是一种有方向、有范围、有条理的思维方式。例如，甲>丙，甲<乙，乙<丁，其结果必然是丙<丁。

2. 发散思维

发散思维（divergent thinking）是指人们沿着不同的方向思考，重新组织当前的信息和记忆系统中存储的信息，产生大量、独特的新思想。例如，如何保护城市的生态环境？要回答这样的问题，人们可以从不同的方向思考，想出诸如增加植被、减少环境污染、教育市民爱护环境等措施。这种思维方式在解决问题时，可以产生多种答案、结论或假说。但究竟哪种答案最好，则需要经过检验。

（五）常规思维与创造性思维

1. 常规思维

常规思维是指人们运用已获得的知识经验，按现成的方案和程序直接解决问题，如学生运用已学会的公式解决同一类型的问题。这种思维的创造性水平低，对原有的知识不需要进行明显的改组，也没有创造出新的思维成果，因而被称为常规思维。

2. 创造性思维

创造性思维是重新组织已有的知识经验，提出新的方案或程序，并创造出新的思维成果的思维活动。例如，新的大型工具软件的开发、新的科学理论的提出都需要创造性思维。创造性思维是人类思维的高级形式。许多心理学家认为，创造性思维是多种思维的综合表现。它既是发散思维与辐合思维的结合，也是直觉思维与分析思维的结合，它包括理论思维，又离不开创造想象等。

图式知识、联结知识和基于案例的知识在创造性思维中发挥重要作用。郝宁认为，图式中蕴含的规则或特征提供了形成新概念的基础，对生成观念的原创性具有影响；联结知识影响信息搜索的范围和质量，在创造性思维的观念生成和观念评价阶段发挥着重要作用；案例中包含的大量信息使个体可基于少量案例形成复杂的心理模型，利于创造性思维的问题建构、概念性组合、观念生成、观念评价等认知操作。创造性思维的特定认知操作需调用某种或某几种知识，各种知识在创造性思维过程中交互影响，或彼此抑制，或彼此补偿，或彼此增效。

（六）反事实思维

近些年来，越来越多的人开始研究反事实思维。反事实思维是一种对过去已经发生的事情进行事后判断和决策的心理模拟方法，实际上就是先否定已发生的事情，然后表征原本可能出现而实际并未出现的结果。陈俊认为，当结果的效价为成功时，反事实思维更易被引发。创业者的思维更多地受到其已有经验或者假设的反向经验的影响，即从已有经验中吸收知识，同时又通过逆向思考已有经验来获取信息，而逆向思考其实就是反事实思维的本质表现。岳玲云考察了具有“评估倾向”和“行动倾向”的两类个体在反事实思维上的差异及其神经电生理证据。结果表明，两种不同调控方式的个体在反事实思维强度上存在显著差异，评估倾向的个体会比行动倾向的个体产生更强的反事实思维，两者差异极其显著。不同调控方式的个体，其反事实思维具有不同的特点和不同的大脑活动。

三、思维的过程与形成

（一）分析和综合

思维是一个心理过程，是通过分析综合在头脑中获得对客观现实更全面、更本质的反映的过程。虽然这个过程比较复杂、比较高级，但在原则上，它和感觉知觉一样，是脑的反射活动。也就是说，它也包括从刺激经中枢到反应这几个环节，并遵循着决定论的原则，分析和综合是思维的基本过程。

分析是在思想上把事物整体分解为各个部分，或把整体的个别特性、个别方面区分出来，如把一篇文章分解为段落、句子和词，把一棵树分解为根、茎、叶、花，等等。人们对事物的分析往往是从分析事物的特征和属性开始的。思维过程从分析问题开始。思维的分析可以有两种形式：过滤式的分析，这是通过尝试对问题情境作初级的分析，它能淘汰那些无效的尝试；综合的有方向的分析，这是通过将问题的条件和要求相互联合实现的分析。综合的有方向的分析是思维活动的主要环节，它使客体显露出新的方面。客体参加到新的联系中，新的性质就表现出来。这对思维的顺利进行是非常必要的。例如，在阅读时对材料的理解，经常是通过上下文的综合分析获得的。

综合是在思想上把事物的各个部分或不同特性、不同方面结合起来。例如，把文章的各个段落综合起来，就能把握全文的中心思想。综合是思维的重要特征，只有把事物的部分、特征、属性等综合起来，才能把握事物的联系和关系，抓住事物的本质。分析与综合是相反而又紧密联系的同一思维过程的不可分割的两个方面。分析是把部分作为整体的部分，从它们的相互关系上来进行分析。只有这样，分析才有意义，才有方向。综合是通过对各部分、各特征的分析来实现的，所以分析又是综合的基础。任何一种思维活动既包括分析，又包括综合。分析和综合是同一思维过程的两个方面，它们相互联系、相互制约。

（二）比较

通过分析和综合在思想上把不同的对象或对象的个别部分、个别特性区分出来，就有可能把它们加以比较，确定它们之间的异同和关系。比较是把各种事物和现象加以对比，确定它们的相同点、不同点及其关系。比较是以分析为前提的，只有在思想上把不同对象的各个部分或特征区别开来，才能进行比较。同时，比较还要确定它们之间的关系，所以比较又是一个综合的过程。比较是重要的思维过程，也是重要的思维方法。它在人们的日常生活、学习和研究工作中都有重要的作用，有比较才能有鉴别。人们只有通过比较才能辨别货物的真假、人心的善恶，也才能找到要探索的科学问题，得出恰当的研究结论。在对现实的认识中，比较起着极其重要的作用。人认识客观事物是通过比较来实现的，人只有在将对象和现象加以比较的时候，才有可能正确地在周围世界中确定自己活动的方向。

（三）抽象与概括

通过比较，人们把各个对象在思想上予以区分，并以此为基础，在思想上把它们联合起来（概括），把本质的东西和非本质的东西区别开来（抽象）。因此，比较是概括和抽象的必要前提。

抽象是在思想上抽取各种事物与现象的共同的特征和属性，舍弃其个别特征和属性的过程。比如，石英钟、闹钟、座钟、挂钟都能计时，因此，“能计时”就是它们的共同属性，这种认识是通过抽象得到的。日常生活中人们使用的高度、重量、面积、年龄以及忠诚、勇敢、勤劳等概念，也都是抽象的结果。

在抽象的基础上，人们就可以得到对事物的概括的认识。概括和分析一样，也有两种不同的形式：初级形式的经验的概括和高级形式的科学的概括。前者是根据事物的外部特征，对不同事物进行比较，舍弃它们互不相同的特征，对它们共同的特征加以概括，这是知觉表象阶段的概括。科学的概括则是提出某一现象或某一系列现象的本质方面，这是思维水平的概括。

在概括的基础上，人就有可能把对象加以系统化，进行分类，即在思想上把它们分组。人在对对象或现象进行概括，从中分出本质特性的时候，也在思想上舍弃非本质的特性。分出本质的特性而舍弃非本质的特性的过程就是抽象。抽象和概括密切联系。一个人如果不能从概括出的差异中进行抽象，他就不能概括。例如不从树木之间的差异进行抽象，就不能在思想上把树联合起来。与此同时，被抽象的特性本身，是以概括的形式被思考的。人在思想上依据高出海平面这个特征把山联合起来的时候，所思考的不是某一座山的具体高度，而是山的一般特点。

第二节 问题解决

一、问题解决的含义

在日常生活中，人们会遇到各种各样的问题。例如，学生要完成老师留的作业，技术人员要解决生产过程中遇到的难题，科研人员要完成高水平的论文。解决这些问题都需要思维的直接参与。

（一）什么是问题解决

问题解决（problem solving）是由一定的情境引起的，按照一定的目标，应用各种认知活动、技能等，经过一系列的思维操作，使问题得以解决的过程。例如，证明几何题就是一个典型的问题解决的过程。几何题中的已知条件和求证结果构成了问题解决的情境，而要证明结果，必须应用已知的条件进行一系列的认知操作，操作成功，问题得以解决。20 世纪 70 年代，纽厄尔（Allen Newell）和西蒙（Herbert Alexander Simon）通过对问题解决的计算机模拟，提出了“通用问题解决者模型”（general problem solver model）。这一模型对问题解决的过程做出了详细的阐述，认为问题是个体未能直接达到目标所处的情境。对于“问题”，纽厄尔和西蒙提出了“问题空间”的概念，问题空间是指问题解决者对所要解决的问题的一切可能的认识状态，并把问题空间分为：初始状态，个体经验、已有的有关条件等；目标状态，期待获得的结果；达标通路，由初始状态转化到目标状态的过程。他们认为，问题解决就是在问题空间中进行搜索，以找到一条从问题的初始状态到达目标状态的通路。

（二）问题的种类

1. 界定清晰的问题和界定含糊的问题

界定清晰的问题是指初始状态、目标状态以及由初始状态如何到达目标状态的一系列过程都很清楚的问题。例如，已知 A>B，B<C，问 A 与 C 哪个大。

界定含糊的问题是指对问题的初始状态或目标状态没有清楚的说明，或者对两者都没有明确的说明的问题，这些问题具有很大的不确定性。例如“如何写一篇论文”，这个问题的初始状态和目标状态都是不清楚的。

2. 对抗性问题与非对抗性问题

在解决对抗性问题时，人们不仅要考虑自己的解题活动，而且这种活动还要受对手解题活动的影响。例如，象棋、围棋、桥牌、扑克等游戏都涉及对抗性问题。非对抗性问题是指在解决问题时没有对手参与的问题。例如，代数问题、几何问题等都属于非对抗性问题。

3. 语义丰富的问题和语义贫乏的问题

如果解题者对所要解决的问题具有很多相关的知识，这种问题就被称为语义丰富的问题。例如，物理学方面的问题，对于物理学家来说就是语义丰富的问题。如果解题者对要解决的问题没有相关的经验，这种问题就被称为语义贫乏的问题。例如，物理学方面的问题，对于初学物理的人来说便是语义贫乏的问题。

问题种类的划分是相对的，而不是绝对割裂的。例如，下象棋时所涉及的对抗性问题，对于初学者来说是语义贫乏的问题，而对于象棋专家来讲是语义丰富的问题。

4. 结构良好问题和结构不良问题

结构良好问题很典型地呈现出问题的全部要素，包含有限数量的规则和原理，而这些规则和原理是以肯定的和规定性的安排组织起来的，拥有正确的、收敛的答案，并且有一个优先的、建议性的解决方法。

与结构良好问题相比，结构不良问题具有如下特点：和具体情境相联系；问题的描述比较含糊；给定信息不完全；目标不确定；不知道哪些概念、规则和原理对于解决问题有用。结构不良问题是在日常生活实践中所遇到的那些问题。它们不是被限制在课堂上所学的内容领域里，它们的解决方案是不能被预料到的，也不是收敛的。它们常需要几个内容领域的整合。例如，对于像环境污染这样的问题的解决就需要有数学、生物学、政治学和心理学的知识。这种问题可能有许多可供选择的方案。同时，结构不良问题还常伴有不清晰的目标和未陈述出来的限制，它们可能会有多种解决途径，或者根本就没有解决办法。对这种问题的解决办法的评价也可能会有多个标准。

（三）问题解决的阶段

一般认为，问题解决包含一系列相互联系的阶段，可以划分为发现问题、分析问题、提出假设和检验假设四个阶段。发现问题是指认识到问题的存在，并产生解决问题的动机。发现问题是问题解决的初始阶段和前提。分析问题是指明确问题的条件和要求以及它们之间的关系。通过分析问题，人们可以明确问题的关键，决定问题解决的方向。提出假设是指在分析问题的基础上提出问题解决的方案，包括问题解决的方法和途径。提出假设是问题解决的关键步骤，它是具有创造性的阶段，需要对已有的知识经验进行重新组织，以适应问题的解决。检验假设是指通过一定的方法，确定所提出的假设是否可以有效地解决问题。

检验假设的方法有两种：一种是直接检验，即通过实际操作来检验假设解决问题的实际效果；另一种是间接检验，即通过思维活动来检验，例如对医疗方案、作战部署等一般采用间接检验。但是，最终还是要通过实践的直接检验。

二、影响问题解决的因素

（一）知识表征的方式

问题的表征建立在对问题理解的基础上，而问题的适宜表征对问题解决的难易程度会产生显著的影响。表征问题的过程，也就是建构问题空间的过程，包括定义问题、搜寻与选择信息，形成正确的选择。朱新秤认为，知识的表征方式能影响问题的解决。研究发现，有效语义线索对谜语问题的解决具有促进作用。邢强发现，提示归纳能不同程度地促进顿悟问题的解决；获得关键启发信息时，元认知监控程度高的被试顿悟问题的解决比元认知监控程度低的被试表现优秀。著名的 9 点连线问题就是一个很好的例证（见图 11-1）。

实验要求将图中的 9 个点用不多于 4 条的直线一笔连在一起。人们常常不能成功地解决这一问题，其原因在于 9 个点在知觉上组成了方形，人们总是试图在这个方形的轮廓中连线，这样，知识的表征方式就阻碍了问题的解决。如果在实验前告诉被试，连线时可以突破方形的限制，被试的成绩就会得到很大的提高。

再如，在另一个例子中，已知一个圆的半径是 2 厘米，问圆的外切正方形的面积有多大（见图 11-2）。图中用不同的方式画出了圆的半径。a 图与 b 图比较，由于 a 图中较难看出圆的半径是正方形的一部分，因此，解决 a 图表征方式下的问题难于解决 b 图表征方式下的问题。

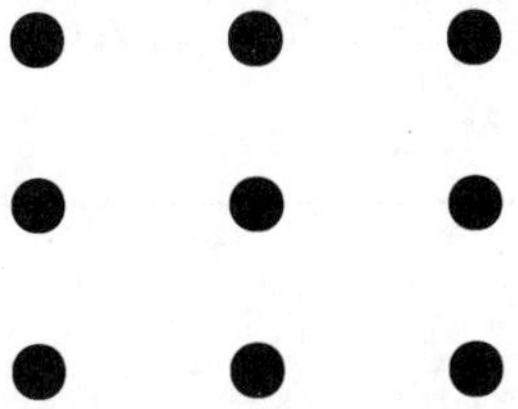

图 11-1　九点连线图

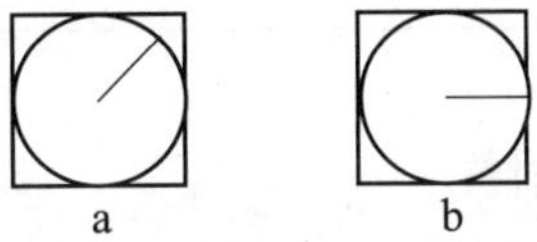

图 11-2　知识表征的不同方式示例

近些年的实验研究也验证了知识表征方式对问题解决的影响。王建安通过三人纸牌游戏（原游戏）及其变式（变式游戏）的实验任务发现，适当的认知表征有助于提高集体问题解决的动态能力，没有适当认知表征支持的行为惯例反而会阻碍动态能力的发展。概括地说，动态能力的决定因素是认知表征而不是行为惯例。田燕采用“学习 8 个原型—测试 8 个问题”的两阶段实验范式发现：标识对原型的激活率在无插图水平上有显著影响，有标识时比无标识时原型的激活率更高；插图对原型的激活率有显著影响，有插图时比无插图时原型的激活率更高；标识和插图都对问题解决的正确率有显著影响，有标识时比无标识时正确率更高，有插图时比无插图时正确率更高；标识和插图在原型激活率和问题解决正确率上都存在显著交互作用，反映出原型启发的思维过程是复杂的，表现出灵活性、经济性的特点。

（二）定势

定势（set）是指重复先前的心理操作所引起的对活动的准备状态。它的影响有积极的，也有消极的。陆钦斯（A. S. Luchins）在一个实验中，要求被试用大小不同的容器量出一定量的水（见表 11-1）。实验分两组，实验组从第 1 题做到第 8 题，控制组只做第 6，7，8 三题。结果，实验组在解第 1 题至第 8 题时，大多用 B－A－2C 的方法进行计算，称为间接法。而控制组在解第 6，7，8 题时，采用了简便的计算方式，即 A－C

或 A+C，称为直接法。这说明实验组在做第 6，7，8 题时，受到了前面定势的影响。这其中只有 17%的人不受影响，而采用了直接法（见表 11－2）。

表 11－1　定势对问题解决影响的实验材料

题号	容器的容量（ml）			要求量出的水的体积（ml）
	A	B	C	D
1	21	127	3	100
2	14	163	25	99
3	18	43	10	5
4	9	42	6	21
5	20	59	4	31
6	23	49	3	20
7	15	39	3	18
8	28	76	3	25

表 11－2　定势对问题解决影响的实验结果

组别	人数	采用间接法正确解答者（%）(D=B−A−2C)	采用直接法正确解答者（%）(D=A+C 或 D=A−C)	方法错误者（%）
实验组	79	81	17	2
控制组	57	0	100	0

（三）功能固着

人们把某种功能赋予某种物体的倾向称为功能固着（functional fixation），如盒子是装东西的、笔是写字的等。在解决问题的过程中，人们能否改变事物固有的功能以适应新的问题情境，常常成为解决问题的关键。在功能固着的影响下，事物用途的固有观念往往不易摆脱，因而直接影响到人们灵活地解决问题。邓克尔（K. Duncker）的实验证实了这种影响。实验要求被试使用 5 种熟悉的工具解决 5 个新的问题。实验组在解决问题前对工具的习惯用法进行了练习，以增强功能固着的倾向。控制组则直接解决问题。结果，控制组的成绩大大超过了实验组（见表 11－3）。

表 11－3　功能固着对解决问题的影响

组别	工具	事先练习作业	正式作业	人数	成绩（%）
实验组	钻	钻洞	支撑绳索	14	71
	箱子	装物品	做垫脚台	7	43
	钳子	打开铁丝结	支撑木板	9	44
	秤	称重量	击钉入木	12	75
	曲别针	夹纸	做挂钩	7	57
控制组	钻		支撑绳索	10	100
	箱子		做垫脚台	7	100
	钳子		支撑木板	15	100
	秤		击钉入木	12	100
	曲别针		做挂钩	7	86

克服功能固着需要人们灵活机智地使用已有的工具或材料，使之服务于具体问题的解决，这称为功能变通。功能变通与功能固着的作用相反。要具有这种能力，一方面需要有丰富的知识，要熟悉物体的不同功能，另一方面也要具有思维的灵活性。

（四）动机

心理学家的实验表明，在一定的限度内，动机的强度和解决问题的效率成正比，但动机太强或太弱都会降低解决问题的效率。动机太强使人的心情过于紧张，不易发现解决问题的重要因素。动机太弱时容易被无关因素引到问题之外。动机强度与解决问题效率之间的关系可以用一条倒 U 形曲线来说明。它表明在一定的范围内解决问题的效率，随动机强度的增高而上升，中等强度的动机是解决问题的最佳水平。超过一定的限度，提高动机的水平，反而会降低解决问题的效率。

（五）情绪

情绪对问题解决有一定的影响，紧张、惶恐、烦躁、压抑等消极情绪会阻碍问题解决的速度，而乐观、平静、积极的情绪有助于问题的解决。如学生考试时，由于情绪过分紧张，其思路会被阻塞，有时甚至面对容易的问题也束手无策。学生如果能以积极的情绪迎接考试，就能打开思路，使问题得以解决。

（六）人际关系

人处在一个复杂社会中，因此问题解决不仅受个人心理因素的影响，也要受到人们之间相互关系的影响。例如，人在解决问题时，往往要求与周围的人方式一致，这种现象称为从众（conformity）。团体内的相互协作和相互帮助，是使问题得以迅速解决的积极因素；相反，互不信任、人际关系紧张则会妨碍问题的解决。

（七）认知资源

邢强认为，认知资源耗费越多，关键启发信息越难被激活；如果没有其他信息的干扰，源靶问题之间的时间间隔越长，越有助于被试对源问题中的关键启发信息的思考与归纳，进而在解答靶问题过程中就越容易提取出关键启发信息。

三、问题解决的策略

采用什么样的策略解决问题，是影响问题解决效率的一个很重要的心理因素。好的策略有利于问题的解决。例如，9＋3＋2＋7＋8＋1＝？人们可以按顺序进行加法运算，但用这种方法解决问题的效率较低，且易出现错误。如果采用凑 10 的办法，就能迅速准确地解决问题了。

在问题解决过程中，有如下几种通用的解决问题的策略。

（一）算法策略

算法策略（algorithm strategy）就是在问题空间中随机搜索所有可能的解决问题的

方法，直至选择一种有效的方法解决问题。简而言之，算法策略就是对解决问题的方法一一进行尝试，最终找到解决问题的答案。例如，一只密码箱有 3 个转钮，每一转钮都有 0～9 的 10 个数字，现要采用算法策略找出密码打开箱子，就要逐个尝试 3 个数字的随机组合，直至找到密码为止。采用算法策略的优点是它能够保证问题的解决，但是采用这种策略在解决某些问题时需要大量的尝试，因此费时费力。当问题复杂、问题空间很大时，人们很难依靠这种策略来解决问题。另外，有些问题也许没有现成的算法或尚未发现其算法，对这种问题算法策略将是无效的。

（二）启发法

启发法（heuristic method）是人们根据一定的经验，在问题空间内进行较少的搜索，以解决问题的一种方法。启发法不能完全保证问题解决的成功，但用这种方法解决问题较省时省力。下面是几种常用的启发性策略。

1. 手段-目的分析

所谓手段-目的分析（mean-end analysis），就是将需要达到的问题的目标状态分成若干子目标，通过实现一系列的子目标最终达到总目标。它的基本步骤是：比较初始状态和目标状态，提出第一个子目标；找出完成第一个子目标的方法或操作；实现子目标；提出新的子目标。如此循环往复，直至问题解决。在日常生活中，手段-目的分析是人们比较常用的一种解题策略，它对解决复杂的问题有重要的应用价值。

管理视野

汉诺塔问题

汉诺塔（又称河内塔）问题源于印度的一个古老传说：大梵天创造世界的时候做了三根金刚石柱子，在一根柱子上从下往上按照大小顺序摞着 64 片黄金圆盘。大梵天命令婆罗门把圆盘从下面开始按大小顺序重新摆放在另一根柱子上，并且规定，在小圆盘上不能放大圆盘，在三根柱子之间一次只能移动一个圆盘。

后来，这个传说就演变为汉诺塔游戏：有三根杆 A，B，C。A 杆上有若干碟子，每次移动一块碟子，小的只能叠在大的上面。要求把所有碟子从 A 杆全部移到 C 杆上。

其实算法非常简单，当盘子的个数为 n 时，移动的次数应等于 $2n-1$。

如 3 阶汉诺塔的移动步骤为：A→C，A→B，C→B，A→C，B→A，B→C，A→C。

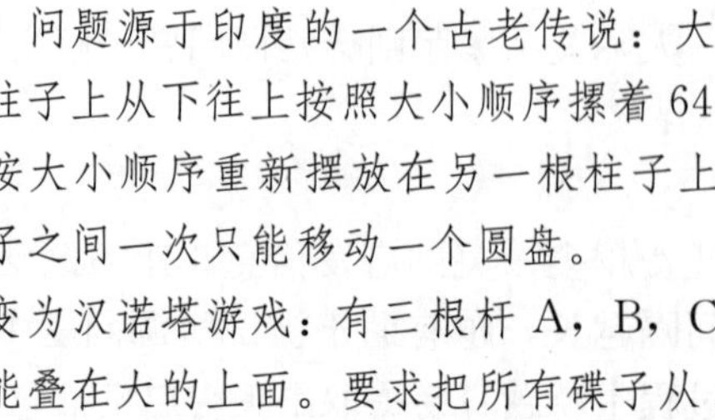

2. 逆向搜索

逆向搜索（backward search）就是从问题的目标状态开始搜索，直至找到通往初始状态的通路或方法。例如，人们要去城市的某个地方，往往是在地图上先找到目的地，然后查找一条从目的地退回到出发点的路线。逆向搜索更适合解决那些从初始状态到目标状态只有少数通路的问题，一些几何问题较适合采用这一策略。例如，已知长方形ABCD，求证对角线AD=BC。运用逆向搜索解决这一问题的思路是：要证明AD=BC，必须首先证明三角形ACD全等于三角形BDC；要证明两个三角形为全等三角形，必须证明角ACD=角BDC，AC=BD，CD=CD。由于已知ABCD为长方形，这些条件都满足，所以AD=BC。

3. 爬山法

爬山法（hill climbing method）是类似于手段-目的分析的一种解题策略。它是逐步减小初始状态和目标状态的距离，以解决问题的一种方法。这就好像登山者需要从山脚一步一步登上山峰一样。爬山法与手段-目的分析的不同在于后者包括这样一种情况，即有时人们为了达到目的，不得不暂时扩大目标状态与初始状态的差别，以利于最终达到目标。

第三节　决策与组织管理

一、决策概述

（一）决策的含义

“决策”一词的英语表述为decision making，意思就是做出决定或选择，是为了实现特定的目标，根据客观的可能性，在占有一定信息和经验的基础上，借助一定的工具、技巧和方法，对影响目标实现的诸因素进行分析、计算和判断选优后，对未来行动做出决定。时至今日，对决策概念的界定不下上百种，但仍未形成统一的看法。事实上，决策不仅指高层领导做出决定，也包括人们对日常问题做出决定。如某企业要开发一个新产品、引进一条生产线，某人选购一种商品或选择一种职业，都带有决策的性质。可见，决策活动与人类活动是密切相关的。诸多界定归纳起来，基本有以下三种理解：一是把决策看作一个包括提出问题、确立目标、设计和选择方案的过程，这是广义的理解。二是把决策看作从几种备选的行动方案中做出最终抉择，即决策者的拍板定案，这是狭义的理解。三是认为决策是对不确定条件下发生的偶然事件所做的处理决定。这类事件既无先例，又没有可遵循的规律，做出选择要冒一定的风险。也就是说，只有冒一定的风险的选择才是决策，这是对决策概念最狭义的理解。要正确理解决策概念，应把握以下几层意思。

1. 决策要有明确的目标

决策是为了解决某一问题，或是为了达到一定目标。确定目标是决策过程的第一步。

决策所要解决的问题必须十分明确，所要达到的目标必须十分具体。没有明确的目标，决策将是盲目的。

2. 决策要有两个或两个以上备选方案

决策实质上是选择行动方案的过程。如果只有一个备选方案，就不存在决策的问题。因而，至少要有两个或两个以上方案，人们才能从中进行比较，最后选择一个满意的方案作为行动方案。

3. 选择后的行动方案必须付诸实施

如果选择后的方案被束之高阁，不付诸实施，那么决策也就等于没有决策。决策不仅是一个认识过程，也是一个行动的过程。

（二）决策的基本原则

决策的基本原则有以下几个。

1. 差距、紧迫和“力及”原则（在确定决策目标时运用）

差距：现实与需要之间的差距问题。

紧迫：决策目标不但是需要解决的差距性问题，而且具有紧迫性，是影响工作的主要矛盾。

“力及”：解决是力所能及的、主客观条件允许的、可实现的。

2. 瞄准和差异原则（准备备选方案时运用）

瞄准：方案必须瞄准决策目标。

差异：备选方案所采取的路线、途径和实施必须是互不相同的。

3. “两最”、预后和时机原则（方案选优时运用）

“两最”：利益最大、弊失最小和可靠性最大、风险最小。

预后：有应变性的预防措施。

时机：决策应该在信息充分或时机恰当时做出。

4. 跟踪和反馈原则（在决策实施过程中运用）

跟踪：决策实施后要随时检验查证。

反馈：决策与客观情况一旦不适应，要及时采取措施，进行必要的修改和调整。

5. 外脑和经济原则（在决策的全过程中运用）

外脑：在决策过程中必须重视利用参谋、顾问、智囊团等。发挥集体智慧，防止个人专断，把决策建立在科学的基础上。

经济：决策全过程要求节约人、财、物力。

6. 系统原则

应用系统理论进行决策，是现代科学决策遵守的首要原则。

7. 信息原则

信息是决策的基础，所以做决策时所掌握的信息要尽可能全面。

8. 可行性原则

决策能否成功，取决于主客观等方面条件的成熟。科学决策不仅要考虑市场的组织发展需要，还要考虑到组织外部环境和内部条件各方面是否有决策实施的可行性。

9. 满意原则

由于决策者不可能掌握非常充分的信息和做出十分准确的预测，对未来的情况也不能完全肯定，因此，决策者不必追求做出“最优化”决策，选择相对满意的决策就可以了。

（三）决策的类型

现代企业经营管理活动的复杂性、多样性，决定了经营管理决策有多种不同的类型。

1. 战略决策和战术决策

按决策的影响范围和重要程度，分为战略决策和战术决策。战略决策是指对企业发展方向和发展远景做出的决策，是关系到企业发展的全局性、长远性、方向性的重大决策。如对企业的经营方向、经营方针、新产品开发等决策。战略决策由企业最高层领导做出。它具有影响时间长、涉及范围广、作用程度深的特点，是战术决策的依据和中心目标。它的正确与否，直接决定企业的兴衰成败，决定企业发展前景。

战术决策是指企业为保证战略决策的实现而对局部的经营管理业务工作做出的决策。如企业原材料和机器设备的采购、生产与销售的计划、商品的进货来源、人员的调配等属此类决策。战术决策一般由企业中层管理人员做出。战术决策要为战略决策服务。

2. 个人决策和群体决策

按决策的主体，分为个人决策和群体决策。个人决策是由企业领导者凭借个人的智慧、经验及所掌握的信息进行的决策。决策速度快、效率高是其特点，适用于常规事务及紧迫性问题的决策。个人决策的最大缺点是带有主观和片面性，因此，对于全局性重大问题不宜采用。

群体决策是指会议机构和上下相结合的决策。会议机构决策是通过董事会、经理扩大会、职工代表大会等权力机构集体成员共同做出的决策。上下相结合决策则是领导机构与下属相关机构相结合、领导与群众相结合形成的决策。群体决策的优点是能充分发挥集团智慧，集思广益，决策慎重，从而保证决策的正确性、有效性；缺点是决策过程较复杂，耗费时间较多。制定长远规划、全局性的决策时适宜使用这种方法。解释群体决策有效性的逻辑之一是群体信息加工的动机驱动模型（motivated information processing in groups model，MIP-G）。有关研究发现，群体信息加工受到社会动机的影响，社会动机具有引领信息筛选方向、影响信息提取和分享的驱动作用。合作动机和利己动机是典型的社会动机类型。持有合作动机的个体会认为群体其他成员也都是为群体目标而努力的，为群体达成最优结果和最佳效益而积极行动。相反，持利己动机的成员会刻意“保留”所掌握的重要信息，为使自己优先获得绩效而出现隐瞒甚至说谎行为。研究者通过实验研究，考察了群体成员不同社会动机条件下的决策行为，即分析了全员合作、多数合作、多数利己、全员利己四种群体条件及决策的正确性，结果发现，合作动机成员比例越高，群体信息分享和决策质量越好，信息分享在成员社会动机与决策质量之间起完全中介作用（王晓庄等，2021）。

3. 程序化决策和非程序化决策

程序化决策，是指决策的问题是经常出现的问题，已经有了处理的经验、程序、规则，可以按常规办法来解决。故程序化决策也称为常规决策。例如，企业生产的产品质量不合格如何处理、商店销售过期的食品如何解决等都属于程序化决策。

非程序化决策是指决策的问题不常出现，没有固定的模式、经验去解决，要靠决策者做出新的判断来解决。非程序化决策也叫非常规决策。如企业开辟新的销售市场、商品流通渠道调整、选择新的促销方式等都属于非常规决策。

4. 完全确知条件下的决策、风险型决策和未完全确知条件下的决策

完全确知条件下的决策是指决策过程中，在确知的客观条件下提出各备选方案，每个方案只有一种结果，比较其结果优劣做出最优选择的决策。在这类决策中，决策者对被决策问题的条件、性质、后果都有充分了解，各个备选方案只能有一种结果。这类决策的关键在于选择肯定状态下的最佳方案。

风险型决策是指这样一类决策，在决策过程中提出各个备选方案，每个方案都可能有不同的结果，其发生的概率可估算。例如某企业为了增加利润，提出两个备选方案：一个方案是扩大现有产品的销售额；另一个方案是开发新产品。不论哪一种方案都会遇到市场需求高、市场需求一般和市场需求低几种不同可能性，它们发生的概率大致可测算，若遇到市场需求低，企业就要亏损。在上述条件下决策，带有一定的风险性，故称为风险型决策。

风险型决策之所以存在，是因为影响预测目标的各种市场因素是复杂多变的，因而每个方案的执行结果都带有很大的随机性。决策中，不论选择哪种方案，都存在一定的风险性。黄志华认为，在传统风险型决策研究范式中，决策信息是事先限定的，即在决策之前呈现各个决策选项的概率和收益，被试基于这些信息进行决策。刘永芳发现，在获益框架下，悲伤情绪能比愉悦情绪诱发更强的风险偏好，自我决策比预期他人决策表现出更强的风险偏好；在损失框架下，愉悦情绪能比悲伤情绪诱发更强的风险偏好，预期他人决策比自我决策表现出更强的风险偏好；在自我决策时，愉悦情绪在损失框架下比在获益框架下诱发更强的风险偏好，悲伤情绪在获益框架下比在损失框架下诱发更强的风险偏好；在预期他人决策时，无论是愉悦情绪还是悲伤情绪，损失框架下都比获益框架下诱发更强的风险偏好。徐四华则发现，与虚拟金钱奖赏相比，真实金钱奖赏情境下的风险决策更容易受上一次决策结果的影响，上一次决策失败会导致被试的风险偏好水平显著降低，同时决策失败次数也显著减少，真实金钱奖赏下有更强的反馈学习效应。

未完全确知条件下的决策是指这样一类决策，在决策过程中提出各个备选方案，每个方案有几种不同的结果可以知道，但每一结果发生的概率无法知道。它与风险型决策的区别在于：风险型决策中，每一方案产生的几种可能结果及其发生概率都已知，未完全确知条件下的决策中只知道每一方案产生的几种可能结果，但其发生的概率并不知道。

这类决策是由于人们对影响最终结果的可能客观状态出现的随机性规律认识不足，它增大了决策的不确定性。

（四）决策的基本要素

决策一般由决策者、决策目标、决策备选方案、决策情势和决策结果五个要素组成。

1. 决策者

决策者是决策活动的主体，是决策最基本的要素。决策者处在决策系统内外信息的枢纽地位，是决策系统中最积极能动的因素，是决策系统的驾驭者和操纵者。决策者的素质、能力、水平如何，直接影响着决策活动的成败。决策者既包括个人，也包括领导集体。

2. 决策目标

决策目标是指决策所要达到的目的。决策目标的确立是科学决策的起点，它为决策指明了方向，为选择行动方案提供了衡量标准，也为决策实施的控制提供了依据。

3. 决策备选方案

决策实际是一种选择方案的活动。对于决策的备选方案，选择的目的是追求优化。客观情况的复杂性，决定了决策目标和行动方案的多样性，因此，对决策备选方案进行选择时就要进行比较、鉴别，选出可行性方案。

4. 决策情势

决策情势是指决策面临的时空状态，即决策环境。一项决策是否正确，能否顺利实施，它的影响效果如何，不仅取决于决策者和决策方案，而且直接取决于决策所处的环境和条件。

5. 决策结果

决策结果是指一项决策实施后所产生的效果和影响。一切决策活动的目的，都是取得决策的结果。在做出最终决策之前，对每一备选方案的实施结果进行客观、公正的预测和评价，既是保证决策科学化的重要前提，也是方案择优的最终依据之一。决策结果一般以语言、文字、图表、计算机软件等形式表现，这使得决策可以迅速、准确、顺利地实施。

（五）影响决策的因素

影响决策的因素有很多，比如，王大伟发现，时间知觉、个性特征是影响决策的重要因素。刘雪峰认为，在带有模糊性的决策情境中，决策者个人的认知特征会对其判断决策产生重要影响。杨继平发现，随着危机决策任务难度的增加，个体用于决策的时间显著增长，且性别与情绪类型间存在显著的二次交互作用。刘红艳发现，在购买可行性任务下，与远期将来时间相比，消费者更倾向于在近期将来时间条件下选择赠品促销产品组合；在价格支付意愿任务下，与近期将来时间相比，消费者更倾向于在远期将来时间条件下选择价格促销产品组合。苏淞调查发现，城市化程度不同的地区，其消费者在文化价值观、感知价值和购买决策风格上存在显著差异。

二、群体决策

（一）群体决策的含义

群体决策涉及一个群体如何共同进行一项联合行动抉择。所谓联合行动抉择，既可能是各方为了共同的利益而参与同一行动，如董事会对投资项目进行表决，也可能是各方为了不同的利益而参与同一行动，如厂商和客户进行谈判。

可从不同角度对群体决策进行分类，如：按照目标空间目标的多少，可分为多人单目标决策和多人多目标决策；按照决策过程中决策者的沟通情况，可分为沟通情况下的群体决策和无沟通情况下的群体决策。

虽然群体决策和社会选择都是群体决策，但两者之间存在着本质的区别，无论在决策目标还是集结对象、基本假设方面都相去甚远。这种区别应当引起足够的重视。社会选择的主要目的是协调个人利益和群体利益的矛盾，希望能从个体效用“合理”地集结出群体效用，从而解决群体面临的选择和利益分配问题。社会选择是价值取向的，其意义存在于其集结的规则和过程本身之中，追求的是集结规则和过程本身公平合理，而集结的结果只体现了个体的偏好和相互之间的利益协调，并无客观上的正误之分。群体决策是目标取向的，其决策结果的正误与优劣是可以客观地衡量的，因而每个个体的方案选择及最终的集结结果一般有客观上的正误之分。

两者的集结对象也有很大的不同。社会选择主要涉及效用的集结，而个体效用集结为群体效用比较困难。如果对个体效用采用序数效用形式进行集结，便面临着不可能性定理这一难以逾越的障碍；而如果采用基数效用，又会出现个体之间的效用如何比较的问题，这又十分难以解决。而群体决策可以避开效用问题。在群体决策中每个成员对备选方案或候选人给出的不是其效用或偏好，而是客观性的判断。这种客观性判断的集结相对于效用集结来说容易处理和把握。

虽然社会选择和群体决策在基本假设上有很大的不同，但是在现实之中社会选择和群体决策并不是非此即彼的关系。许多现实中的群体决策是介于二者之间的：群体成员之间既有一定的利益冲突，又有一定的利益一致性；集结对象可能既有客观性，又有决策者一定的主观偏好在内。刘咏梅研究发现，群体情绪智力对群体决策过程影响显著。高群体情绪智力群体倾向于采取更多的合作型行为和更少的竞争型行为。群体情绪智力对群体决策结果影响显著。同低群体情绪智力群体相比，高群体情绪智力群体拥有更高的过程满意度和凝聚力。

（二）影响群体决策绩效的主要因素

1. 群体成员的决策能力

群体成员的决策能力（decision skill）指决策者做出正确判断的能力。针对不同形式的群体决策，可采用不同的决策能力指标。如在基本二分群体决策中，决策能力指标可采用决策者选择正确方案的概率。群体成员决策能力的高低直接影响着决策规则的选择和群体决策的绩效。

2. 群体规模

关于群体规模对决策绩效的影响，无论在非计算机支持还是在计算机支持的环境下，研究者都进行了广泛的理论和实验探索。主要结论有：在少于 5 人的群体中，对任务负责任的人少，个体讨论较多，成员参与水平较高；而在多于 7 人的群体中，成员参与机会减少，受少数人支配的可能性增加，群体更容易分裂成小群体。随着群体增大，可用资源增加（促进群体绩效），但沟通和协调成本也随之加大（抑制群体绩效）。对于不同任务而言，存在最佳群体规模，此时群体决策的绩效最高。关于确切的最佳群体规模，可能同特定群体任务与场合有关，研究者们并未得出一致的结论。

3. 群体成员间的交流与影响

信息交流过程对群体成员而言不只是一个沟通过程，它还存在着学习和影响的功能。一般而言，这一过程会使群体成员获得更多的决策信息，增强群体成员的判断能力，从而增进群体决策的可靠性。然而，传统面对面的群体交流中也存在着一定的过程损失(process losses)，这会降低群体决策的绩效。

4. 群体结构与成员权重

决策成员的有机组合和匹配、构成方式的合理程度，是影响群体决策过程的重要方面。要素本身性能对于系统总体功能固然重要，但要素的构成方式影响更大。如何安排决策群体及决策成员的权重的组织结构对于群体决策的绩效有着重要的影响。

5. 群体决策规则

对群体决策规则的选择标准与对社会选择规则的选择标准有很大的不同。李武发现，不同组织形式的群体决策过程所对应的最优群体决策规则也是不同的。

三、决策偏差

决策偏差的类型大概有以下几种。

（一）归因偏差

我们对个体活动的知觉、判断和决策在很大程度上取决于我们对特定行为做怎样的归因。然而，决策者在归因时常常出现归因失真或偏差。常见的偏差主要表现为以下几种。

1. 基本归因偏差

一般而言，在解释别人的行为表现时，人们常常低估情境的作用而高估内部或个人因素的作用，比如归因于别人的人格、能力或态度等内部特质。这种现象之所以产生是因为决策者头脑中有一种信念，即每个人要对自己的行动结果负责，因此往往更多地从内因去评价行动结果，从而忽视了外因对行动结果的影响。比如，当下属的工作业绩不良时，上司会倾向于将其归因于下属的懒惰无能或态度不佳，而不是任务本身具有的挑战性。

2. 自我服务偏差

通常，人们在解释、评价自己的行为表现时，倾向于把自己的成功归因于自己的内部因素，如自己的能力、智力、学识水平、自身努力等，而把受挫、失败等消极结果归因于外部环境，如任务太难、运气太差等。这被称为自我服务偏见或自我服务偏差。比如，项目组长倾向于把项目的成功归因于自己的能力强、带项目的经验丰富，而把项目的失败归因于小组成员还不够努力或缺乏团队精神，或者项目的工期过紧等。

3. 行为者-观察者偏差

对同一个行为，实施行为的人和观察行为的人（即旁观者）其看法存在分歧，甚至相去很远。研究表明，实施行为的人常常强调情境的作用，对自己的行为多强调外部缘由；而旁观者则常常强调并高估行为者自身、内在的原因的作用。比如同事A向同事B借了1万元钱临时周转房贷，说好1个月后偿还，但快两个月了，同事A仍然没有还钱的意思。B可能会认为同事A不守信用、故意拖欠，甚至人品不好，而同事A则会强调最近太忙或没太上心给忘掉了。形成这种偏差的原因主要是双方立场角度不同：旁观者从常规逻辑出发，比如要守信用，一旦发现不合常规，就会将其归因于行为者的个人因素；而行为者则多从具体情况出发，强调特殊的行为情境。

近代学术大师梁漱溟先生曾有一句名言，从哲学的角度很巧合地描述并解释了上述人们常犯的三种归因偏差，即“我们不要在见识上过于相信自己，不要在人格上轻易怀疑人家”。

（二）直觉偏差

决策者面临一项风险性或复杂性较高的决策任务时，通常会依据自己的直觉或一些常识来进行决策。在大多数情况下，直觉决策可以获得“满意解”，但在某些情况下也会产生系统认知偏差。主要表现为以下几种。

1. 代表性直觉偏差

人们通常会根据A在多大程度上能够代表B，或者说A在多大程度上与B相似来判断事件发生的可能性。而且，相对于一般情境而言，决策者会认为表述非常具体的事件似乎更有可能发生。代表性直觉还会导致“小数法则”和“赌徒谬误”。

小数法则是一种心理偏差，是人们将小样本中某事件的概率分布看成是总体分布。人们在不确定的情形下，会抓住问题的某个特征直接推断结果，而不考虑这种特征出现的真实概率及与特征有关的其他原因。小数法则是直觉思维的结果，很多情况下，它能帮助人们迅速地抓住问题的本质，但有时也会造成严重的偏差，特别是会忽视事件的无条件概率和样本大小。小数法则的一个例子是，如果一位投资者观察到一位基金经理在过去两年中的投资业绩好于平均情况，就会得出这位经理要比一般经理优秀的结论。然而，真实的统计含义非常微弱。

赌徒谬误（gambler's fallacy）亦称为蒙特卡罗谬误，是一种错误的信念，以为随机序列中一个事件发生的概率与之前发生的事件有关，即其发生的概率会随着之前没有发生该事件的次数而上升。如重复抛一枚硬币，结果是连续多次反面朝上，赌徒可能错误地认为，下一次抛出正面的机会会较大。赌徒谬误是生活中常见的一种不合逻辑的推理方式，认为一系列事件的结果都在某种程度上隐含了自相关的关系，赌徒会认为事件 A 的结果影响到了事件 B，即说 B 是“依赖”于 A 的。例如，一晚上手气不好的赌徒总认为再过几把之后就会风水轮流转，幸运降临。相反的例子是，连续的好天气让人担心周末会下起大雨。

2. 易得性直觉偏差

易得性直觉偏差是指人们通常会根据一些容易想起来的事情来判断某一类别事件出现的频次或者发生的概率。它可以简化人们的决策过程。但是不可避免地，它将产生系统性的偏差，因为最容易被提取的事情，并不一定是发生得最多的事情。它可能仅仅是由于曝光效应、近因效应，甚至是受到强烈的情绪的影响，而事实上这些易得的事件发生的次数并不如你认为的那么多。甚至仅仅是人们事先对于一件事情的想象，就会造成易得性直觉，而使得人们的估计偏离正常的值。一个生动的描述（生动效应）也会让人们认为它已经发生了，或者更有可能发生。

3. 锚定偏差

因为人脑处理信息的能力有限，因此，决策者常常会对问题进行事先的估计（锚定），然后进行调整，以形成理想的判断，这就是有名的“锚定效应”（anchoring effect）。锚定效应是指在不确定情境下，判断与决策的结果或目标值向初始信息或初始值即“锚”的方向接近而产生估计偏差的现象。特沃斯基（Tversky）通过实验发现，在不确定情境下，人们对于数量的估计出现了向锚值趋近而产生偏差的现象。在一项研究中，被试被要求估计非洲国家在联合国成员中所占的比例。研究者给每位被试一个随机的数值，首先要求被试对于非洲国家在联合国成员中所占的比例是高于还是低于这个数值做出判断，随后要求被试对所占比例的具体数值进行估计。其中，给被试的数值是通过转动幸运轮盘随机获得的。结果显示，从轮盘上得到数字 10 和 65，并分别以此为起始点做出估计的被试，其估计数值的中位数分别是 25 和 45。即使被试认识到轮盘上转出的数值是随机的，与面临的判断任务无关，目标值估计受锚值影响的现象也依然会出现。

特沃斯基在实验基础上提出了锚定与调整启发式的概念，将锚定效应作为人们判断与决策中启发式策略的一种形式和机制。人们采用锚定与调整启发式做估计时，是以锚值为起点进行调整而产生最终答案的，而锚值有可能是问题表述的一种暗示，或者是部分的计算结果，由于从锚值向目标值的调整往往是不充分的，因而产生了估计偏差。随着锚定偏差在许多领域中得到验证，人们越来越关注减少锚定效应负面影响的途径和方法。一项关于假设产生与判断自信关系的研究发现，仅仅对假设进行评价的被试比自发产生假设的被试会表现出更高水平的过度自信，即自发产生的锚比实验者给予的锚带来的偏差要小。埃普利（Epley）认为，如果采取适当的方法，锚定效应可能不会彻底消除，但能够明显减少。应根据锚的种类及偏差产生的原因，采取不同的方法减少偏差，如可以采取“反向思维”策略矫正外部锚效应。

在研究和揭示锚定效应内涵和发生机制的同时，研究者们将研究视角扩展到锚定效应与其他一些心理现象的关系上，将锚定效应作为有关心理现象的一种潜在发生机制进行分析和验证，其中具有代表性的有自我中心偏差、后见之明等心理现象的锚定机制研究。

4. 后见之明

关于后见之明的心理机制存在两种代表性的理论解释。锚定和调整理论认为，人们以给出的结果为起点产生对判断的回顾，并基于元认知的线索从结果锚进行调整。在努力回忆过程中，人们基于对结果的惊奇程度以及元认知信息对原有判断进行调整，从而产生两种调整过程：当人们产生“我应该知道!”的感觉时，基于元认知信息进行较小的调整，而高估他们预言的准确性，从而导致后见之明偏差；当人们感到结果很惊奇，产生“我从来就不知道!”的感觉，元认知信息使人们进行较大的回顾性调整，从而减少后见之明偏差出现的可能性。阿什（Ash）以顿悟和多步骤数学题为实验材料，采用琐事任务范式及案例研究范式验证了上述原理，并进一步提出，这一原理与“升级和再判断”理论在对后见之明的解释上不是竞争关系，而是分别适用于元认知的判断及情境的判断两种任务类型。

（三）信息处理偏差

认知过程就是信息处理的过程，这是现代认知心理学研究的主要内容。整个信息处理过程主要包括信息的输入、信息的加工、信息的输出以及信息的反馈几个阶段。在这几个阶段都有可能出现程度不同的认知偏差，这是因为，人脑是一个有选择的、序贯的信息处理器，它处理信息的能力是有限的，因此，它必须采取一些心理办法简化智力消耗过大的信息。这虽然是人类适应环境的一种能力，但这种能力的副产品就是认知上的偏差。

1. 顺序偏差

决策者在接收信息时，往往会对最先进入大脑的信息给予优势地位，形成一种深刻的印象，这种印象会产生一种强烈的影响从而决定着决策者对方案的判断，即首因效应。近因效应则与首因效应相反，是决策者对最后进入大脑的信息给予优势地位，形成一种深刻的印象。

2. 定型效应偏差

定型含有一种典型的认知偏差，它一方面来自知觉过程的某种固定图式，另一方面也来自社会宣传与社会规范。在决策中，影响定型效应大小的因素主要有两个：一是信息量的多少，对某一问题所获得的信息量越少，越容易按照定型对它做出反应；二是决策对象属性的突出性，决策对象的属性越突出，越容易对它进行定型反应。倪国华发现，对上负责的制度设计是导致“下属揣摩逢迎领导意图现象”的根本原因。“下属揣摩逢迎领导意图现象”会造成两种类型的领导决策偏误，即“Ⅰ型决策偏误”和“Ⅱ型决策偏误”。进一步的研究表明，单向透明的信息传递机制和领导自身的“勤政”努力对于缓解因“揣摩逢迎偏误”而引发的“决策偏误”都有正向作用。但是，如果要从根本上解决因“揣摩逢迎偏误”而引发的“决策偏误”，则需要改变威权体制内下属业绩评价及职业命运由领导主观决定的制度安排，并引入客观的评价标准。

3. 事后认识偏差

决策中，决策者往往根据事后的结果对自己事前的认识进行一种反馈评估。这种反馈评估会影响到决策者的自信心。如果一个决策者在A，B，C方案中选择了C方案，事后的反馈证明他的选择是正确的，这种成功的经验就会增强他的自信心，导致在下一次进行选择时，他会运用自己成功的经验去进行选择。但是，成功的经验过多，往往会造成决策者过于自信，即过分相信自己的判断力。在这种情况下，认知偏差就会出现。反过来，如果一个决策者的成功经验比较少，反馈评估则会降低他的自信心，导致在以后对决策方案的判断中，他会因怀疑自己的能力而怀疑自己的判断，即使是正确的判断，也常会被自己推翻。因此，事后认识常会使决策者产生一种后悔感，后悔感的大小往往影响着偏差的大小。如果后悔感小，决策者在下次决策时不会花很大力气去论证，偏差出现的可能性就大；如果后悔感大，则偏差出现的可能性既可能大，也可能小。周菲认为决策者在后悔感大的情况下，可能会更加小心认真地进行论证，此时偏差出现的可能性就小；但是如果决策者在后悔感很大这一心理压力下，转而失去自信心，则偏差出现的可能性就大。

第四节　基本的决策模型

一、决策的直觉模型

管理者通常运用直觉来帮助他们改进决策。直觉决策（intuitive decision making）是一种潜意识的决策过程，基于决策者的经验、能力，以及积累的判断。直觉决策法是一种定性决策方法。直觉是客观事物在人们头脑中迅速留下的第一印象，是在极短的时间内，对情况突如其来的、超越逻辑的顿悟和理解。在管理过程中，绝大多数决策是用直觉决策法做出的，但直觉决策法往往得不到管理者的重视。在人类的行为方式中，最复杂的是直觉，最简单的也是直觉。直觉过程是人脑高速分析、反馈、判别、决断的过程，体现为敏锐的洞察力。除了应对突发事情，一般情况下的直觉决策方案都会经过理性决策的验证。具体见图11-3。

那么决策者何时最有可能使用直觉决策的方法呢？一个决策者要么会在决策之初使用直觉，要么会在决策结尾使用直觉。在决策开始时使用直觉，决策者努力避免系统分析问题。他让直觉自由发挥，努力产生不寻常的可能性事件，以及形成从过去资料分析和传统行事方式中一般产生不出的新方案。而决策结尾的直觉运用，有赖于确定决策标准及其权重的理论分析，以及制定和评价方案的理性分析。但这一切做完后，决策者便停止了这一过程，目的是筛选和消化信息，然后再做出最后的选择。这种方法被形象地描述为“睡眠决策”。凭直觉可以提出初步的决策方向，其结果可作为决策的依据。但当问题较为复杂时，不能只凭直觉办事。因为事情复杂，就需要提出较多的措施，这是直觉所不能完成的。

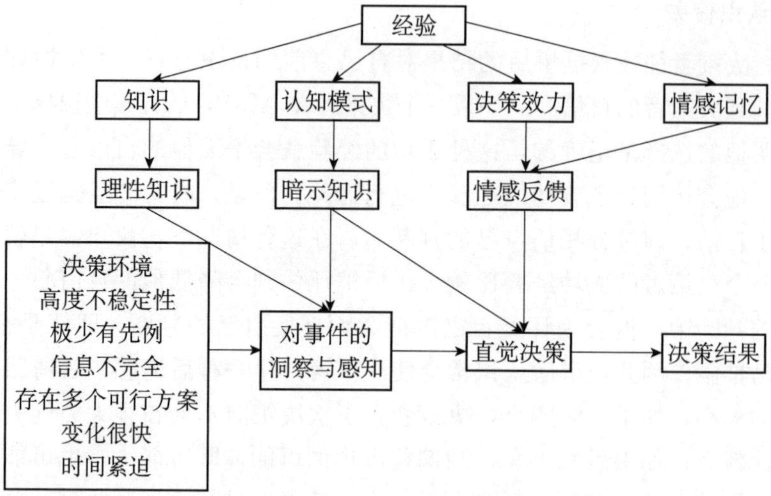

图 11-3 决策的直觉模型

二、决策的理性模型

理性决策模型，简称理性模型（rational model），起源于传统经济学的理论。传统经济学理论是以“经济人”假设为前提的，舍弃了一些次要变量，使问题的分析得以简化。其所形成的有效分析框架，能用来解释经济中的诸多现象。

理性模型包括以下内容：（1）决策者面临的是一个既定的问题。（2）决策者选择决定的各种目的、价值或目标是明确的，而且可以依据不同目标的重要性对其进行排序。（3）决策者有可供选择的两个以上的方案，通常在逐一评估的基础上，选取其中一个。假如方案基本是相同的，通常会做出相同的决定。（4）对于同一个问题，决策者会面临一种或多种自然状态。它们是不以人们意志为转移的不可控因素。或者可以说，决策者的偏好会随着时空的变化而变化。（5）决策者会将每一个方案，在不同的自然状态下的收益值（程度）或损失值（程度）计（估）算出来。经过比较后，决策者会按照其价值偏好，选出其中最佳者。

理性决策在实际中必须具备以下基本条件：决策过程中必须获得全部有效的信息；找出与实现目标相关的所有决策方案；能够准确地预测出每一个方案在不同的客观条件下所能产生的结果；非常清楚那些直接或间接参与公共政策制定的人们的社会价值偏向及其所占的相对比重；可以选择出最优化的决策方案。

三、决策的满意模型

对于一般个体来说，满意决策的程序是这样的：一旦确定了决策问题，个体就开始确定目标和开发备选方案。大多数情况下，他们会从明显的、经过验证的备选方案开始。确定了有限的备选方案后，决策者以熟悉且习惯的方式评估备选方案，直到确定一个令人满意的、“足够好”的方案，而后决策者就实施这一方案。

满意决策模型是理性决策模型的简化。理性决策模型开发尽可能多的备选方案，并对所有备选方案进行充分彻底的评估。而满意决策模型在确定选择哪一个时，备选方案被评估的顺序非常重要，假设某一个问题有不止一个解决方案，决策者选择的通常是第一个可接受的方案。因为决策首先从自己熟悉的、经过验证的备选方案开始，所以那些最接近于现实的解决方案最有可能被选择。即决策者在开发备选方案的时候，已确定了可接受的“足够好”的解决方案。这也就是为什么决策者在进行决策方案选择时，经常会选择与过去所做的决策没有太大差异的方案。

四、决策的期望效用模型

期望效用模型是20世纪50年代冯·诺依曼和摩根斯坦在公理化假设的基础上，运用逻辑和数学工具，建立的在不确定条件下对理性人（rational actor）选择进行分析的框架。不过，该模型是将个体和群体合二为一的。后来，阿罗（Arrow）和德布鲁（Debreu）将其吸收进瓦尔拉斯均衡的框架中，使之成为处理不确定性决策问题的分析范式，进而构筑起现代微观经济学及由此展开的包括宏观、金融、计量等在内的宏伟而又优美的理论大厦。

期望效用指的是消费者在不确定条件下可能获得的各种结果的效用的加权平均数。如果用 P 和 $1-P$ 表示两种结果 W 和 Q 发生的概率，则期望效用函数可记作 $EU=PU(\mathrm{W})+(1-P)U(\mathrm{Q})$。但是人们在面临损失和收获的时候，往往会因为反射效应而不遵守期望效用最大化的选择基准去做出判断。

案例与应用

比亚迪的多元化之路

1995年2月，29岁的王传福“下海”创业，在深圳注册成立生产电池的比亚迪科技有限公司。比亚迪选择电池行业作为创业的突破口，不仅因为王传福所学专业及研究领域与之密切相关，更重要的是他敏锐地洞察到电池市场面临巨大的商机。当时移动电话在国内刚刚兴起，随着“大哥大”（早期的手持移动电话，因块头大而得名）、BP机的流行，电池行业得以井喷式发展，而日本突然宣布不再生产镍镉电池，王传福意识到这是电池行业生产基地大转移的黄金时期。于是，比亚迪1995年建成了第一条日产4 000块镍镉电池的生产线，并以其优良的品质和低廉的价格，于当年12月开始成为日本三洋集团手机电池供应商。之后比亚迪陆续接到飞利浦、松下、摩托罗拉、索尼、GE、A&T、TTI等国际知名品牌的大额电池采购订单，企业步入发展快车道，连续三年平均增长率超过100%，抢占了全球近40%的镍镉电池市场份额。

在镍镉电池领域站稳脚跟后，比亚迪于2000年开始研发具有核心技术的镍氢电池和锂电池，并很快成为排名继三洋、索尼、松下之后的国际电池四巨头之一。在成为全球镍镉电池排名第一、镍氢电池排名第二、锂电池排名第三的“电池大王”之后，比亚迪开始把目标投向用于新能源汽车的磷酸铁锂动力电池。2005年，比亚迪第一款磷酸铁锂动力电池面世，到2018年已达到28GWh的产能，成为全球产能最大的磷酸铁锂电池厂商。

如果说从手机电池到新能源汽车动力电池是比亚迪多元化战略的牛刀初试，那么从“电池大王”转型为全球新能源汽车领跑者，无疑是其多元化战略的一次巨大跨越。

比亚迪的“造车梦”始于2002年7月全资收购北京吉普旗下的吉驰模具厂，其开始涉足汽车制造行业。2003年1月，比亚迪又以2.7亿元收购西安秦川汽车77%的股份，获得汽车生产许可证，正式进入新能源汽车行业。新能源汽车的核心部分是动力电池，比亚迪选择进军新能源汽车领域正是因为可以把自身的磷酸铁锂电池技术优势应用于汽车制造。

然而，缺乏汽车行业经验的比亚迪如何开辟汽车市场呢？比亚迪首先采取“逆向研发”策略，购买并拆解多个品牌的多款汽车进行研究，在学习借鉴众家之长的同时，也可发现并避免其不足。“逆向研发”不仅为比亚迪节约了30%左右的研发费用，而且缩短了研发周期，为后续开展正向研发赢得了宝贵的时间。同年，比亚迪投巨资建起一支研发团队，攻关GBT模块等新能源汽车的核心技术并取得了关键性突破。2006年，比亚迪电动车正式开始商业运营，随后相继成功推出F3DM、e6、K9、秦、唐、宋、元以及豪华电动车腾势（与戴姆勒合资）等新能源系列车，获得了市场的广泛好评。目前，比亚迪已经同时掌握新能源汽车电池、电机、电控及充电配套、整车制造等核心技术，积极推动多种场景的“油改电”。

2015年4月20日，比亚迪发布“7+4”全市场战略，即在私家车、城市公交、出租车、道路客运、城市商品物流、城市建筑物流、环卫车七大常规领域和仓储、矿山、机场、港口四大特殊领域全面推广新能源车，力争“把中国道路交通领域所有用油的地方全部用电搞定”。随着“7+4”战略的深入推进，比亚迪收获了累累硕果。2018年，在国内汽车行业产销量出现28年来首次下滑的形势下，比亚迪全年汽车总销量52万辆，同比增长25%；其中新能源车销量24.8万辆，同比增长118%，连续4年蝉联全球新能源车市场销量冠军；实现营业收入1 300.55亿元，同比增长22.79%。

闯荡新能源汽车市场获得巨大成功之后，比亚迪开始思考相关多元化的后续战略，即在围绕自身核心技术的基础上，沿着绿色交通产业链进行业务延伸和拓展。比亚迪关注到，当前我国正经历史上规模最大的城镇化及汽车普及化进程。过去十几年来，我国城市汽车保有量年均增速高达15%，城镇道路里程增速仅为2%。“两化”叠加带来城市交通拥堵、空气污染等一系列问题。未来，究竟是发展“车轮上的城市”还是“轨道上的城市”？

经过5年的思考和研发探索，比亚迪给出的答案是发展“轨道上的城市”，只有大力发展空中、地面、地下三维结合的绿色交通，才能有效根治交通拥堵和空气污染两大城市顽疾。比亚迪1 000多人的研发团队累计投入50多亿元，克服诸多困难，凭借在电子、汽车、新能源领域积累的领先技术，系统掌握了车辆、道岔、轨道梁、行车自动控制、转向架、车轿耦合等绿色交通全产业链核心技术，成功打造出中运量跨坐式单轨“云轨”和小运量胶轮有轨电车“云巴”等轨道交通解决方案。

2016年10月13日，比亚迪在深圳举行“云轨”全球首发仪式，标志着比亚迪正式迈向第四大产业——轻轨。“云轨”跨界融合了汽车和轨道交通技术，可建设在道路中央分隔带或狭窄街道上，具有不单独占用路面、地形适应能力强、编组灵活、景观性好、低噪音、零排放等多重优势，可广泛用于一、二线城市的交通接驳线、加密线以及三、四线城市的交通主干线、旅游景区的观光线等。

事实验证了比亚迪这一战略决策是正确的，“云轨”再一次搭乘了国家战略的“顺风车”而得以顺利推进。2016 年 12 月，国务院印发《“十三五”国家战略性新兴产业发展规划》，强调推进轨道交通装备产业智能化、绿色化、轻量化、系列化、标准化、平台化发展，打造覆盖干线铁路、城际铁路、市域（郊）铁路、城市轨道交通的全产业链布局，打造具有国际竞争力的轨道交通装备产业链。这一政策利好，大大减轻了比亚迪轨道交通项目受到的阻力，该项目得以比原计划更快速地推进。2017 年 9 月，比亚迪首条拥有自主知识产权的“云轨”线路在银川建成通车，标志着该业务正式步入商业化运营阶段。目前，比亚迪已与国内外多个城市就“云轨”业务达成战略合作。

资料来源：王娟，胡婕．比亚迪：筑梦绿色交通产业链．企业管理，2019 (7)：79－82.

分析思考：

1. 比亚迪做出战略决策时考虑了哪些情况？
2. 如何在缺乏经验的情况下开辟一个新领域？

基本概念

思维	问题解决	决策	群体决策
决策偏差	决策的直觉模型	决策的理性模型	决策的满意模型
决策的期望效用模型			

本章要点

1. 思维是借助语言、表象或动作实现的对客观事物概括的和间接的以识，是认识的高级形式。它能揭示事物的本质特征和内部联系，并主要表现在概念形成和问题解决的活动中。思维具有概括性和间接性。思维的概括性是在大量感性材料的基础上，把一类事物共同的、本质的特征和规律抽取出来。思维的间接性是指人们借助一定的媒介和知识经验对客观事物进行间接的认识。

2. 问题解决是由一定的情境引起的，按照一定的目标，应用各种认知活动、技能等，经过一系列的思维操作，使问题得以解决的过程。

3. 决策的意思就是做出决定或选择。环境信息、个人偏好、方案评价方法是一个决策好坏的关键。而这些又与个人的经验和对问题的理解有关，特别是复杂的决策问题，不仅涉及多目标、不确定性、时间动态性、竞争性，而且已远远超出个人的能力，为此需要发挥集体的智慧。这些集体参与决策的人，称为决策群体，群体成员决策的整个过程就称为群体决策。

复习思考题

1. 简述思维的含义及其特征。
2. 问题解决过程中可采用哪些策略？
3. 试分析日常生活中，有哪些因素影响着问题的解决。
4. 简述基本的决策模型。

推荐阅读

1. 普劳斯．决策与判断．北京：人民邮电出版社，2004.
2. 萨蒂．问题处理与科学决策．北京：机械工业出版社，2016.
3. 卡尼曼．思考快与慢．北京：中信出版社，2012.

第十二章
组织文化

【学习目标】

1. 理解组织文化的概念及其功能和相关理论。
2. 了解组织文化的分析和测量方法。
3. 理解学习型组织的定义及其特征。
4. 了解学习型组织如何构建。

第一节　组织文化概述

一、组织文化的内涵

组织是按照一定的目的和形式建构起来的社会集合体。每个组织都有自己特殊的环境条件和历史传统，从而也就形成了自己独特的哲学信仰、意识形态、价值取向和行为方式，即组织文化。

大多数管理学家和组织文化学家对组织文化都有自己的定义。有人曾对此做了统计，共有 180 多种。

埃德加·沙因认为，组织文化是其成员在相互作用的过程中形成的、为大多数成员所认同的并用来教育新成员的一套价值体系，包括共同意识、价值观念、职业道德、行为规范和准则等。

彼得·德鲁克认为，组织文化是一系列经营原理，包括做什么与不做什么，以及如何认识顾客等价值观，这种价值观决定了组织的成长空间。

迪尔（T. E. Deal）和肯尼迪（A. A. Kennedy）认为，组织文化是价值观、英雄人物、习俗仪式、文化网络、企业环境的凝聚。

霍夫斯泰德（G. Hofstede）认为，组织文化是一种"组织心理"及组织的潜意识，它一方面在组织成员们的行为中产生，另一方面又作为"共同的心理程序"引导这些成员的行为。

综上所述，组织文化是组织在长期实践中形成的并得到成员普遍认可和遵循的价值观念及行为方式的总和。组织文化有如下的特点：第一，组织文化与组织成员密不可分，组织文化体现在组织全员的行为之上；第二，组织文化是动态的，而非静态的，组织文化是组织成员为了更好地在环境中生存而表现出的行为模式，随着环境的改变，文化也会随之改变；第三，组织文化需要包含有竞争力的价值观，这种价值观是成员行为及组织竞争力的重要基础；第四，组织文化需要得到员工的认可，否则就无法发挥作用；第五，组织文化代表组织内的社会秩序，即组织成员的沟通环境，组织文化会在组织成员沟通互动的过程中形成并发展。

二、组织文化的层次

沙因认为，组织文化可以分为三个层次，这些层次的范围从一个人可以眼见的具体实物，到只能感觉的、在内心深处的、属于潜意识的基本假设，如图 12－1 所示。

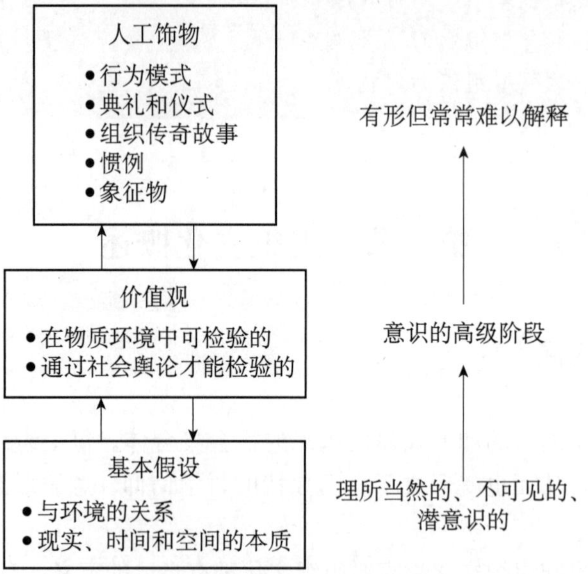

图 12－1　组织文化的层次

资料来源：沙因．组织文化与领导力．北京：中国人民大学出版社，2011：21－25.

（一）人工饰物

自然和社会文化环境中的文化象征被称作人工饰物。它们是最可见的、最易接近的文化层，是文化的表层，包括当一个人进入一个新团体面对不熟悉的文化时看到、听到和感受到的所有现象，例如物理环境的建筑结构、语言、技术产品、团体风格、可观察到的礼仪和庆典等。通过人工饰物理解文化的关键在于要理解它们的意思，人工饰物具有易接近性，从而成为最常被研究的组织文化形式。

（二）价值观

价值观反映了一个人对应该做什么、不应该做什么的潜在信仰。价值观会在个人的行为当中显现，由此这种行为也是文化的一种表现形式。一个企业的价值观经常在日常会话、公司会议或书面报告中被有意识或无意识地传递出来。然而，公司的认同价值观（成员宣称的价值观）和执行价值观（反映在成员实际行为之中的价值观）之间可能存在着差异。价值观反映在个人的行为当中，这种行为是文化的一种表现形式。

（三）基本假设

基本假设是一种深层的信仰，对行为进行指导，并引导组织成员如何观察和思考事物。沙因认为，基本假设是组织文化中最基本也是最深的一个层次，是文化的精髓。人们对它坚信不疑，任何成员、任何形式的冒犯都是不可以的。基本假设的另一个特点是无意识性。尽管组织成员可能意识不到他们持有的假设，但他们不愿意讨论或更改这些假设。

三、组织文化的功能

组织文化对于组织行为的影响是无形而持久的，组织文化往往能在很大程度上影响组织成员的行为，甚至超过正式的权责关系、管理制度等所发挥的作用。但组织文化也存在着与组织环境适应和匹配与否的问题，因而组织文化对组织行为与绩效可能产生积极影响，也可能产生消极的影响。

（一）组织文化的积极功能

1. 导向功能

组织文化的导向功能是指它对组织行为的方向所起的明示和引导作用。组织文化的概括、精辟、富有哲理性的语言代表着组织发展的目标和方向，这些语言经过长期的潜移默化，会铭刻在广大员工心中。组织文化建立的价值目标是使员工自觉地把行为统一到组织所期望的方向。正如彼得斯和沃特曼所说，在优秀的公司里，因为有鲜明的指导性观念，基层的人们在大多数情况下都知道自己该做些什么。

2. 凝聚功能

组织文化可以增强组织的凝聚力。组织文化有同化作用、规范作用和融合作用，这三种作用的综合效果，构成了组织文化的凝聚功能。这种功能通过以下两个方面得以体现：一是目标的凝聚，即通过将组织目标突出、集中、明确和具体的形式向员工和社会公众表明组织群体行为的意义，使其成为组织全体员工努力奋斗的方向，从而形成强大的凝聚力和向心力；二是价值的凝聚，即通过共同的价值观，使组织内部形成共同的目标和利益，使之成为员工的精神支柱，从而使员工牢牢地联系在一起，为实现共同理想而聚合。

3. 激励功能

组织文化通过文化的塑造，使每个成员从内心深处自觉地产生献身精神、积极向上的思想观念及行为准则，形成强烈的使命感、持久的驱策力。它是成员自我激励的准绳，能在组织成员的心理上持久地发挥作用，避免了传统激励方法的强制性与被动性，以及由此引起的各种短期行为和不良后果。张德的研究表明，组织文化对组织绩效有显著的正向影响，但不同的文化对绩效影响的侧重点不同，比如宗族文化对学习与成长有正向影响，活力文化对内部流程有正向影响，市场文化对客户维度有正向影响，层级文化对财务绩效有正向影响。

4. 约束功能

文化作为一种意义形成和控制机制，能够约束和塑造员工的态度、价值信念、伦理规范、道德观念、风俗习性、意识形态等，营造和谐的工作氛围。组织文化就像润滑剂，使组织内部关系和谐，不会因利益关系及个人习惯爱好的差异而发生矛盾。由于组织文化倡导沟通，倡导员工参与管理，倡导团结互助，所以降低了发生摩擦的可能性。

5. 辐射功能

辐射功能是指当一个企业形成较为固定的企业文化模式后，企业文化便不仅会在企业内部发挥上述作用，还会通过各种途径在社会上产生影响。这种影响体现在两个方面，首先是企业形象的辐射作用。具有优秀文化的企业，必然具有良好的企业形象。这种企业形象会为该企业的生产经营带来有形和无形的效益，也能使企业的知名度和美誉度大为提高。其次是企业员工对外交往时所产生的辐射作用。企业员工在对外交往过程中，比如销售人员的四处奔走、公关人员的各种应酬、企业员工在外的日常行为，种种与企业外部接触的行为表现都反映了一个企业的文化特征，会在社会上留下各种印象，从而间接地影响企业获得竞争优势的能力。

（二）组织文化的消极功能

文化的相对稳固性也是对组织的一种束缚，尤其当某种文化已经不再适应环境而必须加以调整的时候。实际上，几乎每一种文化观念都可能造成对组织的束缚和制约，特别是强文化对组织的效能存在着潜在的负面作用。

1. 削弱个体的创造性

文化有助于增强员工行为的一致性并减少其模糊性，这对组织而言是有利的。但在既定的组织文化中，组织成员的个性可能会受到压制，从而削弱了个体创造性的发挥。在从事研究和开发等强调个人潜能发挥的行业中情况尤为如此。冯静颖和孙健敏的研究表明，文化一方面为创新提供了适宜的环境和土壤，另一方面又影响着创新的进程和结果。我国一些文化陋习（如论资排辈）抑制了科技工作者的创新热情，制约了科技创新的发展。

2. 阻碍组织变革

由于组织文化是组织在长期运营过程中形成的，具有历史继承性和稳定性的特点，所以组织文化一经形成，在较短的时期内不易改变。而组织所面临的环境是动态的、不确定的，这要求组织能够及时地做出调整和变革。此时，组织文化就很可能成为组织变革的障碍。

3. 阻碍组织合并

美国一家研究机构发布报告说，组织文化冲突和首席执行官的个体差异常常使两个组织的合并未能达到预期效果，甚至使合并归于失败。在策划合并活动时，许多企业领导者往往把注意力集中在金融财务和法律方面，很少关注企业文化可能带来的问题。然而，在许多情况下，企业文化造成的问题可以使周密的合并计划流产，特别是一个尚处于创业阶段的小公司被一家规章和等级制度森严的大公司收购时，企业文化冲突会非常强烈。

管理视野

华为的“狼性文化”

华为成立于1987年，经过30多年的艰苦创业，建立了良好的组织体系和技术网络，在国际市场上已覆盖100多个国家和地区，全球排名前50位的电信运营商中，已有45家使用华为的产品和服务。在发展过程中，华为一直坚持以“爱祖国、爱人民、爱公司”为主导的企业文化，发展民族通信产业。根据DIC的数据，2012年7月华为成为全球第三大智能手机厂商，仅次于三星和苹果。

华为不仅在经济领域取得了巨大发展，而且形成了强有力的企业文化。因为华为人深知，文化资源生生不息。在企业物质资源十分有限的情况下，只有靠文化资源，靠精神和文化的力量，才能战胜困难，获得发展。

华为非常崇尚“狼”，认为狼是企业学习的榜样，要向狼学习“狼性”，狼性永远不会过时。任正非说，发展中的企业犹如一只饥饿的野狼。狼有最显著的三大特性，一是敏锐的嗅觉，二是不屈不挠、奋不顾身、永不疲倦的进攻精神，三是群体奋斗的意识。同样，一个企业要想扩张，也必须具备狼的这三个特性。作为最重要的团队精神之一，华为的“狼性文化”可以用这样的几个词语来概括：学习、创新、获益、团结。用狼性文化来解读，学习和创新代表敏锐的嗅觉，获益代表进攻精神，而团结就代表群体奋斗精神。

狼能够在比自己凶猛强壮的动物面前获得最终的胜利，原因只有一个：互助。即使再强大的动物恐怕也很难招架得了一群早已将生死置之度外的狼群的攻击。所以说，华为团队精神的核心就是互助。

第二节 组织文化的理论

一、组织文化因素理论

迪尔和肯尼迪于1981年出版了《企业文化：现代企业的精神支柱》一书，这本书是组织文化理论诞生的标志性著作。他们认为，企业文化是由企业环境、价值观、英雄、习俗和仪式、文化网络五个因素组成，但五个因素所起的作用是不同的。其中，企业环境并不是企业的内部环境，而是指企业“所处的极为广阔的社会和业务环境”，包括市场、顾客、竞争者、政府、技术等状况。这个组织环境是组织文化最大的影响因素。

迪尔和肯尼迪把西方组织文化分为四种类型，即强人文化（竞争性强、产品更新快的企业文化）、“拼命干、尽情玩”文化（竞争性不强、产品比较稳定的企业文化）、攻坚文化（一般投资较大、见效慢的企业文化）、过程文化（机关性较强、按部就班就可以完成任务的企业文化）。企业具有何种类型的文化取决于两个因素：一是企业经营活动的风险程度；二是企业及其雇员工作绩效的反馈程度。事实上，在实践中，企业文化不一定恰好符合这些文化中的一种，而可能是四种文化类型的混合。

二、组织文化特质理论

吉姆·柯林斯（Jim Collins）被《财富》杂志称为当今世界上最有影响力的管理思想家之一。柯林斯的团队通过对卓越组织管理实践的长达20多年的深入跟踪研究，完成了关于卓越组织文化特质的“三部曲”：《基业长青》《从优秀到卓越》《选择成就卓越》。《基业长青》中关于利润的观点，对许多组织认识文化使命的真谛产生了重要影响：利润就像人体需要的氧气、食物、水和血液一样，尽管如此，这些东西都不是生命的目的，卓越组织必须要有利润之上的追求。

组织实现从平庸到卓越的飞跃，必须要有训练有素的文化，这是《从优秀到卓越》一书中的观点：“所有的公司都有一种文化，虽然有些公司训练有素，但是有着训练有素的文化的公司却很少见。拥有训练有素的员工时，你不必在公司设置等级制度。拥有训练有素的行为时，你不需要过多的控制。把训练有素的文化和企业家的职业道德融合在一起时，你就得到了神奇的能创造卓越业绩的炼金术。”因此，每个组织看似都有相似的文化，但只有训练有素的文化才能真正使得组织与众不同。

在《选择成就卓越》中，柯林斯研究了在不确定的环境下是什么驱使有些组织可以以十倍的速度领先于同行，这种组织被称为“十倍领先者”。研究发现，十倍领先者拥有三种文化特质：高度自律，实证创新，转危为安。高度自律是指在整个发展过程之中，不论环境如何改变，组织都坚守价值观，坚守长期目标，并且坚持高水平的绩效标准，而乱世中随波逐流的结局很可能是死路一条。实证创新是指十倍领先者的创造力来源于实证基础，它们依赖于直接观察和进行的实践，而非依赖于个人观点、传统思维以及未曾测试的想法。相比许多企业领导者的疯狂自信，十倍领先者的领导者则多了一份理智。转危为安是指十倍领先者对环境保持高度的警惕，居安思危，它们相信环境会突如其来对其进行攻击，更重要的是，它们会采取必要的准备和措施来解决危机，做到有效应急。需要说明的是，其他企业并非完全没有这些表现，但是在程度上远远不如十倍领先者。

三、文化差异理论

1980年，美国管理学会的管理心理学家霍夫斯泰德根据他在40个国家和地区进行的长达7年的调查问卷研究，出版了《文化的结局：工作的国际差异》一书。书中提出了民族文化差异对组织管理产生影响的四个方面，也称为四个维度，即权力距离、不确定性规避、个人主义-集体主义、阳刚-阴柔。

霍夫斯泰德认为，民族文化的这四个维度对于管理中的领导方式、组织结构和激励内容，会产生巨大影响。首先，对组织领导方式影响最大的维度是个人主义-集体主义及权力距离。其次，不确定性规避和权力距离则同时影响组织结构，因为组织的主要功能是分配权力以及减少或防止经营中的不确定性。最后，个人主义-集体主义及阳刚-阴柔影响组织的激励方式及手段。

在后来的研究中，根据其他学者的研究结果，霍夫斯泰德加进了两个重要的维度：长期-短期取向和放纵-约束。长期-短期取向是指对目标和未来的看法是否具有长期的眼光。长期取向的文化关注未来，重视坚持和毅力；而短期取向的文化更关注过去和现在，强调短期目标的实现。放纵-约束维度指的是某一社会对人基本需求与享受生活的允许程度。放纵的社会允许个人自由发展，及时行乐，对人的控制相对较少；约束的社会更为节俭，强调对个人欲望的控制，个人的自由度较少。

管理名家

霍夫斯泰德

霍夫斯泰德获代尔夫特理工大学机械工程系的硕士学位，并曾在荷兰的多家公司担任各种职务，包括生产工人和工厂经理。之后，通过在业余时间学习，他以优等成绩获得了格罗宁根大学社会心理学博士学位。1965—1971 年间，他创建并管理着 IBM 欧洲分部的人力研究部门。之后，他成为国际管理发展学院（IMD，瑞士）、英士国际商学院（INSEAD，法国）、欧洲管理学院（EIASM，比利时），以及国际应用系统分析研究所（IIASA，奥地利）的委员会成员及研究员。1980—1983 年间，他重返生产部门，担任位于莱顿的欧洲法森公司（Fasson Europe）的人力资源部董事。

霍夫斯泰德还曾担任马斯特里赫特大学国际管理系名誉教授，并曾在欧洲多所大学任教，主要从事组织管理学和国际管理研究。他还担任过蒂尔堡大学经济学研究中心的校外教授，以及世界银行、亚洲生产力组织和欧盟的顾问。1993 年退休以后，他依然是中国香港、美国夏威夷以及澳大利亚的一些大学的客座教授。

霍夫斯泰德是社会科学刊物中被引用最多的作者之一。他于 1984 年出版的专著《文化的影响力》、1991 年出版的专著《文化与主题：思想的远见》，被译成多种语言。我国科学出版社曾于 1996 年翻译出版了他的代表作《跨越合作的障碍——多元文化与管理》，这部作品被中国文化界称为“具有启示性的专著”。

四、组织文化特质模型

美国学者丹尼森（Daniel Denison）在对 1 000 多家企业、4 万多名员工长达 15 年研究的基础上，用 60 个项目集中考察企业文化。丹尼森认为，组织文化是一套价值观、信念及行为模式，并构成组织的核心。他构建了一个能够描述有效组织的文化特质模型。

该模型认为有四种文化特质，即应变能力、愿景及目标、一致性和员工参与。其中，每种文化特质对应着三个子维度：应变能力包含关注客户、创造改变、组织学习；愿景及目标包含战略方向、目标、愿景；一致性包含核心价值观、同意、协调和整合；员工参与包含授权、团队导向、能力发展。

应变能力与愿景及目标体现的是组织关注外部的程度，反映了企业是否能顺应外部经济、政治、社会环境的变化，而适时地做出相应的改变和调整。

一致性与员工参与体现的是组织关注内部的程度，它要求企业对内部系统、结构和流程进行动态的整合，以满足组织目标的实现。

应变能力与员工参与体现的是组织的灵活性，即以市场、客户为导向的创新能力。

愿景及目标与一致性要求组织具有相对的稳定性，使得企业有自己的发展方向和目标，并且强化员工对企业的忠诚和归属感。

应变能力、愿景及目标、一致性、员工参与与利润率、产品质量、销售增长率、创新能力、员工满意度等密切相关。

五、文化智力

（一）文化智力的含义及结构

文化智力（cultural intelligence，CI）最早由厄尔利（Earley）和昂（Ang）于2003年引入社会科学领域。与普通智力的定义不同，它更多的是指与个体跨文化适应相关的能力。两位学者将文化智力定义为：人们在新的文化背景下，收集处理信息、做出判断并采取有效措施以适应新文化的能力。托马斯（Thomas）在此定义的基础上提出，文化智力是由三个相互关联的要素组成的，分别是知识（knowledge）、行为（behavior）、关注（mindfulness）。

关于文化智力的理论模型，厄尔利和昂提出了文化智力的四因素模型，包括元认知、认知、动机、行为。其中，元认知性文化智力指个体获得与理解文化知识的能力；认知性文化智力指个体具备的文化基本知识和知识结构；动机性文化智力指个体是否有强烈意愿、集中注意力去学习应对那些文化冲突情境的能力；行为性文化智力指个体在与来自不同文化的人交往时正确使用语言或非语言行为的能力。在四因素模型的基础上，昂等人还开发了文化智力量表。昂等人的研究表明，这一量表有着清晰的四维结构，即元认知、认知、动机、行为。一系列跨样本、跨时间、跨国度的研究表明，该量表具有相当高的稳定性和一致性。我国学者王琦琪等人在大学生样本中初步检验了这一量表的结构，结果表明该量表在中国也具有良好的效度。但总体而言，该量表在其他人群中并未得以广泛应用，还需进一步的推广。

唐宁玉、郑兴山等人对厄尔利和昂开发的文化智力量表在具有跨文化工作经历背景的中国管理人员中的适用性进行了研究。结果显示该量表有较好的构念效度，文化智力对工作绩效和互动适应有一定的预测作用。

（二）文化智力的影响作用

根据多位学者的研究，文化智力主要包括三个方面的因素：精神（元认知与认知）、动机以及行为。因此文化智力的结果变量也对应分为三种：认知结果变量、情感结果变量以及行为结果变量。

1. 文化智力对认知结果变量的影响

文化判断和决策制定可以被看作认知结果变量，指在新的文化环境中尽可能多地收集信息，在众多选择中做出判断与抉择。有效判断和决策制定不仅需要具备严谨的推理能力，能认真评估证据以及审慎比较不同选择，而且需要深刻理解文化，并能基于文化价值观对决策做出合理解释。文化判断与决策制定强调的是分析能力，元认知性文化智力与认知性文化智力可以预测文化判断与决策制定的有效性。

岑婉君和侯玉波（2019）通过对470名从中国外派到国外的中国员工进行实证研究，分三次测量员工的文化智力、思维方式、跨文化适应，时间间隔均为3个月，最终共获得401份有效匹配数据。结果发现：（1）文化智力对跨文化适应具有显著的正向作用，文化智力越高，跨文化适应越好；（2）批判性思维调节文化智力与跨文化适应之间的关系，当批判性思维较强时，文化智力与跨文化适应之间的关系较强；（3）整体性思维调节文化智力与跨文化适应之间的关系，当整体性思维较强时，文化智力与跨文化适应之间的关系较强。

2. 文化智力对情感结果变量的影响

当个体置身于不熟悉的文化中，由于规范和行为方面的差异以及对此存在的困惑，他们会产生紧张感。高动机性文化智力与行为性文化智力会帮助个体减轻在新文化环境中与他人交往所带来的压力，并带来文化适应与幸福感。

林新月等（2019）以在华外资公司的中国员工为研究对象，用问卷调查法展开实证研究，对155份样本数据的分析表明：（1）动机性文化智力对个体适应性绩效具有正向影响；（2）跨文化胜任力在这一影响过程中起到部分中介作用。

3. 文化智力对行为结果变量的影响

任务绩效可以被看作一种行为结果变量。然而，个体的任务绩效优劣并不取决于单一因素，而是受主客观多方面因素的影响，这些因素包括技能、环境、机会和动机等，主要由个体角色所限定。对个体的绩效评估主要取决于个体实现角色期望的程度，然而文化价值观会影响角色期望以及人们对它的感知。在不同文化中，符合不同角色预期的行为是有差异的，因此，文化智力的四个维度都会影响对角色期望的认知、动机及行为实施，而在这四个维度上得分都高的人会有很高的任务绩效。

具有高认知性文化智力的个体对角色期望有更准确的理解，他们对角色期望中的潜在差异有清醒的认识，并且更有可能证明什么是合适的角色行为。具有高元认知性文化智力的个体知道他们在什么时候、什么情况下以及如何运用他们的文化性知识，所以他们不依赖于习惯的知识框架，而是根据不同情况选择多种知识框架。具有高动机性文化智力的个体会有较高的任务绩效，这是因为他们愿意投入大量精力来实现角色期望，甚至是在角色模糊的情况下。高行为性文化智力的个体将根据别人对他们的期望来调节自己的行为，所以他们将会有较高的任务绩效。

宋一晓等（2019）基于特质激活理论，通过对韩国境内跨国商贸公司中 386 位中国籍员工及其主管进行配对调研，探讨了跨文化情境下员工的文化智力是否、如何以及何时对任务绩效产生影响。研究结果表明：（1）文化智力能够显著促进员工的任务绩效；（2）文化智力能够通过促进员工的知识共享行为提升员工的任务绩效；（3）员工感知的包容型氛围对文化智力效用的发挥具有促进作用，即员工感知的包容型氛围越强，文化智力通过知识共享行为对任务绩效产生的效用越强，并且文化智力通过知识共享影响员工任务绩效的间接作用只在感知高水平包容型氛围的情境下显著。

第三节 组织文化的分析与测量

一、组织文化的分析方法

总的说来，分析评价文化的方法共有四种：人种学描述法、区域从属法、直接价值观推断法、间接价值观推断法。下面我们对这四种文化的分析评价方法进行简要介绍。

（一）人种学描述法

此法属于定性的方法，主要是用于识别或者比较文化。人种学描述法通过对社会结构、人类产品和集体行为的观察，做出关于文化类型的结论。这种方法从 20 世纪初就开始使用。它符合人类学家的观点，假定文化非常复杂，是无法测量的，只能进行观察和描述。这种方法提供了描述性的数据，这些数据能细致地描绘出文化类型和各自的文化特征。

人种学描述法收集到的数据可作为二手资料，因此人种学描述常被作为许多商业学者的二手资料的来源。这种方法的另一个重要优点在于它能确定文化的分析单元，因为研究文化的一项基础工作就是确定应当在何种水平或者层面上评价文化。

与此同时，这种方法尽管在研究跨文化形成假设过程中提供了非常有用的信息，却没能为我们提供定量的结果或者测量工具。因此，它在商业的跨文化研究中并没有得到广泛的应用。

（二）区域从属法

第二种文化评价方法是区域从属法。它是一种替代法，使用那些反映文化或者类似于文化的样本特征来定义文化的类型。该种方法常用的样本特征包括：国籍、出生地以及居住地。这些替代因素是以下面的理论作为基础的：关于民族特征的概念，假设核心文化价值观的习得是在童年时期，以及文化和地域是密不可分的。区域从属法的本质就是以这些替代因素将文化类型同地域联系起来。

区域从属法的使用需要满足以下两个条件：一是社会人口统计方面的可变性，在样本设计和在协变量使用的时候都应得到控制。协变量包括年龄、性别、学历以及其他与研究相关的人口统计变量。二是如果研究涉及个体水平的测量，那么被试应当被询问他们是在哪里度过童年的，因为他们的文化价值观主要就是在他们成长的地方形成的。

此种方法的缺陷在于缺少验证因变量与文化间假设关系的测量工具。另外，这些替代因素只能帮助划分文化类型，得到的数据也只是定类的。因而，当需要定比或者定距数据时这种方法就不太适用了。

(三) 直接价值观推断法

通过测量样本中的被试的价值观，并在这些价值观集合的基础上推断文化的特征是直接价值观推断法。该方法假设文化的概念化是基于价值观的。

1952 年，克罗伯和克拉克洪列出了 164 个文化的定义。这些定义虽然来自不同的研究领域和不同的时期，但是都反映出同一个观点——文化是某一特殊群体共同享有的习得特征。这些特征隐含在象征物、仪式或者活动中。

霍夫斯泰德也认为，文化的核心来自价值观，这些价值观因个性而异。如果承认价值观是文化结构形成的基础，那么用价值观模型来评价文化的基本机制为：

(1) 个体的价值观层次决定了人们需要满足的过程。

(2) 人们需要满足的过程影响着人们在社会群体中的共同行为。

(3) 文化取决于各群体中人们的共同行为。

许多不同的价值观模型都可用于支持直接价值观推断法。其中一个模型就是霍夫斯泰德总结的文化的四个工作价值观维度：不确定性规避、个人主义-集体主义、阳刚-阴柔和权力距离。这些维度成为被广泛研究的对象，并且在国际商业研究中被频繁引用。霍夫斯泰德还于 1980 年开发了一套评价工作价值观的工具，即价值观调查模型。

关于直接价值观推断法，还有三个方法上的问题需要注意：第一，拥有不同社会人口统计特征的人群的价值观是不同的，因此有必要控制社会人口统计变量，或者使用大样本以便社会人口统计变量的影响得以随机化。第二，价值观模型工具要求被试具有理解所有价值观内涵的能力。第三，直接价值观推断法在定义文化群体上是不充分的。

(四) 间接价值观推断法

直接价值观推断法是基于一手数据的，而间接价值观推断法使用的则是二手数据。两者最本质的区别还在于间接价值观推断法并未通过调查群体成员就归纳出文化类型的特征。间接价值观推断法的假设是被研究的样本同作为基准的样本是一致的。在这种方法当中，我们将从其他研究中得到的文化特征用作基准，如用国籍、出生地、居住地等来推断被试样本的文化特征。

这种方法的一个问题是从基准样本推断被试样本时存在潜在的测量误差，因为它们并不一定具有相同的特征。因此，两个样本在地理方面和人口统计方面的差异可能会导致在测量文化特征时产生严重误差。显然，使用间接价值观推断法最关键的问题就是抽样。一般有两种方法来减少上述测量误差：一种是保证基准研究的样本和当前研究的样本足够大。另一种是确保当前研究样本的特征同基准样本的特征是一致的。经过后一种方法处理后的间接价值观推断法称作“基准验证法”，它是对间接价值观推断法的一个修正。

二、组织文化的分析模型

前面我们介绍了分析文化特征的几种方法，下面我们对其中两个常用的文化分析模型进行详细阐述。

（一）克拉克洪-斯托特柏克模型

在分析文化差异时引用最多的模型之一就是克拉克洪-斯托特柏克的模型。这一模型确定了六个基本的文化维度：与环境的关系、时间取向、人的本质、活动取向、责任中心和空间概念。下面我们分别对每一个维度进行考察。

1. 与环境的关系

人们是屈从于环境，还是与环境保持和谐关系，抑或是能够控制环境，不同国家、区域的人们对此的认知差异很大。在很多中东国家，人们把生活视为命中注定的事情。当什么事情发生了，他们倾向于认为是“主的旨意”。相反，美国和加拿大人则相信他们能够控制自然。比如，他们愿意每年花费上亿美元经费从事癌症研究，因为他们相信可以找到癌症的病因，发现癌症的治疗办法，最终消除这种病痛。介于两个极端之间的一种更为中立的看法，即寻求人与自然的和谐关系。

这些对待环境的不同看法可能会影响到组织的实践活动。我们以目标设置为例来说明。在屈从环境的社会中，目标的设置并不普遍。如果你相信人们在实现目标的过程中不可能做很多事，那有什么必要设定目标呢？在一个与环境保持和谐的社会中，可能会使用目标，但人们预期到它会发生偏差，并且对未能达到目标的惩罚也是很轻的；而在一个控制环境的社会中，广泛地应用目标，人们希望实现这些目标，并且对未能达到目标的惩罚会相对偏重。

2. 时间取向

文化注重的是过去、现在还是将来，不同的社会对时间的价值观也不一样。比如，西方文化把时间看作一种紧缺的资源。“时间就是金钱”而且必须被高效利用。美国人关注的是现在和近期未来。你可以在绩效评估的短期取向中看到这一点，典型的北美组织每6个月或一年对员工进行一次评估。相反，日本人则以一种更长远的观点看待时间，并且这也在他们的绩效评估方法中得到反映。日本的工人常常用10年以上的时间来证明他们的价值。还有一些文化对时间持另一种观点：他们关注的是过去。比如，意大利人就追随着他们的传统，并寻求保护他们历史的实践活动。

对不同文化的时间取向的了解能够帮助你对下面这些问题有所认识：最后期限的重要程度、是否普遍采用长期计划、工作任务安排的长度以及迟到的原因。比如，它可以解释为什么美国人热衷于安排和维持约会，还可以解释为什么并不是每个社会都像北美那样迷恋节省时间的设备，如记事本、昼夜邮寄服务、汽车电话、电子邮件和传真机等。

3. 人的本质

在很多发展中国家，人们认为自己本质上是诚实可信的，然而有个别国家则认为人的本质是非常邪恶的。北美人的看法倾向于在两者之间，他们认为人本质上是好的，但必须谨慎小心才能不被利用。

你可以看到文化中对人本质的看法如何影响管理者的领导风格。组织如果关注的是人的邪恶一面，则会采用更为专制的风格规范人的行为；而在强调信任价值观的文化中，参与甚至自由放任的领导风格占主流；在混合型文化中，领导风格可能会重视参与，但同时拥有严格的控制手段以迅速识别违规行为。

4. 活动取向

一些文化重视做事或活动，强调成就。另一些文化重视存在，强调体验生活并寻求对欲望的满足。还有一些文化重视控制，强调远离物质而约束欲望。

北美人生活在做事取向的社会中。他们工作勤奋，并希望因为自己的成就获得晋升、加薪，以及其他方式的认可。相反，墨西哥人则是存在取向，他们强调即时享乐。法国人则是控制取向，并且强调理性和逻辑。

对文化中活动取向的理解能使你认识到这样一些问题：人们是怎样对待工作和娱乐的，他们是如何做出决策的，他们在奖励分配上使用的是什么标准。比如，存在取向占主导地位的文化中，决策很可能是情绪型的；相反，在做事取向和控制取向的文化中，决策很可能分别强调实证和理性。

5. 责任中心

文化还可以按照其对责任的定义来分类。比如，美国人是高度个人主义的，他们使用个人特点和个人成就来定义自己，他们相信一个人的责任是照顾好自己。而马来西亚人和以色列人更注重群体，比如，在以色列集体农场中，人们共同工作，共享奖励。他们看重的是群体的和谐、统一和忠诚。英国人和法国人则遵循另一个取向：他们依赖于等级关系，这些国家中的群体被分成不同的层次等级，每个群体的地位保持稳定，不随时间的改变而改变。等级社会倾向于实行贵族统治。

文化的这一维度对于组织中的工作设计、决策方法、沟通类型、奖励系统和选拔活动有着重要影响。比如，在个人主义社会中的选拔重视的是个人成就。而在群体社会中，能与他人很好地合作则可能更重要。在等级社会中，选拔决策以候选人的社会等级为基础。这一维度有助于解释为什么在美国强调个人成就十分流行，而对裙带关系持消极意见。

6. 空间概念

克拉克洪-斯托特柏克模型的最后一个维度与空间的拥有有关。一些文化非常开放，并公开从事商业活动。另一些文化则极为重视让事情在私下进行。大多数社会是两个极端的混合物，并落在某一中间位置上。

日本的组织表现出了他们社会文化的公开特征。那里几乎没有私人办公室，经理和操作工人在同一间屋子里、在中间不可分割的桌子上办公。北美人的公司也反映出他们文化的价值观。他们通过一个人使用的办公室和拥有的秘密来反映这个人的地位。重要会议都要在关着门的房间里进行。空间常常是除本人之外其他人无权使用的。在具有混合取向的社会中，隐私和公开也是交融在一起的。比如，这里可能拥有很大的办公室，但墙却仅5～6英尺高（1英尺约0.3米），因而创设了“有限的隐私”。空间概念在这些方面的差异，对于组织管理，如工作设计与沟通，都有着显著的影响。

（二）霍夫斯泰德的模型

对文化差异进行的更全面的分析来自霍夫斯泰德。大量早期的组织研究，或是只包括极有限的几个国家，或是对不同国家的不同公司进行分析。霍夫斯泰德则相反，他对在40个国家和地区为一家跨国公司工作的11.6万名员工进行了调查，这一数据排除了把差异归因于公司活动与政策差异等因素。他的巨大数据库表明，民族文化对雇员与工作相关的价值观和态度起着主要影响。更为重要的是，霍夫斯泰德发现，管理者和雇员的差异表现在民族文化的四个维度上。

1. 个人主义-集体主义

个人主义涉及一种松散结合的社会结构，在这一结构中，人们只关心自己或直系亲属的利益。在一个允许个人有相当自由度的社会中这是可能的。与个人主义相反的是集体主义，它以一种紧密结合的社会结构为特征。在这一结构中，人们希望自己所归属的群体（比如一个组织）中的其他人在他们遇到困难时能帮助和保护自己。以这种安全感为交换条件，他们感到自己应该对群体绝对忠诚。研究发现，危地马拉是集体主义程度最高的国家。

2. 权力距离

霍夫斯泰德用权力距离一词衡量一个社会对组织内权力分配不平等这一事实的认可尺度。一个权力距离大的社会认可组织内权力的巨大差异，雇员对权威显示出极大的尊敬，称号、身份及地位占据着极为重要的地位。一些公司发现，在与权力距离大的国家谈判时，所派出的代表至少与对方头衔相当才有利。马来西亚的权力距离比任何其他国家和地区都大。权力距离小的社会尽可能减少这种不平等。上级仍拥有权威，但雇员并不恐惧或敬畏老板。丹麦、爱尔兰及奥地利是这类国家的典型。

3. 不确定性规避

我们生活在一个不确定的世界中，未来在很大程度上是未知的，不同的社会以不同的方式对这种不确定性做出反应。一些社会使其成员接受这种不确定性，在这样的社会中，人们或多或少对风险泰然处之，他们还能对与自己不同的行为和意见表示容忍，因为他们并不感觉因此而受到了威胁。霍夫斯泰德将其描述为低不确定性规避的社会，也就是说人们感到相对的安全。属于这类的国家有新加坡、瑞士和丹麦。

高不确定性规避的社会以成员中的高焦虑水平为特征。其以不安、压力、进取性为证据。在这种社会中，由于人们感受到社会中不确定性和模糊性的威胁，他们创建机构来提供安全和减少风险。他们的组织可能有更正式的规则，人们对异常的思想和行为缺乏容忍，社会成员趋向于相信绝对真理。在一个高不确定性规避的国家中，组织成员表现出较低的工作流动性，终身雇用是一种普遍实行的政策。属于这一类的国家有葡萄牙和希腊等。

4. 阳刚-阴柔

有的文化强调阳刚的男性气概，这种文化的特征是过度自信和物质主义。而有的文化则重视人与人之间的关系，并对他人幸福表现出敏感和关心。霍夫斯泰德发现，日本和奥地利更强调阳刚的男性气概，而挪威、瑞典、丹麦和芬兰则与之相反。

我们没有足够的空间列出霍夫斯泰德从 40 个国家和地区中获得的全部结果，但表 12－1 中列出了其中一部分数据。由于我们主要关注的是识别文化之间的相似性与差异性，让我们来看看在四个维度上与美国最为接近的国家和最不一致的国家。

表 12－1　霍夫斯泰德的文化维度举例

国家	个人主义/集体主义	权力距离	不确定性规避	阳刚
澳大利亚	个人主义	小	中等	高
加拿大	个人主义	中等	低	中等
英国	个人主义	小	中等	高
法国	个人主义	大	高	低
希腊	集体主义	大	高	中等
意大利	个人主义	中等	高	高
墨西哥	集体主义	大	高	高
新加坡	集体主义	大	低	中等
瑞士	个人主义	小	低	低
美国	个人主义	小	低	高
委内瑞拉	集体主义	大	高	高

注：阳刚分数低相当于阴柔分数高。

美国的个人主义分数极高而权力距离分数较低。同样格局的国家还有英国、澳大利亚、瑞士、挪威和新西兰；在这个维度上与美国最不一致的国家有委内瑞拉、哥伦比亚、巴基斯坦、新加坡和菲律宾。

美国在不确定性规避方面得分低而在阳刚方面得分高。同样格局的国家有爱尔兰、菲律宾、印度和南非；在这个维度上与美国最不一致的国家有智利和葡萄牙。

三、组织文化的测量

对于组织文化的定量化测量，由于研究者的训练背景、关心的主题与使用的方法各异，形成了多元化的风貌。我们将从企业层面和个人层面来对两种典型测量问卷进行介绍。

（一）企业层面的研究

大多数企业层面的研究关注的是组织文化和企业有效性之间的关系。研究者构建测量问卷主要是为了深入探究组织文化如何影响企业的有效性。在众多的测量问卷中，较有影响力的有丹尼森构建的组织文化问卷（Organizational Culture Questionnaire，OCQ）、奎恩（Quinn）和卡梅伦（Cameron）构建的组织文化评价量表（Organizational Culture Assessment Instrument，OCAI）。下面对 OCAI 予以详细介绍。

1. 原理

美国密歇根大学商学院的奎恩教授和美国凯斯西保留地大学商学院的卡梅伦教授在竞争价值观框架的基础上构建了 OCAI。OCAI 的突出优点在于为管理者提供了一种直观、便捷的测量工具，在组织文化变革的工作中具有相当的实用价值。

OCAI 根据六个维度的判断来评价企业文化：主导特征、领导风格、员工管理、企业凝聚、战略重点和成功标准。问卷共有 24 个测量条目，每个判据下有四个陈述句，分别对应着四种类型的企业文化。对于某一特定企业来说，它在某一时点的企业文化是四种类型文化的混合体，通过 OCAI 测量后可形成一个剖面图（如图 12 - 2 所示）。图 12 - 2 中的四个象限代表着不同特征的企业文化，分别被命名为宗族型、活力型、层次型和市场型。

宗族型	活力型
友好的工作环境。人们之间相互沟通，像一个大家庭。领导以导师甚至父亲的形象出现。组织靠忠诚或传统凝聚员工，强调凝聚力、士气，重视关注客户和员工，鼓励团队合作、参与和协调。组织的成功意味着人力资源得到发展。	充满活力的、有创造性的工作环境。人们勇于争先、冒险。领导以革新者的形象出现。组织靠不断实验和革新来凝聚员工，强调位于领先位置。组织的成功意味着获取独特的产品或服务，鼓励个体的主动性和自主性。
层次型	**市场型**
非常正式、有层次的工作环境。人们做事有章可循。领导以协调者和组织者的形象出现。组织靠正式的规则和政策凝聚员工，关注的长期目标是组织运行的稳定性和有效性。组织的成功意味着可靠的服务、良好的运行和低成本。	结果导向型的工作环境。人们富于竞争力，以目标为导向。领导以推动者和竞争者的形象出现。组织靠强调胜出来凝聚员工，关心声誉和成功。关注的长期目标是富于竞争性的活动和对可度量目标的实现。组织的成功意味高市场份额和市场领导地位。

图 12 - 2　OCAI 测量后的剖面图示例

2. 应用

可以按照如表 12 - 2 所示的 OCAI 和指导语来测量企业文化。

首先根据企业的现状，按照每个条目描述下四种情况的符合程度，将 100 分分配给这四种情况（例如，60-20-10-10）。以此类推，先回答完所有描述现状的测量条目。然后回到问卷的开始，思考这样的问题：如果你的企业在今后 5～10 年内要达到成功，你觉得企业文化“应该”怎么样？请在“偏好”列下面，按照“应该”的企业文化和每个条目描述下四种情况的符合程度，将 100 分分配给这四种情况（例如，20-50-20-10），并回答完所有描述偏好的测量条目。

表 12-2　组织文化评价量表（OCAI）

	1. 主导特征	现状	偏好
A	本单位非常富有人性化，就像是一个大家庭。大家彼此非常了解。		
B	本单位充满活力，富有开拓精神。人们愿意表现自己，并承担风险。		
C	本单位以目标导向为主，主要关注工作完成的状况。人们之间充满竞争，并以成就为导向。		
D	本单位控制严格，层次分明。人们做事严格遵守正式的流程。		
	总分	100	100
	2. 领导风格		
A	本单位的领导风格以指导、激励和培养下属为主。		
B	本单位的领导风格以开拓、创新和富有冒险精神为主。		
C	本单位的领导风格以务实、有闯劲和结果导向为主。		
D	本单位的领导风格以协调、组织或平稳运营为主。		
	总分	100	100
	3. 员工管理		
A	本单位在管理风格上的特点是团队合作，强调观念一致性和员工参与。		
B	本单位在管理风格上的特点是敢冒风险，强调创新、自由和独特性。		
C	本单位在管理风格上的特点是强调努力竞争、高标准、高成就。		
D	本单位在管理风格上的特点是提供雇佣保障，强调一致、共性和稳定。		
	总分	100	100
	4. 组织凝聚		
A	本单位的凝聚力来源是忠诚和相互信任，对组织的忠诚是非常重要的。		
B	本单位的凝聚力来源是对革新和发展的追求，强调凡事领先。		
C	本单位的凝聚力来源是强调成就和达到目标，积极进取和追求获胜是大家的共同特征。		
D	本单位靠正式的规章制度将大家凝聚在一起，并强调单位的良好运营。		
	总分	100	100
	5. 战略重点		
A	本单位强调员工发展，坚持信任、开放和参与式的氛围。		
B	本单位重视获取新资源和创造新的挑战，崇尚尝试新事物和探索新机遇。		
C	本单位强调竞争行为和成就，重视不断达到更高目标以及在市场中获胜。		
D	本单位强调持久性和稳定性，重视效率、控制和良好的运营。		
	总分	100	100
	6. 成功标准		
A	本单位判断成功的标准基于人力资源发展、团队合作、员工忠诚和对人的关心程度。		
B	本单位判断成功的标准基于对最新、最独特产品的拥有程度，强调产品领先和革新。		
C	本单位判断成功的标准基于在市场和竞争中获胜，强调有竞争力的市场领导地位。		
D	本单位判断成功的标准基于效率，强调可靠的产出、良好规划和低成本。		
	总分	100	100
如果你已经回答完毕，请将对应的测量项目得分填入下面的计分卷，其中“小计”是指把对应的 6 个测量项目得分相加，“平均”是指把小计得分再除以 6。			

计分卷							
1. 文化现状							
宗族型		活力型		市场型		层次型	
1A		1B		1C		1D	
2A		2B		2C		2D	
3A		3B		3C		3D	
4A		4B		4C		4D	
5A		5B		5C		5D	
6A		6B		6C		6D	
小计		小计		小计		小计	
平均		平均		平均		平均	
2. 文化偏好							
宗族型		活力型		市场型		层次型	
1A		1B		1C		1D	
2A		2B		2C		2D	
3A		3B		3C		3D	
4A		4B		4C		4D	
5A		5B		5C		5D	
6A		6B		6C		6D	
小计		小计		小计		小计	
平均		平均		平均		平均	

以一个例子来说明：假如你把最终的现状得分分配为 30-50-15-5，而把偏好得分分配为 10-20-30-40，那么你可以把这两种得分分配画在图中形象地表示出来（现状用实线，偏好用虚线，如图 12－3 所示）。

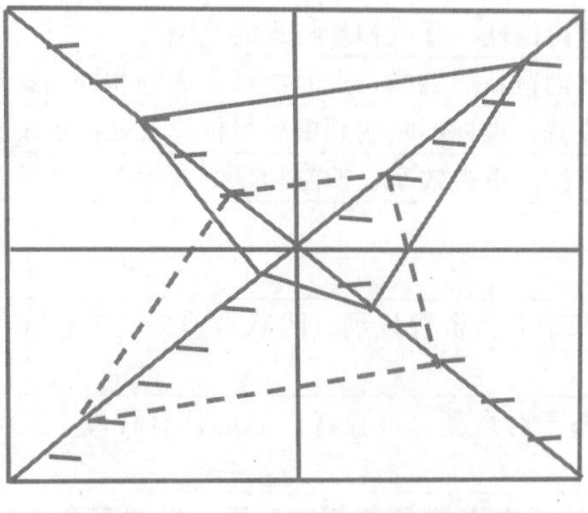

图 12－3 OCAI 得分分配示意图

这样，你所在企业的文化变革方向就一目了然。如果你愿意组织企业的一个团队来做这样的测试，可以先要求每人用计分卷算出得分。如果团队的人数比较多，可以先分成小组，然后将小组讨论后的得分平均。如果把团队通过讨论后的得分作为比较“客观”的结果的话，OCAI 还可以判断每个人和“客观”现状和偏好的差距。总体来看，OCAI 在辨识企业文化的类型、强度和一致性方面都是非常有用的。

(二)个体层面的研究

大部分个体层面的组织文化研究者认为，组织价值观是组织文化的核心，而且它能通过理论和方法进行重复鉴定，也能被操作性定义和测量，所以大多数个体层面的组织文化问卷严格地说都是组织价值观问卷。这些测量问卷中以查特曼（Chatman）的组织文化剖面图（Organizational Culture Profile，OCP）传播最为广泛。

1. 原理

美国加利福尼亚大学的查特曼教授为了从契合度的视角研究“人-企业”契合和个体有效性（如职务绩效、组织承诺和离职）之间的关系，构建了一个企业价值观问卷，即OCP。最初的 OCP 由 54 个测量项目组成，反映了企业价值观的一些典型特征。查特曼认为 OCP 可以区分出 7 个不同的维度（革新性、稳定性、尊重员工、结果导向、注重细节、进取性和团队导向），但是在实际的不同测量应用中，每个维度对应的测量项目可能有所差别。

OCP 的测量项目通过对学术和实务型文献的广泛回顾来获得，经过细致的筛选最终确定 54 条关于价值观的陈述句。和多数个体层面的研究采用李克特计分方式不同，OCP 采用 Q 分类的计分方式，被试被要求将条目按最期望到最不期望或最符合到最不符合的尺度分成 9 类，每类中包括的条目数按 2-4-6-9-12-9-6-4-2 分布，这实际上是一种自比式的分类方法。在西方国家，OCP 是最常用的企业价值观测量问卷之一，它在我国台湾和香港地区也有一定的影响。贾奇（Judge）将 OCP 精简为包括 40 个测量项目的问卷，Q 分类按 2-4-4-6-8-6-4-4-2 分布。

2. 应用

OCP 包括的价值观维度很具体，以下是 40 条关于价值观的表述（见表 12－3）。请根据你对所在企业的了解，将企业对每个价值观的重视程度按顺序填入现状栏中；然后将你心目中理想公司的企业价值观特征按重要顺序填入偏好栏中（见表 12－4）。

表 12－3 OCP 的材料一

1. 热衷工作	2. 稳定发展	3. 人际和谐	4. 研发创新	5. 社会责任
6. 负责尽职	7. 冒险精神	8. 成长机会	9. 工作自主	10. 井然有序
11. 工作时间长	12. 注重细节	13. 业绩挂帅	14. 团队合作	15. 同事融洽
16. 人性化管理	17. 赏罚公平	18. 科学求真	19. 宽容大度	20. 保障工作
21. 迅速果断	22. 竞争能力	23. 诚信原则	24. 追求卓越	25. 经营理念
26. 结果重于过程	27. 工作期望很高	28. 积极有冲劲	29. 勇于面对冲突	30. 不拘泥于形式
31. 表扬工作优良者	32. 对员工很支持	33. 自我激励反省	34. 资讯流通分享	35. 快速把握机会
36. 环境应变能力	37. 凡事理性分析	38. 注重企业形象	39. 强调产品品质	40. 讲求与众不同

表12-4 OCP的材料二

现状	偏好
第一等重要：□□	第一等重要：□□
第二等重要：□□□□	第二等重要：□□□□
第三等重要：□□□□	第三等重要：□□□□
第四等重要：□□□□□□	第四等重要：□□□□□□
第五等重要：□□□□□□□□	第五等重要：□□□□□□□□
第六等重要：□□□□□□	第六等重要：□□□□□□
第七等重要：□□□□	第七等重要：□□□□
第八等重要：□□□□	第八等重要：□□□□
第九等重要：□□	第九等重要：□□

通过这种分类，你可以判断出企业价值观中哪些是企业现在所重视的，还可以和偏好的价值观相比较，看看价值观还需要做怎样的改进。如果按第一等重要到第九等重要并以9-8-7-6-5-4-3-2-1的方式计分，则每个价值观都有具体的得分。你可以将企业中熟悉企业文化和企业经营的人员组成一个团队，通过讨论得到本企业"客观"和"将来应该(偏好)"的价值观条目得分。这样你还可以去观察企业员工和企业之间对价值观的现状和偏好的差距。这些信息对于企业的价值观建设是非常有用的。例如，如果你的企业现状中"稳定发展""井然有序"排名靠前，而偏好反映出"冒险精神""快速把握机会"和"结果重于过程"排名靠前，那么在设计企业价值观时就要注意反映创新、结果导向的内容。

第四节　学习型组织

随着20世纪80年代以来信息革命和知识经济进程的加快，现代企业面临着前所未有的剧烈变化。诸如摩托罗拉、雷曼兄弟等许多著名的大公司因为各自的原因退出了历史的舞台，组织生存问题变得更加突出和迫切。时代呼唤新的管理理论和组织模式。20世纪90年代，学习型组织理论首先出现在西方的管理学界。学习型组织理论一经产生，就引起了管理学界和社会的广泛关注。

一、学习型组织的定义

关于什么是学习型组织，目前尚无统一的定义。加文（Garvin）在《建立学习型组织》一文中指出："学习型组织是善于创造、获取和传播知识，并以新知识、新见解为指导，勇于修正自己行为的一种组织。"

圣吉认为，学习型组织是一个不断创新、进步的组织。在这个组织中，人们不断突破自己的能力上限，创造真心向往的结果，培养全新、前瞻而开阔的思考方式，全力实现共同的抱负，并不断地在一起研究如何共同学习。佩德勒（Pedler）认为，学习型组织是每一个成员都努力学习并不断改变自身的组织。它具有以下特征：(1) 具有鼓励成员学习并激发全部潜能的氛围；(2) 可将此种学习的文化延伸至重要利害关系者，如顾客、供货商等；(3) 以人力资源发展为组织策略的重心；(4) 持续地进行组织转变。盖勒（Galer）和凯斯（Kees）认为，学习型组织是一个能促进其所属个体成员学习并运用其学习成果的组织，且能随着时间的推移来增进自我的知识以及对自我与所属环境做进一步理解的组织。金姆（Kim）认为，学习型组织是指那些有意识地激励组织学习，使自己的学习能力不断增强的组织；而非学习型组织则对组织学习听之任之，从而进一步削弱了其学习能力。沃特金斯（Watkins）和马希克（Marsick）认为，学习型组织是通过不断学习来改革组织自身的组织，在个人、团体、组织或组织相互作用的共同体中产生，是一种持续性并可以战略性地与工作相结合的过程。学习的结果不仅是知识、信念、行为的变化，还有组织创新能力的增强。因此学习型组织是把学习共享系统整合起来的组织。斯克姆（Skyrme）认为，学习型组织是指具有能不断增强其能力的适当的系统、机理和程序，并为自己及其所在团队而工作以实现持续改善目标的组织。

二、学习型组织的模型

随着学习型组织理论的发展，研究者们为各类企业设计了不同类型的学习型组织模型。

（一）沃尔纳的五阶段模型

加拿大学者保罗·沃尔纳（Paul Woolner）从企业员工终身教育与培训的角度，归纳出了学习型组织的发展模式。他认为，组织学习行动的发展一般要经历五个阶段：无意识学习阶段、消费性学习阶段、有意识的学习阶段、系统化学习阶段、完全融合阶段。

在第一阶段，企业处于创业阶段，企业员工一般还没有意识到需要对学习活动做出具体的安排，学习完全是一种自发的、不正规的活动。随着企业的发展和市场竞争的日益激烈，企业组织内部仍有不正规的学习活动在延续，但更多的学习活动则表现为企业用一定量的投资，选派部分员工到专职教育部门或相关单位进修学习，促使组织学习步入第二阶段，即消费性学习阶段。

随着企业规模的扩大，企业为了谋求长期的发展，开始有意识地安排适合自身特点的学习项目，并建立相应的学习基地来推动这项工作，组织进入学习的第三阶段。但此时学习活动与企业长期发展战略之间尚缺乏明显的联系。当进入第四阶段时，组织已经把学习纳入日常的工作中，企业的课程设计进一步成熟，无论是企业内部设计的课程还是请外部专家专门设计的课程，不仅更有创造性，而且能满足企业的特定需要，此外还会通过建立一系列指标体系来衡量员工的技能水平。根据沃尔纳的看法，这一阶段的企业学习已经进入高级阶段，它与企业的发展战略和战略目标紧密结合在一起，但组织学习与日常工作之间互相脱节的现象仍然时有发生。在更多的情况下，学习仍然是培训部门的职责，而不是部门主管的职责，这使得组织的学习能力受到一定的限制。

第五阶段的特点就是学习与工作的融合。首先，学习的责任已经置于企业的管理指令系统中，成为部门主管、工作团队、员工个人和人力资源开发部门的共同职责；其次，企业已经将学习与工作看成密不可分的两个方面，学习是工作的形式和内容，学习成为人们乐意做的事情而不是必须做的事情，两者已完全融合为统一体；再次，企业建立了组织绩效反馈机制，这种机制使得组织各个层次包括个人、团队或组织整体可以根据各种信息及时纠正或改进组织行为；最后，企业中工作团队实行自主管理，团队成员被要求掌握多种技能，能轮流承担各种职责，团队成员互相学习，协同并进，不断改进他们的工作系统。根据沃尔纳的五阶段模型，组织只有发展到学习的第五阶段，才算真正成为学习型组织。

（二）瑞定的第四种模型

约翰·瑞定（John Redding）在《战略准备：创建学习型组织》中认为，一个组织是否具有很强的生存能力取决于组织能否实行系统的、快速的变革。他曾在总结各种组织变革不同运行机制的基础上，把组织战略变革模型归纳成三种。第一种是以计划为核心，强调计划的出色性。但由于组织所面临的环境是经常变化的，计划往往赶不上变化。于是经过修正，便出现了第二种模型，其内容可以概括为“计划—执行计划”。这里执行计划是对计划的进一步实施，对所需要的人、财、物资源都做出了具体规定，并且组织的计划人员自始至终注意与各层级人员的沟通，以保证变革计划的顺利进行。但是在变革计划的具体实施过程中，还要受到诸多外部因素的影响，于是第三种模型诞生了，其运行机制是“准备—计划—实施”。这种模型注重变革前的一系列准备工作，注重与各环节交流变革模式，以求达成共识，并创造一个有利于变革推行的环境。但这一模型忽视了变革与组织战略之间的关系，把变革看成某个固定的项目，使组织的行动目标缺乏一种整体性、灵活性。于是，瑞定在前三种模型的基础上提出了第四种模型，即“持续准备—不断计划—即兴推行—行动学习”，这四个阶段是密切联系、环环相扣的关系。

1. 持续准备

学习型企业中的战略变革始终处于一种持续的准备阶段，企业不针对特定的变革项目，而是关注企业与环境的相互协调，不断对经营行为提出质疑，时刻为一般意义的企业变革做好永久性准备，使组织能够在变幻莫测的环境中应对自如。

2. 不断计划

在上述三个模型中，计划是一种正式的书面文件，其中详细规定了变革的项目与程序。而在学习型企业中，提倡设计开放的、灵活的计划，就是说不断修订的计划比原始计划更有价值，灵活开放的战略方向比固定刻板的计划重要得多，而且在修订这些计划时要广泛地征询参与实施的一线员工的意见。

3. 即兴推行

学习型企业在推行变革计划的过程中，并不要求员工按部就班地执行计划，而是鼓励员工充分发挥潜力，按照即兴创新的原则创造性地实施变革计划。每个员工都是企业战略计划的制定者，他们协同发挥作用，使变革成为全体员工的一项共同的创造性事业。

4. 行动学习

学习型组织不应仅仅通过一年一度的评估体系来衡量变革的成败得失，而应随时检验组织的行动，及时调整组织的行动方案，以提高变革的效率。也就是说，行动学习就是从行动中学习，它贯穿准备、计划和实施的每一个阶段。学习型组织经过持续准备、不断计划和即兴推行，完成了一次又一次变革，每次循环完成之后，又为下一次循环做好准备。这样随着时间的推移，组织就可以不断地进行战略变革，不断获得创新发展，瑞定把这种创新发展看作学习型组织的本质。

（三）野中郁次郎的创造型公司

日本学者在研究组织学习时，提出了一种新的学习型组织模式。1991 年野中郁次郎在《哈佛商业评论》上发表了《知识创造型公司》一文。他集中阐述了知识的两个本质方面，即如何产生和如何使用。组织的知识创造，是指组织作为一个整体创造新知识，将它传遍组织并具体体现于产品、服务和系统中。组织的知识创造是日本公司在创新方式方面与众不同的关键。它们认为，“没有一个部门或专家组对创新负唯一责任。一线员工、中层管理者和高级管理者都要发挥一部分作用”。每一个层级都有独特的作用，并且互相影响。高级管理者负责广泛的公司使命；一线员工努力想办法将它翻译成具体术语，并运用专业知识努力工作以实现共享。野中郁次郎将知识分为隐性知识和显性知识。隐性知识是个人的、特有的，因而难以传递。显性知识是指正式的、可用系统语言传递的知识。简单地说，知识作为隐性知识由个人创造，然后被外显化和共享。

野中郁次郎继续描述了知识转化的模式：“隐性知识和显性知识不是完全分离而是互相补充的实体。在人类的创造性活动中，它们相互作用并相互转化。我们的知识创造的动态模式基于一种临界假设，即人类的知识是通过隐性知识和显性知识之间的社会交互作用创造和扩张的。这种转换是个人之间的一个社会过程而不是局限于个人内部。”

（四）中国的学习型组织模型研究

张德和窦亚丽在马希克和沃特金斯的学习组织维度问卷（DLOQ）及结构化访谈的基础上，先后对 796 名中层、中层以上干部进行问卷调查，通过探索性因子分析得出学习型组织由个体学习、团队学习、学习支持、授权、系统思考五个维度构成。特别指出，授权是在共同愿景指导下，给予员工决策权。系统思考包括两个方面：一是帮助员工明确其工作结果与组织的联系，使员工关注组织外部信息，并根据外部信息变更工作活动；二是领导通盘考虑内外部环境，通过学习推动组织变革。

冯静颖和孙健敏通过探索性和验证性因子分析，得出中国背景下的学习型组织由组织支持、环境关注、知识分享、领导驱动与持续改进五个因素组成。五个因素中，知识分享是学习型组织的核心，包括知识分享的意愿、行为以及激发意愿、促进知识分享的组织氛围；组织支持是保障，包括硬件（如数据库、时间、资金和培训设施）和软件支持（如提供学习机会）；领导驱动是动力，包括领导对学习型组织的认识、对组织成员的指导与督促，以及各级领导的自我提高；环境关注是通过对客户、专业、竞争者及行业发展等一系列有助于提高组织绩效的信息进行主动收集和动态跟踪，保证知识分享的方向性和有效性；持续改进则反映了学习、分享及组织行为改善，表现为一种渐进式发展、螺旋式提高的一以贯之的发展轨迹，在发展过程中，知识不断地通过社会化、内化、组合和外化等环节的循环，被转化为组织隐性知识，隐性知识的积累反过来将促进学习速度和效率的提高。五个因素之间是相辅相成、互为关联的，它们构成了企业之所以能成为学习型组织的基本结构和功能系统。学习型组织的目标是通过打造核心竞争力，实现组织及其成员的协同发展。

郝英奇等（2021）运用扎根理论的方法，对日资企业加特可（广州）进行深入剖析，构建了新的学习型组织结构模型，解构了学习型组织的生成机制。研究发现，学习型组织由组织目标、价值实现、共同愿景、学习准备、学习执行、学习反馈、支持因素、驱动因素、约束因素九个要素构成。

三、学习型组织的特征

学习型组织和传统型组织在许多重要方面都存在着差异。彼得·圣吉从五个方面将学习型组织和传统型组织区分开来。

（一）自我超越

自我超越是个体通过教育、正式的学习活动和工作经历获得专业技术与提升熟练程度的结果。超出预期和出色的绩效被称为全面卓越绩效。

（二）心智模式

心智模式包括价值观、信念、态度和假设，这些构成个人的基本世界观。结构、经验、文化和信念系统支持心智模式，并且引导个体在做决定时将其作为参考。博耶特认为，共同的心智模式通过帮助员工厘清看上去无序的事件来支持组织学习。

（三）共同愿景

共同愿景是组织学习的里程碑，它代表了员工的共同观点，由组织成员对公司使命和目标的认识衍变而来。领导者、管理者和员工就学习及学习对个体和组织的重要性达成共识。遗憾的是，在传统型组织中，由于缺乏管理层将员工对公司使命的承诺进行内化的真正努力，因此共同愿景很少产生。

（四）团队学习

鼓励沟通和合作以促进成员之间的相互协作与相互尊重，使团队成员开阔视野、加深理解、丰富观点、拥有良好的自我感觉，同时将他人作为公司的资源来重视。舍恩把这些要素称为行动和反思的整合。

（五）系统思考

系统思考涉及对组织各方面的考察和反思，比如使命和战略、结构、文化及管理实践。领导者、管理者和员工的战略性思考应该促进理解，并关注公司经过整合后的各部门的行动，扬长避短、优势互补以提高总体运营效果。

四、学习型组织的构建

由于学习型组织能够快速地适应外部环境的变化，所以企业需要从传统型组织向学习型组织转变。我们将从个体、团队和领导三方面来阐述学习型组织的构建。

（一）个体学习的促进

与传统型组织相比，学习型组织趋于扁平化，组织中的权力下移，员工拥有很大的自主权，这使得员工的自我管理成为可能，因此在学习方面应该结合员工学习的特点有针对性地开展学习活动。由于企业员工属于成人，根据成人的学习特点，企业应该促使员工的学习方式从被动灌输向自主学习转变。同时应关注影响员工自主学习的组织因素和个人因素，并采取措施加以积极干预。

1. 员工自主学习的动力因素

员工自主学习的动力因素包括内在的学习动机和相应的促进因素。例如，自我效能感、归因方式、目标定向、成就动机等，这些成分是自主学习的动力来源，直接影响个体学习积极性的高低。动机的激发与维持是学习者对动机的调节手段，主要是指员工主动地调节自己的身心状态，使学习的动力由无到有或由弱到强的过程。

2. 影响员工自主学习的主要因素

从组织层面来看，影响员工自主学习的因素主要有组织职业生涯管理方式、组织的学习氛围、组织文化等。组织职业生涯管理是指由组织实施的，旨在开发员工的潜力、留住员工、使员工能自我实现的一系列管理方法。通过组织职业生涯管理，员工能获得更好地认识自己的机会，从而为发挥自己的潜力奠定基础。而且通过职业生涯管理活动，员工可在组织中学到各种有用的知识，从而增强自身的竞争力。组织的学习氛围是组织文化的反映，它直接影响员工的自主学习。组织文化是指组织在长期的对外适应和对内整合的过程中形成的，并为组织成员所共享的信仰、价值观、态度和行为模式。在组织内倡导崇尚学习的共同价值观，并制定有利于员工学习的鼓励性策略，精心设计文化象征，从而营造出强势的组织学习氛围，能激发员工的学习动机，促进员工的自主学习。

从微观层面来看，工作特征也是影响员工自主学习的重要因素。然而，为了追求效率，现代企业十分注重工作的专业化，工作以“机械、简单、被动”为特征，员工如同大机器上的零件一样，工作中不存在难题，更不需要动脑子去思考，员工缺乏学习的压力和热情。然而，工作专业化加剧和激化了劳资双方的矛盾，造成高离职率和缺勤率。面对这种情况，管理实践中出现了工作丰富化和工作扩大化等新的方法。基于新方法的工作设计考虑到工人在工作自主性和成长方面的需求。现在，更多的劳动与知识密切相关，学习和成长成为员工无法回避的客观问题，所以员工主动学习、自主学习的内生性动机更强。

3. 员工自主学习能力的培养

要培养员工的自主学习能力，首先，应该对学习的动力因素进行干预。自主学习的动力因素包括员工学习的内在动机，也包括与之密切相关的一些影响因素。自主学习的动机一般是内在的、自我激发的，而对这种动机具有催化作用的因素很多，主要包括自我效能感、归因倾向、成就动机、目标定向等。其次，要进行有意识的学习策略训练。拥有充足的认知策略并且能够熟练地运用这些策略是自主学习不可缺少的条件。最后，要积极进行员工职业生涯规划，形成有助于组织学习的氛围。如果组织能够营造出积极学习的氛围，主动地帮助员工进行职业生涯规划，使员工明确自己的奋斗目标，为其提供学习信息和条件，制定切实可行的实施步骤，那么员工在提高其学习自主性的同时，也会加强其对组织的承诺，加大工作投入。

4. 知识型员工与组织学习

与一般员工相比，知识型员工拥有良好的教育背景和智力资本，具备较强的学习和创新能力，能有效利用现代科学技术知识为企业更好地服务。因此，在知识经济时代，知识型员工是企业发展的重要资源。知识型员工通常具有较强的独立性、自我价值实现愿望和学习愿望，这有利于提高组织的学习能力，带动其他员工形成学习型组织的氛围，从而较好地将知识转化为生产力。同时，组织学习也可以激发知识型员工的学习热情，不断培育出新的知识型员工，提升组织员工的整体素质，推动组织的创新能力和知识资本的积累。因此，知识型员工与组织学习可以形成良性互动的关系。

企业可以通过以下途径来增强知识型员工与普通员工的良性互动、增进组织的学习能力：第一，要创造学习型组织文化，形成尊重知识与人才的氛围；第二，要发挥知识型员工在学习、创新方面的特长，充分授权，激发他们的成就动机和敢于迎接挑战的工作热情，使员工不断学习与其岗位相符的专业知识，从而在指导实践发展的同时不断发展、创新知识与能力；第三，要注意协调知识型员工与其他员工的关系，形成合理的人才激励机制，鼓励更多的员工通过组织学习向知识型员工发展，如成立学习型企业推进委员会，指导、督促企业各部门各项创建活动的开展，从而带动知识型员工更好地发展。

（二）学习型团队的建设

学习型团队的建设要从以下几个方面入手。

1. 授权

学习型团队工作就是要把责任授予团队，使团队在从事自己的工作时，不必时时事事向组织中的上一级领导汇报，这与严格控制的、专制式的管理大相径庭。团队必须有足够的权威和权力，就工作做出决策并确保各项工作能恰如其分地完成。因此，学习型团队工作是建立在信任和责任基础上的工作形式。心理学家早已指出，一旦人们被赋予了责任，他们就会更负责任。有时管理人员觉得，他们必须牢牢地控制组织或部门里的每一件事，不愿给团队和员工自主决定的权力。事实上，这样的团队是难以有效开展工作的。管理人员应做的是与团队成员充分探讨方向和目标，并给予团队人员足够的信任和支持。

2. 以任务为核心

学习型团队一般说来是以任务为核心的，它鼓励那些高效的、全面的工作行为，制裁那些低效率的、低质量的工作行为。它鼓励以任务为导向的相互交往，因此，那些帮助其他成员解决困难、为解决问题而与其他团队协商的行为受到肯定。团队规范规定了其成员的行为，在内容上，学习型团队规范特别倾向于以需要做的工作为核心，使成员的交往、信念和沟通成为确保团队出色完成任务的必要条件。

3. 营造平等、信任、注重交流的团队氛围

学习型团队强调共有的信息和整个团队在共同合作中达成共识。认为一个低层雇员“不需要了解”某些信息的团队管理人员，是不可能建设出一个出色的学习型团队的。在团队中应该强调每个成员都是重要的，无论他们在组织中的地位如何。平等而有效的交流能够消除等级障碍，培养团队成员的归属感和自豪感。

4. 实现团队中人与角色的和谐一致

在学习型团队中，一个人通常根据自己的优势（专业技术知识、个人特长等）扮演着不同角色，有可能同时扮演着两三种角色，并在团队中固定下来。但是，海耶斯（N. Hayes）提醒人们，这种角色方法的缺点在于，它把人们分成各种类型，忽视了人类行为的相互作用、相互影响的方面。如果在一个团队中，人们都在积极、高效地共同工作，那么人们承担的角色将取决于眼前任务的性质、任务所要求的技能以及团队中其他成员的情况。因而，最好将团队角色看成活动的类型，而不要把人看成生来就是担任某一角色的。

（三）学习型领导的培养

从领导理论的发展来看，传统的领导方式是：给员工指引明确的方向，带领组织一同工作，追求共同目标。然而，当团队有了明确的共同学习愿景、组织发展到较成熟的地步时，就可以自我引导，传统领导方式的效能就会打折扣。因此，彼得·圣吉指出，在学习型组织中，领导者扮演着三种角色：设计师、仆人和教师。

领导者作为设计师，就是要把组织设计成能帮助大家创造真心想要的结果的一个地方。领导者的设计任务包括：组织的政策、实现共同愿景的策略和组织学习的有机系统。设计是一项整合的工作，也就是说，设计者必须确认各个组成部分能互相搭配，从而发挥整体的功能。圣吉依据自己与多位领导者合作的实际经验指出，领导者的设计工作首先是培养共同愿景、价值观和最终目的或使命。而且在学习型组织的时代，领导者的角色发生了重大的改变，领导者的工作基本上是设计学习的过程，使组织中的所有人都能有效处理他们所面对的任务课题，并不断进行他们的学习修炼。

领导者作为仆人，是指领导者不但要发展共同愿景，更必须忠诚于愿景。领导者在其内心深处都应该拥有一个所谓的“使命故事”，也就是能清楚说明组织存在的理由以及组织要往何处去。彼得·圣吉认为，领导者对于组织的存在要比员工拥有“更深广的理由”。实际上，多数组织都不是被愿景引导的，主要的原因是一般主管或领导者在位3～5年，甚至更短，他们的精力也是着重放在升迁上。

领导者作为教师，指的是领导者要帮助组织成员看清楚组织发展的现状，找到焦点，并且促进每一个人学习。从系统思考的观点出发，圣吉认为：“领导者能够在四个层次上影响人们对真实情况的看法：事件、行为变化形态（趋势）、系统（整体）结构和使命故事。”圣吉认为当今许多组织的领导者大多把注意力放在事件这个层次上，所以大多数组织只是在做“反应”或者“顺应”的工作，很少有开创性的做法。圣吉强调学习型组织的领导者要兼顾上述四个层次，但是，注意力应放在使命故事以及系统结构上，并要教导组织中的所有人都这样做。

案例与应用

中信集团的 32 字中信风格

中国中信集团有限公司为中央金融企业，简称中信集团。2021 年《财富》世界 500 强企业榜单上，中信集团居第 115 位。中信集团作为中国对外开放的重要窗口，其组织文化是在中信事业的创始人荣毅仁老董事长亲自培育下形成的。荣毅仁老董事长在领导中信发展的十多年中，对于企业的发展方向、经营理念和员工行为规范等有过许多精辟的论述，亲自订立并大力倡导 32 字中信风格：“遵纪守法，作风正派；实事求是，开拓创新；谦虚谨慎，团结互助；勤勉奋发，雷厉风行。”后来这 32 字中信风格成为中信人的共同行为准则和精神风范。

作为国内最早实行负债经营的公司，中信集团把诚信作为其立身之本和经营哲学。中信集团要求在经营活动中自觉维护国家的荣誉、企业的信誉和法律的权威；讲信用、讲商誉、讲道德、讲规则，恪守承诺；与客户和合作者坦诚相待、诚实守信，对客户和合作者高度负责。中信集团坚信：以信交天下，以信取信，受之以信，付之以信，得之以信。荣毅仁同志作为中国现代民族工商业者的杰出代表，始终坚守“戒欺”的荣氏家训，在创办中信集团后明确提出：“信誉是公司的生命，要把诚信作为对待客户的原则和员工工作的基本准则，做到坦诚相待，重信誉、守合同；在经营活动中要投资而绝不能搞投机，要讲有利可图，但不要不择手段、唯利是图；要依法经营，维护国家的尊严和利益，维护中信的信誉，维护自己的人格；要提倡与市场经济和现代治理相适应的规则意识和契约精神，使诚信升华为对客户的承诺和对员工的保障。”

即使在最困难的时候，中信集团也从未拖延过任何一笔债务的偿还。2008 年，在国际金融危机影响下，中信泰富因澳元期货合约形成巨额潜在亏损，作为中信泰富的非控股股东，中信集团并没有纠缠于责任界定，而是切实履行集团作为境内负责处置中信泰富风险第一责任主体的责任，果断采取向中信泰富注资和承接澳元期货合约等一揽子解决方案，在有效化解这一重大危机事件后，重塑了市场对中信泰富的信心。在面对危机时以诚信的态度应对突发问题的表现，进一步提升了中信集团的信誉，充分体现了其对自身信誉和诚信的重视。

分析思考：

1. 组织的领导者对于组织文化的形成起到的作用是什么？
2. 组织应当如何践行其组织文化？

基本概念

组织文化　组织文化因素理论　组织文化特质理论
文化智力　权力距离　学习型组织
个体学习

本章要点

1. 组织文化是组织在长期实践中形成的并得到成员普遍认可和遵循的价值观念及行为方式的总和。组织文化的积极功能有导向功能、凝聚功能、激励功能、约束功能、辐射功能；组织文化的消极功能有削弱个体的创造性、阻碍组织变革、阻碍组织合并。

2. 组织文化因素理论（迪尔和肯尼迪）把西方组织文化分为四种类型，即强人文化、“拼命干、尽情玩”文化、攻坚文化、过程文化。企业具有何种类型的文化取决于两个因素：一是企业经营活动的风险程度；二是企业及其雇员工作绩效的反馈程度。事实上，在实践中，企业的文化不一定恰好符合这些文化中的一种，而是四种文化类型的混合。

3. 组织文化特质理论（柯林斯）认为所有的公司都有一种文化，有些公司训练有素，但是有着训练有素的文化的公司却很少见。拥有训练有素的员工时，你不必在公司设置等级制度。拥有训练有素的思想时，你不需要在公司设置层层科室。拥有训练有素的行为时，你不需要过多的控制。把训练有素的文化和企业家的职业道德融合在一起时，你就得到了神奇的能创造卓越业绩的炼金术。

4. 文化差异理论（霍夫斯泰德）认为，民族文化的四个维度，即权力距离、不确定性规避、个人主义-集体主义、阳刚-阴柔，对于管理中的领导方式、组织结构和激励内容，会产生巨大影响。

5. 丹尼森的组织文化理论认为有四种文化特质，即应变能力、愿景及目标、一致性和员工参与。其中，每种文化特质对应三个子维度：应变能力包含的子维度有关注客户、创造改变、组织学习；愿景及目标包含的子维度有战略方向、目标、愿景；一致性包含的子维度有核心价值观、同意、协调和整合；员工参与包含的子维度有授权、团队导向、能力发展。

6. 组织文化的分析方法有人种学描述法、区域从属法、直接价值观推断法、间接价值观推断法。克拉克洪-斯托特柏克模型包括六个维度：与环境的关系、时间取向、人的本质、活动取向、责任中心、空间概念；霍夫斯泰德的模型包含四个维度：权力距离、个人主义-集体主义、不确定性规避、阳刚-阴柔。

7. 学习型组织是善于创造、获取和传播知识，并以新知识、新见解为指导，勇于修正自己行为的一种组织。沃尔纳的五阶段模型认为，组织学习行动的发展一般要经历五个阶段：无意识学习阶段、消费性学习阶段、有意识的学习阶段、系统化学习阶段、完全融合阶段。瑞定的第四种模型认为，组织学习行动的发展要经历“持续准备—不断计划—即兴推行—行动学习”四个阶段，这四个阶段是密切联系、环环相扣的关系。圣吉认为组织应该进行以下五个方面的修炼：实现自我超越、改善心智模式、建立共同愿景、开展团体学习、进行系统思考。学习型团队的建设要从以下几个方面入手：授权，以任务为核心，营造平等、信任、注重交流的团队氛围，实现团队中人与角色的和谐一致。

复习思考题

1. 什么是组织和组织文化？
2. 组织文化的功能有哪些？
3. 简述组织文化相关理论。
4. 什么是学习型组织？学习型组织如何构建？

推荐阅读

1. 罗宾斯，贾奇．组织行为学：第18版．北京：中国人民大学出版社，2021.
2. 迪尔，肯尼迪．新企业文化．北京：中国人民大学出版社，2015.
3. 王重鸣．中国企业组织变革与文化融合策略．北京：科学出版社，2021.

第十三章

组织变革与发展

【学习目标】

1. 了解组织变革与发展的含义。
2. 理解组织变革的动因。
3. 理解组织变革阻力的来源和消除组织变革阻力的方法。
4. 了解组织变革和发展的干预措施。
5. 理解组织变革和发展的过程。

第一节　组织变革概述

马克思主义哲学指出，唯一不变的是变化。当今社会更是充满了快速的变化，新技术、新产品、新的商业模式层出不穷。面对不断变化的环境，组织要想更好地生存和发展，自身也必须不断地进行有效的变革。

一、组织变革的含义

组织变革（organizational change）是指运用行为科学和相关管理方法，对组织的权力结构、组织规模、沟通渠道、角色设定、组织与其他组织之间的关系，组织成员的观念、态度和行为以及成员之间的合作精神等进行有目的的、系统的调整和革新，以适应组织所处的内外环境、技术特征和组织任务等方面的变化，提高组织效能的活动。它是一个以适应环境、提高组织效能为目的的动态过程。市场的瞬息万变、竞争对手的发展、客户需求的变化、技术的更新换代等诸多因素都是迫使组织做出变革的外部因素。事实上，组织不仅面临着外在环境的压力，组织内部也存在着很多影响组织发展的因素，例如沟通渠道阻塞、决策迟缓、分配机制不合理、员工创新精神不足等，这些因素都不同程度地刺激着组织实施变革。

研究表明，组织变革体现了组织维持日常运作、推进自身调整和应对未来不确定性的综合平衡能力，会显著影响组织的绩效。在当今日益复杂多变的经营环境中，变革在组织的生存与发展中起着至关重要的作用。

二、组织变革的动因

美国管理学专家汤姆·彼得斯（Tom Peters）把推动企业组织进行变革的因素总结为“企业变革十要素”。这十要素分别为：前所未有的不确定性；市场细分化；时间；质量、设计与服务；大公司行为；组织结构；规模经济作用的弱化；协作网络；国际化；工作内容丰富化。斯蒂芬·罗宾斯（Stephen P. Robbins）则将能够激发组织变革的因素总结为劳动力的性质、技术、经济冲击、竞争、社会趋势和世界政治。

我们可以将组织变革的动因分为外部动因和内部动因。

（一）外部动因

1. 技术因素

计算机的发明极大提高了人类精确运算的能力和速度，这就允许组织仅用少量的人员就可以胜任过去大量的工作，从而减少雇员数量、降低组织的人力资源成本。此外，信息化的普及使管理者的管理幅度变大，为组织结构的扁平化提供了可能。

特别值得关注的是近几年关于数字化转型的讨论。随着互联网与数字经济的不断发展，国内涌现出一批数字化转型的成功企业，如长安新能源汽车公司通过搭建数字化研发体系，对研发机构进行渐进式结构型变革，成功实现扁平化、分散化，形成了面向市场与客户的、高效的“一横双纵”研发组织结构。安家骥等（2022）在组织变革视角下挖掘了制造业企业数字化转型的典型模式与路径，认为制造业企业的数字化转型可以有效提升劳动力、技术、管理等要素的配置效率，激发企业创新活力、发展潜力与转型动力，从而加快创新与研发流程的变革，进而推动企业布局的战略性、结构性、以人为中心的变革。

2. 宏观经济因素

2008 年金融危机引发了世界经济的持续低迷，企业在这样的经济大环境下要想获得生存和发展，就必须采取更为有效的管理措施，例如开拓新的领域、实施新的市场策略、引进新的技术和管理方法、压缩企业用工成本等。只有主动变革，才能应对宏观经济环境低迷带来的挑战。

3. 社会发展因素

中国人口老龄化时代的到来引发了劳动力不足的问题，但也为养老、护理、保健等行业的发展带来了机遇。相关企业要想抓住商机，就需要快速变革、迅速响应市场。人们个性化需求的日益增长使得规模经济作用弱化，那些能够提供个性化产品和服务的企业则迎来了更大的发展机遇。随着高等教育的普及，知识型员工的比例大幅提高，80 后、90 后甚至 00 后员工已成为劳动力市场的主力军。如何吸引和激励知识型、年轻化的员工已成为组织必须面对的挑战。

4. 外部竞争

经济全球化使得企业面临着来自全世界的竞争者，那种闭门造车或“酒香不怕巷子深”的时代已经一去不复返，组织不管自身是否愿意，都将置身于越来越充分的市场竞争之中。收购、兼并、重组、借壳上市甚至破产倒闭已经成为企业发展的常态，拒绝变革意味着企业将失去变革甚至是生存的机会。

5. 管理理论与实践的发展

管理理论与实践都在不断地发展变化，企业只有采用更为先进科学的管理理论来指导发展，在主动变革时充分借鉴其他组织成功的实践经验，才能够跟上时代潮流并为自身获取更大的优势。

除了上述外部动因，张婧和段艳玲在对市场导向的组织变革的动力机制进行研究时发现，制度环境的压力驱动了企业家的变革意识和变革行为，这些压力包括战略联盟、体系认证、标杆管理、竞争压力等。刘洪指出，当组织环境的不确定性、快速变化性已经成为既定的条件时，组织所应做的不是规避而是适应。因此，将组织建设成为复杂适应系统将是未来组织变革的目标。

（二）内部动因

马克思主义基本原理告诉我们，外因要通过内因起作用。如果一个组织的战略决策总是正确的，各个部门都能够良好地运转，员工各司其职，这个组织自然可以获得良好的发展。不幸的是，我们的组织总有这样或者那样的局限性。当组织内部出现以下问题时，我们就需要考虑对组织进行变革：

（1）决策失灵。组织常常不能做出正确的决策，或者做决策的过程太长，以至于错过机会。

（2）沟通不畅。组织内部的上下级或平级之间不能进行顺利、有效的信息沟通，工作协调出现问题，不能顺利完成任务或者经常出现责任推脱、人员纠纷。

（3）机能失效。组织的主要机能（比如指挥、协调、控制、反馈等）不能起到真正的作用，无法保证组织目标的实现。

（4）缺乏创新。组织墨守成规，氛围沉闷，难以产生新的观念、制度或方法，对于出现的新变化，组织不能够随机应变，从而妨碍了目标的达成。

在内部动因中，我们不应忽视员工的心理特征与组织文化、管理模式的匹配情况。如果有一定数量的员工，他们的价值观、工作态度、个人期望与组织的文化、管控模式存在矛盾冲突，那就有可能要对组织做相应的变革。员工心理与组织管理不相适应主要有以下几种表现：

（1）组织成员希望在工作中被公平对待，但很多组织等级严格、地位差别明显，权力距离大，组织成员有不公平感。

（2）组织成员的工作动机日益多样化，他们既关注工作所能为自己带来的物质奖励，也期望工作能够给自己带来参与感、控制感和成就感，但组织仍然只靠简单的奖惩手段来管理员工。

（3）组织成员有强烈的交往需要，希望能够从组织中获得友谊、信任、真诚等情感，但组织只注重任务是否完成，而忽视对员工交往需要的满足。

（4）组织成员希望管理者能够更及时地给予奖励，但是组织的奖惩、晋升都具有很强的延后性，起不到应有的激励作用。

（5）组织成员希望在工作中能有个人发展的机会，但组织所采取的晋升制度不利于其成员在职务上获得晋升或者在能力上获得提高。

（6）随着能力和业绩的提高，组织成员希望主管能够采用新的、更以人为本的管理方式，但管理者却习惯于旧有的制度和方法。

总之，无论是外部环境的压力、组织内部运作效能的降低，还是员工的心理和行为变化与组织管理模式产生的不协调，都是组织变革的动因。组织变革既要致力于实现组织与外部环境的适应、内部运作有序高效，同时也要考虑组织的管理方式与组织成员的心理、行为方式的匹配和协调。

管理视野

三星的组织变革

20 世纪 90 年代，伴随着三星经营业务的快速拓展，各类非相关性多元化的业务过多，公司呈现出“大企业病”，即运作效率不高，企业的经营业绩重视数量、轻视质量。李健熙在上任伊始就看到了三星在经营管理上存在的种种问题，包括安于现状、骄傲自满、思想守旧、盲目跟随等。此外，企业面临的外部环境也发生了重大的变化，产业的国际竞争日益加剧。

1993 年，李健熙发动了三星历史上前所未有的变革运动——新经营。他接连推出了一系列措施来推进这一变革。

第一，在变革思想观念方面，倡导建立健全的危机意识。为此，李健熙先后举行了三次产品对比会，当场一个个拆解三星和竞争对手的产品，向高管明示三星与世界最高水平的差距。

第二，在变革目标方面，明确三星的目标是全球超一流企业。

第三，在变革的口号方面，李健熙提出的“除了老婆孩子，其他都要换掉!”这句口号后来成为三星变革的标志和世界性名言。

第四，在变革的信号方面，三星改变了上下班时间。为了唤起员工的变化意识，三星的高层决定从改变员工上下班时间入手。把原来的朝八晚五的作息时间，改成了朝七晚四。它向 20 多万员工发出了一个改革的信号，告诫全体员工改革不是某些人的事，而是与每位员工息息相关的事。

第五，在变革步骤方面，李健熙首先要求所有高管“从现在开始，从我开始变化!”为此，李健熙派出秘书室大部分人员前往各分公司了解其集团内多达 1 800 多名高级管理人员对变革的态度和看法。

第六，在变革组织结构方面，重组了最高权力结构。李健熙调整了原来以秘书室为核心的决策模式，设立了一个新的机构——结构调整本部（后改为战略规划办公室），形成了一个由会长、战略规划办公室、总裁团三者组成的高层铁三角决策模式。

第七，提出建立符合时代精神的企业文化。李健熙明确将人性美、道德性、礼仪、礼节作为三星的“宪法”，使之凌驾于一切之上，并要求每个员工必须遵守和执行。

时至今日，三星依然是国际最著名的企业之一。

第二节　组织变革的阻力及消除策略

当前，组织所面临的环境正在发生急剧的变化，企业要想获得更好的生存与发展，就必须不失时机地推动自身进行组织变革，以适应不断变化的内外环境。然而，变革往往意味着破坏与打破传统。这一特性使得变革产生了不同程度的风险性。组织内员工对变革接受与否，组织变革的方向是否适应不断变化的外部环境等，都直接影响着企业变革的成败。正是由于组织变革所具备的破坏性和风险性，组织变革总会招致来自组织内外各方面的阻力。

一、组织变革的阻力

有经验的变革实施者都知道，在面临现状改变的压力时，个体和组织都会努力地维持现状而抵制变革。组织变革的阻力表现形式多种多样，既可以是公开的，也可以是潜在的，既可能在当前就体现出来，也可能会延后出现。公开和直接的阻力虽然看起来更为激烈，但由于比较容易判断得出个体和组织抵触变革的原因，反而最容易处理。在变革中更需要慎重对待的是潜在的和延后的阻力。潜在阻力的表现形式相对于公开的阻力而言更为隐晦、更难以识别，比如员工因“病”请假率上升、工作失误增加、积极性降低等，同样，延后阻力使得变革实施者难以确认阻力和对应的阻力源之间的联系。然而，延后阻力在组织变革中经常出现，且往往是对以往变革的累积反应。

下面我们从个人和组织两个层面来分析组织变革可能会遇到的阻力。

（一）个人层面的阻力

1. 选择性信息加工

我们知道，个体的知觉具有恒常性的特点，人们总是倾向于知觉那些与他们价值观相似的信息，而忽视那些他们不同意的信息和观点。而且一旦建立了对事物的理解，他们轻易不会改变自己的既有认知。

2. 习惯

个体常常以其惯常的方式来处理自己的工作。习惯的存在对于个体适应世界具有重要的意义，而且可能跟安全感和满意感之间存在很重要的联系。个体采用自己习惯的方法来处理问题可能并不意味着在有意地抵制变革，也可能是技术原因或路径依赖导致在改变自己的行为方式上存在困难。

3. 对已有资源、利益或权力的威胁

一方面，变革常常会给组织成员带来不安全感。例如，公司的技术革新往往伴随着用工数量的减少，这必然会引发员工的担忧而反对变革。另一方面，组织变革经常会涉及权力和资源的重新分配，此时，已经掌握较多权力和资源的个体，可能会担心自己的权力和资源受到损失而抵制变革。例如，尽管请员工参与管理可以增加一般员工的参与感，但可能会被管理者认为这是在削减他们的权力而拒绝执行。

4. 害怕未知

变革的过程中必然会出现很多未知的或难以预测的情况，而个体由于对控制感的需要会对变革产生抵触情绪。例如公司所采用的新技术要求员工必须进行重新学习，有些员工可能会担心他们不能掌握新的知识或者技术而不能胜任工作，这时候他们可能就会反对变革。

5. 个性

组织成员的个性也会影响到对待变革的态度。以高教条主义和高依赖性的员工为例：高度教条的员工一般是较为封闭的，他们更有可能会抵制变革；而高依赖性的个体可能会因为缺乏自信而抗拒变革，直到他们感觉到他们信赖的人已经认可了这种变革。

研究发现，变革公平和员工的心理授权水平也会影响到员工对变革、组织以及工作的反应。张婕等的研究发现，当变革内容给员工带来的不确定性高，并且员工感知到的过程公平性低时，员工对变革的反应更为负面。高静美和陈甫的研究发现，在变革管理过程中，高层管理者不再是企业战略问题的唯一主体，中层管理者能否做出“战略性贡献”是变革成功与否的另一重要维度。

（二）组织层面的阻力

组织常常是保守取向的，它们常消极地抵制变革。组织层面的阻力主要有如下几种。

1. 结构惯性

为了使组织正常稳定地运行，组织需要有一个相对固定的机制。这个机制包括角色的分配、工作的程序和方法、信息沟通模式等。由于采用熟悉的方式去完成任务时人们更为熟练顺手，而启用陌生的方式会给任务的执行带来不便或效率降低，所以变革常常会遭到组织的抵制。另外，组织中的大多数员工都已经适应了当前的组织结构和惯常做法，当组织面临变革时，这种结构惯性就会成为维持现状、抵制变革的力量。

2. 群体压力

身在组织中的个体常常会受到群体压力的影响，有些个体即使想改变自己的行为、接受组织变革的要求，但由于受到周围群体成员施加的从众压力，也很可能会同其他人一样做出抵制变革的行为。

3. 有限的变革点

组织是一个有机的整体，人员、组织结构、技术、管理制度等要素是相互联系的。针对某个对象的变革必然会对其他因素产生影响，所以必须要用系统的观点来考量组织变革，如果只考虑某一子系统的变革，则变革可能会因为更高一层系统的问题而变得无效。例如，只变更组织结构而不对相关的人员进行配套的培训，也不对管理制度进行相应的变更，组织结构的变革就不会成功。

4. 资源限制

组织变革不是一蹴而就的，变革的实现往往需要一定的时间和足够的资源支持。做出变革的决策是不难的，难点在于组织何时实施变革，以及是否有足够的资源支撑变革。常常有组织因为资源的限制而不得不放弃最初的变革。例如，某航空公司想与另一家航空公司在某些短途航线上展开竞争，然而因为缺少相应的资源（飞机、地勤人员和终端设备），尽管做了很多努力，但最终不得不放弃这一企划。另外，资源限制并不仅仅存在于那些没有足够资产的组织之中，资本配置也会影响变革的实现。如资本集中的组织，尤其是固定资本比例较高的企业，通常因为不足以承受变革所需的高昂的即时代价，而拒绝变革。

5. 组织文化

组织文化在组织变革中的作用经常被忽视，在管理实践中，它经常会成为组织变革的一个强大阻力。有些组织在长期的发展中形成了追求稳定、安逸的保守型文化，一旦有革新和变化出现，既有的文化会本能地对其进行排斥和抵制。此外，组织文化是组织在长期适应外部环境、解决内部问题的过程中形成的，组织文化的核心元素（包括组织愿景、价值观念、行为准则等）与迅速变化的外部环境不能匹配时，文化本身的惰性与劣根性也会成为组织变革的根本障碍。如谢守祥等（2018）认为，组织文化一旦不能应对组织所处内外部环境的根本变化，就会演变成某种病态的组织文化，严重阻碍组织的发展与变革。

管理视野

变革支持测量问卷

进行组织变革时应该要对组织内变革的支持和反对水平有一个相对客观的了解。下面设计的问卷可以帮助你理解组织内支持变革和反对变革的固有水平。它从组织的价值观和愿景、变革历史、合作和信任、文化、弹性、惩罚和奖励、尊重和地位、现状 8 个维度（依次对应第 1～8 题）来考量组织变革中存在的阻力和支持。分数 1，2，3 是低分；4，5 是中等分数；6，7 是高分。通常较低的分数可能表示变革的阻力。

指导语：请根据你当前工作的或曾经工作过的组织，对每道题进行 1～7 分评价，1 表示一点都不符合，7 表示完全符合，1～7 中间的数字表示不同的符合程度。

1. 人们通过组织共享价值观或愿景。
2. 组织在以往的变革中有好的记录。
3. 整个组织中有许多合作和信任（反面是敌意）。
4. 组织文化支持冒险（反面是高度官僚和规则）。
5. 你能够处理变革（反面是在最近的没有解决的变革中感到筋疲力尽）。
6. 组织奖励参与组织变革的人（反面是微妙地惩罚那些干其他工作的人）。
7. 当实施变革时人们能够保持尊重和地位。
8. 变革是温和的。

二、消除变革阻力的策略

一个组织的变革，如果得不到大多数组织成员的支持就很难确保成功。因此，争取到尽可能多的成员支持和参与，是组织变革顺利进行并取得成效的前提。科特等发表于《哈佛商业评论》的《选择变革的策略》一文为变革推动者提出了六条有助于消除变革抗拒的建议。

（一）教育和沟通

产生变革阻力的重要原因之一在于信息的失真或者沟通不良，组织成员如果能够了解全部的事实并且消除沟通误解，那么阻力就会减少。因此，在变革之前，要通过各种可能的形式或渠道与员工充分沟通，帮助员工全面了解即将开始的变革，为变革做充足的准备。具体包括采用各种会议、报告、小组讨论、个别交谈等沟通方法。

（二）促进员工参与

个体如果参与了变革的决策过程，就很难再去反对这项变革。通过让有较好专业知识和业务能力的组织成员（特别是反对变革的组织成员）参与设计变革和执行变革，不仅可以减少他们的阻力、获得承诺，还能够为决策制定获得有价值的观点，提高变革决策的质量。

（三）促进与支持

变革中的各种不确定性往往会给组织成员带来焦虑，这时给予员工适当支持会有助于减轻或消除员工的抵制。支持形式可以包括：提供新技术的培训，认真倾听反对者的声音，提供心理咨询和治疗，处理员工在变革过程中所关注的重要问题，等等。但是这种策略比较耗时，花费的成本也经常比较大。

（四）协商与谈判

这种策略是指用有价值的东西来换取阻力的降低。在变革的阻力非常大，而且前三种策略都失效的情况下，谈判就是一种常用的策略。例如，当变革的阻力集中在个别几个有影响力的人身上时，组织可以通过给予他们一些额外的补偿来满足他们的需要，以此来消除他们的阻力。这种方法在应对因变革而利益受损的一些人时常被用到，但是潜在的成本高。采用这种方法时，变革推动者尤其应该注意，对某些个体做出让步，可能会引起其他个体的勒索。

（五）操纵和收买

操纵涉及隐含的影响力。比如公司的管理者通过不削减工资就裁员来威胁员工，以达到削减员工工资的目的，而实际公司的状况并不至于这样，这是一种典型的操纵。其他诸如运用歪曲事实、封锁不利消息、制造谣言等手段来达到预期目的的都属于操纵。

收买是指通过让反对群体中占有重要位置的个体在变革中承担一定的角色来消除变革阻力。采用操纵和收买的策略，主要是为了取得反对者不抵制变革的允诺。这种办法成本较低、效果快，但存在一定风险。如果这种策略被组织成员识破，变革会变得更加困难，而且变革推动者的名誉也会受到不良影响。

（六）强制

强制，即直接对抵制变革的组织成员施加压力和威胁，例如，如果不支持变革将面临惩罚性措施甚至被组织开除。强制措施虽然快速且成本低，但是容易引发员工产生不良的感觉并敌视变革者，过于激烈时还可能会引起员工的反抗。

除了上述消除变革阻力的建议，陈景秋等还就个性对变革的影响进行了探讨，并对人力资源管理者提出了建议。他指出，在招聘环节，可以通过心理测评，选拔具有积极变革倾向性的应聘者；基于人事测评结果，将不同变革倾向的员工安置在不同变革需求的岗位上；在培训环节，可通过积极心理学的训练，提升员工的积极自我概念和心理弹性；可通过一些拓展训练和变革的模拟练习，在实践中磨炼员工的风险耐受性。另外，针对个别抵制性强的员工，可以进行一些发散性的思维培训（如学习如何打破常规和突破僵化思维），以使他们学习从不同角度看待新异事物并接受变革。

第三节　组织变革的实施

一、组织变革的类型

按照不同的标准，我们可以将组织变革划分成不同的类型。

（一）人员变革、组织结构变革、技术变革、管理制度变革和物理环境变革

按照变革的对象，我们可以将变革划分为人员变革、组织结构变革、技术变革、管理制度变革和物理环境变革。

人员变革是指针对员工的态度、观念、期望、行为和技能进行的变革，如对员工进行新技能的培训。组织结构变革主要是指对组织内部的权力关系、协调机制以及其他结构变量的变革，如拟上市的公司成立"公司上市办公室"，建立规范的股东大会、董事会、监事会。技术变革包括对设备、工作流程及方法等的调整，如采用更先进的生产技术来替代现有设备，或将原来需要五步的流程缩减成三步。在数字经济蓬勃发展的背景下，安家骥等（2022）总结了制造业企业数字化转型的典型模式，认为制造业企业数字化转型可以通过研发部门的结构型变革、生产销售的流程主导变革等路径来实现。

管理制度变革是指对组织管理理念和管理方法的改变，如一家公司用目标和关键结果（OKR）绩效管理模式替代原来的关键绩效指标（KPI）考核办法。

物理环境变革则是对工作场所的位置和布局的改变，如拆除流行的隔板间设计，而转变为透明、开放的办公环境等。

（二）适应性变革、创新性变革和激进性变革

按照变革的不确定性和激烈程度可以将变革划分为适应性变革、创新性变革和激进性变革。

适应性变革复杂性较低，确定性较高。它一般指引入已经在某种程度上得到实践检验的成熟管理方法或模式，对员工的影响较少，潜在的阻力较小，因而管理者对这种变革的成功推行也具有较高的把握。

创新性变革往往具有较高的复杂性和不确定性，且对员工的影响较大。例如，变革实施者引入全新的管理实践，将八小时工作制改成弹性工作制，然而弹性工作制对一些工作效率不高的员工可能意味着要比平时付出更多的时间，因而很可能会存在比较大的阻力。

激进性变革的复杂性和不确定性非常高，一般是指实行大规模、高强度的变革和管理实践。组织除非已经面临“不变则亡”的绝境，一般不愿意实行这类变革，因为这类变革通常意味着要付出巨大的代价。例如，有些公司为了转型不得不舍掉一些自身很熟悉的、仍在赚钱的业务板块。

不难理解的是，不同类型的变革会产生不同的影响。如朱苏丽等（2022）从创造力交互理论出发，以中国企业研发岗位员工为研究样本，探讨了不同组织变革情境下组织多层面因素在员工高创造力产生过程中的差异机制，发现了两种组织变革情境下会产生三种激发员工创造力的路径模式，即激进性变革情境下的激情驱动模式和领导驱动模式，以及渐进性变革情境下的类亲情驱动模式。

（三）无计划的变革和有计划的变革

根据变革的计划性可以将变革划分为无计划的变革和有计划的变革。

无计划的变革是指当事情发生后才实施变革。例如由于员工们强烈不满，以离职相威胁，公司才开始执行完整的“五险一金”制度。

有计划的变革是指有目的、有计划的变革活动，它常常以提高组织适应环境能力和改变员工行为为目标。有计划的变革需要对组织变革的需求进行诊断，从战略、环境和组织三个层面来考虑变革需要涉及的因素，并且要设置特定的目标，制定全面详细的变革方案。例如一家汽车公司引进了一套价值昂贵的自动化设备，并将它应用于生产部门，考虑到可能会面临的抵制，提前设计出一套计划方案来打消员工的顾虑，并培训他们熟悉这套先进的自动化设备。

二、组织变革的过程

组织变革的实施不是一蹴而就的，它往往是一个相对漫长的过程，这个过程经常要持续几年甚至十几年。了解组织变革的过程对于变革者顺利推动和实施变革有重要的意义。这里我们主要介绍三步骤模型、有计划的变革整合模型。

（一）三步骤模型

要了解三步骤模型，首先需要了解勒温对组织的力场分析。勒温认为组织内部一直存在着各种力量的斗争，而组织现状可以被视为组织内部力量的一种平衡状态。组织变革就是打破这种平衡状态，向新的平衡状态转化的过程。在转化的过程中，组织变革的推动力和抵制力相互斗争，使组织当前的平衡状态发生变化，变革者促使这种变化向预期的平衡状态发展。在这里，变革的推动力和抵制力既包括组织外部的，也包括组织内部的。其过程可以用图 13－1 表示。

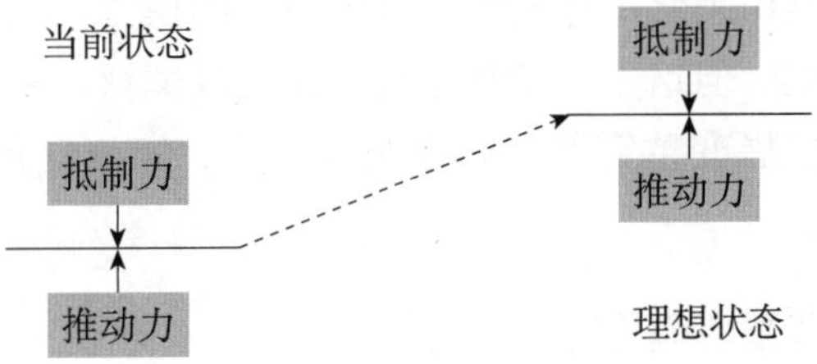

图 13－1　力场分析模型

了解了勒温的力场分析模型后，我们再来看他在此基础上对组织变革的阐释。勒温将组织变革划分成解冻、变革、再冻结三个步骤（见图 13－2），用来解释和指导变革推动者应该如何发动变革以及如何管理变革。这套模型重点强调企业应如何处理变革阻力和动力的关系，其目标是对组织变革的动力和阻力进行有效的管理，尽可能地化解变革阻力，并将其转化为动力，实现组织变革。

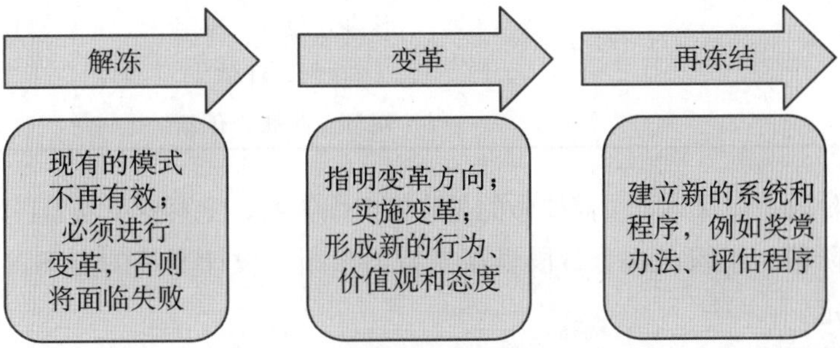

图 13－2　勒温的三步骤模型

（1）解冻（unfreezing）。解冻是组织变革的第一步。因为组织当前是一种平衡状态，要打破这种平衡状态就必须增加正向推动的力量，减少抵制。在这一步中常用的做法是让员工认识到变革需要，让员工感受到如果不进行变革，组织将会处于更加不利的处境中。此外，应该创造开放的氛围，降低组织成员的不安全感，提高组织成员对变革成功的信心。

（2）变革（changing）。推动新变革是勒温变革模型中的第二步。该步骤希望将个人、部门或者组织的行为提升到一个新的水平。这个过程涉及系统中的干预，经常通过组织结构与过程的变革、以人力资源为基础的组织变革与组织发展等技术来达到形成新的行为、价值观和态度的目的。这一步骤是一个实际改变的过程，要经由组织成员的认同和内化来实现。

（3）再冻结（refreezing）。这是勒温变革模型中的最后一个步骤。在这个步骤中，变革实施者需要利用必要的强化手段使新的态度和行为固定，将组织稳定在一个新的平衡状态上。如果不经历再冻结这一过程，组织会很容易恢复到它在变革以前的行为模式。对组织的再冻结，可以强化其达到新的均衡状态。这个过程经常是通过建立新的系统和程序来维持所推动的变革，例如采用新的组织结构、薪酬制度和评估程序。王炳成提出，在再冻结阶段，可以通过使用强制推行、仪式口号强化和物质象征等办法来使变革的行为得到保证。

勒温的三步骤模型是组织变革理论中最具影响力的模型，它为变革推动者理解组织变革提供了一个总的框架。但这三个步骤相对来说比较宽泛，利皮特将变革模型加以扩大，将变革过程总结为发展变革需要、确定变革关系、实施变革措施、维持稳定变革、结束协助关系五个阶段。

（二）有计划的变革整合模型

布洛克（Bullock）和巴藤（Batten）于1989年提出的有计划的变革整合模型（integrative model of planned change）是组织变革过程理论中另一个比较有影响力的模型。他们将有计划的变革划分成探索、计划、行动和整合四个阶段，如表13-1所示。

表13-1　有计划的变革整合模型

阶段	任务
探索阶段	收集组织资料，觉察变革需要，订立合同
计划阶段	诊断，设计，决定
行动阶段	执行，评估
整合阶段	巩固，扩张，创新

（1）探索阶段。在探索阶段需要做的是收集组织资料，觉察变革需要，以及订立合同。

（2）计划阶段。组织在这个阶段里需要做出诊断，设计变革的方案，并且做出如何实施变革的决定。

（3）行动阶段。组织在这个阶段要执行变革并对变革进行评估。

（4）整合阶段。此阶段要对变革的结果进行巩固、扩张和创新。

在这里需要强调，每个阶段中组织需要完成的各项任务之间既相互独立又紧密联系、互相影响。

有计划的变革整合模型的一个重要价值在于，它通过不同的阶段把连续的过程分解开来，使之成为一个完整而有计划的变革模型，让我们对组织变革的过程形成了更清晰的理解。

在探索阶段，一个组织必须探索并决定它是否要在组织中进行特定的变革以及如何变革，如果进行变革，是否为规划变革而调拨资源。这个阶段所包括的过程是了解变革的需要，寻找外部（通常是顾问）的支持来帮助规划和实施这些变革，并且和顾问签订合同来明确双方的责任。当组织和顾问签订了合同之后，就需要开始了解组织的问题和关注点。如为正确地诊断组织而收集信息，建立变革的目标并设计适当的步骤来达到这些目标，规劝主要的决策制定者同意并支持所计划的变革。随后，组织从原先制定的计划出发来实施变革。如利用恰当的安排来管理变革过程以及为了采取行动而寻求支持，评价实施的行动和反馈的结果并做出必要的调整。最后要通过奖励和反馈系统强化新的行为，逐渐减少对顾问的依赖，把变革的成功方面融入组织，使之成为组织日常运营中的一个部分。同时还要培训管理者和员工，使他们自行监督这些变革并且改进这些变革。

然而，如果简单地将西方文化背景下产生与完善的组织变革模型移植到国内，直接用以解释或指导中国的组织变革实践，可能导致认知误区和逻辑矛盾，建立具备中国特色的组织变革模型迫在眉睫。考虑到国内变革准备研究尚处于探索阶段，邓今朝等（2019）采用扎根理论方法，对22家企业的29名管理人员进行了深度访谈，按照三级编码程序对中国背景下的组织变革准备结构进行探索。研究发现：组织变革准备包括认知、情感和能力准备三个维度，认知准备是基础，对情感和能力准备有直接影响；情感准备可以强化认知和能力准备；而能力准备既可能受到认知和情感准备的影响，也可能独立存在。王凤彬等（2018）将组织变革情境、过程与内容相关联，聚焦研究特定情境下组织变革过程中涉及的基本内容及其发生的先后顺序与逻辑关系，形成了对有关组织变革"内容·过程·情境"整合的动态演化过程机制的认识。他们基于海尔和IBM双案例跨时期的比较分析，抽象出组织变革过程中由情境、观念、模式、制度和人性五阶段要素构成的闭合螺旋式动态演化系统，并将变革进程规律归纳为生与克关系交织并组合而成的化与制循环效应。

三、组织变革的措施

组织变革的具体干预措施有很多种，这里我们主要介绍与心理学联系较为紧密的几种干预措施。

（一）敏感性训练

敏感性训练（sensitivity training）是现代组织变革手段中最早使用的方法，尽管对这种方法的有效性存在争议，但仍然有非常多的企业在使用这种方法。

敏感性训练是美国行为科学家布拉德福德（Leland Bradford）等人首创的一种训练方法，也称T小组（训练小组）、实验室训练或者交朋友小组。在这个自由开放的环境中，个体主要通过自己的观察和参与来进行学习，专业人员在活动过程中不担任领导角色，仅对小组成员稍加引导。它的目的是通过共同学习环境中的相互影响，提高受训者对自己的情感和情绪、自己在组织中所扮演的角色、自己同别人的相互影响关系的敏感性，提高倾听技能与对他人的移情能力，增强对个体差异的承受能力，改进冲突处理技巧，进而提高工作效率并满足个人需求。敏感性训练可以有效提高个体对于组织变革的接受度与应对技巧。

（二）过程咨询

任何一个组织在运行中都会存在问题，管理者也经常会发现组织绩效还可以进一步提升，但往往不知道要改进哪些方面以及如何改进，这个时候管理者就可以通过过程咨询来实现变革。过程咨询（process consultation）是指借助专业咨询顾问的力量，通过一系列的咨询活动，来帮助组织成员提高自身的领导能力、决策能力、沟通能力、人际关系处理能力、角色扮演能力，从而更好地完成组织的任务。过程咨询和敏感性训练的假设相近，即通过协调人际关系和重视参与来提高组织的有效性。但与敏感性训练相比，过程咨询是一种任务导向更明显的方法，过程方面的顾问能够有效地帮助诊断并解决现代组织在变革方面所面临的许多问题。

过程咨询不仅仅在组织管理者不知道问题原因或如何解决的时候适用，在以下情况下也非常适用：（1）当事人对完成变革没有把握；（2）外部顾问的加入可以使当事人受益；（3）当事人认可顾问的目标，并且外部咨询顾问有能力帮助当事人实现目标；（4）当事人要解决的是自己的问题。

过程咨询所要处理的主要问题包括沟通、团队成员的职能角色、组织问题解决、决策机制、群体准则、领导和权力的运用等。在过程咨询中，外部顾问一定要让管理者充分了解组织中存在的问题，他们只是为管理者在过程中提供建议，帮助管理者解决自己的问题，而不是直接上手解决组织中的具体问题。管理者要和外部顾问共同工作，对过程做出诊断，确定组织需要改进的地方，然后再进行干预。在这个过程中，所强调的是"共同参与"，它一方面可以培养管理者自身分析问题的技能，这种技能可以在过程顾问离开之后得以存续，另一方面也使得管理者能够对过程和解决方法有更好的理解，从而更好地推进组织变革。

最后，过程顾问并不一定必须是具体问题解决的行家，顾问的重点在于诊断和开发一种帮助关系。在过程顾问和管理者都不具备解决相应问题所需的专业技能时，管理者可以委托过程顾问寻找这方面的行家来协助解决具体问题。

（三）团队建设

团队建设（team building）是指有计划地帮助团队改善其完成任务的方式、帮助团队成员提升其人际交往及问题解决技能的一系列活动。

每个组织都是由一个或者若干个团队组成的，这个团队既可能是临时的，也可能是固定的，团队建设是改善团队工作和提高组织绩效的一种有效途径。它既可以应用于群体的内部，也可以应用于有相互依赖关系的群体之间。团队建设可以丰富员工的工作内容，提升成员对工作任务的兴趣，促进成员参与团队决策，增强成员之间的协作和凝聚力，从而推动大家共同关注的团队目标的实现，最大限度地增进团队和组织的绩效。

在团队建设中，一般需要考虑的问题包括：团队目标设置、成员之间的关系、成员的角色和责任分配、团队的过程分析等。在设置目标时，应该推动团体成员积极参与，这样可以使团队成员认识到他们在目标问题上存在的个体差异，并达成共识；组织成员之间如果不能互相信任，甚至互相排斥，那么许多内耗就会产生，从而阻碍团队目标的实现，因此信任关系的建立是团队建设的关键；一个团队要达到最佳的效果，其成员还必须清楚地了解自己在团队中的角色、位置、责任，做到各司其职且协同互助；最后，团队成员完成任务的方式也有优劣之分，在团队建设之中也必须对此进行交流和培训。

团队建设与过程咨询有相似之处，但也存在明显的区别：过程咨询的重点在于改善人际关系，而团队建设则定位于更有效地完成任务和解决问题。当前，组织面临着比过去更多、更复杂、更不确定的问题，团队建设在处理复杂变化任务方面的有效性已经得到了许多案例的证实，我们可以预计它在未来将会被更多地使用。

（四）开放空间技术

开放空间技术（open space technology，OST）也称大团队变革，是一种富有成效的民主、动态会议模式。它要求在1～5天的时间里，把几十甚至上百人置于一个新的空间和较少规则下，由参会者自行确立并讨论会议主题、制定行动计划。“开放空间”提供了一个提倡自我承担责任的场合。开放空间技术多用于解决对组织有重要影响的问题，例如开发新产品或者新服务、对环境的变化做出快速反应等。在会议期间，每个参与者都可以在主题框架下，提出自己关心的问题或需求，组织者运用民主的方法选出大多数参与者关心的话题，组建问题解决小组、制定行动计划，然后在既定的规则下展开小组讨论工作。

应用开放空间技术时应根据具体情况灵活决定其形式。会议参与人数少的时候可以只有十几个人，多的时候则可能有数百名；动态会议的持续时间也在1～5天不等；一些开放空间会议做了较好的规划，而有一些会议则可能不那么正式；在会议的次数上，有些开放空间会议仅仅举行一次，有些则通过举办一系列的会议来完成变革。

为保证开放空间技术能够起到良好的预期效果，在会议开始前，除了做好常规的会议准备外，还应该格外注意以下三点：一是确立展开讨论的理由和焦点。理由不明确可能会降低会议参与者的兴趣和投入，并且降低他们对变革的承诺。而焦点不集中可能会导致会议讨论的内容过于分散，很难达成共识。二是要确定合适的参与者。开放空间会议希望能有更多的利益相关者参加会议。不论是工会代表、高层经理、基层员工还是外部监管部门人员、消费者和供应商，凡是与变革相关的个体都是潜在的参与者。三是确定与会议主题相关的任务。有些任务可以根据变革参与者的专业知识进行分配，而不必放在全体会议上讨论，这样既有利于会议能够在规定的时间内结束，也有利于会议成员的充分参与。

（五）组织结构扁平化

组织结构扁平化是现代企业组织变革的一个重要趋势，也是近年来较为流行的一种组织结构变革方向。组织结构扁平化通过减少管理层级、压缩职能部门及裁减冗员，让员工打破现有的部门界限，直接对顾客并对公司总体目标负责，从而以群体和协作的优势提高工作绩效。这种新型的组织结构模式使企业在变化多端、竞争激烈的市场环境中变得更加灵活、高效、快速。

组织结构扁平化是组织管理模式的深刻变革，但扁平化不一定适用于所有组织。应该指出的是，组织在推进变革的过程中需要充分考虑自身情况来进行切实的分析和设计。叶剑锋在2012年提出，为了有效地实现和适应组织结构朝扁平化方向转变，人力资源管理体系必须进行相应的优化和改进。一是针对晋升空间变小给员工带来的冲击，变革传统的员工晋升模式，例如考虑让员工先进行横向工作轮换，之后再进行纵向晋升；二是在工作设计方面更强调系统性；三是注重提高员工素质；四是培训开发、绩效管理、薪酬分配也要做出相应的调整和优化。

（六）欣赏式探询

欣赏式探询（appreciative inquiry）是一种深层次的组织变革干预措施，是戴维·库帕里德（David L. Cooperrider）于 20 世纪 80 年代提出来的。他认为所有组织都蕴藏着很多未被开发的“积极因素”，可以通过欣赏式探询来确定是哪些因素使得组织处于最佳状态。

欣赏式探询涉及个人的巅峰体验、珍视的事物以及组织生命的意义等。如：“描述一下你所在的组织何时处于巅峰状态？在什么时候你感觉最为投入，生机勃勃，充满活力？是哪些核心要素为你所在的组织赋予了生命并使其处于最佳状态？”一般而言，组织发展与变革干预技术都采用问题导向的组织观，无论是企业管理者还是管理顾问，都是从缺陷角度去寻找组织中存在的问题，了解什么是弱点或短板，然后着手去修正。欣赏式探询是一种积极的、基于优势的组织发展和变革的管理方法，它关注人和组织积极的一面，而非关注短板；关注优势变革，而非关注问题解决；强调欣赏鼓励，而非强调纠错指责。欣赏式探询通过使组织成员体验到工作的自主性、工作能力感、工作意义感及工作的影响力，促进成员接受变革并获得成长。

四、组织变革的成败

在变革中求生存、求发展，已成为今日许多企业的经营战略。21 世纪企业管理的主要任务是在组织变革中管好企业。

（一）企业组织变革为什么会失败

实践证明，并不是所有的变革都能带来发展，并非所有的变革都会成功，变革也有失败。

对于变革失败，人们提出了许多原因，主要有：（1）高层管理者缺乏投入、远见，具体目标不清楚；（2）领导层对变革持不同的观点；（3）员工缺乏参与；（4）评估方法不科学，不能有效地展示变革成果。

全球性的发展趋势告诉我们：在今天的企业管理中，管理者不可能把员工排除在变革方案的推动者之外，否则，即使变革方案本身很完美，变革也难以成功。这种情景下的管理者往往不是从工作方法或领导方式上找变革失败的原因，而是认为方案不好，于是又提出一项变革方案，若不行，再提出一项变革方案，最终导致哪一项方案都不成功。

（二）企业成功变革的七因素

本书作者孙健敏（2002）根据中国企业变革的成功经验与失败教训，提出了有效实施组织变革的七因素模型，用以评价变革方案是否有效，它是预测变革能否成功的工具，有助于我们理解和推行成功的组织变革。一项成功的组织变革需要具备 7 个因素，分别是变革的压力，清晰的共识，变革的能力，易于达到的第一步，树立榜样，对变革（效果）的强化，评估与改进。

1. 变革的压力

压力是必需的，否则员工就不会把变革列入他们思考的议事日程。员工有许多需要，在有限的时间里他们希望通过工作来达到的目标有很多，而变革常常不是他们要追求的目标，除非高层管理者能保证变革会带来效果，或者通过沟通（演讲和动员）使员工相信变革对自己的事业有好处。否则，员工就不会对变革产生兴趣。

2. 清晰的共识

要使变革有效，就必须达成清晰的共识，帮助人们理解变革的目的并对变革做出承诺。员工需要有参与感，并共同制定目标，而不只是别人传达给他们一种目标陈述。高层管理者必须找到一种方式，能够把目标有效地传达给全体员工。为此，沟通就显得十分重要。否则，期望他们全心全意地投入变革并为实现变革而努力是不现实的。

3. 变革的能力

这是指有效地推行变革所需要的资源和技能，包括资金投入、时间周期、人员变动、培训等。组织的高层管理者需要进行推行变革的规划和预算，他们通常能考虑到资源和培训的成本，但没有规划时间把新的工作方式转换到实际工作中，这就使得员工失去了兴趣。

4. 易于达到的第一步

任何变革都不可能一蹴而就，需要经过一定的过程。变革成败与变革的第一步是否顺利有很大关系。因此，管理层一定要为员工提供一个机会，使他们在明确变革目标后可以马上动手，而且可以很快（短时间内）看到结果。这种技巧被称为"鼓励微小的获胜"。这样，员工在方案实施一开始就会有积极的成就感，因此也会投入更多的时间和精力。

许多变革方案之所以失败，是因为管理层宣布实施变革后，仅仅是在员工中宣布并强调了方案的重要性，没有规划实施步骤，接下来的几年时间里都没能切实推进变革。此外，在真正见效之前，缺少可衡量的变革指标、不知如何评估变革效果也是一大问题。也就是说，缺乏有效的第一步，员工便不知道如何开始，更不可能投身于变革方案的实施。

5. 树立榜样

这是要求组织的高层领导把体现远见和变革效果的价值观和行为方式落实到实际中，并通过自身的言行将其体现出来。员工看到管理者的活动，并将其作为榜样，知道管理者对自己的期望，自然会全力以赴。例如，如果变革方案包括客户至上，管理者首先就要用自己的行动表明客户是上帝，并愿意为此付出一切。这样，员工才能做到客户至上。

6. 对变革（效果）的强化

这可能是来自组织管理层的奖励或认可，也可能是对那些阻碍变革的人的调离和降职，还可能包括改变程序或流程来巩固变革，以保证变革成为日常运作的一部分。晋升、绩效评估、报告系统等必须与这种变革保持一致，否则，一旦关键人物不在或变革的压力消失，员工又会回到过去习惯的行为方式。

7. 评估与改进

很多企业在变革方案的推行过程中根本没有对实施结果进行及时的评估，或者只是蜻蜓点水地做一些表面文章，结果导致变革只是在管理者个人感情的基础上进行，而没有深入员工的心中，甚至被放弃。及时评估变革的结果，不仅有利于管理者监控组织进程，而且有利于强化员工的参与感和成就感。评估变革方案的一种最好方式是使用所谓的四水平结果模型。这四水平包括：

（1）反应——通过问卷调查或评价参与变革的人对变革方案各方面的态度，来了解变革进行的情况，包括沟通状况、工作满意度、团队工作情况等。

（2）学习——主要关注参与变革的人需要什么知识、已经学到了什么知识，包括变革的理由、变革过程的信息，如质量工具、愿景陈述等。

（3）行为——主要是测量工作中发生的行为的改变程度，这些行为必须与变革想要调整的个人和群体的工作绩效直接相关，为此，常使用行为评定量表。

（4）结果——主要涉及组织目标的达成程度，如：团队或组织是否更有效？流动率降低了吗？工作满意度提高了吗？事故和牢骚少了吗？组织的运行效率提高了吗？评价这个水平时，所有的测量指标都取决于要考察的结果。

如果模型中的 7 个因素的任何一个在变革过程中缺乏或漏掉，组织就会出现各种症状，这些症状反过来又成为缺乏某些因素的指标。实际上，这些症状在提醒管理者：变革方案出问题了，如表 13-2 所示。

表 13-2　当缺乏某些因素时可能出现的症状

因素一：变革的压力	因素二：清晰的共识	因素三：变革的能力	因素四：易于达到的第一步	因素五：树立榜样	因素六：对变革（效果）的强化	因素七：评估与改进	缺乏某因素的后果
欠缺	√	√	√	√	√	√	成功的变革
√	欠缺	√	√	√	√	√	马上动手，很快搁浅
√	√	欠缺	√	√	√	√	焦虑，挫折感
√	√	√	欠缺	√	√	√	随意的努力，走形式
√	√	√	√	欠缺	√	√	悲观与不信任
√	√	√	√	√	欠缺	√	重蹈覆辙
√	√	√	√	√	√	欠缺	怀疑与停滞不前

上述模式可以用来对组织变革进行诊断和预测。例如，召开变革方案讨论会，把 7 个因素及其含义呈现给员工，让他们回答在变革过程中他们经历过哪些症状，根据员工的回答，管理层可以确认所存在的问题。通常，3～4 个因素会变得特别突出，成为当前人们最关心的问题。

然后，要求员工分组讨论改善这些因素的方法。如果管理得当，员工应该能想出清晰、具体的方法来改善这些制约变革有效进程的因素。

应用这个模型的另一种方法是设计一个调查，就每个因素提出具体问题，然后计算所得的分数，从而发现哪个领域需要改进。已经有标准的调查问卷来测量这些维度。让所有的员工填写问卷，统计结果可以提供客观指标，让管理者明白员工如何看待这些因素，哪些最需要改进。

第四节 组织发展

一、组织发展的概念

20世纪60年代以来，管理心理学家和企业家都特别关注“有计划变革”，即从零散的变革转向系统的、战略性的变革，重视变革的理论指导和方法途径。由此，发展出一个新的管理心理学领域，即组织发展（organization development，OD）。

组织发展是一个比较模糊的概念，管理学领域目前尚没有对其形成统一的定义。组织变革学家沃纳·伯克（W. Warner Burke）认为，组织发展是利用行为科学技术和理论对组织文化实施有计划的变革的过程。哈佛商学院教授迈克尔·比尔（Michael Beer）则将组织发展定义为一个系统地收集数据、诊断、行动计划、干预和评价的过程。在本书中，我们认为组织发展是指以人员发展提升和组织文化塑造为导向，通过组织层面的长期努力，实现系统的组织变革，改进和更新企业组织的过程。关于组织变革和发展的关系，我们不妨在这里把组织发展视为有目的的、系统性的、有计划的、长远的组织变革。

二、组织发展的特征

组织变革中管理者最为关心的组织发展既是提高全体员工积极性和自觉性的手段，也是提高组织效率的有效途径。组织发展具有以下几个特征。

（一）组织发展包含深层次的变革，具有高度的价值导向

组织发展意味着需要深层次和长期性的组织变革。例如，许多企业为了获取新的竞争优势，计划在组织文化的层次实施组织变革，这就需要采用组织发展模型与方法。由于组织发展涉及人员、群体和组织文化，这里包含着明显的价值导向，特别是注重合作协调而不是冲突对抗，强调自我监控而不是规章控制，鼓励民主参与管理而不是集权管理。

（二）组织发展是一个“诊断—改进”周期

组织发展的思路是对企业进行“多层诊断”“全面配方”“行动干预”“监控评价”，从而形成积极健康的“诊断—改进”周期。因此，组织发展强调基于研究与实践的结合。组织发展的一个显著特征是把组织发展思路和方法建立在充分的诊断、论证和实践验证的基础之上。组织发展的关键部分之一就是学习和解决问题，这也是组织发展的一个重要特征。

（三）组织发展是一个渐进过程

组织发展既有一定的目标，又是一个连贯的、不断变化的动态过程。组织发展的重要基础与特点是强调各部分的相互联系和相互依存。在组织发展中，企业组织中的各种

管理与经营事件不是孤立的，而是相互关联的；一个部门或一方面所进行的组织发展，必然影响其他部门或方面的进程，因此应从整个组织系统出发进行组织发展，既要考虑各部分的工作，又需从整个系统协调各部分的活动，调节其与外界的关系。组织发展着重于过程的改进，既解决当前存在的问题，又通过有效沟通、问题解决、决策参与、冲突处理、权力分享和生涯设计等过程，使员工不断学习新的知识和技能，解决团队和部门间存在的问题，明确群体和组织的目标，实现组织发展的总体目标。

（四）组织发展是通过有计划的再教育实现变革的

组织发展不只是有关知识和信息等方面的变革，更重要的是在态度、价值观念、技能、人际关系和文化气氛等各方面的更新。组织发展理论认为，组织发展的再教育可以使管理者和员工抛弃不适用于形势发展的旧规范，建立新的行为规范，并且使行为规范建立在个体的态度和价值体系优化的基础之上，从而实现组织的战略目标。

（五）组织发展具有明确的目标与计划性

大量的研究表明，明确具体、中等难度的目标更能够激发工作动机、提高工作效能。目标订立与目标管理活动，不但能够最大限度地利用企业的各种资源，激发人和技术等方面的潜力，而且能产生高质量的发展计划，提高个体长期的责任感和义务感。因此，组织发展的一个重要方面就是让组织成员设立与组织目标相契合的个人目标，同时，不断提升目标管理的能力，包括制定指标和计划、按照预定目标确定具体的工作程序，以及持续不懈的专注投入、有效的评估监控等。

三、组织发展的推动者

组织发展必须由人来推动，它的推动者可以划分成三种类型。

（一）专业咨询人员

组织发展的推动者包括那些为客户提供专业服务的咨询人员，我们可以称他们为组织发展研究专家。他们专门从事组织发展的研究工作，并以为企业和政府等各类组织提供专业的管理咨询为业。组织发展专家最初通过倡导公开的沟通、系统的培训、经验的分享、员工参与决策制定、群体激励等手段来推进组织建设。然而，随着现代组织面临的竞争日趋激烈，这些传统的做法已经不能满足现实需要，组织的竞争力和最终结果日益受到关注。如今，组织发展专家更多地关注影响组织发展的战略管理、结构优化和人员发展，为组织提供更加系统的专业咨询服务。

（二）组织管理人员

组织管理人员是将组织发展落实到工作中的具体执行者，组织发展的推动离不开他们。组织发展活动如果遭到了组织管理人员的抵触，那么就会很难开展，只有当组织管理人员积极参与并推动组织发展的相关活动时，组织发展才能够顺利进行。一些学者认为组织发展必须成为一种普遍的管理理念，要提高组织的变革速度就应该选取并培养有变革意愿和热情的管理者。

（三）相关研究人员

组织发展的推行者还包括组织设计、战略管理、质量管理、信息管理等相关领域的研究者。这些相关领域的研究丰富了组织发展的内容。例如，战略变革的干预就是企业战略与组织发展相结合的结果；组织重建是组织设计和组织发展相结合的结果。这些相关领域的专家通过在一些项目中和组织发展专家合作，丰富了他们在组织发展方面的技能和经验，例如一些会计师事务所已经兼具管理咨询和变革管理的职能。尽管这些专家可能并没有接受过全面的组织发展培训，但他们在各自的领域内都具备相当的专业水准，其特殊才能常常能在组织发展的过程中被运用到，此时，他们就是组织发展变革的推动者。

在实际工作中，这三种组织发展推动者的界限并不是如此清晰。事实上，一些组织发展专家可能本身也是组织的管理者，而一些组织的管理者，如高级职业经理人，也可能会暂时地担当组织发展专家的角色或者永久地转型成为组织发展专家，例如某些大型公司对一些管理人员进行专业的培训，让他们专职负责组织发展的相关事宜。同时，由于一些经理在组织发展变革方面有了相当的经验，他们也会去扮演外部的咨询角色来获取额外收益。而且为了更好地开展相关工作、拓展自己的工作领域，相关领域的专家和组织发展专家的角色也经常互换，组织发展专家会学习那些相关领域专家的才能，而相关领域的许多专家也常希望自己能够获得组织发展方面的才干。

四、组织发展的过程

任何事物都有其产生和发展的过程，并遵循特定的发展变化规律，组织发展也遵循着自身的规律并有其特定的过程。接下来，我们介绍组织间断平衡演化规律和组织发展成长阶段模型，阐述组织发展的过程。

（一）组织间断平衡演化规律

德里奇（N. Eldredge）和古尔德（S. J. Gould）于 1972 年在达尔文进化论的种族渐进主义思想基础上提出了“间断平衡论”（punctuated equilibrium）。他们认为生物的进化不像达尔文所言是一个缓慢的连续渐变积累过程，而是长期的稳定与短暂的剧变交替的过程。塔什曼（Tushman）和罗曼里黎（Romanelli）最先将间断平衡引入组织演化研究，认为组织是在较长的平稳期受到相对较短的波动期扰动而实现演化的，波动期的战略、力量、结构和控制从根本上促进了组织转型。此后，学者对组织间断平衡演化的研究不断深入。杨超和危怀安系统梳理了组织间断平衡演化规律的概念推进，认为组织的深层结构与环境资源在较长期的稳定状态中进行信息交换；在受到环境危机和突发性事件影响后，组织又会在快速、间断性、剧烈的变化中实现演化。间断性波动会影响到组织-社会关系以及组织身份变化等。

间断平衡演化规律整合了强调组织种群变化的生态模型，侧重渐进变化和平衡的适应模型以及探析形态变化的转型模型，认为组织发展过程是持续的平衡态经过再定位的剧烈变化后达到新平衡态的过程，组织变革主要发生在关键事件或者节点之后，表现为剧烈的波动，先前相对稳定的平衡态随之被打破。

从组织发展的宏观形态来看，塔什曼和罗曼里黎将组织发展过程划分为平衡态和剧变态两种典型状态。平衡态指的是较长时期的渐进变化和适应，然而组织发展又并非意味着长久保持小幅的渐进变化，在渐进变化达到一定程度时，根本性的剧烈变化就会发生。而门槛节点是两种状态转换的诱发点，一般是指变革的诱发事件。

从组织发展的速度来看，卡尔·韦克（Karl Weick）和罗伯特·奎恩（Robert E. Quinn）将组织间断平衡的变化分成两种：片段变化和连续变化。片段变化需要外部干涉，体现出组织惯性，强调宏观性和短期环境适应性；连续变化则是平衡永续的，体现出自组织特征和变化紧迫性，强调微观性和长期环境适应性。斯特里特（Street）和吴拉普（Uallupe）将变化速度和波动范围结合，将间断平衡变化形态进一步划分为四种，即持续收敛型、持续剧变型、片段收敛型和片段剧变型。持续收敛型变化指速度慢、集中于具体某项内容的变化；持续剧变型变化是指速度慢、根本性的变化；片段收敛型变化是指速度快、聚焦于具体某项内容的变化；而片段剧变型变化则是指快速的根本性变化。

从稳定与变化的关系来看，林海芬等（2020）采用探索性案例研究法对思坎普及其两次重要变革进行研究，探究了稳定与变革如何实现相互促进，验证了稳定与变革的悖论性关系。研究结果表明，在组织发展过程中，稳定机制主要通过驱动、支撑和释放注意力与资源等促进变革，而变革中的试错性活动或尝试和调整等创新行动能够促进新稳定机制的再形成；稳定机制的作用路径和强度呈现多样性特点，在新增型变革中释放作用更显著，而在重整型变革中驱动和支撑作用更显著；组织变革形式多样，但本质均在于打破组织已有稳定状态并促使其达到新稳定状态，凸显其持续性复杂系统工程及悖论性属性特征。

（二）组织发展成长阶段模型

企业组织如同人体一样，有其生命周期。从企业组织结构的特征来看，企业发展壮大的历程可以分成五个阶段，即创业、引导、授权、协调和合作，如表13-3所示。

表13-3 企业不同发展阶段的特征

	创业阶段	引导阶段	授权阶段	协调阶段	合作阶段
组织结构	非正式组织	职能制	地区性事业部制	直线管理及生产集团、超事业部	矩阵式结构、任务小组
管理重点	生产和销售	生产效率	扩大市场	加强组织	管理革新
高层管理风格	个人业主式	指导式	授权式	监察者	参与者
控制系统	市场结果	标准规格及成本中心	汇报制度及利润中心	计划及投资中心	相互间的目标管理

1. 创业阶段

这一阶段是企业的幼年时期，企业规模小，人心齐，关系简单，企业的决策是由一个或几个高层管理者做出的，企业能否生存发展完全取决于高层管理者的素质和能力。此时，企业组织结构相当不正规，对协调的需求还很低，组织中的沟通以非正式信息沟通为主。

2. 引导阶段

这一阶段是企业的青年时期，企业人员增多，组织规模不断扩大，决策量增多，建立了以专业化职能分工为基础的组织结构。各职能部门之间的协调问题越来越多，信息量增加，信息沟通变得越来越重要，也越来越困难。

3. 授权阶段

这一阶段是企业的中年时期，随着企业经营范围的扩大，由职能结构引起的问题增多，创业者逐渐让位给能干的职业经理人。高层管理者将权限和责任委托给下一级的产品、市场或地区经理，建立起以产品、市场或区域为基础的事业部组织结构。高层管理者向下发布命令的次数减少，转而通过事业部来实现日常管理，但是因为伴随着分权，往往又产生了对事业部的控制问题。

4. 协调阶段

这一阶段的企业建立了正式的规则和程序，为了加强对事业部的指导和控制，在企业总部与事业部之间建立起超事业部，由其负责下属有关事业部的战略规划和投资回收，并在总部设立监督部门以控制和检查各事业部的经营战略。这些正规的措施有利于增强各事业部之间的相互配合，但可能带来文牍主义，进而影响工作效率，阻挠创新，甚至导致企业走向官僚化和衰落。

5. 合作阶段

这一阶段的企业更加强调管理活动要有较大的自觉性，强调个人间的主动合作，引入社会控制和自我约束的新观念，精简正式体系和规章制度，将奖励的标准改为协作表现和创新实践，成立任务小组和矩阵式组织结构，将企业的重要权力收回到企业高层管理者手中，同时努力增强组织的适应性和创造性。

除了组织发展的五阶段模型，其他一些学者也对组织发展进行了不同的阶段划分。例如利皮特和施米特将组织发展划分成三个阶段，即产生期、青年期和成熟期。组织的任务是在产生期创建新组织并持续生存下来，在青年期获得稳定性并赢得发展，而在成熟期取得成就，为社会做出贡献。还有研究者按照企业可持续发展的生命周期理论，把企业的发展划分为创业期、成长期、成熟期和可持续发展期四个阶段。

企业在不同发展阶段会面临不同的组织危机，与企业成长相伴的组织危机表现出阶段性爆发的特征。这种阶段性的组织危机往往出现在组织由低级阶段向更高一级阶段转化的时期，通常表现为企业在特定阶段呈现出结构和人员的不适应。企业只有及时采取有效的措施，不断调整和优化自身的规则、流程、结构和制度，并不断提升员工的能力和忠诚度，才能顺利度过成长过程中各个阶段的危机，获得长足的发展。

案例与应用

京东的组织变革

一切组织架构调整，都是应对竞争和变化的常规动作。

继宣布末位淘汰10%高管、推出常态化“百亿补贴”后，京东的“第三把火”烧到了组织架构调整。

1.“Big Boss”下的变革

一场5年来最大的组织变革正在京东零售内部拉开。在2023年4月9日的经营管理会上，京东零售确立了最新的组织架构变革框架：取消事业群制，变为事业部制，原事业群负责人将担任事业部负责人；原事业群统管下的各事业部，将按照细分品类拆分为具体的经营单元，给予品类负责人更多的决策自主权，也包括人事任免等权力；拆分后的经营单元内，将不再区分第三方商户（POP）和自营，二者全面打通，由统一的品类负责人管理，进一步实现流量“平权”。

除京东零售外，京东物流也进行了类似的组织架构调整，成立供应链、快递、快运、国际业务等四大独立事业部。此前除这四个业务之外，销售、产品、运营等职能也设有独立的部门支持业务发展。调整后，上述职能部门将并入四大事业部，它们与业务之间不再需要跨部门沟通，协同效率将得到提升。

此外，京东物流还取消了原本按七个大区划分的区域组织模式，未来每个省将成为独立的经营单元，省份负责人将拥有更大的经营决策、管理、人事任免等权力，并直接向总部相关事业部负责人汇报。

这场巨大的组织变革，发轫于2019年京东提出的“Big Boss”管理机制，其核心理念是，将每一个细小业务单元都视为一个经营实体，每一个实体管理者都是一个真正的老板（boss），把经营决策权交给离客户最近、最了解市场需求的人，提升业务部门对客户和市场的反应速度，提高作战效能。这一机制最早于2020年在京东物流试点，于2023年第一季度被密集讨论，最终进一步落地。这一变革或将帮助京东这艘大船找到驶向未来的航道。

2.“拆墙”放权

这次组织架构调整有两大看点，一方面，调整完成后，京东零售普通员工与CEO的汇报层级由“事业群—事业部—业务部—商品组—普通员工”变为“事业部—细分业务单元—普通员工”，最多只有3级。

更精简的管理层级，更扁平的组织结构，让离客户最近也是最直接作战的业务单元拥有更大的决策权，意味着业务灵活性更高，更能高效应对市场变化。也有助于中层干部培养，完善人才梯队建设，提高组织效率，激发组织活力。

除了管理层级大幅精简外，另一方面，全面打通自营和POP将在真正意义上改变京东。第一大利好便是更多的第三方商家、更丰富的产品供给、更开放的零售生态。

京东涉足POP业务的初心，是想通过丰富商品供给，满足用户长尾需求。但长期以来，京东自营的迅猛发展，却造成了对第三方商家的挤压。在京东内部，自营采销拥有较强话语权，其会利用流量坑位、营销工具等与供应商议价，换得供应商在货源、毛利、返点、账期和市场预算方面的倾斜。为了冲高商品交易总额（GMV）或利润，很多时候采销会选择客单价或毛利更高的商品上架。这无疑阻碍了平台开放生态的建设，商品丰富度难以快速提升，没法发挥POP商家的真正作用。

其实早在2022年底，京东经营管理培训会上就反复强调，要回归零售核心，重拾低价。对于自营和POP的定位，京东的管理层认为，直营和POP就是竞争关系，不要区分自营和POP，而应在乎消费者满不满意，一定要把京东的生态做起来，这是最重要的。

为了吸引更多第三方商家资源，京东从2023年初就推出了春晚计划，将开店门槛降低至自然人、“O元试运营”，并提供2 100元“新店大礼包”等12项扶持政策。其目的正是借助京东在供应链、物流、技术和服务上的优势，提升商家的经营效率，丰富京东零售的商品供给。再加上全面打通POP和自营，从组织架构到流量倾斜、相关扶持政策都做到平等对待，将推动自营与POP充分竞争，盘活商品盘和流量，这无疑将彻底改变京东零售的平台生态。

2022年底，在京东内部经营管理培训会上，刘强东谈及“京东已经让一些消费者有了越来越贵的印象，需要重拾低价战略”，确定把“低价战略”列为京东零售未来三年最重要的战略。

2023年以来，京东集团CEO徐雷、京东零售CEO辛利军都在公开场合强调，要打造京东在消费者心中的“低价心智”。在内部高管会上，刘强东直接喊出“谁能做到低价，就给谁一定的流量倾斜”。为了实现“低价”，2023年3月6日，京东正式推出“百亿补贴”，打响了“低价战略”的第一枪。之后几个月，京东内部也在不断上调POP的流量权重。久谦咨询2023年3月中旬的统计数据显示，在京东“百亿补贴”超几千个SKU中，POP商家的占比达到了65%。

从消费者角度来看，对于京东零售高效服务的印象，更多来源于京东自营及京东物流配送。如今，京东不仅将物流的高效配送能力全面开放给商家，还放开了对商家的物流限制，先后与极兔、圆通开展合作，从多个环节达成低价目标。

4月6日，京东推出“云仓达”，旨在提供全城送、半日达等服务，进一步提升用户物流配送体验。向经销商开放了京东物流配送体系资源，商家将结合同城电商，将电商配送时效进一步缩短到“半日达”。

4月7日，京东宣布为了更好地提升消费者购物的物流体验，将对承诺时效功能进行升级。升级后，POP商品须在消费者下单后48小时内发货，自营商品须在消费者下单后24小时内完成发货。

3. 挑战才刚刚开始

2023年注定是不平凡的一年，行业环境的变化、巨头们的变革、AI技术的加速推动，都让我们看到了更多变数。

我们再来看一组数据，2022年京东集团净收入达10 462亿元，从营收规模来看已是万亿元级巨头。但从市值来看，京东集团美股市值为628.76亿美元，两大竞争对手阿里巴巴和拼多多的市值则分别为2 578.85亿美元和894.05亿美元。此外，京东在海外业务和技术创新方面也面临挑战。

可以预见的是，京东、阿里巴巴掀起的这波行业大变革才刚刚开始。至于这波变革最终会在市场上产生怎样的效果，行业竞争格局如何演变，尚有待持续关注。

资料来源：改编自秋好．京东换个活法．新浪网，2023－04－17。

分析思考：

1. 京东为什么要进行组织变革？
2. 京东组织变革的理念或指导思想是什么？
3. 请用本章介绍的概念或框架分析和评价京东的组织变革。

基本概念

组织变革	组织变革动因	勒温的三步骤模型	有计划的变革整合模型
敏感性训练	过程咨询	团队建设	开放空间技术
组织发展			

本章要点

1. 组织变革是指运用行为科学和相关管理方法，对组织的权力结构、组织规模、沟通渠道、角色设定、组织与其他组织之间的关系，组织成员的观念、态度和行为以及成员之间的合作精神等进行有目的的、系统的调整和革新，以适应组织所处的内外环境、技术特征和组织任务等方面的变化，提高组织效能的活动。它是一个以适应环境、提高组织成效为目标的动态过程。

2. 我们可以将组织变革的动因分为外部动因和内部动因来进行分析。外部动因包括技术因素、宏观经济因素、社会发展因素、外部竞争、管理理论与实践的发展等；内部动因则包括决策失灵、沟通不畅、机能失效、缺乏创新等。同样，当员工的工作态度、期望或者个人的价值观念与组织的目标、结构、权力系统存在矛盾时，也需要对组织作相应的变革。

3. 了解组织变革中可能存在的阻力对于变革实施者做好充足的准备有非常重要的意义。在个人层面，个体的选择性信息加工、习惯、对已有资源或利益或权力的威胁、害怕未知和员工个性都可能构成组织变革的阻力。在组织层面，结构惯性、群体压力、有限的变革点、资源限制和组织文化也都可能会阻碍变革的进行。

4. 组织变革的实施不是一蹴而就的，它往往是一个相对漫长的过程，这个过程经常会持续几年甚至十几年。勒温将组织变革划分成解冻、变革、再冻结三个步骤，以此来解释和指导变革推动者应该如何发动变革以及如何管理变革。布洛克和巴藤将有计划的变革划分成探索、计划、行动和整合四个阶段，从而把连续的过程分解开来，使之成为一个完整而有计划的变革模型，让我们对组织变革的过程形成了更清晰的理解。

5. 组织变革的具体干预措施多种多样，敏感性训练、过程咨询、团队建设和开放空间技术等都是组织变革中常用的措施。

6. 组织发展是指以人员优化和组织气氛协调为思路，通过组织层面的长期努力，实现系统的组织变革，改进和更新企业组织的过程。

7. 组织发展遵循一定的规律并有其特定的过程。间断平衡演化规律认为组织发展过程是持续的平衡态经过再定位的剧烈变化后达到新的平衡态的过程。组织发展成长模型则依据企业组织结构的特征，将企业发展壮大的历程分成创业、引导、授权、协调和合作五个阶段。

《复习思考题》

1. 解释组织变革和组织发展的概念，并简述它们的联系和区别。

2. 简述组织变革的动因和可能会遇到的阻力，并谈一谈如果遇到了这样的阻力如何进行处理。

3. 分别用勒温的三步骤模型和有计划的变革整合模型来描述组织变革的过程。

4. 介绍几种组织变革的干预措施。

5. 谈谈你对组织变革和发展重要性的看法。

《推荐阅读》

1. 卡明斯．组织发展与变革：第7版．北京：清华大学出版社，2003.

2. 科特，等．变革．北京：中国人民大学出版社，1999.

3. 王重鸣．中国企业组织变革与文化融合策略．北京：科学出版社，2021.

参考文献

艾娟．(2016)．谁是最大的受害群体：群际受害者竞争．*心理科学*，*39*（2），468 - 473.

安家骥，狄鹤，刘国亮．(2022)．组织变革视角下制造业企业数字化转型的典型模式及路径．*经济纵横*(2)，54 - 59.

曹科岩，李宗波．(2016)．心理契约破坏与员工建言行为的关系：领导成员交换的调节作用．*心理科学*，*39*（3），644 - 650.

岑婉君，侯玉波．(2019)．文化智力对跨文化适应的影响：思维方式的作用．(eds.)．第二十二届全国心理学学术会议摘要集，1323 - 1324.

曾伏娥，郑彤，詹志方．(2018)．权变视角下沟通类型和企业间交互环境对组织绩效的影响研究．*管理学报*，*15*（10），1003 - 1010.

曾恺，段锦云，田晓明，朱玮玮．(2019)．新生代农民工教育水平与创造力：核心自我评价的作用．*应用心理学*，*25*（1），69 - 79.

陈春花，杨忠，曹洲涛，等．(2013)．*组织行为学*(2 版)．北京：机械工业出版社．

陈茂群，葛玉辉．(2013)．高层管理团队决策过程中的群体思维研究述评．*科技与管理*(3)，13 - 19.

陈猛，卞冉，王丽娜，车宏生，林绚晖．(2012)．情绪智力与工作绩效的关系．*心理科学进展*，*20*（3），412 - 423.

程正方．(2012)．*现代管理心理学*. 北京：北京师范大学出版社．

崔勋，瞿皎姣．(2014)．组织政治知觉对组织公民行为的影响辨析——基于国有企业员工印象管理动机的考察．*南开管理评论*，*17*（2），129 - 141＋160.

邓今朝，言丽棋，李太．(2019)．中国情境下组织变革准备结构探索．*软科学*(6)，107 - 110.

邓丽芳，郑日昌．(2008)．组织沟通对成员工作压力的影响：质、量结合的实证分析．*管理世界*(1)，105 - 114.

董斌，陈婕．(2015)．上市公司股权激励与公司绩效研究．*商业研究*，*58*（6），146 - 154.

杜丹丽，房春红．(2009)．企业不同发展阶段的组织危机表征及测度研究．*科技进步与对策*，*26*(16)，90 - 93.

杜建政，李明．(2007)．内隐动机测量的新方法．*心理科学进展*，15（3），458 - 463.

范为桥，张妙清，张建新，张树辉．(2011)．兼顾文化共通性与特殊性的人格研究：CPAI 及其跨文化应用．*心理学报*，*43*（12），1418 - 1429.

冯静颖，孙健敏．(2007)．影响我国科技人员创新的文化因素．*中国人力资源开发*(11)，94 - 99.

冯静颖，孙健敏．(2012)．中国背景下学习型组织构念的测量模型．*中国青年政治学院学报*(6)，103 - 108.

冯明，胡宇飞．(2021)．工作压力源对员工突破性和渐进性创造力的跨层次研究．*管理学报*，*18*（7），

1012 - 1021.
高静美，陈甫．(2013). 组织变革知识体系社会建构的认知鸿沟——基于本土中层管理者 DPH 模型的实证检验．*管理世界*(2)，107 - 124＋188.
高日光，孙健敏，周备．(2009). 中国大学生创业动机的模型建构与测量研究．*中国人口科学*(1)，68 - 75＋112.
高日光，王碧英，陈小锋．(2013). 破坏性领导：内涵、模型与测量．*管理现代化*(4)，51 - 53.
格里芬．(2008). *组织行为学*(8 版). 北京：中国市场出版社．
宫火良，张慧英．(2006). 工作家庭冲突研究综述．*心理科学*，*29* (1)，124 - 126.
顾远东，周文莉，彭纪生．(2014). 组织支持感对研发人员创新行为的影响机制研究．*管理科学*，*27* (1)，109 - 119.
官志华，曾楚宏．(2006). 基于需求层次理论的核心员工激励．*中国人力资源开发*(1)，60 - 62.
郭名，叶龙，李嘉文．(2013). 高速铁路司机个性特征对工作绩效影响研究——以工作满意度为中介变量．*北京交通大学学报（社会科学版）*(4)，68 - 74.
韩金，张生太，白少一．(2021). 社交网络用户人格特质对社会资本积累的影响——基于微信的研究．*管理评论*，*33* (2)，239 - 248.
郝炳瑕，李敬强．(2016). 飞行员人格特质对工作绩效的影响．*人类工效学*，*22* (2)，62 - 66.
郝英奇，曾靖岚，留惠芳．(2021). 学习型组织是怎么炼成的——基于加特可（广州）的扎根研究．*当代经济管理*(6)，58 - 63.
何玉杰，余敬．(2020). 非工作时间电子沟通对员工时间侵占行为的影响：基于资源保存理论视角．*中国人力资源开发*，*37* (1)，54 - 67.
贺小刚，连燕玲，吕斐斐，葛菲．(2016). 消极反馈与企业家创新：基于民营上市公司的实证研究．*南开管理评论*，*19* (3)，145 - 156＋177.
赫尔雷格尔．(2001). *组织行为学*(9 版). 上海：华东师范大学出版社．
侯宇，胡蓓．(2019). 人-工作匹配视角下高绩效人力资源实践对个体创造力的影响研究．*管理评论*，*31* (3)，131 - 142.
胡卫平，王博韬，段海军，程丽芳，周寰，李晶晶．(2015). 情绪影响创造性认知过程的神经机制．*心理科学进展*，*23* (11)，1869 - 1878.
黄杰，朱丹，周丽敏，刘望．(2022). 核心自我评价的代际传递：父母支持和子女基本心理需要满足的链式中介作用．*心理与行为研究*，*20* (4)，515 - 521.
黄伟文．(2013). 向三星学习变革和创新．*企业管理*(2)，90 - 93.
黄勋敬，赵曙明，Martin. (2014). 商业银行分行行长 1＋N 胜任力研究．*杭州金融研修学院学报*(9)，24 - 29.
黄勇，崔敏，颜卉．(2021). 见贤思齐：领导创造力对员工创造力的跨层次影响机制．*科学学与科学技术管理*，*42* (4)，158 - 174.
卡明斯，沃里．(2003). *组织发展与变革精要*. 北京：清华大学出版社．
柯江林，孙健敏，丁沛如．(2009). 研发人员工作满意度影响因素研究：人口特征视角．*科学学与科学技术管理*，*30* (3)，192 - 196.
柯江林，孙健敏．(2014). 心理资本对工作满意度、组织承诺与离职倾向的影响．*经济与管理研究*(1)，121 - 128.
兰佳庆，张培莉，杨辉．(2010). 护理人员心理授权与组织承诺的关系研究．*护理学杂志*，*25* (7)，24 - 26.
雷巧玲，赵更申，段兴民．(2006). 不同文化导向下心理授权对组织承诺影响的实证研究：基于知识型员工的观点．*南开管理评论*(6)，13－19.
黎建斌，聂衍刚．(2010)．核心自我评价研究的反思与展望．*心理科学进展*，*18*（12)，1848－1857.
李爱国，曾宪军．(2018)．成长经历和社会支撑如何影响大学生的创业动机？——基于创业自我效能感的整合作用．*外国经济与管理*，*40*（4)，30－42.
李超平，田宝，时勘．(2006)．变革型领导与员工工作态度：心理授权的中介作用．*心理学报*(2)，297－307.
李兰，张泰，李燕斌，盛来运，于武，等．(2015)．新常态下的企业创新：现状、问题与对策——2015·中国企业家成长与发展专题调查报告．*管理世界*(6)，22－33.
李武，席酉民，成思危．(2002)．群体决策过程组织研究述评．*管理科学学报*，*5*（2)，55－66.
李艳，孙健敏，焦海涛．(2013)．分化与整合——家长式领导研究的走向．*心理科学进展*，*21*（7)，1294－1306.
李志，罗章利，张庆林．(2008)．国内外知名企业家的人格特征研究．*重庆大学学报（社会科学版）*，*14*（1)，51－55.
林海芬，刘宏双，郭珊杉，范彬．(2020)．组织发展过程中稳定与变革的悖论性关系案例研究．*管理学报*(2)，166－176.
林让，杨宜苗．(2021)．矛盾态度对决策后自我评价的影响：有中介的双阶段调节作用．*心理学报*，*53*（12)，1348－1360.
林新月，武晓龙，杜娟．(2019)．中国员工动机性文化智力与适应性绩效的关系研究．*上海管理科学*(4)，51－59.
林钰莹，许灏颖，王震．(2015)．公仆型领导对下属创造力的影响：工作动机和领导-下属交换的作用．*中国人力资源开发*(11)，50－57.
林忠，鞠蕾，陈丽．(2013)．工作-家庭冲突研究与中国议题：视角、内容和设计．*管理世界*(9)，154－171.
凌文辁，杨海军，方俐洛．(2006)．企业员工的组织支持感．*心理学报*，*38*（2)，281－287.
刘超，汪凤炎．(2014)．儒家文化的目标导向对中国人人格形成的影响．*心理研究*，*7*（6)，19－24.
刘红艳，李爱梅，王海忠，卫海英．(2012)．不同促销方式对产品购买决策的影响——基于解释水平理论视角的研究．*心理学报*(8)，1100－1113.
刘宏，高丽君．(2013)．*管理心理学*．北京：清华大学出版社．
刘洪．(2006)．组织变革的复杂适应系统理论．*经济管理*(9)，31－35.
刘杰，石伟．(2008)．工作狂的研究述评．心理科学进展，*16*（4)，618－622.
刘美玉，王季．(2020)．谦逊领导如何影响员工创造力？——员工归因和心理安全的双重视角．*经济管理*，*42*（3)，102－116.
刘小禹，刘军．(2012)．团队情绪氛围对团队创新绩效的影响机制．*心理学报*，*44*（4)，546－557.
刘小禹，孙健敏，周禹．(2011)．变革/交易型领导对团队创新绩效的权变影响机制——团队情绪氛围的调节作用．*管理学报*，*8*（6)，857－864.
刘雪峰，张志学，梁钧平．(2007)．认知闭合需要、框架效应与决策偏好．*心理学报*，*39*（4)，611－618.
刘咏梅，卫旭华，陈晓红．(2011)．群体情绪智力对群决策行为和结果的影响研究．*管理科学学报*，*14*（10)，11－27.
鲁森斯．(2014)．*组织行为学*(9版)．北京：人民邮电出版社．
罗宾斯．(2012)．*组织行为学*(14版)．北京：中国人民大学出版社．
罗瑾琏，李树文，梁阜．(2022)．领导者情绪智力一致性对员工建言影响的路径与边界．*管理评论*，

34 (3), 198 - 208.

罗萍，施俊琦，朱燕妮，房俨然．(2020)．个性化工作协议对员工主动性职业行为和创造力的影响．*心理学报*，*52* (1)，81 - 92.

罗耀平，范会勇，张进辅．(2007)．工作-家庭冲突的前因、后果及干预策略．*心理科学进展*，*15* (6)，930 - 937.

吕鸿江，韩承轩，王道金．(2018)．领导者情绪智力对领导力效能影响的元分析．*心理科学进展*，*26* (2)，204 - 220.

吕洁，张钢．(2015)．知识异质性对知识型团队创造力的影响机制：基于互动认知的视角．*心理学报*，*47* (4)，533 - 544.

马得勇，陆屹洲．(2019)．中国网络民族主义态度的形成机制分析．*社会科学文摘*(6)，30 - 32.

马骏，罗衡军，肖宵．(2019)．私营企业家地位感知与企业创新投入．*南开管理评论*，*22* (2)，142 - 154.

马永斌，董伶俐．(2018)．产品炫耀性如何影响仿冒轻奢侈品选择？——基于“态度功能理论”视角．*财经论丛*(1)，97 - 105.

马玉凤，孙健敏．(2009)．破坏型领导研究述评．*外国经济与管理*，*31* (11)，45 - 51.

毛文静．(2012)．欣赏式探询：组织发展干预新趋势．*中国人力资源开发*(2)，49 - 52.

穆桂斌，孙健敏．(2015)．领导者怎样才能拥有高产的下属：领导者可信性与下属绩效的关系研究．*中国人力资源开发*(3)，55 - 61.

倪国华，郑风田．(2013)．下属的“揣摩逢迎”与领导的“决策偏误”：一个制度体系模型及其均衡分析．*南开管理评论*，*16* (4)，24 - 31.

潘静洲，王震，周文霞，苗仁涛，赵郁轩．(2017)．LMX 差异化对创造力的影响：一项多层次研究．*管理科学学报*，*20* (2)，108 - 126.

潘亮，杨东涛．(2020)．代际视角下相对的领导-成员交换关系对员工建言行为的影响研究．*管理学报*，*17* (4)，518 - 526.

彭聃龄．(2004)．*普通心理学*(3 版)．北京：北京师范大学出版社．

秦峰，许芳．(2013)．黑暗人格三合一研究述评．*心理科学进展*，*21* (7)，1248 - 1261.

秦伟平，赵曙明．(2015)．真我型领导与员工创造力——基于工作激情的中介作用．*软科学*，*29* (5)，82 - 86.

申荷永，高岚．(1995)．*心理教育*．广州：暨南大学出版社．

沈伊默，马晨露，白新文，诸彦含，鲁云林，张庆林，刘军．(2019)．辱虐管理与员工创造力：心理契约破坏和中庸思维的不同作用．*心理学报*，*51* (2)，238 - 247.

石冠峰，毛舒婷，王坤．(2017)．幽默型领导对员工创造力的作用机制研究：基于社会交换理论的视角．*中国人力资源开发*(11)，17 - 31.

石冠峰，姚波兰．(2019)．充满乐趣的工作场所有利于员工创造力吗？反馈寻求行为与人-组织匹配的作用．*中国人力资源开发*，*36* (2)，63 - 73.

时勘，卢嘉．(2001)．管理心理学的现状与发展趋势．*应用心理学*，*7* (2)，52 - 56.

时勘．(2006)．基于胜任特征模型的人力资源开发．*心理科学进展*，*14* (4)，586 - 595.

斯滕博格．(2005)．*创造力手册*．北京：北京理工大学出版社．

宋萌，王震，孙健敏．(2015)．辱虐管理对下属反馈规避行为的影响：积极归因与工作意义的作用．*预测*(5)，22 - 27＋66.

宋一晓，范鹏，曹洲涛，王甜．(2019)．跨文化情境下文化智力如何为员工带来高绩效：知识共享的中介作用及其边界效应．*中国人力资源开发*，*36* (12)，69 - 83.

苏凇，孙川，陈荣．(2013)．文化价值观、消费者感知价值和购买决策风格：基于中国城市化差异的比较研究．*南开管理评论*，*16*（1），102－109.

孙会，陈红．(2015)．人力资源管理实践对新生代员工敬业度的影响——内部人身份感知和组织自尊作用的视角．*企业经济*(9)，114－119.

孙健敏，陈乐妮，尹奎．(2018)．挑战性压力源与员工创新行为：领导-成员交换与辱虐管理的作用．*心理学报*，*50*（4），436－449.

孙健敏，姜铠丰．(2009)．中国背景下组织认同的结构：一项探索性研究．*社会学研究*，*24*（1），184－216.

孙健敏，李原．(2005)．*组织行为学*. 上海：复旦大学出版社．

孙健敏，陆欣欣，孙嘉卿．(2015)．组织支持感与工作投入的曲线关系及其边界条件．*管理科学*，*28*（2），93－102.

孙健敏，王碧英．(2010)．公仆型领导：概念的界定与量表的修订．*商业经济与管理*，*1*（5），24－30.

孙健敏，王宏蕾，陆欣欣．(2016)．多层次视角下人力资源管理系统的测量．*中国人力资源开发*(5)，56－66.

孙健敏，徐世勇．(2006)．*管理沟通*. 北京：清华大学出版社．

孙伟，杨洁，徐超，万雅萍．(2018)．民航飞行员自我效能感与安全绩效关系研究．*安全与环境学报*，*18*（4），1359－1363.

汤超颖，黄冬玲，邱江．(2015)．组织创造力培训开发的新进展．*中国人力资源开发*(22)，92－97.

唐贵瑶，吴湘繁，吴维库，李鹏程．(2016)．管理者大五人格与心理契约违背对辱虐管理的影响：基于特质激发理论的实证分析．*心理科学*，*39*（2），454－460.

唐贵瑶，于冰洁，陈梦媛，魏立群．(2016)．基于人力资源管理强度中介作用的组织沟通与员工创新行为研究．*管理学报*，*13*（1），76－84.

田燕，罗俊龙，李文福，邱江，张庆林．(2011)．原型表征对创造性问题解决过程中的启发效应的影响．*心理学报*，*43*（6），619－628.

王碧英，高日光．(2014)．中国组织情境下公仆型领导有效性的追踪研究．*心理科学进展*，*22*（10），1532－1542.

王碧英．(2010)．公仆型领导：量表的修订与作用效果．*理论探讨*(2)，153－156.

王炳成．(2008)．组织变革下的员工行为管理方法．*中国人力资源开发*(6)，20－22＋30.

王凤彬，郑腾豪，刘刚．(2018)．企业组织变革的动态演化过程——基于海尔和IBM纵向案例的生克化制机理的探讨．*中国工业经济*(6)，174－192.

王晓庄，白学军．(2009)．判断与决策中的锚定效应．*心理科学进展*，*17*（1），37－43.

王晓庄，张皎霄，赵嘉妍，赵玥，安晓镜，Ngure Mary Muthoni.（2021)．社会动机一致性与问责对群体决策的影响．*心理与行为研究*，*19*（4），528－534.

王映学，寇冬泉，张大均．(2007)．创造力的心理学研究进展与研究取向．*心理科学*，*30*（2），489－491.

王永跃，朱玥，王铜安．(2013)．心理契约破裂、工作满意度与建言行为：神经质的调节作用．*心理科学*，*36*（6），1459－1463.

王震，宋萌，孙健敏．(2014)．真实型领导：概念、测量、形成与作用．*心理科学进展*，*22*（3），458－473.

王震，孙健敏，张瑞娟．(2012)．管理者核心自我评价对下属组织公民行为的影响：道德式领导和集体主义导向的作用．*心理学报*，*44*（9），1231－1243.

王震，孙健敏．(2012)．核心自我评价、组织支持对主客观职业成功的影响：人-情境互动的视角．*管*

理学报(9), 1307 - 1313.

王忠军, 袁德勇, 龙立荣. (2013). 工作中自我损耗的来源、影响与应对研究探析. *外国经济与管理*, *35* (2), 71 - 80.

翁清雄, 彭传虎, 曹威麟, 席西民. (2016). 大五人格与主观职业成功的关系: 对过去 15 年研究的元分析. *管理评论*, *28* (1), 83 - 95.

翁清雄, 席西民. (2010). 职业成长与离职倾向: 职业承诺与感知机会的调节作用. *南开管理评论*, *13* (2), 119 - 131.

谢俊, 严鸣. (2016). 积极应对还是逃避? 主动性人格对职场排斥与组织公民行为的影响机制. *心理学报*, *48* (10), 1314 - 1325.

谢守祥, 李艳, 申训. (2018). 病态组织文化分析与变革路径. *领导科学*(8), 46 - 48.

邢强, 黄伟东. (2008). 认知负荷对顿悟问题解决的影响. *心理科学*(4), 981 - 983.

熊明良, 孙健敏, 顾良智. (2008). 工作满意感、组织认同与离职倾向关系实证研究. *商业经济与管理*, *1* (6), 34 - 40, 64.

徐本华, 邓传军, 武恒岳. (2021). 领导成员交换与员工主动创新行为: 一个被中介的调节模型. *管理科学*, *34* (2), 44 - 55.

徐联仓, 王重鸣. (1997). 管理心理学研究. 长春: 吉林教育出版社.

徐联仓. (1987). 管理心理学的基本内容及应用. *中国经贸导刊*(1), 39.

徐联仓. (2007). *走出丛林的管理心理学*. 北京: 北京师范大学出版社.

徐四华, 方卓, 饶恒毅. (2013). 真实和虚拟金钱奖赏影响风险决策行为. *心理学报*, *45* (8), 874 - 886.

杨超, 危怀安. (2016). 组织演化间断平衡规律研究述评与展望. *外国经济与管理*, *38* (4), 36 - 48.

杨继平, 郑建君. (2009). 情绪对危机决策质量的影响. *心理学报*, *41* (6), 481 - 491.

姚若松, 陈怀锦, 苗群鹰. (2013). 公交行业一线员工人格特质对工作绩效影响的实证分析——以工作态度作为调节变量. *心理学报*(10), 1163 - 1178.

于海云, 阚丽雯, 商燕劼. (2020). 文化差异感知、沟通模式与员工创新行为. *科研管理*, *41* (12), 139 - 148.

于晶晶. (2002). Herzberg 激励-保健因素理论的发展. *心理科学*, *25* (5), 633 - 634.

于珊, 陈晓红. (2008). 员工心理契约及其违背后工作态度的中美跨文化比较. *系统工程*(2), 53 - 62.

俞文钊. (2003). *管理的革命: 创建学习型组织的理论与方法*. 上海: 上海教育出版社.

岳玲云, 冯廷勇, 李森森, 李光普, 李红. (2011). 不同调控方式个体反事实思维上的差异: 来自 ERP 的证据. *心理学报*, *43* (3), 274 - 282.

张德, 窦亚丽. (2006). 中国背景下的学习型组织结构研究. *科学学研究*, *24* (6), 934 - 938.

张德, 王玉芹. (2007). 组织文化类型与组织绩效关系研究. *企业管理*, *28* (7), 146 - 151.

张德. (2011). *组织行为学*(4 版). 北京: 高等教育出版社.

张华威, 刘洪广, 和煜乾. (2019). 精神病态人格与大学生预谋性攻击的关系: 一个有调节的中介模型. *中国临床心理学杂志*, *27* (6), 1121 - 1125.

张辉华, 黄婷婷. (2015). 情绪智力对绩效的作用机制——以团队信任感知和朋友网络中心为连续中介. *南开管理评论*, *18* (3), 141 - 150.

张辉华, 凌文辁, 方俐洛. (2005). 代理理论和乘务员理论的整合: 论公司治理实践. *南开管理评论*, *8* (6), 41 - 47.

张婕, 樊耘, 纪晓鹏. (2013). 组织变革因素与员工对变革反应关系研究. *管理评论*(11), 53 - 64.

张婕, 樊耘, 张旭. (2014). 前摄性行为视角下的员工创新——前摄型人格、反馈寻求与员工创新绩效．*南开管理评论*(5)，13－23.

张景焕，林崇德，金盛华．(2007)．创造力研究的回顾与前瞻．*心理科学*，*30* (4)，995－997.

张蕾，于广涛，周文斌．(2012)．真实型领导对下属真实型追随的影响——基于认同中介和组织政治知觉调节作用的研究．*经济管理*，*34* (10)，97－106.

张珊珊，周明洁，陈爽，张建新．(2012)．本土化人格特质与工作绩效的关系：线性与非线性．*心理科学*(6)，1440－1444.

张莹，张剑，张大龙．(2020)．员工目标内容对突破性创造力和渐进性创造力的影响：基于代际比较视角．*管理评论*，*32* (1)，166－175.

张志学，鞠冬，马力．(2014)．组织行为学研究的现状：意义与建议．*心理学报*，*46* (2)，265－284.

郑伯壎，周丽芳，樊景立．(2000)．家长式领导量表：三元模式的建构与测量．*本土心理学研究*(14)，3－64.

郑伯壎，周丽芳，黄敏萍，李博偲．(2003)．家长式领导的三元模式：中国大陆企业组织的证据．*本土心理学研究*(20)，209－252.

郑日昌，孙大强．(2013)．*心理测量与测验*(2 版)．北京：中国人民大学出版社．

周京，莎莉．(2010)．*组织创造力研究全书*．北京：北京大学出版社．

朱其权，龙立荣．(2011)．变革公平研究评述．*心理科学进展*，*19* (6)，925－932.

朱其权，龙立荣．(2012)．互动公平研究评述．*管理评论*，*24* (4)，101－106.

朱苏丽，原彤洁，龙立荣．(2022)．差异化组织变革情境下如何让员工更有创造力——基于创造力交互理论的组态分析．*科技进步与对策*，*39* (24)，141－150.

朱永新．(2005)．*管理心智*．北京：经济管理出版社．

诸彦含，周意勇，刘丽颖，等．(2016)．组织中的人际冲突：类型、模型与表达．*心理科学进展*，*24* (5)，824－835.

庄锦英．(2003)．情绪与决策的关系．*心理科学进展*，*11* (4)，423－431.

Amabile，T. M. (1983). *The social psychology of creativity*. New York：Springer-Verlag.

Aycan，Z.，Schyns，B.，Sun，J. M.，Felfe，J.，& Saher，N. (2013). Convergence and divergence of paternalistic leadership：A cross-cultural investigation of prototypes. *Journal of International Business Studies*，*44*，962－969.

Barsade，S. G. (2002). The ripple effect：Emotional contagion and its influence on group behavior. *Administrative Science Quarterly*，*47* (4)，644－675.

Barsade，S.，Brief，A. P.，Spataro，S. E.，& Greenberg，J. (2003). The affective revolution in organizational behavior：The emergence of a paradigm. *Organizational Behavior*：*A Management Challenge*，*1*，3－50.

Cherniss，C.，& Goleman，D. (2001). *The emotionally intelligent workplace*：*How to select for*，*measure*，*and improve emotional intelligence in individuals*，*groups*，*and organizations*. San Francisco，CA：Jossey-Bass.

Druskat，V. U.，& Wolff，S. B. (2001). Group emotional intelligence and its influence on group effectiveness. In C. Cherniss & D. Goleman (Eds.). *The emotionally intelligent workplace*：*How to select for*，*measure*，*and improve emotional intelligence in individuals*，*groups and organizations*. San Francisco，CA：Jossey-Bass，132－155.

Elfenbein，H. A.，& Shirako，A. (2006). An emotion process model for multicultural teams. In *National Culture and Groups* (Vol. 9). Emerald Group Publishing Limited.

Epley，N.，& Gilovich，T. (2004). Are adjustments insufficient? . *Personality and Social Psychology*

Bulletin, *30* (4), 447 - 460.

Etzioni, A. (1961). *A comparative analysis of complex organizations: On power, involvement, and their correlates*. New York: Free Press of Glencoe.

Farh, J. L., Earley, P. C., & Lin, S. C. (1997). Impetus for action: A cultural analysis of justice and organizational citizenship behavior in Chinese society. *Administrative Science Quarterly*, *42* (3), 421 - 444.

Farmer, R. F., Jarvis, L. L., Berent, M. K., & Corbett, A. (2001). Contributions to global self-esteem: The role of importance attached to self-concepts associated with the five-factor model. *Journal of Research in Personality*, *35* (4), 483 - 499.

Greenleaf, R. K. (1970). *The servant as leader*. Robert K. Greenleaf Publishing Center.

Harrell-Cook, G., Ferris, G. R., & Dulebohn, J. H. (1999). Political behaviors as moderators of the perceptions of organizational politics—work outcomes relationships. *Journal of Organizational Behavior*, *20* (7), 1093 - 1105.

Hofstede, G. (1983). National cultures revisited. *Behavior Science Research*, *18* (4), 285 - 305.

Huang, J. L., Liao, C., Li, Y., Liu, M., & Biermeier-Hanson, B. (2020). Just what you need: The complementary effect of leader proactive personality and team need for approval. *Journal of Business and Psychology*, *35*, 421 - 434.

Liu, X., Sun, J., & Haertel, C. E. (2008). Developing measure of team emotional climate in China. *International Journal of Psychology*, *43* (3 - 4), 285 - 285.

Markus, H. R. (2004). Culture and personality: Brief for an arranged marriage. *Journal of Research in Personality*, *38* (1), 75 - 83.

McGregor, D. M. (1960). *The human side of enterprise*. New York: McGraw-Hill.

Motowidlo, S. J., & Van Scotter, J. R. (1994). Evidence that task performance should be distinguished from contextual performance. *Journal of Applied Psychology*, *79* (4), 475.

Rode, J. C., Judge, T. A., & Sun, J. M. (2012). Incremental validity of core self-evaluations in the presence of other self-concept traits: An investigation of applied psychology criteria in the United States and China. *Journal of Leadership & Organizational Studies*, *19* (3), 326 - 340.

Shein, E. H. (1965). *Organizational psychology*. Englewood Cliffs, NJ: Prentice-Hall.

Simonton, D. K. (2003). Scientific creativity as constrained stochastic behavior: The integration of product, process, and person perspectives. *Psychological Bulletin*, *129* (4), 475.

Sternberg, R. J. (1988). *The nature of creativity: Contemporary psychological perspective*. Cambridge, MA: Cambridge University Press.

Thomas, D. C. (2006). Domain and development of cultural intelligence: The importance of mindfulness. *Group & Organization Management*, *31* (1), 78 - 99.

Thomas, K. W., & Velthouse, B. A. (1990). Cognitive elements of empowerment: An "interpretive" model of intrinsic task motivation. *Academy of Management Review*, *15* (4), 666 - 681.

Vigoda, E. (2000). Organizational politics, job attitudes, and work outcomes: Exploration and implications for the public sector. *Journal of vocational Behavior*, 57 (3), 326 - 347.

关联课程教材推荐

书号	书名	作者	定价（元）
978-7-300-28095-0	心理学基础	白学军	55.00
978-7-300-27100-2	普通心理学（第 2 版）	张钦	65.00
978-7-300-24309-2	实验心理学（第 2 版）	白学军	59.90
978-7-300-28928-1	发展心理学（第 4 版・数字教材版）	雷雳	58.00
978-7-300-30451-9	认知心理学（第 3 版）	丁锦红 等	58.00
978-7-300-25882-9	生理心理学（第 2 版）	隋南	49.90
978-7-300-30715-2	社会心理学（第 4 版・数字教材版）	乐国安	68.00
978-7-300-25588-0	变态心理学（第 3 版）	王建平	59.80
978-7-300-27212-2	教育心理学：原理与应用	刘儒德	58.00
978-7-300-32062-5	人格心理学导论（第 2 版）	许燕	59.00
978-7-300-32143-1	健康心理学	林丹华	59.00
978-7-300-30702-2	SPSS 基础与应用	刘红云	49.00
978-7-300-26721-0	心理与教育论文写作：方法、规则与实践技巧（第 2 版）	侯杰泰 等	38.00
978-7-300-27971-8	心理学研究方法：从选题到论文发表	王轶楠	45.00
978-7-300-30663-6	社会心理学（第 8 版）	迈克尔・豪格 等	158.00

配套教学资源支持

尊敬的老师：

衷心感谢您选择使用人大版教材！相关配套教学资源，请您到人大社网站（http：//www.crup.com.cn）下载，或是随时与我们联系，我们将向您免费提供。

欢迎您随时反馈教材使用过程中的疑问、修订建议，并提供您个人制作的课件。您的课件一经入选，我们将有偿使用。让我们与教材共成长！

联系人信息：

地址：北京海淀区中关村大街 31 号 507 室　翟然 收　邮编：100080

电子邮件：lgcbfs@crup.com.cn　电话：010－62511967　QQ：492788991

如有相关教材的选题计划，也欢迎您与我们联系，我们将竭诚为您服务！

选题联系人：张宏学　电子邮件：zhanghx@crup.com.cn　电话：010－62512127

人大社网站：http：//www.crup.com.cn

心理学专业教师 QQ 群：259019599

欢迎您登录人大社网站浏览，了解图书信息，共享教学资源

期待您加入专业教师 QQ 群，开展学术讨论，交流教学心得